D1720364

Studien zum Handels-, Arbeits- und Wirtschaftsrecht

Herausgegeben von
Prof. Dr. Dr. h.c. Barbara Dauner-Lieb
Prof. Dr. Mathias Habersack
Prof. Dr. Christoph Kumpan, LL.M. (Univ. of Chicago)

Begründet von
Prof. Dr. Klaus J. Hopt
Prof. Dr. Manfred Lieb
Prof. Dr. Harm Peter Westermann

Band 181

Tobias Stuppi

Die vorzeitige Beendigung von Immobiliarkreditverträgen

Eine Studie de lege lata et ferenda

Nomos

Die Deutsche Nationalbibliothek verzeichnet diese Publikation in
der Deutschen Nationalbibliografie; detaillierte bibliografische
Daten sind im Internet über http://dnb.d-nb.de abrufbar.

Zugl.: Univ. des Saarlandes, Diss., 2018

ISBN 978-3-8487-5453-3 (Print)
ISBN 978-3-8452-9609-8 (ePDF)

1. Auflage 2019

Für Marie-Elise

Vorwort

Die vorliegende Studie entstand während meiner Zeit als wissenschaftlicher Mitarbeiter am Lehrstuhl für Bürgerliches Recht, Handels- und Wirtschaftsrecht, Internationales Privatrecht und Rechtsvergleichung an der Universität des Saarlandes sowie am Lehrstuhl für Bürgerliches Recht, Handels- und Kartellrecht an der Universität Mannheim. Die Arbeit wurde im Sommersemester 2018 von der Rechtswissenschaftlichen Fakultät der Universität des Saarlandes in Saarbrücken zur Dissertation angenommen. Rechtsprechung und Literatur konnten bis Ende des Jahres 2018 berücksichtigt werden.

Dank gebührt zuvorderst meinem Lehrer *Prof. Dr. Dr. Dr. h.c. mult. Michael Martinek* für seine hervorragende Betreuung. Er ermöglichte es mir, frei und eigenständig zu forschen, trug aber sogleich mit seinen kritischen wie hilfreichen Hinweisen ganz entscheidend zum Gelingen des Vorhabens bei. Auch für die großartige Zeit und Zusammenarbeit am Lehrstuhl danke ich ihm sehr.

Herzlich danken möchte ich zudem Frau *Prof. Dr. Dr. h.c. Tiziana Chiusi* für die Übernahme und rasche Erstellung des Zweitgutachtens.

Ferner danke ich Herrn *Prof. Dr. Jens-Uwe Franck LL.M. (Yale)* für seine Unterstützung und Kollegialität. Für ihn war ich zu Beginn meiner Forschung als wissenschaftlicher Mitarbeiter tätig. Es war eine tolle und lehrreiche Zeit, während der sich mir hervorragende Forschungsbedingungen boten. Prof. Franck ließ mir allen nötigen Freiraum zur Verwirklichung meines Vorhabens und gab mir stets die Gelegenheit zur fachlichen Diskussion und Analyse.

Schließlich danke ich meinen Eltern *Susanne* und *Wolfgang*. Ihre Liebe und Unterstützung haben mir den Weg bereitet. Ich verdanke ihnen viel.

Chicago, im Januar 2019   *Tobias Stuppi*

Inhaltsübersicht

Inhaltsverzeichnis

Abkürzungsverzeichnis

a.A.	andere Ansicht
a.E.	am Ende
a.F.	alte Fassung
aaO.	am angegebenen Ort
ABB	Allgemeine Bausparbedingungen
ABS	Asset-backed Securities
AGB	Allgemeine Geschäftsbedingungen
Alt.	Alternative
arg. ex	argumentum ex
Art.	Artikel
Aufl.	Auflage
B2B	Business to Business
B2C	Business to Customer
BaFin	Bundesanstalt für Finanzdienstleistungs-aufsicht
BAV	Bundesaufsichtsamt für Versicherungs-wesen
Bd.	Band
Beschl.	Beschluss
BGBl.	Bundesgesetzblatt
Bio.	Billion
BMF	Bundesministerium der Finanzen
BMJ	Bundesministerium der Justiz
BMJV	Bundesministerium der Justiz und für Verbraucherschutz
BR-Drs.	Bundesrat Drucksache
BT-Drs.	Bundestag Drucksache
bzw.	beziehungsweise
CDO	Colletarised Debt Obligations
CDS	Credit Default Swaps
CMBS	Commercial Mortgage Backed Securities
CML	Code of Conduct for Mortgage Loans
d.h.	das heißt
ders.	derselbe

dies.	dieselbe; dieselben
Diss.	Dissertation
ebda.	ebenda
EG	Europäische Gemeinschaft
Einl.	Einleitung
et. al.	et alii (und andere)
etc.	et cetera
EU	Europäische Union
EUR	Euro
EURIBOR	Euro Interbank Offered Rate
Fn.	Fußnote
FS	Festschrift
gem.	gemäß
ggf.	gegebenenfalls
h.L.	herrschende Lehre
h.M.	herrschende Meinung
Habil.-Schr.	Habilitationsschrift
Hrsg.	Herausgeber
Hs.	Halbsatz
i.d.F.	in der Fassung
i.E.	im Ergebnis
i.e.S.	im engeren Sinn
i.S.d.	im Sinne des
i.S.v.	im Sinne von
i.V.m.	in Verbindung mit
i.w.S.	im weiteren Sinn
inkl.	inklusive
krit.	kritisch
LIBOR	London Interbank Offered Rate
lit.	littera
Lit.	Literatur
LMA	Loan Market Association
LMA-Standard	Euro Term Facility Agreement for Real Estate Finance Multiproperty Investment Transactions
M.M.	Mindermeinung
m.w.N.	mit weiteren Nachweisen; mit weiterem Nachweis

m.w.V.	mit weiteren Verweisen; mit weiterem Verweis
MBS	Mortgage Backed Securities
mind.	mindestens
Mio.	Million
Mrd.	Milliarde
n.F.	neue Fassung
Nachw.	Nachweis; Nachweise
o.Ä.	oder Ähnliches
o.g.	oben genannt
p.	page
resp.	respektive
RMBS	Residential Mortgage Backed Securities
Rn.	Randnummer
Rz.	Randzeichen
s.o.	siehe oben
sic!	sic erat scriptum!
sog.	sogenannt
SPV	Special Purpose Vehicel
st. Rspr.	ständige Rechtsprechung
str.	streitig
u.a.	unter anderem
umstr.	umstritten
Univ.	Universität
unstr.	unstreitig
Urt.	Urteil
US	United States
vdp	Verband deutscher Pfandbriefbanken
VdPB	Verband der Privaten Bausparkassen e.V.
Verw.	Verweis
Vgl.	Vergleiche
VuV	Vermietung und Verpachtung
vzbv	Verbraucherzentrale Bundesverband e.V.
z.B.	zum Beispiel
zit.	zitiert

| zul. | zuletzt |
| zust. | zustimmend |

Kapitel 1 Einführung

§ 1 Einleitung

Mit dem Preisverfall an den U.S.-Immobilienmärkten im Frühjahr 2007 wurde die schwerste Weltwirtschaftskrise der Nachkriegszeit ausgelöst.[1] Die „Finanzkrise"[2] hat die Notenbanken der großen Industrieländer veranlasst, mit weitreichenden Maßnahmen zu reagieren, um das weltweite Finanzsystem vor dem Kollaps zu bewahren. Unter anderem sind die Notenbankzinsen auf ein historisch niedriges Niveau, nahe der sogenannten Nullzinsgrenze gesenkt worden.[3] Damit ist eine bis heute andauernde Niedrigzinsphase eingeläutet worden, in der finanzierungsbedürftige Sachinvestitionen – namentlich in Immobilien – so attraktiv escheinen, wie kaum je zuvor.[4]

In Deutschland erfolgt die Immobilienfinanzierung traditionell über festverzinsliche Hypothekardarlehen mit Laufzeiten von mindestens fünf bis zehn Jahren.[5] Hierauf greifen sowohl professionelle Investoren zur Realisierung großvolumiger Bauvorhaben und Immobilientransaktionen als auch kleine und mittlere Unternehmen zur Binnenfinanzierung zurück. Den mit Abstand größten Anteil am Immobilienfinanzierungsmarkt haben indes „Wohnungsbaukredite an private Haushalte",[6] die an Verbraucher

---

1 Die Ursachen der *Finanzkrise* werden etwa ausführlich im Final Report of the National Commission on the causes of the financial and economic crisis in the United States (The Financial Crisis Inquiry Report) aufbereitet.

2 Laut der Gesellschaft für deutsche Sprache, die *Finanzkrise* zum Wort des Jahres 2008 wählte, kennzeichnet der Begriff die dramatische Entwicklung im Banken-, Immobilien- und Finanzsektor und bezieht „Immobilien-", „Kredit-", „Liquiditäts-" und „Wirtschaftskrise" ein, Pressemitteilung vom 11.12.2008, abgerufen unter http://gfds.de/wort-des-jahres-2008-finanzkrise/.

3 *Weidmann*, Herausforderungen des Niedrigzinsumfelds, Einleitung.

4 *Jäger/Voigtländer*, Hintergründe und Lehren aus der Subprime-Krise, S. 7.

5 *Knops*, in: Derleder/Knops/Bamberger, Handbuch zum Bankrecht (2017), § 16 Rn. 4; siehe zudem die zeitliche Einteilung der Deutschen Bundesbank, Zinsstatistik der Deutschen Bundesbank v. 31.10.2018.

6 So die Wortwahl der Deutschen Bundesbank, Zinsstatistik v. 31.10.2018.

zur Eigenheimfinanzierung ausgereicht werden.[7] „Häuslebauer" treffen oft eine in dieser Größenordnung einmalige Investitionsentscheidung, deren volle Tragweite sie weder wirtschaftlich noch rechtlich einschätzen können. Persönliche und wirtschaftliche Verwerfungen, die die vorzeitige Beendigung des Vertrages veranlassen können, sind ohnehin nur sehr eingeschränkt vorhersehbar. Der langfristigen Immobiliarkreditvertragsbeziehung ist – wie bei allen Dauerschuldverhältnissen –[8] stets ein Element der Unsicherheit immanent.[9] Gleichwohl entschied sich der Gesetzgeber dazu, das unabdingbare Kündigungsrecht bei Darlehensverträgen mit höherem Zinssatz als 6% gem. § 247 BGB a.F. abzuschaffen und führte stattdessen mit § 609a BGB a.F. eine Möglichkeit zur vorzeitigen Beendigung langfristiger Festzinskredite ausdrücklich erst nach Ablauf von zehn Jahren ein. Im Übrigen bestand lediglich ein ungeschriebenes Recht zur außerordentlichen Kündigung, das aber prinzipiell nicht auf Umständen gründen konnte, die dem eigenen Risikobereich entstammten.[10] *Pacta sunt servanda* lautete die Prämisse. Eine vorzeitige Beendigung von grundpfandrechtlich gesicherten Festzinskrediten konnte daher regelmäßig nur im Einvernehmen mit dem Darlehensgeber herbeigeführt werden, was in manchem Fall von Bankenseite dazu ausgenutzt wurde, horrende Vorfälligkeitsentgelte zu beanspruchen. Sofern die Konditionen individualvertraglich ausgehandelt wurden, unterlagen entsprechende Entgeltvereinbarungen nach weit verbreiteter Ansicht allenfalls einer inhaltlichen Kontrolle am Maßstab des § 138 BGB.[11]

---

7 Mitte des Jahres 2017 lag das Gesamtvolumen von „Wohnungsbaukredite[n] an private Haushalte" laut Zinsstatistik der Deutschen Bundesbank bei rund 1,1 Bio. Euro; die gewerbliche Immobilienfinanzierung in Deutschland, umfasste laut einer Studie von Roland Berger Strategy Consultants vom April 2015 zu diesem Zeitpunkt ein Volumen von rund 535 Mrd. EUR, vgl.: *Strietzel et. al.*, Betongoldrausch in Deutschland, S. 2.

8 Die Qualifikation des Darlehensvertrages als Dauerschuldverhältnis ist heute unbestritten, statt aller: *Freitag*, in: Staudinger, BGB (2015), § 488 Rn. 24.

9 Dazu treffend: *H. Oetker*, Dauerschuldverhältnis, S. 252: „Im Unterschied zum punktuellen Austauschvertrag weisen langfristige vertragliche Bindungen eine grundsätzlich andere Qualität auf; sie verpflichten den Schuldner zu einem in der Zukunft liegenden [...] Tun oder Unterlassen, ohne daß er bei Abschluss des Vertrages seine eigene, in der Zukunft liegende Leistungsfähigkeit mit hinreichender Sicherheit prognostizieren kann.".

10 *Stelling*, Die vorzeitige Ablösung festverzinslicher Realkredite, S. 126 m.w.N. (Fn. 632).

11 Einen Überblick über die damaligen Stimmen aus Rspr. und Lit. gibt der BGH in seinem Urt. v. 1.7.1997 – XI ZR 267/96, BGHZ 136, 161, 165.

Die höchstrichterliche Rechtsprechung hat auf damit einhergehende Rechtsunsicherheiten in der Bankrechtspraxis mit zwei vielbeachteten Grundsatzurteilen aus dem Jahre 1997 reagiert und aus dem Grundsatz von Treu und Glauben die Verpflichtung des Darlehensgebers hergeleitet, bei berechtigtem Interesse des Darlehensnehmers einer vorzeitigen Darlehensablösung gegen Zahlung einer angemessenen „Vorfälligkeitsentschädigung" zuzustimmen.[12] Obwohl diese Rechtsprechung nicht von teils harscher Kritik verschont blieb,[13] wurde damit ein für die Praxis gangbarer Weg aufgezeigt,[14] der vom Gesetzgeber nahezu unverändert mitgegangen und im Rahmen der Schuldrechtsmodernisierungsreform in § 490 Abs. 2 BGB kodifiziert wurde.[15] Hiermit ist ein Konzept vorzeitiger Immobiliarkreditbeendigung etabliert worden, das bis vor kurzem weder von der Rechtsprechung noch vom Gesetzgeber ernstlich in Zweifel gezogen wurde. Ganz im Gegenteil wurden die §§ 489, 490 BGB als besonders ausdifferenzierte Regelungen für die Kündigung von Immobiliardarlehen erachtet, weshalb noch im Rahmen der Umsetzung der Verbraucherkreditrichtlinie[16] bewusst darauf verzichtet wurde, insofern verbraucherkreditrechtliche *leges speciales* zu schaffen.[17]

Dem versuchte der Gesetzgeber im Ergebnis auch bei Umsetzung der Wohnimmobilienkreditrichtlinie[18] treu zu bleiben.[19] Mit Neufassung der §§ 500, 502 BGB sind für die vorzeitige Beendigung von Immobiliardarlehen zwar verbraucherkreditrechtliche Sonderregelungen getroffen worden. Diese orientieren sich inhaltlich aber nahezu uneingeschränkt am bisher

---

12 BGH, Urt. v. 1.7.1997 – XI ZR 267/96, BGHZ 136, 161; BGH, Urt. v. 1.7.1997 – XI ZR 197/96, WM 1997, 1799.

13 Etwa durch *Canaris*, FS Zöllner (1998), 1055; *Köndgen*, ZIP 1997, 1645; ders., WM 2001, 1637, 1643 f.; *Medicus*, EwiR 1997, 921 f.; *Wenzel*, WM 1997, 2340; monographisch: *Stelling*, Die vorzeitige Ablösung festverzinslicher Realkredite, S. 107 ff.

14 Siehe etwa: *Köndgen*, ZIP 1997, 1645; *Knops*, Verbraucherschutz bei Immobiliarkreditverhältnissen, S. 144 m.w.N.

15 BT-Drs. 14/6040, S. 254 f.

16 Richtlinie 2008/48/EG des Europäischen Parlaments und des Rates vom 23. April 2008 über Verbraucherkreditverträge und zur Aufhebung der Richtlinie 87/102/EWG des Rates, ABl. L 133/66 v. 22.5.2008.

17 BT-Drs. 16/11643, S. 88.

18 Richtlinie 2014/17/EU des europäischen Parlaments und des Rates vom 4.2.2014 über Wohnimmobilienkreditverträge für Verbraucher und zur Änderung der Richtlinien 2008/48/EG und 2013/36/EU und der Verordnung (EU) Nr. 1093/2010.

19 Durch Gesetz zur Umsetzung der Wohnimmobilienkreditrichtlinie und zur Änderung handelsrechtlicher Vorschriften v. 11.3.2016, BGBl. I, S. 396.

geltenden Recht. Insbesondere rechtspolitische Forderungen nach einer stärkeren Regulierung bankseitiger Kompensationsansprüche[20] sind damit auf taube Ohren gestoßen. Dahinterstehende Befürchtungen vor potentiell existenzbedrohenden Belastungen für die Kreditnehmer,[21] die von Verbraucherschützern angesichts der dramatischen Zinsentwicklung nach wie vor geäußert werden, sind offenbar nicht geteilt worden und zu Gunsten des konservativen gesetzgeberischen Ansatzes unberücksichtigt geblieben. Die bisweilen hart und medienwirksam kritisierte[22] Entscheidung des Gesetzgebers, im gleichen Zuge den sog. „Widerrufsjoker" zu kassieren, schließt nahtlos an. Mit der rückwirkenden Einführung einer zeitlichen Begrenzung des darlehensvertraglichen Widerrufsrechts nach Vorbild des § 356 Abs. 2 S. 2 BGB hat sich der Gesetzgeber eines der umstrittensten bankrechtlichen Themen der jüngeren Vergangenheit[23] im Sinne der Banken angenommen. Der weitverbreiteten Praxis, dass fehlerhaft belehrte Verbraucher ihre teils noch zu „Hochzinszeiten" abgeschlossenen Altverträge viele Jahre nach Vertragsschluss widerrufen und so bankseitige Kompensationsforderungen gänzlich vermeiden, ist damit ein Riegel vorgeschoben worden.[24]

Am Ende dieser rechtstatsächlichen Entwicklung entsprechen die gesetzlichen Voraussetzungen und Rechtsfolgen vorzeitiger Immobiliarkreditbeendigung durch den Darlehensnehmer inhaltlich nahezu vollständig der Rechtslage, die mit Einführung des § 490 Abs. 2 BGB geschaffen wurde. Die vorzeitige Lösung vom Vertrag ist nur bei berechtigtem Interesse und

---

20 Siehe etwa die Stellungnahme des vzbv zum Referentenentwurf eines Gesetzes zur Umsetzung der Wohnimmobilienkreditrichtlinie, S. 18 f.

21 Vgl. vzbv, Pressemitteilung vom 7.7.2014, abrufbar unter: https://www.vzbv.de/pr essemitteilung/kostenfalle-immobilienkredit.

22 Nur beispielhaft hingewiesen sei auf die Artikel: „Skandalöser ‚Kniefall vor der Bankenlobby'- Finanzindustrie diktiert neues Widerrufsgesetz", https://www.walls treet-online.de/nachricht/8033301-widerrufsjoker-abgeschafft-skandaloeser-kniefa ll-bankenlobby-finanzindustrie-diktiert-widerrufsgesetz sowie: „Der ‚Joker' stirbt", http://www.faz.net/aktuell/wirtschaft/immobilien/kein-ewiges-widerrufsrecht-fue r-immobilienkredite-mehr-14077062.html.

23 Vgl.: *Edelmann/Hölldampf*, KSzW 2015, 148, wonach „[...] es aktuell im klassischen Bankrecht kaum ein Thema [gibt], welches die Praxis mehr bewegt [...]".

24 Siehe: *Omlor*, NJW 2016, 1265: „Durch die Einfügung von Art. 229 § 38 III EGBGB mit Wirkung zum 21.3.2016 kommt es – von Haustürgeschäften abgesehen – spätestens am 21.6.2016 (0 Uhr) zu einem endgültigen Erlöschen von ‚ewigen' Widerrufsrechten bei Immobiliardarlehensverträgen.".

nur gegen vollumfängliche Kompensation der wirtschaftlichen Nachteile des Darlehensgebers möglich.[25] Alles wieder beim Alten also?

Daran bestehen schon auf Grund aktueller höchstrichterlicher Rechtsprechung erhebliche Zweifel. Der u.a. für das Bankrecht zuständige XI. Zivilsenat hat mit Urteil vom 19.1.2016[26] entschieden, dass § 497 Abs. 1 BGB a.F. eine spezielle Regelung zur Schadensbestimmung bei notleidenden Krediten enthält, die vom Darlehensgeber infolge Zahlungsverzugs des Darlehensnehmers vorzeitig gekündigt worden sind. Die Vorschrift schließe die Geltendmachung einer als Ersatz des Erfüllungsinteresses verlangten Vorfälligkeitsentschädigung aus. Damit hat sich der BGH faktisch für eine Deckelung der vom Darlehensnehmer zu erbringenden Entschädigungsleistung bei berechtigter bankseitiger Kündigung ausgesprochen.[27] Weite Teile der Literatur sehen das gesetzgeberische Konzept für die vorzeitige Immobiliarkreditbeendigung dadurch konterkariert. In der Tat ist es in Konsequenz dieser Rechtsprechung für den Verbraucher, der eine vorzeitige Vertragsbeendigung anstrebt, zahlenmäßig günstiger eine bankseitige Kündigung durch vertragsuntreues Verhalten zu provozieren als den Vertrag gesetzmäßig nach §§ 500, 502 BGB oder auch § 490 Abs. 2 BGB zu beenden. Es wird zu untersuchen sein, ob darin ein sinnvoller Beitrag zum effektiven Schutz vor dauerhafter Überschuldung („moderner Schuldturm") oder eine system- und interessenwidrige Überregulierung zu sehen ist.

Trotz des konservativen gesetzgeberischen Ansatzes birgt auch die Umsetzung der Wohnimmobilienkreditrichtlinie ganz erhebliche Neuerungen. Die Dogmatik vorzeitiger Darlehensbeendigung hat mit der Normierung verbraucherrechtlicher Spezialbestimmungen zur Immobilienkreditbeendigung zur Gänze eine Zäsur erfahren. Die „Verselbständigung des Verbraucherdarlehensrechts"[28] ist in einen Bereich fortgeschritten, den der deutsche Gesetzgeber stets davon ausnehmen wollte. Die allgemeinen Vorschriften sind ein Stück mehr zum gewerblichem Sonderrecht mit zunehmend subsidiärer Bedeutung für das Verbraucherkreditrecht geworden.[29] Dennoch scheint bei der vorzeitigen Beendigung von Immobiliarkrediten

---

25 Unbeschadet abweichender Vereinbarungen zum Vorteil des Darlehensnehmers.

26 BGH, Urt. v. 19.1.2016 – XI ZR 103/15, BGHZ 208, 278; mittlerweile bestätigt durch Urt. v. 22.11.2016 – XI ZR 187/14, WM 2017, 97.

27 Auch das neue Recht enthält eine entsprechende Regelung in § 497 Abs. 4 BGB n.F.

28 *Freitag*, in: Staudinger, BGB (2015), § 488, Überschrift vor Rn. 13.

29 Vgl.: *Freitag*, in: Staudinger, BGB (2015), § 488 Rn. 20, der zu Recht darauf hinweist, dass die §§ 488-490 BGB als „allgemeiner Teil" des Darlehensrechts weiter-

de lege lata ein weitgehender Gleichlauf der tatbestandlichen Anforderungen und rechtlichen Folgen erreicht worden zu sein. Ob dies zutreffend und sachgerecht ist, bedarf jeweils der näheren Begutachtung.

A. Gegenstand und Ziel der Untersuchung

Die Grundlage dafür wird eine umfassende Analyse der überkommenen bürgerlich-rechtlichen Beendigungsdogmatik sowie der Spezialregelungen des Verbraucherkreditrechts sein. Es gilt sowohl die einzelnen Vorschriften als auch das Regelungsgesamtgefüge betreffend die vorzeitige Immobiliarkreditbeendigung auf dogmatische Konsistenz und Praktikabilität zu überprüfen. Ziel ist es, zur konzeptionellen Umsetzung der dogmatischen Grundvorstellungen von nationalem und europäischem Gesetzgeber unter Wahrung der Parteiinteressen *de lege lata et ferenda* beizutragen.

Im Zuge dessen werden aktuelle rechtpolitische Streitigkeiten und bankrechtspraktische Probleme aufgegriffen. Mit dem Ziel, dass sich die gewonnenen Erkenntnisse synergetisch ergänzen, werden praxisrelevante Fragen, wie zum Widerruf von Altverträgen, den Folgen des Schuldnerverzuges im Verbraucherkreditrecht oder der Deckelung bankseitiger Vorfälligkeitsentschädigungsansprüche in die im Grunde dogmatische Begutachtung miteinbezogen. Letztendlich soll ein dogmatisch fundiertes Gesamtkonzept angeboten werden, das die vorzeitige Beendigung von Immobiliarkrediten sach-, interessen- und praxisgerecht regelt.

Die Untersuchung folgt der gesetzgeberischen Prämisse, dass der Verbraucher gegenüber gewerblichen Kreditgebern ein ausgleichsbedürftiges Informations- und Erfahrungsdefizit hat. Es ist augenscheinlich, dass eine solche Typisierung, wobei etwa kleine und mittlere Unternehmen mit internationalen Großkonzernen gleichgestellt sind, der vielschichtigen Marktrealität nicht gerecht werden kann. Es wäre wünschenswert, der tatsächlich bestehenden Diversität auch rechtlich durch ein buchstäblich „personalisiertes Verbraucherschutz- und Verbraucherkreditrecht" Ausdruck zu verleihen. Dies aber kann im Rahmen hiesiger Untersuchung nicht geleistet werden und bleibt kommenden Beiträgen aus Wissenschaft und Praxis vorbehalten.

---

hin auch für das Verbraucherdarlehensrecht relevant sind, sofern keine Sonderregelungen bestehen.

B. Gang der Untersuchung

Noch im Rahmen des Einleitungskapitels folgt eine Bestimmung von Begriff und Typologie des Immobiliarkreditvertrages, dessen vorzeitige Beendigung im Fokus der Begutachtung steht (§ 2).

Am Anfang des Grundlagenkapitels wird die Immobilienfinanzierung in Deutschland als der für die Untersuchung maßgebliche wirtschaftliche Rahmen näher in den Blick genommen (§ 3). Die grundlegenden Strukturen des Immobiliarkreditgeschäfts werden aktiv- wie passivseitig begutachtet, um ein besseres Verständnis der wirtschaftlichen Interessen zu schaffen, die bei der vorzeitigen Beendigung von Immobiliarkreditverträgen betroffen sein können.

In § 4 werden die Grundlagen des Darlehens- und Kreditsicherungsrechts untersucht, die bei der Begründung und der Beendigung von Immobiliarkreditverhältnissen maßgeblich sind. Die vorzeitige Beendigung des Immobiliarkreditvertrages hat im Einklang mit jenen rechtsgeschäftlichen Grundstrukturen zu erfolgen. Nur wenn die dogmatischen und rechtstheoretischen Grundlagen des Darlehens- und Kreditsicherungsrechts gewahrt bleiben, bleiben auch die darin manifestierten Interessen der Parteien gewahrt. Dem gilt es bei der Analyse des geltenden Rechts stets Rechnung zu tragen.

Das Grundlagenkapitel schließt mit der Untersuchung des Dauerschuldcharakters von Immobiliarkreditverträgen und den sich daraus ergebenden Besonderheiten bei der vorzeitigen Beendigung (§ 5). Dabei soll zunächst die heute unbestrittene Qualifikation des Darlehensvertrages als Dauerschuldverhältnis nachvollzogen werden, um im Zuge dessen die besondere Interessenlage bei darlehensrechtlichen Dauerrechtsbeziehungen herauszuarbeiten. Sodann werden die Regelungen des allgemeinen Schuldrechts zur vorzeitigen Beendigung von Dauerschuldverhältnissen als wichtige dogmatische Grundlage der darlehensrechtlichen Kündigungsvorschriften analysiert. Ziel ist es, die bürgerlich-rechtliche Grundkonzeption vorzeitiger Dauerschuldbeendigung als Anknüpfungs- und Orientierungspunkt für die Begutachtung der darlehensrechtlichen *leges speciales* (§§ 488 ff. BGB) fruchtbar zu machen.

In Kapitel 3 folgt die kritische Analyse der Möglichkeiten, die das allgemeine Schuld- und Darlehensrecht zur Beendigung von Immobiliarkrediten (potentiell) bietet. Beginnend mit dem beiderseitigen Recht zur ordentlichen Kündigung aus § 488 Abs. 3 S. 3 BGB (§ 6) wird zunächst die Kündigungsdogmatik des allgemeinen Darlehensrechts näher untersucht. Sowohl das „Ordentliche Kündigungsrecht des Darlehensnehmers" (§ 7) als auch die „Außerordentlichen Kündigungsrechte" der Parteien aus § 490 BGB sind zum Teil auf die besondere Typologie und Pathologie von Immobiliarkreditverträgen zugeschnitten. So wird dem Darlehensnehmer eines langfristigen Festzinskredits spätestens zehneinhalb Jahre nach Vollvalutierung ein unabdingbares Recht zur ordentlichen Kündigung gewährt, § 489 Abs. 1 Nr. 2 BGB, wobei umstritten ist, ob sich auch institutionelle Finanzintermediäre darauf gegenüber Verbrauchern berufen können. Klärungsbedürftig ist ferner, ob die zwingende Implementierung einer zeitlichen Bindungshöchstgrenze zweck- und verfassungsmäßig ist.

Auf Darlehensgeberseite kann der drohende Ausfall der für das Darlehen gestellten Sicherheit ein „Außerordentliches Kündigungsrecht" gem. § 490 Abs. 1 BGB begründen und ihn zur vorzeitigen Vertragsbeendigung gegen den Willen des Darlehensnehmers berechtigen (§ 8).

Schwerpunkt der Begutachtung wird das in § 490 Abs. 2 BGB kodifizierte „Außerordentliche Kündigungsrecht" des Darlehensnehmers sein (§ 9). Die Vorschrift betrifft ausschließlich die einseitige Beendigung grundpfandrechtlich gesicherter Festzinskredite und schafft hierfür (erstmals) eine „substantiierte" dogmatische Grundlage. Bis heute ist unklar, wie sich die in Anschluss an die Rechtsprechung des BGH kodifizierte Kombination von Kündigungsrecht und wirtschaftlicher Kompensationspflicht des Darlehensnehmers in die Dogmatik des allgemeinen Schuld- und Darlehensrechts einfügt. Sowohl die rechtliche Einordnung des „Außerordentlichen Kündigungsrechts" aus § 490 Abs. 2 S. 1, 2 BGB als auch die Qualifikation der „Vorfälligkeitsentschädigung" gem. § 490 Abs. 2 S. 3 BGB sind begutachtungsbedürftig. Überaus komplex und streitanfällig ist zudem die Ermittlung der konkreten Anspruchshöhe.

Neben der Kündigungsdogmatik des allgemeinen Darlehensrechts bietet womöglich die Erfüllungsdogmatik des allgemeinen Schuldrechts weitere rechtliche Grundlagen zur einseitigen Beendigung von Immobiliarkrediten vor Laufzeitende. Namentlich sind in der Literatur vertretene Theorien zu überprüfen, wonach § 271 Abs. 2 BGB dem Darlehensnehmer das Recht verleihen soll, seine Leistung vor Fälligkeit auf die Kapitalforderung, die Darlehensgesamtverbindlichkeit oder auf die Grundschuld zu erbringen und den Kreditvertrag so im Wege vorzeitiger Erfüllung zustimmungsfrei beenden zu können (§ 10).

Ungeachtet dessen steht es den Parteien frei, den Vertrag im beiderseitigen Einvernehmen vorzeitig zu beenden. In § 11 wird untersucht, was Gegenstand solcher Aufhebungsvereinbarungen sein kann, wie diese rechtlich strukturiert sind und wo – in Theorie und Praxis – die inhaltlichen Grenzen verlaufen.

Als Annex zu Kapitel 3 wird die steuerliche Handhabung von Vorfälligkeitsentschädigung und Vorfälligkeitsentgelt thematisiert (§ 12), zumal die
Kompensationsleistungen bisweilen hohe Summen erreichen und dementsprechend steuerliche Relevanz haben können. Die Ausführungen hierzu
gelten sinngemäß für Verbraucher, sofern eine steuerliche Veranlassung der
jeweiligen Kompensationszahlung gegeben ist.

In Kapitel 4 folgt die Untersuchung der verbraucherkreditrechtlichen
Beendigungsdogmatik. Zunächst wird das Widerrufsrecht aus § 495 BGB
näher betrachtet, wobei es die Grenzen der Anwendbarkeit und zulässigen
Rechtsausübung – insbesondere unter dem Gesichtspunkt der Verwirkung
– auszuloten sowie die rechtlichen Folgen eines wirksamen Widerrufs
durch den Verbraucher zu begutachten gilt (§ 13).

§ 14 behandelt die Voraussetzungen und Folgen der verzugsbedingten
Darlehensbeendigung durch den Darlehensgeber. Ausgehend von den Vorgaben des bürgerlichen Rechts werden die verbraucherkreditrechtlichen
Spezifika dargestellt. Dadurch, dass sich der BGH jüngst für eine abschließende Verzugsschadensermittlung gem. § 497 BGB ausgesprochen hat, ist
die Kontroverse um das Verhältnis von Verzugs- und Erfüllungsschaden
(wieder) in den Fokus von Wissenschaft und Praxis und damit auch
hiesiger Untersuchung gerückt.

Der Hauptteil der Untersuchung endet mit der Darstellung und kritischen Würdigung der verbraucherkreditrechtlichen Erfüllungsdogmatik
(§ 15). Diese hat der Gesetzgeber mit Umsetzung der Wohnimmobilienkreditrichtlinie für Immobiliarkreditverträge geöffnet. Die Entwicklung dort-
hin wird ebenso nachzuvollziehen sein, wie die rechtsdogmatische Umsetzung *de lege lata*. Schließlich ist zu evaluieren, ob und inwiefern die Inkor-
poration der vorzeitigen Immobiliarkreditbeendigung in das Verbraucherkreditrecht gelungen ist.

Die Bearbeitung schließt in Kapitel 5 mit der Zusammenfassung der Ergebnisse der im Hauptteil bearbeiteten Paragraphen (§ 16); auf zusätzliche
Zusammenfassungen am jeweiligen Kapitelende wird zur Vermeidung von
Redundanzen bewusst verzichtet. Auf Basis der gedrungenen Darstellung
der Untersuchungsergebnisse im Einzelnen folgt ein abschließendes Ge-
samtresümee samt Ausblick (§ 17) sowie schließlich die Niederschrift der
wichtigsten Erkenntnisse in Thesenform (§ 18).

§ 2 Begriff und Typologie des „Immobiliarkredits"

Für den besonderen Darlehensvertragstypus, der bislang unreflektiert als „Immobiliarkreditvertrag" bezeichnet wurde, findet sich weder im Gesetz noch in Wissenschaft oder Praxis eine einheitliche Diktion. Vielmehr werden von Rechtsprechung[30] und Literatur[31] eine Vielzahl verschiedener Begriffe synonym verwendet.[32] Üblich ist etwa die Bezeichnung als Realkredit,[33] Immobiliardarlehen[34] oder Hypothekarkredit.[35] Bisweilen wird auch von Immobilienkredit, Grundpfandkredit, Bodenkredit[36] oder Baufinanzierungsdarlehen[37] gesprochen.

A. Konstitutive Elemente

Trotz dieser uneinheitlichen Wortwahl stehen stets festverzinsliche Darlehensverträge in Rede, denen eine lange Laufzeit und die dingliche Sicherung durch ein Grund- oder Schiffspfandrecht[38] als „konstitutive Elemente" gemein sind.[39] Das Gesetz spricht mittlerweile von grundpfandrecht-

---

30 Siehe etwa: BGH, Urt. v. 1.7.1997 – XI ZR 267/96, BGHZ 136, 161: „durch Grundschulden gesicherte Tilgungsdarlehen"; BGH, Urt. v. 1.7.1997 – XI ZR 197/96, WM 1997, 1799: „Baufinanzierungsdarlehen"; BGH, Urt. v. 30.11.2004 – XI ZR 285/03, BGHZ 161, 196, 197: „Realkredit", „grundpfandrechtlich gesichertes Annuitätendarlehen".

31 Eine Übersicht der in der Literatur verwendeten Begriffe samt Quelle bietet *Thümmler*, Realkredite und Immobiliardarlehen, S. 35.

32 Die Bezeichnung „Immobiliarkredit" – wie hier – verwenden etwa: *Derleder*, in: Derleder/Knops/Bamberger, Handbuch zum Bankrecht (2017), § 18; *Knops*, Verbraucherschutz bei Immobiliarkreditverhältnissen.

33 *Köndgen*, Grundpfandrechtlich gesicherte Kredite, S. 1; *Thümmler*, Realkredite und Immobiliardarlehen, S. 35.

34 *Thümmler*, Realkredite und Immobiliardarlehen.

35 *Freitag*, in: Staudinger, BGB (2015), § 488 Rn. 78; der (ähnliche) Begriff des Hypothekendarlehens findet sich zudem in BT-Drucks. 16/11643, S. 88.

36 *Derleder*, in: Derleder/Knops/Bamberger, Handbuch zum deutschen und europäischen Bankrecht (2017), § 16, Rn. 1.

37 Siehe bereits oben: BGH, Urt. v. 1.7.1997 – XI ZR 197/96, WM 1997, 1799.

38 Der Begriff „Grundpfandrecht" dient als gemeinsame Typenbezeichnung für Hypothek, Grundschuld und Rentenschuld, siehe nur: *Wolfsteiner*, in: Staudinger, BGB (2015), Einl. zu §§ 1113 ff., Rn. 1. Dabei wurde die vom Gesetz als Grundtypus vorgesehene Hypothek seit dem Ende des zweiten Weltkrieges nahezu völlig verdrängt, siehe abermals: *Wolfsteiner*, in: Staudinger, BGB (2015), Einl. zu §§ 1113 Rn. 30 f.

39 *Köndgen*, Grundpfandrechtlich gesicherte Kredite, S. 1.

lich gesicherten Darlehensverträgen mit gebundenem Sollzinssatz, § 490 Abs. 2 BGB.[40]

In aller Regel werden auf Grundlage solcher Darlehensverträge Immobilien oder sonstige Baumaßnahmen finanziert.[41] Rechtlich zwingend ist dies nicht.[42] Gerade im gewerblichen Bereich sind vielfältige Finanzierungssachverhalte denkbar, wobei grundpfandrechtlich gesicherte Festzinsdarlehen nur Baustein umfassender Investitions- und Finanzierungsvorhaben sind, die nicht auf die Erweiterung des „Immobilienportfolios" durch Zukauf oder (Neu-)Baumaßnahmen beschränkt sind.

B. Abgrenzung

Die konstitutiven Elemente der hier und im Folgenden weiterhin als „Immobiliarkredit" oder „Immobiliarkreditvertrag" bezeichneten Darlehensgestaltung stehen im Sinne der anstehenden Untersuchung nicht ernstlich in Zweifel. Gleichwohl sollten terminologische und materielle Fehlinterpretationen durch eine klare begriffliche Abgrenzung und Verortung des „Immobiliarkredits" vermieden werden.

I. Aufsichtsrechtliche Definitionsansätze

Eine Legaldefinition des „Realkredits im engeren Sinne"[43] findet sich in § 21 Abs. 3 Nr. 1 KWG. Danach gelten als Realkredite solche grundpfandrechtlich gesicherten Darlehen, die den Erfordernissen der §§ 14 Abs. 1 und 16 Abs. 1, 2 PfandBG genügen. Diese werden aufsichtsrechtlich als so risikoarm eingestuft, dass sie von den Bestimmungen zur Kontrolle und Steuerung der Kreditrisiken in §§ 15 bis 18 KWG ausgenommen werden.[44] Grundlage dafür sind die strengen pfandbriefgesetzlichen Anforderungen an die Kreditsicherung, die für eine aufsichtsrechtliche Privilegierung gem. § 21 Abs. 3 Nr. 1 KWG vorausgesetzt werden. Die kreditsichernden Hypo-

---

40 Siehe auch: BT-Drucks 16/11643, S. 75.
41 *Knops*, in: Derleder/Knops/Bamberger, Handbuch zum Bankrecht (2017), § 16 Rn. 4.
42 Statt aller: *Kessal-Wulf*, in: Staudinger, BGB (2012), § 503 Rn. 5 m.w.N.
43 *v. Heymann/Merz* in: Schimansky/Bunte/Lwowski, Bankrechts-Handbuch (2017), § 86 Rn. 6.
44 Vgl.: *C. Bock*, in: Boos/Fischer/Schulte-Mattler, KWG (2016), § 21 Rn. 120.

theken[45] dürfen gem. § 14 PfandBG nur bis zur Höhe der ersten 60 Prozent des auf Grund einer Wertermittlung nach § 16 PfandBG festgesetzten Wertes des Grundstücks (Beleihungswert) zur Deckung benutzt werden. Durch den großzügigen Sicherheitsabschlag in Höhe von 40 % von einem konservativ zu ermittelnden Beleihungswert[46] soll selbst in Stresssituationen, insbesondere bei sinkenden Immobilienpreisen, eine vollwertige Deckung des ausgereichten Kredits allein durch die grundpfandrechtliche Sicherheit gewährleistet werden.[47] Überdies kann der Sicherheitsabschlag als Puffer dienen, der es dem Darlehensgeber erlaubt, vor der Verwertung eine mögliche Erholung des Marktes abzuwarten und der Finanzierung so insgesamt zum Erfolg zu verhelfen.[48] Für „echte Realkredite" im bankaufsichtsrechtlichen Sinne[49] ist damit primär die besondere Qualität der grundpfandrechtlichen Kreditsicherheit konstitutiv.[50]

Die aufsichtsrechtliche Definition des Realkredits ist hier aber einerseits zu eng. Bei der vorzeitigen Beendigung von Immobiliarkrediten handelt es sich im Grunde um eine originär bürgerlich-rechtliche Problematik mit schuldrechtlichem Kern. Im Gegensatz zum Aufsichtsrecht steht nicht der Schutz vor Kreditausfall im Fokus. Dazu kann auch eine konsistente Beendigungsdogmatik nur insofern beitragen, dass ein schon eingetretener Kre-

---

45 Bzw. Sicherungswerte, die diesen gleichgestellt sind, wie insbesondere Grundschulden gem. § 18 Abs. 1 PfandBG; näher zu den deckungsstockfähigen Werten sämtlicher Pfandbriefgattungen (Hypothekenpfandbrief, öffentlicher Pfandbrief, Schiffs- und Flugzeugpfandbriefe), siehe: *Koppmann*, Gedeckte Schuldverschreibungen, S. 166 ff.

46 Anhand des Beleihungswertes wird letztlich die Werthaltigkeit der Sicherheit im pfandbriefrechtlichen Sinn bestimmt. Für ein Höchstmaß an Sicherheit, worauf das Pfandbriefgesetz samt zu Grunde liegendem Deckungsprinzip abzielt, ist eine vorsichtige Wertermittlung (ausführlich dazu: *Koppmann*, Gedeckte Schuldverschreibungen, S. 178 ff.) konzeptionelle Voraussetzung, *Koppmann*, Gedeckte Schuldverschreibungen, S. 52, 178 f.; *Thümmler*, Realkredite und Immobiliardarlehen, S. 85 f.; *Bellinger/Kerl*, HBG (1995), § 12 Rn. 4.

47 *Koppmann*, Gedeckte Schuldverschreibungen, S. 174; *Thümmler*, Realkredite und Immobiliardarlehen, S. 85; *Schmidt*, Die Hypothekenbanken, in: Rüchardt (Hrsg.), Handbuch des Hypothekarkredits, S. 1049; *Bellinger/Kerl*, HBG (1995), § 11 Rn. 19.

48 Ebda.

49 In Anlehnung an BGH, Urt. v. 30.3.1955 – IV ZR 210/54, BGHZ 17, 89, 94, wonach für einen „echten Realkredit", „[...] der Wert des belasteten Grundstücks, nicht aber derjenige des sonstigen Schuldnervermögens oder die persönliche Kreditwürdigkeit des Schuldners entscheidend" ist.

50 Vgl.: *v. Heymann/Merz*, in: Schimansky/Bunte/Lwowski, Bankrechts-Handbuch (2017), § 86 Rn. 9.

ditausfall möglichst interessengerecht abgewickelt bzw. einem drohenden Kreditausfall möglichst zweckmäßig vorgebeugt wird. Ob die Parteien einen „echten Realkredit", einen nachrangigen Hypothekarkredit im weiteren Sinn[51] (sog. II. Hypothek)[52] oder eine Mischform gewählt haben,[53] spielt dabei eine nur untergeordnete Rolle.

Andererseits ist die aufsichtsrechtliche Definition zu weit. Es wird weder die langfristige vertragliche Bindung der Parteien noch die Art und Weise der getroffenen Zinsvereinbarung berücksichtigt.[54] Für den Interessenwiderstreit, der der vorzeitigen Immobiliarkreditbeendigung zu Grunde liegt, ist jedoch beides von erheblicher Bedeutung[55] und daher auch bei der Wahl der Begrifflichkeiten zu berücksichtigen.

II. Immobiliardarlehensverträge gem. § 503 BGB a.F.

Im bürgerlichen Recht finden sich gesetzgeberische Ansätze zur (terminologischen) Erfassung des in Rede stehenden Darlehenstypus bisher im Rahmen der „Besonderen Vorschriften für Verbraucherdarlehensverträge". Mit dem Gesetz zur Umsetzung der Verbraucherkreditrichtlinie wurde mit

---

51 Als solche werden Kredite bezeichnet, bei denen die grundpfandrechtliche Sicherheit bis zu einer Beleihungswertgrenze von bis zu 80% ausgeschöpft wird, *v. Heymann/Merz*, in: Schimansky/Bunte/Lwowski, Bankrechts-Handbuch (2017), § 86 Rn. 6. Liegt die Absicherung eines Kredits oberhalb von 80% des Beleihungswerts, spricht man von einer sog. III. Hypothek, siehe: *Rode*, Grundzüge des Hypothekarkredits, in: Rüchardt (Hrsg.), Handbuch des Hypothekarkredits, S. 27, 87 ff.

52 Anschaulich zu den Beleihungsgrenzen im (erweiterten) Realkreditbereich: *Gondring*, Immobilienwirtschaft, S. 722.

53 So etwa bei der „Finanzierung aus einer Hand" oder der „Gesamtbaufinanzierung", wobei der Kredit vom ausreichenden Institut wahlweise in einen „echten Realkredit" und einen „Hypothekarkredit im weiteren Sinn" aufgespalten werden oder in einem Darlehensvertrag zusammengefasst werden kann, *v. Heymann/ Merz*, in: Schimansky/Bunte/Lwowski, Bankrechts-Handbuch (2017), § 86 Rn. 11; *Rode*, Grundzüge des Hypothekarkreditrechts, in: Rüchardt (Hrsg.), Handbuch des Hypothekarkredits, S. 89.

54 Vgl.: Schwennicke/*Auerbach*, KWG, § 21 Rn. 104 f.

55 *Rösler/Wimmer/Lang*, Vorzeitige Beendigung von Darlehensverträgen, Rn. B 137; *Reich*, Bankrechtstag 1996, 43, 45 f.; *Köndgen*, Grundpfandrechtlich gesicherte Kredite, S. 2.

§ 503 BGB a.F.[56] eine Vorschrift für „Immobiliardarlehensverträge"[57] eingeführt, nach deren Abs. 1

> „[...] § 497 Abs. 2 und 3 Satz 1, 2, 4 und 5 sowie die §§ 499, 500 und
> 502 nicht anzuwenden (waren) auf Verträge, bei denen die Zurverfü-
> gungstellung des Darlehens von der Sicherung durch ein Grundpfand-
> recht abhängig gemacht wird und zu Bedingungen erfolgt, die für
> grundpfandrechtlich abgesicherte Verträge und deren Zwischenfinan-
> zierung üblich sind."

Sinn und Zweck der Norm war es, die ausdifferenziert geregelten Möglichkeiten des Darlehensnehmers, ein grundpfandrechtlich gesichertes Darlehen mit gebundenem Sollzinssatz vorzeitig zu kündigen, von den verbraucherkreditrechtlichen Reformen unangetastet zu lassen.[58] Die bereits im
Verbraucherkreditgesetz bestehende Bereichsausnahme des § 3 Abs. 2
Nr. 2 VerbrKrG (später § 491 Abs. 3 Nr. 1 BGB a.F.), wonach die verbraucherkreditrechtlichen Vorschriften für Immobiliardarlehen nur eingeschränkte Geltung entfalteten, wurde damit konsequent fortgeführt und in
das damalige verbraucherkreditrechtliche Normgefüge eingepflegt. Im Sinne bankrechtlicher Realität und Praktikabilität waren von der Privilegierung nicht nur Realkredite im bankaufsichtsrechtlichen Sinn erfasst,[59] sondern auch Verbraucherdarlehen, die die Beleihungswerte unterschritten
oder deren Sicherung nur teilweise grundpfandrechtlich gewährleistet
war.[60] Die Langfristigkeit der Rechtsbeziehung sowie die Gestalt der Zinsvereinbarung waren auch im Rahmen von § 503 BGB nominell ohne Bedeutung. Der Gesetzgeber entschied sich für einen sehr weiten Begriff des
Immobiliardarlehens, der sämtliche verbraucherkreditrechtlichen Gestaltungen erfasste, die „[...] nach ihrem Gesamtgepräge [...] eine den Hypothekarkrediten im weiteren Sinn zuzuordnende Immobilienfinanzierung
darstell[ten]".[61] Die weitere Differenzierung, insbesondere mit Blick auf die
vorzeitige Beendigung, überließ er bewusst den allgemeinen Vorschrif-

---

56 Vom 29.7.2009 bis 20.3.2016.
57 So die amtliche Überschrift der Norm.
58 BT-Drucks 16/11643, S. 88.
59 *Kessal-Wulf*, in: Staudinger, BGB (2012), § 503 Rn. 5; *v. Heymann/Merz*, in:
    Schimansky/Bunte/Lwowski, Bankrechts-Handbuch (2017), § 86 Rn. 12 (je
    m.w.N.).
60 So die st. Rspr. bereits zu § 3 Abs. 2 Nr. 2 VerbrKrG, siehe: BGH, Urt.
    v. 6.11.2007 – XI ZR 322/03, WM 2008, 115, 116 (m.w.N.).
61 *v. Heymann/Merz*, in: Schimansky/Bunte/Lwowski, Bankrechts-Handbuch (2017),
    § 86 Rn. 12 m.w.N.

ten.[62] Eine abweichende Vorstellung von dem, was für den hier als „Immobiliarkredit" bezeichneten Vertragstypus konstitutiv erachtet wird, lag § 503 Abs. 1 BGB a.F. nicht zu Grunde. Angesichts des Normzwecks war materiell von einem synonymen Verständnis im verbraucherkreditrechtlichen Bereich auszugehen, um den *status quo* immobiliarkreditrechtlicher Beendigungsdogmatik zu wahren.[63]

III. Konsumentenkredite

Für Verbraucherdarlehen, die nicht von der Bereichsausnahme des § 503 BGB a.F. erfasst waren, wurde dem Verbraucher in §§ 500 Abs. 2, 502 BGB a.F. die Möglichkeit eingeräumt, seine Verbindlichkeiten aus einem Verbraucherdarlehensvertrag jederzeit ganz oder teilweise vorzeitig gegen Zahlung einer angemessenen Vorfälligkeitsentschädigung zu erfüllen. Der sachliche Anwendungsbereich jener *leges speciales* umfasste in Abgrenzung und Umkehrschluss zu § 503 Abs. 1 BGB a.F. meist nur sog. „Konsumentenkredite", die „[…] in erster Linie der Finanzierung kurzlebiger Konsumgütern [sic!] oder Dienstleistungen dienen […]."[64]

IV. Immobiliar-Verbraucherdarlehensverträge

Während vom Geltungsbereich der Verbraucherkreditrichtlinie 2008/48/EG gem. Art 2 Abs. 2 lit. a. und b.

> „Kreditverträge, die entweder durch eine Hypothek oder eine vergleichbare Sicherheit, die in einem Mitgliedstaat gewöhnlich für unbewegliches Vermögen genutzt wird, oder durch ein Recht an unbeweglichem Vermögen gesichert sind [...]" und „Kreditverträge, die für den Erwerb oder die Erhaltung von Eigentumsrechten an einem Grundstück oder einembestehenden oder geplanten Gebäude bestimmt sind [...]"

noch ausdrücklich ausgenommen waren, sind diese mit Umsetzung der Wohnimmobilienkreditrichtlinie Teil des harmonisierten Verbraucherkreditrechts geworden. Im Zuge dessen war der Gesetzgeber u.a. zu termino-

---

62 BT-Drucks 16/11643, S. 88.
63 Ebda.
64 So: *Thümmler*, Realkredite und Immobiliardarlehen, S. 47.

logischen Neuerungen veranlasst: Verbraucherdarlehensverträge sind laut neuer Fassung des § 491 Abs. 1 BGB „Allgemein-Verbraucherdarlehensverträge" und „Immobiliar-Verbraucherdarlehensverträge"; die entgegen der missverständlichen Gesetzesneufassung aber nicht gleichrangig nebeneinanderstehen. Der „Immobiliar-Verbraucherdarlehensvertrag" ist – wie schon zuvor das Immobiliardarlehen i.S.v. § 503 BGB a.F. – ein Unterfall des „Allgemein-Verbraucherdarlehensvertrages". Die Bezeichnung „Allgemein-Verbraucherdarlehensvertrag" ist zudem insofern „unglücklich"[65] gewählt, dass dessen Definition der des Verbraucherdarlehensvertrages in § 491 Abs. 1 BGB a.F. vollumfänglich entspricht. Eine echte Neuerung ist hingegen die Einführung des „Immobiliar-Verbraucherdarlehensvertrages", der im neu eingefügten § 491 Abs. 3 BGB als Verbraucherdarlehensvertrag definiert wird, der

> „1. durch ein Grundpfandrecht besichert [ist] oder
> 2. für den Erwerb oder die Erhaltung des Eigentums an Grundstücken, an bestehenden oder zu errichtenden Gebäuden oder für den Erwerb oder die Erhaltung von grundstücksgleichen Rechten bestimmt [ist]."

Diese Definition weicht vom hiesigen Verständnis des Immobiliarkreditvertrages in zweierlei Hinsicht ab: Einerseits werden nur Verbraucherdarlehensverträge erfasst; andererseits ist eine grundpfandrechtliche Sicherung für die rechtliche Einordnung nicht konstitutiv, sofern mit dem Vertrag eine Immobilienfinanzierung im weiten Sinn bezweckt wird. Beim „Immobiliar-Verbraucherdarlehensvertrag" handelt es sich somit in der Regel, aber nicht zwingend um einen Unterfall des „Immobiliarkredits".

C. Abschließende Begriffsbestimmung

Der „Immobiliarkredit" bildet den Oberbegriff für langfristige Darlehen, bei denen der Sollzinssatz gebunden und das Darlehen durch ein Grund- oder Schiffspfandrecht gesichert ist. Ob das Grundpfandrecht den Kredit vollumfänglich absichert oder weitere Sicherheiten begeben werden, ist ebenso unerheblich wie die Einhaltung des Beleihungsrahmens des § 21 Abs. 3 Nr. 1 KWG und der §§ 14, 16 PfandBG.

---

65 So: *Jost*, Stellungnahme des Deutschen Richterbundes zum Referentenentwurf eines Gesetzes zur Umsetzung der Wohnimmobilienkreditrichtlinie, B.

Der „Immobiliar-Verbraucherdarlehensvertrag" ist regelmäßig, aber nicht zwingend ein Unterfall des „Immobiliarkredits". Er tritt als Unterfall des „Verbraucherdarlehens" gleichrangig neben den „Konsumentenkredit".[66]

Gegenstück dazu sind Immobiliarkreditverträge ohne Verbraucherbeteiligung, die hier und im Folgenden als „gewerbliche" oder „kommerzielle" Immobiliarkredite bezeichnet werden. Sonstige darlehensvertragliche Gestaltungsvarianten, insbesondere im kommerziellen Bereich, die nicht der Regelung des § 490 Abs. 2 BGB unterfallen, werden bei Bedarf gesondert bezeichnet.

---

66 Diese Differenzierung ist auch in der Bankbetriebslehre üblich, siehe: *Thümmler,* Realkredite und Immobiliardarlehen, S. 36 m.w.N.

Kapitel 2 Grundlagen

§ 3 *Immobilienfinanzierung in Deutschland*

Es nicht zwingend, dass Immobiliarkreditverträge zur Finanzierung von Immobilien oder Baumaßnahmen in Anspruch genommen werden. Es ist jedoch deren üblicher und zudem wirtschaftlich überragend relevanter Zweck.[1] Im Sommer 2015 sind in Deutschland Immobilienfinanzierungskredite in einem Gesamtvolumen von beinahe zwei Billionen Euro ausgereicht worden.[2] Schon angesichts dieser Größenordnung ist es naheliegend, dass der Immobilienfinanzierungsmarkt nicht homogen ausgestaltet sein kann und es daher auch nicht ohne weiteres möglich ist, auf allgemeingültige rechtliche Strukturen zurückzugreifen. Die vertraglichen Gestaltungen sind so unterschiedlich, wie die dahinterstehenden Motive und Bedürfnisse der Parteien.

Der „Immobiliarkredit" ist eines von vielen Finanzierungsprodukten, das im Aktivgeschäft zur Verwirklichung ebendieser Interessen auf Finanzierungsnehmerseite angeboten wird. Ein umfassendes Verständnis des Finanzproduktes „Immobiliarkredit" setzt daher zunächst dessen Einordnung und Analyse im Aktivgeschäft deutscher Immobilienfinanzierung voraus (*sub* A.). Hierbei ist zu klären, von wem, warum und unter welchen Umständen Immobiliarkredite in Anspruch genommen werden. Ferner ist zu untersuchen, wie der Gebermarkt strukturiert ist und wie sich die wichtigsten Marktteilnehmer hierin quantitativ und konzeptionell positionieren (*sub* B.). Für Banken ist hierfür mitentscheidend, welche Refinanzierungsmöglichkeiten von den jeweiligen Kreditinstituten genutzt werden (können), sodass sich die kreditwirtschaftliche Motiv- und Interessenlage erst nach Erörterung der Grundlagen des Passivgeschäfts erschließt (*sub* C.).

---

1 Siehe oben: § 2 A.
2 Unter zu Grundlegung der Zahlen der Zinsstatistik der Deutschen Bundesbank vom 1.3.2016, S. 1 und der Studie von *Strietzel et. al.*, Betongoldrausch in Deutschland, S. 2.

A. Der Immobiliarkredit im Aktivgeschäft deutscher Immobilienfinanzierung

Für die Finanzierung von Immobilien kann ein heterogener Kreis von Finanzierungsnehmern vom „Häuslebauer" bis hin zum hochprofessionellen Investor auf ein breites Angebot verschiedener Finanzierungsgestaltungen zurückgreifen, das wiederum von einer Vielzahl (meist) institutioneller Finanzintermediäre bereitgestellt wird. Dabei unterscheiden sich die Geschäftsmodelle teilweise erheblich; nicht aber das damit – teils im Wettbewerb, teils in Kooperation – verfolgte Ziel: Es gilt Finanzierungsmöglichkeiten vorzuhalten, die den individuellen Interessen der Kunden bestmöglich Rechnung tragen, für den Anbieter gleichwohl wirtschaftlich attraktiv und im Verhältnis dazu mit möglichst überschaubaren Risiken verbunden sind. Grundlegende Unterschiede ergeben sich dabei zwischen privater und gewerblicher Immobilienfinanzierung.

I. Private Immobilienfinanzierung

Die private Immobilienfinanzierung zeichnet sich dadurch aus, dass mit der in Anspruch genommenen Finanzierung der Erwerb oder Bau[3] eigengenutzter Wohnimmobilien[4] fremdfinanziert wird. Solche „Wohnungsbaukredite an private Haushalte"[5] umfassten Ende Juni 2016 ein Volumen von rund 1,1 Bio EUR[6] und haben somit den mit Abstand größten Anteil am Immobilienfinanzierungsgesamtmarkt. Dennoch zeichnet sich die private Immobilienfinanzierung in Deutschland durch relativ homogene und klare Strukturen aus. In aller Regel werden private Bauvorhaben und Immobilienkäufe mittels grundpfandrechtlich gesicherter Kredite mit langer

---

3 Damit ist nicht nur der Neubau von Immobilien gemeint. Erfasst sind auch sonstige Bau- oder Sanierungsmaßnahmen.
4 Eine trennscharfe Abgrenzung zwischen eigener Nutzung, etwa im Rahmen privater Vermietung, und gewerblichem Engagement kann im Einzelfall schwerfallen und wird vor allem im Steuerrecht relevant, sodass es hier bei einem Verweis auf *Hey*, in: Tipke/Lang, Steuerrecht (2018), § 8 Rn. 516 ff. verbleibt.
5 So die Bezeichnung in der Zinsstatistik der Deutschen Bundesbank v. 31.10.2018, S. 1.
6 Ebda.

Laufzeit[7] und fester Zinsbindung realisiert.[8] Die „Festzinskultur"[9] und ein „besonders ausgeprägtes Vorsichtsprinzip"[10] sind für die private Immobilienfinanzierung in Deutschland charakteristisch. Der deutsche „Häuslebauer" erwartet ein Finanzierungsangebot, das sich durch ein Höchstmaß an Planbarkeit sowie der Möglichkeit zur langfristigen Sicherung (vermeintlich)[11] günstiger Zinskonditionen auszeichnet.[12]

Dem kommen die institutionellen Finanzintermediäre auf Geberseite gerne nach, zumal langfristige Festzinskredite auch aus deren Sicht nicht nur ein hohes Maß an Sicherheit und Planbarkeit, sondern selbst in Niedrigzinsphasen hohe Profitabilität bieten können.[13] Voraussetzung dafür ist einerseits, dass das Kreditausfallrisiko durch die Bereitstellung wertbeständiger Kreditsicherheiten in Form von Grundpfandrechten so gering wie möglich gehalten wird.[14] Überdies haftet der Darlehensnehmer regelmäßig mit seinem gesamten persönlichen Vermögen[15] und muss eine Reihe zusätzlicher Sicherheiten wie Bürgschaften, Garantien etc. bereithalten.[16]

Der Immobiliarkreditvertrag ist in seiner rechtsgeschäftlichen Grundkonzeption[17] auf diese Interessenlage zugeschnitten. Dem Aspekt der Planungssicherheit trägt die Praxis insbesondere dadurch Rechnung, dass Im-

---

7 Als langfristig gilt nach der Abgrenzung der Deutschen Bundesbank ein Kredit mit einer vereinbarten Laufzeit von über fünf Jahren, siehe nur: Zinsstatistik der Deutschen Bundesbank v. 31.10.2018, S. 1.

8 *Hüther et. al.*, Langfristfinanzierung, S. 17.

9 *Haas/Voigtländer*, Transparenz statt Deckelung, S. 4.

10 *Hüther et. al.*, Langfristfinanzierung, S. 15.

11 Darauf, dass die Festzinskultur und das stark ausgeprägte Sicherheitsbedürfnis der deutschen Verbraucher auch zu irrationalen Entscheidungen bei der Kreditaufnahme führen und ausgenutzt werden kann, verweist zu Recht: *Stelling*, Die vorzeitige Ablösung festverzinslicher Realkredite, S. 43 f.

12 Siehe etwa: vdp, Pressemitteilung vom 25.10.2017, abrufbar über https://www.pfandbrief.de/site/de/vdp/presse/pressemitteilungen/vdp-Nr_07_2017.html.

13 Laut *Süddeutscher Zeitung* sprach *Theodor Weimer*, Chef der Unicredit-Tochter Hypo-Vereinsbank, Anfang Mai 2015 von einer „gigantischen Sonderkonjunktur". „Im ersten Quartal 2015 habe das Geschäft mit der Baufinanzierung regelrecht ‚gebrummt'[...]", so der Artikel von *Schreiber*, Das Häuschen wird teurer, http://www.sueddeutsche.de/wirtschaft/ immobilienfinanzierung-das-haeuschen-wird-teurer-1.2481689, abgerufen am 14.9.2015.

14 *Knops*, in: Derleder/Knops/Bamberger, Handbuch zum Bankrecht (2017), § 13 Rn. 3.

15 *Freitag*, in: Staudinger, BGB (2015), § 488 Rn. 174.

16 *Menzen* bezeichnet die verschiedenen Sicherheitenverträge im Rahmen der Immobilienfinanzierung in seinem Beitrag zur Herbsttagung der Deutsch-Nordischen Juristenvereinigung 2006 als „Security Package" (S. 25).

17 Dazu unten: § 4.

mobiliarkredite ganz überwiegend in Form von sog. „Annuitätendarlehen" ausgereicht werden.[18] Diese zeichnen sich dadurch aus, dass die vom Kreditnehmer zu zahlenden Raten jederzeit konstant bleiben, so dass dieser von Anfang an seine bevorstehenden – meist monatlichen – Belastungen kalkulieren kann.[19] Eine weitere in der Praxis übliche Gestaltungsvariante ist das sog. „Forward-Darlehen", bei dem der Zinssicherungsaspekt im Fokus steht. Hierbei wird es dem Darlehensnehmer ermöglicht, sich einen Zinssatz, den er als günstig erachtet, für ein Darlehen zu sichern, das er erst zu einem späteren Zeitpunkt, etwa zur Anschlussfinanzierung, in Anspruch nehmen will.[20] Für Kreditnehmer, die die zu finanzierende Immobilie langfristig vermieten möchten, kann die Inanspruchnahme sog. Festdarlehen[21] interessant sein. Diese zeichnen sich dadurch aus, dass das Darlehen während der Laufzeit nicht getilgt wird und der Darlehensnehmer am Laufzeitende die gesamten Valuta auf einmal zurückzahlt. Der Darlehensnehmer hat daher über die gesamte Laufzeit auf den Gesamtbetrag der Valuta entsprechend hohe Zinsleistungen zu erbringen, die er im Rahmen der Vermietung der Immobilie steuerlich geltend machen kann.[22]

Schließlich sei nur der Vollständigkeit halber das Ratendarlehen erwähnt, da diese Gestaltung bei Immobilienfinanzierungen die Ausnahme darstellt.[23] Dafür ist charakteristisch, dass eine lineare Tilgungsleistung für eine feste Laufzeit vereinbart wird. Der Kapitaldienst aus Zins und Tilgung ist folglich anfangs am höchsten und fällt im weiteren Verlauf, sodass die Tilgung beim Ratendarlehen – unter sonst gleichen Umständen – schneller erfolgt als beim Annuitätendarlehen.[24]

---

18 *Geyer*, Kennzahlen für die Immobilienwirtschaft, S. 27.

19 Hintergrund dessen ist, dass sich die zu zahlenden Raten aus einem Zins- und einem Tilgungsteil zusammensetzen. Mit fortlaufender Tilgung verringert sich der Zinsanteil bis der Tilgungsteil am Laufzeitende fast die gesamte Rate umfasst; dazu sowie zur konkreten Berechnung im Zusammenhang mit dem Annuitätendarlehen: *Geyer*, Kennzahlen für die Immobilienwirtschaft, S. 27 ff.

20 *Geyer*, Kennzahlen für die Immobilienwirtschaft, S. 32 f.; zur praktischen Umsetzung siehe etwa den Textbaustein bei: *Franke*, Der Verbraucherkredit in der Bankpraxis, S. 53.

21 Es findet sich auch die Bezeichnung Festhypothek oder endfälliges Darlehen, *Brauer*, Immobilienfinanzierung, in: Brauer (Hrsg.), Grundlagen der Immobilienwirtschaft, S. 471.

22 *Brauer*, Immobilienfinanzierung, in: Brauer (Hrsg.), Grundlagen der Immobilienwirtschaft, S. 472, die ebda. darauf verweist, dass endfällige Darlehen für Eigennutzer, die den steuerlichen Vorteile nicht nutzen können, prinzipiell teurer sind als Darlehen, bei denen kontinuierliche Tilgungsleistungen zu erbringen sind.

23 *Geyer*, Kennzahlen für die Immobilienwirtschaft, S. 31.

24 Ebda.

II. Gewerbliche Immobilienfinanzierung

Die gewerbliche Immobilienfinanzierung in Deutschland, „definiert als Finanzierung drittverwendungsfähiger Immobilien für Investoren",[25] umfasste laut einer Studie von Roland Berger Strategy Consultants vom April 2015 zu diesem Zeitpunkt ein Volumen von rund 535 Mrd. EUR[26] und hat damit im Vergleich zur privaten Immobilienfinanzierung den deutlich geringeren Marktanteil. Trotz kleineren Volumens ist der kommerzielle Finanzierungsmarkt im Unterschied zur privaten Immobilienfinanzierung nicht nur auf Seite der Fremdkapitalgeber, sondern auch auf Investorenseite in hohem Maße heterogen ausgestaltet. Der Immobiliarkredit ist aber auch hier „feste Größe" eines vielfältigen Finanzierungsportfolios.

Als zinsgünstiger, „klassischer Bankkredit" bietet der Immobiliarkredit beste Voraussetzungen zur Verwirklichung langfristiger Engagements mit großen Volumen,[27] sofern die Finanzierung weniger vom Wunsch kurzfristiger Renditeerzielung, denn dem Interesse an Sicherheit und Kalkulierbarkeit getragen ist.[28] Trotz der ähnlichen Interessenlage kann aber – anders als bei der Eigenheimfinanzierung – meist nicht auf standardisierte Vertragsgestaltungen zurückgegriffen werden. Das immobiliarkreditrechtliche Vertragswerk ist im gewerblichen Bereich meist hochindividuell ausgestaltet und wird detailliert an die Parteiinteressen angepasst.[29] Ebenso wie bei der Eigenheimfinanzierung wird die Bereitstellung solch zinsgünstiger Kredite auch bei der gewerblichen Immobilienfinanzierung – schon *per definitionem* – daran geknüpft, dass der Kreditnehmer werthaltige (dingliche) Sicherheiten bereitstellen kann.

Insbesondere für mittelständische Unternehmen kann es daher schwierig sein, zur Finanzierung auf den klassischen (Haus-)Bankkredit zurückzugreifen. Denn einerseits haben die gestiegenen regulatorischen Anforderungen an die Banken[30] zu erheblichen Restriktionen in der Kreditverga-

---

25 *Strietzel et. al.*, Betongoldrausch in Deutschland, S. 2.

26 Ebda.; der Finanzierungsmarkt für rein gewerblich genutzte Immobilien hat ein Volumen von schätzungsweise 350-400 Milliarden Euro, siehe: *Bettink*, Immobilien Banking 2014/2015, 16, 19.

27 *Strietzel et. al.*, Betongoldrausch in Deutschland, S. 42 f.

28 *Strietzel et. al.*, Betongoldrausch in Deutschland, S. 31.

29 *Gentgen*, Strategien deutscher Banken, S. 89; *Knobloch*, Rahmenbedingungen und Strukturwandel im Immobilienbanking, in: Schulte et. al., Handbuch Immobilien-Banking, S. 61 f.

30 In diesem Zusammenhang sind insbesondere die Basel II und Basel III-Verordnung zu nennen, womit die Banken zwecks Stabilisierung des Finanzmarktes mit

bepraxis geführt.[31] Andererseits drängen hoher Innovations- und Investitionsdruck bei gleichzeitig geringem oder gänzlich fehlendem Angebot werthaltiger Sicherheiten dazu, alternative Finanzierungsvarianten in den Blick zu nehmen. In Betracht kommt etwa eine langfristig angelegte Fremdfinanzierung und Vermögenbildung durch Finanzierungsleasing.[32] Im Wege des Immobilienleasings[33] erfolgt insbesondere die Finanzierung von „[...] größeren gewerblichen Investitionsvorhaben, wie dem Bau von Warenhäusern, Lagerhallen, Fabrikhäusern, Walzstraßen, Kühlhäusern, Einkaufszentren oder Parkhäusern mit langer Nutzungsdauer [...]."[34] Für schnellen Liquiditätszufluss bietet überdies das Factoring[35] ein probates Mittel zur kurzfristigen Fremdfinanzierung.[36] Weitere alternative Finanzierungsmöglichkeiten finden sich im Bereich der Ertrags- und Beteiligungsfinanzierung, die etwa durch Gewährung von stillen bzw. Minderheitsbeteiligungen[37] oder auch durch die Begabe von Unternehmensanleihen ausgestaltet werden kann.[38] Dabei gewinnen moderne Beteiligungsmodelle, wie Mezzanine- oder Venture-Kapitalfinanzierungen sukzessive an Bedeutung.[39] Letztere werden vor allem von risikoaffinen und renditeorienteren Marktteilnehmern angeboten und eröffnen auch für risikobehaftete Unter-

---

(immer) strengeren Eigenkapitalanforderungen und Transparenzvorschriften konfrontiert worden sind, *Becker et. al.*, Finanzierung im Mittelstand, S. 66 ff.; *Bettink*, Immobilien Banking 2014/2015, 16, 17.

31 *Bettink*, Immobilien Banking 2014/2015, 16, 17; *Knüfermann*, Märkte der langfristigen Fremdfinanzierung, S. 45.
32 Vgl.: die Bezeichnung als „Finanzierungshilfe" durch den Gesetzgeber in §§ 499 Abs. 2, 500 a.F. (vom 1.1.2002); darauf verweist auch: *Stoffels*, in: Staudinger, BGB (2018), Leasing Rn. 10.
33 Dabei handelt es sich in der Regel, aber nicht zwingend um eine Form des „Finanzierungsleasings"; ggf. kann im Einzelfall eine differierende rechtliche Einordnung der jeweiligen Finanzierungsgestaltung angezeigt sein, *Martinek*, Moderne Vertragstypen I, S. 60; *R. Koch*, Immobilien-Leasing, S. 121 ff., 197 ff.
34 *Martinek*, Moderne Vertragstypen I, S. 59 (Nachw. ausgespart).
35 Näher dazu: *Martinek*, Moderne Vertragstypen I, S. 220 ff.
36 *Banik et al.*, Hybride Finanzierungsinstrumente, S. 2.
37 Vgl.: *Becker et. al.*, Finanzierung im Mittelstand, S. 114.
38 Ein solches Engagement am Primärmarkt ist sehr aufwendig und mit erheblichen Transparenz- und Offenlegungspflichten verbunden. Die Begebung von Fremdkapitaltiteln lohnt daher erst ab einem Kapitalbedarf von mind. drei bis fünf Millionen Euro, *Bormann*, bdp-aktuell 2013, 5, 6; im mittelständischen Bereich kommt der Finanzierung über Unternehmensanleihen daher auch nur untergeordnete Bedeutung zu, *Becker et. al.*, Finanzierung im Mittelstand, S. 52.
39 *Kaserer/Lenz*, Wachstum und Unabhängigkeit durch Eigenkapitalfinanzierung, S. 73; *Brauer*, Immobilienfinanzierung, in: Brauer (Hrsg.), Grundlagen der Immobilienwirtschaft, S. 520 ff.

nehmungen[40] Möglichkeiten zur (quasi-)eigenkapitalbasierten Finanzierung.[41] Ferner kann die teure Mezzanine/Venture-Finanzierung im Rahmen einer Mischfinanzierung dazu genutzt werden, das notwendige Eigenkapital für die Inanspruchnahme zinsgünstiger Bankkredite zu beschaffen.[42]

Sofern das Unternehmen den Kapitalbedarf für ein anstehendes Immobilienprojekt, etwa auf Grund der Höhe des zu stemmenden Investitionsvolumens, nicht intern akquirieren kann,[43] wird die Fremdfinanzierung also möglichst über zinsgünstige Immobiliarkredite abgewickelt. Daneben hält der Markt eine Vielzahl von Finanzierungsvarianten bereit, die mehr oder minder gleichberechtigt nebeneinander stehen[44] und für sich genommen oder in der Kombination mit Immobiliarkrediten eine – volkswirtschaftlich notwendige – Alternative zur Kapitalbedarfsdeckung bieten können. Die Komplexität dieses Marktangebots ist, ebenso wie die der einzelnen Vertragswerke, Spiegel einer besonderen Individualität der Interessen gewerblicher Immobilienfinanzierer und -investoren.

B. Der Markt auf Geberseite

Auf dem Immobilienfinanzierungsmarkt engagieren sich eine Vielzahl institutioneller Investoren. Neben „traditionelle Immobilienfinanzierer", wie Banken und Versicherer,[45] treten insbesondere im Bereich gewerblicher Immobilienfinanzierung mittlerweile auch neue Marktteilnehmer, wie

---

40 Z.B. *Startups* oder sanierungsbedürftige Unternehmen, siehe: *Banik et al.*, Hybride Finanzierungsinstrumente, S. 23 ff.

41 Bei „Mezzanine-Kapital" handelt es sich um eine Hybride, die Charakteristika von Eigen- und Fremdkapitalfinanzierung aufweist. Typisierend ist eine Positionierung zwischen stimmberechtigtem Eigenkapital und erstrangigem Fremdkapital, wobei regelmäßig Gestaltungen angestrebt werden, die eine wirtschaftliche Einordnung als Eigenkapital erlauben ohne dabei (steuerlich) den Charakter von Fremdkapital zu verlieren (Mezzanine-Kapital im engeren Sinn), vgl.: *Schramm*, Mezzanine, S. 15.

42 Vgl.: *Banik et al.*, Hybride Finanzierungsinstrumente, S. 10 ff.

43 Näher zur Innen- bzw. Selbstfinanzierung im mittelständischen Bereich, *Becker et. al.*, Finanzierung im Mittelstand, S. 114 f.

44 *Strietzel et. al.*, Betongoldrausch in Deutschland, S. 6.

45 *v. Heymann/Merz*, in: Schimansky/Bunte/Lwowski, Bankrechts-Handbuch (2017), § 86 Rn. 22 f.; *Bettink*, Immobilien Banking 2014/2015, 16, 19.

Staats-, Kredit-, und Private Equity-Fonds, die den Wettbewerb als sog. *new arrivals* verstärken.[46]

I. Banken

Bei Langfristfinanzierungen spielen Banken auf Geberseite eine überragend wichtige Rolle.[47] Dabei engagieren sich Häuser des privaten, öffentlich-rechtlichen, als auch genossenschaftlichen Bankensektors, d.h. aller „drei Säulen des deutschen Bankensystems".[48]

1. Der private Bankensektor

Zum privaten Bankensektor gehören u.a. die früheren privaten Hypothekenbanken, die noch unter Geltung des Hypothekenbankgesetzes eine gesetzlich begründete Sonderstellung im Bereich langfristiger Immobilienfinanzierung einnahmen. Dabei handelte es sich gem. § 1 Nr. 1 HBG um privatrechtliche Kreditinstitute, deren Geschäftsbetrieb darauf gerichtet gewesen ist, inländische Grundstücke zu beleihen und auf Grund der erworbenen Hypotheken Schuldverschreibungen (Hypothekenpfandbriefe) auszugeben. Mit der dadurch statuierten Privilegierung im Passivgeschäft[49] ging im Aktivgeschäft eine Spezialisierung auf die Vergabe langfristiger, grundpfandrechtlich abgesicherter Kredite einher. Spiegelbildlich zu den strengen Anforderungen im Passivgeschäft, §§ 11 und 12 HBG, zielte das originäre Geschäft auch auf Aktivseite darauf ab, „echte Realkredite" auszureichen.[50] Mit Inkrafttreten des PfandBG am 19.7.2005[51] ist das „Spezialbankprinzip" des HBG konsequenterweise aufgegeben worden.[52] Das

---

46 Siehe dazu: *Bettink*, Immobilien Banking 2014/2015, 16, 17; *Hüther et. al.*, Langfristfinanzierung, S. 46 ff.

47 Vgl.: *Hüther et. al.*, Langfristfinanzierung, S. 59; *Knüfermann*, Märkte der langfristigen Fremdfinanzierung, S. 8.

48 *Koppmann*, Gedeckte Schuldverschreibungen, S. 52; *Klein*, Die Bankensysteme der EU-Länder, S. 62.

49 Im privaten Sektor war allein Hypothekenbanken gem. § 1 HBG die Refinanzierung durch Pfandbrief- bzw. Hypothekenbriefemission erlaubt.

50 Vgl.: *Bellinger/Kerl*, HBG (1995), § 1 Rn. 11 ff.; noch zur früheren Rechtslage v. 14.1.1963: *Barlet/Karding/Fleischmann*, HBG (1963), § 1 Rn. 5.

51 Erlassen am 22.5.2005, BGBl. I, S. 1373.

52 *Koppmann*, Gedeckte Schuldverschreibungen, S. 118.

Pfandbriefrecht hat sich vom Instituts- zum Anlegerschutzrecht gewandelt.[53] Nunmehr steht es allen Banken frei, Pfandbriefe zur Refinanzierung zu begeben, sofern sie die Voraussetzungen der §§ 1 ff. PfandBG erfüllen.[54] Auf der anderen Seite ist der erlaubte Geschäftsrahmen der früheren Hypothekenbanken maßgeblich erweitert worden.[55] Es ist ihnen nunmehr möglich, ihr ehemals gesetzlich festgelegtes Geschäft breiter zu fächern. Eine maßgebliche Verschiebung oder gar Aufgabe des bisherigen Kerngeschäfts hat sich in der Folge jedoch nicht ergeben,[56] zumal die über Jahre gewachsene Expertise einen erheblichen Wettbewerbsvorteil bietet.

Unabhängig von der Modernisierung des Pfandbriefrechts wurde das Immobiliarkreditgeschäft im privaten Sektor schon seit Ende der 1970er Jahre auch von „privaten Geschäftsbanken" betrieben.[57] Für diese bestand zwar keine Möglichkeit, sich über Pfandbriefemissionen langfristig und möglichst fristenkongruent zu refinanzieren. Gleichwohl ist es auf Grundlage des Einlagengeschäfts auf Passivseite möglich gewesen, risikoarme und qualitativ hochwertige Langfristfinanzierungen anzubieten.[58] Da die Geschäftsbanken im Gegensatz zu den früheren Hypothekenbanken nicht gesetzlich eingeengt waren, konnte zudem ein größerer Kundenkreis angesprochen werden. An Kreditnehmer, die ausreichende persönliche Bonität aufwiesen, nicht aber hinreichende dingliche Sicherheit nach den strengen Kriterien „echter Realkredite" leisten konnten, boten nachrangige „Hypothekarkredite im weiteren Sinne" sowohl für die Geschäftsbanken als auch für die Kunden eine attraktive Alternative.[59]

---

53 Das Spezialbankprinzip des HBG war im Laufe der Zeit immer mehr ausgehöhlt und nach Stärkung der Deckungsmassen im Zuge der HGB-Reformen von 1998 und 2004 auch weitgehend obsolet geworden, vgl.: *Koppmann*, Gedeckte Schuldverschreibungen, S. 111 a.E., 119.

54 *Smola*, PfandBG (2014), Vorwort zur 1. Aufl.

55 BT-Drs. 15/4321, S. 28.

56 *Hüther et. al.*, Langfristfinanzierung, S. 64; vgl. ferner: *Dübel*, Reformerfordernisse bei Pfandbriefen, S. 1.

57 *v. Heymann/Merz*, in: Schimansky/Bunte/Lwowski, Bankrechts-Handbuch (2017), § 86 Rn. 13; *Pauluhn*, Das Hypothekarkreditgeschäft der Geschäftsbanken, in: Rüchardt (Hrsg.), Handbuch des Hypothekarkredits, S. 1084.

58 *v. Heymann/Merz*, in: Schimansky/Bunte/Lwowski, Bankrechts-Handbuch (2017), § 86 Rn. 13.

59 Ebda.

2. Die öffentlich-rechtlichen Kreditinstitute

Sowohl die Eigenheimfinanzierung als auch die gewerbliche Immobilien-finanzierung sind Teil des Geschäfts der öffentlich-rechtlichen Kreditinsti-tute, dem die Sparkassen, die Landesbanken sowie die bundes-und landes-eigenen Förderbanken angehören. Im Gegensatz zum privaten Sektor stan-den die öffentlich-rechtlichen Kreditanstalten hinsichtlich des Passivge-schäfts im Grunde gleichberechtigt nebeneinander. Ein „Spezialbankprin-zip", wie es das HGB statuierte, war dem öffentlich-rechtlichem Pendant – dem ÖPG[60] – fremd.[61] Die öffentlich-rechtlichen Kreditinstitute konnten schon vor Inkrafttreten des PfandBG ihr Geschäft sowohl auf Aktiv- als auch Passivseite frei und „universell" gestalten.

Für die Sparkassen ist die Immobiliarkreditvergabe „[...] traditionell eine tragende Säule [ihres] Kreditgeschäfts."[62] Entsprechend ihrem öffentlichen Auftrag, die angemessene und ausreichende Versorgung aller Bevölke-rungsschichten und der Wirtschaft, insbesondere des Mittelstandes, mit geld- und kreditwirtschaftlichen Leistungen sicherzustellen,[63] liegt das „Kerngeschäft" der Sparkassen unter anderem in der Eigenheimfinanzie-rung sowie der Finanzierung kleiner und mittlerer Unternehmen.[64] Zur Refinanzierung kann und wird hierbei in ganz überwiegendem Maße auf Spareinlagen zurückgegriffen.[65] Gleichwohl sind auch einige Häuser auf die Vergabe hochwertiger, „echter Realkredite" in Verbindung mit einer langfristigen Refinanzierung über die Emission von Pfandbriefen oder ähnlich strukturierten *covered bonds* spezialisiert.[66] Dabei stehen meist komplexe gewerbliche Immobilienfinanzierungen in Rede, die oft in Zu-sammenarbeit mit den Landesbanken realisiert werden.[67] Letztere sind als

---

60 Gesetz über die Pfandbriefe und verwandten Schuldverschreibungen öffentlich-rechtlicher Kreditanstalten.
61 *Koppmann*, Gedeckte Schuldverschreibungen, S. 123.
62 *v. Heymann/Merz*, in: Schimansky/Bunte/Lwowski, Bankrechts-Handbuch (2017), § 86 Rn. 14.
63 Siehe etwa § 2 Abs. 1 des Saarländischen Sparkassengesetzes (SSpG).
64 *v. Heymann/Merz*, in: Schimansky/Bunte/Lwowski, Bankrechts-Handbuch (2017), § 86 Rn. 15.
65 Ebda.
66 Vgl.: *Koppmann*, Gedeckte Schuldverschreibungen, S. 123; *Fieseler*, I&F 2009, 306, 306 f.
67 Zunehmender Bedeutung kommt in diesem Zusammenhang dem sog. „Pfand-brief-Pooling" zu, wobei Landesbanken mit Hilfe des Refinanzierungsregisters deckungsfähige Vermögenswerte der Sparkassen bündeln und dadurch rentable Emissionsmöglichkeiten schaffen, *Juli*, I&F 2013, 838, 839.

sog. Sparkassenzentralbanken[68] nicht nur im Bereich privater und gewerblicher Immobilienfinanzierung wichtigster Kooperationspartner der Sparkassen.

Die Landesbanken genießen im Übrigen volle Geschäftsfreiheit[69] und sind als traditionelle öffentlich-rechtliche Pfandbriefanstalten sowohl im Aktiv- als auch im Passivgeschäft breit aufgestellt. Sie fungieren sowohl als universelle Geschäftsbanken[70] als auch als landeseigene Staatsbanken mit weitreichenden strukturpolitischen Aufgaben einschließlich der staatlichen Wohnungsbauförderung.[71]

3. Genossenschaftlicher Bankensektor

Im kreditgenossenschaftlichen Sektor ist ähnlich wie im öffentlich-rechtlichen Sektor zwischen regional fokussierten Instituten mit Schwerpunkt im Einlagengeschäft und überregional orientierten Zentralbanken mit Fokus auf das Wertpapieremissionsgeschäft zu unterscheiden.[72] Diese mehrstufige und symbiotische Aufgabenerfüllung, die im öffentlich-rechtlichen Bereich auf Sparkassen und Landesbanken verteilt ist, erfolgt im kreditgenossenschaftlichen Sektor durch die Kreditgenossenschaften (Volksbanken und Raiffeisenbanken) auf regionaler und die Genossenschaftlichen Zentralbanken auf überregionaler Ebene.[73]

II. Bausparkassen

Bausparkassen sind gem. § 1 Abs. 1 BausparKG Kreditinstitute, deren Geschäftsbetrieb darauf gerichtet ist, Einlagen von Bausparern (Bauspareinlagen) entgegenzunehmen und aus den angesammelten Beträgen den Bausparern für wohnungswirtschaftliche Maßnahmen Gelddarlehen (Bauspar-

---

68 Siehe nur: § 2 Abs. 4 des Gesetzes über die Landesbank Baden-Württemberg (LB-WG).
69 § 2 Abs. 1 LBWG.
70 *v. Heymann/Merz*, in: Schimansky/Bunte/Lwowski, Bankrechts-Handbuch (2017), § 86 Rn. 18; *Lehner*, Landesbanken und Spezialinstitute, in: Rüchardt (Hrsg.), Handbuch des Hypothekarkredits, S. 1061.
71 *v. Heymann/Merz*, in: Schimansky/Bunte/Lwowski, Bankrechts-Handbuch (2017), § 86 Rn. 18 m.w.N.
72 Vgl.: *Koppmann*, Gedeckte Schuldverschreibungen, S. 53 m.w.N.
73 Ebda.

darlehen) zu gewähren (Bauspargeschäft). Das Bauspargeschäft darf nur von Bausparkassen betrieben werden. Es unterscheidet sich konzeptionell stark von der reinen Fremdfinanzierung per Immobiliarkredit und nimmt im Aktivgeschäft deutscher Immobilienfinanzierung traditionell eine Sonderrolle ein.[74] Laut dem Verband der deutschen Bausparkassen ist

> „Bausparen [...] ein bedeutender Faktor der Wohnungsversorgung, der Eigentumsbildung und der persönlichen Altersvorsorge. Seit Ende des Zweiten Weltkrieges haben die deutschen Bausparkassen mehr als 1000 Milliarden Euro für die Wohnungsfinanzierung zur Verfügung gestellt. Damit sind über 13 Millionen Wohnungen, darunter 9 Millionen Neubauten, unter Einsatz von Bausparmitteln mitfinanziert worden. Hinzu kommt eine nicht im Einzelnen erfassbare Zahl von Finanzierungen, die für Modernisierungs- und Renovierungsvorhaben, für Um- und Ausbauten sowie für Baulandkäufe verwendet wurden."[75]

Die Grundidee des staatlich geförderten[76] Bausparens (Bauspargedanke) besteht darin, dass ein systematisches und kollektives Ansparen von Eigenkapital mit der Vergabe zinsgünstiger Darlehen verknüpft und dadurch eine zielgerichtete Immobilienvermögensbildung ermöglicht wird.[77] Zu diesem Zweck schließt der Bausparer mit einer Bausparkasse einen Vertrag, durch den er nach Leistung von Bauspareinlagen einen Rechtsanspruch auf Gewährung eines Bauspardarlehens erwirbt (Bausparvertrag), § 1 Abs. 2 BausparKG. Dabei handelt es sich materiell um ein gegenseitiges Darlehensvertragsverhältnis. In der Ansparphase werden der Bank die von den Bausparern zu erbringenden Einlagen als Fremdmittel bereitgestellt und marktabhängig verzinst. Diese reichen die Bausparkassen nach Zuteilung[78] als festverzinsliche, aber vom Bausparer jederzeit kündbare

---

74 Zur Geschichte des Bausparens, siehe: *Langer*, Eine Idee setzt sich durch; *Degner/Röher/Wiechers*, Die Bausparkassen, in: Rüchardt (Hrsg.), Handbuch des Hypothekarkredits, S. 1115 ff.

75 VdPB, Bausparen, http://www.bausparkassen.de/index.php?id=bausparen.

76 Näher dazu: VdPB, Staatliche Förderung, http://www.bausparkassen.de/index.php?id=staatliche_foerderung.

77 Vgl.: *Grill et al.*, Wirtschaftslehre des Kreditwesens, S. 198 f.

78 Näher zum Zuteilungsverfahren: §§ 4,5 der Muster-ABB v. 20.8.2013; *Degner/Röher/Wiechers*, Die Bausparkassen, in: Rüchardt (Hrsg.), Handbuch des Hypothekarkredits, S. 1131 f.

(§ 15 Muster-ABB), nachrangige Hypothekendarlehen[79] wieder an die Bausparer aus.[80]

Voraussetzung dafür ist, dass der Bausparkasse hinreichende Sicherheit, grundsätzlich in Form nachrangiger Grundpfandrechte in Kombination mit weiteren persönlichen Sicherheiten gewährt wird, d.h. bei den von Bausparern empfangenen Darlehen handelt es sich regelmäßig um Immobiliarkredite im untersuchungsgegenständlichen Sinn.

Sowohl im Aktiv- als auch im Passivgeschäft stehen den Bausparkassen diverse Geschäfts-möglichkeiten neben dem Bauspargeschäft offen. Diese in § 4 BausparkG enumerativ aufgeführten Nebengeschäfte erlauben es den Bausparkassen, sich trotz des Spezialitätsprinzips (etwas) breiter am Markt zu positionieren und sind letztlich zwingende Voraussetzung dafür, dass das Hauptgeschäft sicher gewährleistet und darüber hinaus rentabel gestaltet werden kann.[81]

III. Versicherer

Für Versicherer gehört die Immobiliarkreditvergabe zu einer der „klassischen Anlageformen"[82] zur Sicherung und Mehrung der vereinnahmten Versicherungsbeiträge.[83] Im Fokus stehen dabei besonders langfristige Arrangements im Privatkundengeschäft,[84] die neben stetigen Einnahmen den

---

79 *Degner/Röher/Wiechers*, Die Bausparkassen, in: Rüchardt (Hrsg.), Handbuch des Hypothekarkredits, S. 1133 f.

80 Anschaulich: Haufe, Bausparen 2012, S. 2 ff.

81 *Degner/Röher/Wiechers*, Die Bausparkassen, in: Rüchardt (Hrsg.), Handbuch des Hypothekarkredits, S. 1133 f.; der Katalog des aktuellen § 4 BausparkG ist im Vergleich dazu – den heutigen Marktgegebenheiten entsprechend – maßgeblich erweitert worden.

82 *v. Heymann/Merz*, in: Schimansky/Bunte/Lwowski, Bankrechts-Handbuch (2017), § 86 Rn. 22.

83 *Beer*, Das Hypothekengeschäft der Versicherungen, in: Rüchardt (Hrsg.), Handbuch des Hypothekarkredits, S. 1148; *v. Heymann/Merz*, in: Schimansky/Bunte/ Lwowski, Bankrechts-Handbuch, (2017) § 86 Rn. 22; *Krohn*, Versicherer weiten Immobiliengeschäft aus, http://www.faz.net/aktuell/ finanzen/hypothekendarlehen-versicherer-weiten-immobiliengeschaeft-aus-11833204.html; *Bettink*, Immobilien Banking 2014/2015, 16, 19.

84 Mit einer Zinsbindung von 20 Jahren und mehr, vgl.: *Höfinghoff*, Kredit vom Versicherer, http://www.faz.net/aktuell/finanzen/meine-finanzen/immobilienfinanzierung-kredit-vom-versicherer-11759210.html.

Vorteil bieten, dass sich das Kreditrisiko „[...] in Bröckchen von 200.000 Euro auf viele Schuldner" verteilt.[85]

Der gesetzliche Rahmen für die Vergabe von Immobiliarkrediten durch Versicherer ergab sich ursprünglich allein aus § 54 Abs. 1 VAG a.F., wonach das gebundene Vermögen der Versicherungsunternehmung unter Berücksichtigung der Art der betriebenen Versicherungsgeschäfte sowie der Unternehmensstruktur so anzulegen war, dass möglichst große Sicherheit und Rentabilität bei jederzeitiger Liquidität des Versicherungsunternehmens unter Wahrung angemessener Mischung und Streuung erreicht wird. Für das Immobiliarkreditgeschäft wurden jene „allgemeinen „Anlagegrundsätze für das gebundene Vermögen" Mitte der 1950er Jahre einer „ausgesprochen restriktive[n] Reglementierung durch die Aufsichtsbehörde"[86] (BAV) unterworfen,[87] was zu einem nicht unerheblichen Bedeutungsverlust der Anlageklasse führte.[88] Dies änderte sich mit der gesetzlichen Gleichstellung von Versicherungsunternehmen und Hypothekenbanken im Zuge der VAG-Novelle 1974, wodurch Versicherungshypotheken gleichrangig neben „echten Realkrediten" angeboten werden konnten. Mit Einführung der sog. Öffnungsklausel des § 54a Abs. 2 Nr. 14 VAG a.F. bzw. § 54 Abs. 3 VAG i.V.m. § 2 Abs. 2, § 3 Abs. 2 Nr. 4 AnlV[89] ist das Immobiliarkreditgeschäft der Versicherungen nochmals maßgeblich liberalisiert worden, sodass diese sich seit dem auch am nachrangigen Hypothekarkreditgeschäft beteiligen und sich dementsprechend breiter am Markt aufstellen können.[90]

Zu einer Wiederbelebung der Anlageklasse hat in jüngerer Vergangenheit die bevorzugte Behandlung der Vergabe grundpfandrechtlich gesicher-

---

85 *Krohn*, Versicherer weiten Immobiliengeschäft aus, http://www.faz.net/aktuell/ finanzen/hypothekendarlehen-versicherer-weiten-immobiliengeschaeft-aus-11833204.html.
86 *Beer*, Das Hypothekengeschäft der Versicherungen, in: Rüchardt (Hrsg.), Handbuch des Hypothekarkredits, S. 1152.
87 Diese erläutern etwa: *van Bargen*, VW 1955, 276; *Otto*, VW 1963, 330.
88 *Beer*, Das Hypothekengeschäft der Versicherungen, in: Rüchardt (Hrsg.), Handbuch des Hypothekarkredits, S. 1152.
89 Die ehemals in § 54 a VAG a.F. getroffenen Detailbestimmungen über die Anlage des gebundenen Vermögens sind nunmehr Gegenstand der Anlageverordnung vom 20. 12. 2001, BGBl. I, S. 3913 (zul. geändert am 3.3.2015 (BGBl. I, S. 188); dadurch sollte das Gesetz verschlankt und mehr Flexibilität der Regierung mit Blick auf Kapitalmarktveränderungen erreicht werden, BR-Drs. 709/01.
90 *Beer*, Das Hypothekengeschäft der Versicherungen, in: Rüchardt (Hrsg.), Handbuch des Hypothekarkredits, S. 1154.

ter Darlehen unter Solvency II[91] geführt.[92] Die Anforderungen an die Solvabilitätskapitalausstattung sind hier im Vergleich zu anderen Anlageformen, wie Investitionen in den Erwerb von Immobilien oder auch in Aktien, geringer, wodurch sowohl der private als auch der gewerbliche Immobilienfinanzierungsmarkt für Versicherungsunternehmen erheblich an Attraktivität gewonnen haben.[93]

IV. „New Arrivals"

Mit den gestiegenen regulatorischen Anforderungen an die etablierten Immobilienfinanzierer hat sich nicht nur das Marktangebot diversifiziert; auch der Kreis der Anbieter hat sich erweitert. Zu den „Neuankömmlingen" zählen institutionelle Anleger, wie Staats- oder Kreditfonds,[94] die sich je nach strategischer Ausrichtung sowohl im *senior debt* Bereich[95] durch Ausgabe von Immobiliarkrediten als auch im Bereich der Mezzanine-Finanzierung mit moderater Renditeerwartung engagieren.[96] Hinzu treten hochspezialisierte Finanzdienstleister, wie Private Equity Fonds und Family Offices, die auf Grund ihrer hohen Renditeerwartungen vornehmlich alternative Finanzierungen im Hochrisikobereich anbieten.[97]

---

91 Bei „Solvency II" handelt es sich um ein Projekt der Kommission zur Reform des Versicherungsaufsichtsrechts in Europa. Das neue Aufsichtsregime, in Rahmen dessen weiterentwickelte Solvabilitätsanforderungen an Versicherer gestellt werden, ist am 1.1.2016 mit Umsetzung der Richtlinie 2009/138/EG vollständig in Kraft getreten. Für Versicherer, die dem Aufsichtsregime des VAG unterworfen sind, ergeben sich die Kapitalanlagegrundsätze nunmehr aus den Grundsätzen der unternehmerischen Vorsicht, wie sie sich nach Umsetzung von Solvency II aus dem VAG ergeben; für alle anderen Unternehmen gilt als Maßstab bei der Kapitalanlage weiterhin die Anlageverordnung, siehe dazu die Ausführungen der BaFin unter: http://www.bafin.de/DE/Aufsicht/VersichererPensionsfonds/Aufsichtsregime/SolvencyII/solvency_II_node.html sowie http://www.bafin.de/DE/Aufsicht/VersichererPensionsfonds/Kapitalanlagen/kapitalanlagen_node.html.
92 *Detering et. al.*, Banken vs. Versicherer, http://www.handelsblatt.com/unternehmen/banken-versicherungen/anlageformen-banken-vs-versicherer/6320294.html; *Bettink*, Immobilien Banking 2014/2015, 16, 19.
93 Ebda.
94 Näher dazu: *Hüther et. al.*, Langfristfinanzierung, S. 50 ff.
95 Darunter ist Fremdkapital zu verstehen, das im Insolvenzfall vorrangig zurückzuzahlen ist, Springer Gabler Verlag (Hrsg.), Gabler Wirtschaftslexikon, Stichwort: Senior Debt, https://wirtschaftslexikon.gabler.de/definition/senior-debt-42690.
96 *Bettink*, Immobilien Banking 2014/2015, 16, 21.
97 *Bettink*, Immobilien Banking 2014/2015, 16, 21.

C. Das Immobiliarkreditgeschäft auf Passivseite

Sofern sich Versicherer und *new arrivals* im Immobiliarkreditgeschäft engagieren, bestreiten sie dieses regelmäßig aus den vereinnahmten Beiträgen bzw. Investments ihrer Kunden. Demgegenüber gestaltet sich das Passivgeschäft der Banken komplexer. Als Summe der Maßnahmen, das (Fremd-)Kapital zur Gestaltung des Aktivgeschäfts zu beschaffen und bereitzuhalten,[98] ist es zugleich dessen Spiegel und Grundlage. Die Wirtschaftlichkeit der kreditgeschäftlichen Tätigkeit einer Bank hängt maßgeblich davon ab, ob und wie konsistent die Refinanzierung konzipiert ist.[99] Im Idealfall wird durch eine gewissenhafte Aktiv-Passiv-Steuerung rentables Geschäft unter Beachtung und Minimierung von Liquiditäts-, Zins- und Preisrisiken generiert.[100]

Gerade im gegenständlichen Zusammenhang wird die besondere Bedeutung einer möglichst engen Zins- und Laufzeitabstimmung der ausgereichten Kredite auf Aktivseite bzw. der dafür bereitstehenden Refinanzierungsmittel auf Passivseite hervorgehoben[101] und bisweilen mit Verweis auf die „goldene Bankregel" zugespitzt.[102] Danach müssen die Fristen und Fälligkeiten im Aktiv- und im Passivgeschäft einander entsprechen, um schwerwiegenden Liquiditäts- und Zinsänderungsrisiken möglichst wirksam vorzubeugen.[103] Kurzfristige Gelder dürfen nur kurzfristig ausgeliehen werden; langfristige Verbindlichkeiten sind nach Möglichkeit gleichlaufend langfristig auszureichen (Grundsatz der fristen- und laufzeitkongruenten Refinanzierung).[104] Im modernen Bankgeschäft wird dieser Grundsatz, der Ende des 19. Jahrhunderts von *Hübner* niedergeschrieben

---

98 Vgl.: *Brauer*, Immobilienfinanzierung, in: Brauer (Hrsg.), Grundlagen der Immobilienwirtschaft, S. 462.
99 Ebda.
100 Vgl.: *Redenius*, Strukturwandel im Hypothekenbankwesen, S. 51, der als weiteres Ziel gewissenhafter Disposition (von Hypothekenbanken) die „Einhaltung gesetzlicher und aufsichtsrechtlicher Limite" nennt und insofern bildhaft von einem „magischen Viereck" spricht.
101 Etwa: *Stelling*, Die vorzeitige Ablösung festverzinslicher Realkredite, S. 121: *Krepold/Kropf*, WM 2015, 1, 14; *Koppmann*, Gedeckte Schuldverschreibungen, S. 477 f.
102 *Harbeke*, Bankrechtstag 1996, 85, 87; siehe ferner: *Kern*, Wohnungsbaufinanzierung, S. 133.
103 Vgl.: *Koppmann*, Gedeckte Schuldverschreibungen, S. 477f.
104 *Fischer/Boegl*, in: Schimansky/Bunte/Lwowski, Bankrechts-Handbuch (2017), § 129 Rn. 34 ff.; ähnlich: *Hüther et. al.*, Langfristfinanzierung, S. 37.

worden ist,[105] allerdings nur noch sehr eingeschränkt durchgehalten. Eine strenge Interpretation und Anwendung ist angesichts der heutigen Marktgegebenheiten weder möglich noch zweckmäßig. Insbesondere für Universal- und Geschäftsbanken ist es selbstverständlich und traditionell geschäftsnotwendig, kurzfristig vereinnahmte Gelder als relativ längerfristig fällige Kredite wiederauszugeben.[106] Nicht nur die Fristentransformation gehört mittlerweile selbst im Pfandbriefgeschäft[107] „[...] zu den volkswirtschaftlich wichtigen Funktionen des Bankenapparats;"[108] in einem Umfeld aus volatilen Märkten und komplexen Finanzinstrumenten ist es grundlegende Voraussetzung für den anhaltenden Geschäftserfolg einer Bank, die bestehenden Risiken – wie Kreditausfallrisiken, Zinsänderungsrisiken, Wechselkursrisiken oder der Gefahr verspäteter (*delinquency-risk*) bzw. vorfälliger (*prepayment-risk*) Tilgungsleistungen –[109] mit hinreichender Genauigkeit zu bewerten und im Rahmen eines „modernen Risikomanagements" (*treasury*) so weit als möglich zu minimieren.[110] Seit den 1970er Jahren kommt hierbei dem Einsatz von derivativen Geschäften (Derivaten) maßgebliche Bedeutung zu.[111] Derivate sind Finanzinstrumente in Form von gegenseitigen Verträgen, deren Wert sich von einer marktbezogenen Referenzgröße, wie Wertpapieren, Zinsen, Indizes oder Handelsgegenständen (Basiswert oder *underlying*) ableitet. Sie lassen sich grundlegend in Optionen, Futures und Swaps unterscheiden, wobei es sich jeweils um Termingeschäfte handelt, die dem Transfer von Risiken dienen.[112] Derivate werden u.a. – ihrer verbreitet negativen Konnotation als „Finanzwetten" entsprechend[113] – als hochspekulative Investitionsgeschäfte genutzt. Sie stellen jedoch vor allem auch variable Instrumente zur Risikominimierung (*hedging*) dar und bieten überdies kostengünstig handelbare, hochliquide

---

105 *Hübner*, Die Banken (1854), S. 28: „Der Credit, welchen die Bank geben kann, ohne Gefahr zu laufen, ihre Verbindlichkeiten nicht erfüllen zu können, muss nicht nur im Betrage, sondern auch in der Qualität dem Credite entsprechen, welchen Sie genießt.".

106 *H. Hoffmann*, Dispositionsregeln, S. 130.

107 Vgl.: *Koppmann*, Gedeckte Schuldverschreibungen, S. 478.

108 *Fischer/Boegl*, in: Schimansky/Bunte/Lwowski, Bankrechts-Handbuch (2017), § 129 Rn. 10.

109 *Bauersfeld*, Gedeckte Instrumente zur Refinanzierung, S. 94 f.

110 *Deutsch/Beinker*, Derivate und Interne Modelle, S. 3.

111 Vgl.: *McDonald*, Derivatives markets, S. 6; *Deutsch/Beinker*, Derivate und Interne Modelle, S. 4.

112 *McDonald*, Derivatives markets, S. 6; *Bösch*, Derivate, S. 3.

113 *Bösch*, Derivate, S. 7.

Werte zur Ergänzung des (Re-) Finanzierungsportfolios.[114] Ohne einen solchen zweckmäßigen Einsatz von Derivaten ist eine markgerechte Disposition, die rentables Geschäft erlaubt, (auch für Pfandbriefbanken) nicht mehr möglich, sodass eine Marktöffnung für jene Finanzinstrumente für sämtliche Intermediäre unumgänglich geworden ist.[115]

I. Einlagengeschäft

Die wichtigste Quelle, aus der die Banken für die Refinanzierung von Darlehen schöpfen, sind Einlagen.[116] Dabei handelt es sich um Fremdkapital, das den Kreditinstituten von Kunden und anderen Banken zur Verfügung gestellt wird.[117] Abhängig von Zweck und Fälligkeit kann zwischen Sicht-, Termin-, sowie Spareinlagen differenziert werden.[118] Bei Sichteinlagen handelt es sich um täglich fällige Guthaben auf Giro- oder Kontokorrentkonten.[119] Termineinlagen sind Gelder, die von den Kunden für eine bestimmte Laufzeit als zinsbringende Anlage eingezahlt werden. Eine Kündigung dieser befristeten Verbindlichkeiten ist in der Regel nur unter Beachtung einer Kündigungsfrist von mindestens einem Monat möglich.[120] Als vermögensbildende Anlage sind Spareinlagen hingegen grundsätzlich als unbefristete Darlehen mit dreimonatiger Kündigungsfrist ausgestaltet.[121]

Generell handelt sich bei Einlagen um eher kurzfristig bereitgestellte Mittel,[122] die in der Regel variabel verzinst werden.[123] Gleichwohl erfolgt auch die Refinanzierung langfristiger Festzinskredite bisweilen sogar aus-

---

114 Vgl.: *McDonald*, Derivatives markets, S. 15 f.
115 Vgl.: *Koppmann*, Gedeckte Schuldverschreibungen, S. 187 ff; *Bonfig*, Das Passivgeschäft der Realkreditinstitute, in: Rüchardt (Hrsg.), Handbuch des Hypothekarkredits, S. 536 ff.
116 *Hüther et. al.*, Langfristfinanzierung, S. 37 f.; *Ahlswede/Schildbach*, Einlagen bei Banken, DB Research v. 27.2.2012, S. 1.
117 *Bauersfeld*, Gedeckte Instrumente zur Refinanzierung, S. 80; *Grill et al.*, Wirtschaftslehre des Kreditwesens, S. 176 f.
118 Siehe etwa: *Hartmann-Wendels et. al.*, Bankbetriebslehre, S. 211.
119 Ebda.
120 *Bauersfeld*, Gedeckte Instrumente zur Refinanzierung, S. 80.
121 *Hartmann-Wendels et. al.*, Bankbetriebslehre, S. 211.
122 *Hüther et. al.*, Langfristfinanzierung, S. 38; vgl. auch: *Knüfermann*, Märkte der langfristigen Fremdfinanzierung, S. 5, 8 f.
123 *Ahlswede/Schildbach*, Einlagen bei Banken, DB Research v. 27.2.2012, S. 2; Der Anteil festverzinslicher Spareinlagen liegt in Deutschlang nur bei rund 12 Prozent, *Hüther et. al.*, Langfristfinanzierung, S. 39.

schließlich über das Einlagengeschäft.[124] Im Immobiliarkreditgeschäft gilt dies insbesondere für die Wohnimmobilienfinanzierung. Hier werden „[e]twa vier von fünf Wohnimmobiliendarlehen [...] über Spar- und andere Einlagen refinanziert."[125] Die wirtschaftliche Grundlage dafür ergibt sich nach der sog. „Bodensatztheorie"[126] daraus, dass ein erheblicher Anteil der im Grunde volatilen und niedrigverzinsten Mittel[127] stabil als „Bodensatz" bei den Banken verbleibt und eine leicht zugängliche Refinanzierung mit kalkulierbaren Zinsänderungs- und Liquiditätsrisiken erlaubt. Voraussetzung dafür ist wiederum, dass im Aktivgeschäft auf ein gesundes Verhältnis des Kreditangebotes nach Laufzeiten und Zinsmodalitäten Acht genommen wird, um nicht die Grenzen der zweckmäßigen Fristentransformation auszuloten oder zu überschreiten. Unter dieser Prämisse kann eine Refinanzierung mit vertretbarem Zinsänderungs- und Liquiditätsrisiko selbst im Ausnahmefall eines Engpasses im Einlagenbestand durch die ergänzende Aufnahme zinsgünstiger Fremdmittel oder über die Veräußerung von Vermögensgegenständen am Markt kurzfristig gewährleistet werden.[128] Im letzteren Fall[129] sind die dabei ggf. in Kauf zu nehmenden Preisabschläge auf die Höhe des Eigenkapitals zu beschränken.[130] Schließlich kann das Einlagengeschäft im Vergleich zur Emission von Pfandbriefen oder anderer gedeckter Refinanzierungsinstrumente mit erheblich geringerem Aufwand betrieben werden. Hierfür gelten weder die strengen pfandbriefgesetzlichen Regularien, noch bedarf es des umfangreichen und speziellen Know-hows, das für ein erfolgreiches Engagement im wertpapierbasierten Passivgeschäft nötig ist.

---

124 *Hüther et. al.*, Langfristfinanzierung, S. 37; *Hagen/Siebs*, Immobilien Banking 2011/2012, 25, 28; *Bauersfeld*, Gedeckte Instrumente zur Refinanzierung, S. 80.

125 *Hagen/Siebs*, Immobilien Banking 2011/2012, 25, 28.

126 Grundlegend: *Wagner*, Beiträge zur Lehre von den Banken (1857), S. 164 ff.

127 Vgl.: *Bauersfeld*, Gedeckte Instrumente zur Refinanzierung, S. 80.

128 *Hartmann-Wendels et. al.*, Bankbetriebslehre, S. 381.

129 Der sog. *Shiftability Theorie* folgend; grundlegend: *Knies*, Geld und Credit, II. Abt., 2. Hälfte, Der Credit, 1879; siehe ferner: *Hartmann-Wendels et. al.*, Bankbetriebslehre, S. 386.

130 So die „Maximalbelastungstheorie" nach *Stützel*, in: Vorträge für Sparkassenprüfer, 1959, 34, 43.

II. Bankschuldverschreibungen

Nach den Einlagen haben Schuldverschreibungen den mit Abstand größten Anteil am „Refinanzierungsmix", auf den für langfristige Finanzierungen auf Aktivseite zurückgegriffen wird.[131] Dabei ist grundlegend zwischen ungedeckten „Bankschuldverschreibungen"[132] und gedeckten Schuldverschreibungen (*covered bonds*) zu differenzieren. Bankschuldverschreibungen sind Anleihen, die von Banken zur Akquirierung von Fremdkapital begeben werden.[133] Die Rendite der Investoren richtet sich dabei nach der Laufzeit der begebenen Anleihe sowie der Bonität der emittierenden Bank, zumal die Ansprüche des Gläubigers allein durch Rückgriff auf die Bank geschützt sind. In Deutschland haben Bankschuldverschreibungen im Durchschnitt eine Laufzeit von über einem Jahr. Diese eignen sich grundsätzlich für eine fristenkongruente Refinanzierung langfristiger Kredite und bieten insoweit eine naheliegende, flexible und vielfältig einsetzbare Refinanzierungsmöglichkeit.[134]

III. Gedeckte Schuldverschreibungen

Ein Nachteil bei der Refinanzierung über Einlagen oder Bankschuldverschreibungen ist, dass der Vorteil einer werthaltigen Besicherung, wie sie insbesondere für das Immobiliarkreditgeschäft wesentlich ist, im Passivgeschäft ungenutzt bleibt. Gedeckte Schuldverschreibungen (*covered bonds*) zeichnen sich hingegen gerade dadurch aus, dass die Sicherheiten bestimmter Deckungswerte an die Gläubiger der emittierten Papiere „weitergereicht" werden, um den Zinsaufwand im Passivgeschäft möglichst gering zu halten und das Gesamtgeschäft entsprechend wirtschaftlich zu gestalten.[135] Nach der Grundkonzeption gedeckter Schuldverschreibungen wird den Gläubigern von *covered bonds* im Unterschied zu Gläubigern ungedeckter Bankschuldverschreibungen ein doppelter Schutz bzw. eine doppelte Rückgriffsmöglichkeit eingeräumt (sog. *dual claim* oder *dual recourse*). Neben dem direkten Anspruch gegen die emittierende Bank auf

---

131 *Hüther et. al.*, Langfristfinanzierung, S. 37.
132 So die begriffliche Differenzierung bei: *Hüther et. al.*, Langfristfinanzierung, S. 40 f.
133 *Hüther et. al.*, Langfristfinanzierung, S. 40.
134 *Hüther et. al.*, Langfristfinanzierung, S. 40 f.
135 *Krepold/Kropf*, WM 2015, 1; *Koppmann*, Gedeckte Schuldverschreibungen, S. 2 f.

Rückzahlung von Kapital samt Zinsen, haben die Anleger das Recht zur vorrangigen Befriedigung ihrer Forderungen aus einer Deckungsmasse, die aus hochqualitativen Deckungswerten besteht.[136] Für die Anleger wird so ein Höchstmaß an Sicherheit erreicht, das es den Emittenten erlaubt, *covered bonds* im Vergleich zu ungedeckten Schuldverschreibungen längerfristiger und zu günstigeren Zinskonditionen zu begeben. Dadurch ist es wiederum möglich, „[...] daß von funktionsfähigen Kapitalvermittlern ein ausreichendes, zinsgünstiges Angebot an langfristigen Finanzierungsmitteln zur Finanzierung volkswirtschaftlicher Investitionen, insbesondere des Wohnungs- und Städtebaues zur Verfügung gestellt werden kann."[137]

IV. Der „Deutsche Pfandbrief"

Das wichtigste Refinanzierungsprodukt im Segment der gedeckten Schuldverschreibungen ist in Deutschland der Pfandbrief.[138] Dieser gehört als „[...] Premiumprodukt unter den deutschen Bankschuldverschreibungen [...]"[139] traditionell zu den tragenden Säulen des Immobiliarkreditgeschäfts auf Passivseite bzw. der Immobilienfinanzierung in Deutschland insgesamt.[140] „Aufgrund seiner Tradition, Größe und insbesondere seiner Marktreife hat der Pfandbrief den Status einer Benchmark für die übrigen *covered bond* Märkte".[141] Eine nähere Betrachtung des deutschen Pfandbriefes ist daher schon auf Grund der besonderen Relevanz sowohl für das deutsche Refinanzierungssystem im Bereich der (besicherten) Langfristfinanzierung als auch der daraus resultierenden Interessenlage bei der vorzeitigen Beendigung jener Verträge angezeigt. Wegen seiner hervorgehobenen Stellung im Marktvergleich eignet sich der Pfandbrief zudem auch bestens zur Illustration des gesamten Covered-Bond-Segments.

---

136 *Koppmann*, Gedeckte Schuldverschreibungen, S. 3; ECB, Covered Bonds in the EU Financial System, December 2008, p. 4.
137 Jene von *Bellinger/Kerl*, HBG (1995), Einl., S. 29 f. in Anlehnung an die Gesetzesbegründung des HBG von 1898 beschriebenen Vorzüge ungedeckter Schuldverschreibungen bestehen noch heute, siehe: *Tirsbaek Madsen* im Vorwort von ECBC, Covered Bond Fact Book 2015, p. 21; *Grossmann*, Overview of covered bonds, ebda., p. 108 f. und 112 f.
138 *Melms/Meyer*, Der Pfandbrief 2014/2015, 58, 60.
139 *Koppmann*, Gedeckte Schuldverschreibungen, S. 54.
140 Vgl.: *Tolckmitt*, I&F 2015, 134.
141 *Koppmann*, Gedeckte Schuldverschreibungen, S. 47 (Nachw. ausgespart).

1. Funktionsweise und Erscheinungsformen

Pfandbriefe sind verbriefte Forderungsrechte, die die Emittenten zur Refinanzierung der Kredite am Markt platzieren, aus denen jene Forderungsrechte erwachsen.[142] Gegenüber den Gläubigern, die in Pfandbriefe investieren und auf diese Weise das im Passivgeschäft benötigte Fremdkapital bereitstellen, verpflichtet sich der Emittent einen bestimmten Nominalwert über eine bestimmte Laufzeit (in der Regel fest) zu verzinsen und bei Fälligkeit zurückzuzahlen. Pfandbriefe, die meist in Form von Inhaberschuldverschreibungen i.S.v. § 793 BGB und in geringerem Maße als Namensschuldverschreibungen ausgeben werden,[143] begründen insofern direkte und vorrangige Ansprüche, die ihrerseits gleichrangig nebeneinander stehen[144] und – wie für gedeckte Schuldverschreibungen wesensbildend – doppelt geschützt sind. Der *dual claim* besteht beim deutschen Pfandbrief einerseits aus der Rückgriffsmöglichkeit auf die Pfandbriefbank. Andererseits ergeben sich aus dem PfandBG strenge Anforderungen an die Kreditforderungen, die als Grundlage der Verbriefung dienen können. Dafür eignen sich nur hinreichend abgesicherte Kredite, die mit deckungsfähigen Werten im Sinne des PfandBG ausgestattet sind. Je nach Art der Besicherung werden Hypotheken-, Schiffs-, sowie Flugzeugpfandbriefe ausgegeben. Überdies können sog. „Öffentliche Pfandbriefe" auf Grundlage von Staatskrediten begeben werden.[145] Für jede Pfandbriefform wird ein separates, von einem Treuhänder überwachtes, Deckungsregister geführt, in das die nach dem PfandBG deckungsfähigen Kredite eingetragen werden. Die Summe der eingetragen Deckungswerte bildet jeweils originäre Deckungsmassen, auf deren Basis die Pfandbriefemission erfolgt.[146] Im Insolvenzfalle haben die Pfandbriefgläubiger Anspruch auf vorrangige Befriedigung aus der Deckungsmasse, die gem. § 30 Abs. 1 S. 1 PfandBG nicht in das Insolvenzverfahren der Bank einbezogen ist, sondern davon unabhängig als „insolvenzfreies Vermögen" von einem Sachwalter verwaltet wird,[147] § 30 Abs. 2 S. 2 PfandBG.

---

142 *Tolckmitt/Stöcker*, Der Pfandbrief 2015/2016, 6, 7.
143 *Koppmann*, Gedeckte Schuldverschreibungen, S. 142.
144 Ebda.
145 *Koppmann*, Gedeckte Schuldverschreibungen, S. 50.
146 *Tolckmitt/Stöcker*, Der Pfandbrief 2015/2016, 6, 7.
147 *Hagen*, in: Langenbucher/Bliesener/Spindler, Bankrechtskommentar (2016), 21. Kapitel, Rn. 60 ff.

Die beabsichtigte Folge dieses bewährten Systems,[148] das spürbar auf die Verwirklichung hoher Sicherheitsstandards angelegt ist, ist ein möglichst insolvenzfestes Anlageprodukt,[149] das es den Banken erlaubt, sich zu zinsgünstigen Bedingungen zu refinanzieren. Der Zinsvorteil bei der Fremdkapitalbeschaffung wird im Aktivgeschäft an die Kreditnehmer weitergegeben,[150] die mit der Bereitstellung der hochwertigen Sicherheiten erst die Voraussetzung für das Pfandbriefgeschäft schaffen. Der Pfandbrief ist ein Beispiel für (gelungene) Finanzmarktintermediation. Denn er ist nicht nur günstiges Refinanzierungsinstrument für die Banken und damit Grundlage zinsgünstiger Langfristfinanzierung im Realkreditbereich, sondern zudem ein attraktives Anlageprodukt für konservative Investoren. Neben traditionellen, eher kleinvolumigen Pfandbriefen, werden sog. Jumbo-Pfandbriefe angeboten,[151] die sich an handelsorientierte Anleger mit entsprechend hohen Liquiditätsvorstellungen richten. Solche Benchmark-Emissionen haben heute ein Volumen von mind. einer Milliarde Euro[152] und bieten institutionellen Investoren eine hochliquide Anlageform mit einheitlicher Ausgestaltung.[153]

2. Pfandbriefgeschäft im Wandel der Zeit[154]

Das Pfandbriefgeschäft war ursprünglich den Hypothekenbanken vorbehalten[155] und diente – entsprechend des anfänglich streng begrenzten Aktivgeschäfts – zunächst fast ausschließlich der Refinanzierung „echter Real-

---

148 Bei *Krepold/Kropf*, WM 2015, 1 ist gar von einem „genialen System" die Rede.

149 Mit empirisch belegbarer Sicherheit lässt sich dies nicht sagen, zumal es bis dato kein Fall bekannt ist, in dem eine Pfandbriefforderung ausgefallen ist, siehe: *Buchmann*, WM 2009, 442, 443.

150 *Krepold/Kropf*, WM 2015, 1.

151 Der Anteil an Jumbo-Pfandbriefen lag in den Jahren 2013-2015 stabil bei rund 25 %, DG HYP, Der deutsche Pfandbriefmarkt 2013/2014, S. 10; 2014/2015, S. 10; 2015/2016, S. 11.

152 Siehe: vdp, Pfandbrief-Segmente, https://www.pfandbrief.de/site/de/vdp/pfandb rief/pfandbrief_emissionen/pfandbrief_segmente.html.

153 *Koppmann*, Gedeckte Schuldverschreibungen, S. 7.

154 Umfassend zur (Rechts-)Geschichte des „Deutschen Pfandbriefs": *Koppmann*, Gedeckte Schuldverschreibungen, S. 48 f., 93 ff.; *Bellinger/Kerl*, HBG (1995), Einl.; siehe ferner die Monographie mit historischem Schwerpunkt von: *Redenius*, Strukturwandel im Hypothekenbankwesen.

155 Vgl.: oben: § 3 B I. 1.

kredite".[156] Auf Grund der geringen bis kaum vorhandenen Diversifikation im Aktiv- wie im Passivgeschäft war eine möglichst strikte Einhaltung der „goldenen Bankregel" für Hypothekenbanken obligatorisch.[157] Eine hinreichende Liquiditätssicherung über den Bodensatz war nicht möglich, da die eingeworbenen Mittel vollständig für das Kreditgeschäft verwendet wurden.[158] Die Refinanzierung konnte daher ausschließlich über Pfandbriefe erfolgen, deren Laufzeit mindestens der der ausgereichten Kredite entsprach,[159] sodass bis in die 1960er Jahre mittels revolvierender Mittelverwendung ein weitgehender Laufzeit- und Fristengleichlauf erreicht werden konnte.[160]

Im Laufe der Zeit ist der Geschäftskreis der Hypothekenbanken nach und nach erweitert und veränderten Marktgegebenheiten angepasst worden. Mit der fünften HGB-Novelle von 1963 wurde die Vergabe von Kommunaldarlehen zunächst als Nebengeschäft zugelassen, bevor es im Rahmen der sechsten HGB-Novelle 1974 zum zweiten Hauptgeschäft der Hypothekenbanken erhoben wurde.[161] Überdies wurde den Hypothekenbanken nunmehr auch die Vergabe von Darlehen an die EG und deren Mitgliedstaaten, sowie ein Engagement im Bereich nachrangiger Hypothekarkredite ermöglicht,[162] das mit dem Gesetz zur Änderung des HGB vom

---

156 Vgl.: *Koppmann*, Gedeckte Schuldverschreibungen, S. 102.
157 Vgl.: *Redenius*, Strukturwandel im Hypothekenbankwesen, S. 51; *Kern*, Wohnbaufinanzierung, S. 133 f.
158 *Kern*, Wohnbaufinanzierung, S. 133; die Annahme von Einlagen war den Hypothekenbanken allerdings nicht gänzlich verwehrt, da ein Bedürfnis dafür im Zusammenhang mit dem Kerngeschäft; der Gesamtbetrag der Einlagen war allerdings gem. § 5 Abs. 1 Nr. 5 HBG in seiner ursprünglichen Fassung auf die Hälfte des eingezahlten Grundkapitals beschränkt, da aus der Annahme von Gelddepositen in größerem Umfang in Krisenzeiten erhebliche Schwierigkeiten erwachsen könnten, RT-Drs. 10. Legislaturperiode, I. Session Nr. 106, S. 23. Eine Intensivierung des Einlagengeschäfts ist jedoch auch nach Wegfall jeder Obergrenze für die Einlagenannahme mit dem Gesetz über Wertpapier-Verkaufsprospekte und zur Änderung von Vorschriften über Wertpapiere vom 13.12.1990 (BGBl. I, S. 2749) nicht ersichtlich gewesen, *Bellinger/Kerl*, HBG (1995), § 5 Rn. 57.
159 Ebda.
160 *Redenius*, Strukturwandel im Hypothekenbankwesen, S. 51; eine strikte Verknüpfung von Pfandbrief und belastetem Grundbesitz in Form einer pfandrechtlichen Verbindung war vom Gesetzgeber hingegen aufgegeben worden, wodurch erst die Grundlage für ein modernes Pfandbriefrecht geschaffen worden ist, *Bellinger/Kerl*, HBG, (1995), Einl., S. 26; *Koppmann*, Gedeckte Schuldverschreibungen, S. 165 a.E.
161 *Bellinger/Kerl*, HBG, (1995), § 5 Rn. 5.
162 *Koppmann*, Gedeckte Schuldverschreibungen, S. 118.

8.6.1988 nochmals ausgeweitet wurde.[163] Mit der sukzessiven Öffnung des Geschäftskreises hat der Gesetzgeber auf veränderte wirtschaftliche und rechtliche Bedürfnisse am Markt reagiert. Neben der zunehmenden Nachfrage nach „Finanzierungen aus einer Hand",[164] ist insbesondere auf eine nachhaltige Laufzeitverkürzung der Festzinsvereinbarungen sowie – spiegelbildlich – der emittierten Pfandbriefe im Zuge der Hochzinsphase Anfang der 1970er Jahre hinzuweisen.[165]

Das Aktivgeschäft wurde durch das Angebot der Abschnittsfinanzierung flexibilisiert.[166] Die anfängliche Zinsbindungsphase wurde im Vergleich zu den bis dahin angebotenen Laufzeiten von über 30 Jahren erheblich verkürzt, sodass nach regelmäßig fünf bis zehn Jahren eine Anpassung der Konditionen erfolgen konnte. Dies kann einerseits dadurch erfolgen, dass der Vertrag prolongiert wird, d.h. der Darlehensgeber dem Darlehensnehmer nach Ablauf des ursprünglichen Vertrages einen neuen Kredit zu veränderten Konditionen anbietet und der Kreditnehmer sich auf den neuen Vertrag einlässt (echte Abschnittsfinanzierung). Andererseits ist es möglich, dass die Konditionen noch vor Ablauf der Zinsbindungsvereinbarung angepasst werden, ohne den Darlehensvertrag im Übrigen anzutasten (unechte Abschnittsfinanzierung). Dazu wird dem Darlehensnehmer spätestens vier Wochen vor Ablauf der vereinbarten Zinsbindungsfrist der Abschluss einer Änderungsvereinbarung angeboten. Sofern sich der Darlehensnehmer darauf einlässt, läuft der Vertrag bis zur vollständigen Tilgung weiter.

Diese einschneidenden Veränderungen im Aktivgeschäft haben in Verbindung mit strukturellen Veränderungen an den Geld- und Kapitalmärkten dazu geführt, dass sich auch hochspezialisierte Pfandbriefhäuser vermehrt den Herausforderungen zweckmäßiger Fristentransformation und Disposition ihrer Geschäftstätigkeit[167] zu stellen hatten und haben.[168] Spätestens seit Abschaffung des Spezialbankprinzips und der damit einherge-

---

163 *Bellinger/Kerl*, HBG (1995), § 5 Rn. 6.
164 Ebda.
165 Zur „Änderung der Fristenstruktur Anfang der 1970er Jahre", *Redenius*, Strukturwandel im Hypothekenbankwesen, S. 46, 167 ff.; ferner: *Bellinger/Kerl*, HBG (1995), § 3 Rn. 74.
166 *Redenius*, Strukturwandel im Hypothekenbankwesen, S. 46.
167 Umfassend zu den Dispositionsregeln: *H. Hoffmann*, Dispositionsregeln.
168 *Koppmann*, Gedeckte Schuldverschreibungen, S. 105 f; näher zur technischen Umsetzung: *Bonfig*, Das Passivgeschäft der Realkreditinstitute, in: Rüchardt (Hrsg.), Handbuch des Hypothekarkredits, S. 590 ff; finanzmathematisch: *Sievi*, Kalkulation und Disposition.

henden Möglichkeit zur umfassenden Diversifikation des Passivgeschäfts sind auch spezialisierten Pfandbriefinstituten die probaten Mittel dazu an die Hand gegeben worden, deren Einsatz je nach Geschäftsschwerpunkt mit Augenmaß zu erfolgen hat. Denn das Pfandbriefgeschäft bleibt für sich genommen auch heute konzeptionell auf die Refinanzierung langfristiger (Immobiliar-)Kredite zugeschnitten und der Pfandbrief ist noch immer das Refinanzierungsinstrument, mit dem sich ein laufzeit-, fristen- und deckungskongruentes Passivgeschäft verlässlich abbilden lässt.[169]

V. Forderungsverbriefungen

Einen weiteren, wenn auch im Verhältnis weniger bedeutenden Bestandteil moderner Mischrefinanzierung, bilden sog. Forderungsverbriefungen. Durch die Verbriefung von Forderungen ist es möglich, illiquide Forderungsbestände in leicht handelbare Wertpapiere umzuwandeln. Dazu werden bestimmte Kreditforderungen zu einem Referenzportfolio gebündelt und die damit verbundenen Risiken auf Dritte übertragen. Auf dieser Basis werden Schuldverschreibungen ausgegeben, deren Zins- und Tilgungszahlungen von den Zahlungsströmen der zu Grunde liegenden Referenzforderungen bestimmt wird (*Asset Backed Securities*, kurz: ABS).[170] Als Forderungsverbriefung gilt nach *Rolfes* und *Emse* „[...] daher jegliche Struktur, bei der Kreditinstitute Teile ihres Forderungsportfolios oder dessen Risiken an Dritte transferieren, und bei der als Ergebnis dieses Risikotransfers Schuldverschreibungen emittiert werden, deren Zahlungsstrom an die Zins- und Tilgungszahlungen der Referenzforderungen gekoppelt sind (ABS).“[171]

1. Die verbrieften Aktiva

Unterschiede ergeben sich hierbei einerseits hinsichtlich der Zusammensetzung des Forderungsportfolios als Grundlage der Verbriefung, zumal für die Verbriefung Forderungen aller Art in Betracht kommen.[172] Ihren Ur-

---

169 *Tolckmitt*, Pfandbriefe bleiben sicherer Hafen, in: Sonderbeilage zur Börsenzeitung vom 6./7. Juni 2014, B 1.
170 *Emse*, Verbriefungstransaktionen, S. 7.
171 *Rolfes/Emse*, Forderungsverbriefungen, S. 4 (Nachw. ausgespart).
172 *Rolfes/Emse*, Forderungsverbriefungen, S. 10 f.

sprung haben Forderungsverbriefungen in den USA, wo entsprechende Strukturen erstmals in den 1970er Jahren auf Grundlage von Hypothekendarlehensforderungen realisiert wurden.[173] Besteht das Referenzportfolio allein aus hypothekarisch gesicherten Forderungen, so werden die damit unterlegten Verbriefungen als *Mortgage Backed Securities* (MBS) bezeichnet. Eine weitere Spezifikation kann danach erfolgen, ob mit den Darlehen wohnwirtschaftlich genutzte Immobilien oder gewerblich genutzte Immobilien finanziert werden.[174] Überdies werden mittels sog. *Colletarised Debt Obligations* (CDOs) Forderungen gegenüber institutionellen Schuldnern, wie Staaten oder großen Unternehmen, verbrieft.[175]

2. Funktionsweise

Die Grundidee von Forderungsverbriefungen besteht in der Weiterreichung eines ausgewählten Teils von Kreditforderungen bzw. jedenfalls der damit verbundenen Risiken. Für die technische Umsetzung haben sich in der Praxis verschiedene Gestaltungen etabliert. Die klassische Variante einer ABS-Transaktion ist das sog. *True-Sale*-Verfahren.[176] Hierbei werden die zu verbriefenden Kreditforderungen vom federführenden Kreditinstitut (*Originator*) an eine Zweckgesellschaft (*Special Purpose Vehicle*, kurz: SPV) verkauft und bilanzwirksam – also „tatsächlich" – an diese übertragen. Den Kaufpreis, den das SPV an den *Originator* zu zahlen hat, erwirtschaftet das SPV sodann über die Begabe der Schuldverschreibungen. Für die Befriedigung der Renditeansprüche der Investoren in jene Schuldverschreibungen wird wiederum unmittelbar auf die Zahlungsströme aus dem Forderungspool zurückgegriffen, weshalb *True-Sale*-Transaktionen teils auch als „*Cashflow*-Strukturen" bezeichnet werden.[177]

---

173 *Rolfes/Emse*, Forderungsverbriefungen, S. 1.
174 Verbriefungen, die auf Forderungen aus Darlehen für die Wohnungsfinanzierung gründen, werden als *Residential Mortgage Backed Securities* (RMBS) bezeichnet; werden Forderungen aus Darlehen für die gewerbliche Immobilienfinanzierung verbrieft, spricht man von *Commercial Mortgage Backed Securities* (CMBS), siehe: *Rolfes/Emse*, Forderungsverbriefungen, S. 10; *Bauersfeld*, Gedeckte Instrumente zur Refinanzierung, S. 90.
175 *Bauersfeld*, Gedeckte Instrumente zur Refinanzierung, S. 89 f.
176 Tiefergehend: *Bauersfeld*, Gedeckte Instrumente zur Refinanzierung, S. 89 ff.; *Emse*, Verbriefungstransaktionen, S. 39 ff.
177 *Rolfes/Emse*, Forderungsverbriefungen, S. 7.

Von *True-Sale*-Transaktionen sind sog. synthetische Verbriefungstransaktionen zu unterscheiden, wobei das Forderungsportfolio nicht bilanzwirksam vom *Originator* übertragen wird, sondern nur ein Risikotransfer auf ein SPV bzw. direkt auf die Investoren erfolgt.[178] Der Risikotransfer erfolgt im ersteren Fall dadurch,[179] dass sich der *Originator* gegenüber dem SPV mittels eines *Credit Default Swaps* (CDS) gegen die Risiken aus den Forderungen absichert. Der Emissionserlös ist in dem Fall strukturgemäß nicht für den Forderungsankauf, sondern für die Bereitstellung von Sicherheiten – etwa in Form von AAA-Wertpapieren – zu nutzen (*Collateral*). Das *Collateral* bezweckt sowohl für Investoren als auch für den *Originator* die Absicherung gegen das Risiko, dass das SPV als Emittent zahlungsunfähig wird, zumal die Zweckgesellschaft über keine anderen Vermögenswerte als das Sicherheitenpaket verfügt. Die Zins- und Tilgungszahlungen an die Abnehmer der ABS werden im Gegensatz zum *True-Sale*-Verfahren nicht unmittelbar über die Zahlungsströme aus dem Referenzforderungspool bestritten, sondern werden aus den Zinszahlungen auf das *Collateral* sowie den Zahlungen auf den CDS finanziert.[180] Für den Fall, dass es zum Ausfall von Kreditforderungen aus dem Referenzportfolio zu sonstigen sog. *Credit Events*[181] kommt, erfolgt auf Grundlage des *Collaterals* eine entsprechende Kompensationsleistung an den *Originator*; gleichzeitig wird das ausstehende Kapital der ABS um den Ausfallbetrag verringert.[182]

3. Verbriefungsmarkt

Für die Refinanzierung langfristiger Finanzierungen im Allgemeinen und dem Immobiliarkreditgeschäft im Besonderen haben ABS-Transaktionen in Deutschland nur untergeordnete Bedeutung.[183] Spätestens seit der Finanzkrise ist das Vertrauen potentieller Abnehmer in Verbriefungsstruktur-

---

178 *Bauersfeld*, Gedeckte Instrumente zur Refinanzierung, S. 91.
179 Näher zu synthetischen ABS-Transaktionen ohne Zwischenschaltung einer Zweckgesellschaft, *Emse*, Verbriefungstransaktionen, S. 42 f.
180 *Rolfes/Emse*, Forderungsverbriefungen, S. 7.
181 Neben dem Kreditausfall und der Nichtzahlung fälliger Zins- oder Tilgungsleistungen sind darunter insbesondere Kreditrestrukturierungsmaßnahmen zu subsumieren, die etwa auch die vorzeitige Rückzahlung und Umschuldung bestehender Darlehensverbindlichkeiten zum Inhalt haben können, vgl.: *Rolfes/Emse*, Forderungsverbriefungen, S. 8 Fn. 17 m.w.N.
182 *Rolfes/Emse*, Forderungsverbriefungen, S. 7 f.
183 *Hüther et. al.*, Langfristfinanzierung, S. 38, 44.

en nachhaltig erschüttert worden, wodurch das in Deutschland ohnedies schwach ausgeprägte Marktsegment sowohl für Investoren und spiegelbildlich für das Passivgeschäft nochmals an Bedeutung verloren hat.[184] Auf Grund der fehlenden Rückgriffsmöglichkeit auf das arrangierende Kreditinstitut (*Originator*), sowie der wenig transparenten und uneinheitlichen vertraglichen Strukturen sind mit ABS-Transaktionen vergleichsweise hohe Risiken verbunden, die sich in höheren Renditen für die Investoren spiegeln. Dies hat zur Folge, dass die Finanzierung mittels ABS im Vergleich zur Finanzierung über gedeckte Schuldverschreibungen regelmäßig teurer ist[185] und sich in Deutschland – gerade angesichts der Möglichkeit auf Pfandbriefe zurückzugreifen – nur in Ausnahmefällen[186] lohnt.[187]

Während Forderungsverbriefungen in Deutschland damit allenfalls in Randbereichen als Refinanzierungsquelle genutzt werden, kommt ihnen für das bankinterne Risikomanagement traditionell ungleich größere Bedeutung zu.[188] ABS sind hierbei ein probates Mittel, um Risiken auszulagern und Konzentrationen abzubauen. Dafür ist es meist nicht notwendig, die Forderungen bilanzwirksam zu übertragen. Es reicht aus, die Risiken über synthetische ABS-Transaktionen zu transferieren, womit sich das Übergewicht solcher Strukturen gegenüber den im internationalen Vergleich vorherrschenden *True-Sale*-Transaktionen erklären lässt.[189]

D. Die Diversität moderner Immobilienfinanzierung

Der kurze Überblick über die verschiedenen Marktakteure sowie das von Ihnen betriebene Geschäft auf Aktiv- und Passivseite lässt die Diversität und Komplexität moderner Immobilienfinanzierung in Deutschland offen zu Tage treten. Auf Geberseite konkurrieren eine Vielzahl etablierter und

---

184 Ebda.
185 *Meitinger*, Immobilien Banking, 2014/2015, 44, 45 weist darauf hin, dass Verbriefungen für Immobilienbestandshalter kurz nach der Krise keine Option waren, da der Kapitalmarkt dafür keinerlei Absatz fand.
186 Bei der Finanzierung großvolumiger Transaktionen in der Größenordnung von mehr als einer Milliarde EUR kann es insbesondere aus Gründen der Transaktionssicherheit erforderlich sein, zu Lasten von Preis und Sicherheit auf liquidere Verbriefungsfinanzierungen zurückzugreifen, die zudem flexibler gestaltbar sind, näher: *Meitinger*, Immobilien Banking, 2014/2015, 44, 46 f.
187 Vgl.: *Meitinger*, Immobilien Banking, 2014/2015, 44, 45 f.; *Hüther et. al.*, Langfristfinanzierung, S. 38, 44.
188 *Rolfes/Emse*, Forderungsverbriefungen, S. 2, 13.
189 Ebda.

neu auf den Markt drängender *Player* um eine heterogene Schar privater und professioneller Kreditnehmer, an die beachtliche Volumina bedürfnisgerecht verteilt werden wollen. Es ist kein Zufall, dass die Banken aller Sektoren hierbei eine prävalente Stellung einnehmen, da gerade diese auf Passivseite aus einem ganzen *Pool* effizienter Refinanzierungsmöglichkeiten schöpfen können. Auch auf Aktivseite hängt der Geschäftserfolg maßgeblich davon ab, wie sicher und wirtschaftlich das Passivgeschäft gestaltet wird. Das Erfolgsrezept hierfür besteht schon lange nicht mehr in der Befolgung starrer Theorien, wie der „goldenen Bankregel" bzw. einer strengen Laufzeit- und Fristenkongruenz. Das moderne Passivgeschäft erfordert mittlerweile ein höheres Maß an Flexibilität und Anpassungsvermögen. Selbst traditionelle Pfandbriefhäuser greifen heute auf eine derivatgestützte und -gesteuerte Mischrefinanzierung zurück, die sich je nach Bedarf aus sämtlichen o.g. *assets* zusammensetzen kann. Dies darf bei der späteren Evaluation und Ermittlung bankseitiger Kompensationsforderungen nicht unberücksichtigt bleiben.[190]

§ 4 *Darlehens- und kreditsicherungsrechtliche Grundlagen*

Im römischen Recht war es für den Darlehensvertragsschluss konstitutiv, dass „[…] die Hingabe des Darlehens aus der einen Hand in die andere erfolgte […]".[191] Der Darlehensvertrag war also sowohl für Geld- als auch für Sachdarlehen als Realvertrag konzipiert[192] und firmierte unter dem Begriff *mutuum*[193] = *quod ex meo tuum fit*.[194] Die realvertragliche Konzeption des römischen Rechts wurde etwa in I. 11. § 653 des Allgemeinen Preußischen Landrecht oder in Art 1892 des *Code civil* von 1804 übernommen.[195] Mit den §§ 607 bis 609 in der Fassung des am 1.1.1900 in Kraft getretenen Bürgerlichen Gesetzbuches schuf der historische Gesetzgeber zur Regelung

---

190 Insbesondere *sub* § 9 D. III. 2. b. aa.; § 9 D. III. 4. a. und b.; § 9 D. III. 5. b.; § 9 D. III. 6. sowie § 13 C. II. 2. b.
191 So: *v. Lübtow*, Die Entwicklung des Darlehensbegriffs, S. 15 f.
192 Statt aller: *Jörs/Kunkel/Wegner*, Römisches Recht, § 135.
193 Neben dem *mutuum*, das schließlich zur einzigen Gestalt des römischen Darlehens wurde, kannte das römische Recht zunächst auch die Möglichkeit, Gelddarlehensverbindlichkeiten durch ein Formalgeschäft per *aes et libram*, d.h. durch förmliches Zuwägen der Darlehenssumme vor Zeugen, zu begründen (sog. *nexum*), siehe: *Jörs/Kunkel/Wegner*, §§ 53 2 b, 135 2 f. m.w.N.
194 *v. Lübtow*, Die Entwicklung des Darlehensbegriffs, S. 15.
195 *Freitag*, in: Staudinger, BGB (2015), § 488 Rn. 10.

des Darlehensvertrages – losgelöst von rechtshistorischen Erwägungen –[196] Rahmenvorschriften, deren offener Wortlaut sowohl eine realvertragliche als auch eine konsensualvertragliche Interpretation erlaubte.[197] Obwohl in Rechtsprechung und Literatur zunächst die Meinung vorherrschte, dass das Gesetz die Realvertragstheorie manifestiere, setzte sich Ende des 20. Jahrhunderts zunehmend die Auffassung durch, dass allein die Parteivereinbarung, unabhängig von der Verschaffung der Darlehensvaluta, zum wirksamen Vertragsschluss ausreiche.[198] Die „bekannte Kontroverse"[199] um die Rechtsnatur des Darlehensvertrages, der bisweilen von einigen Autoren keine praktische Bedeutung mehr zugemessen wurde,[200] ist schließlich im Zuge der Schuldrechtsmodernisierungsreform zu Gunsten der Konsensualvertragstheorie geklärt worden.[201] Der synallagmatische Konsensualvertrag, in konkreter Form des entgeltlichen Gelddarlehens, ist nach dem eindeutigen Willen des Gesetzgebers zum rechtstheoretischen Leitbild des modernen Darlehensrechts geworden,[202] dem auch die dogmatische Konzeption vollumfänglich Rechnung zu tragen hat. Der Zweck konsistenter Darlehensdogmatik erschöpft sich aber nicht in der Beachtung und Umsetzung rechtstheoretischer Vorgaben. Im Ergebnis hat das eine wie das andere der Verwirklichung von handgreiflichen wirtschaftlichen Interessen auf privat-

---

196 Dazu *Mülbert*, in: AcP 192 (1992), 447, 450, Fn. 4: „Trotz der römisch-rechtlichen Herkunft der Theorie vom „mutuum" (unverzinsliches Darlehen) als einem Realkontrakt stand der bei und nach Schaffung des BGB geführte Streit um die Rechtsnatur des Darlehens letztlich nicht unter rechtsgeschichtlichen Aspekten. Schon damals war nämlich klar, daß sich die römisch-rechtlichen Bestimmungsgründe für die Realkontrakttheorie überholt hatten." (Nachw. ausgespart).

197 *Freitag*, in: Staudinger, BGB (2015), § 488 Rn. 11: „Dennoch wollte der Gesetzgeber keine Stellung [zum Streit um die Rechtsnatur des Darlehens] beziehen, sondern lediglich anordnen, dass jedenfalls der Rückzahlungsanspruch die vorherige Valutierung des Darlehens voraussetzte. § 607 a.F. in der am 1.1.1900 in Kraft getretenen Fassung umschrieb den Darlehensvertrag denn auch durchaus ambivalent." (Nachw. sowie Hervorhebungen ausgespart); a.A. *Derleder*, in: Derleder/Knops/Bamberger, Handbuch zum Bankrecht (2017), § 12 Rn. 3, der von einer rein realvertraglichen Lesart des § 607 aF. ausgeht.

198 *Freitag*, in: Staudinger, BGB (2015), § 488 Rn. 11 m.w.N.

199 So: *Knops*, Verbraucherschutz bei Immobiliarkreditverhältnissen, S. 42.

200 *Mülbert*, der diesbezüglich sowohl in: AcP 192 (1992), 447, 450 (Fn. 2) als auch in: WM 2002, 465, 467 (Fn. 25) auf die prägnante Formulierung bei *Neumann-Duesberg*, NJW 1970, 1403 (Überschrift): „Irrelevanz des Theorienstreits" verweist.

201 BT-Drs. 14/1640, S. 252.

202 BT-Drs. 14/1640, S. 252 f.

autonomem Wege zu dienen. Dafür sind den Parteien die probaten juristischen Mittel an die Hand zu geben.[203]

Am Anfang der weiteren dogmatischen Überlegungen ist daher zunächst abstrakt zu beantworten, welche wirtschaftlichen Interessen dem Darlehensvertrag „typischerweise" zu Grunde liegen (*sub* A.). Diesen „abstrahierten", von konkret-individuellen Parteiinteressen losgelösten Geschäftszweck[204] suchen die Parteien mit Abschluss und Durchführung eines jeden Darlehensvertrages zu erreichen. Damit tritt neben das konsensual-synallagmatische Leitbild eine weitere Determinante darlehensrechtlicher Dogmatik, die es bei der tiefergehenden Analyse des originären Pflichtenprogramms (*sub* B.) im Blick zu halten gilt.

Das originäre Pflichtenprogramm des Darlehensvertrages wird beim Immobiliarkredit auf Darlehensnehmerseite um die Pflicht zur Bestellung grundpfandrechtlicher Sicherheit erweitert. Jene Kreditsicherung ist wirtschaftlich wie rechtlich konstitutiv für den Immobiliarkredit, sodass auch insofern eine Darstellung und Analyse der dogmatischen und rechtsgeschäftlichen Hintergründe zu erfolgen hat (*sub* C.).

A. Der Geschäftszweck des Darlehens

Die Rechtsprechung sowie nahezu das gesamte Schrifttum sahen und sehen den Geschäftszweck des Darlehensvertrages in der Überlassung fremden Kapitals oder Kaufkraft auf Zeit.[205] Damit geht – im Grundsatz übereinstimmend – eine typologische Einordnung des Darlehensvertrages als

---

203 Vgl.: *Vogler*, Die Ansprüche der Bank bei Kündigung, S. 152: „Wenn die Parteien den Zweck [...] erreichen wollen, können sie dies nur dadurch, daß sie die dazu von der Rechtsordnung gestellten ‚technischen Mittel' benutzen.[...]. Die Parteien nutzen die ihr von der Rechtsordnung eingeräumte Privatautonomie, um mittels Vertragsschlusses die lex contractus mit denjenigen Leistungspflichten in Geltung zu setzen, deren Erfüllung den wirtschaftlichen Zweck verwirklicht." (Nachw. ausgespart).

204 *K.P.Berger*, in: Münchener Kommentar zum BGB (2016), § 488 Rn. 9; sofern sich aus dem Kontext nicht etwas anderes ergibt, liegt dem Geschäftszweck des Darlehensvertrages im Folgenden jene abstrakte Betrachtung zu Grunde.

205 Die ausführlichen Nachw. bei *Vogler*, Die Ansprüche der Bank bei Kündigung, S. 152 f. seien hier lediglich ergänzt um aktuelle Stimmen: *K.P.Berger*, in: Münchener Kommentar zum BGB, (2016), Vor § 488 Rn. 7; *Freitag*, in: Staudinger, BGB (2015), § 488 Rn. 1; *Jauernig/Berger*, Vor § 488 Rn. 2; *Thessinga* in: Ebenroth/Boujong/Joost/Strohn, Handelsgesetzbuch (2015), Bd. 2, Rn. IV 3.

Gebrauchsüberlassungsvertrag einher.[206] Hierbei wird teils die enge Verwandtschaft zu Miete und Leihe betont,[207] teils hingegen auf ein weites Verständnis des Vertragstypus „Gebrauchsüberlassungsvertrag" rekurriert,[208] da sich der Darlehensvertrag von den Gebrauchsüberlassungsverträgen im engeren Sinne zentral darin unterscheide, dass die Valuta als überlassener „Gegenstand" nicht im Eigentum des Darlehensgebers verbleiben.[209] Spürbare Konsequenzen ergeben sich aus der unterschiedlichen Lesart nicht, sodass im Folgenden von einer einheitlichen „überkommenen" bzw. „etablierten" typologischen Einordnung des Darlehensvertrages als Gebrauchsüberlassungsvertrag ausgegangen wird.

I. Kritik an der etablierten Definition und typologischen Einordnung

Die Definition des Geschäftszwecks als auch die vertragstypologische Einordnung des Darlehens war in Rechtsprechung und rechtswissenschaftlicher Literatur unbestritten,[210] bis *Vogler* das eine wie das andere in Frage stellte.[211] Mit Verweis auf die grundlegenden Schriften zu Kapital und Kapitalzins von *Böhm-Bawerk* suchte dieser nachzuweisen, dass der „[...] allgemein angenommene wirtschaftliche Zweck des Darlehens [...] nicht in der ‚Über- bzw. Belassung des Kapitals *zur zeitlichen Nutzung*' bestehen [könne]".[212] Das überkommene Verständnis basiere auf der unreflektierten Annahme der Richtigkeit der sog. „Nutzungstheorie".[213] Diese Theorie, die auf dem Grundgedanken beruht, dass dem Gebrauch des Kapitals neben der Substanz ein eigenständiger Wesensgehalt und Wert innewohnt,[214] sei

---

206 *Frese*, Die Kündigungsmöglichkeiten des Darlehensgebers, S. 111 m.w.N.

207 *Knops*, Verbraucherschutz bei Immobiliarkreditverhältnissen, S. 43 m.w.N.

208 Siehe die Nachw. bei: *Frese*, Die Kündigungsmöglichkeiten des Darlehensgebers, S. 111, Fn. 334.

209 *Freitag*, in: Staudinger, BGB (2015), § 488 Rn. 24.

210 Siehe abermals die Nachw. bei: *Vogler*, Die Ansprüche der Bank bei Kündigung, S. 152 f.

211 *Vogler*, Die Ansprüche der Bank bei Kündigung, S. 152 ff.

212 *Vogler*, Die Ansprüche der Bank bei Kündigung, S. 160 (Nachw. ausgespart, Hervorhebungen übernommen), bei dem allerdings nicht ersichtlich wird, worin der Geschäftszweck des Darlehensvertrages tatsächlich bestehen soll.

213 *Vogler*, Die Ansprüche der Bank bei Kündigung, S. 153.

214 *Böhm-Bawerk*, Kapital und Kapitalzins, Erste Abteilung (1921), S. 172.

jedoch von *Böhm-Bawerk*[215] bereits Anfang des 20. Jahrhunderts[216] eindeutig widerlegt und in den Wirtschaftswissenschaften damit lange überwunden worden.[217] Die Nutzungstheorie sei folglich nicht geeignet, den übergeordneten Zweck des Darlehensvertrages zu erklären.[218]

Auf Grund der „weitreichenden dogmatischen Konsequenzen"[219], die ein Verständnis von Typologie und Geschäftszweck des Darlehensvertrages im „streng *Böhm-Bawerk'schen* Sinne"[220] hätte, sah *Mülbert* die Notwendigkeit, sich kritisch mit den Ausführungen *Voglers* sowie den zugrundeliegenden Schriften *Böhm-Bawerks* zu befassen.[221] Letzterer verwarf die gängige „Nutzungstheorie" und begegnete dieser mit der „Tauschtheorie".[222] Danach sei das „Darlehen nichts anderes als ein echter und rechter Tausch gegenwärtiger gegen künftige Güter [...]"[223] und der Zins das „Aufgeld", das dieser Wertdifferenz entspringe.[224] Sofern die rechtswissenschaftliche Beurteilung der Darlehensdogmatik nun jener ökonomischen Sicht der Dinge Folge zu leisten hätte, müsste das Darlehen konsequenterweise als eine besondere Form des Tauschs oder Kaufs eingeordnet werden.[225] *Mülbert* weist nun aber darauf hin, dass das von *Böhm-Bawerk* erarbeitete ökonomische Verständnis und das überkommene rechtswissenschaftliche Verständnis von Zweck und Typus des Darlehensvertrages nicht in Widerspruch zu einander stehen, zumal der Begriff des „Kapitalgebrauchs" jeweils unterschiedlich konnotiert sei.[226] Während *Böhm-Bawerk* Kapitalgebrauch als Verwendung der konkreten Valuta begreife, sei dem Geschäftszweck des

---

215 *Böhm-Bawerk*, Kapital und Kapitalzins, Erste Abteilung, (1921), S. 171 ff.; Zweite Abteilung, 1. Bd. (1921), S. 362 ff.
216 Die Erstauflagen der genannten Werke von *Böhm-Bawerk* stammen jeweils aus den 1880er Jahren.
217 *Vogler*, Die Ansprüche der Bank bei Kündigung, S. 153.
218 *Vogler*, Die Ansprüche der Bank bei Kündigung, S. 152, 160.
219 So: *Mülbert*, AcP 192 (1992), 447, 451.
220 Auch wenn *Vogler* nicht weiter ausführt, was Geschäftszweck und Typus des Darlehensvertrages tatsächlich sind, so liegt es in der Tat am nächsten ihm ein solches Verständnis zu unterstellen, wovon auch *Mülbert* aaO. ausgeht.
221 *Mülbert*, AcP 192 (1992), 447, 451 ff.
222 So die Wortwahl von *Böhm-Bawerk*, Kapital und Kapitalzins, Zweite Abteilung (1921), S. 364.
223 *Böhm-Bawerk*, Kapital und Kapitalzins, Zweite Abteilung (1921), S. 362.
224 Zum Ganzen: *Böhm-Bawerk*, Kapital und Kapitalzins, Zweite Abteilung (1921), S. 362 ff.
225 Dies würde eine grundlegende Änderung in der bisherigen Dogmatik des Darlehensrechts bedeuten, worauf *Mülbert*, AcP 192 (1992), 447, 451 mit Recht hinweist.
226 *Mülbert*, AcP 192 (1992), 447, 452.

Darlehens juristisch eine „rein vermögensmäßig saldierende Betrachtungsweise" zu Grunde zu legen. Die Kapitalüberlassung sei von den konkret ausgegeben Valuta zu abstrahieren.[227] Der Darlehensnehmer entrichte mit dem Zins ein Entgelt dafür, dass ihm für die Vertragslaufzeit ein abstrakter Vermögenswert überlassen wird, nicht hingegen für den Gebrauch der konkreten Valuta.[228]

Abgesehen von jener kritischen Würdigung durch *Mülbert* wurde *Voglers* Ansatz im rechtswissenschaftlichen Diskurs mehr oder minder übergangen. Die gängige Kommentarliteratur beschränkt sich zwischenzeitlich und auch heute auf die Darstellung der überkommenen Definition des Geschäftszwecks und der typologischen Einordnung des Darlehensvertrages als Gebrauchsüberlassungsvertrag im weiteren Sinn.[229] Dazu, im Rahmen hiesiger Untersuchung nicht ebenso „kurz und bündig" zu verfahren, hat nun aber jüngst *Frese* Anlass gegeben, der sich auf Grundlage der Ausführungen *Voglers* und *Mülberts* kritisch mit dem überkommenen Verständnis von Geschäftszweck und Typologie des Darlehensrechts auseinandergesetzt hat.[230] *Frese* ist der Ansicht, dass die von *Böhm-Bawerk* gewonnenen Erkenntnisse bislang keine hinreichende Beachtung im rechtswissenschaftlichen Diskurs gefunden haben. Der Darlehensvertrag könne in der Tat nicht als Gebrauchsüberlassungsvertrag typisiert werden, da nicht nur in Ausnahmefällen[231] dem Verbrauch der Darlehensvaluta kein konkreter oder abstrakter Wert gegenüberstehe, der im Vermögen des Darlehensnehmers zum Gebrauch verbliebe.[232] Der Wert sei „[...] endgültig auch bei saldierender Betrachtung aus dem Vermögen des Darlehensnehmers ausge

227 *Mülbert*, AcP 192 (1992), 447, 452 f.; ähnlich argumentierte bereits *Maurenbrecher*, Das verzinsliche Darlehen, S. 27 ff., der den Kapitalbegriff *Böhm-Bawerks* ebenfalls als „(zu) eng" (S. 27) ansieht.
228 Dem Gebrauch der konkreten Valuta misst *Mülbert* in Übereinstimmung mit *Böhm-Bawerk*, keinen eigenständigen Wert bei: „Zinsen sind nicht für den [unmöglichen] Gebrauch der konkreten Valuta zu entrichten", AcP 192 (1992), 447, 453.
229 Aktuell etwa: *K.P.Berger*, in: Münchener Kommentar zum BGB (2016), Vor § 488 Rn. 6; *Freitag*, in: Staudinger, BGB (2015), § 488 Rn. 1; Jauernig/*Berger*, Vor § 488 Rn. 2; *Thessinga* in: Ebenroth/Boujong/Joost/Strohn, Handelsgesetzbuch (2015), Bd. 2, Rn. IV 3; für die zwischenzeitliche Kommentarliteratur statt aller: Soergel/*Häuser* (1997), Vor § 607 a.F. Rn. 4.
230 *Frese*, Die Kündigungsmöglichkeiten des Darlehensgebers, S. 111 ff.
231 Als Beispiele führt *Frese* u.a. die Verwendung der Darlehensvaluta für eine Reise oder zur Erfüllung von Altverbindlichkeiten an, Die Kündigungsmöglichkeiten des Darlehensgebers, S. 111 f., weitere Beispiele gibt ders. auf S. 127, Fn. 399.
232 *Frese*, Die Kündigungsmöglichkeiten des Darlehensgebers, S. 112.

schieden."[233] Der Darlehensvertrag sei daher als „Überlassungsvertrag" zu typisieren, dessen Zweck es sei, „[...] für den Darlehensnehmer eine vereinbarte Vermögensmehrung durch Geldwertverschaffung herbeizuführen und das gewährte Geld bis zum Ende der Laufzeit nicht zurückzufordern."[234]

II. Stellungnahme und Definitionsvorschlag

Die etablierte Definition des Geschäftszwecks und typologische Einordnung des Darlehensvertrages ist weder aus rechts- noch volkswirtschaftstheoretischen Gründen zu überdenken oder gar zu verwerfen.[235]

Im Ergebnis bestätigt auch *Frese* das überkommene Verständnis des Darlehensgeschäftszwecks als Überlassung von Kaufkraft (≙ vereinbarte Vermögensmehrung durch Geldwertverschaffung) auf Zeit (≙ das gewährte Geld bis zum Ende der Laufzeit nicht zurückzufordern). Er fasst es nur in weniger prägnanten Worten zusammen. Es ist ihm nicht zuzustimmen, dass dem Darlehensnehmer nach Verbrauch der Darlehensvaluta kein Wert im Vermögen verbleibt. Durch die Hingabe eines konkreten Vermögenswertes, namentlich der Valuta in Form von Bar- oder Buchgeld, wird dem Darlehensnehmer die abstrakte Möglichkeit eröffnet, fremdes Kapital zu nutzen. Diese Möglichkeit ist dem Darlehensnehmer für die privatautonom zu bestimmende Zeit zu erhalten. Über die gesamte Vertragslaufzeit besteht für den Darlehensnehmer demnach die von der konkreten Mittelverwendung zu abstrahierende Möglichkeit zur Verwendung fremder Kaufkraft. Dabei steht es im Belieben und in der Verantwortung des Darlehensnehmers, ob und wofür er sich des fremden Kapitals bedient.[236] Allein diese abstrakte Möglichkeit auf wirtschaftlich fremdes Kapital zugreifen zu können ist mit Zinszahlung zu vergelten.[237] Der Wert, der dem Darlehensnehmer überlassen wird, ist demnach weder in den konkret überlassenen Valuta noch in einem vermögensgegenständlichen Substitut zu suchen. Er

---

233 So: *Frese*, Die Kündigungsmöglichkeiten des Darlehensgebers, S. 113 (wohl) mit Blick auf und entgegen *Mülbert*, AcP 192 (1992), 447, 451 ff., s.o.

234 *Frese*, Die Kündigungsmöglichkeiten des Darlehensgebers, S. 113.

235 Ähnlich: *Maurenbrecher*, Das verzinsliche Darlehen, S. 30.

236 Der Darlehensnehmer trägt nach allgemeiner Meinung das Risiko der mangelnden Verwendbarkeit der Valuta (Verwendungs- bzw. Anlagerisiko), statt aller: *Freitag*, in: Staudinger, BGB (2015), § 488 Rn. 33a.

237 *Maurenbrecher*, Das verzinsliche Darlehen, S. 29 m.w.N.; wohl auch *Mülbert*, AcP 192 (1992), 447, 453.

liegt bereits in der abstrakten Nutzungsmöglichkeit selbst. Löst man sich insofern vom zu engen Kapitalbegriff *Böhm-Bawerks*,[238] steht das überkommene Verständnis vom Darlehensgeschäftszweck auch nicht im unlösbaren Widerspruch zu dessen ökonomischem Ansatz.[239]

Überdies entspricht das überkommene Verständnis dem tatsächlichen Verständnis der Parteien am besten. Es ist fernliegend, dass die Parteien die Darlehensaufnahme bzw. -vergabe in der Praxis als Tausch oder Kauf von Kapital interpretieren.[240] Für die Bestimmung des darlehensvertraglichen Geschäftszwecks ist es jedoch nicht zweckmäßig, das tatsächliche Verständnis der Parteien in der Theorie zu unterlaufen. Da es letztlich den Parteien obliegt, den Geschäftszweck durch privatautonome Vereinbarung zu verwirklichen, verbietet es sich vielmehr, praktische Vorstellung und theoretische Interpretation ohne Not auseinanderfallen zu lassen.

Die Definition, die es den weiteren Ausführungen zum darlehensrechtlichen Pflichtenprogramm voranzustellen gilt, basiert somit maßgeblich auf dem überkommenen Verständnis. Den kritischen Stimmen soll gleichwohl Rechnung getragen werden, indem eine Präzisierung im Sinne hiesiger Argumentation vorgenommen wird. Der Geschäftszweck des Darlehens wird nach alledem definiert als *die Überlassung der abstrakten Möglichkeit, fremdes Kapital auf Zeit berechtigt zu nutzen, indem ein konkreter Vermögenswert hingegeben wird.*

B. Das Pflichtenprogramm des Darlehensvertrages

Der Geschäftszweck des Darlehens spiegelt sich konkret in dessen Pflichtenprogramm wider.[241] Das Pflichtenprogramm wird überdies vom heute

---

238 Vgl.: *Maurenbrecher*, Das verzinsliche Darlehen, S. 27.

239 So im Ergebnis auch: *Mülbert*, AcP 192 (1992), 447, 452.

240 Dies räumt *Böhm-Bawerk* selbst ein, siehe: Kapital und Kapitalzins, Zweite Abteilung (1921), S. 363.

241 Dies wusste bereits das Reichsgericht in prägnanten Worten zusammenzufassen: „Der Sinn der Darlehnshingabe ist nicht der, das Vermögen des Empfängers dauernd um das Kapital zu vermehren; ihm soll vielmehr nur dessen vorübergehende Nutzung zugewendet werden. Für diese zeitweilige Kapitalnutzung wird als Gegenleistung der Zins oder werden sonstige Vorteile vereinbart. Die spätere Rückzahlung eines gleichen Geldbetrages ist keine Gegenleistung für den Empfang der Darlehnssumme, vielmehr nur die notwendige Folge davon, daß dem Darlehnsnehmer das Kapital von vornherein nicht endgültig zufließen, sondern ihm nur vorübergehend überlassen werden sollte. Die Kapitalnutzung in ihrer zeitlichen Begrenzung und die Nutzungsvergütung (zumeist Zins) sind die Leis-

allgemein anerkannten Verständnis des entgeltlichen Darlehensvertrages als synallagmatischem Konsensualvertrag bestimmt.[242] Beidem ist bei der tiefergehenden Analyse des darlehensvertraglichen Pflichtenprogramms Rechnung zu tragen. Denn dies ist Voraussetzung für eine darlehensdogmatische Gesamtbeurteilung, die dem konsensualvertraglichen Leitbild, der synallagmatischen Pflichtenstruktur und nicht zuletzt den wirtschaftlichen Parteiinteressen bestmöglich gerecht wird.

I. Das „Zur-Verfügung-Stellen" der Valuta

Gem. § 488 Abs. 1 S. 1 BGB wird der Darlehensgeber durch den Darlehensvertrag verpflichtet, dem Darlehensnehmer einen Geldbetrag in der vereinbarten Höhe zur Verfügung zu stellen. Mit den Worten des Gesetzgebers beschreibt § 488 Abs. 1 S. 1 BGB „[...] die Pflicht des Darlehensgebers zur Verschaffung und Belassung eines Geldbetrags in der vereinbarten Höhe".[243] Mit wirksamem Vertragsschluss[244] verpflichtet sich der Darlehensgeber dem Darlehensnehmer die Valuta in Bar- oder Buchgeld auszuzahlen[245] und diese bis zur Vertragsbeendigung durch Kündigung, einvernehmliche Auflösung oder Zeitablauf nicht zurückzufordern.[246] „Zur Ver-

---

tungen, die gegeneinander ausgetauscht werden, nicht die Darlehnssumme auf der einen Seite und ein gleicher Geldbetrag, vermehrt durch die Vergütung, auf der anderen.", RG, Beschl. v. 30.6.1939 – V 50/38, RGZ 161, 52, 56.

242   Jauernig/*Berger*, § 488 Rn. 1 ff; *K.P.Berger*, in: Münchener Kommentar zum BGB (2016), Vor § 488 Rn. 9 f.; *Derleder*, in: Derleder/Knops/Bamberger, Handbuch zum Bankrecht (2017), § 12 Rn. 3, 9; Erman/*Saenger*, Vor § 488 Rn. 3; *Freitag*, in: Staudinger, BGB (2015), § 488 Rn. 152, 180; *Frese*, Die Kündigungsmöglichkeiten des Darlehensgebers, S. 121; *Mülbert*, WM 2002, 465, 457; Palandt/*Weidenkaff*, Vor § 488 Rn. 2; dazu, dass Geschäftszweck und konsensual-synallagmatisches Verständnis für die Darlehensdogmatik insgesamt determinierend sind, siehe bereist oben in der Einl. zu diesem §.

243   BT-Drs. 14/6040, 253.

244   Umfassend zu etwaigen Unwirksamkeitsgründen: *Freitag*, in: Staudinger, BGB (2015), § 488 Rn. 121 ff.

245   Barauszahlungen erfolgen heute – insbesondere bei Bankenbeteiligung – nur noch in Ausnahmefällen, *Freitag*, in: Staudinger, BGB (2015), § 488 Rn. 121 ff; zur Entmaterialisierung der Geldschuld: ders., in: Staudinger, BGB (2015), § 488 Rn. 15.

246   Vor der Schuldrechtsmodernisierungsreform gab es einige Stimmen, die eine Belassungspflicht insgesamt als zwecklos und objektiv unmöglich ablehnten, überzeugend dagegen bereits: *Mülbert*, AcP 192 (1992), 447, 457 f.; aktuell: *Freitag*, in: Staudinger, BGB (2015), § 488 Rn. 163 je m.w.N.; auch angesichts des

fügung Stellen" statuiert damit sowohl eine „Wertverschaffungspflicht"[247] als auch eine „Werterhaltungspflicht" des Darlehensgebers.[248] Kapitalhingabe- und Belassungspflicht[249] sind als einheitliche, synallagmatische Hauptleistungspflicht des Darlehensgebers zu verstehen.[250] Die Valutahingabe aus dem Gegenseitigkeitsverhältnis auszuklammern,[251] dürfte einerseits nicht dem Willen des Gesetzgebers entsprechen, der Hingabe und Belassung schon sprachlich gerade nicht aufspaltet, sondern als „Zur Verfügung Stellen" zusammenfasst.[252] Andererseits wird der wirtschaftliche Zweck des Darlehens und ein für den Darlehensnehmer zu vergeltender Mehrwert erst geschaffen, wenn beide Tatbestandsmerkmale des „Zur Verfügung Stellens" dem Grunde nach erfüllt sind, d.h. frühestens mit Beginn der Werterhaltungsphase. Kapitalhingabe- und Kapitalbelassung sind somit Teile eines einheitlichen, aber „dynamischen Anspruchs"[253], der mit Vertragsschluss entsteht: In dem Moment, in dem der Darlehensgeber sei-

---

eindeutigen Wortlauts der Gesetzesbegründung des § 488 BGB wird diese Ansicht (wohl) nur noch von *Laudenklos/Sester*, ZIP 2005, 1757, 1759 ff. vertreten, die allerdings einräumen, „[...] dass im Hinblick auf den Wortlaut der Materialien zur Schuldrechtsreform auch der gegenteilige Standpunkt vertretbar ist."; dies., aaO., 1757, 1761.

247 So: *Schwintowski* in: jurisPK-BGB, § 488 BGB Rn. 11 m.w.N.

248 Der zu erhaltende Wert sind nach oben Gesagtem nicht die konkreten Valuta, sondern die durch deren Auszahlung geschaffene abstrakte Nutzungsmöglichkeit, s.o. § 4. A. II.

249 So etwa die Terminologie von *Mülbert*, AcP 192 (1992), 447, 455.

250 Jauernig/*Berger*, § 488 Rn. 3; *K.P.Berger*, in: Münchener Kommentar zum BGB (2016), Vor § 488 Rn. 10; Erman/*Saenger*, § 488 Rn. 6a; *Frese*, Die Kündigungsmöglichkeiten des Darlehensgebers, S. 121; *Mülbert*, WM 2002, 465 (470); Palandt/*Weidenkaff*, Vor § 488 Rn. 2.

251 Zur neuen Rechtslage insbesondere *Freitag*, in: Staudinger, BGB (2015), § 488 Rn. 180: „Im synallagmatischen Gegenseitigkeitsverhältnis zur Belassungspflicht des Darlehensgebers steht beim entgeltlichen Darlehen der [...] Zinsanspruch gem. § 488 Abs. 2."; (wohl) unzutreffend daher der Verweis auf dens. bei *Frese*, Die Kündigungsmöglichkeiten des Darlehensgebers, S. 121; zur alten Rechtslage siehe die Nachw. bei: *Mülbert*, AcP 192 (1992), 447, 455 f. (Fn. 27 f.).

252 Außer Streit steht dies nach dem Wortlaut des § 488 Abs. 1 BGB allerdings nicht. Nach § 488 Abs. 1 S. 2 BGB ist der Darlehensnehmer verpflichtet, einen geschuldeten Zins zu zahlen. Ob im Gegenseitigkeitsverhältnis dazu der gesamte Tatbestand des „Zur Verfügung Stellens" steht oder nur die Belassungspflicht als ein Teil dessen, lässt der Wortlaut offen; a.A.: *K.P.Berger*, in: Münchener Kommentar zum BGB (2016), Vor § 488 Rn. 10.

253 *K.P.Berger*, in: Münchener Kommentar zum BGB (2016), § 488 Rn. 31.

ne Kapitalhingabepflicht erfüllt, wandelt sich diese zur Pflicht, das Kapital beim Darlehensnehmer bis Vertragsende zu belassen.[254]

Die Erfüllung der Kapitalhingabepflicht tritt wiederrum nach st. Rspr.[255] und in Übereinstimmung mit dem § 362 BGB zu Grund liegenden Verständnis,[256] mit der Herbeiführung des Leistungserfolges ein. Dazu ist es erforderlich, dass die Valuta auf der einen Seite endgültig aus dem Vermögen des Darlehensgebers ausscheiden und auf der anderen Seite endgültig dem Vermögen des Darlehensnehmers oder eines empfangsberechtigten Dritten[257] einverleibt werden.[258]

Letzteres ist nicht der Fall, wenn der Dritte lediglich als Treuhänder und „verlängerter Arm" des Darlehensgebers fungiert.[259] So tritt noch keine Erfüllung des Valutierungsanspruches ein, wenn die Valuta auf ein Notaranderkonto eingezahlt und regelmäßig erst mit wirksamer und vollumfänglicher Sicherheitenbestellung an den Darlehensnehmer weitergereicht werden. Der Notar wickelt in dieser – für Immobiliardarlehen typischen –[260] Konstellation nicht nur den finanzierten (Kauf-)Vertrag ab, sondern wird zur Erfüllung seines Treuhandauftrages auch im Interesse des Darlehensgebers tätig.[261] Zudem ist die Auszahlung an den Darlehensnehmer in der Regel bis zur wirksamen Sicherheitenbestellung aufschiebend bedingt, § 158 Abs. 1 BGB.[262] Der Darlehensgeber trägt daher zu Recht das Risiko des Valutaverlustes beim Treuhänder,[263] sodass Erfüllung erst mit tatsächlicher Weiterreichung der Valuta anzunehmen ist.[264]

---

254 *Freitag*, in: Staudinger, BGB (2015), § 488 Rn. 163.

255 BGH, Urt. v. 8.4.1965 – III ZR 238/64, WM 1965, 496; BGH, Urt. v. 13.4.1978 – III ZR 125/76, WM 1978, 878; BGH, Urt. v. 17.1.1985 – III ZR 135/83, BGHZ 93, 264, WM 1985, 221; BGH, Urt. v. 7.3.1985 – III ZR 211/83, WM 1985, 653.

256 *Olzen*, in: Staudinger, BGB (2016), § 362 Rn. 13 mit umfassenden Nachw.

257 *Freitag*, in: Staudinger, BGB (2015), § 488 Rn. 156.

258 St. Rechtsprechung: BGH, Urt. v. 8.4.1965 – III ZR 238/64, WM 1965, 496; BGH, Urt. v. 13.4.1978 – III ZR 125/76, WM 1978, 878; BGH, Urt. v. 17.1.1985 – III ZR 135/83, BGHZ 93, 264, WM 1985, 221; BGH, Urt. v. 7.3.1985 – III ZR 211/83, WM 1985, 653.

259 *Freitag*, in: Staudinger, BGB (2015), § 488 Rn. 157 m.w.N.

260 *Freitag*, in: Staudinger, BGB (2015), § 488 Rn. 157.

261 *K.P.Berger*, in: Münchener Kommentar zum BGB (2016), § 488 Rn. 35 m.w.N.

262 *Freitag*, in: Staudinger, BGB (2015), § 488 Rn. 155.

263 *Freitag*, in: Staudinger, BGB (2015), § 488 Rn. 157.

264 Entgegenstehende Vereinbarungen in AGB verstoßen gegen § 307 Abs. 1 BGB, BGH, Urt. v. 14.7.1998 – XI ZR 272/97, NJW 1998, 3200 (noch zu § 9 AGBG).

II. Die Rückzahlung der Valuta

Entsprechend der damals geltenden Konzeption, wonach das unentgeltliche Darlehen den gesetzlichen Regelfall darstellte, war die Valutarückzahlungspflicht bis zur Schuldrechtsmodernisierung die einzige gesetzlich geregelte Pflicht des Darlehensnehmers.[265] In leicht veränderter Form und nunmehr zusammen mit der Zinszahlungspflicht des Darlehensgebers wurde die Rückzahlungspflicht des Darlehensnehmers, die unstreitig nicht zum darlehensvertraglichen Synallagma gehört,[266] in § 488 Abs. 1 S. 2 Alt. 2 BGB übernommen.

Spiegelbildlich hat der Darlehensgeber einen Anspruch auf Rückzahlung der Valuta, der gem. § 488 Abs. 3 S. 1 BGB mit Kündigung oder Zeitablauf fällig wird.[267] Sowohl die Rechtsnatur als auch der Entstehungszeitpunkt des Rückzahlungsanspruches sind umstritten.

1. Rechtsnatur

Teilweise wird der Rückzahlungsanspruch des Darlehensgebers als gesetzlicher Anspruch qualifiziert, dessen Funktion sich in der sachgerechten Abwicklung des Darlehensvertrages erschöpfe.[268] Für den darlehensvertraglichen Minimalkonsens bedürfe es keiner Vereinbarung eines solchen Rückzahlungsanspruches, da sich dieser schon zwingend aus dem Geschäftszweck des Darlehensvertrages ergebe.[269] Es handele sich beim Rückzahlungsanspruch nur um die gesetzlich angeordnete Rechtsfolge der darlehensvertraglichen Vereinbarung, sodass eine Einordnung als „gesetzlicher Abwicklungsanspruch auf vertraglicher Grundlage" sachgerecht sei.[270]

---

265 Jeweils schon aus § 607 Abs. 1 BGB i.d.F. vom 1.1.1964 ersichtlich.

266 Statt aller: *K.P.Berger*, in: Münchener Kommentar zum BGB (2016), § 488 Rn. 42 m.w.N.

267 Die Fälligkeit kann sich überdies aus gesonderter Parteivereinbarung, insbesondere der einvernehmlichen Vertragsauflösung ergeben. Die genannten fälligkeitsauslösenden Momente firmieren im unmittelbar folgenden Kontext der Einfachheit halber unter „Vertragsbeendigung".

268 *Derleder*, in: Derleder/Knops/Bamberger, Handbuch zum Bankrecht (2017), § 12 Rn. 14; *Mülbert*, AcP 192 (1992), 447, 463, 505; ders., WM 2002, 465, 469; *Budzikiewicz*, WM 2003, 264, 271.

269 *Mülbert*, AcP 192 (1992), 447, 463.

270 So: *Mülbert*, in: Staudinger, BGB (2015), § 488 Rn. 289 (Nachw. ausgespart).

Die überwiegenden Stimmen[271] gehen hingegen zu Recht von der vertraglichen Natur des Rückzahlungsanspruches aus. Die Gegenansicht zieht aus der richtigen Annahme, dass eine Vereinbarung über die Überlassung von Kaufkraft auf Zeit bereits begrifflich eine Rückzahlungsverpflichtung voraussetzt,[272] die falschen Schlüsse. Daraus folgt nicht, dass mit § 488 Abs. 1 S. 2 Alt. 2 BGB[273] nur noch die sachgerechte Abwicklung des Vertrages normiert und dieser Abwicklungsanspruch nichts anderes als die gesetzlich angeordnete Rechtsfolge der Vertragsbeendigung ist. Die Rückzahlungsverpflichtung ist – was auch die Gegenansicht nicht leugnet – typusprägendes Element des Darlehensvertrages[274] und daher als Hauptleistungspflicht[275] (zu Recht) an prominenter Stelle im Gesetz verortet. Sie ist damit aber nicht nur zwingende Rechtsfolge, sondern auch zwingender Bestandteil jedes Darlehensvertrages. Geltungsgrund der Rückzahlungsverpflichtung ist nach alledem schon das privatautonome Handeln der Parteien, nicht erst eine gesetzliche Anordnung.[276]

2. Entstehung des Anspruchs

Eng mit dem Streit um die Rechtsnatur des Rückzahlungsanspruches ist die Beurteilung seines Entstehungszeitpunktes verbunden. Die Autoren, die den Rückzahlungsanspruch als gesetzlichen Anspruch einordnen, gehen nahezu[277] geschlossen davon aus, dass es sich um einen künftigen An-

---

271 *Freitag*, in: Staudinger, BGB (2015), § 488 Rn. 165; *Frese*, Die Kündigungsmöglichkeiten des Darlehensgebers, S. 125; *Habersack*, Bankrechtstag 2002, 3, 7; *Hammen*, DB 1991, 953, 954; *Hopt/Mülbert*, Kreditrecht, § 607 Rn 4; Bamberger/Roth/*Rohe*, BGB (2012), § 488 Rn. 34; *Rohe*, in: Beck'scher Online-Kommentar BGB, § 488 Rn. 34.
272 BGH, Urt. v. 13.7.1957 – IV ZR 93/57, BGHZ 25, 174, 177 f.
273 Bzw. im alten Recht nach § 607 Abs. 1 BGB i.d.F. vom 1.1.1964.
274 RG, Beschl. v. 30.6.1939 – V 50/38, RGZ 161, 52, 56; BGH, Urt. v. 13.7.1957 – IV ZR 93/57, BGHZ 25, 174, 178; BGH, Urt. v. 18.4.1962 – VIII ZR 245/61, NJW 1962, 1148; *K.P.Berger*, in: Münchener Kommentar zum BGB (2016), § 488 Rn. 42.
275 *K.P.Berger*, in: Münchener Kommentar zum BGB (2016), § 488 Rn. 42; *Frese*, Die Kündigungsmöglichkeiten des Darlehensgebers, S. 125; a.A.: *Habersack*, Bankrechtstag 2002, 3, 7: *„vertragliche Nebenleistungspflicht"* (Hervorhebung im Original); *Heermann*, Geld- und Geldgeschäfte, § 21 I 2 Rn. 10.
276 *Freitag*, in: Staudinger, BGB (2015), § 488 Rn. 165.
277 *K.P.Berger* geht von einem gesetzlichen, aber dennoch betagten Anspruch aus, in: Münchener Kommentar zum BGB (2016), § 488 Rn. 43.

spruch handele, der mit Vertragsende entstehe und mit seiner Entstehung sofort fällig werde.[278]

Nach h.M. sei der Rückzahlungsanspruch hingegen ein betagter Anspruch, der mit Empfang der Valuta entstehe, aber erst mit Vertragsende fällig werde.[279] Aus der Gesetzesbegründung zu § 607 Abs. 1 BGB a.F. sei erkennbar, dass der Rückzahlungsanspruch mit Empfang der Valuta durch den Darlehensnehmer zur Entstehung gelangen sollte.[280] Davon habe der Gesetzgeber auch im Rahmen der Schuldrechtsmodernisierung nicht abweichen wollen, zumal die Gesetzesbegründung insofern gerade keine Stellungnahme enthalte.[281] Schließlich widerspreche das Verständnis der Gegenansicht auch dem Wortlaut des § 488 Abs. 1 S. 2 Alt. 2 BGB, wonach das zur Verfügung „gestellte" Darlehen zurückzuzahlen sei. Daraus ergebe sich zweifelsfrei, dass der Rückzahlungsanspruch des Darlehensgebers mit Erfüllung seiner Hingabeverpflichtung entstehe.[282]

Im Ergebnis ist der h.M. zu folgen. Allerdings zwingen weder die Begründung noch die Historie des Gesetzes und auch nicht der Verweis auf die genannte Gesetzesformulierung zur Ablehnung der Gegenansicht. Der Entstehungszeitpunkt lässt sich hier wie da nicht entnehmen. Die fehlende Befassung mit der Thematik in der Gesetzesbegründung und Gesetzeshistorie mag Indiz für die Beibehaltung des tradierten gesetzgeberischen Verständnisses sein; ein hinreichendes Argument für die Verwerfung der Gegenauffassung ist es nicht. Überdies bekräftigt die Formulierung zur Verfügung „gestelltes" Darlehen zwar, dass der Rückzahlungsanspruch erst mit Empfang der Valuta entstehen kann, zumal es wenig Sinn ergibt, dass der Darlehensnehmer etwas zurückzahlen soll, ohne zuvor etwas erlangt zu haben.[283] Selbst wenn man den Rückzahlungsanspruch als nichts anderes als

---

278 Dies ist unter der Prämisse, dass es sich um einen funktionalen Abwicklungsanspruch handelt konsequent.

279 OLG Dresden, Urt. v. 25.1.2001 – 16 U 2113/00, WM 2001, 803, 804; *Hammen*, DB 1991, 953, 954; *Coester-Waltjen*, Jura 2002, 675, 676; *Ott*, MDR 2002, 361, 364; *Lind*, ZinsO 2004, 580, 583; *Engert/Schmidl*, WM 2005, 60, 65; *Freitag*, in: Staudinger, BGB (2015), § 488 Rn. 166; Bamberger/Roth/*Rohe*, BGB (2012), § 488 Rn. 34 f.

280 *Freitag*, in: Staudinger, BGB (2015), § 488 Rn. 166 mit Verweis auf die Motive zu § 607 BGB a.F. (Mugdan, Bd. 2, S. 170).

281 Diese fehlt in der Tat, BT-Drs. 14/6040, 252 f.

282 *Mülbert*, AcP 92 (1992), 447, 464 f.; ders., WM 2002, 465, 469; *K.P.Berger*, in: Münchener Kommentar zum BGB (2016), § 488 Rn. 44, 221; *Derleder*, in: Derleder/Knops/Bamberger, Handbuch zum Bankrecht (2017), § 10 Rn. 14; Soergel/*Häuser* (1997), § 607 a.F. Rn. 151.

283 *Freitag*, in: Staudinger, BGB (2015), § 488 Rn. 166.

einen kodifizierten Abwicklungsmechanismus begreift, kann nur (rück)abgewickelt werden, was zuvor geleistet wurde. Davon abgesehen ist es allerdings mit diesem Wortlaut nicht unvereinbar, dass die Rückzahlungsverpflichtung erst am Vertragsende entsteht, da es mit Ausnahme der Abnahmeverweigerung durch den Darlehensnehmer (praktisch nahezu) ausgeschlossen ist, dass der Darlehensgeber bis zum Beendigungszeitpunkt seiner Hingabepflicht nicht genügt.[284]

Mit der Gesetzesneufassung durch das Schuldrechtsmodernisierungsgesetz hat der Gesetzgeber aber den überzeugenden Begründungsansatz für das Ergebnis der h.M. geliefert. Nach § 488 Abs. 1 S. 2 Alt. 2 BGB hat der Darlehensnehmer das zur Verfügung gestellte Darlehen „bei Fälligkeit" zurückzuzahlen. Wäre – wie von der Gegenauffassung behauptet – die Vertragsbeendigung konstitutiv für die Begründung des Rückzahlungsanspruches und fielen damit dessen Entstehung und Fälligkeit zusammen, liefe die neu aufgenommene (!) Konkretisierung der Rückzahlungspflicht „bei Fälligkeit" entweder leer oder hätte allenfalls deklaratorische Bedeutung. Ein Rückzahlungsanspruch, der erst mit Vertragsbeendigung entsteht, wäre im Zweifel sofort fällig § 271 Abs. 1 BGB, ohne dass es einer weiteren Konkretisierung bedürfte. Es liegt demnach näher, dass der Gesetzgeber bei der Gesetzesneufassung davon ausgegangen ist, dass Anspruchsentstehung und Fälligkeit auseinanderfallen. Dementsprechend wird der Rückzahlungsanspruch auch hier als betagter Anspruch verstanden, der erst mit Empfang der Valuta entsteht und mit Vertragsende fällig wird.

III. Die Abnahme der Valuta

Der Empfang der Valuta ist tatbestandliche Voraussetzung für die Entstehung des Rückzahlungsanspruchs und logische Bedingung für die Erreichung des wirtschaftlichen Geschäftszwecks jedes Darlehensvertrages. Gleichwohl ist es grundsätzlich Sache der Parteien zu entscheiden, ob der Darlehensnehmer verpflichtet oder nur berechtigt ist, die Valuta abzunehmen. Fehlt eine eindeutige Regelung im Vertrag, so ist dieser nach dem zu Grunde liegenden Zweck und den damit verbundenen, konkreten Parteiinteressen auszulegen.[285] Eine durchsetzbare Rechtspflicht ist anzuneh-

284 *Freitag*, in: Staudinger, BGB (2015), § 488 Rn. 160.
285 Zum Ganzen etwa: *K.P.Berger*, in: Münchener Kommentar zum BGB (2016), § 488 Rn. 67 f.; a.A., aber mit umfassenden Nachw. zur herrschenden Auffassung: *Freitag*, in: Staudinger, BGB (2015), § 488 Rn. 217.

men, wenn der Darlehensgeber ein berechtigtes, über die bloße Zinszahlung hinausgehendes Interesse daran hat, dass der Darlehensnehmer das Fremdkapital tatsächlich in Anspruch nimmt. Ein solches berechtigtes Interesse ist zum einen dann zu bejahen, wenn die Darlehensgewährung für den Darlehensgeber Anlagecharakter hat.[286] Dies gilt insbesondere für langfristige Immobiliarkredite, sofern die Darlehensgewährung hier „[...] nicht nur eine Art Serviceleistung gegenüber dem Kunden [...], sondern ein tragender Pfeiler des gesamten Aktivgeschäfts der Bank [ist]".[287] Im Zweifel ist eine Rechtspflicht des Darlehensnehmers auf Abnahme der Valuta zum anderen bei partiarischen Darlehen zu bejahen.[288]

Jedenfalls abzulehnen ist die Verortung der Abnahmepflicht des Darlehensnehmers im darlehensvertraglichen Synallagma,[289] da nicht ersichtlich ist, zu welcher Pflicht des Darlehensgebers diese im Gegenseitigkeitsverhältnis stehen soll.[290] Sofern die frühere Rechtsprechung und Literatur damit unbillige Ergebnisse auf Rechtsfolgenseite zu vermeiden suchte, besteht dafür spätestens seit der Schuldrechtsreform kein Bedürfnis mehr. Die Verletzung einer ausdrücklich oder konkludent begründeten Abnahmepflicht des Darlehensnehmers führt nach der Neukonzeption der schuldrechtlichen Schadenersatzansprüche dazu, dass der Darlehensgeber Schadenersatz statt der Leistung nach §§ 280 Abs. 1, Abs. 3, 281 BGB geltend machen kann. Die konkrete dogmatische Einordnung der Abnahmepflicht ist dafür – im Gegensatz zur früheren Rechtslage –[291] unbeachtlich.[292] So dürfte zwar geklärt sein, auf welcher Grundlage die Verletzung

---

286 *K.P.Berger*, in: Münchener Kommentar zum BGB (2016), § 488 Rn. 67 m.w.N.
287 *Köndgen*, Grundpfandrechtlich gesicherte Kredite, S. 74.
288 *K.P.Berger*, in: Münchener Kommentar zum BGB (2016), § 488 Rn. 67; *Hopt/Mülbert*, Kreditrecht, § 607 Rn. 367.
289 So aber die wohl h.M.: BGH, Urt. v. 30.11.1989 – III ZR 197/88, WM 1990, 174; *K.P.Berger*, in: Münchener Kommentar zum BGB (2016), § 488 Rn. 68; *Erman/Sänger*, § 488 Rn. 11; Palandt/*Weidenkaff*, Vor § 488 Rn. 2.
290 So bereits: *K. Schmidt*, JZ 1976, 756, 758; *Hopt/Mülbert*, Kreditrecht, § 607 Rn. 367; im Anschluss an diese: *Köndgen*, Grundpfandrechtlich gesicherte Kredite, S. 74; deutlich ferner: *Freitag*, in: Staudinger, BGB (2015), § 488 Rn. 219.
291 Als zweckmäßig wurde im Ergebnis die (analoge) Anwendung von § 326 i.d.F. vom 1.1.1964 erachtet, obwohl dieser nach allgemeiner Ansicht tatbestandlich die Verletzung einer Hauptleistungspflicht erforderte (siehe die Nachw. bei: *Emmerich*, in: Münchener Kommentar zum BGB (1985), § 326 Rn. 15), wobei die Termini Hauptleistungspflicht und synallagmatische Pflicht überwiegend synonym verwendet wurden (*Köndgen*, Grundpfandrechtlich gesicherte Kredite, S. 77 m.w.N.); zu den divergierenden Begründungsansätzen: *Mülbert*, AcP 192 (1992), 447, 472 f.
292 Statt aller: *Schwarze*, in: Staudinger, BGB (2014), § 281 Rn. A 19, B 3.

einer Abnahmepflicht durch den Darlehensnehmer schadensrechtlich abgewickelt würde. Umstritten und (eine) Kernfrage der folgenden zinsrechtlichen Untersuchung ist jedoch schon, ob die Nichtabnahme der Valuta überhaupt als schadensrechtliches Problem zu behandeln ist oder stattdessen trotz Nichtabnahme ein vertraglicher Zinsanspruch des Darlehensgebers besteht.

IV. Die Zahlung der geschuldeten Zinsen

Der Darlehensnehmer ist verpflichtet, den geschuldeten Zins zu zahlen, § 488 Abs. 1 S. 2 1. Alt. BGB. Mit dieser Formulierung wurde das entgeltliche Darlehen zum gesetzlichen Regelfall, was der schon lange vor der Schuldrechtsreform herrschenden wirtschaftlichen Realität entspricht:[293] Die Zinszahlungspflicht war immer schon maßgeblicher Bestandteil des darlehensvertraglichen Pflichtenprogramms und das zinsrechtliche Verständnis prägend für die gesamte Darlehensdogmatik.

Der Zinsbegriff wird vom Gesetzgeber vielerorts vorausgesetzt, ohne dass dieser im Gesetz oder der Begründung je definiert worden ist.[294] Damit war und ist für Rechtsprechung und Literatur sowohl die Möglichkeit, aber auch die Aufgabe verbunden, eine Definition des Zinsbegriffs zu erarbeiten, der dem Normzweck der Zinsvorschiften entspricht.[295] Die Motive zum BGB bieten dafür trotz fehlender Legaldefinition den ersten logischen Ansatzpunkt, da diesen bereits grundsätzliche Vorstellungen von Inhalt und Eigenschaften sowohl gesetzlich als auch vertraglich begründeter Zinsverbindlichkeiten zu entnehmen sind. Jene historischen Vorstellungen können zwar für eine moderne Zinsdefinition nicht unreflektiert übernommen werden, da diese der darlehensdogmatischen Entwicklung und insbesondere dem heute geltenden konsensualvertraglichen Leitbild gerecht werden muss. Gleichwohl wird die Beantwortung der Frage „Was sind Zinsen?" nur unter Beachtung und Würdigung der Vorgaben des historischen Gesetzgebers gelingen. Nur in diesem Gesamtkontext werden etwaige Widersprüche oder Gemeinsamkeiten des historischen und modernen Zinsverständnisses deutlich, was letztlich Voraussetzung für die Bestimmung der heutigen Zinscharakteristika ist.

---

293 BT-Drs. 14/6040, 253.
294 *K. Schmidt*, in: Staudinger, BGB (1983) § 246 Rn. 1.
295 *K. Schmidt*, in: Staudinger, BGB (1983), § 246 Rn. 1.

1. Zinsrechtliche Vorgaben des historischen Gesetzgebers

„Die Verpflichtung zur Zinszahlung versteht sich nicht von selbst. Sie muss besonders begründet sein durch Rechtsgeschäft oder eine positive Gesetzesvorschrift."[296] Diese Aussage des historischen Gesetzgebers besagt zunächst, dass Zinsverpflichtungen nicht durch Vermutungen begründet werden, sondern der gesetzlichen Anordnung oder einer ausdrücklichen bzw. konkludenten Parteivereinbarung bedürfen.[297] Letzteres setzt wiederum die Möglichkeit voraus, sowohl dem Grunde als auch der Höhe nach privatautonome Zinsvereinbarungen treffen zu können. Dieses Prinzip der Zinsfreiheit, das notwendige Voraussetzung für vertraglich begründete Zinsverpflichtungen und damit letztlich für einen zeitgemäßen Umgang mit Geld im Sinne der Privatautonomie ist,[298] legte der historische Gesetzgeber mit dem BGB erstmals für das „gesamte Reichsgebiet" fest.[299] Die Freiheit, Zinsen durch Vertrag bedingen zu können, sollte jedoch nicht uneingeschränkt gelten. Der Höhe nach fand sie im Wucher eine absolute Grenze, sodass wucherische Zinsvereinbarungen konsequenterweise als „Missbrauch der Zinsfreiheit"[300] deklariert wurden.

Eine weitere Beschränkung der privatautonomen Gestaltung von Zinsverbindlichkeiten sollte sich nach Vorstellung des historischen Gesetzgebers aus dem Grundsatz der Akzessorietät ergeben. Demzufolge sind sowohl gesetzlich als auch vertraglich begründete Zinsverpflichtungen „[...] ihrem Wesen nach von einer Hauptverbindlichkeit abhängig. Ohne Hauptschuld kann eine Zinsenschuld nicht entstehen und nach Aufhebung der Hauptschuld entsteht auch kein Zinsenanspruch mehr."[301] Gesetzliche und vertragliche Zinsschulden wurden gleichermaßen[302] als formell selbständi-

---

296 Mugdan, Bd. 2, S. 9 (Verw. ausgespart).
297 Mugdan, Bd. 2, S. 9.
298 *Vollkommer*, Der Zins in Recht, Wirtschaft und Ethik, S. 7 ff.
299 Mugdan, Bd. 2, S. 107 a.E.
300 Mugdan, Bd. 2, S. 108.
301 Mugdan, Bd. 2, S. 9.
302 *Mülbert* ist hingegen der Ansicht, dass die Formulierung des historischen Gesetzgebers: „Dieser Grundsatz gilt auch für die Zinsen, insbes. für gesetzliche Zinsen jeder Art (...)" (Mugdan, Bd. 2, S. 9) darauf hindeute, dass „[...] die Bedeutung des Akzessorietätsprinzips für Vertragszinsen weniger offensichtlich war als für gesetzliche" (AcP 192 (1992), 447, 499). Damit verkennt er jedoch, dass mit „diese[m] Grundsatz" nicht der Grundsatz der Akzessorietät in Rede stand, sondern das „[...] allgemeine[...] Prinzipe, daß in einem jeden Rechte auch die Befugniß zur selbständigen gerichtlichen Geltendmachung liege und daß durch die accessorische Natur des Rechtes als eines Nebenrechtes, welches

ge Nebenschuld neben der zu verzinsenden Kapitalschuld begriffen.[303] Das Entstehen von Darlehenszinsen setzte demnach den Bestand der Kapitalrückzahlungsverpflichtung des Darlehensnehmers als verzinsliche Hauptschuld voraus.[304] Hingabe- und Belassungsanspruch bilden hingegen keinen tauglichen Anknüpfungspunkt im Sinne zinsrechtlicher Akzessorietät.[305] Das „Zur Verfügung Stellen" der Darlehensvaluta und die Zinsverbindlichkeit des Darlehensnehmers sind vielmehr jeweils als Hauptleistungspflichten im darlehensvertraglichen Synallagma zu qualifizieren. Dieses darlehensvertragliche Gegenseitigkeitsverhältnis ist aber vom Akzessorietätsgrundsatz[306] im Sinne eines zinsrechtlichen Abhängigkeitsverhältnisses zu trennen. Dem Synallagma im Sinne „finaler wechselseitiger Abhängigkeit"[307] kann entnommen werden, dass eine Leistungspflicht nur um der anderen Willen eingegangen wird.[308] Akzessorietät charakterisiert hingegen die Abhängigkeit einer Nebenschuld, namentlich der Zinsschuld von einer parallel bestehenden Hauptschuld, namentlich der Kapitalschuld.[309]

Ein so verstandener Grundsatz zinsrechtlicher Akzessorietät legt den Vergütungszeitraum gesetzlicher Zinsansprüche konstitutiv fest und schränkt vertragliche Zinsabreden insoweit ein, dass die Zinsverpflichtung des Darlehensnehmers frühestens mit Entstehung der Rückzahlungsverpflichtung, also nach hier vertretener Ansicht ab Empfang der Valuta, entstehen kann. Sie endet demzufolge spätestens, sobald und soweit auch der Rückzahlungsanspruch erlischt. Vorrangig wird das Ende des Zinszeitraumes jedoch privatautonom durch einvernehmliche Laufzeitbestimmung

---

das Bestehen eines anderen Hauptrechtes zur Voraussetzung hat, hieran nichts geändert wird [...]"; Mugdan, Bd. 2, S. 9.

303 *K. Schmidt*, in: Staudinger, BGB, (1983), § 246 Rn. 11, 37.

304 *K. Schmidt*, in: Staudinger, BGB, (1983), § 246 Rn. 11, 37 m.w.N; *Mülbert*, AcP 192 (1992), 447, 462.

305 So aber: *Frese*, Die Kündigungsmöglichkeiten des Darlehensgebers, S. 132 ff.; wohl auch: *Knops*, BB 2008, 2535, (Fn. 14): „[...] das zinsrechtliche Akzessorietätsprinzip, wonach der Zinsanspruch von der Kapitalbelassung bzw. Nutzungsmöglichkeit abhängig ist".

306 Bereits in den Motiven zum BGB wurde auf mögliche Ausnahmen hingewiesen, sodass es sprachlich (zumindest) ungenau ist von einem „Prinzip" der Akzessorietät der Zinsschuld zu sprechen.

307 *Schwarze*, in: Staudinger, BGB (2015), Vor §§ 320 – 326 Rn. 5 (Hervorhebung im Original).

308 RG, Urt. v. 5.4.1935 – II 327/34, RGZ 147, 340, 342; BGH, Urt. v. 21.10. 1954 – IV ZR 128/54, BGHZ 15, 102, 105.

309 *K. Schmidt*, in: Staudinger, BGB (1983), § 246 Rn. 11, 37; *Mülbert*, AcP 192 (1992), 447, 462.

oder einseitige Fälligstellung des Darlehens bestimmt,[310] da nur bis zu diesem Zeitpunkt eine rechtlich geschützte Zinserwartung aus dem Darlehensvertrag selbst besteht. Nur die berechtigte Kapitalnutzungsmöglichkeit ist Gegenstand des Darlehensvertrages.[311]

2. Zinsen als synallagmatische Gegenleistung

Die Geltung des Grundsatzes zinsrechtlicher Akzessorietät wurde auf Grund der eindeutigen Motivlage weder von früherer Praxis noch Literatur in Frage gestellt. Umstritten war hingegen, ob der entgeltliche Darlehensvertrag als gegenseitiger Vertrag im Sinne der §§ 320 ff. BGB und Zinsen damit als synallagmatische Gegenleistung des Darlehensnehmers zu qualifizieren sind. Dies steht heute angesichts von Wortlaut und Begründung des Gesetzes außer Streit und Zweifel.[312] Ursprünglich wurde jedoch auch der entgeltliche Darlehensvertrag von der ganz h.M. als einseitiger Vertrag verstanden, der nur den Darlehensnehmer verpflichtete.[313] Der Zins war nach dieser Auffassung Entgelt dafür, dass der Darlehensgeber seinen Anspruch auf Rückgewähr der Valuta (bis Laufzeitende) aufschiebt.[314] Mit Vordringen des konsensualen Darlehensvertragsverständnisses und bereits lange vor der Schuldrechtsreform setzte sich aber die Erkenntnis durch, dass der entgeltliche Darlehensvertrag nur als gegenseitiger Vertrag begriffen werden kann,[315] da allein dies der wirtschaftlichen Realität und der Interessenlage der Parteien gerecht wird.[316] Der Darlehensnehmer zahlt Zinsen, damit der Darlehensgeber ihm Kapital zur Verfügung stellt und umgekehrt stellt der Darlehensgeber sein Kapital nur zur Verfügung, um Zinsen zu erwirtschaften.[317] Zinsen sind also Entgelt dafür, dass der Darlehensgeber dem Darlehensnehmer Kapital auf Zeit zur Verfügung stellt, wobei so-

---

310 Dies steht im Einklang mit dem Akzessorietätsgrundsatz, da danach die Zinsverpflichtung *spätestens* mit Valutarückzahlung erlischt.

311 *Mülbert*, WM 2002, 465, 473; BGH, Urt. v. 8.2.2000 – XI ZR 313/98, WM 2000, 718, 719.

312 Statt aller: *Freitag*, in: Staudinger, BGB (2015), § 488 Rn. 180.

313 Siehe die Verw. bei: *Hopt/Mülbert*, Kreditrecht, § 607 Rn 16.

314 *Crome*, Recht der Schuldverhältnisse, A 2.

315 *Hopt/Mülbert*, Kreditrecht, § 607 Rn 16.

316 *Heck*, Grundriß des Schuldrechts, S. 329.

317 Anschaulich zum Finalnexus bereits: *Heck*, Grundriß des Schuldrechts, S. 329: „Es ist ganz offenkundig, daß die Hypothekenbank ihr Geld dem Gutsbesitzer oder dem Hausbesitzer aus gar keinem anderen Motive gibt, als aus dem Motive, Zinsen aus ihrem Geld zu erhalten [...]. Ebenso zweifellos ist es, dass der

wohl in Rechtsprechung als auch in der Literatur unterschiedlich beurteilt wird, ob mit der Zinsleistung die Kapitalentbehrung des Darlehnsgebers[318] oder die Kapitalnutzung(smöglichkeit) des Darlehensnehmers[319] vergütet wird.

Insbesondere die ältere Praxis[320] verstand Zinsen als Gebrauchsvergütung und erarbeitete in Anschluss an *Canaris* den noch heute verbreiteten, nutzungsorientierten Zinsbegriff, wonach sich Zins im Rechtssinne „[...] *als gewinn- und umsatzunabhängige, laufzeitabhängige, in Geld oder anderen vertretbaren Sachen zu entrichtende Vergütung für die Möglichkeit des Gebrauchs eines Kapitals*" definieren lasse.[321]

Für eine Akzentverlagerung auf die Kapitalentbehrung des Zinsgläubigers plädierte *Karsten Schmidt*. Dieser definiert Zinsen im Rechtssinne folgerichtig als „[...] das dem Gläubiger einer auf Geld oder vertretbare Sachen gerichteten Forderung für Kapitalentbehrung zu zahlende Entgelt, das laufzeitabhängig und gewinn- und umsatzunabhängig ist."[322] Das zu vergeltende Vermögensopfer ist nach dieser Auffassung allein die Kapitalentbehrung des Darlehensgebers, sodass es möglich ist, Zinsen bereits ab Auszahlung der Valuta zu beanspruchen, ohne dass es auf deren Empfang auf Seiten des Darlehensnehmers ankäme. *Mülbert* ist zudem der Ansicht, dass der nutzungsorientierte Zinsbegriff im oben verstandenen Sinne nicht mit einem synallagmatischen Darlehensverständnis in Einklang zu bringen sei.[323] Werde Zins als Gebrauchsvergütung verstanden, so sei kein Fall denkbar, in dem die Zinszahlung des Darlehensnehmers der Darlehenshingabe des Darlehensgebers vorausginge. Die Darlehenshingabe sei immer zwingende Vorleistung des Darlehensgebers. Mindestvoraussetzung

---

Gutsbesitzer nicht daran denken würde, sich zur Zahlung von acht oder mehr Prozent zu verpflichten, wenn er das Kapital ohne Zins erhalten könnte.".

318 Grundlegend: *K. Schmidt*, in: Staudinger, BGB (1983), § 246 Rn. 8; diesem folgend: BGH, Urt. v. 8.11.1984 – III ZR 132/83, WM 1985, 10, 12; BGH, Urt. v. 21.2.1985 – III ZR 207/83 , WM 1985, 686, 687; BGH, Urt. v. 1.6.1989 – III ZR 219/87, WM 1989, 1011, 1014; jüngst: *Frese*, Die Kündigungsmöglichkeiten des Darlehensgebers, S. 128.

319 *K.P.Berger*, in: Münchener Kommentar zum BGB (2016), § 488 Rn. 154 m.w.N.

320 Siehe die umfassenden Nachw. bei: *K. Schmidt*, in: Staudinger, BGB, (1983), § 246 Rn. 7.

321 *Canaris*, NJW 1978, 1891, 1892 (Hervorhebung im Original); BGH, Urt. v. 9.11.1978 – III ZR 21/77, NJW 1979, 805, 806; BGH, Urt. v. 12.3.1981 – III ZR 92/79, BGHZ 80, 153, 166; BGH, Urt. v. 24.1.1992 – V ZR 267/90, NJW-RR 1992, 591, 592.

322 *K. Schmidt*, in: Staudinger, BGB (1983), § 246 Rn. 8.

323 Ähnlich: *Frese*, Die Kündigungsmöglichkeiten des Darlehensgebers, S. 129.

eines Gegenseitigkeitsverhältnisses im Sinne der §§ 320 ff. BGB sei aber, „[...] daß theoretisch jeder der [synallagmatisch verknüpften] Ansprüche als erster entstehen und damit jede der Leistungen als erste befreiend erbracht werden kann, daß also eine Leistung nicht zwingend nur als Vorleistung möglich ist."[324]

Schon angesichts der hier vertretenen Vorstellung vom abstrahierten Geschäftszweck des Darlehensvertrages, oben definiert als Überlassung der abstrakten Möglichkeit, fremdes Kapital auf Zeit berechtigt nutzen zu können,[325] ist auch der Zinsbegriff nutzungsorientiert zu interpretieren. Nur der nutzungsorientierte Zinsbegriff wird den wirtschaftlichen Interessen beider Parteien gerecht und vermag Leistung und Gegenleistung tatsächlich synallagmatisch verknüpfen. Überdies entspricht der entbehrungsorientierte Zinsbegriff nicht dem Gesetzeswortlaut. Den Vertretern der entbehrungsorientierten Zinsinterpretation ist zuzugeben, dass als zu vergeltendes „Vermögensopfer" nur die Kapitalentbehrung des Darlehensgebers in Betracht kommt. Allerdings erschöpft sich der Sinn und Zweck von Darlehensverträgen nicht im Vermögensopfer des Darlehensgebers. Der Darlehensgeber mag daran interessiert sein, allein dafür bezahlt zu werden, dass er Kapital auf gewisse Zeit entbehrt. Der Darlehensnehmer verpflichtet sich aber keinesfalls zur Zahlung von Zinsen, damit dem Darlehensgeber das Kapital für gewisse Zeit nicht zur Verfügung steht, sondern damit es ihm zur Verfügung gestellt wird. Es besteht damit keine *finale, wechselseitige Abhängigkeit*[326] zwischen Kapitalentbehrung und Zinsleistung im Sinne von *„do ut des"*. Dies aber ist Mindestvoraussetzung jedes gegenseitigen Vertrages. Die Leistungsversprechen müssen als aufeinander bezogene gewollt sein, d.h. das eine soll nur um des anderen Willen erfolgen.[327] Nicht obligatorisch ist es indes, dass die Leistungen auch gleichzei-

---

324 *Mülbert*, AcP 192 (1992), 447, 493.
325 S.o. § 4 A II.
326 *Schwarze*, in: Staudinger, BGB (2015), Vor §§ 320 – 326 Rn. 5 (Hervorhebung im Original).
327 Ebda.

tig erbracht werden können.[328] Der darlehensvertragliche „Finalnexus"[329] macht in Kombination mit dem Wortlaut des § 488 BGB vielmehr sogar die Vorgabe, dass der Darlehensgeber Zinsen erst verlangen kann, nachdem er seiner Hingabeverpflichtung gerecht geworden ist. Dies ist der frühestmögliche Zeitpunkt, in dem der einheitliche Tatbestand des Zur-Verfügung-Stellens verwirklicht werden kann und der vom Darlehensnehmer zu vergütende Mehrwert entsteht.

Eine synallagmatische Verknüpfung der Leistungspflichten, die dem wirtschaftlichen Zweck des Darlehens sowie dem modernen Gesetzeswortlaut entspricht, erlaubt nach alledem nicht nur ein nutzungsorientiertes Zinsverständnis, sondern setzt es vielmehr grundlegend voraus. Dies macht es notwendig von den in den §§ 320 ff. BGB kodifizierten, gesetzlichen Vorgaben für gegenseitige Verträge, insoweit abzuweichen, dass die Zinszahlungspflicht frühestmöglich mit Beginn des Belassungszeitraumes bestehen kann.

3. Abschließende zinsrechtliche Beurteilung

Es ist kein Zufall, dass damit den Vorgaben zinsrechtlicher Akzessorietät entsprochen wird. Dieser Grundsatz sollte dem historischen Gesetzgeber zu Folge nicht umsonst ausdrücklich auch für Darlehenszinsen gelten,[330] obwohl es im Gegensatz zu gesetzlichen Zinsen kein (technisch) zwingendes Bedürfnis dafür gab und gibt.[331] Der Grundsatz zinsrechtlicher Akzes-

---

328 Dazu: *Gernhuber*, Das Schuldverhältnis, § 15 I 3 (Parenthese übernommen): „[Die] Gleichzeitigkeit der Leistungstermine als Charakteristikum synallagmatisch verknüpfter Leistungspflichten kann noch nicht einmal mit dem Anspruch auf Richtigkeit in typischer Sicht behauptet werden. [...] Oft genug erreichen Vorleistungspflichten sogar einen Grad an Überzeugungskraft, der sie jeder Diskussion zu entziehen scheint (so die Vorleistungspflicht [...] der Kreditinstitute bei der Auszahlung verzinslicher Darlehen)"missverständlich ist daher der Verweis von *Mülbert* auf eben diese Stelle, sofern er damit seine These zu stützen sucht, dass zwingende Vorleistungspflicht des Darlehensgebers und Synallagma nicht vereinbar sind.

329 Der Darlehensnehmer zahlt Zinsen, damit der Darlehensgeber ihm Fremdkapital zur Verfügung stellt. Der Darlehensgeber stellt Kapital zur Verfügung, um Zinsen zu erwirtschaften.

330 A.A.: *Mülbert*, AcP 192 (1992), 447, 499.

331 *Mülbert* führt in AcP 192 (1992), 447, 499 richtig aus, dass die Funktion des Akzessorietätsgrundsatzes im Zusammenhang mit gesetzlichen Zinsansprüchen darin liege, deren Vergütungszeitraum definieren. Da eine Parteiabrede dazu na-

soriеtät war und ist im Zusammenhang mit Darlehenszinsen letztlich nie etwas anderes als Ausdruck des wirtschaftlichen Zwecks des Darlehensvertrages im Allgemeinen und des berechtigten Interesses des Darlehensnehmers im Besonderen, Zinsen erst ab dem Moment zahlen zu müssen, ab dem für ihn auch tatsächlich der Mehrwert besteht, den es nach Sinn und Zweck des Darlehensvertrages zu vergelten gilt. Der Akzessorietätsgrundsatz ist damit zweckmäßiges Hilfsmittel zur interessengerechten Bestimmung des originären Kerns entgeltlicher Gelddarlehensverträge und keine unsachgerechte Einschränkung der Privatautonomie der Parteien.[332] Diesen ist es unbenommen, laufzeitabhängige Entgeltvereinbarungen in den Grenzen der §§ 134, 138 BGB zu treffen.[333] Ob es sich dabei stets um „entgeltliche Darlehen" handelt, ist eine andere Frage, die nicht allein durch die Parteien der einzelnen Vereinbarung, sondern auch anhand des Geschäftszwecks und den dahinter stehenden Interessen der Parteien eines jeden Darlehensvertrages zu beantworten ist. Verpflichtet sich der Darlehensgeber etwa dazu, die Valuta während der vereinbarten Zeit auf Abruf bereit zu halten, liegt darin ein eigener und vergütungsfähiger Mehrwert. Der originäre Darlehenszweck und -erfolg wird dadurch aber nur mittelbar flankiert, sodass das dafür gezahlte Entgelt[334] auch nicht als Zins im Rechtssinne zu qualifizieren ist.[335] Nicht anders ist der Fall zu beurteilen, in dem die Valuta – etwa zwecks Sicherheitenbestellung – zunächst auf das Konto eines Dritten überwiesen werden.[336] Auch in dem Falle kann sich der Darlehensgeber zu Recht eine Vergütung zahlen lassen. Die Vergütung

---

turgemäße fehle, bedürfe es des zinsrechtlichen Akzessorietätsgrundsatzes als „[...] ,Ersatzmechanismus' zur Festlegung des Umfanges der Vergütung.".

332 So aber: *Mülbert*, WM 2002, 465, 471.

333 So auch ausdrücklich *Mülbert*, WM 2002, 465, 471.

334 Dieses wird oft missverständlich als „Bereitstellungszins" bezeichnet, siehe nur: *Hopt/Mülbert*, Kreditrecht, § 607 Rn. 368; zumindest treffender ist die Bezeichnung als „Bereitstellungsprovision", wie sie etwa *Freitag*, in: Staudinger, BGB (2015), § 488 Rn. 212 wählt.

335 BGH, Urt. v. 12.12.1985 – III ZR 184/84, WM 1986, 156; *Hopt/Mülbert*, Kreditrecht, § 607 Rn. 368; *Wand*, WM 2005, 1932, 1936; *K.P.Berger*, in: Münchener Kommentar zum BGB (2016), § 488 Rn. 219; *Freitag*, in: Staudinger, BGB (2015), § 488 Rn. 212.

336 So im Ergebnis auch: *Knops*, ZfIR 1998, 577, 579; ders. Verbraucherschutz bei Immobiliarkreditverhältnissen, S. 49 f.; ders., in: Derleder/Knops/Bamberger, Handbuch zum Bankrecht (2017), § 13 Rn. 7; *Derleder*, in: Derleder/Knops/Bamberger, Handbuch zum Bankrecht (2017), § 12 Rn. 9; a.A. ist insbesondere der dem entbehrungsorientierten Zinsbegriff folgende dritte Zivilrechtssenat des BGH, Urt. v. 8.11.1984 – III ZR 132/83, WM 1985, 10, 12; BGH, Urt. v. 21.2.1985 – III ZR 207/83, WM 1985, 686, 687; BGH, Urt. v. 1.6.1989 – III ZR

erhält er allerdings nicht dafür, dass er dem Darlehensnehmer die abstrakte Kapitalnutzungsmöglichkeit verschafft hat, denn das hat er (noch) nicht getan; sondern für die Bereitstellung der Valuta zur weiteren Verwendung im Interesse des Darlehensnehmers.[337]

Der Akzessorietätsgrundsatz steht nach alledem weder im unauflösbaren Widerspruch zum modernen konsensual-synallagmatischen Verständnis[338] noch bedarf es einer Neuinterpretation dessen.[339] Heute wie damals werden im Grundsatz zinsrechtlicher Akzessorietät Interessen verkörpert, anhand derer der originäre Inhalt entgeltlicher Darlehensverträge mitzubestimmen ist. Dem suchte man früher durch ein realvertragliches Verständnis zu genügen. Heute gelingt dies auf konsensualvertraglicher Basis durch eine wortlaut-, zweck- und interessengerechte Interpretation des darlehensvertraglichen Synallagmas ganz im Sinne des Grundsatzes zinsrechtlicher Akzessorietät.[340]

Die von der älteren Praxis im wissenschaftlichen Diskurs mit *Canaris* entwickelte, nutzungsorientierte Zinsdefinition vermag folgerichtig vor wie nach zu überzeugen und ist daher auch nahezu wortlautgetreu zu übernehmen. Zinsen im Rechtssinne sind nach alledem eine laufzeitabhängige – aber gewinn- und umsatzunabhängige – in Geld zu entrichtende

---

219/87, WM 1989, 1011, 1014; *Mülbert*, AcP 192 (1992), 447, 499 f.; ders. WM 2002, 465, 470; *Freitag*, in: Staudinger, BGB (2015), § 488 Rn. 184; *Frese*, Die Kündigungsmöglichkeiten des Darlehensgebers, S. 128 f.

337 Im letzteren Fall wäre es präzise, das vom Darlehensnehmer zu zahlende Entgelt als „Bereitstellungsprovision" zu bezeichnen, während im ersten Fall treffender von „Bereithaltungsprovision" gesprochen werden könnte.

338 *Mülbert*, AcP 192 (1992), 447, 499 f.; ders. WM 2002, 465, 470; ders./*Zahn* in: FS Maier-Reimer (2010), 457, 471; *Maurenbrecher*, Das verzinsliche Darlehen, S. 113 ff.

339 *Frese*, Die Kündigungsmöglichkeiten des Darlehensgebers, S. 133 f.

340 In diese Richtung: *Freitag*, in: Staudinger, BGB (2015), § 488 Rn. 184, demzufolge in Anschluss an *Baums* (WM 1987, Sonderbeil. Nr. 2, S. 9) „[...] der These von der *vertraglichen Akzessorietät* der Zinsschuld [zu folgen sei]" (Hervorhebung im Original). Abgesehen davon, dass es nach hier vertretener Ansicht „eines Rückgriffs auf ein ‚gesetzliches Akzessorietätsprinzip'[...]" ohnedies schon immer nur im Zusammenhang mit gesetzlichen Zinsen bedurfte, ist dem insofern beizupflichten, dass „[d]er Darlehensnehmer den Zins als Entgelt für die ‚Überlassung von Kaufkraft auf Zeit' zu entrichten [hat], nicht hingegen dafür Geld nicht erhalten zu haben." Widersprüchlich bzw. zumindest inkonsequent ist dann aber, dass der Darlehensnehmer „[...] aufgrund von Praktikabilitätserwägungen sowie des Vorrangs der Privatautonomie [...]" (jeweils *Freitag*, aaO.) ausnahmsweise doch zur Zahlung von Darlehenszinsen verpflichtet sein soll, obwohl er die Valuta noch nicht empfangen hat, etwa im hier gerade problematisierten Fall der Valutabereitstellung auf ein Drittkonto (z.B. Notaranderkonto).

Vergütung für die Möglichkeit fremdes Kapital für gewisse Zeit berechtigterweise zu nutzen.[341]

C. Bestellung von Sicherheiten

Die Bestellung von Sicherheiten gehört nicht zum originären Pflichtenprogramm des Darlehensvertrages. Darlehen können nach § 488 BGB zweifelsohne auch unbesichert ausgereicht werden. Immobiliarkredite hingegen setzen die Gestellung einer grundpfandrechtlichen Sicherheit begrifflich wie strukturell voraus.[342]

I. Die Pflicht des Darlehensnehmers zur Grundschuldbestellung

Die Bestellung der geforderten Sicherheiten ist Auszahlungsvoraussetzung. Es wird nur ausgezahlt, wenn Sicherheit bestellt worden ist.[343] Überdies wird das Kapital zu den ausgehandelten Zinskonditionen nur unter der Voraussetzung zur Verfügung gestellt, dass die Sicherheit auch über die Laufzeit erhalten bleibt. Die Besicherung ist somit nicht nur Bedingung für die Auszahlung, sondern auch vertragliche Hauptpflicht, der der Darlehensnehmer im Zweifel bis zum Laufzeitende zu genügen hat.[344] Eine synallagmatische Verknüpfung von Auszahlung und Besicherung ist hingegen nur dann anzunehmen, wenn es den Parteien gerade auf ein *do ut des* ankommt und dies auch ausdrücklich aus den getroffenen Vereinbarungen oder unzweifelhaft aus den Umständen des Einzelfalls hervorgeht.[345] Im

---

341 Die geringfügige Abweichung vom Wortlaut wird in Ansehung der hier gewählten Geschäftszweckdefinition vorgenommen, um eine einheitliche Diktion zu gewährleisten.

342 § 2 A.

343 *Köndgen*, Grundpfandrechtlich gesicherte Kredite, S. 102; *Knops*, Verbraucherschutz bei Immobiliarkreditverhältnissen, S. 44 ff.; *K.P.Berger*, in: Münchener Kommentar zum BGB (2016), § 488 Rn. 58; *Freitag*, in: Staudinger, BGB (2015), § 488 Rn. 217.

344 *Hopt/Mülbert*, Kreditrecht, § 607 Rn. 371 m.w.N. zur älteren Rspr.; *Köndgen*, Grundpfandrechtlich gesicherte Kredite, S. 101; a.A.: die übrigen in der Fn. zuvor Genannten, die im Zweifel von einer „bloßen Auszahlungsvoraussetzung" ausgehen.

345 *Hopt/Mülbert*, Kreditrecht, § 607 Rn. 20; *K.P.Berger*, in: Münchener Kommentar zum BGB (2016), § 488 Rn. 58, sowie Vor § 488 Rn. 10 a.E.

Zweifel ist von einer konditionalen Verknüpfung der Leistungen auszugehen.[346]

II. Der Sicherungsvertrag

Bisweilen nicht hinreichend differenziert,[347] teilweise aber auch kontrovers diskutiert[348] wird, was schuldrechtliche Grundlage der Verpflichtung des Sicherungsgebers zur Sicherheitenbestellung ist. Diese ergibt sich nämlich nicht schon aus dem darlehensvertraglichen Primärgeschäft, sondern aus dem sog. Sicherungsvertrag. Durch diesen wird die zu sichernde Darlehensforderung mit dem dinglichen, nicht akzessorischen Sicherungsrecht fiduziarisch verknüpft[349] und der Darlehensnehmer dazu verpflichtet, Sicherheit zu verschaffen.[350] Der Darlehensvertrag ist rechtsgeschäftliche Grundlage für die zu sichernde Forderung und gibt nur (wirtschaftlich) den Anlass für die Bestellung oder Übertragung der Grundschuld.[351] Schuldrechtliche *causa* dafür ist hingegen der Sicherungsvertrag, der das Verhältnis von zu sichernder Forderung und dinglicher Sicherheit abschließend regelt.[352]

Diese rechtsgeschäftliche Differenzierung soll aber nicht darüber hinwegtäuschen, dass Darlehensvertrag und Sicherungsabrede zumindest in ihrem Zustandekommen, regelmäßig aber auch in ihrem Fortbestehen miteinander i.S.v. § 139 BGB verbunden sind.[353] Nur ausnahmsweise wird sich aus der Parteivereinbarung oder den besonderen Umständen des Ein-

---

346 *Knops*, Verbraucherschutz bei Immobiliarkreditverhältnissen, S. 44 ff.; *K.P. Berger*, in: Münchener Kommentar zum BGB (2016), § 488 Rn. 58; *Freitag*, in: Staudinger, BGB (2015), § 488 Rn. 217.

347 Ähnlich: *Knops*, Verbraucherschutz bei Immobiliarkreditverhältnissen, S 44.

348 Siehe insbesondere die recht scharfe Erwiderung von: *Bülow*, NJW 1997, 641 auf: *Neuhof/Richrath*, NJW 1996, 2894.

349 *Wolfsteiner*, in: Staudinger, BGB (2015), Vor §§ 1191 ff., Rn. 26.

350 Die Bestellung kann – je nach Vereinbarung – auch durch einen Dritten erfolgen, wofür (auch) der Darlehensnehmer Gewähr zu leisten hat; *Bülow* spricht treffend von einem „Sicherungsauftrag" zwischen Darlehensnehmer und Sicherungsnehmer, sofern der Dritte sowohl Partei des Sicherungsvertrages als auch des dinglichen Geschäfts ist, NJW 1997, 641, 643, ders., Recht der Kreditsicherheiten (2012), Rn. 55.

351 *Bülow*, NJW 1997, 641, 642.

352 A.A. wohl nur: *Neuhof/Richrath*, NJW 1996, 2894.

353 BGH, Urt. v. 14.7.1994 – IX ZR 110/93, NJW 1994, 2885; *Bülow*, NJW 1997, 641, 642; *Wolfsteiner*, in: Staudinger, BGB (2015), Vor §§ 1191 ff., Rn. 38.

zelfalles ergeben, dass die beiden Rechtsgeschäfte nicht miteinander stehen und fallen sollen. Im Ergebnis führen Darlehensvertrag und Sicherungsabrede somit gemeinsam zu einer maßgeblichen Erweiterung des Pflichtenprogramms des Darlehensnehmers.

1. Die Sicherungszweckabrede

Der Inhalt des Sicherungsvertrages beschränkt sich nicht auf die Festlegung des Sicherungsumfangs und die einseitige Erweiterung des Pflichtenprogramms auf Darlehensnehmerseite. Kernstück des Sicherungsvertrages ist die fiduziarische Verknüpfung von zu sichernder Forderung und nicht akzessorischer Sicherheit.[354] Mit Bestellung der dinglichen Sicherheit wird dem Sicherungsnehmer „[...] zu eigennütziger Treuhand mehr an Rechtsmacht übertragen als er nach den schuldrechtlichen Abreden mit dem Sicherungsgeber nutzen darf."[355] Die Sicherheit wird im Zweifel nur zwecks Sicherung der darlehensvertraglichen Forderung verschafft,[356] sodass ein Verwertungsrecht des Sicherungsnehmers, vorbehaltlich abweichender Absprachen, nicht vor Forderungsfälligkeit und nur zur Befriedigung der gesicherten Forderung besteht.[357] Wird die gesicherte Forderung vertragsgemäß und vollständig erfüllt, ist der Sicherungsnehmer Zug um Zug zur Rückgewähr der Grundschuld durch Löschungsbewilligung oder Erteilung einer Abtretungsurkunde sowie ggf. zur Herausgabe des Grundschuldbriefes verpflichtet.[358]

2. Zahlungs- und Verwertungsmodalitäten

Der üblichen Konzeption des Sicherungsgeschäftes entspricht es daher, dass vom Sicherungsgeber veranlasste Zahlungen jedenfalls, sofern dieser

---

354 Ähnlich: *Knops*, Verbraucherschutz bei Immobiliarkreditverhältnissen, S. 52.
355 So: *Wolfsteiner*, in: Staudinger, BGB (2015), Vor §§ 1191 ff., Rn. 26 (Nachw. ausgespart).
356 In Betracht kommt ferner, dass die Parteien eine sog. „weite Zweckerklärung" treffen; üblich sind etwa Vereinbarungen gem. Nr. 13 Abs. 1 AGB-Banken, wonach alle Forderungen aus der „bankmäßigen Geschäftsverbindung" gesichert werden, dazu *Wolfsteiner*, in: Staudinger, BGB (2015), Vor §§ 1191 ff. Rn. 34 f. m.w.N.
357 Palandt/*Bassenge*, § 1191 Rn. 17.
358 Ebda.

auch persönlicher Schuldner ist –[359] im Zweifel (auch) zur Tilgung der gesicherten Forderung geleistet werden.[360] Es ist gleichwohl nicht ausgeschlossen, dass Zahlungen ausdrücklich „auf die Grundschuld" geleistet werden; entscheidend ist der Parteiwille.[361] Diesem wird vielfach bereits vorab im Rahmen des Sicherungsvertrages dahingehend Ausdruck verliehen, dass der Sicherungsgeber vorrangig auf die Forderung zu leisten hat.[362]

Die Wirkung solcher Klauseln wird in Rechtsprechung und Literatur nicht einheitlich beurteilt. Nach Ansicht des V. Zivilsenats des BGH, sowie einiger Obergerichte,[363] beseitigen derartige Verrechnungsabreden „[...] nicht die rechtliche Möglichkeit, dass der Zahlende bei der Zahlung von ihr abweicht und auf die Grundschuld zahlt (auch wenn er dadurch dann, wenn er selbst an der Verrechnungsabrede beteiligt ist, eine schuldrechtliche Verpflichtung verletzt)."[364] Demgegenüber hat der XI. Zivilsenat des BGH zu Recht entschieden, dass eine Anrechnungsabrede das Bestimmungsrecht des Schuldners mit unmittelbarer Wirkung ausschließt.[365] Sofern die Parteien schon im Vertrag bestimmt haben, worauf künftige Zahlungen anzurechnen sind, ist die Tilgungsbestimmung des Schuldners i.S.v. § 366 Abs. 1 BGB damit bereits vorweggenommen. § 366 Abs. 1 BGB ist „*nachgiebiges Recht*"[366], von dem die Parteien im Vertrag nach Wunsch abweichen können.[367] „Wenn vereinbart ist, dass Zahlungen auf die gesicherte Forderung verrechnet werden, *darf* der Eigentümer nicht auf die

---

359 Zu den weiteren Konstellationen: *Wolfsteiner*, in: Staudinger, BGB (2015), Vor §§ 1191 ff. Rn. 145 ff.

360 *Wolfsteiner*, in: Staudinger, BGB (2015), Vor §§ 1191 ff. Rn. 144 m.w.N.

361 Statt aller: BGH, Urt. v. 28.5.1976 – V ZR 208/75, NJW 1976, 2132, 2133; BGH, Urt. v. 28. 5. 1976 – V ZR 203/75, NJW 1976, 2340, 2341 je m.w.N.

362 Dies ist sowohl individualvertraglich als auch in AGB möglich, da eine solche Abrede gerade dem entspricht, was die Sicherungszweckabrede im Zweifel vorgibt, *Wolfsteiner*, in: Staudinger, BGB (2015), Vor §§ 1191 ff. Rn. 94; a.A.: *Knops*, Verbraucherschutz bei Immobiliarkreditverhältnissen, S. 65. Unwirksam sind Klauseln, die das Tilgungsbestimmungsrecht vollständig in die Hände des Gläubigers geben; es muss für den Schuldner (schon) bei Zahlung transparent sein, worauf er leistet, BGH, Urt. v. 20.5.1984 – VIII ZR 337/82, BGHZ 91, 375.

363 KG, Urt. v. 18.12.1930 – 1 X 765/30, DNotZ 1931, 285; OLG Saarbrücken, Beschl. v. 14.6.1949 – 1 W 42/49, DRZ 1949, 421.

364 BGH, Urt. v. 28.5.1976 – V ZR 208/75, NJW 1976, 2132, 2133; BGH, Urt. v. 28. 5. 1976 – V ZR 203/75, NJW 1976, 2340, 2341.

365 BGH, Urt. v. 27.6.1995 – XI ZR 213/94, NJW-RR 1995, 1257.

366 Palandt/*Grüneberg*, § 366 Rn. 8 (Hervorhebung übernommen).

367 Schon RG, Urt. v. 25.4.1907 – VI 395/06, RGZ 66, 54, 59; BGH, Urt. v. 27.6.1995 – XI ZR 213/94, WM 1995, 1663; *Olzen*, in: Staudinger, BGB (2016), § 366

Grundschuld zahlen. Der Gläubiger kann eine mit anderer Bestimmung erbrachte Leistung zurückweisen;"[368] denn dafür, dass der Gläubiger eine der Vereinbarung widersprechende Leistung annehmen und sich in der Folge auf etwaige Schadenersatzansprüche verweisen lassen muss, ist in aller Regel kein Grund ersichtlich.

Droht der Gläubiger allerdings die Zwangsvollstreckung aus der Grundschuld an oder beginnt er mit deren Betreibung, gibt er damit zu erkennen, dass er an einer schuldrechtlichen Abwicklung nicht mehr interessiert ist und dass er nunmehr die Geltendmachung des dinglichen Anspruchs vorzieht.[369] In dem Falle dienen Zahlungen des Eigentümers zwingend der Grundschuldtilgung. Das Befriedigungsrecht gehört insoweit „[...] zum zwingenden Eigentumsinhalt und ist nicht mit dinglicher Wirkung ausschließbar."[370] Dem Eigentümer muss spätestens bei Eintritt des Sicherungsfalles die Möglichkeit verbleiben, die Verwertung noch zu verhindern,[371] was meist nur durch unverzügliche und vollständige Bedienung der Grundschuld erreicht werden kann. Denn der Sicherungsgeber hält bei Eintritt des Sicherungsfalles in aller Regel sofort einen vollstreckungsfähigen Titel in Händen, ohne zuvor auf Duldung der Zwangsvollstreckung klagen zu müssen.[372] Es entspricht der bankrechtlichen Praxis, dass die Grundbuchbestellung notariell beurkundet wird und sich der Grundschuldbesteller[373] der sofortigen Zwangsvollstreckung in den Grundbesitz

---

Rn. 48; *Lieder*, in: Münchener Kommentar zum BGB (2017), § 1191 Rn. 128; a.A.: *Wolfsteiner*, in: Staudinger, BGB (2015), Vor §§ 1191 ff. Rn. 89; *Knops*, ZfIR 2000, 501, 501 f.

368 *Gaberdiel/Gladenbeck*, Kreditsicherung, Rn. 825 (Hervorhebung übernommen; Nachw. ausgelassen).

369 *Lieder*, in: Münchener Kommentar zum BGB (2017), § 1191 Rn. 134.

370 So: *Knops*, Verbraucherschutz bei Immobiliarkreditverhältnissen, S. 194, der daraus aber den zu weitgehenden Schluss zieht, dass zwingende Tilgungsbestimmungen insgesamt nicht vereinbart werden können (aaO., S. 65 ff.).

371 *Lieder*, in: Münchener Kommentar zum BGB (2017), § 1191 Rn. 117 m.w.N.

372 Ist die Grundschuld allerdings noch nicht fällig, etwa wegen § 1193 BGB, darf die Vollstreckungsklausel noch nicht erteilt werden, *Lieder*, in: Münchener Kommentar zum BGB (2017), § 1193 Rn. 5.

373 Ggf. wird auch der jeweilige Eigentümer der sofortigen Zwangsvollstreckung unterworfen, siehe: *Knops*, Verbraucherschutz bei Immobiliarkreditverhältnissen, S. 71 (mit Formulierungsbeispiel).

unterwirft,[374] §§ 794 Nr. 5, 800 ZPO.[375] Mit jener dinglichen Unterwerfungserklärung geht zudem üblicherweise auch die Übernahme der persönlichen Haftung für die Zahlung eines Geldbetrags einher, der sich meist aus der Summe des Grundschuldbetrages selbst, sowie der Zinsen und Nebenleistungen ergibt. Dabei handelt es sich rechtlich um ein abstraktes Schuldversprechen[376] bzw. Schuldanerkenntnis,[377] das die dingliche Sicherheit verstärkend ergänzt.[378] Dem Sicherungsnehmer wird – unabhängig von Eintragung und Bestand der Grundschuld – die Möglichkeit eröffnet, in das gesamte persönliche Vermögen des Sicherungsgebers zu vollstrecken. Überdies kann durch die Vereinbarung zur persönlichen Haftungsübernahme ein Stück weit „ausgeglichen" werden, dass (die weit überwiegende Zahl von) Grundschulden gem. § 1193 BGB nicht mehr bereits mit Vertragsschluss fällig gestellt werden kann.[379] § 1193 BGB gilt nämlich nach seinem eindeutigen Wortlaut nicht für abstrakte Schuldversprechen (bzw. abstrakte Schuldanerkenntnisse), sodass die sofortige Fälligkeit im Sinne von § 271 Abs. 1 BGB von den Parteien im Sicherungsvertrag festgelegt werden kann.[380]

§ 5 Dauerschuld und Darlehensbeendigung

Das vorrangige Ziel der vorstehenden Ausführungen war es, die allgemeinen rechtstheoretischen und -dogmatischen Hintergründe des Immobiliar-

---

374 Die dingliche Unterwerfungserklärung kann formularmäßig vereinbart werden, dazu *Epp*, in: Schimansky/Bunte/Lwowski, Bankrechts-Handbuch (2017), § 94 Rn. 225: „Etwaige *Überraschungseffekte (§ 305 c Abs. 1 BGB)* werden nicht nur durch die notarielle Belehrung vermieden, sondern auch durch eine drucktechnische Hervorhebung der Unterwerfungserklärung in der Grundschuldbestellungsurkunde. Da von einer im Gesetz vorgesehenen Gestaltungsmöglichkeit Gebrauch gemacht wird und der Grundschuldbesteller über ausreichende vollstreckungs-rechtliche Rechtschutzmittel verfügt, hält die Klausel [...] einer *Inhaltskontrolle nach § 307 BGB* stand." (Nachw. ausgespart, Hervorhebungen im Original).

375 Zum Ganzen: *Epp*, in: Schimansky/Bunte/Lwowski, Bankrechts-Handbuch (2017), § 94 Rn. 224 ff.

376 BGH, Urt. v. 10.12.1991 – XI ZR 48/91, WM 1992, 132 m.w.N.

377 *Michalski*, ZBB 1995, 260, 269.

378 *Epp*, in: Schimansky/Bunte/Lwowski, Bankrechts-Handbuch (2017), § 94 Rn. 242; *Everts*, in: Beck'sches Notar-Handbuch (2015), A. VI. Rn. 26 f.

379 Laut *Eickmann*, in: Münchener Kommentar zum BGB (2013), § 1193 Rn. 1 erfasst die Neuregelung „[...] mindestens 90 % der praktischen Fälle."

380 *Everts*, in: Beck´sches Notar-Handbuch (2015), A. VI. Rn. 26 m.w.N.

kreditvertrages als rechtstatsächlichem Produkt wirschaftlicher Interessen zu erörtern. Eine Begutachtung der rechtlichen Grundlagen darlehensrechtlicher Beendigungsdogmatik, die für die anschließende Analyse, Bewertung und Weiterentwicklung der *lex lata* hinreiche, steht indes noch aus. Die Grundstruktur der immobiliarkreditrechtlichen Beendigungsdogmatik ergibt sich nicht allein aus spezifisch-darlehensrechtlichen Vorgaben und Wertungen, sondern erst vor dem Hintergrund des Dauerschuldcharakters von Darlehensverträgen.

A. Der Darlehensvertrag als Dauerschuldverhältnis

Dieser ist heute allgemein anerkannt.[381] Gleichwohl ergibt es Sinn, jene Subsumtion zunächst nachzuvollziehen, um im Zuge dessen einerseits Begriff und Kategorie des Dauerschuldverhältnisses (*sub* i.) zu erfassen und andererseits die dauerschuldspezifische Interessenstruktur sowohl im Allgemeinen (*sub* ii.) als auch für den Darlehensvertrag im Besonderen herauszuarbeiten (*sub* iii.).

I. Begriff und Struktur des Dauerschuldverhältnisses

Eine begriffliche Differenzierung zwischen „vorübergehenden" und „dauernden" Schuldverhältnissen wurde bereits Mitte des 19. Jahrhunderts von *v. Savigny* vorgenommen. Der Begriff des „Dauerschuldverhältnisses" selbst findet sich erstmals[382] „en passent"[383] im Rahmen einer Kommentierung *Oertmanns* zum BGB aus dem Jahre 1910.[384] Die rechtsdogmatische Durchdringung der „dauernden Schuldverhältnisse"[385] ist hingegen eng mit Namen und Werk *O. v. Gierkes* verbunden,[386] auch wenn sich bereits zuvor Autoren um die systematische Verortung und Abgrenzung „dauern-

---

381 Statt aller: *Freitag*, in: Staudinger, BGB (2015), § 488 Rn. 24.
382 *H. Oetker*, Dauerschuldverhältnis, S. 50; *Weller*, JZ 2012, 881, 882.
383 So: *Weller*, JZ 2012, 881, 882.
384 *Oertmann*, Recht der Schuldverhältnisse (1910), § 325 BGB, Anm. 6c a.E. (S. 201).
385 *O. v. Gierke*, in: JherJb. 64 (1914), 355 ff.
386 In der Sache klang die Thematik der „dauernden Schuldverhältnisse" bereits in dessen Rede vor der Juristischen Gesellschaft zu Wien an, *O. v. Gierke*, Die soziale Aufgabe des Privatrechts, 1889; so auch: *H. Oetker*, Dauerschuldverhältnis, S. 51; *Weller*, JZ 2012, 881, 883 (Fn. 31).

der Rechtsverhältnisse"[387] bemüht und verdient gemacht haben.[388] *O. v. Gierke* hat die „wirkungsmächtige These"[389] herausgearbeitet, dass sich Dauerschuldverhältnisse strukturell von „punktuellen Austauschverträgen" unterscheiden[390] und insofern auch besonderen Regelungsmechanismen unterliegen.[391] Daran anknüpfend[392] besteht heute Einigkeit, dass sich die vertragstypische Hauptleistung von Dauerschuldverhältnissen im Gegensatz zu punktuellen Austauschverträgen nicht in einzelnen, (gedanklich) abgrenzbaren Leistungshandlungen und -erfolgen erschöpft, sondern während der gesamten Laufzeit ständig neue Leistungs-, Neben- und Schutzpflichten entstehen.[393] Damit geht eine „ständige Pflichtenanspannung"[394] der Parteien einher,[395] da die vertraglichen Pflichten nicht mit der Herbeiführung eines singulären Leistungserfolges erfüllt werden können. Der Leistungsgesamtumfang lässt sich vielmehr ausschließlich mittels des Faktors „Zeit" bestimmen[396] bzw. ist nicht zeitunabhängig quantifizierbar,[397]

---

387 So die Terminologie bei: *Müller-Erzbach*, DJZ 1904, 1158, 1159; *W. Oetker*, Rechtsfolgen der schuldhaften Vertragsverletzung, S. 15; *Zander*, Lehre von Dauerverträgen, S. 42.
388 Siehe: *H. Oetker*, Dauerschuldverhältnis, S. 50 f., der etwa auf die bereits im Jahre 1910 angefertigte Dissertation von *Steinberger* (Dauerverträge) verweist.
389 *Weller*, JZ 2012, 881, 882.
390 Ein einheitlicher begrifflicher Gegenpart zum „Dauerschuldverhältnis" hat sich nicht herausgebildet, was laut *Gernhuber* (Das Schuldverhältnis, § 16 I 1 a.E.) dem geschuldet ist, dass es „keinen Komplementärbegriff zum Dauerschuldverhältnis [gibt], der nicht Missverständnisse provoziert." Eine anschauliche Abgrenzung findet sich in der englischsprachigen Literatur bei: *MacNeil*, Southern California Law Review (47), 691, 720, der das (einmalige) Tanken an einer Raststätte (transactional) einer traditionellen Ehe (relational) gegenüberstellt. Der Einfachheit und Pointiertheit halber wird hier gleichwohl auf den Begriff des „punktuellen Austauschvertrages" in Abgrenzung zum Dauerschuldverhältnisses zurückgegriffen, so auch: *Weller*, JZ 2012, 881, 883 (Fn. 22).
391 *O. v. Gierke*, in: JherJb. 64 (1914), 355, 380 ff.; *Nicklisch*, JZ 1984, 757, 761.
392 Vgl.: *Weller*, JZ 2012, 881, 882; *Kitz*, Die Dauerschuld im Kauf, S. 129.
393 Statt aller: Palandt/*Grüneberg*, § 314 Rn. 2.
394 *O. v. Gierke*, in: JherJb. 64 (1914), 355, 356 f.; *Ulmer*, Der Vertragshändler, S. 253; *Esser/Schmidt*, Schuldrecht, Bd. I/1 § 15 II.
395 Palandt/*Grüneberg*, § 314 Rn. 2; *Esser/Schmidt*, Schuldrecht, Bd. I/1 § 15 II.
396 Palandt/*Grüneberg*, § 314 Rn. 2; *Gaier*, in: Münchener Kommentar zum BGB (2016), § 314 Rn. 5; *H. Oetker*, Dauerschuldverhältnis, S. 135; *Nicklisch*, JZ 1984, 757, 761.
397 *H. Oetker*, Dauerschuldverhältnis, S. 706.

sodass der Vertragsdauer selbst „begriffskonstitutive Funktion"[398] zu-
kommt.[399]

Zu den Charakteristika von Dauerschuldverhältnissen zählt ferner eine
besondere Interessenstruktur: Einerseits sind die Parteien an einer stabilen
vertraglichen Bindung über die vereinbarte Zeit interessiert; die Stabilität
des Vertrages ist notwendige Voraussetzung, um der zeitlichen Dimension
der Dauerrechtsbeziehung Rechnung zu tragen. Andererseits kann sich gerade im Rahmen langfristiger Vertragsbeziehungen bei beiden Parteien das
Bedürfnis oder die Notwendigkeit ergeben, sich vorzeitig vom Vertrag zu
lösen. Selbst im Idealfall umsichtiger Vertragsplanung durch informierte
und professionell agierende Parteien ist es nicht möglich, sämtliche zukünftige Vertragsstörungen zu antizipieren und die dafür passenden Ant-
worten bei der Vertragsgestaltung zu finden.[400] Dem Interesse an einer stabilen vertraglichen Bindung steht damit ein grundsätzliches Interesse gegenüber, flexibel auf sich verändernde Umstände und unvorhergesehene
Ereignisse reagieren zu können. Zur erfolgreichen Abwicklung langfristiger oder auf unbestimmte Zeit geschlossener Verträge bedarf es daher zudem eines Mindestmaßes gegenseitigen Vertrauens, damit die Stabilität der
Dauerrechtsbeziehung nicht opportunistisch wegen eines bestehenden
oder im Laufe der Zeit erwachsenden Flexibilitätsbedürfnisses geopfert
wird. Im Gegensatz zu punktuellen Austauschverträgen reicht es nicht aus,
dass sich der Konsens der Parteien in einzelnen, abgrenzbaren Erfüllungs-
handlungen und -erfolgen manifestiert. Für das Gelingen von Dauerschuldverhältnissen ist es essenziell, dass der anfängliche, beiderseitige Wille zur dauernden vertraglichen Bindung von – je nach Vertragstyp unterschiedlich ausgeprägtem – beiderseitigem Vertrauen in das kontinuierliche, vertragsgemäße Verhalten über die gesamte Zeit getragen ist.[401]

---

398 So: *H. Oetker*, Dauerschuldverhältnis, S. 135.

399 Ohne Belang ist insofern, ob der Vertrag tatsächlich auf längere Zeit eingegangen wird, d.h. auch „kurzfristige Verträge" können – nach hiesigem Verständnis
– der Definition des Dauerschuldverhältnisses unterfallen, *H. Oetker*, Dauerschuldverhältnis, S. 135 m.w.N.

400 Vgl. etwa: *F. Bydlinski*, Vertragsbindung, S. 5 f.; *Wiedemann*, WM 1992, Sonderbeil. Nr. 7, S. 51; *Haarmann*, Wegfall der Geschäftsgrundlage bei Dauerrechtsverhältnissen, S. 122.

401 Jener „Dreiklang" von Stabilität, Flexibilität und Vertrauen (bzw. Verlässlichkeit)
wird etwa ausdrücklich hervorgehoben von: *Müller-Graff*, ZgS 141 (1985), 547,
549 („stability, flexibility and reliability"); *R. Weber*, ZSR Bd. 128 (1987) I, 403,
405; *H. Oetker*, Dauerschuldverhältnis, S. 24; *Stöhr*, AcP 214 (2014), 425, 451.

II. Der Darlehensvertrag als Dauerschuldverhältnis

Mit dem Ende der Kontroverse um die rechtstheoretische Einordnung des Darlehensvertrages zu Gunsten der Konsensualvertragstheorie hat sich sogleich der Streit um dessen Qualifikation als Dauerschuldverhältnis erledigt.[402] Unter der Prämisse einer realvertraglichen Konzeption des Darlehensvertrages war eine zeitabhängige Quantifizierung der dem Schuldner obliegenden Leistungspflicht nur bei verzinslichen Darlehen überhaupt denkbar,[403] da die Rückzahlungspflicht als einzige Hauptleistungspflicht des nach realvertraglichem Verständnis einseitig verpflichtenden Darlehensvertrages, zeitunabhängig bemessen werden kann.[404] Nach heutigem konsensualem Verständnis fällt die Subsumtion des Darlehensvertrages als Dauerschuldverhältnis hingegen vergleichsweise leicht: Sowohl die Pflicht des Darlehensgebers, dem Darlehensnehmer die Valuta zur Verfügung zu stellen[405] als auch die Pflicht des Darlehensnehmers, den geschuldeten Zins zu zahlen,[406] lassen sich in ihrem Umfang nicht allein mithilfe allgemeiner, zeitunabhängiger Merkmale quantifizieren. Der Faktor „Zeit" ist konstitutiv für die Bestimmung des Gesamtleistungsumfanges.[407]

Eine Präzisierung des spezifisch-darlehensvertraglichen Dauerschuldcharakters kann ferner dadurch erreicht werden, dass neben dem konstitutiven Zeitfaktor weitere typusprägende Elemente in den Blick genommen werden, die sich aus den positivrechtlichen Vorschriften, dem zu Grunde liegenden Leitbild sowie den dahinterstehenden Interessen der Parteien ergeben.[408] Demnach stellt sich der Darlehensvertrag als Überlassungsvertrag dar,[409] der im praktischen und – nunmehr auch – gesetzlichen Regelfall einen synallagmatischen Leistungsaustausch zwischen formell gleichbe-

---

402 Zum Streitstand vor Umsetzung des Schuldrechtmodernisierungsgesetzes siehe: *Freitag* in: Staudinger, BGB (2015), § 488 Rn. 24 und ferner: *Hopt/Mülbert*, Kreditrecht, § 607 Rn. 11 je m.w.N.

403 Sofern man nicht allein auf die vertragstypische Hauptleistung als zeitabhängig zu quantifizierende Pflicht abstellt, *H. Oetker*, Dauerschuldverhältnis, S. 149 Fn. 23.

404 *H. Oetker*, Dauerschuldverhältnis, S. 149.

405 § 4 B. I.

406 § 4 B. IV.

407 *H. Oetker*, Dauerschuldverhältnis, S. 150.

408 Vgl.: *H. Oetker*, Dauerschuldverhältnis, S. 201.

409 § 4 A. II.

rechtigten Parteien[410] zum Gegenstand hat, auf den sich die Vertragsbeziehung auch typischerweise reduzieren lässt. Auch wenn der Darlehensvertrag im besten Falle synergetisch funktioniert und zu einer Verwirklichung der beiderseitigen Interessen führt, wird dieses Ziel grundsätzlich nicht durch die Wahrung fremder Interessen oder der Verfolgung gemeinsamer Interessen erreicht, sondern in erster Linie durch die egoistische Verwirklichung der eigenen Interessen im Rahmen des Leistungsaustausches.[411] Gleichwohl ist es nicht ausgeschlossen, dass der „egoistische Leistungsaustausch" auch im Darlehensrecht um interessenwahrende oder interessenvereinigende Elemente angereichert wird.[412] Etwa im Bereich der Sanierung und Restrukturierung ist der jeweilige Darlehensvertrag oft nur Bestandteil eines Sanierungsgesamtkonzepts, auf Grundlage dessen die Parteien gemeinsame – über den reinen Leistungsaustausch hinausgehende – Ziele, wie etwa die Fortführung einer bislang fruchtbaren Zusammenarbeit erreichen wollen.

Für den Darlehensvertrag ist damit ein struktureller Interessengegensatz charakteristisch, der grundsätzlich vom egoistischen Leistungsaustausch geprägt und nur im Einzelfall von interessenwahrenden bzw. interesseneinigenden Elemente flankiert wird. Im Vordergrund des darlehensrechtlichen Dauerschuldverhältnisses steht der kontinuierliche Austausch der versprochenen Leistungen, worauf auch das beiderseitige Vertrauen der Parteien jeweils in ganz überwiegendem Maße fokussiert ist. Anders gewendet wird der konsensual vereinbarte, synallagmatische Leistungsaustauch als Kernelement modernen Darlehensrechts, um eine zeitliche Komponente erweitert, die für die Verwirklichung der beiderseitigen Parteiinteressen obligatorisch und damit für den Darlehensvertrag selbst wesensbildend ist.[413]

---

410 Unabhängig von einer ggf. gestörten Vertragsparität, zählt der Darlehensvertrag als (Gebrauchs-)Überlassungsvertrag typischerweise nicht zu den Dauerschuldverhältnissen mit einer vertikalen Leistungsstruktur, da der Darlehensnehmer hinsichtlich der vom Darlehensnehmer zu erbringenden Verpflichtung kein Weisungsrecht hat, *H. Oetker*, Dauerschuldverhältnis, S. 243.

411 Vgl.: *H. Oetker*, Dauerschuldverhältnis, S. 237 f.

412 Ebda.

413 Vgl.: *Ulmer*, Der Vertragshändler, S. 257.

B. Beendigung und Anpassung von Dauerschuldverhältnissen

Es steht außer Frage, dass langfristige Vertragsgestaltungen nur Sinn ergeben, soweit die Parteien grundsätzlich an die von ihnen abgegebenen Leistungsversprechen dauerhaft gebunden sind. Der Grundsatz *pacta sunt servanda* ist gleichermaßen notwendige Voraussetzung für jede langfristige Vertragsbeziehung sowie für eine funktionsfähige Privatrechtsordnung, die auf privatautonomem Parteikonsens aufbaut. Ohne den ungeschriebenen, aber von der Rechtsordnung als selbstverständlich vorausgesetzten Grundsatz der Vertragstreue kann der Vertrag seiner formalen Ordnungsfunktion als vertrauensstiftender Rechtsakt nicht gerecht werden.[414] Demnach ist eine einseitige Vertragsbeendigung im Grunde ausgeschlossen, sofern Gegenteiliges nicht positiv-rechtlich geregelt ist. Bei Dauerschuldverhältnissen, die auf unbestimmte Zeit abgeschlossen werden, stünde damit allerdings eine vertragliche Bindung im Raum, die nur mit Einverständnis des Vertragspartners gelöst werden könnte. Damit gäben die Parteien ihr naturgegebenes und unveräußerliches Recht zum selbstbestimmten Handeln und Entscheiden[415] hinsichtlich des von ihnen geschlossenen Dauerrechtsvertrags vollständig preis. Dies aber ist nicht mit einer Privatrechtsordnung zu vereinbaren, die auf ebendiesem Selbstbestimmungsrecht des Einzelnen gründet.[416]

Gleichwohl stehen Selbstbestimmungsrecht und Vertragstreuegrundsatz auch bei Dauerschuldverhältnissen nicht in unlösbarem Widerspruch zueinander. Nicht jede langfristige Vertragsbindung führt zu einer unerträglichen Einschränkung des Selbstbestimmungsrechts des Einzelnen. Die Parteien haben sich bewusst und eigenverantwortlich für die entsprechende Gestaltung entschieden und verfolgen damit handgreifliche wirtschaftliche

---

414 Vgl.: *H. Oetker*, Dauerschuldverhältnis, S. 248: „Die Vertragstreue bzw. der Grundsatz »pacta sunt servanda« ist zwar kein Bestandteil der geschriebenen Privatrechtsordnung, er wird von den Vorschriften des Bürgerlichen Gesetzbuches indessen als selbstverständlich vorausgesetzt und besitzt [...] den Rang einer unverzichtbaren Funktionsvoraussetzung für eine freiheitlich verfasste und auf der Vertragsfreiheit aufbauenden Privatrechtsordnung" (Nachw. ausgespart).

415 Vgl.: *Flume*, Allgemeiner Teil, Bd. II, S. 1.

416 *H. Oetker*, Dauerschuldverhältnis, S. 250; positivrechtlich lässt sich diese Wertung an der Regelung des § 311b Abs. 2 BGB (§ 310 BGB a.F.) festmachen. Dazu führt *Krüger*, in: Münchener Kommentar zum BGB (2016), § 311b Rn. 87 treffend aus: „Der Einzelne sollte sich seiner Freiheit nicht durch Vertrag begeben können; die Vertragsfreiheit selbst sollte nicht ihrerseits Gegenstand eines Vertrages sein können.".

Interessen. Die Entscheidung, eine langfristige Vertragsbeziehung aufzunehmen und die damit verbundenen Risiken einzugehen, obliegt einzig
den Parteien und knüpft an deren originäre Prognose. Es ist daher grundsätzlich nicht angebracht, die selbstbestimmt getroffene Parteientschei-
dung in Zweifel zu ziehen. Im Rahmen von Dauerschuldverhältnissen, bei
denen die Parteien eine bestimmte – wenn auch überaus lange – Vertragslaufzeit wirksam vereinbart haben, stehen Vertragstreue und Selbstbestimmungsrecht nicht in Widerspruch zueinander, sondern bilden ein für den
Vertragserfolg notwendiges Korrelat.

I. Ordentliche Kündigung

Dort aber, wo der Konsens der Parteien zu einer „Ewigkeitsbindung" führte, bedarf es einer einschränkenden inhaltlichen Bestimmung des Grundsatzes *pacta sunt servanda* im Sinne des Selbstbestimmungsrechts des Einzelnen.[417] Die selbstbestimmte Entscheidung der Parteien für eine (unbefristete) Dauerrechtsbeziehung darf nicht gleichzeitig zu einer vollständigen Aufgabe des Selbstbestimmungsrechts führen.[418] Darin läge ein in sich
widersprüchlicher Verzicht auf ein unverzichtbares Menschenrecht, das
dem Privatrechtssubjekt nicht staatlich, sondern naturgemäß verliehen ist.
Bei Dauerschuldverhältnissen, die auf unbestimmte Zeit eingegangen sind,
ist den Parteien daher ein Recht zur einseitigen Vertragsbeendigung einzuräumen, das einerseits notwendige Ergänzung der Vertragsfreiheit und andererseits inhaltliche Einschränkung des Grundsatzes *pacta sunt servanda*
(jeweils) im Sinne des Selbstbestimmungsrechts des Einzelnen ist.[419] Das
Recht zur Kündigung bildet „das unentbehrliche Gegengewicht gegenüber der fortwirkenden Bindungskraft dauernder Schuldverhältnisse"[420]
und erlaubt den Parteien im gegebenen Fall die „Korrektur" einer Entscheidung, die auf Grundlage fehlerhafter Prognose getroffen wurde. Bei
unbefristeten Verträgen steht den Parteien folglich das Recht zur ordentli-

---

417 *H. Oetker*, Dauerschuldverhältnis, S. 250 f.; vgl. auch: *Ulmer*, in: Münchener
   Kommentar zum BGB (1989), § 723 Rn. 33: „Und zum anderen dürfen die [...]
   Kündigungsschranken nicht so weit gehen, die der Vertragsfreiheit immanente
   [...] *Vertragsbeendigungsfreiheit* zu beseitigen oder ernsthaft in Frage zu stellen"
   (Nachw. ausgelassen, Hervorhebung übernommen).
418 Vgl.: *Großfeld/Gersch*, JZ 1988, 937.
419 *H. Oetker*, Dauerschuldverhältnis, S. 260 in Anschluss an: *Ulmer*, FS Möhring
   (1975), S. 295, 304.
420 *O. v. Gierke*, in: JherJb. 64 (1914), 355, 380.

chen Kündigung zu und zwar unabhängig davon, ob hierzu positiv-rechtliche Regelungen getroffen sind.[421] Das Recht zur ordentlichen Kündigung gibt den Parteien die Möglichkeit, sich ohne besondere Begründung, sondern allein auf Grundlage eines selbstbestimmten Entschlusses und entsprechenden Willensakts einseitig vom Vertrag zu lösen. Damit wird ein (rein) zukunftsgerichteter Selbstschutz etabliert, der es den Parteien ermöglicht, ihre persönliche und wirtschaftliche Unabhängigkeit wiederzugewinnen.[422]

Allerdings darf das Recht zur ordentlichen Kündigung die ursprüngliche Entscheidung der Parteien für eine dauernde vertragliche Bindung nicht vollends konterkarieren. Insbesondere steht es den Parteien frei, das ordentliche Kündigungsrecht so zu gestalten, dass ein Maß an Kontinuität und Stabilität gesichert ist, das von den Parteien im Konsens als sinnvoll oder gar zwingend für die mit dem Vertrag bezweckte Interessenverwirklichung angesehen wird.[423] Auch ohnedies darf die mit Vertragsschluss begründete Erwartung der Parteien an die Kontinuität der Rechtsbeziehung nicht über Gebühr enttäuscht werden. Sofern der Gesetzgeber oder die

---

421 RG, Urt. v. 27.2.1912 – III 314/11, RGZ 78, 421, 424 f.; BGH, Urt. v. 13.1.1959 – I ZR 47/58, LM Nr. 8 zu 242 BGB (Bc) Bl. 3 R; *Ebhardt*, Beendigung, S. 22; *Gansauge*, Das Dauerschuldverhältnis, S. 57; *Gschnitzer*, JherJb. Bd. 78 (1927/1928), 1, 73; *Martinek*, Franchising, S. 324 ff.; *Michalski*, JA 1979, 401, 405; *Ulmer*, FS P. Möhring (1975), 295, 303.

422 *Wiedemann*, WM 1992, Sonderbeil. Nr. 7, S. 51.

423 Dazu treffend: *Esser/Schmidt*, Schuldrecht Bd. I/1, § 20 IV: „Die *ordentliche Kündigung* tritt als Normalfall der einseitigen zeitlichen Beendigung an die Stelle der fehlenden vertraglichen Befristung und ist wie diese grundsätzlich von der freien Parteiabrede beherrscht." (Hervorhebung im Original, Nachw. ausgespart). Fraglich ist insofern jedoch, ob das (ungeschriebene) ordentliche Kündigungsrecht vollständig abbedungen werden kann oder ob dieses allenfalls weitreichenden Einschränkungen, nicht aber einem vollumfänglichen Verzicht zugänglich ist. Dies hängt davon ab, ob man allein das (ungeschriebene) ordentliche Kündigungsrecht als geeignete inhaltliche Einschränkung des Grundsatzes *pacta sunt servanda* ansieht, die eine mit dem Selbstbestimmungsrecht des Einzelnen unvereinbare Ewigkeitsbindung zu verhindern vermag (so: *H. Oetker*, Dauerschuldverhältnis, S. 460) oder ob man dafür das Recht zur außerordentlichen Kündigung aus wichtigem Grund als ausreichend und zweckmäßig erachtet (BGH, Urt. v. 7.5.1975 – VIII ZR 210/73, BGHZ 64, 288, 293; *Haarmann*, Wegfall der Geschäftsgrundlage bei Dauerrechtsverhältnissen, S. 124). Die Frage kann und soll hier offenbleiben, da die vollständige Abbedingung des ordentlichen Kündigungsrechts im Darlehensrecht gem. § 489 Abs. 4 BGB ohnedies positiv-rechtlich ausgeschlossen ist (BGH, Urt. v. 10.1.1980 – III ZR 108/78, WM 1980, 380, 381; Soergel/*Häuser*, BGB (1997), § 609 a.F. Rn. 23; *Mülbert*, in: Staudinger, BGB (2015), § 488 Rn. 342).

Parteien nicht Gegenteiliges vorsehen,[424] darf eine ordentliche Kündigung daher grundsätzlich nicht fristlos erfolgen. Dem Kündigungsgegner muss ein angemessener Zeitraum eingeräumt werden,[425] in dem er sich auf die vorzeitige Vertragsbeendigung einstellen und dadurch veranlasste Dispositionen treffen kann.[426]

Schließlich steht die Ausübung des Rechts zur ordentlichen Kündigung unter dem Vorbehalt von Treu und Glauben. Das tatbestandlich gegebene Recht zur ordentlichen Kündigung darf nur im Einklang mit dem Gebot der Rücksichtnahme auf die berechtigten Belange des Vertragspartners ausgeübt werden.[427] Treuwidrig ist insbesondere eine Kündigung, die anlasslos aus „heiterem Himmel" erfolgt. Solch eine Kündigung zur „Unzeit" enttäuscht die Kontinuitätserwartung des anderen Teils über Gebühr und kann die kündigende Partei zum Schadenersatz wegen vertraglicher Nebenpflichtverletzung[428] verpflichten.[429]

II. Außerordentliche Kündigung

Im Rahmen der Schuldrechtsmodernisierung im Jahre 2002 hat der Gesetzgeber das Recht zur außerordentlichen Kündigung aus wichtigem Grund in § 314 BGB kodifiziert[430] und damit ein von Rechtsprechung und

---

424 Ein fristloses, ordentliches Kündigungsrecht gewährt etwa § 723 Abs. 1 S. 1 BGB, *C. Schäfer*, in: Münchener Kommentar zum BGB (2017), § 723 Rn. 21.

425 Für die ordentliche Darlehenskündigung hat der Gesetzgeber diesen Zeitraum auf drei Monate festgelegt, § 488 Abs. 3 S. 2 BGB.

426 BGH, Urt. v. 13.1.1959 – I ZR 47/58, LM Nr. 8 zu 242 BGB (Bc) Bl. 3 R; *Ebhardt*, Beendigung, S. 24 f.; *Gansauge*, Dauerschuldverhältnis, S. 57; *Hesse*, Verträge, S. 7; *Esser/Schmidt*, Schuldrecht Bd. I/1, § 20 IV.

427 Statt aller für das Recht zur ordentlichen Darlehenskündigung: *K.P.Berger*, in: Münchener Kommentar zum BGB (2016), § 488 Rn. 236.

428 *Klumpp*, Einseitige Vertragsbeendigung, S. 101 m.w.N.

429 Für das Recht zur ordentlichen Darlehenskündigung, siehe nur: *Mülbert*, in: Staudinger, BGB (2015), § 488 Rn. 318, 333. Nach Ansicht einiger Autoren führt die ordentliche Darlehenskündigung zur Unzeit nicht nur zur schadenersatzrechtlichen Kompensation. Zur Wahrung des Kontinuitätsinteresses des Kündigungsgegners gelte es überdies das Recht der kündigenden Partei zur ordentlichen Kündigung für angemessene Zeit auszusetzen, vgl.: *K.P.Berger*, in: Münchener Kommentar zum BGB (2016), § 488 Rn. 238 a.E.; *v. Venrooy*, JZ 1981, 53 ff.; vgl. auch: *Klumpp*, Einseitige Vertragsbeendigung, S. 100 ff.

430 In Anschluss an die Gutachten von *Horn*, in: BMJ (Hrsg.), Gutachten und Vorschläge zur Überarbeitung des Schuldrechts, Bd. 1, 551, 639 und *U. Huber*, aaO., 647, 842.

Lehre allgemein anerkanntes Rechtsinstitut positiv-rechtlich verankert.[431]
Jenes Recht zur außerordentlichen Kündigung aus wichtigem Grund wurzelt, ebenso wie das Recht zur ordentlichen Kündigung, im Selbstbestimmungsrecht des Einzelnen[432] und besteht bei befristeten wie bei unbefristeten Dauerschuldverhältnissen.[433] Allerdings wird den Parteien damit keine jederzeitige und voraussetzungslose Möglichkeit zur einseitigen Vertragsbeendigung eröffnet, sondern es bedarf buchstäblich eines wichtigen
Grundes für die einseitige Lösung vom Vertrag. Ein wichtiger Grund liegt
nach § 314 Abs. 1 S. 2 BGB vor, wenn dem kündigenden Teil unter Berücksichtigung aller Umstände des Einzelfalls und unter Abwägung der beiderseitigen Interessen die Fortsetzung des Vertragsverhältnisses bis zur vereinbarten Beendigung oder bis zum Ablauf einer Kündigungsfrist nicht zugemutet werden kann. Dem kündigenden Teil kann ein vertragstreues Verhalten also nicht mehr abverlangt werden, sofern sich die Fortführung des
Vertrages für diesen nach umfassender Interessenabwägung im Einzelfall
als schlechthin „unzumutbar" erweist.[434] In dem Fall fordert das die gesamte Rechtsordnung durchziehende Unzumutbarkeitsverdikt,[435] dass
dem Betroffenen eine verschuldensunabhängige[436] und im Kern unabdingbare Möglichkeit zur selbstbestimmten Vertragskorrektur eingeräumt
wird.[437] Die Rechtsordnung missbilligt nicht nur Vereinbarungen, durch
die sich die Parteien „ewig" aneinander binden, sondern auch solche, aufgrund derer sie sich uneingeschränkt zur fortdauernden Erbringung unzumutbarer bzw. unzumutbar gewordener Leistungen verpflichten. Die „Unzumutbarkeit" ist eine allen Schuldverhältnissen immanente Grenze der
Verpflichtung.[438] Denn ein ernstliches, selbstbestimmtes Leistungsversprechen ist regelmäßig vom Bewusstsein getragen, zur Erbringung der Leis-

---

431 BT-Drs. 14/6040, S. 176 f.
432 *H. Oetker*, Dauerschuldverhältnis, S. 268.
433 *Horn*, in: BMJ (Hrsg.), Gutachten und Vorschläge zur Überarbeitung des
     Schuldrechts, Bd. 1, 551, 573.
434 Im untersuchungsgegenständlichen Zusammenhang statt aller: *Freitag*, WM
     2001, 2370, 2377 m.w.N.
435 Vgl.: *H. Oetker*, Dauerschuldverhältnis, S. 269.
436 BT-Drs. 14/6040, S. 177.
437 Das Recht zur außerordentlichen Kündigung kann durch individualvertragliche
     Abrede nicht vollständig abbedungen werden, BT-Drs. 14/6040, S. 176; möglich
     sind allenfalls Begrenzungen in begründeten Ausnahmefällen, siehe: *Gaier*, in:
     Münchener Kommentar zum BGB (2016), § 314 Rn. 4 m.w.N.
438 *Nipperdey*, Vertragstreue, S. 34 (Anm. 3); *Henkel*, FS Mezger (1953), S. 261;
     Haarmann, Wegfall der Geschäftsgrundlage bei Dauerschuldverhältnissen,
     S. 34 ff.; *H. Oetker*, Dauerschuldverhältnis, S. 268.

tung (bis zum Laufzeitende) auch in der Lage zu sein.[439] Die rechtliche Anerkennung des Selbstbestimmungsrecht des Einzelnen reicht nicht über die Grenze des Möglichen bzw. Zumutbaren hinaus,[440] so dass dem Betroffenen bei Erreichen oder Überschreiten jener Grenze die „Befreiung von der versprochenen Leistung"[441] zu gewähren ist.[442]

1. Der wichtige Grund

Gesetzlicher Ansatzpunkt für die Bestimmung der Zumutbarkeitsschwelle sowie etwaiger Übertretungen ist der legaldefinierte, aber unbestimmte Rechtsbegriff des „wichtigen Grundes". Das Vorliegen eines „wichtigen Grundes" zum Zeitpunkt der Kündigung[443] rechtfertigt es, den ursprünglichen Konsens der Parteien nachhaltig zu revidieren. Das erkennende Gericht hat daher auf Grundlage des vollständig ermittelten Tatsachenstoffs und ganz im Sinne einer strengen Verhältnismäßigkeitsprüfung zu entscheiden, ob die Grenze des Zumutbaren unter Würdigung sämtlicher Umstände des Einzelfalles überschritten ist.[444] Diesbezüglich mahnt

---

439 Vgl.: *H. Oetker*, Dauerschuldverhältnis, S. 268: „Die private Willensäußerung kann nicht uneingeschränkt mit verbindlicher Kraft ausgestattet werden, sondern die Privatrechtsordnung muß auch dem Umstand Rechnung tragen, daß die verpflichtende Willenserklärung bei verständiger Würdigung regelmäßig in dem Bewusstsein abgegeben wird, daß der Verpflichtete zur Erfüllung seiner Leistungspflicht in der Lage ist."; ferner: Soergel/*Teichmann*, BGB (2014), § 313 Rn. 1.

440 Wird ein Leistungsversprechen dennoch in dem Bewusstsein abgegeben, dass dieses nicht eingehalten werden kann, ist dies schon bei der Abwägung, ob die Zumutbarkeitsschwelle überschritten ist, in erheblichem Maße zu berücksichtigen, vgl.: BGH, Urt. v. 11.2.1981 – VIII ZR 312/79, NJW 1981, 1264, 1265; BGH, Urt. v. 29.11.1965 – VII ZR 202/63, BGHZ 44, 271, 275; *Gaier*, in: Münchener Kommentar zum BGB (2016), § 314 Rn. 10.

441 Diese beinhaltet auch zumutbare und interessengerechte Anpassungen des Leistungsversprechens.

442 So auch bei Unmöglichkeit der Leistung gem. § 275 BGB, vgl.: *H. Oetker*, Dauerschuldverhältnis, S. 268 f.; Soergel/*Teichmann*, BGB (2014), § 313 Rn. 1.

443 BGH, Urt. v. 26.3.2008 – X ZR 70/06, NJW-RR 2008, 1155, 1156.

444 Dabei handelt es sich um eine nur eingeschränkt überprüfbare tatrichterliche Entscheidung; namentlich unterliegen nur die ordnungsgemäße Sachverhaltsermittlung, die korrekte rechtliche Erfassung von Begriff und Reichweite des „wichtigen Grundes" sowie die Frage, ob sämtliche relevanten Umstände in die Abwägung einbezogen worden sind der Kontrolle in der Revisionsinstanz, *Lorenz*, in: Beck'scher Online-Kommentar BGB, § 314 Rn. 11.

Martinek mit Recht ein streng methodisches Vorgehen an, um eine möglichst rationale Entscheidungsfindung zu gewährleisten.[445] Erst nachdem in einem ersten Schritt der gesamte Tatsachenstoff gesammelt und aufbereitet ist, sind die hier gefundenen abwägungsrelevanten Aspekte, also die „Umstände des Einzelfalles" und „Interessen" in einem zweiten Schritt zu gewichten. Dann folgt in einem dritten und letzten Schritt die eigentliche Abwägungsentscheidung unter Berücksichtigung aller relevanter Einzelaspekte.[446] Für die zu treffende Abwägungsentscheidung ist insbesondere maßgeblich, wessen Risikosphäre der Kündigungsanlass zuzurechnen ist.[447] Grundlage für die Abgrenzung der Risikobereiche sind der Vertrag selbst, der mit dem Vertrag verfolgte Zweck, sowie die jeweils anzuwendenden gesetzlichen Bestimmungen.[448] Eine außerordentliche Kündigung aus wichtigem Grund kommt demnach regelmäßig nur in Betracht, wenn die Umstände, auf die sie gestützt wird, der Risikosphäre des Kündigungsgegners entstammen. Ergibt sich der Kündigungsanlass hingegen allein oder weit überwiegend aus Umständen, die dem Einfluss- und Verantwortungsbereich des Kündigungsgegners entzogen und dem Risikobereich des kündigenden Teils zuzurechnen sind, ist eine außerordentliche Kündigung aus wichtigem Grund „im Allgemeinen" ausgeschlossen.[449]

Im Einklang damit ergeben sich „wichtige Gründe" insbesondere daraus, dass der Kündigungsgegner seine Leistung nicht oder nicht vertragsgemäß erbringt. Bei in Vollzug gesetzten Dauerschuldverhältnissen tritt das außerordentliche Kündigungsrecht an die Stelle des gesetzlichen Rücktrittsrechts,[450] sodass es sachgerecht ist, die tatrichterliche Einzelfallabwä-

---

445 *Martinek*, ZVertriebsR 2015, 207, 210, der vorschlägt, sich hierbei an der verfassungsrechtlich abgesicherten Methodik bei Ermessenerwägungen und -entscheidungen zu orientieren, wobei jedoch „[...] die im Wortlaut des § 314 BGB angelegte Darlegungs-, Beweislast - und Risikoverteilung sowie die [...] spezifischen Vertragsverhältnisse des Einzelfalles herausragende Beachtung finden müssen.".
446 *Martinek*, ZVertriebsR 2015, 207, 211.
447 Grundlegend: BGH, Urt. v. 15.6.1951 – V ZR 86/50, LM Nr 2 zu BGB § 242 (Ba); ferner nur: BGH, Urt. v. 7.3.2013 – III ZR 231/12, BGHZ 196, 285 Rn. 17 m.w.N.
448 *Gaier*, in: Münchener Kommentar zum BGB (2016), § 314 Rn. 10 m.w.N.
449 BGH, Urt. v. 1.7.1997 – XI ZR 267/96, BGHZ 136, 161; BGH, Urt. v. 7.3.2013 – III ZR 231/12, BGHZ 196, 285 Rn. 17; BGH, Urt. v. 9.3.2010 – VI ZR 52/09 BGH, NJW 2010, 1874 Rn. 15; BGH, Urt. v. 11.11.2010 – III ZR 57/10, NJW-RR 2011, 916 Rn. 9; *Gaier*, in: Münchener Kommentar zum BGB (2016), § 314 Rn. 10; Palandt/*Grüneberg*, § 314 Rn. 7, 9; Soergel/*Teichmann*, BGB (2014), § 314 Rn. 19 je m.w.N.
450 Statt aller: *Freitag*, in: Staudinger, BGB (2015), § 488 Rn. 235.

gung bei Leistungsstörungen so weit als möglich mit den gesetzgeberischen Wertungen des Rücktrittsrechts abzustimmen.[451] Eine Überschreitung der Zumutbarkeitsschwelle ist ferner regelmäßig bei verschuldeten Nebenpflichtverletzungen gegeben,[452] insbesondere dann, wenn der
Kündigungsgegner das Vertrauen des anderen Teils in erheblichem Maße
enttäuscht.[453] Schließlich steht es nicht im Widerspruch zu den genannten
höchstrichterlichen Vorgaben, dass auch unverschuldete Störungen ein außerordentliches Kündigungsrecht aus wichtigem Grund rechtfertigen können, sofern die Störung in der Risikosphäre des Kündigungsgegners wurzelt. In dem Falle sind freilich strenge Maßstäbe an den Nachweis des Vor-
liegens gewichtiger, nachvollziehbarer Gründe für die Unzumutbarkeit der
Vertragsfortsetzung sowie des Fehlens milderer Mittel zur Beseitigung der
Störung zu stellen.[454]

2. Die weiteren Tatbestandsvoraussetzungen

Mit dem Vorliegen eines wichtigen Grundes wird die Vertragsbeendigung
nicht *ipso iure* herbeigeführt. Die Unzumutbarkeit der Vertragsfortführung
muss vom Kündigenden durch selbstbestimmten, gestaltenden Willensakt
unmissverständlich dokumentiert werden.[455] Einer Begründung bedarf es
grundsätzlich nicht. Auf Verlangen des Kündigungsgegners sind diesem
die Kündigungsgründe jedoch gem. § 626 Abs. 2 S. 3 BGB analog unverzüglich darzutun.[456] Die Erklärung einer außerordentlichen Kündigung
kann in eine fristgemäße ordentliche Kündigung umgedeutet werden,
wenn die Voraussetzungen einer außerordentlichen Kündigung nicht vorliegen und erkennbar ist, dass der Kündigende sich in jedem Fall vom Vertrag lösen will. Eine Umdeutung ist insbesondere dann in Betracht zu ziehen, wenn dem Kündigenden ein ordentliches Kündigungsrecht zusteht

---

451 Vgl.: BT-Drs. 14/6040, S. 178; *Gaier*, in: Münchener Kommentar zum BGB
     (2016), § 314 Rn. 11 m.w.N.
452 *Gaier*, in: Münchener Kommentar zum BGB (2016), § 314 Rn. 11.
453 Soergel/*Teichmann*, BGB (2014), § 314 Rn. 22.
454 So kann ein Recht des Arbeitgebers zur außerordentlichen Kündigung wegen
     einer Erkrankung des Arbeitnehmers gegeben sein, ohne dass der Arbeitnehmer
     (Mit-)Ursachen die Erkrankung gesetzt hätte; siehe: z.B. BAG, Urt. v. 18.1.2001 –
     2 AZR 616/99, NZA 2002, 455, 458.
455 So mit Recht bereits *Gschnitzer*, JherJb. Bd. 76 (1926), 317, 348.
456 Palandt/*Grüneberg*, § 314 Rn. 10.

und ihm die Einhaltung der ordentlichen Kündigungsfrist zugemutet werden kann.[457]

Ferner ist die außerordentliche Kündigung grundsätzlich erst nach erfolglosem Ablauf einer zur Abhilfe bestimmten Frist oder nach erfolgloser Abmahnung zulässig, § 314 Abs. 2 S. 1 BGB. Ebenso wie beim Rücktritt darf eine Lösung vom Vertrag auch in Folge außerordentlicher Kündigung nicht erfolgen, ohne dass dem Kündigungsgegner eine angemessene Frist gesetzt wird, die ihm die reelle Chance gibt, zum vertragsgemäßen Verhalten zurückzukehren.[458] Sofern die Pflichtverletzung oder deren Folgen nicht mehr andauern, tritt an die Stelle des Abhilfeverlangen eine „qualifizierte Abmahnung", die neben der Rüge des vertragswidrigen Verhaltens die ernstliche Androhung vertragsrechtlicher Konsequenzen zum Gegenstand haben muss.[459] Ein Abhilfeverlangen bzw. die Abmahnung sind – abermals in Korrespondenz zum Rücktrittsrecht – entbehrlich, wenn der Schuldner die Leistung ernsthaft und endgültig verweigert, § 314 Abs. 2 S. 2 i.V.m. § 323 Abs. 2 Nr. 1 BGB. Gleiches gilt im Falle relativer Fixgeschäfte, § 314 Abs. 2 S. 2 i.V.m. § 323 Abs. 2 Nr. 2 BGB sowie dann, wenn besondere Umstände vorliegen, die unter Abwägung der beiderseitigen Interessen die sofortige Kündigung rechtfertigen, § 314 Abs. 2 S. 3 BGB (§ 323 Abs. 2 Nr. 3 BGB).

Schließlich kann der Berechtigte nur innerhalb einer angemessenen Frist kündigen, nachdem er vom Kündigungsgrund Kenntnis erlangt hat, § 314 Abs. 3 BGB. Damit soll der kündigende Teil einerseits angehalten werden, so schnell wie möglich für „klare Verhältnisse" zu sorgen. Andererseits ist nach dem Verstreichen einer „angemessenen Frist" nicht mehr davon auszugehen, dass es dem Berechtigten tatsächlich unzumutbar ist, sich am unveränderten Vertrag festhalten zu lassen.[460] Die Angemessenheit der Frist bestimmt sich dementsprechend einzelfallabhängig anhand der genannten Regelungszwecke, der Bedeutung des Kündigungsgrundes, der Auswirkungen für die Beteiligten und des Umfangs der erforderlichen Ermittlungen.[461]

---

457 BGH, Urt. v. 17.12.1998 – I ZR 106-96, NJW 1999, 1177, 1179; OLG Saarbrücken, Urt. v. 25.1.2006 – 1 U 101/05, OLGR 2006, 301, 302; *Soergel/ Teichmann*, BGB (2014), § 314 Rn. 30; *Weth*, in: jurisPK-BGB, § 314 Rn. 49; *Wendtland*, in: Beck'scher Online-Kommentar BGB, § 140 Rn. 17 m.w.N.
458 BT-Drs. 14/6040, S. 178.
459 *Gaier*, in: Münchener Kommentar zum BGB (2016), § 314 Rn. 16.
460 BT-Drs. 14/6040, S. 178.
461 *Gaier*, in: Münchener Kommentar zum BGB (2016), § 314 Rn. 20.

3. Rechtsfolge

Dauerschuldverhältnisse kann jeder Vertragsteil aus wichtigem Grund ohne Einhaltung einer Kündigungsfrist kündigen, § 314 Abs. 1 S. 1 BGB. Die außerordentliche Kündigung wirkt grundsätzlich sofort und beendet die vertragliche Beziehung mit Wirkung für die Zukunft (*ex nunc*). Die bereits erbrachten Leistungen bleiben unberührt, zumal – anders als nach wirksam erklärtem Rücktritt – kein Rückgewährschuldverhältnis in Gang gesetzt wird.[462] Vorleistungen sind, soweit diese vertraglich geschuldet waren, nach § 628 Abs. 1 S. 3 BGB analog,[463] im Übrigen jedenfalls nach Bereicherungsrecht auszugleichen.[464]

Teile der Literatur vertreten, dass es geboten sein kann, dass dem Kündigungsgegner in „Härtefällen" eine „soziale Ablauffrist" einzuräumen ist, um die Verhältnismäßigkeit der Vertragsbeendigung zu gewährleisten.[465] Richtigerweise ist es dem Berechtigten unbenommen, eine solche „soziale Ablauffrist" auszubedingen, um die Vertragsauflösung in beiderseitigem Interesse schonend(er) auszugestalten; eine Verpflichtung dazu lässt sich § 314 Abs. 1 S. 1 BGB jedoch nicht entnehmen. Dies widerspräche einerseits dem eindeutigen Wortlaut („ohne Einhaltung einer Frist") und führte andererseits zu unerträglichen Rechtsunsicherheiten hinsichtlich des Beendigungszeitpunktes.[466] Eine Verpflichtung zur Gewährung einer „sozialen Abhilfefrist" lässt sich daher allenfalls auf § 242 BGB stützen, sofern die Umstände es nach Treu und Glauben gebieten, jene Rechtsunsicherheiten zu Lasten des Kündigenden gleichwohl in Kauf zu nehmen.[467]

---

462 *Gaier*, in: Münchener Kommentar zum BGB (2016), § 314 Rn. 21 m.w.N.

463 Ebda.

464 Für einen rein bereicherungsrechtlichen Regress: *Lorenz*, in: Beck'scher Online-Kommentar BGB, § 314 Rn. 25; NK-BGB/*Krebs/Jung* (2016), § 314 Rn. 55.

465 So etwa: *Weth*, in: jurisPK-BGB, § 314 Rn. 48; Palandt/*Grüneberg*, § 314 Rn. 10; NK-BGB/*Krebs/Jung* (2016), § 314 Rn. 56.

466 So mit Recht: *Gaier*, in: Münchener Kommentar zum BGB (2016), § 314 Rn. 22; *Lorenz*, in: Beck'scher Online-Kommentar BGB, § 314 Rn. 26.

467 Vgl.: Soergel/*Teichmann*, BGB (2014), § 314 Rn. 55, der sich insoweit auf Entscheidungen zur alten Rechtslage stützt: BGH, Urt. v. 9.3.1959 – VII ZR 90/58, WM 1959, 855, 856; BGH, Urt. v. 10.6.1985 – III ZR 63/84, NJW 1986, 252, 253; BGH, Beschl. v. 17.12.1998 – IX ZR 20/98, ZIP 1999, 877, 878.

III. Wegfall und Fehlen der Geschäftsgrundlage

Eine vorzeitige Beendigung von Dauerschuldverhältnissen durch Kündigung wird überdies auf Grundlage von § 313 BGB ermöglicht. Demnach kann die Anpassung des Vertrages verlangt werden, wenn sich die Umstände, die zur Grundlage des Vertrags geworden sind, nach Vertragsschluss schwerwiegend verändert haben, soweit einem Teil unter Berücksichtigung aller Umstände des Einzelfalls, insbesondere der vertraglichen oder gesetzlichen Risikoverteilung, das Festhalten am unveränderten Vertrag nicht zugemutet werden kann, § 313 Abs. 1 BGB. Ist eine Anpassung des Vertrags nicht möglich oder einem Teil nicht zumutbar, so kann der benachteiligte Teil vom Vertrag zurücktreten. An die Stelle des Rücktrittsrechts tritt für Dauerschuldverhältnisse das Recht zur Kündigung, § 313 Abs. 3 S. 2 BGB.

Die konsensuale Bestimmung des Vertragsinhaltes durch die Parteien erfolgt nicht im „luftleeren Raum". Der Vertragsschluss ist stets von Umständen beeinflusst und getragen, die zwar nicht zum Vertragsgegenstand gemacht wurden, deren Vorliegen oder Nichtvorliegen bzw. Eintreten oder Nichteintreten von den Parteien aber als selbstverständlich vorausgesetzt wurde und regelmäßig auch redlicherweise vorausgesetzt werden durfte.[468] Der Vertrag ist nicht nur Ergebnis der Entscheidungs- und Konsensfindung der Parteien, sondern immer auch ein Produkt seiner rechtstatsächlichen Umgebung. Für den Fall, dass sich die damit umschriebenen „Umstände, die zur Grundlage des Vertrages geworden sind" so schwerwiegend verändern, dass ein Festhalten am unveränderten Vertrag nicht mehr zumutbar ist (§ 313 Abs. 1 BGB), haben Wissenschaft und Rechtsprechung mit der Lehre vom Fehlen oder dem Wegfall der Geschäftsgrundlage (Störung der Geschäftsgrundlage) ein auf den Grundsätzen von Treu und Glauben basierendes Rechtsinstitut entwickelt, das den Parteien unter bestimmten Umständen die Anpassung oder – subsidiär – die vorzeitige Beendigung des ursprünglich getroffenen Konsenses erlaubt.[469] Dadurch wird einerseits die Flexibilität langfristiger Vertragsbeziehungen im Sinne des Selbstbestimmungsrechts des Einzelnen und der (Wieder-)Herstellung einer gerechten Risikoverteilung erhöht. Gleichzeitig birgt die Geschäftsgrundlagenlehre die erhebliche Gefahr, dass der Vertragstreuegrundsatz allzu unbedacht durchbrochen wird,[470] zumal die Geschäftsgrundlagenlehre

---

468 Vgl.: *Medicus/Lorenz*, Schuldrecht AT (2015), § 42 Rn. 560.
469 Zur Historie der Geschäftsgrundlagenlehre siehe: *Meyer-Pritzl*, in: HKK-BGB, §§ 313-314 Rn. 1-48.
470 Vgl.: *Finkenauer*, in: Münchener Kommentar zum BGB (2016), § 313 Rn. 5.

damals wie heute von unbestimmten Rechtsbegriffen beherrscht ist.[471] Die Voraussetzungen für den Eingriff in den ursprünglich getroffenen Parteikonsens gilt es daher unter Würdigung des Spannungsverhältnisses von Vertragstreue und Flexibilitätsbedürfnis zu definieren und die Anwendung des § 313 BGB auf restriktiv zu behandelnde Ausnahmefälle zu begrenzen.[472]

1. Der Begriff der Geschäftsgrundlage

Einer entsprechenden Konturierung bedarf zunächst der Begriff der Geschäftsgrundlage, der vom Gesetzgeber nicht legaldefiniert, sondern lediglich als die „Umstände, die zur Grundlage des Vertrages geworden sind" umschrieben wird. Ausweislich der Gesetzesbegründung ist der neu eingeführte § 313 BGB weitestgehend anhand der etablierten Rechtsprechung und Lehre zu interpretieren, zumal damit „nur das ohnehin schon Anerkannte"[473] in Gesetzesform gegossen werden sollte. Der Geschäftsgrundlagenbegriff des § 313 BGB stützt sich einerseits auf die eher subjektiv geprägte Definition der Rechtsprechung in Anlehnung an *Oertmann*. Danach ergibt sich die Geschäftsgrundlage durch die nicht zum eigentlichen Vertragsinhalt gewordenen, bei Vertragsschluss aber zutage getretenen gemeinsamen Vorstellungen der Vertragsparteien oder die dem anderen Teil erkennbaren und von ihm nicht beanstandeten Vorstellungen der anderen Partei von dem Vorhandensein oder dem künftigen Eintritt bestimmter Umstände, auf denen sich der Geschäftswille der Parteien aufbaut.[474] Andererseits wird diese Formel durch die in § 313 Abs. 1 BGB gewählte Formulierung um objektive Kriterien angereichert,[475] wodurch die von der

---

471 *Finkenauer*, in: Münchener Kommentar zum BGB (2016), § 313 Rn. 7.

472 Palandt/*Grüneberg*, § 313 Rn. 1.

473 BT-Drs. 14/6040, S. 175.

474 RG, Urt. v. 3.2.1922 – II 640/21, RGZ 103, 328, 332 (*Spinnerei-Fall*); BGH, Urt. v. 23.10.1957 – V ZR 219/55, BGHZ 25, 390, 392; *Oertmann*, Die Geschäftsgrundlage, S. 30 f.

475 Nach der von *Larenz* entwickelten Definition ergibt sich die „objektive Geschäftsgrundlage" aus denjenigen Umständen und allgemeinen Verhältnissen, deren Vorhandensein und Fortdauer objektiv erforderlich ist, damit der Vertrag im Sinn der Intentionen beider Vertragsparteien als eine sinnvolle Regelung bestehen kann, *Larenz*, Schuldrecht I (1987) § 21 II.

Rechtsprechung gefundenen Ergebnisse nicht in Frage gestellt werden, sondern zutreffender zum Ausdruck gebracht werden sollen.[476]

2. Störung der Geschäftsgrundlage

Eine Störung der Geschäftsgrundlage ist gegeben, wenn sich die zur Grundlage des Vertrages gewordenen Umstände schwerwiegend verändert haben und die Parteien den Vertrag nicht oder mit anderem Inhalt geschlossen hätten, wenn sie diese Veränderung vorausgesehen hätten, § 313 Abs. 1 BGB. Dem steht es gleich, wenn sich wesentliche Vorstellungen, die zur Grundlage des Vertrages geworden sind, als falsch herausstellen. Insbesondere für objektiv greifbare Störungen der Geschäftsgrundlage haben sich in der Praxis Fallgruppen herausgebildet, anhand derer sich der abstrakte Gehalt des § 313 BGB illustrieren lässt:[477] Das ursprüngliche Anwendungsfeld der Geschäftsgrundlagenlehre war von schwerwiegenden „*Äquivalenzstörungen*"[478] beherrscht, die durch grundlegende Veränderungen der wirtschaftlichen, sozialen oder politischen Rahmenbedingungen veranlasst waren (sog. große Geschäftsgrundlage).[479] Beispielhaft zu nennen sind in diesem Zusammenhang wirtschaftliche und tatsächliche Umwälzungen in Folge der beiden Weltkriege[480] oder die rasante Geldentwertung infolge der Weltwirtschaftskrise.[481] Äquivalenzstörungen können aber auch in „wirtschaftlich stabileren Zeiten"[482] eine Störung der Geschäftsgrundlage begründen, sofern das Gleichgewicht von Leistung und Gegenleistung so stark gestört ist, dass „[...] die Grenze des übernommenen Risikos überschritten und das Interesse der benachteiligten Partei auch nicht mehr annähernd gewahrt ist."[483] Eine Störung der Geschäftsgrundlage kommt überdies bei sog. „*Leistungserschwernissen*"[484] in Betracht,

---

476 BT-Drs. 14/6040, S. 176.
477 BT-Drs. 14/6040, S. 174; Palandt/*Grüneberg*, § 313 Rn. 25.
478 BT-Drs. 14/6040, S. 174 (Hervorhebung übernommen).
479 BT-Drs. 14/6040, S. 174; Palandt/*Grüneberg*, § 313 Rn. 5.
480 Z.B. BGH, Urt. v. 15.6.1951 – V ZR 86/50, NJW 1951, 836; BGH, Urt. v. 23.10.1951 – I ZR 15/51, NJW 1952, 137.
481 Grundlegend: RG, Urt. v. 3.2.1922 – II 640/21, RGZ 103, 328 (*Spinnerei-Fall*), siehe dazu: *Eidenmüller*, Jura 2001, 824; zu den Geldentwertungsfällen ausführlich: Soergel/*Teichmann*, BGB (2014), § 313 Rn. 92 ff.
482 *Medicus/Lorenz*, Schuldrecht AT (2015), § 42 Rn. 560.
483 Palandt/*Grüneberg*, § 313 Rn. 27.
484 BT-Drs. 14/6040, S. 174 (Hervorhebung übernommen).

die die Leistung zwar nicht unmöglich i.S.v. § 275 BGB machen, aber ausnahmsweise die Unzumutbarkeit der unveränderten Vertragsdurchführung begründen können. Als Beispiel führt der Gesetzgeber insbesondere Beschaffungshindernisse an.[485] Ferner zu nennen sind etwa unkalkulierbare Kostenexplosionen durch unvorhersehbare Ereignisse wie z.B. den Brand eines Fertigungsbetriebes.[486] Schließlich können *„Zweckstörungen"* den Wegfall oder das Fehlen der Geschäftsgrundlage begründen. Darunter sind Fälle zu subsumieren, in denen die Leistungserbringung grundsätzlich noch möglich ist, der Gläubiger hieran allerdings kein Interesse mehr hat.[487] Zweckstörungen sind allerdings grundsätzlich unbeachtlich, soweit sich aus der vertraglichen Abrede oder gesetzlichen Regelungen ergibt, dass das Verwendungsrisiko allein oder weit überwiegend dem Gläubiger zugewiesen ist.[488] Nur ausnahmsweise wird der Verwendungszweck zum Gegenstand einer Geschäftsgrundlagenstörung, wenn sich der andere Teil die geplante Verwendung nach den Umständen des Einzelfalls zu eigen gemacht hat und er sich widersprüchlich verhielte, wenn er trotz der Zweckstörung auf der unveränderten Vertragsdurchführung beharrte.[489]

Die genannten Beispiele zeigen, dass der Schwerpunkt der Subsumtion regelmäßig weder darin liegt, die faktische Divergenz zwischen den tatsächlichen Umständen und den dem Vertrag zu Grunde liegenden Parteiinteressen festzustellen (reales Element)[490] noch die Hypothese zu verifizieren, dass der Vertrag im Falle der Vorhersehbarkeit nicht oder nicht mit diesem Inhalt geschlossen worden wäre (hypothetisches Element). Die Frage, ob eine Störung der Geschäftsgrundlage vorliegt, ist vielmehr entscheidend auf normativer Ebene zu beantworten,[491] wobei – insofern parallel

---

485 Ebda.

486 RG, Urt. v. 23.2.1904 – II 398/03, RGZ 57, 116, 118; weitere Bsp. bei Palandt/
Grüneberg, § 313 Rn. 32.

487 BT-Drs. 14/6040, S. 174 (Hervorhebung übernommen).

488 Das Risiko der Verwendung der Darlehensvaluta trägt allein der Darlehensnehmer, statt aller: *K.P.Berger*, in: Münchener Kommentar zum BGB (2016), Vor § 488 Rn. 7.

489 *Larenz*, Schuldrecht I (1987) § 21 II; eine Störung der Geschäftsgrundlage wurde etwa bei der Miete eines Bootshauses angenommen, nachdem die Schifffahrt für den gesamten See beschränkt wird, BGH, Urt. v. 7.7.1971 – VIII ZR 10/70, WM 1971, 1300, 1303.

490 Grundlegend zur Einteilung der wesentlichen Elemente der Geschäftsgrundlage in reales, hypothetisches und normatives Element: *Medicus*, Bürgerliches Recht (1968), S. 66 f.; siehe nunmehr: *Medicus/Petersen*, Bürgerliches Recht (2017), S. 72 f.

491 NK-BGB/*Krebs* (2012), § 313 Rn. 43.

zu § 314 BGB – unter Berücksichtigung aller Umstände des Einzelfalls, insbesondere der vertraglichen oder gesetzlichen Risikoverteilung, zu prüfen ist, inwieweit dem benachteiligten Teil ein Festhalten am Vertrag ob der veränderten Umstände nicht mehr zugemutet werden kann.[492] Eine Störung der Geschäftsgrundlage kann mithin nur angenommen werden, sofern die Vertragsstörung nicht mehr von vertraglichen oder gesetzlichen Regelungen erfasst wird, die die Risikoverteilung zwischen den Parteien vorrangig regeln. Nur wenn das Unzumutbarkeitsverdikt einen Eingriff in den ursprünglichen Parteikonsens zwingend erfordert, ist es gem. § 313 BGB gerechtfertigt, die vorzeitige Vertragsbeendigung zu ermöglichen oder – vorrangig dazu – einen Anspruch auf Vertragsanpassung zu gewähren.[493]

3. Das Verhältnis von Kündigung aus wichtigem Grund und Geschäftsgrundlagenstörung

Sowohl aus § 313 Abs. 3 S. 2 BGB als auch § 314 BGB kann sich damit als *ultima ratio* das Recht zur Kündigung unzumutbarer Dauerschuldverhältnisse ergeben. Beide Rechtsinstitute „[...] haben ihre Grundlage übereinstimmend in den Treuepflichten der Vertragsparteien zueinander; sie setzen jeweils voraus, daß einem Vertragspartner die (weitere) Erfüllung der vertraglichen Pflichten nicht zugemutet werden kann."[494]

a. Das Verhältnis auf Tatbestandsebene

Anwendungsbereich und Zumutbarkeitsmaßstab beider Rechtsinstitute sind nach höchstrichterlicher Rechtsprechung[495] und Teilen der Litera-

---

492 Hierzu gelten die Ausführungen zum „wichtigen Grund" oben unter § 5 B. II. 1. entsprechend.

493 Zur Subsidiarität der Geschäftsgrundlagenlehre gegenüber vertraglicher oder gesetzlicher Risikozuweisung (etwa hinsichtlich Unmöglichkeit, Mängelhaftung, Irrtumsanfechtung), *Finkenauer*, in: Münchener Kommentar zum BGB (2016), § 313 Rn. 137; Soergel/*Teichmann*, BGB (2014), § 313 Rn. 22; *Medicus/Lorenz*, Schuldrecht AT (2015), § 42 Rn. 562.

494 BGH, Urt. v. 26.9.1996 – I ZR 265/95, BGHZ 133, 316, 320.

495 BGH, Urt. v. 26.9.1996 – I ZR 265/95, BGHZ 133, 316; BGH, Urt. v. 9.3.2010 – VI ZR 52/09, NJW 2010, 1874 Rn. 24; BGH, Urt. v. 29.11.1995 – XII ZR 230/94, NJW 1996, 714, 715.

tur[496] jedoch grundsätzlich verschieden; eine Überschneidung soll allenfalls in wenigen Ausnahmefällen in Betracht kommen.[497] Demnach soll es sich beim Recht zur außerordentlichen Kündigung aus wichtigem Grund um ein „vertragsimmanentes Mittel zur Auflösung der Vertragsbeziehung"[498] handeln, das immer nur auf Umstände gestützt werden kann, die in der Risikosphäre des Kündigungsgegners liegen. Dagegen begründe „[...] die Auflösung eines Vertrages wegen Wegfalls der Geschäftsgrundlage eine außerhalb des Vertrages liegende, von vornherein auf besondere Ausnahmefälle beschränkte rechtliche Möglichkeit, sich von den vertraglich übernommenen Verpflichtungen zu lösen."[499] Die Anpassung oder Beendigung des Vertrages komme nur in Betracht, wenn dies „[...] zur Vermeidung untragbarer, mit Recht und Gerechtigkeit schlechthin unvereinbarer Folgen unabweisbar erschein[t]."[500] In dem Fall können aber auch Umstände zur Anpassung oder Kündigung rechtfertigen, die allein oder ganz überwiegend der Risikosphäre des kündigenden Teils entstammen und dem Einfluss- und Verantwortungsbereich des Kündigungsgegners gänzlich entzogen sind. So ist der Vermieterin eines Grundstücks, das zwingend für den Neubau eines Kraftwerks benötigt wurde, ein Recht zur außerordentlichen Kündigung gegen angemessene Ausgleichszahlung oder Angebot eines Ersatzobjekts zugestanden worden, obwohl die kündigende Vermieterin – ein Energieunternehmen – den Kraftwerksneubau selbst (mit-)veranlasst hatte.[501] Beispielhaft zu nennen sind in diesem Zusammenhang überdies jüngere Entscheidungen, die die außerordentliche Kündigung von Fitnessstudioverträgen wegen Schwangerschaft,[502] Umzugs[503] oder schwerwiegender Krankheit[504] zum Gegenstand hatten.

Anderer Ansicht nach soll es sich bei der Geschäftsgrundlagenstörung um einen Spezialfall der Kündigung aus wichtigem Grund handeln, der in

---

496 Vgl.: *Gaier*, in: Münchener Kommentar zum BGB (2016), § 314 Rn. 14; *Lorenz*, in: Beck'scher Online-Kommentar BGB, § 314 Rn. 7.

497 *Gaier*, in: Münchener Kommentar zum BGB (2016), § 314 Rn. 14.

498 BGH, Urt. v. 26.9.1996 – I ZR 265/95, BGHZ 133, 316, 320.

499 BGH, Urt. v. 26.9.1996 – I ZR 265/95, BGHZ 133, 316, 321.

500 Ebda.

501 BGH, Urt. v. 13.12.1995 – XII ZR 185/93, ZMR 1996, 309.

502 AG München, Urt. v. 9.6.2010 – 251 C 26718/09, NJW-RR 2011, 67.

503 Zuletzt verneint durch: BGH, Urt. v. 4.5.2016 – XII ZR 62/15, WM 2016, 1360 Rn. 12.

504 AG Hamburg-Blankenese, Urt. v. 20.7.2007 – 509 C 117/07, juris Rn. 3; AG Rastatt, Urt. v. 25. 4. 2002 - 1 C 398/01, NJW-RR 2002, 1280, 1281 (Bandscheibenvorfall); AG Dortmund, Urt. v. 12.9.1989 - 125 C 330/89, juris; vgl. ferner: *Jakl*, JZ 2011, 529, 530 f.

§ 313 BGB abschließend geregelt wurde.[505] Bei einer Störung der Geschäftsgrundlage sei stets auch ein „wichtiger Grund" gegeben.[506] Die Rechtsfolgen ergäben sich in dem Fall aber abschließend aus § 313 Abs. 1 BGB. Insbesondere bedürfe es dann nicht der weiteren Voraussetzungen des § 314 Abs. 2, Abs. 3 BGB für eine wirksame Kündigung.[507]

Der letztgenannten Ansicht ist insoweit zuzustimmen, dass die Anforderungen an eine Störung der Geschäftsgrundlage weiterreichen als die für das Vorliegen eines „wichtigen Grundes". Hier wie da muss die Vertragsfortführung unzumutbar sein. Die Geschäftsgrundlagenstörung erfordert darüber hinaus, dass diese Unzumutbarkeit auf einer schwerwiegenden Veränderung der dem Vertrag zu Grunde liegenden Umstände beruht. Daraus folgt allerdings nicht, dass jede Geschäftsgrundlagenstörung zugleich auch einen „wichtigen Grund" darstellt. Vielmehr geht der BGH mit Recht davon aus, dass sich die tatbestandlichen Voraussetzungen und der Regelungsgengenstand von Kündigung aus wichtigem Grund und Geschäftsgrundlagenlehre unterscheiden. Die Kündigung aus wichtigem Grund dient in erster Linie als Substitut des Rücktrittsrechts bei Dauerschuldverhältnissen[508] und erlaubt die vorzeitige Vertragsauflösung bei Störungen, die zum einen im Vertragsverhältnis selbst wurzeln und zum anderen einzig in der Risikosphäre des Kündigungsgegners gründen. Im Gegensatz dazu hat eine Störung der Geschäftsgrundlage ihren Ursprung nie im Vertrag selbst. Die unveränderte Vertragsfortführung muss gerade dadurch unzumutbar (geworden) sein, dass sich die Umstände, die zur Grundlage des Vertrages geworden sind, schwerwiegend verändert haben, § 313 Abs. 1 BGB. In Rede stehen keine Pflichtverletzungen oder Vertrauensbrüche des Kündigungsgegners, sondern unvorhersehbare Entwicklungen, die regelmäßig dem Einfluss beider Parteien entzogen sind und dazu führen, dass die unveränderte Vertragsfortsetzung mit Recht und Gerechtigkeit schlechthin unvereinbar ist.[509] Ebenfalls richtig ist daher die Einschätzung des BGH, dass eine Anpassung oder Beendigung des Vertrages nach

---

505 *Finkenauer*, in: Münchener Kommentar zum BGB (2016), § 313 Rn. 170; *Harke*, Schuldrecht AT Rn. 128 f.

506 *Finkenauer*, in: Münchener Kommentar zum BGB (2016), § 313 Rn. 168; *Pfeiffer*, in: jurisPK-BGB, § 313 Rn. 22.

507 *Finkenauer*, in: Münchener Kommentar zum BGB (2016), § 313 Rn. 170; Soergel/*Teichmann*, BGB (2014), § 314 Rn. 8; *Harke*, Schuldrecht AT Rn. 128 f.; *Mülbert*, in: Staudinger, BGB (2015), § 490 Rn. 127.

508 *Lorenz*, in: Beck'scher Online-Kommentar BGB, § 314 Rn. 7; *Gaier*, in: Münchener Kommentar zum BGB (2016), § 314 Rn. 2, 11.

509 BGH, Urt. v. 26.9.1996 – I ZR 265/95, BGHZ 133, 316, 321.

§ 313 BGB im Gegensatz zur Kündigung aus wichtigem Grund nicht schon deshalb verwehrt werden kann, weil die dazu veranlassenden Umstände allein in der Risikosphäre des Kündigungs- bzw. Anpassungswilligen wurzeln.[510] Die Unterschiede beim Ursprung von „wichtigem Grund" (vertragsimmanent) und Geschäftsgrundlagenstörung (außervertragliche Umstände) führen vielmehr – wie der BGH abermals zu Recht festgestellt hat – auch zu Unterschieden bei der Bestimmung der Zumutbarkeitsgrenze. Sofern die zur Kündigung veranlassenden Umstände in der vertraglichen Beziehung selbst wurzeln, kann die Fortführung nur unzumutbar sein, wenn die Störung des Vertragsverhältnisses im Risikobereich des Kündigungsgegners gründet.[511] Denn im Übrigen realisieren sich nur die Risiken, die der Kündigungswillige mit Abschluss des Vertrages eigenverantwortlich eingegangen ist und im Rahmen seiner Prognoseentscheidung hätte berücksichtigen müssen.[512] Dementgegen verwirklichen sich beim Wegfall der Geschäftsgrundlage gerade solche Risiken, die dem Vertrag nicht selbst inhärent sind. Dem Vertrag wird durch tatsächliche Entwicklungen, die die Parteien beim Vertragsschluss nicht berücksichtigen konnten oder außer Acht lassen durften, seine Grundlage entzogen. Auf solche Umstände haben in aller Regel beide Parteien von vornherein keinen Einfluss und keine Partei hat das Risiko dafür zu tragen.[513] Überdies muss bei der Entscheidung über die Zumutbarkeit der unveränderten Vertragsfortführung gem. § 313 BGB berücksichtigt werden, dass die eigenen außervertraglichen Risiken im Gegensatz zu den dem Vertrag inhärenten Risiken kaum überschaubar sind und mitunter unvermeidlich eintreten können. Daher kann sich die Unzumutbarkeit der unveränderten Vertragsfortführung im Sinne von § 313 BGB richtigerweise nicht nur aus Umständen im „risikoneutralen" Bereich ergeben, sondern im Ausnahmefall sogar bei außervertraglichen Störungen, die allein in der Risikosphäre des Kündigungswilligen gründen.[514] Allerdings handelt es sich gerade bei den letztgenannten Fallgestaltungen um Ausnahmefälle, in denen „[d]ie Auflösung (oder Anpassung) eines Vertrages wegen Wegfalls der Geschäftsgrundlage zur Vermeidung untragbarer, mit Recht und Gerechtigkeit schlechthin un-

---

510 Im Folgenden wird nur noch vom „Kündigungswilligen" die Rede sein, womit im Zweifel auch der „Anpassungswillige" gemeint ist.
511 BGH, Urt. v. 26.9.1996 – I ZR 265/95, BGHZ 133, 316; BGH, Urt. v. 9.3.2010 – VI ZR 52/09, NJW 2010, 1874 Rn. 24; BGH, Urt. v. 29.11.1995 – XII ZR 230/94, NJW 1996, 714, 715.
512 Ebda.
513 Vgl.: NK-BGB/*Krebs/Jung* (2016), § 313 Rn. 34.
514 BGH, Urt. v. 13.12.1995 – XII ZR 185/93, ZMR 1996, 309.

vereinbarer Folgen unabweislich erscheinen [muss]",[515] etwa um unverhältnismäßigen Beeinträchtigungen verfassungsrechtlich verbriefter Rechtspositionen zu begegnen.[516]

b. Rechtsfolgenseite

Sofern der Nachweis einer Störung der Geschäftsgrundlage gelingt, ergibt sich aus § 313 Abs. 1 BGB ein Anspruch auf Anpassung des Vertrages. Eine einseitige Vertragsaufhebung kommt gem. § 313 Abs. 3 BGB hingegen nur in Betracht, wenn die Anpassung des Vertrages nicht möglich oder einem Teil nicht zumutbar ist. Die einseitige Vertragsbeendigung ist gegenüber der Vertragsanpassung subsidiär. Die Vertragsanpassung ist nach Wertung des Gesetzgebers grundsätzlich das mildere Mittel um die unzumutbare Vertragsbindung zu korrigieren und den ursprünglichen Konsens zumindest teilweise zu erhalten.[517] Andererseits wird der Tatsache Rechnung getragen, dass die Vertragsanpassung unter Umständen den schwerwiegenderen Eingriff in die Privatautonomie der Parteien darstellen kann. Dem anderen Teil wird gem. § 313 Abs. 1 BGB eine neue Vereinbarung nur aufgezwungen, sofern die Vertragsanpassung dem anderen Teil möglich und zumutbar ist. Der „angepasste Vertrag" kann vom ursprünglich Vereinbarten weitgehend abweichen und bisweilen einschneidendere Wirkung haben als die sofortige Vertragsbeendigung.[518] Vertragsanpassung und Vertragsbeendigung sind daher im Grunde als gleichwertige Beeinträchtigungen des ursprünglichen Konsenses der Parteien zu werten.[519] Obwohl der Vertragsanpassung in § 313 BGB konzeptionell der Vorrang eingeräumt wird, gebietet es der dahinterstehende Grundsatz der Verhältnismäßigkeit,[520] dass

---

515 BGH, Urt. v. 26.9.1996 – I ZR 265/95, BGHZ 133, 316, 321.

516 Vgl.: BVerfG, Beschl. v. 24.5.2005 – 1 BvR 906/04BVerfG, NJW 2005, 2283, 2284 m.w.N., sowie konkret im Rahmen von AG München, Urt. v. 9.6.2010 – 251 C 26718/09, NJW-RR 2011, 67 (je Art. 6 Abs. 4 GG).

517 BT-Drs. 14/6040, S. 177; vgl. ferner: Palandt/*Grüneberg*, § 313 Rn. 14; § 314 Rn. 9; *Weller*, Die Vertragstreue, S. 299; *Fikentscher/Heinemann*, Schuldrecht (2017), Rn. 241.

518 *Finkenauer*, in: Münchener Kommentar zum BGB (2016), § 313 Rn. 102; vgl. bereits: *Haarmann*, Wegfall der Geschäftsgrundlage bei Dauerrechtsverhältnissen, S. 170, demzufolge „[...] die erzwungene Anpassung von Verträgen bei Dauerrechtsverhältnissen für den Mitwirkungspflichtigen ein schärferer Eingriff als die außerordentliche Kündigung [ist]".

519 *Finkenauer*, in: Münchener Kommentar zum BGB (2016), § 313 Rn. 105.

520 Vgl.: Soergel/*Teichmann*, BGB (2014), § 313 Rn. 133.

es letztlich im Einzelfall abzuwägen gilt, wie die eingetretene Störung interessen-, zweck- und sachgerecht beseitigt werden kann.[521] Folgerichtig kann es im Einzelfall möglich und geboten sein, die von § 313 BGB statuierten Rechtsfolgen sinnvoll zu verknüpfen.[522] Die Kündigung des Vertragsverhältnisses kann etwa an Ausgleichszahlungen geknüpft werden[523] oder der Vertrag wird teilweise erhalten und teilweise aufgelöst.[524] Dafür bietet jeweils § 313 Abs. 1 BGB den tauglichen Anknüpfungspunkt. Denn bei der inhaltlichen Bestimmung der Vertragsanpassung besteht ein weiter Ermessensspielraum,[525] der eine Subsumtion weitreichender Änderungen bis hin zur vollständigen Anspruchsfreistellung unter den Vertragsanpassungsbegriff erlaubt.[526]

Im Gegensatz zu § 314 BGB wird die „Störungsbeseitigung" nicht an weitere, „formale" Tatbestandsvoraussetzungen geknüpft. Ist die hohe Hürde des Nachweises einer Störung der Geschäftsgrundlage genommen, bedarf es keiner weiteren tatbestandlichen Einschränkungen, um die Rechtsfolgen des § 313 BGB zu rechtfertigen. Das Rechtsfolgenkonzept ist bei Vorliegen einer Störung der Geschäftsgrundlage allein § 313 BGB zu entnehmen.[527] Hinweise dafür, dieses Rechtsfolgensystem mit den weitergehenden (formellen) tatbestandlichen Anforderungen des § 314 BGB (Abhilfe, Abmahnung) zu verknüpfen, finden sich weder in Gesetz noch Begründung.

§ 314 BGB gewährt vordergründig das Recht, den Vertrag aufgrund vertragsimmanenter Störungen vorzeitig zu beenden und begründet damit in erster Linie ein Substitut des Rücktrittsrechts, das dementsprechend an weitere formale Ausübungsvoraussetzungen geknüpft wird.[528] Für Störungen der Geschäftsgrundlage eröffnet hingegen § 313 BGB auf der Rechtsfolgenseite hinreichende Möglichkeiten zur Erarbeitung sachgerechter Lö-

---

521 *Finkenauer*, in: Münchener Kommentar zum BGB (2016), § 313 Rn. 88 f.
522 Dazu: *Finkenauer*, in: Münchener Kommentar zum BGB (2016), § 313 Rn. 91.
523 BGH, Urt. v. 13.12.1995 – XII ZR 185/93, ZMR 1996, 309.
524 BGH, Urt. v. 14.7.1953 – V ZR 72/52, NJW 1953, 1585, 1585 (*Hofübergabe*).
525 *Finkenauer*, in: Münchener Kommentar zum BGB (2016), § 313 Rn. 91.
526 BGH, Urt. v. 21.4.1983 – I ZR 201/80, GRUR 1983, 602, 603, wonach ein Vertragsstrafeversprechen dahingehend „angepasst" wurde, dass damit keinerlei Ansprüche mehr geltend gemacht werden konnten.
527 Vgl.: BT-Drs. 14/6040, S. 177.
528 *Gaier*, in: Münchener Kommentar zum BGB (2016), § 314 Rn. 2, 11.

sungen und ist insofern als umfassende und abschließende Regelung zu verstehen.[529]

IV. Konkurrierende Anpassungs- und Beendigungstatbestände

Sowohl beim Recht zur außerordentlichen Kündigung als auch der Geschäftsgrundlagenlehre handelt es sich um Rechtsinstitute, die auch (§ 313 BGB) bzw. ausschließlich (§ 314 BGB) den Umgang mit Störungen von Dauerschuldverhältnissen regeln. Damit ist das „dogmatische Repertoire" des bürgerlichen Rechts zur Anpassung- und Beendigung von Dauerschuldverhältnissen nicht erschöpft. Die §§ 313, 314 BGB finden vielmehr nur als *ultima ratio* Anwendung, sofern sich weder dem Gesetz noch dem Vertrag selbst entnehmen lässt, wie mit der Störung des Vertragsverhältnisses umzugehen ist.

1. Vorrang spezialgesetzlicher Regelungen

Die Anwendung der §§ 313, 314 BGB ist daher regelmäßig ausgeschlossen, sofern es spezialgesetzliche Vorschriften gibt, die den Regelungsgehalt der „allgemeinen Vorschriften" abdecken. Diese gehen sowohl § 313 BGB[530] als

---

529 So auch: *Finkenauer*, in: Münchener Kommentar zum BGB (2016), § 313 Rn. 170; Soergel/*Teichmann*, BGB (2014), § 314 Rn. 8; *Harke*, Schuldrecht AT Rn. 128 f.; *Mülbert*, in: Staudinger, BGB (2015), § 490 Rn. 127; a.A.: *K.P.Berger*, in: Münchener Kommentar zum BGB (2016), § 490 Rn. 68 f., der unter Bezugnahme auf BGH, Urt. v. 10.1.1980 – III ZR 108/78, WM 1980, 380, 381 offenbar einen generellen Vorrang des außerordentlichen Kündigungsrechts aus § 314 BGB vor einer Vertragsbeendigung gem. § 313 Abs. 3 S. 2 BGB annimmt, dabei aber verkennt, dass weder die genannte BGH-Entscheidung selbst noch die dort rezitierten Entscheidungen das Verhältnis zwischen § 313 BGB und § 314 BGB betreffen. Vielmehr wird vom BGH in WM 1980, 380, 381 auf Entscheidungen Bezug genommen, aus denen ein Vorrang spezialgesetzlicher, außerordentlicher Kündigungsrechte vor dem Rückgriff auf die Geschäftsgrundlagenlehre hervorgeht (BGH, Urt. v. 11.4.1957 – VII ZR 280/56, BGHZ 24, 91, 96) bzw. eine Klarstellung des heute in § 313 Abs. 3 S. 1 und 2 BGB geregelten Verhältnisses von außerordentlicher Kündigung und Rücktritt erfolgt (BGH, Urt. v. 20.3.1953 – V ZR 123/51, LM § 247 Nr. 1; näher: § 5 B. IV. 6.).

530 §§ 321, 490, 519, 527 f., 530, 543, 569, 593, 594e, 605, 626, 650, 651 j, 723, 737, 775 Abs. 1 Nr. 1, 3, 779, 1023 Abs. 1, 1026, 1048 Abs. 1 S. 2, 1219, 1301, 2077-2079, 2279 Abs. 2 BGB; aus anderen Gesetzen: §§ 216 Abs. 3 , 304 AktG, § 12 ArbEG, § 61 BauGB, §§ 6, 7 16 BetrAVG, Art. 79 CISG, § 9a ErbbauRG,

auch § 314 BGB[531] als *leges speciales* vor, sofern deren Anwendungsbereich eröffnet ist.[532] Eine Anwendung der §§ 313, 314 BGB kommt daneben regelmäßig nur in Betracht, wenn sich dies – wie gem. § 490 Abs. 3 BGB – ausdrücklich aus dem Gesetz ergibt. Es ist Sache des Gesetzgebers, die Schwelle, ab der der Kündigungswillige nicht mehr an der unveränderten Vertragsfortführung festgehalten werden kann, spezialgesetzlich zu definieren und eine dementsprechende Risikoverteilung zwischen den Parteien vorzunehmen.[533]

2. Vorrang vertragsbasierter Regelungen

Für eine Korrektur der ursprünglichen Parteiabrede gem. §§ 313, 314 BGB ist kein Raum, wenn sich dem Vertrag selbst oder anderweitiger Parteivereinbarungen entnehmen lässt, wie mit der in Rede stehenden Störung umzugehen ist. Der privatautonomen Problemlösung gebührt zweifelsohne der Vorzug, da die Stabilisierung der Dauerrechtsbeziehung hier auf konsensualem Weg erreicht wird. Dafür steht ein vielfältiges Regelungsinstrumentarium, namentlich in Form von Anpassungsbestimmungsrechten, Leistungsbestimmungsrechten und Änderungsvorbehalten, Neuverhandlungspflichten sowie Jeweiligkeits- und Öffnungsklauseln sowie Erklärungsfiktionen bereit,[534] das es im Gesamtzusammenhang der Anpassung

---

§ 57 m Abs. 3 GmbHG, § 59 SGB X, § 23 UmwG, §§ 32, 32a UrhG, § 29 UStG, § 41 VVG, § 60 VwVfG, § 8 WBVG, § 10 Abs. 2 S. 3 WEG, siehe *Finkenauer*, in: Münchener Kommentar zum BGB (2016), § 313 Rn. 137.

531 Beispielsweise: § 490 BGB (Darlehen), §§ 543, 569 BGB (Miete), § 594e BGB (Pacht), § 626 BGB (Dienstverträge); § 651e und j BGB (Reisevertrag), § 723 BGB und § 133 HGB (Gesellschaftsvertrag), § 89a HGB (Handelsvertretervertrag), § 297 AktG (Unternehmensvertrag), siehe: *Gaier*, in: Münchener Kommentar zum BGB (2016), § 314 Rn. 8; *Weth*, in: jurisPK-BGB, § 314 Rn. 55.

532 *Finkenauer*, in: Münchener Kommentar zum BGB (2016), § 313 Rn. 138.

533 *Gaier*, in: Münchener Kommentar zum BGB (2016), § 314 Rn. 8; *Finkenauer*, in: Münchener Kommentar zum BGB (2016), § 313 Rn. 138; Erman/*Böttcher*, BGB (2014), § 314 Rn. 15; *Weth*, in: jurisPK-BGB, § 314 Rn. 55.

534 Auf eine weitergehende Erörterung der beiden letztgenannten Anpassungsinstrumente wird verzichtet, da es sich dabei einerseits um arbeitsrechtliche Spezifika (Jeweiligkeits- und Öffnungsklauseln) handelt bzw. nur die Durchsetzung von Anpassungen bezweckt wird (Erklärungsfiktion).

und Beendigung von Dauerschuldverhältnissen zumindest überblicksartig zu erläutern gilt.[535]

a. Anpassungsbestimmungsrechte

Von einem „Anpassungsbestimmungsrecht" ist hier in Anschluss an *Hau* „[…] die Rede, wenn der Interessent die fragliche Anpassung zwar bestimmen, den Fortbestand des Schuldverhältnisses zu den geänderten Bedingungen aber nicht erzwingen kann."[536] Dem „Opponenten"[537] ist damit zwar jegliches Mitbestimmungsrecht über die Modalitäten der Vertragsanpassung entzogen; ob er sich aber zu diesen Konditionen auf die Fortsetzung des Vertrages einlässt, bleibt ihm letztendlich freigestellt. Solche Anpassungsbestimmungsrechte ergeben sich einerseits dadurch, dass dem Interessenten durch Vertrag oder Gesetz ein Anspruch auf Vertragsanpassung gewährt wird, dem Opponenten aber gleichzeitig ein Recht zur einseitigen Vertragsbeendigung zusteht und ihm somit zumindest die Wahl zwischen Anpassung und Abstandnahme vom Vertrag verbleibt.[538] Andererseits kann der Interessent die Anpassung des Vertrages „bestimmen", indem er ein ihm selbst zustehendes ordentliches oder außerordentliches Kündigungsrecht als „Druckmittel" nutzt.[539] Beispielhaft zu nennen ist in diesem Zusammenhang die sog. Änderungskündigung, wobei der Interessent die Ausübung seines Kündigungsrechts unter die auflösende oder aufschiebende Bedingung stellt, dass der Opponent der „angebotenen" Vertragsanpassung zustimmt.[540] Der Opponent wird auch hier vor die Wahl gestellt, den Vertrag zu für ihn regelmäßig nachteiligeren Konditionen fortzusetzen

---

535 Ausführlich zu den Möglichkeiten und Grenzen der Vertragsanpassung im Dauerschuldverhältnis, siehe die jüngst erschienene Habilitationsschrift von *Schneider*, Vertragsanpassung im Dauerschuldverhältnis; insbesondere zu den nicht näher erläuterten Anpassungsinstrumenten, S. 256 ff. (Jeweiligkeits- und Öffnungsklauseln) und S. 272 ff. (Erklärungsfiktion).

536 *Hau*, Vertragsanpassung und Anpassungsvertrag, S. 251.

537 Die Begrifflichkeiten „Interessent" und „Opponent" der in Rede stehenden Anpassung sind ebenfalls von *Hau*, Vertragsanpassung und Anpassungsvertrag, S. 251 übernommen.

538 Siehe etwa die Kombination von § 558 BGB (Anspruch des Vermieters auf Mietzinserhöhung) und § 561 BGB (Sonderkündigungsrecht des Mieters).

539 *Hau* differenziert insofern folgerichtig zwischen „Opponentenkündigung" und „Interessentenkündigung" (aaO., S. 252 f.).

540 Zur Änderungskündigung im Zusammenhang mit Gelddarlehensverträgen siehe: *Mülbert*, in: Staudinger, BGB (2015), § 488 Rn. 315 f., 326; *K.P.Berger*, in:

oder die weitere Kooperation zur Gänze „aufs Spiel zu setzen". Allerdings ist festzuhalten, dass sowohl mit der Interessentenkündigung als auch der Opponentenkündigung die Chance einhergeht, dass die Parteien den Vertrag zwar zu veränderten Konditionen, aber aufgrund erneuten Konsenses fortsetzen. Durch die Anpassungsbestimmung wird die Verhandlungssituation des Opponenten auf ein *„take it or leave it"* beschränkt. Überdies wird das Selbstbestimmungsrecht des Einzelnen jedoch nicht berührt. Die Anpassungsbestimmung ist damit als Minus zur erzwungenen Vertragsanpassung und -beendigung zu begreifen.[541]

b. Leistungsbestimmungsrechte und Änderungsvorbehalte

Eine konsensbasierte Stabilisierung von Dauerschuldverhältnissen kann überdies dadurch erreicht werden, dass die Parteien einer Veränderung der Umstände bzw. der Unkalkulierbarkeit zukünftiger Entwicklungen mit der Vereinbarung von Leistungsbestimmungsrechten oder Änderungsvorbehalten Rechnung tragen. Im Unterschied zu den Anpassungsbestimmungsrechten werden etwaige Unwägbarkeiten im Zusammenhang mit dem vereinbarten Vertragsprogramm bereits bei Vertragsschluss antizipiert, indem einer Partei entweder die inhaltliche Änderung des Vertrages vorbehalten wird (Änderungsvorbehalt)[542] oder die Parteien einen regelungsbedürftigen Punkt zunächst bewusst offen halten, dafür aber zugleich vereinbaren, wie die offene Regelung auszufüllen oder zu konkretisieren ist (Leistungsbestimmungsrecht).[543] Ziel solcher Abreden[544] ist hier wie da die „Wahrung der Kontinuität des Dauerschuldverhältnisses, auch und gerade unter Preisgabe des Inhaltsschutzes zu Gunsten des Bestandsschutzes."[545]

Münchener Kommentar zum BGB (2016), § 488 Rn. 187 ff; *Schneider*, Vertragsanpassung im Dauerschuldverhältnis, S. 200 ff.

541 *Hau*, Vertragsanpassung und Anpassungsvertrag, S. 251, 254.

542 *Schneider*, Vertragsanpassung im Dauerschuldverhältnis, S. 185 f.

543 *Dylla-Krebs*, Schranken der Inhaltskontrolle, S. 201, 203; *Eckelt*, Vertragsanpassungsrecht, S. 30 f.; *Hromadka*, RdA 1992, 234, 238; *Lübke-Detring*, Preisklauseln, S .20 f.; *Schneider*, Vertragsanpassung im Dauerschuldverhältnis, S. 186.

544 Diese sind im Allgemeinen als Preisänderungsklauseln und Ersetzungsbefugnisse ausgestaltet; in Darlehens- und Arbeitsverträgen finden sie sich in besonderer Gestalt von Zinsänderungs- und Direktionsrechtsklauseln, Anrechnungs-, Widerrufs- und Freiwilligkeitsvorbehalten sowie Befristungsvereinbarungen, vgl.: *Schneider*, Vertragsanpassung im Dauerschuldverhältnis, S. 186.

545 So: *Schneider*, Vertragsanpassung im Dauerschuldverhältnis, S. 188.

Einen gesetzlichen Anknüpfungspunkt für die „Bestimmung der Leistung durch eine Partei" gibt § 315 BGB.[546] Danach ist im Zweifel anzunehmen, dass die Bestimmung der Leistung nach billigem Ermessen zu treffen ist, wenn die Leistung durch einen der Vertragsschließenden bestimmt werden soll.[547] Damit ist zunächst klargestellt, dass grundsätzlich regelungsbedürftige Punkte eines Vertrages offengelassen werden können, sofern der Leistungsinhalt zumindest bestimmbar ist. Dafür reicht es aus, dass die Parteien ausdrücklich oder konkludent vereinbaren, dass die Regelungslücke durch einseitige Leistungsbestimmung einer Partei zu schließen ist. Jene privatautonom vereinbarte „Unterwerfung" substituiert die noch fehlende Konkretisierung des Vertragsinhalts, wodurch das Vertragsprinzip gewahrt bleibt.[548] Auf eine Willenseinigung über den offengelassenen Punkt wird bewusst verzichtet, womit dem Vertrag insofern die „Richtigkeitsgewähr" fehlt. Dies ist legitim, weil es dem Wunsch der Parteien entspricht.[549] Voraussetzung ist aber, dass diesem Wunsch in einer wirksamen Unterwerfungsvereinbarung, die der allgemeinen inhaltlichen Kontrolle gem. §§ 134, 138, 307 ff. BGB unterliegt, Ausdruck verliehen wird.[550] Ferner ist die Leistungsbestimmung, die nach billigem Ermessen erfolgen soll, für den anderen Teil nur verbindlich, wenn sie der Billigkeit entspricht, § 315 Abs. 3 S. 1 BGB. Entspricht sie nicht der Billigkeit, so wird die Bestimmung durch Urteil getroffen, § 315 Abs. 3 S. 2 BGB. Dem Wortlaut nach ordnet § 315 Abs. 3 BGB eine gerichtliche Billigkeitskontrolle mit rechtsgestaltendem Charakter an,[551] sofern die „gesetzliche Ausle-

---

546 Als *leges speciales* sind etwa zu beachten: § 557b BGB (Indexmiete), §§ 660, 661 Abs. 2 S. 1 BGB (Auslobung), § 2165 BGB (Zweckvermächtnis), §§ 3a, 4, 14 RVG (Vergütungsfestsetzung durch Vorstand der Rechtsanwaltskammer); § 5 Abs. 2 GOÄ (Arzthonorar); weitere Bsp. finden sich bei *Würdinger*, in: Münchener Kommentar zum BGB (2016), § 315 Rn. 7.

547 § 315 BGB gibt auch den gesetzlichen Rahmen für die auf Grundlage von Änderungsvorbehalten bestimmten Änderungen des Vertragsprogramms, zumal auch hier letztlich eine „einseitige Leistungsbestimmung" vorgenommen wird. Über den Wortlaut des § 315 BGB hinaus, gibt die Vorschrift ferner nicht nur den gesetzlichen Rahmen für die Bestimmung der (Haupt-)Leistung; das Bestimmungsrecht kann sich je nach Parteivereinbarung daneben auch „auf die Person des Vertragspartners, die Anpassung des Vertrages an veränderte Verhältnisse, die Feststellung von Anpassungsvoraussetzungen, die Ergänzung der Vertragsbedingungen oder auf Leistungsmodalitäten (Zeit, Ort) [...] beziehen.", Palandt/*Grüneberg*, § 315 Rn. 2 (Nachw. ausgelassen).

548 *Rieble*, in: Staudinger, BGB (2015), § 315 Rn. 31.

549 *Rieble*, in: Staudinger, BGB (2015), § 315 Rn. 35, 37.

550 Vgl.: Palandt/*Grüneberg*, § 315 Rn. 4.

551 *Würdinger*, in: Münchener Kommentar zum BGB (2016), § 315 Rn. 4.

gungshilfe"[552] des § 315 Abs. 1 BGB vorgibt, dass die Leistungsbestimmung nach billigem Ermessen zu treffen ist. Darüber hinaus wird § 315 BGB als allgemeine „Schranke gegen den *Missbrauch privatautonomer Gestaltungsmacht*"[553] und Instrument richterlicher Inhaltskontrolle fruchtbar gemacht, um den Schutz der (vermeintlich) schwächeren Partei zu gewährleisten.[554] Ein solch weites Verständnis der Norm als Grundlage einer Billigkeitsgewähr für Vereinbarungen, denen gegebenenfalls ein materielles Ungleichgewicht der Vertragspartner zu Grunde liegt, ist in der Literatur kritisiert worden.[555] § 315 BGB sei kein tauglicher Anknüpfungspunkt für eine zwingend eingreifende Vertragskontrolle.[556] Nach § 315 Abs. 1 BGB sei die Bestimmung nur „im Zweifel" nach billigem Ermessen zu treffen und auch nur dann der Billigkeitskontrolle durch den Richter zugänglich. Haben die Parteien eine wirksame Unterwerfungsvereinbarung getroffen, sei die sich daraus ergebende Gestaltungsmacht privatautonom verbrieft und einer weitergehenden gerichtlichen Überprüfung entzogen.[557]

Die Vereinbarung von Leistungsbestimmungsrechten und Anpassungsvorbehalten soll Spielraum schaffen, um die Kontinuität des Vertragsverhältnisses zu wahren. Die beabsichtigte Stabilisierung darf aber nicht zur Knebelung der „beherrschten Partei" verkommen. Es ist daher richtig und notwendig, dass eine einseitige Bestimmung des Vertragsprogramms nicht schrankenlos oder gar willkürlich erfolgen darf.[558] Allerdings ist es grundsätzlich nicht die einseitig getroffene Bestimmung, die den richtigen An-

---

552 *Rieble*, in: Staudinger, BGB (2015), § 315 Rn. 51, 541; Erman/*Hager*, BGB (2014), § 315 Rn. 1.

553 Palandt/*Grüneberg*, § 315 Rn. 2 (Hervorhebung übernommen).

554 Palandt/*Grüneberg*, § 315 Rn. 2; Erman/*Hager*, BGB (2014), § 315 Rn. 2; *Zöllner*, NZA 1997, 121, 125 ff.; *Würdinger*, in: Münchener Kommentar zum BGB (2016), § 315 Rn. 5.

555 *Rieble*, in: Staudinger, BGB, Neubearbeitung 2015, § 315 Rn. 39 ff.; *Preis*, Grundlagen der Vertragsgestaltung, S. 191 ff.; *Fastrich*, Inhaltskontrolle, S. 15 f.; die Unterscheidung zwischen Inhalts- und Billigkeitskontrolle betonend: *Würdinger*, in: Münchener Kommentar zum BGB (2016), § 315 Rn. 8 f.

556 *Rieble*, in: Staudinger, BGB (2015), § 315 Rn. 51; *Preis*, Grundlagen der Vertragsgestaltung, S. 196.; *Fastrich*, Inhaltskontrolle, S. 15 f.

557 *Preis*, Grundlagen der Vertragsgestaltung, S. 196; in diese Richtung: Erman/*Hager*, BGB (2014), § 315 Rn. 3 f., der aber gleichwohl daran festhält, dass § 315 BGB „auch heute noch" zur Inhaltskontrolle herangezogen werden darf, „[...] soweit die §§ 305 ff nicht gelten oder es um die Ausübungskontrolle im Einzelfall geht. Von Bedeutung [sei] die Inhaltskontrolle noch im Vereins- und Gesellschaftsrecht [...]"; Erman/*Hager*, aaO. Rn. 2 (Nachw. ausgelassen).

558 Beispielsweise ist es anerkannt, dass Kreditinstitute schon bei Vertragsschluss auf veränderliche Kapitalmarktgegebenheiten mit Zinsanpassungsklauseln vertrags-

knüpfungspunkt für eine zweckmäßige inhaltliche Kontrolle bietet, sondern die privatautonome Vereinbarung, aus der sich das Recht zur einseitigen Leistungsbestimmung ergibt. Maßstab der Inhaltskontrolle sind hierbei die §§ 134, 138, und 307 ff. BGB.[559] Daneben eröffnet § 315 BGB eine Billigkeitskontrolle[560] sowohl dem Wortlaut als auch dem Sinn und Zweck nach nur, sofern sich Rahmen und Inhalt des Leistungsbestimmungsrechts nicht der Unterwerfungserklärung entnehmen lassen und „im Zweifel anzunehmen [ist], dass die Bestimmung nach billigem Ermessen zu treffen ist". Dann ist der Vertragswille der Parteien auf Grundlage des § 315 BGB „konkretisierend ‚von innen heraus' fortzuschreiben",[561] indem im gegebenen Fall entschieden wird, was „recht und billig" ist, § 315 Abs. 3 BGB.[562]

c. Neuverhandlungsbestimmungen

Die Kontinuität der Dauerrechtsbeziehung kann dadurch gewahrt bleiben, dass über das Vertragsprogramm neu verhandelt und im beiderseitigen Interesse angepasst wird.[563] Die Vereinbarung entsprechender Neuverhandlungspflichten- oder Obliegenheiten kann maßgeblich zur Stabilisierung von Dauerschuldverhältnissen beitragen, indem der Vertrag selbst eine (frühzeitige) Reaktion auf Veränderungen und Störungen vorsieht, die

---

gestaltend reagieren können. Die dazu regelmäßig in AGB getroffenen Regelungen dürfen die Banken als Verwender jedoch nicht einseitig begünstigen, sondern müssen nach dem sog. „Prinzip der Anpassungssymmetrie" bei entsprechender Marktentwicklung auch zur Zinssenkung verpflichten. Ferner muss die Zinsänderung das Äquivalenzprinzip wahren, d.h. das ursprüngliche Grund- und Preisgefüge des Vertrages darf sich nicht übergebührlich zu Gunsten der Bank bzw. zu Lasten des Darlehensnehmers verändern, dazu etwa: *K.P.Berger*, in: Münchener Kommentar zum BGB (2016), § 488 Rn. 173 ff.; *Freitag*, in: Staudinger, BGB (2015), § 488 Rn. 194 f. je m.w.N.

559 Im Zusammenhang mit Zinsänderungsklauseln: *Schneider*, Vertragsanpassung im Dauerschuldverhältnis, S. 186; vgl. ferner: *Preis*, Grundlagen der Vertragsgestaltung, S. 196; *Horn*, NJW 1985, 1118, 1120 ff.

560 Näher zur Unterscheidung zwischen Inhalts- und Billigkeitskontrolle: *Würdinger*, in: Münchener Kommentar zum BGB (2016), § 315 Rn. 9.

561 *Rieble*, in: Staudinger, BGB (2015), § 315 Rn. 45.

562 Näher zum Maßstab der Billigkeitskontrolle: *Würdinger*, in: Münchener Kommentar zum BGB (2016), § 315 Rn. 28-33.

563 „Neuverhandlungen zwischen den Parteien sind sinnvoller als gerichtlicher Anpassungszwang und entsprechen daher ihren ureigensten Interessen, gerade bei komplexen Verträgen", *Finkenauer*, in: Münchener Kommentar zum BGB (2016), § 313 Rn. 122 (Nachw. ausgelassen).

eine einvernehmliche Fortschreibung des Vertrages bezweckt. Den Inhalt und die Voraussetzungen solcher Neuverhandlungsbestimmungen können die Parteien in den Grenzen des rechtlich Zulässigen frei bestimmen.[564] Die Bandbreite reicht von einfachen Neuverhandlungspflichten und -obliegenheiten, wodurch sich die Parteien zur Neuverhandlung, aber nicht zwingend zu einer daran anknüpfenden Anpassung anhalten, bis hin zu qualifizierten Neuverhandlungspflichten, die nicht nur zur Neuverhandlung selbst, sondern überdies zur Abgabe der für die Vertragsanpassung notwendigen Willenserklärungen verpflichten.[565] Neuverhandlungsbestimmungen sind damit ein flexibles Mittel zur Stabilisierung von Dauerrechtsbeziehungen im Sinne privatautonomer Problemlösung.[566] Da die Vertragsanpassung hierbei durch neuerlichen Konsens erfolgt, bleibt die Richtigkeitsgewähr des Vertrages unberührt, womit sich durch die Vereinbarung von Neuverhandlungspflichten attraktive vertragliche Alternativen und Ergänzungsmöglichkeiten zu gesetzlichen Anpassungsmechanismen, aber auch einseitigen Leistungsbestimmungsrechten und Änderungsvorbehalten ergeben. Umstritten ist in diesem Zusammenhang, ob § 313 Abs. 1 BGB eine Pflicht zur Neuverhandlung vor Vertragsanpassung statuiert.[567]

Dagegen wird zu Recht eingewandt, dass eine solche Neuverhandlungspflicht weder dem Wortlaut noch der Begründung des Gesetzes zu entnehmen ist. Neuverhandlungen sind interessengerecht und ökonomisch sinnvoll. Dies aber gilt für eine gesetzliche Pflicht zur Neuverhandlung nicht, da hierdurch lediglich „Transaktionskosten verursacht und opportunistisches Verhalten provoziert [wird]".[568] Der Gesetzgeber hat bewusst und

---

564 *Schneider*, Vertragsanpassung im Dauerschuldverhältnis, S. 283.

565 Siehe zu jener Differenzierung zwischen einfachen und qualifizierten Neuverhandlungspflichten: *Martinek*, AcP 198 (1998), 329, 337 f., der ebda. noch zwischen formalen und materiellen Neuverhandlungspflichten unterscheidet, also solchen die nur die formellen Aspekte der Neuverhandlung regeln und solchen, die Inhalt und Umfang vorgeben.

566 Vgl.: *Schneider*, Vertragsanpassung im Dauerschuldverhältnis, S. 283 f.

567 Dafür insbesondere: BGH, Urt. v. 30.9.2011 – V ZR 17/11, BGHZ 191, 139, Rn. 33; diesem zust.: Palandt/*Grüneberg*, § 313 Rn. 41; Erman/*Böttcher*, BGB (2014), § 313 Rn. 41a; *Lüttringhaus*, AcP 213 (2013), 266, 273 ff.; ablehnend: NK-BGB/*Krebs* (2012), § 313 Rn. 85; *Hey*, FS Canaris (2002), 21, 39; *Dauner-Lieb/Dötsch*, NJW 2003, 921, 925 f.; *Bayreuther*, Vertragsanpassung, 2004, S. 27; H. *Rösler*, ZGS 2003, 383, 388; nunmehr zweifelnd: NK-BGB/*Krebs/Jung* (2016), § 313 Rn. 123.

568 *Finkenauer*, in: Münchener Kommentar zum BGB (2016), § 313 Rn. 122.

sinnvoll formuliert, dass Neuverhandlungen geführt werden „sollen" [569] und nicht etwa zu führen sind. Sind die strengen Voraussetzungen einer Geschäftsgrundlagenstörung gegeben und fehlt dann zumindest einer Partei schon jedes Interesse an Neuverhandlungen, sind die Chancen einer Vertragsanpassung nach gesetzlich „erzwungener" Neuverhandlung allenfalls theoretischer Natur. Die Parteien haben in dem Fall die Ergebnislosigkeit der Neuverhandlung vorweggenommen. Hätten Sie die Chance einer einvernehmlichen Kooperationsfortsetzung gesehen, hätten sie dem entweder bereits bei Vertragsschluss durch entsprechende Neuverhandlungsbestimmung Ausdruck verleihen können oder die veränderten Umstände hätten sie schlicht und ergreifend zur tatsächlichen Neuverhandlung bewegt.[570]

3. Ergänzende Vertragsauslegung

Ist eine Anpassung des Vertrages weder im Voraus antizipiert noch im Nachhinein einseitig bestimmt oder nach Neuverhandlung einvernehmlich vereinbart worden, bleibt eine Vertragsanpassung oder -beendigung auf Grundlage der §§ 313, 314 BGB gleichwohl außer Betracht, soweit sich die Störung im Wege der (ergänzenden) Auslegung des Vertrages beseitigen lässt. Ergeben sich aus dem Vertragsinhalt selbst – trotz fehlender ausdrücklicher oder konkludenter Parteivereinbarung – taugliche Ansatzpunkte dafür, wie mit der unvorhergesehenen Störung der vertraglichen Situation umzugehen ist, gilt es die Regelungslücke daran anknüpfend zu schließen und dem in seinen Ansätzen erkennbaren Regelungsplan der Parteien zur Umsetzung zu verhelfen.[571] Ist der Vertrag hingegen unergiebig und führt die Störung dazu, dass ein Festhalten am unveränderten Vertrag unzumutbar wird, eröffnen die §§ 313, 314 BGB subsidiär die Möglichkeit zur Anpassung bzw. Beendigung des Vertrages.[572] Die ergänzende

---

569 BT-Drs. 14/6040 S. 176.

570 Vgl.: *Finkenauer*, in: Münchener Kommentar zum BGB (2016), § 313 Rn. 122; *Thole*, JZ 2014, 443, 450; a.A.: *Lüttringhaus*, AcP 213 (2013), 266, 277 ff. („Anreizsystem" und „prozeduraler Rahmen für eine außergerichtliche privatautonome Vertragsänderung").

571 In Anschluss an: *Larenz*, BGB AT, § 29 I.

572 BGH, Urt. v. 18. 11. 2011 – V ZR 31/11, BGHZ 191, 326 Rn. 19; BGH, Urt. v. 11.10.2005 – XI ZR 395/04, BGHZ 164, 286 Rn. 24; BGH, Urt. v. 1.2.1984 – VIII ZR 54/83, BGHZ 90, 69, 74; BGH, Urt. v. 3.7.1981 – V ZR 100/80; BGHZ 81, 135, 143; *Säcker*, FS H.P. Westermann (2008), S. 632; *Ulmer*, BB 1982, 1125,

Vertragsauslegung und die §§ 313, 314 BGB verfolgen das ähnliche Ziel der Beseitigung unvorhergesehener Vertragsstörungen, unterscheiden sich aber grundlegend in der dahinter stehenden rechtstheoretischen Konzeption.[573] Die ergänzende Vertragsauslegung ermöglicht eine Störungsbeseitigung auf Grundlage und in Ergänzung des ursprünglich Vereinbarten. Die §§ 313, 314 BGB ermächtigen hingegen dazu, den Parteikonsens bisweilen vollumfänglich zur Disposition zu stellen, sodass hieran mit dem Unzumutbarkeitserfordernis zu Recht (weit) strengere Anforderungen gestellt werden als an das „Weiterdenken des erkennbaren Regelungsplans der Parteien".[574]

4. § 242 BGB

Nachdem – ggf. im Wege der ergänzenden Vertragsauslegung – das „rechtlich Gewollte" ermittelt worden ist, kann das zur Störungsbehebung gebotene „rechtliche Sollen" auf § 242 BGB gestützt werden.[575] Die Vorschrift ist Ausgangspunkt richterlicher Rechtsfortbildung und kann die Umgestaltung und Neubestimmung privatautonom begründeter Rechtsbeziehungen zur Verwirklichung der Einzelfallgerechtigkeit erlauben.[576] Die §§ 133, 157 und 242 BGB greifen insofern ineinander, wobei die Ermittlung der interessengerechten Rechtsfolge umso mehr „in der Grauzone zwischen dem Anwendungsbereich von § 157 und § 242"[577] erfolgt, je weniger Anhaltspunkte sich dafür aus dem Vertrag selbst ergeben.[578] Allerdings gibt

---

1130; *Wolf/Neuner*, BGB AT, § 43 Rn. 22; Erman/*Armbrüster*, BGB (2014), § 157 Rn. 15; Soergel/*Wolf*, BGB (1999), § 157 Rn. 108.

573 Im Zusammenhang mit der Geschäftsgrundlagenlehre führt *Roth*, in: Staudinger, BGB (2015), § 157 Rn. 9 treffend aus: „Zwar weisen beide Institute wegen des beide Male entscheidenden hypothetischen Parteiwillens vielfache Ähnlichkeiten und Berührpunkte auf. Gleichwohl bilden sie kein *einheitliches Rechtsinstitut* der Lückenfüllung mit dem Ergebnis der Entbehrlichkeit der Lehre vom Fehlen (Wegfall) der Geschäftsgrundlage." (Nachw. ausgespart, Hervorhebung übernommen); eine jedenfalls strukturelle Gleichheit nehmen hingegen an: *Nicklisch*, BB 1980, 949, 952; *Finkenauer*, in: Münchener Kommentar zum BGB (2016), § 313 Rn. 9 ff.; 145; ders., AcP 213 (2013), 619, 644.

574 Vgl.: *Roth*, in: Staudinger, BGB (2015), § 157 Rn. 9.

575 Vgl.: Palandt/*Grüneberg*, § 242 Rn. 17; *Busche*, in: Münchener Kommentar zum BGB (2016), § 133 Rn. 19; *Roth*, in: Staudinger, BGB (2015), § 157 Rn. 8.

576 *Schubert*, in: Münchener Kommentar zum BGB (2016), § 242 Rn. 26.

577 *Schubert*, in: Münchener Kommentar zum BGB (2016), § 242 Rn. 124.

578 Ebda.

§ 242 BGB dem Richter hierbei nicht die Befugnis, die sich aus Vertrag oder Gesetz ergebenden Rechtsfolgen ohne weiteres durch vermeintlich „billigere" oder „angemessenere" zu ersetzen[579]; keinesfalls darf die Leistungspflicht in Widerspruch zum Parteiwillen bestimmt werden.[580] Überdies darf der ursprüngliche Parteikonsens nicht durch eine leichtfertige Anwendung des § 242 BGB überspielt werden. An eine auf § 242 BGB gestützte Rechtsfortbildung des Einzelfalls,[581] insbesondere in Form der Umgestaltung oder Neubestimmung privatautonom begründeter Rechtsbeziehungen, sind vielmehr regelmäßig jene strengen Anforderungen zu stellen, die von Rechtsprechung und Wissenschaft im Zusammenhang Geschäftsgrundlagenlehre bzw. dem Recht zur außerordentlichen Kündigung konkretisiert worden sind. Die hierzu erarbeiteten und nunmehr positiv-rechtlich verbrieften Grundsätze dürfen nicht dadurch unterlaufen werden, dass sich eine entsprechend extensive Rechtsfortbildung im Einzelfall daneben auf § 242 BGB stützen ließe.[582] Eigenständige Bedeutung kommt daneben freilich dem Verbot unzulässiger Rechtsausübung bzw. dem Rechtsinstitut des Rechtsmissbrauchs zu.[583] Dadurch werden der Rechtsausübung überall dort Schranken gesetzt, wo sie zu mit Recht und Gerechtigkeit schlechthin unvereinbaren Ergebnissen führten.[584] Das Verbot unzulässiger Rechtsausübung ist insofern Ausdruck der sog. „Schrankenfunktion" des § 242 BGB,[585] wobei mit der Einschränkung der einen Rechtsposition meist spiegelbildlich die Stärkung oder gar Schaffung einer vorteilhaften Rechtsposition auf Gegenseite verbunden sein kann.[586] Damit sind Berührungspunkte mit den §§ 313, 314 BGB nicht völlig auszuschließen. Gleich-

---

579 Palandt/*Grüneberg*, § 242 Rn. 2.

580 *Busche*, in: Münchener Kommentar zum BGB (2016), § 133 Rn. 19.

581 Die Rechtsfindung auf Grundlage von § 242 BGB mag sich am konkreten Einzelfall orientieren; „[a]llerdings sind die auf den Einzelfall abstellenden Rechtsentwicklungen, wie die unzulässige Rechtsausübung, der Verallgemeinerung und Abstraktion fähig. Diese Entscheidungen sollen nicht Kadijustiz sein, sondern ein auf allgemeinen ethischen oder normativen Wertungen beruhender Spruch, der für eine unbestimmte Vielzahl gleicher Fälle Geltung beanspruchen kann.", *Schubert*, in: Münchener Kommentar zum BGB (2016), § 242 Rn. 26.

582 Vgl.: *Finkenauer*, in: Münchener Kommentar zum BGB (2016), § 313 Rn. 182.

583 So auch: *Finkenauer*, in: Münchener Kommentar zum BGB (2016), § 313 Rn. 182 m.w.N.

584 Statt aller: BGH, Urt. v. 27.10.1967 – V ZR 153/64, BGHZ 396, 398.

585 Palandt/*Grüneberg*, § 242 Rn. 16.

586 So die h.L.: *Sutschet*, in: Beck'scher Online-Kommentar BGB, § 242 Rn. 47; *Schubert*, in: Münchener Kommentar zum BGB (2016), § 242 Rn. 204 f.; *Olzen/ Looschelders*, in: Staudinger, BGB (2015), § 242 Rn. 225; Jauernig/*Mansel*, § 242 Rn. 36; a.A. bzgl. der Begründung von Rechten: BGH, Urt. v. 23.4.1981 – VII

wohl bezwecken diese schon im Ansatz nicht bloß die inhaltliche Begrenzung und Beschränkung von Rechtspositionen, sondern die Korrektur gestörter Vertragsverhältnisse. Damit haben die §§ 313, 314 BGB weitgehend die Korrekturfunktion des § 242 BGB[587] übernommen.[588]

5. Anfechtung

Die Irrtumsanfechtung gem. §§ 119 ff. BGB von in Vollzug gesetzten Dauerschuldverhältnissen mit der Folge, dass diese als von Anfang an nichtig anzusehen sind (§ 142 Abs. 1 BGB) ist nicht stets ohne Einschränkung möglich. Insbesondere die bereicherungsrechtliche Rückabwicklung gesellschaftsrechtlicher[589] und arbeitsrechtlicher[590] Verträge[591] kann mit so erheblichen (praktischen) Schwierigkeiten verbunden sein, dass teleologische Modifikationen des Anfechtungsrechts oder jedenfalls der *ex tunc* Wirkung der Anfechtung geboten sind.[592] Gelddarlehensverträge sind hingegen nach den allgemeinen Anfechtungsregeln der §§ 119 ff. BGB anfechtbar und zwar auch dann, wenn der Anfechtungsgrund zugleich eine außerordentliche Kündigung gem. § 490 BGB rechtfertigte.[593] Für den Fall, dass der zur Anfechtung berechtigende Grund zugleich eine Störung der Geschäftsgrundlage begründet, genießt § 313 Abs. 2 BGB Vorrang. Der Umgang mit gemeinschaftlichen Motivirrtümern ist hierin seit der Schuldrechtsmodernisierungsreform als *lex specialis* geregelt.[594]

ZR 196/80, NJW 1981, 1779: „Billigkeitsgesichtspunkte können zwar gemäß § 242 BGB dazu führen, Ansprüche zu mindern oder gar zu versagen. Sie können jedoch nicht Ansprüche begründen, die nach Gesetz oder Vertrag nicht gegeben sind." (Nachw. ausgespart).

587 Zur Korrekturfunktion des § 242 BGB siehe: *Gernhuber*, JuS 1983, 764, 766.

588 Vgl.: *Heinrich*, in: FS Laufs (2006), 585, 586; Palandt/*Grüneberg*, § 242 Rn. 16; *Olzen/Looschelders*, in: Staudinger, BGB (2015), § 242 Rn. 204; *Sutschet*, in: Beck'scher Online-Kommentar BGB, § 242 Rn. 33;.

589 *Singer*, in: Staudinger, BGB (2012), § 119 Rn. 112.

590 *Singer*, in: Staudinger, BGB (2012), § 119 Rn. 111.

591 Zu weiteren „Sonderfällen", insbesondere aus dem Wertpapier- und Handelsrecht, siehe: *Armbrüster*, in: Münchener Kommentar zum BGB (2015), § 119 Rn. 22 ff.

592 Vgl.: *Armbrüster*, in: Münchener Kommentar zum BGB (2015), § 119 Rn. 14.

593 *Thessinga* in: Ebenroth/Boujong/Joost/Strohn, HGB, Bd. 2 (2015), Rn. IV 66; *K.P.Berger* in: Münchener Kommentar zum BGB (2016), § 488 Rn. 90.

594 So die heute h.M.: BGH, Urt. v. 20.3.2013 – XII ZR 72/11, BGH NJW 2013, 1530 Rn. 18; BGH, Urt. v. 5.2.1986 - VIII ZR 72/85, NJW 1986, 1348, 1349; OLG Hamm, Urt. v. 21.2.2005 - 13 U 25/04; NJW-RR 2006, 65, 66; *Armbrüster*, in:

6. Rücktritt

Grundsätzlich tritt die Kündigung aus wichtigem Grund an die Stelle des Rücktritts. Eine Rückabwicklung der bereits erbrachten Leistungen ist regelmäßig nicht geboten.[595] Ausnahmsweise ist eine rücktrittsrechtliche Rückabwicklung aber auch bei bereits in Vollzug gesetzten Dauerschuldverhältnissen interessen- und sachgerecht, sofern der Fehler nicht nur die künftigen Pflichten, sondern schon bereits erfüllte Pflichten erfasst.[596]

Den Versuch einer trennscharfen Abgrenzung unternimmt *Loyal*, demzufolge der Rücktritt stets möglich sei, „[...] wenn schon erfüllte Pflichten im Zeitpunkt der Leistung unzumutbar waren oder nachträglich unzumutbar geworden sind".[597] Betreffe die Unzumutbarkeit lediglich noch zu erfüllende Pflichten, sei die Kündigung das richtige Mittel zur vorzeitigen Vertragsbeendigung. Die Frage, ob das Dauerschuldverhältnis durch Rücktritt oder Kündigung zu beenden ist, sei auf Tatbestandsebene zu beantworten. Ein Regel-Ausnahmeverhältnis von Kündigung und Rücktritt sei durch die Charakteristika des Dauerschuldverhältnisses nicht präjudiziert.[598]

Loyal ist beizupflichten, dass das Dogma vom rücktrittsersetzenden Charakter der Kündigung bei in Vollzug gesetzten Dauerschuldverhältnissen zu weit reicht. Eine vollumfängliche Rückabwicklung auf Grundlage des Rücktrittsrechts kann auch hier zur sachgerechten Störungsbeseitigung geboten sein. Überdies bietet *Loyal* mit seiner „Tatbestandslösung" einen sinnvollen und greifbaren Ansatz für die Differenzierung zwischen Rücktritt und Kündigung von Dauerschuldverhältnissen. Es ist allerdings zu beachten, dass die Fehlerbehebung das übergeordnete Ziel beider Rechtsinstitute ist. Gegenstand der Fehlerbehebung ist bei Störungen von Dauerschuldverhältnissen die Beendigung unzumutbarer oder Wiederherstellung zumutbarer vertraglicher Verhältnisse. Nicht nur die Frage, ob ein Eingriff in den ursprünglichen Parteikonsens geboten ist, sondern auch die Frage, wie die dazu rechtfertigende Störung zu beseitigen ist, ist damit

---

Münchener Kommentar zum BGB (2015), § 119 Rn. 28; Palandt/*Ellenberger*, § 119 Rn. 30; *Wolf/Neuner*, BGB AT, § 42 Rn. 14; *H. Rösler*, JuS 2005, 120, 122; BT-Drs. 14/6040, S. 176.

595 BT-Drs. 14/6040, S. 177.
596 BGH, Urt. v. 25.3.1987 – VIII ZR 43/86, NJW 1987, 2004, 2006; *Ernst*, in: Münchener Kommentar zum BGB (2016), § 323 Rn. 36; Soergel/*Gsell*, BGB (2005), § 323 Rn. 9; *Mülbert*, FS H.P. Westermann (2008), 491, 511 ff.
597 *Loyal*, NJW 2013, 417, 422.
598 *Loyal*, NJW 2013, 417, 421.

letztlich durch den Richter unter Berücksichtigung aller Umstände des Einzelfalles zu entscheiden. Dafür kann die von *Loyal* angebotene Differenzierung sinnvolle Hilfestellung bieten und in der Tat präjudiziert der Charakter des Dauerschuldverhältnisses damit nicht zwingend den Vorrang der Kündigung vor dem Rücktritt. Die tatrichterliche Entscheidung kann dadurch gleichwohl nicht ersetzt werden, da die Frage nach der sachgerechten Störungsbeseitigung ebenfalls anhand des unbestimmten Rechtsbegriffs der (Un-)Zumutbarkeit zu beantworten ist.

V. Erfüllung

Schließlich bleibt die Erfüllung im Sinne der §§ 362 ff. BGB in der dauerschuldspezifischen Beendigungsdogmatik zu verorten. Nach § 362 Abs. 1 BGB erlischt das Schuldverhältnis, wenn die geschuldete Leistung an den Gläubiger bewirkt wird. Erlöschen im Sinn der §§ 362 ff. BGB bedeutet, dass das Schuldverhältnis beendigt wird und wegfällt.[599] Allerdings ist es für Dauerschuldverhältnisse charakteristisch, dass sich die vertragstypische Hauptleistung im Gegensatz zu punktuellen Austauschverträgen nicht in einzelnen, (gedanklich) abgrenzbaren Leistungshandlungen und -erfolgen erschöpft, sondern während der gesamten Laufzeit ständig neue Leistungs-, Neben- und Schutzpflichten entstehen. Die Zeit ist der bestimmende Faktor für den Leistungsgesamtumfang.[600] Zur Beendigung des Dauerschuldverhältnisses bedarf es daher jedenfalls einer zeitlich wirkenden Limitierung durch anfängliche zeitliche Begrenzung und Ablauf der dadurch festgelegten Leistungszeit, Kündigung oder durch einvernehmliche Beendigung. Andernfalls dauert die Pflicht zur Erbringung der Dauerleistung unabhängig von bereits bewirkten Leistungserfolgen „typischerweise" fort.[601] Gleichwohl läuft auch die im Rahmen eines Dauerschuldverhältnisses ordnungsgemäß bewirkte Leistung nicht leer. Die einzelnen Dauerleistungspflichten, etwa in Form kontinuierlicher Miet-, Zins-, oder Pachtzahlungen, sind vom Dauerschuldverhältnis im weiteren Sinne als der „Gesamtheit aller schuldrechtlichen Beziehungen zwischen Gläubiger und Schuldner" zu unterscheiden.[602] Schuldverhältnis im Sinne der §§ 362 ff. BGB ist nur das Schuldverhältnis im engeren Sinne, d.h. die ein-

---

599 Palandt/*Grüneberg*, Vor § 362 Rn. 1.
600 § 5 A. I.
601 *H. Oetker*, Dauerschuldverhältnis, S. 323.
602 BGH, Urt. v. 11.11.1953 – II ZR 181/52, BGHZ 10, 391, 395.

zelnen schuldrechtlichen Ansprüche auf die monatliche Rate, den monatlichen Mietzins etc.[603] Dabei handelt es sich um rechtlich relativ verselbständigte Einzelansprüche, die im Rahmen des dauerschuldrechtlichen „Gesamtgefüges" auch im Einzelnen der Erfüllung zugänglich sind[604] und insofern durch Bewirken der ordnungsgemäßen Leistung für die Vergangenheit erlöschen.[605] Andererseits entstehen aufgrund der Typik des Dauerschuldverhältnisses ständig neue Dauerleistungspflichten für die Zukunft. Das Dauerschuldverhältnis im weiteren Sinn erlischt daher erst, wenn die obligatorische Grenze der „konstanten Rahmenbeziehung"[606] gezogen und erreicht ist und sämtliche bis dahin entstandenen Dauerleistungspflichten ordnungsgemäß erfüllt worden sind.[607]

---

603 Statt aller: Palandt/*Grüneberg*, Vor § 362 Rn. 2.
604 *Olzen*, in: Staudinger, BGB (2016), § 362 Rn. 11; *Fetzer*, in: Münchener Kommentar zum BGB, (2016), § 362 Rn. 27; *Gernhuber*, Erfüllung, § 5 VI 1, *Wiese*, FS Nipperdey, Bd. I (1965), 837, 840 ff.
605 *H. Oetker*, Dauerschuldverhältnis, S. 325 f.
606 So: *Herholz*, AcP 130 (1929), 257.
607 *Fetzer*, in: Münchener Kommentar zum BGB (2016), § 362 Rn. 8.

Kapitel 3 Die Beendigungsdogmatik des allgemeinen Darlehensrechts

Mit Einführung des § 490 Abs. 2 BGB im Rahmen der Umsetzung der Schuldrechtmodernisierungsreform sind die „Allgemeinen Vorschriften" des bürgerlichen Darlehensrechts um eine positiv-rechtliche Regelung zur vorzeitigen Beendigung von grundpfandrechtlich gesicherten Darlehensverträgen mit gebundenem Sollzinssatz erweitert worden. Der allgemeinen Darlehensdogmatik ist damit eine Vorschrift hinzugefügt worden, die ausdrücklich und ausschließlich mit der Beendigung von Immobiliarkreditverträgen befasst ist und so einen logischen Anknüpfungs- und Schwerpunkt folgender Begutachtung bietet (*sub* § 9). Gleichwohl sollte insofern keine abschließende und erschöpfende Regelung vorzeitiger Immobiliarkreditbeendigung geschaffen werden. Die Dogmatik vorzeitiger Immobiliarkreditbeendigung im allgemeinen Schuld- und Darlehensrecht ergibt sich zur Gänze erst in Gesamtschau und Zusammenspiel mit den allgemeinen darlehensrechtlichen Vorschriften zur ordentlichen Kündigung (*sub* § 6 und § 7), zur außerordentlichen Kündigung durch den Darlehensgeber (*sub* § 8) sowie den Regelungen des allgemeinen Schuldrechts zur vorzeitigen Erfüllung (*sub* § 10). Zu beachten ist ferner, dass es den Parteien daneben bzw. vor allem anderen unbenommen bleibt, den Vertrag im beiderseitigen Einvernehmen vorzeitig zu beenden (*sub* § 11).

§ 6 Das beiderseitige Recht zur „Ordentlichen Kündigung"

Für Darlehen mit unbestimmter Laufzeit gibt der Gesetzgeber beiden Parteien seit jeher die Möglichkeit mit einer gesetzlichen Frist von drei Monaten ordentlich zu kündigen. Das heute in § 488 Abs. 3 S. 1, 2 BGB kodifizierte Kündigungsrecht kann grundsätzlich jederzeit und voraussetzungslos von jeder Vertragspartei ausgeübt werden und schafft damit für das Darlehensrecht die institutionelle Voraussetzung zur Verhinderung einer Ewigkeitsbindung, die mit dem Selbstbestimmungsrecht des Einzelnen unvereinbar ist.[1]

---

1 Vgl.: *H. Oetker*, Dauerschuldverhältnis, S. 254 ff.; näher oben: § 5 B. I.

Schranken des Kündigungsrechts ergeben sich jedoch einerseits zwingend aus dem Vorbehalt von Treu und Glauben (§ 242 BGB),[2] so dass das tatbestandlich gegebene Recht zur ordentlichen Kündigung im Einklang mit dem Gebot der Rücksichtnahme auf die berechtigten Belange des Vertragspartners auszuüben ist, vgl. etwa Nr. 19 Abs. 1 AGB-Banken.[3] Die Ausübung des ordentlichen Kündigungsrechts ist etwa dann zeitweise ausgeschlossen,[4] wenn dem Darlehensnehmer aus der Kündigung ein großer Schaden entstünde, während eine Fortführung des Vertrages für die Bank nur geringfügige Negativauswirkungen hätte.[5]

Andererseits steht das Kündigungsrecht in den Grenzen des § 489 Abs. 4 S. 1 BGB grundsätzlich zur Disposition der Parteien.[6] Dagegen, dass sich die Kreditinstitute in ihren AGB regelmäßig die Möglichkeit zur fristlosen ordentlichen Kündigung unbefristeter Kredite ausbedingen lassen (z.B. in Nr. 19 Abs. 2 AGB-Banken oder Nr. 26 Abs. 1 AGB-Sparkassen), bestehen insofern keine durchgreifenden Bedenken.[7] Nichts anderes gilt bezüglich der spiegelbildlichen Regelungen zu Gunsten des Darlehensnehmers in Nr. 18 Abs. 1 AGB-Banken und Nr. 26 Abs. 1 AGB-Sparkassen. Über § 489 BGB hinausgehende, halbzwingende Vorgaben für die vertragliche Ausgestaltung des ordentlichen Kündigungsrechts sind nur im Verbrau-

---

2 Statt aller: *K.P.Berger*, in: Münchener Kommentar zum BGB (2016), § 488 Rn. 236.

3 Obwohl die materiellen Schranken des § 242 BGB im Grunde sowohl für die ordentliche Kündigung durch den Darlehensgeber wie auch den Darlehensnehmer gelten, kommen diese in aller Regel nur im Bereich der institutionellen Kreditvergabe auf Seiten von Banken und Versicherungen zum Tragen, mit beispielhaften Ausnahmen: *Mülbert*, in: Staudinger, BGB (2015), § 488 Rn. 312.

4 *Mülbert*, in: Staudinger, BGB (2015), § 488 Rn. 314 in Anschluss an *Hopt*, ZHR 143 (1979), 139, 162 f.

5 Beispielhaft: BGH, Urt. v. 21.5.1987 – III ZR 38/86, WM 1987, 921, 922:
    „Hat der Gläubiger die Gewährung eines Hypothekendarlehens davon abhängig gemacht, daß der Darlehensnehmer zugleich mit ihm einen langfristigen Lebensversicherungsvertrag abschließt, so muß der Darlehensgeber/Versicherer bei der Ausübung seines Darlehenskündigungsrechts dieser Verknüpfung beider Verträge in besonderer Weise, durch erhöhte Rücksichtnahme auf die Interessen des Darlehensnehmers, Rechnung tragen. Es widerspricht Treu und Glauben, wenn der Versicherer dem Kunden ohne hinreichenden Grund den Vorteil eines zinsgünstigen Darlehens entzieht, selbst aber die Vorteile des langfristigen Lebensversicherungsvertrags behalten kann, weil der Versicherungsnehmer seinerseits den Versicherungsvertrag mit Rücksicht auf die Nachteile bei der Berechnung des Rückkaufwerts nicht kündigen wird.".

6 *Mülbert*, in: Staudinger, BGB (2015), § 488 Rn. 311, 341 ff. m.w.N.

7 *Merz*, in: Kümpel/Wittig, Bankrecht (2011), Rz. 6.516 m.w.N.

cherkreditrecht zu beachten.[8] In einem Verbraucherkreditvertrag ist eine Vereinbarung über ein Kündigungsrecht des Darlehensgebers unwirksam, wenn eine bestimmte Vertragslaufzeit vereinbart wurde oder die Kündigungsfrist zwei Monate unterschreitet, § 499 Abs. 1 BGB. Der Darlehensnehmer kann einen Verbraucherdarlehensvertrag, bei dem eine Zeit für die Rückzahlung nicht bestimmt ist, grundsätzlich fristlos kündigen. Eine Vereinbarung über eine Kündigungsfrist von mehr als einem Monat ist unwirksam, § 500 Abs. 1 BGB. Davon abgesehen ist es jedoch möglich und gerade im bankgeschäftlichen Bereich auch üblich, (weitreichende) Modifikationen des Kündigungsrechts durch Vertrag vorzunehmen.[9]

Mit wirksamer Kündigung[10] wird der Anspruch des Darlehensgebers auf Rückzahlung der Valuta fällig und der Darlehensvertrag in ein Abwicklungsschuldverhältnis umgewandelt.[11] Mit Fälligkeit des Valutarückzahlungsanspruches wird der Darlehensnehmer von seiner Pflicht zur Zahlung weiterer Vertragszinsen frei.[12] Da den Darlehensnehmer im Falle einer wirksamen, ordentlichen Kündigung mithin keine weiteren Hauptpflichten treffen, kann dieser das darlehensrechtliche Schuldverhältnis insgesamt durch ordnungsgemäße Erfüllung seiner Pflichten zur Rückzahlung der Valuta und ggf. noch ausstehender Zinszahlungen zum Erlöschen bringen.[13] Darüber hinausgehende wirtschaftliche Nachteile des Darlehensgebers, die zum Ausgleich anstünden, sind im Rahmen der ordentlichen Kündigung bei vertragsgemäßer Abwicklung nicht ersichtlich.[14]

---

8 Siehe: §§ 499 Abs. 1, 500 Abs. 1 S. 2, 511 BGB; vgl.: *K.P.Berger*, in: Münchener Kommentar zum BGB (2016), § 488 Rn. 240.

9 Insbesondere durch die Abbedingung der Kündigungsfrist des § 488 Abs. 3 S. 2 BGB in Nr. 19 Abs. 2 AGB-Banken/Nr. 26 Abs. 1 AGB-Sparkassen.

10 Diese erfolgt, sofern nichts anderes vereinbart ist, durch formlose, einseitige und empfangsbedürftige Willenserklärung, *K.P.Berger*, in: Münchener Kommentar zum BGB (2016), § 488 Rn. 229.

11 *K.P.Berger*, in: Münchener Kommentar zum BGB (2016), § 488 Rn. 236; *Mülbert*, in: Staudinger, BGB (2015), § 488 Rn. 314.

12 BGH, Urt. v. 8.2.2000 – XI ZR 313/98, WM 2000, 780, 781, BGH, Urt. v. 28.4.1988 – III ZR 57/87, BGHZ 104, 337, 338 f.; *K.P.Berger*, in: Münchener Kommentar zum BGB (2016), § 488 Rn. 196; *Freitag*, in: Staudinger, BGB (2015), § 488 Rn. 185a; *Mülbert*, in: Staudinger, BGB (2015), § 488 Rn. 293.

13 Vgl.: *Freitag*, in: Staudinger, BGB (2015), § 488 Rn. 185a.

14 Ansprüche des Darlehensgebers wegen verzögerter Leistung noch ausstehender Zinsen oder einer verzögerten Rückzahlung der Valuta bleiben unberührt, *K.P.Berger*, in: Münchener Kommentar zum BGB (2016), § 488 Rn. 242, 208.

§ 7 Das „Ordentliche Kündigungsrecht des Darlehensnehmers" gem. § 489 BGB

Durch § 489 Abs. 1, 2 BGB wird das ordentliche Kündigungsrecht gem. § 488 Abs. 3 S. 1, 2 BGB zu Gunsten des Darlehensnehmers um besondere Möglichkeiten zur Kündigung von Darlehensverträgen mit gebundenem Sollzinssatz unabdingbar erweitert (§ 489 Abs. 1, 4 BGB) bzw. bei Darlehensverträgen mit veränderlichem Zinssatz zwingend festgeschrieben, § 489 Abs. 2, 4 BGB.

A. Normhistorie und telos

§ 489 BGB ist mit dem Gesetz zur Schuldrechtsmodernisierung eingeführt worden und entsprach sowohl in Wortlaut als auch Regelungsgehalt im Wesentlichen dem bisherigen § 609a BGB a.F.[15] Im Zuge der Umsetzung

---

15 § 609a BGB lautete i.d.F. v. 17.12.1990:
(1) Der Schuldner kann ein Darlehen, bei dem für einen bestimmten Zeitraum ein fester Zinssatz vereinbart ist, ganz oder teilweise kündigen,
1.wenn die Zinsbindung vor der für die Rückzahlung bestimmten Zeit endet und keine neue Vereinbarung über den Zinssatz getroffen ist, unter Einhaltung einer Kündigungsfrist von einem Monat frühestens für den Ablauf des Tages, an dem die Zinsbindung endet; ist eine Anpassung des Zinssatzes in bestimmten Zeiträumen bis zu einem Jahr vereinbart, so kann der Schuldner jeweils nur für den Ablauf des Tages, an dem die Zinsbindung endet, kündigen;
2.wenn das Darlehen einer natürlichen Person gewährt und nicht durch ein Grund- oder Schiffspfandrecht gesichert ist, nach Ablauf von sechs Monaten nach dem vollständigen Empfang unter Einhaltung einer Kündigungsfrist von drei Monaten; dies gilt nicht, wenn das Darlehen ganz oder überwiegend für Zwecke einer gewerblichen oder beruflichen Tätigkeit bestimmt war;
3.in jedem Falle nach Ablauf von zehn Jahren nach dem vollständigen Empfang unter Einhaltung einer Kündigungsfrist von sechs Monaten; wird nach dem Empfang des Darlehens eine neue Vereinbarung über die Zeit der Rückzahlung oder den Zinssatz getroffen, so tritt der Zeitpunkt dieser Vereinbarung an die Stelle des Zeitpunkts der Auszahlung.
(2) Der Schuldner kann ein Darlehen mit veränderlichem Zinssatz jederzeit unter Einhaltung einer Kündigungsfrist von drei Monaten kündigen.
(3) Eine Kündigung des Schuldners nach den Absätzen 1 oder 2 gilt als nicht erfolgt, wenn er den geschuldeten Betrag nicht binnen zweier Wochen nach Wirksamwerden der Kündigung zurückzahlt.
(4) ¹Das Kündigungsrecht des Schuldners nach den Absätzen 1 und 2 kann nicht durch Vertrag ausgeschlossen oder erschwert werden. ²Dies gilt nicht bei Darlehen an den Bund, ein Sondervermögen des Bundes, ein Land, eine Gemeinde oder einen Gemeindeverband.

der Verbraucherkreditrichtlinie erfolgten lediglich redaktionelle Änderungen, sowie sprachliche Anpassungen an die Diktion des europäischen Gesetzgebers. Statt von Darlehen, bei denen für ein bestimmter Zeitraum ein fester Zinssatz vereinbart ist, ist nunmehr von Darlehensverträgen mit gebundenem Sollzinssatz die Rede; was Sollzinssatz ist, definiert § 489 Abs. 5 BGB.[16] Für die Kündigungsmöglichkeit des § 489 Abs. 1 Nr. 2 BGB a.F.,[17] die ohnedies nur Verbrauchern offenstand, ist in § 500 BGB a.F. eine spezialgesetzliche Regelung getroffen worden, wodurch die frühere Nr. 3 zu Nr. 2 wurde. Inhaltliche oder gar konzeptionelle Änderungen waren – anders als mit der damaligen Einführung des § 609a BGB a.F. –[18] nicht bezweckt. [19]

Schon das ursprüngliche BGB enthielt in § 247 BGB a.F. ein gesetzliches Kündigungsrecht, das nur dem Darlehensnehmer zustand. § 247 Abs. 1 BGB a.F. gewährte dem Schuldner einer mit mehr als sechs vom Hundert jährlich verzinsten Kapitalschuld das unabdingbare Recht, das Kapital nach Ablauf von sechs Monaten mit einer Kündigungsfrist von weiteren sechs Monaten zu kündigen.[20] Hintergrund der Regelung war, dass eine Verzinsung von mehr als sechs Prozent p.a. für den historischen Gesetzgeber so ungewöhnlich hoch erschien, dass er es im Sinne des Schuldnerschutzes für geboten hielt, dem Schuldner ein sonst voraussetzungsloses und grundsätzlich unabdingbares Kündigungsrecht einzuräumen.[21] Mitte der 1990er Jahre lag das durchschnittliche Zinsniveau aller-

---

16 Mit der neuen Terminologie soll insbesondere eine leichtere Abgrenzung von anderen Zinssätzen, wie etwa Verzugszinsen oder dem effektiven Jahreszins (Art. 247 § 3 Abs. 2 EGBGB i.V.m. § 6 PangV) ermöglicht werden, BT-Drs. 16/11643, S. 74.

17 Dieser entspricht § 609a Abs. 1 Nr. 2 BGB a.F.

18 *Schwintowski*, in: jurisPK-BGB, § 489 BGB Rn. 3.

19 Zum Ganzen: BT-Drs. 16/11643, S. 74 f.

20 Siehe: Mugdan, Bd. 2, S. XXXIII: „Die Höhe der Zinsen unterliegt der freien Vereinbarung, soweit nicht reichsgesetzliche Vorschriften über den Wucher entgegenstehen.
Ist ein höherer Zinssatz als 6% für das Jahr vereinbart, so kann der Schuldner nach dem Ablaufe von 6 Monaten das Kapital unter Einhaltung einer Kündigungsfrist von 6 Monaten kündigen. Das Kündigungsrecht kann nicht durch Vertrag ausgeschlossen oder beschränkt werden.".

21 Zusammenstellung der gutachterlichen Äußerungen zum Entwurf eines Bürgerlichen Gesetzbuches, Bd. VI 1891, S. 324 f., *Canaris*, WM 1978, 687; siehe auch: *v. Heymann*, Die Kündigung nach § 247 BGB, S. 26 f.: „Dies beruhte auf der Erkenntnis, daß Zinsen in der Zeit von 1867 bis zum Inkrafttreten des BGB allgemein zwischen 3 und 4%, also deutlich unter dem Grenzzinssatz von 6% lagen.". (Nachw. ausgespart).

dings konstant über der starren Grenze des § 247 Abs. 1 BGB a.F.,[22] sodass das Kündigungsrecht dem Schuldner nicht nur im Ausnahme- oder Härtefall zur Seite stand, sondern regelmäßig die Möglichkeit zur vorzeitigen Darlehensbeendigung eröffnete.[23] Damit ging eine einseitige Verlagerung des Zinsänderungsrisikos auf den Darlehensgeber einher, was nach Ansicht des Gesetzgebers zu gesamtwirtschaftlich nachteiligen Auswirkungen führte.[24] Dem suchte der BGH entgegenzuwirken, indem er den Anwendungsbereich der streng limitierten Möglichkeiten zum privatautonomen Ausschluss des im Grunde zwingenden Kündigungsrechts sukzessive ausweitete. Der vertragliche Ausschluss des Kündigungsrechts bei Darlehen, die zu einer aufgrund gesetzlicher Vorschriften gebildeten Deckungsmasse für Schuldverschreibungen gehören oder gehören sollen, § 247 Abs. 2 S. 2 BGB a.F., sollte nach dem Willen des Gesetzgebers ursprünglich allein Realkreditinstituten vorbehalten sein.[25] Nach höchstrichterlicher Rechtsprechung durfte ein Kündigungsausschluss darüber hinaus von Darlehensgebern vereinbart werden, die nicht zum Kreise der nach § 247 Abs. 2 S. 2 BGB a.F. Privilegierten gehören. Voraussetzung war, dass die vertragsschließende Bank ihren daraus erwachsenen hypothekarisch gesicherten Anspruch an eine vom Ausnahmetatbestand begünstigte Emissionsbank abtrat bzw. abzutreten beabsichtigte.[26] Diese Abtretung(sabsicht) musste, ebenso wie der beabsichtigte Kündigungsausschluss selbst, für den Darlehensnehmer im Zeitpunkt des Vertragsschlusses zweifelsfrei erkennbar sein.[27] Zuletzt wurden auch die öffentlich-rechtlichen Sparkassen in den Kreis der von § 247 Abs. 2 S. 2 BGB a.F. begünstigten Darlehensnehmer aufgenommen. Wie der BGH zwischenzeitlich bestätigte, durften nunmehr auch diese das Kündigungsrecht bei solchen Darlehen ausschließen, die nach landesrechtlichen Vorschriften als Deckung für von der Sparkasse ausgegebene und im Umlauf befindliche Orderschuldverschreibungen dienten oder dienen sollten.[28] Die Ausdehnung der Ausnahmevorschrift erlaubte einerseits kurzfristig einen praktikableren Umgang mit § 247 Abs. 1 BGB a.F., verursachte aber andererseits nicht unerhebliche

---

22 Zinsstatistik der deutschen Bundesbank, Hypothekarkredite auf Wohnungsgrundstücke.

23 Grundlegend zum „Wandel der Normsituation" bei § 247 BGB a.F.: *Canaris*, WM 1978, 687.

24 BT-Drs. 10/4741, S. 20 f. zu § 609a BGB a.F.

25 BT-Drs. 10/4741, S. 21.

26 BGH, Urt. v. 12.11.1981 – III ZR 2/80, BGHZ 82, 182, 185.

27 BGH, Urt. v. 12.11.1981 – III ZR 2/80, BGHZ 82, 182, 187.

28 BGH, Urt. v. 19.2.1984 – III ZR 196/82, BGHZ 90, 161.

Fehlallokationen und trug letztlich zur weitgehenden Entwertung des Kündigungsrechts bei.[29]

Nachdem der Gesetzgeber von Wissenschaft und Praxis für die Probleme angesichts des „Wandels der Normsituation" sensibilisiert wurde, entschied er sich schließlich zur völligen Aufgabe des § 247 BGB a.F. zu Grunde liegenden Konzepts.[30] Allerdings wollte er auf ein spezialgesetzliches Kündigungsrecht des Darlehensnehmers nicht gänzlich verzichten und führte mit Art. 5 Nr. 2 des Gesetzes zur Änderung wirtschafts-, verbraucher-, arbeits- und sozialrechtlicher Vorschriften vom 25.7.1986[31] die Vorschrift des § 609a BGB a.F. ein. Damit hat der Gesetzgeber einerseits das Ziel verfolgt, den Schuldnerschutz

> „[...] dort auf ein angemessenes Maß zurückzuführen, wo er sich in der Vergangenheit als besonders störend erwiesen hat. Dies ist der Bereich der festverzinslichen Kredite, wo das Kündigungsrecht in seiner gegenwärtigen Form [des § 247 Abs. 1 BGB a.F.] im scharfen Widerspruch steht zum Prinzip beiderseitiger vertraglicher Bindung und Risikozuweisung."[32]

Festverzinsliche Kredite sollten auf diese Weise „[...] auf eine solide und für den Kreditgeber berechenbare Grundlage gestellt [werden]"[33] und „[...] der Markt für längerfristige festverzinsliche Kredite auch für solche Geldgeber eröffnet werden, denen er bisher aufgrund der durch das Kündigungsrecht erschwerten Refinanzierung verschlossen war."[34] Andererseits sollte dem Darlehensnehmer ein noch flexiblerer Umgang mit variabel verzinslichen Darlehen ermöglicht werden, die nunmehr ohne Weiteres unter Einhaltung einer Kündigungsfrist von drei Monaten kündbar waren, § 489 Abs. 2 BGB.[35] Konzeptionell steht damit einer situativen Einschränkung der Rechtsposition von Schuldnern festverzinslicher Kredite[36] eine Erweiterung der Rechtsposition im Zusammenhang mit variabel verzinslichen Krediten gegenüber. Damit soll ein verbessertes Angebot festverzinslicher

---

29 BT-Drs. 10/4741, S. 21 zu § 609a BGB a.F.
30 *Schwintowski*, in: jurisPK-BGB, § 489 BGB Rn. 3.
31 BGBl. I, 1169, 1172.
32 BT-Drs. 10/4741, S. 21 zu § 609a BGB a.F.
33 BT-Drs. 10/4741, S. 22.
34 Ebda.
35 § 609a Abs. 1 Nr. 1, Abs. 2 BGB a.F.
36 Bei einem Zinsniveau von unter sechs Prozent p.a. werden die Kündigungsmöglichkeiten des Darlehensnehmers im Vergleich zur früheren Rechtslage unter Geltung von § 247 BGB a.F. insgesamt erweitert.

Kredite und gleichzeitig ein Höchstmaß von Flexibilität bei variabel verzinslichen Darlehensverträgen erreicht werden, um im Ergebnis einen „marktgerechten" und „maßvollen" Schuldnerschutz zu gewährleisten.

B. Die Kündigungstatbestände des § 489 BGB

Zu diesem Zweck normiert § 489 BGB in Abs. 1 Nr. 1 und Nr. 2 BGB besondere Kündigungsmöglichkeiten im Zusammenhang mit festverzinslichen Darlehen und statuiert in Abs. 2 ein allgemeines Kündigungsrecht bei Darlehensverträgen mit veränderlichem Zinssatz. Diese Kündigungsmöglichkeiten sind gem. § 489 Abs. 4 S. 1 BGB grundsätzlich der Disposition der Parteien entzogen. Sie können nur dann nachhaltig ausgeübt werden, wenn der Darlehensnehmer seiner Rückzahlungspflicht spätestens binnen zwei Wochen nach wirksamer Kündigung vollumfänglich genügt; sonst fingiert § 489 Abs. 3 BGB die Unwirksamkeit der Kündigung, um missbräuchlichem und opportunistischem Schuldnerverhalten vorzubeugen.[37]

I. § 489 Abs. 1 Nr. 1 BGB

Der Darlehensnehmer kann einen Darlehensvertrag mit gebundenem Sollzinssatz gem. § 489 Abs. 1 Nr. 1 Hs. 1 BGB ganz oder teilweise kündigen, wenn die Sollzinsbindung vor der für die Rückzahlung bestimmten Frist endet und keine neue Vereinbarung über den Sollzinssatz getroffen ist. Diese Kündigungsmöglichkeit wird bei abschnittsweiser Finanzierung mit bestimmtem Zinsfestlegungszeitraum relevant,[38] so wie sie beim Immobiliarkredit nicht selten vereinbart ist.[39] Dem Darlehensnehmer soll kein allgemeines Kündigungsrecht, wie in § 489 Abs. 2 BGB zustehen. Daher sind Darlehen, bei denen zunächst ein fester Zinssatz vereinbart ist, der aber noch vor Laufzeitende variabel werden kann, insgesamt als Festzinskredite bzw. Darlehen mit gebundenem Sollzinssatz einzuordnen.[40] Das Kündigungsrecht des § 489 Abs. 1 Nr. 1 Hs. 1 BGB wird dem Darlehensnehmer ab dem Ende der Sollzinsbindung als Druckmittel an die Hand gegeben,

---

37 *K.P.Berger*, in: Münchener Kommentar zum BGB (2016), § 489 Rn. 16.
38 *K.P.Berger*, in: Münchener Kommentar zum BGB (2016), § 489 Rn. 8.
39 BT-Drs. 10/4741, S. 22 zu § 609a BGB a.F.
40 BT-Drs. 10/4741, S. 22 zu § 609a BGB a.F.

um sodann marktübliche Zinskonditionen aushandeln zu können. Die einseitige Zinsfestschreibung durch institutionelle Darlehensgeber sollte verhindert und eine prozedurale „Waffengleichheit" zwischen den Parteien hergestellt werden.[41] „Die Vorschrift statuiert den Grundsatz der Kongruenz zwischen der Vertragsbindung des Schuldners und dem Zeitraum der Zinsbindung des Darlehensnehmers [...]".[42]

§ 489 Abs. 1 Nr. 1 Hs. 2 BGB trifft eine besondere Regelung für Darlehen mit kurzfristigen, periodischen Zinsanpassungen. In Rede stehen insbesondere sog. „Roll-Over-Kredite", bei denen die Parteien eine periodische Anpassung des Sollzinssatzes an einen bestimmten Referenzzinssatz (EURIBOR, LIBOR etc.) vereinbaren. In dem Fall ist den – regelmäßig gewerblichen – Kreditnehmern zuzumuten, dass das Kündigungsrecht nur auf die jeweiligen Zinsanpassungstermine gewährt wird.[43] Bei Zinsanpassungszeiträumen über einem Jahr gilt allerdings das Kündigungsrecht nach Hs. 1, da die Anpassungszeiträume dann nicht „kurzfristig" aufeinanderfolgen und es der Einschränkung i.S.d. Hs. 2 nicht bedarf.[44]

II. § 489 Abs. 2 BGB

Mit § 489 Abs. 2 BGB wird für Darlehen, bei denen „jederzeit" eine Änderung des Zinssatzes eintreten kann, ein Kündigungsrecht des Darlehensnehmers normiert, das nur an die Einhaltung einer dreimonatigen Kündigungsfrist geknüpft ist. Auch damit sucht der Gesetzgeber – ähnlich wie mit § 489 Abs. 1 Nr. 1 BGB – die prozeduralen Voraussetzungen innerer Vertragsgerechtigkeit zu schaffen.[45] Das Kündigungsrecht sollte hier wie da wesentliches und wirksames Gegengewicht gegen das damals in AGB-Banken enthaltene schrankenlose Zinsbestimmungsrecht der Kreditinstitute sein.[46] Dies wurde jedoch bereits bei Inkrafttreten des § 609a

---

41 Begründung des RefE zu § 609a a.F., WM 1985, 1488, 1491; *K.P.Berger*, in: Münchener Kommentar zum BGB (2016), § 489 Rn. 3.

42 BT-Drs. 10/4741, S. 22 zu § 609a BGB a.F.

43 BT-Drs. 10/4741, S. 22 zu § 609a BGB a.F.; näher zu den unterschiedlichen Modalitäten einer fristgerechten Kündigung nach beiden Hs., *K.P.Berger*, in: Münchener Kommentar zum BGB (2016), § 489 Rn. 9 f.

44 Dies ergibt sich im Umkehrschluss aus der Gesetzesbegründung, BT-Drs. 10/4741, S. 22, siehe auch: *K.P.Berger*, in: Münchener Kommentar zum BGB (2016), § 489 Rn. 9 m.w.N.

45 *Mülbert*, in: Staudinger, BGB (2015), § 489 Rn. 7 f.

46 *Mülbert*, in: Staudinger, BGB (2015), § 489 Rn. 9.

Abs. 2 BGB a.F. durch eine einschränkende inhaltliche Kontrolle entsprechender Klauseln durch die höchstrichterliche Rechtsprechung erreicht,[47] womit dem Regelungsziel von § 489 Abs. 1 Nr. 1, Abs. 2 BGB insoweit vorgegriffen wurde.[48] Gleichwohl bleibt es auch heute dabei, dass das Kündigungsrecht den Darlehensnehmer in die Lage versetzen soll, angemessene und marktübliche Zinskonditionen (mit)aushandeln zu können.[49]

III. § 489 Abs. 1 Nr. 2 BGB

Bei langfristigen Festzinskrediten soll dies gem. § 489 Abs. 1 Nr. 2 BGB „in jedem Fall nach Ablauf von zehn Jahren"[50] nach vollständiger Valutierung gewährleistet werden. Spätestens dann müsse dem Schuldner die Möglichkeit offenstehen, sich unter Einhaltung einer sechsmonatigen Frist auch von festverzinslichen Darlehen vorzeitig zu lösen, ohne in der Folge Entschädigungsforderungen des Darlehensgebers fürchten zu müssen. Das vordergründige Anliegen der Regelung ist es, den Schuldner vor der Bindung an nicht mehr zeitgemäße Zinskonditionen zu bewahren.[51] Dabei zielt § 489 Abs. 1 Nr. 2, Abs. 4 BGB konzeptionell auf einen an der reinen Vertragsdauer orientierten Schutz des Darlehensnehmers vor überlanger vertraglicher Bindung ab, wodurch dem Darlehensnehmer ein Mindestmaß wirtschaftlicher Bewegungsfreiheit angesichts wandelnder Marktverhältnisse erhalten werden soll.[52]

Sowohl der konkrete Anwendungsbereich der als „Schuldnerschutzvorschrift" konzipierten Norm als auch der ihr insgesamt zu Grunde liegende gesetzgeberische Ansatz sind jedoch umstritten. Zum einen wird vor dem Hintergrund vorzeitiger Kündigungen von Bausparverträgen durch Bausparkassen kontrovers diskutiert, ob § 489 Abs. 1 Nr. 2 BGB seinem Sinn und Zweck nach auch zu Gunsten institutioneller Darlehens-

---

47 BGH, Urt. v. 6.3.1986 – III ZR 195/84, BGHZ 97, 212, 216 ff.

48 Näher: *Mülbert*, in: Staudinger, BGB (2015), § 489 Rn. 9.

49 BT-Drs. 10/4741, S. 22 zu § 609a BGB a.F.

50 BT-Drs. 10/4741, S. 23.

51 BT-Drs. 10/4741, S. 23 zu § 609a BGB a.F.; zudem soll die Begrenzung der Zinsbindung auf maximal zehn Jahre zu einer Verbesserung der Wettbewerbsbedingungen führen und die Marktzutrittschancen potentieller Wettbewerber erhöhen, siehe *Mülbert*, in: Staudinger, BGB (2015), § 489 Rn. 11.

52 *Brandts*, Vorzeitige Darlehenskündigung, S. 8 f; *K.P.Berger*, in: Münchener Kommentar zum BGB (2016), § 489 Rn. 3; *Mülbert*, in: Staudinger, BGB (2015), § 489 Rn. 11 m.w.N.

nehmer Anwendung finden kann, selbst wenn auf Darlehensgeberseite ein Verbraucher steht, oder, ob insofern eine teleologische Reduktion der Vorschrift geboten ist (*sub* 1.). Zum anderen vertreten einige Autoren die Auffassung, § 489 Abs. 1 Nr. 2, Abs. 4 BGB statuiere eine „willkürliche" zeitliche Höchstgrenze für vertragliche Festzinsbindungen und schränke dadurch die wirtschaftliche Bewegungsfreiheit professioneller Investoren in zweckwidriger[53] (*sub* 2.) oder verfassungswidriger[54] (*sub* 3.) Weise ein. Ein unabdingbares Kündigungsrecht des Darlehensnehmers, wie es § 489 Abs. 1 Nr. 2, Abs. 4 BGB normiert, sei daher auf den verbrauchkreditrechtlichen Bereich zu beschränken[55] bzw. insgesamt für nichtig zu erklären.[56]

1. Keine teleologische Reduktion

Tatsächlicher Hintergrund der Kontroverse um eine teleologische Reduktion des § 489 Abs. 1 Nr. 2 BGB ist, dass Bausparkassen im Rahmen von Bausparverträgen, die noch vor der anhaltenden Niedrigzinsphase geschlossen worden sind, Zinsen auf Bauspareinlagen gewährt haben, die weit über dem Niveau liegen, was heute am Markt angeboten werden könnte. Bis zur Zuteilung der Bauspardarlehen an den Bausparer befinden sich die Bausparkassen in der Rolle des Darlehensnehmers,[57] der bis dahin grundsätzlich zur Zahlung des damals vereinbarten Zinssatzes verpflichtet ist. Darin gründet ein verständliches Interesse der Bausparkassen, sich von den hochverzinslichen Verträgen schnellstmöglich zu lösen. Eine Möglichkeit dazu ergibt sich für die Bausparkassen nach mittlerweile gefestigter Rechtsprechung jedenfalls dann, wenn der volle Bausparbetrag angespart worden ist und somit die Inanspruchnahme eines Bauspardarlehens nicht mehr möglich ist. In dem Fall kann das Darlehensvertragsverhältnis gegenüber dem Bausparer ordentlich gem. § 488 Abs. 3 BGB gekündigt werden, da der Zweck des Bausparvertrages nicht darin besteht, ein unkündbares festverzinsliches Darlehen zu gewähren, sondern allein darin, die Inanspruchnahme eines Bauspardarlehens aufgrund vertragsgemäßer Spareinlagenleistung zu ermöglichen.[58]

---

53 *Bühler/Köndgen/H.Schmidt*, ZBB 1990, 49 ff.; *Köndgen*, WM 2001, 1637, 1642.
54 *Hey*, FS Canaris (2007), 443, 444.
55 *Bühler/Köndgen/H.Schmidt*, ZBB 1990, 74 f.; *Köndgen*, WM 2001, 1637, 1642.
56 So im Ergebnis: *Hey*, FS Canaris (2007), 443, 460.
57 § 3 B. II.
58 Siehe die zahlreichen Nachw. bei: *Edelmann/Suchoweskyj*, BB 2015, 1800 (Fn. 2).

Umstritten ist hingegen, ob die Bausparkasse daneben gem. § 489 Abs. 1 Nr. 2 BGB kündigen kann, wenn seit Eintritt erstmaliger Zuteilungsreife mindestens zehn Jahre vergangen sind und der Bausparer gleichwohl kein Bauspardarlehen in Anspruch genommen hat.

a. Die vereinzelte Befürwortung einer Unanwendbarkeit für institutionelle Kreditgeber

Teile der Rechtsprechung[59] und Literatur[60] halten eine Anwendbarkeit des § 489 Abs. 1 Nr. 2 BGB zu Gunsten von Bausparkassen und anderen institutionellen Kreditgebern jedenfalls dann für zweckwidrig und ausgeschlossen, wenn auf Darlehensgeberseite ein Verbraucher steht; insofern sei eine teleologische Reduktion der Vorschrift geboten.[61] § 489 Abs. 1 Nr. 2 BGB sei eine Schuldnerschutzvorschrift, die den Darlehensnehmer vor einer überlangen Zinsbindung schützen und ihm spätestens nach zehn Jahren und sechs Monaten die Möglichkeit geben soll, den Vertrag zu beenden und in der Folge von günstigen Entwicklungen am Markt, namentlich gesunkener Zinsen, profitieren zu können. Dabei habe der Gesetzgeber jedoch nicht die „atypische" vertragliche Konstellation im Blick gehabt, dass auf Darlehensnehmerseite ein Kreditinstitut steht. Der Gesetzgeber habe mit § 489 Abs. 1 Nr. 2 BGB einen Beitrag zur Verwirklichung materieller Vertragsgerechtigkeit leisten wollen, indem er dem strukturell unterlegenen Darlehensnehmer nach Ablauf der Zehnjahresfrist zwingend ein Stück wirtschaftlicher Bewegungsfreiheit zurückgibt und ihn so nachhaltig

---

59 OLG Stuttgart, Urt. v. 4.4.2016 – 9 U 230/15, WM 2016, 1440; siehe ferner: AG Ludwigsburg, Urt. v. 7.8.2015 – 10 C 1154/15, ZIP 2015, 1872; LG Ulm, Urt. v. 26.1.2015 – 4 O 273/13, ZIP 2015, 463, sowie OLG Stuttgart, Urt. v. 23.9.2015 – 9 U 31/15, BB 2016, 595 f., wobei abgesehen von erst genannter Entscheidung jeweils eine teleologische Reduktion des § 489 Abs. 1 Nr. 1 BGB im Zusammenhang mit Darlehen mit variablem Zinssatz und periodischer sowie reiner Zinsgleitklausel im Sinne von § 489 Abs. 1 Nr. 1 Hs. 2 BGB – mit auf vorliegende Streitfrage durchaus übertragbarer Argumentation – bejaht wurde; a.A.: *Edelmann/Suchoweskyj*, BB 2015, 3079 (Fn. 8), die die in Rede stehenden Fallkonstellationen insofern für nicht vergleichbar halten.
60 *Tröger/Kelm*, NJW 2016, 2839, 2842 ff.; *C. Weber*, ZIP 2015, 961, 965; ders. BB 2015, 2185; vgl. auch: *K.P. Berger*, EWiR 2015, 135, 136.
61 OLG Stuttgart, Urt. v. 4.4.2016 – 9 U 230/15, WM 2016, 1440, 1442; *C. Weber*, ZIP 2015, 961, 965; ders., BB 2015, 2185.

in seiner Verhandlungsposition stärkt.[62] Es stelle „die Verhältnisse buchstäblich auf den Kopf [...], wenn man versuchte, die Vorschrift nun zum Schutz der Bausparkasse gegenüber dem Bausparer zu instrumentalisieren."[63] Der Gesetzgeber habe bei der Regelung nicht das Passivgeschäft institutioneller Darlehensgeber, insbesondere das Spargeschäft, im Blick gehabt. Die Vorschrift betreffe allein das – vornehmlich immobiliarkreditrechtliche – Aktivgeschäft der Kreditinstitute. Der Darlehensnehmer solle hier als typischerweise schutzbedürftige und schwächere Partei vor einer einseitigen Zinsbestimmung durch institutionelle Darlehensgeber geschützt und in die Lage versetzt werden, günstige Zinsentwicklungen im Wege der Vertragsanpassung oder eines Neuabschlusses für sich ausnutzen zu können. Einen entsprechenden Schutz von Bausparkassen und anderen institutionellen Kreditgebern habe der Gesetzgeber an keiner Stelle der Gesetzeshistorie erwogen.[64] Insbesondere im Bauspargeschäft bestehe für den Darlehensnehmer aufgrund des in sich geschlossenen Bausparsystems schon kein berechtigtes Interesse an etwaigen Marktzinsanpassungen.[65] Schließlich bestehe „[...] kein Schutzbedürfnis für einen Schuldner, der ein Zinsänderungsrisiko durch eine eigene Vertragsgestaltung im Rahmen seines Geschäftsbetriebes professionell übernommen und somit selbst die Zinsbestimmung zu verantworten hat."[66]

b. Die treffende Argumentation der herrschenden Gegenmeinung

Die überwiegenden – erst kürzlich vom BGH bestätigten –[67] Stimmen lehnen eine teleologische Reduktion der Vorschrift hingegen zu Recht ab und gewähren auch darlehensnehmenden Kreditinstituten ein ordentliches Kündigungsrecht gem. § 489 Abs. 1 Nr. 2 BGB.[68]

---

62 Vgl.: LG Ulm, Urt. v. 26.1.2015 – 4 O 273/13, ZIP 2015, 463, *C. Weber*, BB 2015, 2185, 2187, der insofern auf BT-Drs. 10/4741, S. 21 verweist.

63 So: *C. Weber*, ZIP 2015, 961, 965; siehe ferner: dens., BB 2015, 2185; *K.P. Berger*, EWiR 2015, 135, 136; AG Ludwigsburg, Urt. v. 7.8.2015 – 10 C 1154/15, ZIP 2015, 1872.

64 OLG Stuttgart, Urt. v. 4.4.2016 – 9 U 230/15, WM 2016, 1440, 1443 ff.

65 OLG Stuttgart, Urt. v. 4.4.2016 – 9 U 230/15, WM 2016, 1440, 1445.

66 OLG Stuttgart, Urt. v. 4.4.2016 – 9 U 230/15, WM 2016, 1440, 1446 (Nachw. ausgelassen).

67 BGH, Urt. v. 21.2.2017 – XI ZR 185/16, WM 2017, 616 Rn. 34.

68 BGH, Urt. v. 21.2.2017 – XI ZR 185/16, WM 2017, 616 Rn. 34; OLG Düsseldorf, Urt. v. 1.12.2016 – I-6 U 124/16, Rn. 25 ff., juris; OLG Hamm, Beschl. v. 30.12.2015 – I-31 U 191/15, ZIP 2016, 306, 307; OLG Celle, Urt. v. 14.9.2016 – 3

Die Vorschrift differenziert ihrem Wortlaut nach nicht zwischen gewerblichen Darlehensnehmern und Verbrauchern. Zudem ist die Norm in den „Allgemeinen Vorschriften" des Darlehensrechts verortet und wurde bewusst und trotz mehrfacher Gelegenheit nicht als verbraucherkreditrechtliche Sonderregelung ausgestaltet. Schließlich finden sich keine stichhaltigen teleologischen Argumente, die für eine Auslegung der Norm, entgegen jenen grammatikalischen, systematischen und normhistorischen Vorgaben streiten.

Der Gesetzgeber wollte für festverzinsliche Darlehen eine einheitliche Regelung schaffen, wonach frühestens nach zehn Jahren und sechs Monaten eine zwingende Verlagerung des Zinsänderungsrisikos zu Lasten des Darlehensgebers eintritt. „Spätestens nach Ablauf dieses Zeitraumes soll der Schuldner die Möglichkeit haben, sich durch Kündigung vom Vertrag zu lösen"[69] und gegebenenfalls auf dieser Grundlage günstigere Konditionen aushandeln zu können. Insofern hat der Gesetzgeber die gesetzliche Zinsrisikoverteilung für langfristige Festzinskredite allein anhand des Faktors „Zeit" und unabhängig von der Zinshöhe typisierend festgelegt, um „den festverzinslichen Kredit auf eine solide und für den Kreditgeber berechenbare Grundlage zu stellen."[70] Eine Differenzierung auf Darlehensgeberseite zwischen Kreditinstituten und „anderen" oder den „typischen" Darlehensnehmern ist weder dem Gesetz noch der Gesetzesbegründung zu entnehmen; hierfür fehlt auch im Übrigen jede rechtstheoretische und dogmatische Grundlage. Vielmehr widerspräche eine ungleiche Behandlung unterschiedlicher Darlehensnehmer dem ausdrücklichen Willen des Gesetzgebers, „dem Schuldner bei allen festverzinslichen Darlehen (,in jedem Falle') nach Ablauf von 10 Jahren nach der Auszahlung ein gesetzliches Kündigungsrecht [zu gewähren]."[71] Das Kündigungsrecht des Darlehensnehmers steht nur ausnahmsweise für Schuldner der öffentlichen Hand zur Disposition, § 489 Abs. 4 S. 2 BGB. Im Übrigen können die Kündigungsrechte nach § 489 Abs. 1 und Abs. 2 BGB nicht durch Vertrag ausgeschlossen oder erschwert werden (§ 489 Abs. 4 S. 1) und zwar unabhän-

---

U 230/15, BKR 2016, 509, 512 f.; LG München, Urt. v. 6.11.2015 – 3 O 241/15, ZIP 2015, 2360; LG Nürnberg-Fürth, Urt. v. 17.8.2015 – 6 O 1708/15, ZIP 2015, 1870; LG Karlsruhe, Urt. v. 7.10.2015 – 6 O 243/15, juris Rn. 15 ff.; *Edelmann/Suchoweskyj*, BB 2015, 1800, 1802 f.; dies., BB 2015, 3079, 3080 f.; *Simon*, EWiR 2015, 723, 724; siehe ferner die umfassenden Nachw. bei: BGH, Urt. v. 21.2.2017 – XI ZR 185/16, WM 2017, 616 Rn. 35.

69 BT-Drs. 10/4741, S. 23.
70 BT-Drs. 10/4741, S. 22.
71 BT-Drs. 10/4741, S. 23.

gig davon, ob auf Darlehensnehmerseite ein Verbraucher oder ein institutioneller Kreditgeber steht.[72]

Schließlich wäre eine teleologische Reduktion der Vorschrift im Sinne der Gegenansicht selbst dann nicht zu begründen, wenn man der nicht fernliegenden Prämisse folgte, dass der Gesetzgeber bei der Einführung des § 609a Abs. 1 Nr. 3 BGB a.F. nicht Bausparkassen oder andere Kreditinstitute als schutzbedürftige Schuldner vor Augen hatte.[73] Denn daraus kann nicht zugleich ohne weiteres gefolgert werden, dass der (heute) von § 489 Abs. 1 Nr. 2 BGB statuierte Schuldnerschutz einerseits zum Nachteil darlehensnehmender Kreditinstitute als obsolet anzusehen bzw. zu Gunsten darlehensgebender Verbraucher kategorisch ausgeschlossen ist. Selbst hochprofessionellen Darlehensnehmern ist es nicht möglich, sämtliche Marktentwicklungen vertraglich zu antizipieren, wie die dramatische Zinsentwicklung in Folge der Finanzkrise beispielhaft zeigt. Trotz größerer Erfahrung und ggf. überlegener Verhandlungsposition beim Vertragsschluss, verbleibt stets ein gewisses Prognoserisiko, das der Gesetzgeber mit dem unabdingbaren Kündigungsrecht des § 489 Abs. 1 Nr. 2 BGB ausnahmslos für alle privaten Darlehensnehmer beschränken wollte.[74]

Etwas anderes ergibt sich auch nicht aufgrund der Besonderheiten des Bausparsystems, womit „[...] im Wege der Selbsthilfe ein in sich geschlossener Markt geschaffen [wird], bei dem durch Verzicht auf marktgerechten Einlagenzins ein niedriger Darlehenszins ermöglicht wird."[75] Aus dieser zutreffenden gesetzgeberischen Feststellung zieht die Gegenauffassung[76] den falschen Schluss, dass die Preisentwicklung im Bauspargeschäft völlig unabhängig vom Marktniveau erfolgt und somit auch kein Bedürfnis der Bausparkassen dafür besteht, auf Marktzinsentwicklungen im Wege der ordentlichen Kündigung gem. § 489 Abs. 1 Nr. 2 BGB reagieren zu können. Der in „sich geschlossene Markt" des Bausparsystems ist vielmehr Folge einer solidarischen Mittelverwendung, wobei unter Verzicht auf marktübliche Renditen auf Seiten der Sparer eine Kreditvergabe zu vergleichsweise günstigeren Zinskonditionen durch die Bausparkassen erfolgen kann. Der Idee des Bausparens läuft es daher grundsätzlich zuwider, wenn Bausparer ihre (weit) über dem Marktniveau verzinsten Einlagen

---

72 BGH, Urt. v. 21.2.2017 – XI ZR 185/16, WM 2017, 616 Rn. 41 m.w.N.
73 C. *Weber*, ZIP 2015, 961, 965; ders. BB 2015, 2185, 2186 ff.
74 Vgl.: BGH, Urt. v. 21.2.2017 – XI ZR 185/16, WM 2017, 616 Rn. 59 ff.
75 BT-Drs. VI/1900, S. 10.
76 Namentlich das OLG Stuttgart, Urt. v. 4.4.2016 – 9 U 230/15, WM 2016, 1440, 1445 f.

nach Zuteilungsreife „stehen lassen" und den ursprünglichen Bauspargedanken einem verständlichen Renditewunsch opfern. Es stellte diese Verhältnisse „buchstäblich auf den Kopf",[77] wenn man den Bausparkassen die Kündigungsmöglichkeit des § 489 Abs. 1 Nr. 2 BGB nun unter Verweis gerade auf den Solidargedanken verwehrte.

Es ist nach alledem festzuhalten, dass mit einer teleologischen Reduktion des § 489 Abs. 1 Nr. 2 BGB eine erhebliche Benachteiligung von Kreditinstituten – insbesondere von Bauparkassen – auf Darlehensnehmerseite einherginge. Dafür bieten weder der Wortlaut noch die Begründung des Gesetzes legitimierende Anhaltspunkte. Und es gibt keine durchgreifenden teleologischen oder historischen Argumente dafür, den personellen Anwendungsbereich des § 489 Abs. 1 Nr. 2 BGB entgegen Wortlaut und Systematik der Norm einzuschränken, sodass es auch Bauparkassen nicht verwehrt werden darf, sich auf das demgemäß gewährte Kündigungsrecht zu berufen.

c. Der „vollständige Empfang" der Valuta

Unter jener Prämisse geht schließlich auch der Einwand fehl, dass der Zeitpunkt des „vollständigen Empfangs" der Valuta bei der Bausparkasse nicht schon mit Eintritt erstmaliger Zuteilungsreife angenommen werden kann und ein Kündigungsrecht aus § 489 Abs. 1 Nr. 2 BGB daher schon tatbestandlich nicht eröffnet sei.

Der vollständige Valutaempfang soll dieser Ansicht nach aufgrund der typischen Bausparvertragsgestaltung nicht eindeutig bestimmbar sein, da nach Eintritt der Zuteilungsreife regelmäßig allein der Bausparer entscheide, ob und in welcher Höhe er noch weitere Einlagen leiste. Ein „vollständiger Empfang" im Sinne des § 489 Abs. 1 Nr. 2 BGB sei frühestens anzunehmen, wenn der Bausparer die volle Bausparsumme angespart hat.[78] Teilweise wird gar vertreten, dass es beim Bausparvertrag an einer Vereinbarung über die Höhe der zu gewährenden Valuta gänzlich fehle, sodass dieser auch „überspart" werden könne.[79]

---

77 In Anlehnung an: *C. Weber*, ZIP 2015, 961, 965.
78 Vgl.: OLG Bamberg, Urt. v. 10.8.2016 – 8 U 24/16, WM 2016, 2067, 2069; OLG Karlsruhe, Urt. v. 8.11.2016 – 17 U 185/15, Rn. 47, juris, je in Anschluss an: OLG Stuttgart, Urt. v. 30.3.2016 – 9 U 230/15, WM 2016, 742, 743; *C. Weber*, ZIP 2015, 961, 964.
79 AG Ludwigsburg, Urt. v. 7.8.2015 – 10 C 1154/15, Rn. 85 ff., juris; *C. Weber*, ZIP 2015, 961, 964.

Einer weiteren Ansicht nach gelte es für den Beginn der zehnjährigen Frist des § 489 Abs. 1 Nr. 2 BGB auf den Empfang jedes einzelnen Regelsparteilbetrages abzustellen.[80] Andernfalls hätte es der Bausparer letztendlich doch in der Hand, den Eintritt der Zuteilungsreife durch die Verzögerung oder die Einstellung der Regelbetragszahlungen zu hemmen und so den „vollständigen Empfang" (dauerhaft) zu verhindern.[81]

Richtigerweise ist ein „vollständiger Empfang" im Sinne des § 489 Abs. 1 Nr. 2 BGB mit Eintritt erstmaliger Zuteilungsreife anzunehmen.[82] Ab diesem Zeitpunkt ist das von den Parteien vereinbarte Sparziel erreicht und der Bausparer kann das Bauspardarlehen in Anspruch nehmen und den Part des Darlehensnehmers übernehmen. Aufgrund jener besonderen Konzeption des Bausparvertrages und nach dem Sinn und Zweck des § 489 Abs. 1 Nr. 2 BGB ist das Darlehen „vollständig empfangen". Nur eine solche Interpretation wird dem zwingenden Charakter der Vorschrift gerecht.[83] Ab dem Zeitpunkt der erstmaligen Zuteilungsreife besteht ein einseitiges Bestimmungsrecht des darlehensgebenden Bausparers. Dieser kann – vorbehaltlich abweichender Vereinbarungen – frei entscheiden, ob er weitere Fremdmittel gewährt oder nicht. Es besteht grundsätzlich weder eine Pflicht zur Leistung weiterer Einlagen noch zur Inanspruchnahme des Bauspardarlehens.[84] Daraus ist aber nicht der Schluss zu ziehen, dass ein „vollständiger Empfang" als fristauslösendes Ereignis gänzlich unbestimmbar und die Anwendung des § 489 Abs. 1 Nr. 2 BGB tatbestandlich ausgeschlossen ist.[85] In dem Fall könnte der Bausparer ein ordentliches Kündigungsrecht der Bausparkasse nach § 489 Abs. 1 Nr. 2 BGB aufgrund der besonderen vertraglichen Bausparvertragsgestaltung und entgegen § 489 Abs. 4 BGB dauerhaft ausschließen. Demgegenüber wäre es grundsätzlich denkbar, auf den Empfang jedes einzelnen Regelsparteilbetrages abzustellen, um die Frist beim Bausparvertrag konkret erfassen zu

---

80 So: *Bergmann* in Anlehnung an einen Vorschlag, der im Rahmen der Beratungen zu § 18 Abs. 2 HBG abgelehnt worden ist, WM 2016, 2153, 2158.
81 *Bergmann*, WM 2016, 2153, 2158 f.
82 BGH, Urt. v. 21.2.2017 – XI ZR 185/16, WM 2017, 616 Rn. 72 mit umfassenden Nachw.
83 Die grundsätzliche Anwendbarkeit der Vorschrift zu Gunsten der Bausparkasse ist freilich Voraussetzung für die hiesige Argumentation, da eine Verletzung oder Umgehung des § 489 Abs. 4 BGB nur dann in Rede steht; es ist daher zumindest nicht inkonsequent, wenn die Gegenansicht die Anwendung des § 489 Abs. 1 Nr. 2 BGB (auch) auf Tatbestandsebene ablehnt.
84 *Edelmann/Suchoweskyj*, BB 2015, 1800, 1803; dies., BB 2015, 3079, 3083.
85 Vgl.: BGH, Urt. v. 21.2.2017 – XI ZR 185/16, WM 2017, 616 Rn. 87.

können. Dem steht jedoch entgegen, dass § 489 Abs. 1 Nr. 2 BGB ausdrücklich den „vollständigen Empfang" der Valuta fordert.

Vielmehr geht mit dem Eintritt der erstmaligen Zuteilungsreife die von § 489 Abs. 2 Nr. 1 BGB vorausgesetzte Zäsur einher, da der Bausparer zu diesem Zeitpunkt „durch die Zahlung der Regelsparbeiträge einschließlich der Gutschrift von Zinserträgen vereinbarungsgemäß ein Darlehen vollständig gewährt und seine entsprechende vertragliche Verpflichtung erfüllt hat."[86] Mit der erstmaligen Zuteilungsreife wird eine Leistungspflicht des Bausparers so konkret beschrieben, dass sich daraus das fristauslösende Ereignis i.S.v. § 489 Abs. 1 Nr. 2 BGB klar bestimmen lässt.[87] Schließlich besteht auf Grundlage der h.M. auch keine übermäßige Gefahr einer gesetzes- oder ggf. treuwidrigen Beschränkung des ordentlichen Kündigungsrechts zu Lasten der Bausparkassen.[88] Denn dem Bausparer, der den Eintritt der Zuteilungsreife hinauszögert, indem er den monatlich zu leistenden Regelsparbeitrag nicht vertragsgemäß erbringt,[89] droht einerseits die außerordentliche Kündigung gem. §§ 490 Abs. 3, 314 BGB. Andererseits kann die bewusste Zurückbehaltung eines (kleinen) Teils der Valuta einen Umgehungstatbestand begründen, der zur Nichtigkeit der zugrundeliegenden Abrede führt, § 489 Abs. 4 i.V.m. § 134 BGB.[90] Mittlerweile haben die Bauparkassen ohnehin reagiert und bedingen sich in § 15 Abs. 2 lit. c ABB ein Kündigungsrecht für den Fall aus, dass die Zuteilungsvoraussetzungen spätestens 15 Jahre nach Vertragsschluss nicht vorliegen oder aber die Annahme der Zuteilung trotz Erfüllung der Voraussetzungen zu dem Zeitpunkt nicht erklärt wird. Damit ist jedenfalls für die Zukunft ein „vernünftiger Interessenausgleich"[91] und eine Regelung geschaffen worden, auf die die Bausparkassen eine Kündigung neben dem – insofern weniger restriktiven – Kündigungsrecht des § 489 Abs. 1 Nr. 2 BGB stützen können.[92]

---

86 BGH, Urt. v. 21.2.2017 – XI ZR 185/16, WM 2017, 616 Rn. 82.

87 BGH, Urt. v. 21.2.2017 – XI ZR 185/16, WM 2017, 616 Rn. 89 m.w.N. auch zur Gegenansicht.

88 A.A.: *Bergmann*, WM 2016, 2153, 2158.

89 Vgl. etwa: § 2 ABB der Bausparkasse Schwäbisch Hall i.d.F. v. April 2013, abrufbar unter: https://www.schwaebisch-hall.de/content/dam/dambsh/bsh/dokumente/ab b-pib/ABB-Fuchs-02.pdf.

90 *K.P.Berger*, in: Münchener Kommentar zum BGB (2016), § 489 Rn. 13, 19.

91 *Bergmann*, WM 2016, 2153, 2160 (Nachw. ausgelassen).

92 Ebda.

2. Der unbegründete Vorwurf „sinnloser Überregulierung"

Unabhängig von bausparrechtlichen Spezifika wird der gesetzgeberische Ansatz, dem Darlehensnehmer gem. § 489 Abs. 1 Nr. 2 BGB ein unabdingbares Kündigungsrecht nach zehn Jahren und sechs Monaten aufzuoktroyieren, teilweise ganz grundsätzlich bzw. jedenfalls gegenüber Kaufleuten als „sinnlose Überregulierung" kritisiert.[93] Mit § 489 Abs. 1 Nr. 2 BGB werde eine für das deutsche bürgerliche Recht untypische zeitliche Begrenzung langfristiger Vertragsbeziehungen geschaffen.[94] Verbraucher und professionelle Investoren werden unterschiedslos an ggf. sinnvollen, langfristigen Vertragsgestaltungen gehindert, was im Ergebnis zu ungerechtfertigten Fehlallokationen gegenüber allen von der Norm betroffenen Darlehensnehmern führe.[95] Die Geschützten müssen den von § 489 Abs. 1 Nr. 2 BGB bezweckten Schutz selbst bezahlen.[96] Die Möglichkeit, bewusst auf diesen Schutz und die damit verbundene finanzielle Belastung zu verzichten, bestünde aufgrund des zwingenden Charakters der Regelung in nur eingeschränktem Maße.[97] Im Gegensatz zur öffentlichen Hand, der gegenüber das Kündigungsrecht nach den Abs. 1 und 2 abbedungen werden kann (§ 489 Abs. 4 S. 2 BGB) werde professionellen privaten Darlehensnehmern, die mit mindestens ebenso großer Sachkenntnis und Erfahrung agieren, der Weg besonders langfristiger Finanzierung versperrt bzw. unnötig erschwert. Die Vereinbarung von Festzinsdarlehen mit einer Laufzeit von mehr als zehn Jahren ergebe oft für beide Parteien Sinn und werde da-

---

93 So *Köndgen*, WM 2001, 1637, (1642), in Anschluss an: *Bühler/Köndgen/H.Schmidt*, ZBB 1990, 49; siehe ferner: *Hey*, FS Canaris (2007), 443, 453, der das Kündigungsrecht des § 489 Abs. 1 Nr. 2 BGB auch im Rahmen privater Immobilienfinanzierung in Frage stellt.

94 *Hey*, FS Canaris (2007), 443 f.; darauf, dass die Zehnjahresgrenze vergleichsweise „sehr streng" ist, verweist auch: *Mülbert*, in: Staudinger, BGB (2015), § 489 Rn. 11.

95 *Bühler/Köndgen/H.Schmidt*, ZBB 1990, 49; *Köndgen*, WM 2001, 1637, 1642; *Hey*, FS Canaris (2007), 443, 453.

96 *Bühler/Köndgen/H.Schmidt*, ZBB 1990, 49, 50.

97 *Hey* verweist etwa zu Recht auf die Möglichkeit, Inhaberschuldverschreibungen zu begeben, statt Darlehen aufzunehmen, wobei dies nur professionell agierenden Darlehensnehmern offensteht, *Hey*, FS Canaris, 2007, 443, 451. Verschiedene Vorschläge dazu, wie die Mehrbelastung ökonomisch abgewehrt oder ausgeglichen werden kann, erläutern *Bühler/Köndgen/H.Schmidt*, ZBB 1990, 49, 66 ff., die allerdings zu Recht auf die rechtliche Fragwürdigkeit entsprechender Gestaltungen mit Blick auf das sich aus § 489 Abs. 4 S. 1 BGB ergebende Umgehungsverbot verweisen, *Bühler/Köndgen/H.Schmidt*, ZBB 1980, 49, 70 ff. und nochmals ausdrücklich: *Köndgen*, WM 2001, 1637, 1642.

durch, dass ein Verzicht auf das Kündigungsrecht aus § 489 Abs. 1 Nr. 2 BGB ausscheidet, künstlich und unzweckmäßig verteuert. Der Darlehensnehmer müsse das Risiko der vorzeitigen Kündigung einpreisen,[98] wodurch insbesondere langfristige Darlehen mit großen Volumina an Attraktivität verlieren.[99] Damit gehe die Gefahr einher, dass wichtige Investoren auf ausländische Finanzplätze ausweichen.[100]

Den kritischen Stimmen in der Literatur ist zuzugeben, dass es plausibel und nachvollziehbar ist, dass mit dem zwingenden Kündigungsrecht des Darlehensnehmers eine nicht ganz unerhebliche Mehrbelastung im Zusammenhang mit dem Abschluss festverzinslicher Langfristdarlehen mit Laufzeit von über zehn Jahren einhergeht.[101] Denn Darlehensgeber, die solche Darlehensgestaltungen anbieten, nehmen „[...] das Risiko der vorzeitigen Kündigung des Darlehens durch den Schuldner sehend in Kauf."[102] Ein höheres Risiko der Bank muss der Darlehensnehmer regelmäßig mit höherem Preis bzw. schlechteren Konditionen vergelten. Allerdings stehen dem gewichtige Vorteile des Darlehensnehmers gegenüber. Mit dem Abschluss eines Festzinskredits mit mehr als zehnjähriger Laufzeit kann der Darlehensnehmer sich nicht nur über die gesamte Laufzeit gegen steigende Zinsen absichern. Das zwingende Kündigungsrecht ermöglicht es ihm zudem, nach Ablauf von zehn Jahren und sechs Monaten auf gesunkene Zinsen zu reagieren: Der Darlehensnehmer wird in aussichtsreichere Position versetzt, um eine günstige Vertragsanpassung auszuhandeln oder einen neuen Vertrag zu besseren Konditionen abzuschließen. Der Gesetzgeber hat sich dafür entschieden, dem Darlehensnehmer auf der einen Seite ein Stück weit in seiner wirtschaftlichen Gestaltungsfrei-

---

98 Grundlage dafür ist, dass die darlehensgebende Bank das Risiko vorzeitiger Kündigung durch den Kauf einer Option absichert, die das Kreditinstitut dazu berechtigt, die zur Refinanzierung aufgenommenen Mittel ebenfalls vorzeitig zurückzuzahlen. Die Kosten dafür gibt die darlehensgebende Bank regelmäßig an den Darlehensnehmer weiter, dazu: *Hey*, FS Canaris (2007), 443, 453; siehe zur Wertermittlung des Kündigungsrechts (auf Grundlage der damaligen Marktkonditionen): *Bühler/Köndgen/H.Schmidt*, ZBB 1990, 49, 57 ff, die von einer Mehrbelastung (Effektivzinssatz) zwischen 0,04 % (bei 11 Jahren Laufzeit) und 0,38% (bei 20 Jahren Laufzeit) ausgehen, aaO., 66.

99 Eine konkrete Beispielsrechnung dazu liefern: *Bühler/Köndgen/H.Schmidt*, ZBB 1990, 49, 66, wobei allerdings ein damals üblicher Nominalzinssatz von 8% zu Grunde liegt.

100 *Bühler/Köndgen/H.Schmidt*, ZBB 1990, 49, 74 f.; *Hey*, FS Canaris (2007), 443, 453.

101 Den statistischen Nachweis für eine Verschlechterung der Konditionen nach Einführung des Kündigungsrechts bleiben die Autoren freilich schuldig.

102 *Hey*, FS Canaris (2007), 443, 453.

heit einzuschränken, um ihm auf der anderen Seite nicht nur ein „Mehr an wirtschaftlicher Handlungsfreiheit" zu garantieren, sondern einen Kernbestand wirtschaftlicher Bewegungsfreiheit zu erhalten.[103]

Diesen Schutz zahlen die Geschützten in der Tat selbst. Daran, dass die Regelung gleichwohl dem Grunde nach zweckmäßig ist, ändert dies aber nichts. Bei abstrakter Betrachtung von Gegenstand und Wirkung der Regelung für sämtliche Normadressaten wird deutlich, dass der für die Darlehensnehmer geschaffene Mehrwert die damit verbundene Mehrbelastung rechtfertigt. Mit dem vorbehaltlosen und unabdingbaren Kündigungsrecht wird sämtlichen Darlehensnehmern zwingend ein effektives Mittel zur Senkung des Prognoserisikos im Zusammenhang mit dem Abschluss besonders langfristiger Darlehensverträge an die Hand gegeben, das die große Mehrheit der Darlehensnehmer auf privatautonomem Wege nicht aushandeln würde oder könnte. Dass die darlehensgebenden Kreditinstitute ein solch „wertvolles Teilrecht"[104] auch Verbrauchern und mittleren oder kleinen Unternehmen zu Konditionen gewähren, wie sie heute unter Geltung des zwingenden Kündigungsrechts üblich sind, ist schwer vorstellbar. Es liegt weit näher, dass es allein professionellen Darlehensnehmern vorbehalten wäre, sich entsprechende Kündigungsrechte auf Grundlage von Erfahrung und Verhandlungsstärke ausbedingen zu können. Im Raume stünde damit eine ggf. erhebliche Schlechterstellung der weit überwiegenden Zahl der betroffenen Darlehensnehmer.

Offenbar hat der Gesetzgeber den dargestellten Vorteilen eines zwingenden Kündigungsrechts bei der gebotenen Abwägung mehr Gewicht beigemessen als den damit verbundenen Nachteilen. Diese gesetzgeberische Grundentscheidung ist freilich nicht über jeden Zweifel erhaben. Angesichts des zu respektierenden Beurteilungsspielraums des Gesetzgebers ist es hierbei jedoch nicht zweckmäßig, auf letztlich nicht eindeutig quantifizierbare Bevor- oder Benachteiligungen bestimmter Darlehensnehmergruppen abzustellen. Ansatzpunkt durchgreifender Kritik muss vielmehr die gesetzgeberische Entscheidungsfindung selbst sein, d.h. es ist zu fragen, ob der Gesetzgeber die widerstreitenden Interessen der betroffenen Normadressaten umfassend und fehlerfrei gegeneinander abgewogen hat. Dafür aber, dass dem Gesetzgeber derartige Abwägungsfehler unterlaufen

---

103 *Mülbert*, in: Staudinger, BGB (2015), § 489 Rn. 11; *K.P.Berger*, in: Münchener Kommentar zum BGB (2016), § 489 Rn. 3; vgl.: *Krepold*, in: Schimansky/Bunte/ Lwowski, Bankrechts-Handbuch (2017), § 79 Rn. 16.
104 *Bühler/Köndgen/H.Schmidt*, ZBB 1990, 49, 50.

sind, fehlen stichhaltige Hin- oder gar Nachweise, die auch die kritischen Stimmen in der Literatur schuldig bleiben.[105]

3. Der unbegründete Vorwurf der Verfassungswidrigkeit

Die Entscheidung für mehr Schuldnerschutz zum Preis eines Eingriffs in die Privatautonomie der Darlehensparteien und einer mehr oder weniger spürbaren Verschlechterung der Konditionen für festverzinsliche Langfristdarlehen mit mehr als zehn Jahren Laufzeit, ist nach Vorgesagtem dem Grunde nach zu akzeptieren, es sei denn, der Gesetzgeber hätte seine Entscheidung nicht mehr im Rahmen seiner Einschätzungsprärogative getroffen und in ungerechtfertigter Weise in verfassungsrechtlich geschützte Positionen der Normadressaten eingegriffen. Die Verfassungswidrigkeit von § 489 Abs. 1 Nr. 2, Abs. 4 BGB mahnt namentlich *Hey* an, der eine Verletzung von Art. 3 Abs. 1 GG erwägt[106] sowie von Art. 2 Abs. 1 GG bejaht.[107]

a. Vereinbarkeit mit dem allgemeinen Gleichheitsgrundsatz

Aus dem allgemeinen Gleichheitsgrundsatz des Art. 3 Abs. 1 GG ist das Verbot abzuleiten, wesentlich Gleiches willkürlich ungleich und wesentlich Ungleiches willkürlich gleich zu behandeln.[108] Dementgegen führe die Privilegierung der öffentlichen Hand in § 489 Abs. 4 BGB zu einer „sachwidrige[n] Diskriminierung" gewerblich agierender privater Kreditnehmer.[109] Es sei kein sachlicher Grund erkennbar, warum „[...] nur wenige hundert Einwohner zählende Gemeinden bei der Aufnahme von Darlehen Zinsbindungen von mehr als 10 Jahren frei vereinbaren können, [...] [während] am Kapitalmarkt agierende Großunternehmen eine solche langfristige Strategie nicht zu verfolgen [vermögen]."[110] Im Übrigen statuiere § 489 Abs. 4 S. 2 BGB eine personelle Ungleichbehandlung, sodass eine

---

105 Gegen eine fehlerhafte Abwägung durch den Gesetzgeber spricht zudem, dass die „[...] Neuregelung [des § 609a Abs. 1 Nr. 3 BGB a.F.] keinesfalls im Schnellverfahren durchgepeitscht worden ist", so *Bühler/Köndgen/H.Schmidt*, ZBB 1990, 49, 53.
106 *Hey*, FS Canaris (2007), 443, 457 f.
107 *Hey*, FS Canaris (2007), 443, 460.
108 BVerfG, Beschl. v. 15.10.1985 – 2 BvL 4/83, BVerfGE 71, 39, 52.
109 *Bühler/Köndgen/H.Schmidt*, ZBB 1990, 49, 53.
110 *Hey*, FS Canaris (2007), 443, 450.

strenge Verhältnismäßigkeitsprüfung geboten sei, der die Vorschrift keinesfalls genüge.[111]

Es ist zunächst festzustellen, dass in § 489 Abs. 4 S. 2 BGB eine Differenzierung erfolgt, die eine dem allgemeinen Gleichheitsgrundsatz widersprechende Ungleichbehandlung begründen kann. Allerdings ist Art. 3 Abs. 1 GG nach der sog. „Willkürformel" des BVerfG nur verletzt,

> „[...] wenn sich ein vernünftiger, aus der Natur der Sache sich ergebender oder sonst sachlich einleuchtender Grund für die gesetzliche Differenzierung nicht finden läßt. Dabei ist nach ständiger Rechtsprechung des Bundesverfassungsgerichts dem Gesetzgeber weitgehende Gestaltungsfreiheit zuzuerkennen. Nur die Einhaltung der äußersten Grenzen der gesetzgeberischen Freiheit ist vom Bundesverfassungsgericht nachzuprüfen; die Unsachlichkeit der getroffenen Regelung muß evident sein, wenn Art. 3 Abs. 1 GG verletzt sein soll."[112]

Eine sachliche Rechtfertigung für die ungleiche Behandlung (professioneller) privater Darlehensnehmer und den in § 489 Abs. 4 S. 2 BGB genannten juristischen Personen des öffentlichen Rechts ergibt sich allerdings daraus, dass für die öffentlichen-rechtlichen Darlehensnehmer – im Gegensatz zu unternehmerisch tätigen privaten Darlehensnehmern – jedenfalls nicht der Schutz grundrechtlich garantierter Rechtspositionen in Rede steht. § 489 Abs. 1 Nr. 2, Abs. 4 BGB zielt auf die Erhaltung eines Kernbestandes wirtschaftlicher Handlungsfreiheit ab.[113] Die wirtschaftliche Handlungsfreiheit ergibt sich für private Kreditnehmer aus Art. 2 Abs. 1 GG und ist damit grundrechtlich verbrieft.[114] Die in § 489 Abs. 4 S. 2 BGB genannten juristischen Personen des öffentlichen Rechts können sich darauf nicht berufen,[115] sodass die Differenzierung zwischen juristischen Personen des privaten und des öffentlichen Rechts eine unterschiedliche Behandlung klar voneinander abgrenzbarer Normadressaten aufgrund unterschiedlicher Betroffenheit von der mit der Norm verfolgten Intention erlaubt. Den in § 489 Abs. 4 S. 2 BGB genannten Personen des öffentlichen Rechts kann aus sachlichen Gründen der von § 489 Abs. 1 Nr. 2, Abs. 4 BGB statuierte

---

111 *Hey*, FS Canaris (2007), 443, 458.
112 Siehe im Zusammenhang mit dem sog. Fiskusprivileg des § 32 MietSchG: BVerfG, Beschl. v. 1.7.1964 – 1 BvR 375/62, BVerfGE 18, 121, 124.
113 § 7 B. III. 2.
114 BVerfG, Urt. v. 1.3.1979 – 1 BvR 532/77, 1 BvR 533/77, 1 BvR 419/78, 1 BvL 21/78, BVerfGE 50, 290, 366; BVerfG, Beschl. v. 14.10.1970 – 1 BvR 306/68, BVerfGE 29, 260, 267 m.w.N.
115 Statt aller: BVerfG, Beschl. v. 2.5.1967 – 1 BvR 578/63, BVerfGE 21, 362, 370.

Schutz vorenthalten werden, ohne den Schutzzweck der Norm insgesamt zu gefährden.[116] Auf der anderen Seite ist es dann aber nicht diskriminierend oder wettbewerbsverzerrend,[117] dass den öffentlichen Darlehensnehmern potentielle (Zinskosten-)Vorteile erwachsen, die mit jener sachlich rechtfertigbaren Differenzierung einhergehen, zumal diese Vorteile „[...] am Ende doch der Allgemeinheit zufließ[en]".[118]

Nicht von der Hand zu weisen ist hingegen, dass es sich bei der in § 489 Abs. 4 S. 2 BGB vorgenommenen Differenzierung um eine Ungleichbehandlung von (juristischen) Personen handelt, die nach neuerer Rechtsprechung des BVerfG nur gerechtfertigt ist, wenn dafür „[...] Gründe von solcher Art und solchem Gewicht bestehen, daß sie die ungleichen Rechtsfolgen rechtfertigen können".[119] Für eine Rechtfertigung reicht demnach nicht jeder sachliche Grund; vielmehr muss die differenzierende Regelung im Grunde einer (strengen) Verhältnismäßigkeitsprüfung standhalten,[120] wobei der grundsätzlich weite Beurteilungsspielraum des Gesetzgebers umso enger wird, je mehr sich die personenbezogenen Merkmale den in Art. 3 Abs. 3 GG genannten Merkmalen annähern.[121]

Nicht ohne Zweifel ist bereits, ob der in § 489 Abs. 2 S. 4 BGB vorgenommenen Differenzierung ein legitimer Zweck zu Grunde liegt und worin dieser besteht. Hinweise darauf finden sich weder in der Begründung zur Vorschrift in aktueller Fassung[122] noch zur Vorgängernorm des § 609a Abs. 1 Nr. 3 BGB a.F.[123] Unter Berücksichtigung sämtlicher objektiv in Fra-

---

116 Für eine entsprechende Ausnahme für hochprofessionelle Darlehensnehmer, die (nur) praktisch ggf. ebenso wenig des Schutzes nach § 489 Abs. 1 Nr. 2, Abs. 4 BGB bedürfen, fehlt es hingegen an Kriterien, die eine klare Differenzierung erlaubten; nur eine umfassende Regelung für (alle) privaten gewerblichen Darlehensnehmer und Verbraucher trägt dem vom Gesetzgeber verfolgten Schutzzweck ausreichend Rechnung, siehe: § 7 B. III. 2.

117 So aber: *Bühler/Köndgen/H. Schmidt*, ZBB 1990, 49, 53 f.; *Hey*, FS Canaris (2007), 443, 450; siehe ferner bereits: *Hopt/Mülbert*, WM 1990, Sonderbeilage Nr. 3, S. 19.

118 So *Bühler/Köndgen/H. Schmidt*, ZBB 1990, 49, 54 (Fn. 35), der insofern jedoch vom „Argument der letzten Zuflucht" spricht (ebda.).

119 BVerfG, Beschl. v. 30.5.1990 – 1 BvL 2/83, BVerfGE 82, 126, 146; im Zusammenhang mit jur. Personen: BVerfG, Urt. v. 2.3.1999 – 1 BvL 2/91, BVerfGE 99, 367, 388.

120 Insoweit treffend: *Hey*, FS Canaris (2007), 443, 458, der „[...] diese Prüfung aber auf sich beruhen [lässt]", da er in der Folge ohnedies einen Verstoß der Kündigungsregelung gegen Art. 2 Abs. 1 BGB bejaht (ebda.).

121 BVerfG, Beschl. v. 26.1.1993 – 1 BvL 38/92, BVerfGE 88, 87, 96.

122 BT-Drs. 10/4741, S. 23 ff.

123 BT-Drs. 16/11643, S. 74 f.; BT-Drs. 14/6040, S. 253.

ge kommender Zwecke[124] kann jedoch darauf rekurriert werden, dass der öffentlichen Hand bei der Aufnahme langfristiger Darlehen im Sinne des Gemeinwohls ein höheres Maß an Vertragsgestaltungsfreiheit eingeräumt wird, um eine flexiblere und kostengünstigere Finanzierung öffentlicher Projekte und Aufgaben zu ermöglichen. Dafür stellt die Ausnahmeregelung des § 489 Abs. 2 S. 4 BGB ein geeignetes und erforderliches Mittel dar. Insbesondere kann Gleiches nicht dadurch erreicht werden, dass § 489 Abs. 4 S. 1 BGB als verbraucherkreditrechtliche Spezialregelung ausgestaltet oder interpretiert wird,[125] da der damit verfolgte Schutzzweck auf diese Weise erheblich gefährdet wäre. Die sich aus § 489 Abs. 2 S. 4 BGB ergebende Priorisierung der öffentlichen Hand ist letztlich auch angemessen. Darin liegt weder eine übermäßige Diskriminierung gewerblich agierender privater Darlehensnehmer[126] noch ein „Missbrauch legislativer Gestaltungsmacht".[127] Zwar können sich aus der Privilegierung Wettbewerbsvorteile gegenüber nicht privilegierten privaten (Groß-)Unternehmen ergeben.[128] Dies durfte der Gesetzgeber allerdings aufgrund seines Einschätzungs- und Prognosespielraums in Kauf nehmen, da die potentiellen Vorteile der Regelung für das Gemeinwohl überwiegen. Denn durch die Ausnahmeregelung bleiben die bisherigen Möglichkeiten zur Finanzierung öffentlicher Aufgaben vollumfänglich erhalten, ohne den Schutzzweck von § 489 Abs. 1 Nr. 2, Abs. 4 BGB in Frage zu stellen. Deutlicher wird die Zweck- und Verhältnismäßigkeit der Regelung noch aus anderem Blickwinkel: Bei einem Verzicht auf die Ausnahmeregelung müssten die öffentlichen Darlehensnehmer und damit auch die Allgemeinheit die oben beschriebenen, potentiellen Zinskostennachteile hinnehmen,[129] obwohl dies für eine Verwirklichung des Schutzzwecks von § 489 Abs. 1 Nr. 2, Abs. 4 BGB weder nötig noch hilfreich ist. Daran aber, dass der Gesetzgeber zur Verwirklichung des übergeordneten Ziels des Schuldnerschutzes die Vertragsgestaltungsfreiheit nur insofern einschränkt, wie es dem auch tatsächlich dienlich ist, ist nichts zu erinnern. Die sich aus § 489 Abs. 4 S. 2 BGB ergebende Ungleichbehandlung öffentlicher und privater Darle-

---

124 *Manssen*, Staatsrecht II, Rn. 189 (str.).
125 Dafür aber *Bühler/Köndgen/H.Schmidt*, ZBB 1990, 49, 75 sowie in Anschluss daran: *Köndgen*, WM 2001, 1637, 1642.
126 *Bühler/Köndgen/H.Schmidt*, ZBB 1990, 49, 53 f.; *Hey*, FS Canaris (2007), 443, 450; *Hopt/Mülbert*, WM 1990, Sonderbeilage Nr. 3, S. 19.
127 So: *Bühler/Köndgen/H.Schmidt*, ZBB 1990, 49, 54.
128 *Hopt/Mülbert*, WM 1990, Sonderbeilage Nr. 3, S. 19 („wettbewerbsverzerrende Auswirkungen").
129 § 7 B. III. 2.

hensnehmer ist nach alledem verfassungsrechtlich nicht zu beanstanden, da diese nicht nur sachlich gerechtfertigt ist, sondern auch einer strengeren Verhältnismäßigkeitsprüfung nach Maßgabe der Rechtsprechung des BVerfG standhält.

b. Vereinbarkeit mit Privatautonomie und Vertragsfreiheit

Der Gesetzgeber hat sich bewusst dafür entschieden, das Kündigungsrecht des § 489 Abs. 1 Nr. 2 BGB als zwingendes Recht auszugestalten und privaten Darlehensvertragsparteien die Möglichkeit zu nehmen, dieses durch Vertrag auszuschließen oder zu erschweren, § 489 Abs. 4 S. 1 BGB. Die in Art. 2 Abs. 1 GG garantierte Vertragsfreiheit, die insbesondere auch die Freiheit umfasst, sich über sehr lange Zeiträume zu binden,[130] wird auf diese Weise eingeschränkt; der Schutzbereich des Art. 2 Abs. 1 GG ist berührt.[131] Ob die zwingende Anordnung des Kündigungsrechts überdies eine Verletzung von Art. 2 Abs. 1 GG begründet, ist hingegen zweifelhaft. Hierzu müsste die in § 489 Abs. 1 Nr. 2, Abs. 4 S. 1 BGB getroffene Regelung die Vertragsfreiheit der Parteien in ungerechtfertigter Weise einschränken. Die tauglichen Schranken des Art. 2 Abs. 1 GG ergeben sich aus der sog. Schrankentrias, von der die Rechte anderer, die verfassungsmäßige Ordnung sowie das Sittengesetz umfasst sind.[132] Zentrale Bedeutung kommt der Schranke der verfassungsmäßigen Ordnung zu, zu der sämtliche Rechtsnormen zählen, die formell und materiell mit der Verfassung in Einklang stehen.[133] Jenem einfachen Gesetzesvorbehalt genügt das formelle Gesetz des § 489 Abs. 4 S. 1 BGB, sofern die Regelung dem Grundsatz der Verhältnismäßigkeit entspricht. Der gesetzgeberische Eingriff müsste demnach ein geeignetes und erforderliches Mittel zur Verwirklichung eines legitimen Zwecks sein, wobei das eingesetzte Mittel nicht außer Verhältnis zum verfolgten Zweck stehen darf.[134]

Mit der in § 489 Abs. 4 S. 1 BGB normierten Beschränkung der Vertragsfreiheit der Parteien will der Gesetzgeber private Darlehensnehmer schützen und ein Mindestmaß wirtschaftlicher Bewegungsfreiheit garantieren.

---

130 *Hey*, FS Canaris (2007), 443, 458 m.w.N.

131 *Hey*, FS Canaris (2007), 443, 458.

132 *Epping*, Grundrechte, Rn. 571.

133 BVerfG, Urt. v. 16.1.1957 – 1 BvR 253/56, BVerfGE 6, 32, 38 (*Elfes*); BVerfG, Beschl. v. 6.5.1989 – 1 BvR 921/85, BVerfGE 80, 137, 153 (*Reiten im Walde*).

134 *Epping*, Grundrechte, Rn. 48 ff.

Hierzu „[...] ist die zwingende Anordnung einer Kündigungsmöglichkeit ein geeignetes Mittel."[135] Zweifel meldet *Hey* an der Erforderlichkeit der Regelung an. Ein hinreichender Schutz vor übermäßig langer vertraglicher Bindung könne – wie auch bei anderen Dauerschuldverhältnissen – ebenso gut auf Grundlage der allgemein geltenden Sittenwidrigkeitsschranke des § 138 BGB gewährleistet werden. Eine starre Regelung, die eine strenge Zehnjahresfrist statuiert, sei daher nicht das relativ mildeste, im Übrigen aber gleich wirksame Mittel zur Erreichung des verfolgten Zwecks.[136] Schließlich sei die Verordnung einer Zehnjahresobergrenze auch unangemessen. Die Verwehrung bzw. erhebliche (finanzielle) Erschwerung längerfristiger Bindung an festverzinsliche Darlehensverträge stehe außer Verhältnis zum damit verfolgten Zweck.[137] Dem Darlehensnehmer werde die „[...] Gestaltungschance [genommen], sich über einen längeren Zeitraum gegen unliebsame Zinsänderungen zu sichern".[138] Dem stehe ein nur marginaler Vorteil in Form des Schutzes vor übermäßiger zeitlicher Bindung gegenüber, der sich auch zu Lasten des Darlehensnehmers auswirken könne; vor zu hohen Kreditzinsen schütze das zwingend vorgeschriebene Kündigungsrecht gerade nicht.

Hey ist beizupflichten, dass die richterliche Inhaltskontrolle anhand von § 138 BGB grundsätzlich ein geeignetes Mittel zur Vermeidung überlanger vertraglicher Bindung darstellt. Der Gesetzgeber hat sich jedoch dafür entschieden, für private Festzinskreditnehmer ein Maß wirtschaftlicher Bewegungsfreiheit mittels zwingender gesetzlicher Regelung zu gewährleisten, das über das von § 138 BGB garantierte Maß hinausgeht. Ein relativ milderes Mittel im Vergleich zum zwingenden vorbehaltlosen Kündigungsrecht nach gewissem Zeitraum ist zur Erreichung jener Zielsetzung nicht ersichtlich. Es mag in der Sache diskutabel sein, ob es dazu der Einführung einer strengen Zehnjahresobergrenze bedurft hätte oder ob nicht auch mit einer Begrenzung der Vertragsbindung auf 15 oder 20 Jahre ein ebenso hohes Schutzniveau bei weniger intensivem Eingriff hätte erreicht werden können. Insofern ist aber der Notwendigkeit gewisser Typisierungen und dem diesbezüglich weiten Beurteilungs- und Prognosespielraum des Gesetzgebers Rechnung zu tragen,[139] sodass sich letztlich auch keine durch-

---

135 So auch: *Hey*, FS Canaris (2007), 443, 458 a.E.
136 *Hey*, FS Canaris (2007), 443, 459.
137 *Hey*, FS Canaris (2007), 443, 459 f.
138 *Hey*, FS Canaris (2007), 443, 460.
139 Vgl.: BVerfG, Urt. v. 28.4.1999 – 1 BvL 11/94, BVerfGE 100, 138, 174; BVerfG, Urt. v. 7.12.1999 – 2 BvR 301/98, BVerfGE 101, 297, 309; BVerfG, Beschl. v. 4.4. 2001 – 2 BvL 7/98, BVerfGE 103, 310, 319.

greifenden Zweifel an der Erforderlichkeit der Regelung ergeben. Gleiches gilt hinsichtlich der Verhältnismäßigkeit des gesetzgeberischen Eingriffs im engeren Sinn. Der Gesetzgeber bezweckt mit der zwingenden Normierung des Kündigungsrechts aus § 489 Abs. 1 Nr. 2 BGB die Garantie eines bestimmten Maßes wirtschaftlicher Flexibilität sämtlicher Normadressaten. Im Zuge dessen wird ihm aber keineswegs die Möglichkeit genommen, sich über einen längeren Zeitraum gegen Zinssteigerungen abzusichern. Vielmehr erhalten Darlehensnehmer, die sich länger als zehn Jahre binden, zudem die Chance, nach Ablauf der Frist ggf. verbesserte Marktkonditionen für sich zu reklamieren. Nun ist – jedenfalls in der Theorie – nicht zu bestreiten, dass „dauerbindungswillige" Darlehensnehmer jene Vorteile mit höheren Zinskosten vergelten. Dies aber durfte der Gesetzgeber im Rahmen seines Beurteilungsspielraums unter Abwägung der widerstreitenden Interessen zulässigerweise in Kauf nehmen.[140] Die in § 489 Abs. 1 Nr. 2, Abs. 4 BGB normierte Gewährung eines unabdingbaren Kündigungsrechts greift mithin nicht in ungerechtfertigter Weise in die Vertragsfreiheit der Darlehensparteien aus Art. 2 Abs. 1 GG ein, sodass gegen die Vorschrift des § 489 Abs. 1 Nr. 2, Abs. 4 BGB im Ergebnis keine verfassungsrechtlichen Bedenken begründet sind.

§ 8 „Außerordentliches Kündigungsrecht" des Darlehensgebers

Im Rahmen der gesetzlichen oder vertraglichen Regelungen zur außerordentlichen Kündigung legen der Gesetzgeber bzw. die Parteien solche Umstände fest, unter denen eine einseitige Lösung vom Vertrag für geboten erachtet wird. Die zeitlich wirkende Begrenzung unbefristeter Darlehensverträge durch das Recht zur ordentlichen Kündigung wird durch die normativ begründete Möglichkeit zur vorzeitigen Beendigung im Wege der außerordentlichen Kündigung ergänzt.

A. Die gesetzliche Regelung des § 490 Abs. 1 BGB

Der Gesetzgeber hat in § 490 Abs. 1 BGB ein erhebliches und schützenswertes Interesse des Darlehensgebers anerkannt, sich vorzeitig vom Vertrag lösen zu können, wenn in den Vermögensverhältnissen des Darlehensnehmers oder in der Werthaltigkeit einer für das Darlehen gestellten Sicher-

---

140 Ebda.

heit eine wesentliche Verschlechterung eintritt oder einzutreten droht, durch die die Rückzahlung des Darlehens, auch unter Verwertung der Sicherheit, gefährdet wird. Es ist die Grundidee der Kreditvergabe, dass der Darlehensgeber den Darlehensnehmer mit Liquidität versorgt, um kapitalintensive Projekte verwirklichen zu können, ohne zuvor die dafür notwendigen Geldmittel selbst erwirtschaften zu müssen. Dies gilt sowohl für den angehenden Familienvater, der sich den Traum vom Eigenheim verwirklichen will, wie für den professionell agierenden Investor, der kurzfristig ein lukratives Großprojekt realisieren möchte. Hier wie da erbringt der Darlehensgeber eine „Vorschussleistung", die er sich regelmäßig mit mehr oder minder risikoangemessenen Zinszahlungen vergelten lässt.[141] Die Gesamtwirtschaftlichkeit der Darlehensvergabe ist am Ende primär von der hinreichenden Zahlungsfähigkeit des Darlehensnehmers abhängig; und zwar während der gesamten Darlehenslaufzeit bis hin zur vollständigen Rückzahlung der in Anspruch genommenen Valuta. Nur dann ist sichergestellt, dass sowohl dem Zinsinteresse als auch dem Rückzahlungs- bzw. Kapitalerhaltungsinteresse des Darlehensgebers umfänglich Rechnung getragen wird. Die erheblichen Ausfallrisiken, die der Darlehensgeber durch seine Vorleistung (bewusst) eingeht,[142] können durch Bestellung von Sicherheiten minimiert werden. Im Sicherungsfall kann der wirtschaftliche Erfolg der Kreditvergabe für den Darlehensgeber daher selbst dann noch *subsidiär* herbeigeführt werden, soweit der Rückgriff auf werthaltige Sicherheiten möglich ist.

Schon nach „altem Recht" wurde jener Interessenlage dadurch Rechnung getragen, dass dem Darlehensgeber in § 610 BGB a.F. ein Widerrufsrecht eingeräumt wurde, wenn in den Vermögensverhältnissen des anderen Teils eine wesentliche Verschlechterung eintrat, durch die der Anspruch auf die Rückerstattung gefährdet wurde. Im Zuge der Schuldrechtsreform hat sich der Gesetzgeber mit Blick auf die heute allgemein aner-

---

141 Ähnlich: *Frese*, Die Kündigungsmöglichkeiten des Darlehensgebers, S. 1: „[Das Darlehen] gibt dem Darlehensnehmer die Möglichkeit, eine vorweggenommene Finanzkraft zu erlangen, welche er oftmals überwiegend durch die Verwendung seiner Arbeits- oder Produktionskraft erst nach jahrelangen Leistungen erreichen könnte. Nachteil der Darlehensaufnahme ist allerdings, dass das vorzeitige Erlangen von Finanzkraft die Zeit der notwendigen produktiven Tätigkeit verlängert. Dies ist der dem Darlehensvertrag regelmäßig immanenten Zinsabrede geschuldet. Diese stellt die Gegenleistung für die im Voraus erlangte Finanzkraft dar.".

142 *Fandrich*, in: Graf von Westphalen, Vertragsrecht und AGB, 41. EL 2018, Darlehensvertrag Rn. 2.

kannte rechtstheoretische Verortung des Darlehens als synallagmatischem Konsensualvertrag entschieden, dem Darlehensgeber ein „Außerordentliches Kündigungsrecht" einzuräumen, ohne aber die unter der Vorgängervorschrift geltende Rechtslage inhaltlich antasten zu wollen.[143] Nach wie vor soll der Darlehensgeber vor einem Vermögensverlust infolge Zahlungsunfähigkeit des Darlehensnehmers bewahrt werden, indem er sich schon bei drohender Verschlechterung der Vermögensverhältnisse vom Vertrag lösen kann. Im Unterschied zur alten Rechtslage steht dem Darlehensgeber das Recht zur vorzeitigen Vertragsbeendigung gem. § 490 Abs. 1 BGB nicht nur vor Darlehensvalutierung („im Zweifel jederzeit") zu. Darüber hinaus kann der Darlehensgeber auch nach Valutierung „in der Regel" kündigen, womit § 490 Abs. 1 BGB über den nominellen Gehalt des § 610 BGB a.F. hinausgeht.[144]

I. Rechtliche Einordnung

1. Dogmatische Grundlage

Die rechtliche Einordnung der Vorschrift ist umstritten. Einer Ansicht nach soll es sich bei § 490 Abs. 1 BGB – wie schon bei § 610 BGB a.F. –[145] um eine spezialgesetzliche Ausformung der *clausula rebus sic stantibus*[146] handeln, die dem Darlehensgeber bei Gefährdung seines Rückzahlungsanspruchs eine vorzeitige Vertragsbeendigung ermöglicht.[147] Anderer Ansicht[148] nach soll § 490 Abs. 1 BGB im Gegensatz zu § 610 BGB a.F. nicht

---

143 BT-Drs. 14/6040, S. 254.
144 Ob ein Widerruf nach § 610 BGB a.F. auch nach Valutierung möglich war, war umstritten, dafür etwa: OLG Nürnberg, Urt. v. 20. 11. 58 – 3 U 125/58, JZ 1959, 313 f.; *Gruber*, NJW 1992, 419; dagegen aber: *Gernhuber*, JZ 1959, 314, 315; *Beining*, NJW 1992, 2742; Soergel/*Häuser*, BGB (1997), § 610 a.F. Rn. 4.
145 Soergel/*Häuser*, BGB (1997), § 610 a.F. Rn. 1; *Hopt/Mülbert*, Kreditrecht, § 610 Rn. 2 m.w.N.
146 Im Allgemeinen zu jenem, nicht verallgemeinerbaren Rechtsgrundsatz: *Köbler*, Die „clausula rebus sic stantibus".
147 *K.P.Berger*, in: Münchener Kommentar zum BGB (2016), § 490 Rn. 1.
148 *Mülbert*, in: Staudinger, BGB (2015), § 490 Rn. 6; siehe auch: *Krepold*, in: Langenbucher/Bliesener/Spindler, Bankrechtskommentar (2016), 14. Kapitel Rn. 205, der seine dortigen Ausführungen zu § 490 Abs. 1 BGB mit „Das Recht zur außerordentlichen Kündigung aus wichtigem Grund" überschreibt.

einen Sonderfall der *clausula* bzw. Geschäftsgrundlagenstörung[149] regeln, sondern ein Kündigungsrecht aus wichtigem Grund.[150]

Sowohl eine Störung der Geschäftsgrundlage, § 313 Abs. 1, 3 S. 2 BGB als auch ein „wichtiger" Grund können zur Kündigung eines Dauerschuldverhältnisses berechtigen, sodass sich weder Wortlaut noch Gesetzesbegründung ein zwingender Schluss auf die dogmatische Verortung des § 490 Abs. 1 BGB ziehen lässt. Durch die Verweisung auf § 313 BGB und § 314 BGB in § 490 Abs. 3 BGB ergibt sich keine systematische Vorgabe für die rechtliche Verortung der kodifizierten Kündigungsrechte, so dass die dogmatische Differenzierung letztlich nach dem Sinn und Zweck der Regelung vorzunehmen ist.

Für eine Verortung im Bereich der Geschäftsgrundlagenlehre spricht, dass § 490 Abs. 1 BGB auf den Schutz des Darlehensgebers vor Vermögensverlusten in Folge erheblicher Verschlechterung der Vermögensverhältnisse beim Darlehensnehmer abzielt. Diese Vermögensverschlechterung gründet wiederum regelmäßig nicht in „vertragsimmanenten" Umständen,[151] sondern geht mit einer Verschlechterung der allgemeinen Lebensumstände (Kündigung des Arbeitsverhältnisses, Krankheit etc.) einher.

Allerdings verpflichtet sich der Darlehensnehmer bei Vertragsschluss zur Rückzahlung des zur Verfügung gestellten Kapitals sowie der Zahlung von Zinsen. Die Zahlungsfähigkeit des Darlehensnehmers ist nicht nur „Geschäftsgrundlage", sondern originärer und essenzieller Bestandteil des Darlehensvertrags selbst. Die Vermögensverschlechterung als solche ist damit – anders als die möglichen Gründe dafür – ein dem Vertrag immanenter Grund, der nach Ansicht des Gesetzgebers zur außerordentlichen Kündigung berechtigt. Die zur Kündigung Anlass gebenden Umstände entspringen zudem allein der Risikosphäre des Darlehensnehmers. Mit anderen Worten wird dem Darlehensgeber nach § 490 Abs. 1 BGB ein Recht zur außerordentlichen Kündigung eingeräumt, weil der Darlehensnehmer die allein von ihm zu verantwortende und vertraglich vorausgesetzte Stabilität seiner wirtschaftlichen Verhältnisse nicht (mehr) garantieren kann.

---

149 HK-BGB/*Wiese*, § 490 BGB Rn. 2: „Unterfall einer besonderen Art der *Geschäftsgrundlagenstörung*" (Hervorhebung übernommen); Soergel/*Seifert*, BGB (2014), § 490 Rn 3.
150 Eine nähere Begründung „seiner" rechtlichen Deutung liefert keiner der genannten Autoren.
151 Zum Verhältnis von § 313 BGB und § 314 BGB: § 5 B. III. 3.

Nach hier vertretener Ansicht normiert § 490 Abs. 1 BGB damit ein besonderes Recht zur „Kündigung von Dauerschuldverhältnissen aus wichtigem Grund".[152]

2. Verhältnis zu §§ 313, 314 BGB und § 321 BGB

Nach § 490 Abs. 3 BGB bleiben die allgemeinen Vorschriften über die Anpassung und Beendigung von Verträgen unberührt. „Damit soll verdeutlicht werden, dass die Regelung in den Absätzen 1 und 2 nicht abschließend ist, sondern den Vertragsparteien die sich aus den allgemeinen Vorschriften ergebenden weiteren Vertragslösungsmöglichkeiten außerhalb der in [§ 490 BGB] geregelten Einzelfälle verbleiben."[153]

Überdies findet neben § 490 Abs. 1 BGB die auf ähnlichen Rechtsgedanken beruhende Unsicherheitseinrede gem. § 321 BGB Anwendung.[154] Im Unterschied zu § 490 Abs. 1 BGB steht bei § 321 BGB jedoch der Schutz der synallagmatischen Gegenleistung im Fokus.[155] Im gegenständlichen Kontext gewährt die Vorschrift dem vorleistungspflichtigen Darlehensgeber (lediglich) im Zeitraum zwischen Vertragsschluss und Valutierung des Darlehens ein Leistungsverweigerungsrecht bis die Gegenleistung bewirkt oder Sicherheit dafür geleistet worden ist.[156] In Rede steht damit zunächst „nur" eine dilatorische Einrede des Darlehensgebers.[157]

II. Voraussetzungen

Demgegenüber berechtigt § 490 Abs. 1 BGB zur außerordentlichen Kündigung des Vertrages und beinhaltet insofern eine einschneidendere Regelung.[158] § 321 BGB und § 490 Abs. 1 BGB entfalten nicht nur verschiedene Wirkungen, sondern weisen auch auf Tatbestandsebene strukturelle Unterschiede auf. So bezweckt § 490 Abs. 1 BGB nicht den Schutz vor einem

---

152 BT-Drs. 14/6040, S. 255.
153 Ebda.
154 *K.P.Berger*, in: Münchener Kommentar zum BGB (2016), § 490 Rn. 73 m.w.N.
155 *Mülbert*, in: Staudinger, BGB (2015), § 490 Rn. 7.
156 *K.P.Berger*, in: Münchener Kommentar zum BGB (2016), § 490 Rn. 73.
157 *Mülbert*, in: Staudinger, BGB (2015), § 490 Rn. 224 m.w.N.
158 Vgl.: *K.P.Berger*, in: Münchener Kommentar zum BGB (2016), § 490 Rn. 73; zu beachten ist aber, dass der Vorleistungspflichtige nach erfolglosem Ablauf einer angemessenen Frist vom Vertrag zurücktreten kann, § 321 Abs. 2 BGB.

Ausfall der Gegenleistung, sondern den vor einem Ausfall des Rückzahlungsanspruchs. Der Darlehensgeber soll sich unverzüglich vom Vertrag lösen können, sobald objektive Anhaltspunkte die Befürchtung stützen, dass der Darlehensnehmer in eine Lage potentieller Zahlungsunfähigkeit gerät und „[...] deshalb die Forderungen der Bank *ausfallgefährdet* sind."[159]

1. Verschlechterung der Vermögensverhältnisse

Der Begriff der Vermögensverhältnisse umfasst die gesamte wirtschaftliche und finanzielle Situation des Darlehensnehmers und schließt auch externe Faktoren ein, sofern diese sich auf seine konkrete Vermögenslage auswirken.[160] Eine allgemeine wirtschaftliche Schieflage ist irrelevant, es sei denn der Darlehensnehmer ist im Besonderen davon betroffen.[161]

Ob eine wesentliche Verschlechterung der Vermögensverhältnisse eingetreten ist oder einzutreten droht ist anhand eines objektiven Vergleichs der Vermögensverhältnisse bei Vertragsschluss und zum Zeitpunkt der Kündigung zu ermitteln; der subjektive Eindruck einer (drohenden) Vermögensverschlechterung und Kreditgefährdung reicht nicht.[162] Es bedarf einer „Gesamtschau aller wirtschaftlichen Umstände des Einzelfalls",[163] d.h. es steht mehr als eine simple Vergleichsrechnung in Rede.[164] Aussagekräftige Indikatoren für eine wesentliche Vermögensverschlechterung sind etwa[165] darin zu erblicken, dass andere Gläubiger Zwangsvollstreckungsmaßnahmen gegen den Darlehensnehmer einleiten[166] oder die eingeräumte Kreditlinie ständig und erheblich überzogen wird.[167] Vom Eintritt einer wesentlichen Vermögensverschlechterung kann regelmäßig[168] ausgegangen

---

159 *Krepold*, in: Schimansky/Bunte/Lwowski, Bankrechts-Handbuch (2017), § 79 Rn. 181 (Hervorhebung übernommen).
160 Statt aller: *Krepold*, in: Schimansky/Bunte/Lwowski, Bankrechts-Handbuch (2017), § 79 Rn. 182.
161 *K.P.Berger*, in: Münchener Kommentar zum BGB (2016), § 490 Rn. 4 m.w.N.
162 *Freitag*, WM 2001, 2370, 2373.
163 So: *K.P.Berger*, in: Münchener Kommentar zum BGB (2016), § 490 Rn. 5 (Hervorhebung und Nachw. ausgelassen).
164 Ebda.
165 Weitere Bsp. gibt *Krepold*, in: Langenbucher/Bliesener/Spindler, Bankrechtskommentar (2016), 14. Kapitel Rn. 211.
166 OLG Frankfurt, Urt. v. 10.1.2003 – 10 U 122/02, BKR 2003, 870, 871.
167 OLG Hamm, Urt. v. 12.9.1990 – 31 U 102/90, WM 1991, 402.
168 Eine Darstellung weiterer Einzelfälle findet sich bei *Mülbert*, in: Staudinger, BGB (2015), § 490 Rn. 15 ff.

werden, wenn die Insolvenz des Darlehensnehmers nachweislich bevor-steht[169] oder bereits Antrag auf Eröffnung eines Insolvenzverfahrens ge-stellt worden ist.[170]

2. Verschlechterung in der Werthaltigkeit der Sicherheit

Einer wesentlichen Verschlechterung der Vermögensverhältnisse nominell gleichgestellt ist eine wesentliche Verschlechterung der für das Darlehen gestellten Sicherheit. Vom Begriff der Sicherheit in § 490 Abs. 1 BGB sind sämtliche marktgängige Real- und Personalsicherheiten umfasst, die vom Darlehensnehmer oder einem Dritten gestellt sind;[171] rein schuldrechtli-che Verpflichtungserklärungen, wie Negativerklärungen[172] oder *financial covenants*[173] fallen nicht darunter.[174] Um feststellen zu können, ob sich die Werthaltigkeit gestellter Sicherheiten ab Vertragsschluss verschlechtert hat, bedarf es deren objektiver Bewertung zum Zeitpunkt der Sicherheitenbe-stellung und zum Zeitpunkt der außerordentlichen Kündigung. Hierbei kann sich zunächst an den Vorgaben orientiert werden, die der BGH im Zusammenhang mit der Freigabe bei revolvierenden Globalsicherheiten gemacht hat:[175] „Der regelmäßige Sicherungswert ist danach bei bewegli-chen Sachen durch Anknüpfung an den Schätzwert, bei abgetretenen For-derungen an den Nennwert und jeweils durch einen pauschalen Risikoab-schlag zu bemessen."[176] Bei Realsicherheiten ist eine etwaige Verschlechte-rung anhand des Erlöses zu ermitteln, der bei zwangsweiser Verwertung zu erzielen ist (sog. Zerschlagungswert).[177]

---

169 BGH, Urt. v. 20.5.2003 – XI ZR 50/02, WM 2003, 1416.
170 BGH, Urt. v. 5.2.2007 – II ZR 234/05, BGHZ 171, 46 Rn. 14.
171 Soergel/*Seifert*, BGB (2014), § 490 Rn. 8.
172 Hierbei handelt es sich um eine Erklärung des Darlehensnehmers, dritten Gläu-bigern keine (weiteren) Sicherheiten zu bestellen, siehe: *Freitag*, in: Staudinger, BGB (2015), § 488 Rn. 560 b.
173 Diese verpflichten den Darlehensnehmer zur Einhaltung im Darlehensvertrag exakt definierter Finanzkennzahlen, ausführlich dazu: *Runge*, Covenants in Kre-ditverträgen, S. 30 ff.
174 *Mülbert*, in: Staudinger, BGB (2015), § 490 Rn. 13.
175 *Merz*, in: Kümpel/Wittig, Bankrecht (2011), Rz. 6.523.
176 BGH, Beschl. v. 27.11.1997 – GSZ 1/97, BGHZ 137, 212, 233 f.
177 Statt aller: *Mülbert*, in: Staudinger, BGB (2015), § 490 Rn. 18 m.w.N.

3. Gefährdung der Rückzahlung

Maßgebliches, ja letztlich sinnstiftendes Kriterium dafür, dass der Darlehensgeber nach § 490 Abs. 1 BGB außerordentlich kündigen kann, ist, dass die Rückzahlung des Darlehens aufgrund der (drohenden) Verschlechterung der Vermögensverhältnisse, auch unter Verwertung der Sicherheit gefährdet ist. Dies ist nur der Fall, wenn die Rückzahlungsforderung des Darlehensgebers bei Gesamtschau der konkreten wirtschaftlichen Verhältnisse des Darlehensnehmers ausfallgefährdet ist. Insofern reicht für sich gesehen weder eine Verschlechterung der Vermögensverhältnisse noch eine Verschlechterung der Werthaltigkeit gestellter Sicherheiten aus, solange der Darlehensnehmer trotz alledem willens und in der Lage ist, seine Verbindlichkeiten ordentlich zu bedienen.[178] Da es sich bei § 490 Abs. 1 BGB um einen besonderen Fall der Kündigung aus wichtigem Grund handelt, ist auch bei dessen Anwendung und Auslegung zu beachten, dass die Kündigung nur das letzte Mittel sein darf, um eine vom Gesetzgeber als unzumutbar bewertete Vertragsfortfortführung zu verhindern.[179] So muss dem Darlehensnehmer etwa die Möglichkeit gegeben werden, zusätzliche Sicherheit zu stellen, auf deren Grundlage der Darlehensgeber (vollumfängliche) Befriedigung erlangen kann.[180] Umgekehrt ist eine außerordentliche Kündigung nach § 490 Abs. 1 BGB nur dann möglich, wenn es dem Darlehensgeber gelingt darzulegen und zu beweisen,[181] dass sich die persönliche wirtschaftliche Gesamtsituation des Darlehensnehmers so „wesentlich" verändert hat, dass auf Grundlage einer tragfähigen Prognose unter Beachtung der Besonderheiten des Einzelfalls mit einem Kreditausfall zu „rechnen" ist.[182]

---

178 Vgl.: *Freitag*, WM 2001, 1370, 1375.

179 *Mülbert*, in: Staudinger, BGB (2015), § 490 Rn. 31.

180 Soergel/*Seifert*, BGB (2014), § 490 Rn 11; regelmäßig steht der Bank andererseits ein Anspruch auf Nachsicherung zu, Nr. 13 Abs. 2 AGB-Banken bzw. § 22 Abs. 1 AGB-Sparkassen.

181 Brandenburgisches OLG, Urt. v. 18.11.2009 – 3 U 104/08, WM 2010, 605, 607.

182 Vgl.: *Mülbert*, in: Staudinger, BGB (2015), § 490 Rn. 26, der Im Tatbestandsmerkmal „Gefährdung des Rückzahlungsanspruchs" „[...] eine gesetzliche *Konkretisierung* des Merkmals ‚wesentliche Verschlechterung'" erblickt (Hervorhebung übernommen).

III. Schranken

Eine fristlose Kündigung des Darlehens ist bei Vorliegen der tatbestandlichen Voraussetzungen vor Valutierung im Zweifel stets zulässig. Denn dem Darlehensgeber kann „eine Auszahlung ,sehenden Auges', dass er dieses vom Darlehensnehmer nicht zurückerhalten werde, schlechterdings nicht zugemutet werden [...]." Allerdings kann sich etwas anderes aus insoweit vorrangigen vertraglichen Vereinbarungen ergeben, wonach eine wesentliche Vermögensverschlechterung bereits antizipiert worden ist.[183]

Nach Auszahlung der Valuta kann der Darlehensgeber hingegen nur „in der Regel" fristlos kündigen, d.h. die Kündigungsmöglichkeit hängt von einer umfassenden Würdigung der Umstände des Einzelfalles und Abwägung der widerstreitenden Interessen ab. So hat der Darlehensnehmer gerade in Krisenzeiten ein gesteigertes Interesse daran, dass „[...] die Bank ihm [...] die Treue hält und nicht ohne triftigen Anlaß im Stich läßt."[184] Darlehensnehmer, die in finanzielle Schieflage geraten und bei denen Sanierungsbedürftigkeit besteht, sind umso mehr darauf angewiesen, dass die Bank ihnen in der Krise nicht die zur Verfügung gestellte Liquidität entzieht. Insbesondere für sanierungsbedürftige Unternehmen kann die Kündigung in bedrängter Lage „[...]den Todesstoß bedeuten [...]."[185] Für den „finanziell schwächelnden" Privatmann steht bei drohender Kündigung gar buchstäblich der Verlust von „Haus und Hof" in Rede. Die Aufkündigung der kreditgeschäftlichen Beziehungen durch die Bank kann also sowohl im unternehmerischen Bereich als auch im Bereich privater Eigenheimfinanzierung drastische Folgen für den Darlehensnehmer haben. Allerdings haben nicht nur die sanierungsbedürftigen Darlehensnehmer ein – mitunter existentielles – Interesse an der Fortführung der Vertragsbeziehung. Auch den Darlehensgebern selbst ist grundsätzlich daran gelegen, dass der Darlehensnehmer „gesundet", den laufenden Kredit vertragsgemäß bedient und ggf. für weitere Geschäftsbeziehungen zur Verfügung steht. Der Darlehensgeber steht daher bei drohender Insolvenz bzw. Sanierungsbedürftigkeit des Darlehensnehmers oftmals vor der schweren Entscheidung, dem Darlehensnehmer die Liquidität zu belassen und so an dessen möglicher Sanierung mitzuwirken oder sich durch vorzeitige Kreditbeendigung möglichst schadlos zu halten, aber dadurch das Ende der Geschäftsbeziehung und ggf. die Existenz des Darlehensnehmers

---

183 Vgl.: *Mülbert*, in: Staudinger, BGB (2015), § 490 Rn. 36 ff.
184 *Canaris*, ZHR 143 (1979), 113, 125.
185 *Canaris*, ZHR 143 (1979), 113, 131.

aufs Spiel zu setzen. Eine tatsächliche Pflicht zur Erhaltung oder Zur-Verfügung-Stellung (weiterer) Liquidität besteht jedoch auch im Sanierungsfalle regelmäßig[186] nicht,[187] zumal der Gesetzgeber im Einklang mit dem Charakter des Darlehensvertrages als im Grunde egoistischem Austauschverhältnis typisierend von einem überwiegenden Beendigungsinteresse des Darlehensgebers ausgeht, das allenfalls in (krassen) Ausnahmefällen zurücktreten muss.[188] In diesem Zusammenhang sind insbesondere Fallgestaltungen zu nennen, in denen sich der Kreditgeber treuwidrig oder widersprüchlich verhält. So scheidet eine fristlose Kündigung etwa aus, wenn er die Vermögensverschlechterung bewusst (mit-)herbeigeführt[189] oder er das Darlehen ohne jegliche Kreditwürdigkeitsprüfung gewährt hat, *arg. ex* § 18 S. 1 KWG.[190]

IV. Kündigungswirkungen

Die wirksame Kündigung erfolgt nach allgemeinen Grundsätzen durch einseitige und empfangsbedürftige Willenserklärung und hat zur Folge, dass sich der Darlehensvertrag in ein Abwicklungsschuldverhältnis wandelt. Unbeschadet abweichender Vereinbarungen[191] kann der Darlehensgeber fristlos kündigen. Wie bereits ausgeführt,[192] wird der Anspruch des Darlehensgebers auf Rückzahlung der Valuta mit wirksamer Kündigung fällig und der Darlehensvertrag in ein Abwicklungsschuldverhältnis umgewandelt.[193] Mit Fälligkeit des Valutarückzahlungsanspruchs wird der Darlehensnehmer von seiner Pflicht zur Zahlung weiterer Vertragszinsen

---

186 Teilweise wird eine solche „Kreditversorgungspflicht" in Ausnahmefällen angenommen, etwa wenn der Darlehensgeber die weitere Versorgung mit Liquidität glaubhaft in Aussicht gestellt hat, vgl.: *K.P.Berger*, in: Münchener Kommentar zum BGB (2016), § 490 Rn. 92; ders., BKR 2009, 45, 49 f.

187 Siehe hierzu die ausführlichen Nachw. bei: *Mülbert*, in: Staudinger, BGB (2015), § 490 Rn. 40.

188 § 5 A. II.

189 *Mülbert*, in: Staudinger, BGB (2015), § 490 Rn. 42; *K.P.Berger*, in: Münchener Kommentar zum BGB (2016), § 490 Rn. 16; *Renner*, in: Staub-HGB Kreditgeschäft, Vierter Teil Rn 255.

190 *Mülbert*, in: Staudinger, BGB (2015), § 490 Rn. 43.

191 Siehe etwa: Nr. 19 Abs. 3 S. 3 AGB-Banken; Nr. 26 Abs. 2 AGB-Sparkassen (nach lit. e.).

192 § 6.

193 *K.P.Berger*, in: Münchener Kommentar zum BGB (2016), § 488 Rn. 236; *Mülbert*, in: Staudinger, BGB (2015), § 488 Rn. 314.

frei.[194] Anders als im Falle der ordentlichen Kündigung, wonach der Darlehensnehmer das darlehensrechtliche Schuldverhältnis insgesamt durch ordnungsgemäße Erfüllung seiner Pflichten zur Rückzahlung der Valuta und ggf. noch ausstehender Zinszahlungen zum Erlöschen bringen kann,[195] kann der Darlehensgeber im Fall der berechtigten außerordentlichen Kündigung gem. §§ 490 Abs. 1, 314 Abs. 1 BGB wegen der Vertragsuntreue des Darlehensnehmers Schadenersatz statt der Leistung verlangen. Dabei handelt es sich um einen „echten" bzw. in der rechtlichen Qualifikation unbestrittenen Schadenersatzanspruch aus §§ 280 Abs. 1, Abs. 3, 281, 249 ff. BGB,[196] der ebenso wie der Anspruch auf Zahlung einer Vorfälligkeitsentschädigung aus § 490 Abs. 2 S. 3 BGB auf Ersatz des positiven Interesses des Darlehensgebers gerichtet ist.[197] Angesichts der unterschiedlichen rechtlichen Grundlagen ist es jedoch unpräzise, von einem Anspruch auf „Vorfälligkeitsentschädigung" zu sprechen; auch zwecks besserer Abgrenzbarkeit sollte vielmehr von einem Anspruch auf Ersatz des „Nichterfüllungsschadens"[198] oder „Auflösungsschadens" die Rede sein.[199]

Erfolgt die Kündigung hingegen unberechtigt, ist hierin eine Pflichtverletzung des Darlehensgebers zu erblicken, die Schadenersatzansprüche des Darlehensnehmers aus §§ 280 Abs. 1, 241 Abs. 2 BGB begründen kann.[200]

---

194 BGH, Urt. v. 8.2.2000 – XI ZR 313/98, WM 2000, 780, 781, BGH, Urt. v. 28.4.1988 – III ZR 57/87, BGHZ 104, 337, 338 f.; *K.P.Berger*, in: Münchener Kommentar zum BGB (2016), § 488 Rn. 196; *Freitag*, in: Staudinger, BGB (2015), § 488 Rn. 185a; *Mülbert*, in: Staudinger, BGB (2015), § 488 Rn. 293.

195 Vgl. oben: § 6.

196 Siehe die ausführlichen Nachw. bei: *Knöpfel*, NJW 2014, 3125, 3126 (Fn. 7 und 10); vgl. auch: *Bunte*, NJW 2016, 1626, 1627 („einhellige Meinung"); siehe ferner zur Rechtslage vor der Schuldrechtsmodernisierung: *Rösler/Wimmer/Lang*, Vorzeitige Beendigung von Darlehensverträgen, Rn. C 20 f. m.w.N.

197 Zur Berechnung siehe: § 9 D. III.; zum Verhältnis von Nichterfüllungs- und Verzugsschaden siehe: § 14 C.

198 In Anlehnung an die überkommene Diktion vor der Schuldrechtsmodernisierungsreform, vgl.: *Canaris*, DB 2001, 1815; *Dauner-Lieb/Dötsch*, DB 2001, 2535; so auch: BGH, Urt. v. 19.1.2016 - XI ZR 103/15, BGHZ 208, 278 Rn. 22; *Edelmann/Hölldampf*, BB 2014, 202.

199 *Ernst*, in: Münchener Kommentar zum BGB (2016), § 281 Rn. 122; *Schwarze*, in: Staudinger, BGB (2014), § 281 Rn. C 20.

200 Statt aller und mit weiteren Details: *K.P.Berger*, in: Münchener Kommentar zum BGB (2016), § 490 Rn. 63 f.; nochmals ausführlicher hierzu: *Mülbert*, in: Staudinger, BGB (2015), § 490 Rn. 227 ff.

B. Abweichende Vereinbarungen

In der bankrechtlichen Praxis ist es üblich, dass die Parteien von § 490 Abs. 1 BGB abweichende Vereinbarungen treffen und außerordentliche Kündigungsmöglichkeiten des Darlehensgebers individualvertraglich oder in AGB spezifizieren.

I. Individualvertraglich

Für individualvertragliche Modifikationen des § 490 Abs. 1 BGB gibt es einigen Spielraum. Die Vorschrift hat schon ausweislich ihres Wortlautes („im Zweifel"; „in der Regel") dispositiven Charakter und kann von den Parteien einerseits gänzlich abbedungen werden, zumal die „im Kern" zwingende Vorschrift des § 314 BGB[201] unberührt bleibt, § 490 Abs. 3 BGB. Andererseits können dem Darlehensgeber in den Grenzen von §§ 242, 138 BGB Kündigungsmöglichkeiten unter erleichterten Voraussetzungen eingeräumt werden.[202]

II. Nr. 19 Abs. 3 AGB-Banken

Dementsprechende Modifikationen zu Gunsten des Darlehensgebers finden sich insbesondere in den AGB der Kreditinstitute. Eine fristlose Kündigung der gesamten Geschäftsverbindung oder einzelner Geschäftsbeziehungen ist beispielsweise nach Nr. 19 Abs. 3 AGB-Banken[203] zulässig,

> „[...] wenn ein wichtiger Grund vorliegt, der der Bank, auch unter angemessener Berücksichtigung der berechtigten Belange des Kunden, deren Fortsetzung unzumutbar werden lässt. Ein solcher Grund liegt insbesondere vor,
> –wenn der Kunde unrichtige Angaben über seine Vermögensverhältnisse gemacht hat, die für die Entscheidung der Bank über eine Kreditgewährung oder über andere mit Risiken für die Bank verbundene Geschäfte (zum Beispiel Aushändigung einer Zahlungskarte) von erheblicher Bedeutung waren, oder

---

201 BGH, Urt. v. 4.4.1973 – VIII ZR 47/72, BeckRS 1973, 31125503.
202 *Mülbert*, in: Staudinger, BGB (2015), § 490 Rn. 43.
203 Siehe zur ähnlichen Gestaltung in Nr. 26 Abs. 2 AGB-Sparkassen: *Bunte*, AGB-Banken (2015), 3. Teil Rn. 86.

–wenn eine wesentliche Verschlechterung der Vermögensverhältnisse des Kunden oder der Werthaltigkeit einer Sicherheit eintritt oder einzutreten droht und dadurch die Rückzahlung des Darlehens oder die Erfüllung einer sonstigen Verbindlichkeit gegenüber der Bank – auch unter Verwertung einer hierfür bestehenden Sicherheit – gefährdet ist, oder

–wenn der Kunde seiner Verpflichtung zur Bestellung oder Verstärkung von Sicherheiten nach Nr. 13 Abs. 2 dieser Geschäftsbedingungen oder aufgrund einer sonstigen Vereinbarung nicht innerhalb der von der Bank gesetzten angemessenen Frist nachkommt."

Nr. 19 Abs. 3 der AGB-Sparkassen geht damit deutlich über § 490 Abs. 1 BGB hinaus und ist gleichwohl nicht abschließend formuliert. Die Regelung beinhaltet eine Aufzählung von (praxisrelevanten) Regelbeispielen zur Begründung eines außerordentlichen Kündigungsrechts.[204] Der gesetzlich geregelte „Grundfall" eines Kündigungsrechts bei Gefährdung des Rückzahlungsanspruchs wird dadurch erweitert, dass auch die Gefährdung der Erfüllung sonstiger Verbindlichkeiten zur fristlosen Kündigung berechtigt. Überdies wird klargestellt, dass auch der Vertrauensverlust infolge von Falschangaben eine fristlose Kündigung rechtfertigt. Eigentlich selbstverständlich ist, dass eine Kündigung bei Verletzung der Pflicht zur Nachsicherung möglich ist, weil damit auch eine Verschlechterung der Vermögensverhältnisse einhergehen wird und dem Darlehensnehmer nur wegen des Ultima Ratio-Prinzips noch die Chance zur Nachsicherung geboten werden muss. Lässt er diese verstreichen wird der Darlehensgeber die Kündigung in aller Regel auch auf § 490 Abs. 1 BGB stützen können.

Nach alledem bietet die klauselmäßige Erweiterung des gesetzlichen Kündigungsrechts aus § 490 Abs. 1 BGB für institutionelle Kreditgeber einerseits weitreichende Möglichkeiten zur Kompensation des darlehenstypischen Vorleistungsrisikos. Andererseits muss auch unter Geltung der bankseitigen Gestaltungen gewährleistet bleiben, dass der Liquiditätsentzug in der Krise nur unter restriktiven Voraussetzungen möglich bleibt, zumal davon oft „Wohl und Wehe" des Darlehensnehmers abhängen. Der Ultima Ratio-Gedanke muss auch in der Kautelarpraxis normativer Fixpunkt interessen- und sachgerechter Vertragsbeendigung aus wichtigem Grund sein.

---

204 *Bunte*, AGB-Banken (2015), 2. Teil Rn. 407.

§ 9 „Außerordentliches Kündigungsrecht" des Darlehensnehmers

Im Zuge der Schuldrechtsmodernisierungsreform wurde auch dem Darlehensnehmer ein Recht zur außerordentlichen Kündigung in § 490 Abs. 2 BGB eingeräumt. Danach kann der Darlehensnehmer grundpfandrechtlich gesicherte Darlehen mit gebundenem Sollzinssatz unter Einhaltung der Fristen des § 488 Abs. 3 S. 2 BGB vorzeitig kündigen, wenn seine berechtigten Interessen dies gebieten und seit dem vollständigen Empfang des Darlehens sechs Monate ausgelaufen sind. Auf die Zustimmung des Darlehensgebers kommt es nicht an. Dieser hat lediglich Anspruch auf wirtschaftliche Kompensation in Form der in § 490 Abs. 2 S. 3 BGB legaldefinierten Vorfälligkeitsentschädigung. Insbesondere die Vorfälligkeitsentschädigung und deren Berechnung geben fortwährend Anlass zu gerichtlicher und rechtswissenschaftlicher Auseinandersetzung. Die Kontroversen beschränken sich allerdings nicht auf die Rechtsfolgenseite. So hängt etwa die Beantwortung der umstrittenen Frage nach der Rechtsnatur der Vorfälligkeitsentschädigung unmittelbar mit der ebenfalls umstrittenen Frage zusammen, welcher dogmatische Ansatz dem in § 490 Abs. 2 BGB kodifizierten Mechanismus zu Grunde liegt. Schon dies zeigt, dass sich im Zusammenhang mit dem „Außerordentlichen Kündigungsrecht" des Darlehensnehmers Rechtsprobleme von erheblicher dogmatischer und praktischer Relevanz stellen.

Diese gilt es zunächst anhand von Normhistorie (*sub* A.) und aktuellem Rezeptionsstand (*sub* B.) zu erfassen, um daran anknüpfend eine dogmatische Begründung zu erarbeiten, anhand derer sich das „Außerordentliche Kündigungsrecht" des Darlehensnehmers in die Beendigungsdogmatik des allgemeinen Schuld- und Darlehensrechts einfügt (*sub* C.). Auf dieser Grundlage sind schließlich die rechtlichen Folgen der „Außerordentlichen Kündigung" durch den Darlehensnehmer zu untersuchen, wobei (*sub* D.) der Anspruch des Darlehensgebers auf Vorfälligkeitsentschädigung (§ 490 Abs. 2 S. 3 BGB) sowie die damit zusammenhängenden Rechtsprobleme im Fokus der Begutachtung stehen werden.

A. Normhistorie

Eine gesetzliche Möglichkeit zur einseitigen Vertragsaufkündigung ergab sich für Darlehensnehmer grundsätzlich aus § 247 Abs. 1 BGB a.F., sofern der Darlehensvertrag vor dem 1.1.1987 geschlossen wurde.[205] Allerdings führte die sukzessive Ausdehnung des in § 247 Abs. 2 Nr. 2 BGB a.F. kodifizierten Ausnahmetatbestandes dazu, dass das vorbehaltlose Kündigungsrecht aus § 247 Abs. 1 BGB a.F. im Rahmen von Immobiliarkreditverträgen zuletzt in aller Regel wirksam abbedungen worden war.[206] Mit der Neuregelung des ordentlichen Kündigungsrechts des Darlehensnehmers in § 609a BGB a.F. hat der Gesetzgeber einen anderen konzeptionellen Ansatz gewählt und normierte für festverzinsliche Kredite ein zwingendes Kündigungsrecht nach Ablauf einer Laufzeit von zehn Jahren und sechs Monaten ab Vollvalutierung.[207] Zudem konnte sich auch der Darlehensnehmer stets auf das damals noch aus § 242 BGB hergeleitete Recht zur außerordentlichen Kündigung aus wichtigem Grund berufen, sofern die zur Kündigung veranlassenden Umstände allein aus der Risikosphäre des Darlehensgebers rührten.[208] Dann ist auch heute eine Vertragskündigung möglich, die keinen Kompensationsanspruch des Darlehensgebers nach sich zieht.[209] Eine darüberhinausgehende ausdrückliche Regelung, die es dem Darlehensnehmer ermöglichte, sich einseitig vor Laufzeitende von grundpfandrechtlich gesicherten Darlehen zu lösen, fand sich vor Einführung des § 490 Abs. 2 BGB nicht. Die Frage, ob und unter welchen Umständen eine vorzeitige Immobiliarkreditbeendigung durch den Darlehensnehmer in Betracht kommt, war vielmehr Gegenstand jahrelanger und kontrovers geführter Diskussion in Wissenschaft und Bankrechtspraxis.[210]

Dabei standen sich grob betrachtet zwei Meinungsblöcke gegenüber.[211] Einer Ansicht nach bestand für den Darlehensnehmer grundsätzlich keine Möglichkeit den Vertrag vorzeitig zu beenden, ohne dass sich auch der Darlehensgeber mit der vorzeitigen Vertragsaufhebung einverstanden erklärte. Eine vorzeitige Beendigung war demnach nur auf konsensualem Wege eines Ablösungsvertrages möglich, dessen Abschluss und Inhalt der

---

205 Gemäß Art. 12 Abs. 1 i.V.m. Art. 14 Abs. 2 des Gesetzes zur Änderung wirschafts-, verbraucher-, arbeits- und sozialrechtlicher Vorschriften vom 25.7.1986, siehe: BGBl. I, S. 1986, 1169.
206 Siehe oben: § 7 A.
207 Ebda.
208 OLG Karlsruhe, Urt. v. 25.6.2001 – 9 U 143/00, WM 2001, 1803, 1804; zu den Grundlagen: § 5 B. II.
209 *Ganter*, WM 2016, 1813, 1814 m.w.N.
210 Vgl.: *Marburger*, ZBB 1998, 30: „Das Thema Vorfälligkeitsentschädigung zieht sich wie ein roter Faden durch die bankrechtliche Rechtsprechung und Literatur der letzten Jahre.".
211 Siehe den Überblick über den damaligen Meinungsstand bei: BGH, Urt. v. 1.7.1997 – XI ZR 267/96, BGHZ 136, 161.

freien Vereinbarung der Parteien unterliegen und lediglich am Maßstab der Sittenwidrigkeit gemäß § 138 BGB zu prüfen sein sollte.[212] Vereinzelt wurde aufgrund der ungleich stärkeren Verhandlungsposition des Darlehensgebers eine Billigkeitskontrolle gemäß § 315 Abs. 3 BGB ange-mahnt.[213] Schließlich wurde aber selbst von einigen Vertretern jener – maßgeblich am Vertragstreuegrundsatz orientierten – Auffassung erwogen, in extrem gelagerten Ausnahmefällen einen Anspruch des Darlehensneh-mers auf vorzeitige Vertragsauflösung aus dem Gebot von Treu und Glau-ben anzuerkennen.[214]

Nach anderer Ansicht war dem Darlehensnehmer ein solcher Anspruch nicht nur in extremen Ausnahmefällen zu gewähren, sondern schon dann, wenn der Darlehensnehmer das belastete Grundstück anderweitig verwen-den wollte und bereit war, dem Darlehensgeber eine nach schadensrechtli-chen Vorgaben zu ermittelnde Vorfälligkeitsentschädigung zu zahlen. In dem Fall sei es rechtsmissbräuchlich bzw. jedenfalls mit dem auch im Dar-lehensrecht geltenden Gebot der gegenseitigen Rücksichtnahme nicht zu vereinbaren,[215] den Darlehensnehmer am ursprünglichen Konsens festzu-halten und ihn ohne triftigen Grund übergebührlich in seiner wirtschaftli-chen Handlungsfreiheit einzuschränken.[216]

---

212   OLG Schleswig, Urt. v. 2.10.1996 – 5 U 124/95, WM 1997, 522; OLG Karlsruhe, Urt. v. 13.11.1996 – 7 U 31/96, WM 1997, 520; *Bellinger/Kerl*, HBG (1995), vor §§ 14-21a Rn. 26; *Canaris*, Bankrechtstag 1996, 3 ff.; *Eckert*, WuB I E 1. 4.95; *Hammen*, WuB I E 3. 7.97; *ders./Dischinger*, WuB I E 3. 96; *Hopt/Mülbert*, Kre-ditrecht, § 609 Rn. 54; *v. Rottenburg*, in: Graf von Westphalen, Verbraucherkre-ditgesetz (1996), § 4 Rn. 95 f.; *W. Weber*, NJW 1995, 2951 f.; *Wenzel*, Die Bank 1995, 368; *Zoller/v. Aulock*, WuB I E 3. 9.96.

213   OLG Karlsruhe, Urt. v. 22.11.1996 – 3 U 52/96, ZIP 1997, 498, 499; *Köndgen*, ZIP 1997, 1645, 1646; *Metz*, in: Metz/Wenzel, Rn. 85, 91; ders., ZBB 1994, 205, 209; *Reifner*, EWiR 1996, 1113, 1114; ders., VuR 1996, 82; vgl. auch: *Bruchner*, in: Schimansky/Bunte/Lwowski, Bankrechts-Handbuch (1997), § 78 Rn. 101 f.

214   *Bruchner*, in: Schimansky/Bunte/Lwowski, Bankrechts-Handbuch (1997), § 78 Rn. 101 („Härtefälle"); *Bellinger/Kerl*, HBG (1995), §§ 14-21a Rn. 26; *Canaris*, Bankrechtstag 1996, 3, 36 ff.; *Eckert*, WuB I E 1. 4.95; *W. Weber*, NJW 1995, 2951 f.; *Wenzel*, WM 1995, 1433, 1436; ders., in Metz/Wenzel, Rn. 228 ff.

215   LG Hannover, Urt. v. 27.7.1994 – 7 O 140/94, WM 1995, 192; LG Karlsruhe, Urt. v. 13.12.1995 – 6 O 236/95, WM 1996, 574; *Nobbe*, Neue höchstrichterliche Rechtsprechung zum Bankrecht, Rdn. 839; *Reifner*, NJW 1995, 86, 89.

216   Die Unvereinbarkeit einer unkündbaren Festzinsabrede mit § 1136 BGB wurde namentlich von *Metz*, in: Metz/Wenzel, Rn. 101 sowie von dems., in: ZBB 1994, 205, 211 angenommen. So wohl auch: *Reifner*, NJW 1995, 86, 89, der aber den zu weitgehenden Schluss zieht, dass dem Darlehensnehmer ein Recht zur vor-zeitigen Beendigung des Immobiliarkreditvertrages gegen Zahlung einer ange-messenen Vorfälligkeitsentschädigung im Wege der gesetzeskonformen (ergän-

I. Die Grundsatzentscheidungen des BGH vom 1.7.1997

Die Debatte um die vorzeitige Ablösung von Immobiliarkrediten durch den Darlehensnehmer war zuletzt von „[k]ontroverse[n] Auffassungen [...], wo man nur hinschaut[e]"[217] beherrscht und die Forderung nach einer klärenden, höchstrichterlichen Entscheidung wurde immer lauter. Dem kam der BGH mit seinen vielbeachteten Urteilen vom 1.7.1997 nach[218] und setzte damit im Sinne weitgehender Rechtssicherheit eine Zäsur in der Diskussion um die vorzeitige Beendigung von Immobiliarkrediten durch den Darlehensnehmer.[219] Hierbei bestätigte der BGH zunächst – wenig überraschend – seine bereits zuvor als *obiter dictum* formulierte Rechtsauffassung,[220] dass es den Parteien grundsätzlich möglich sei, das Recht zur ordentlichen Kündigung in den Grenzen des § 609a Abs. 4 BGB a.F. abzubedingen und eine vorzeitige Beendigung von Immobiliarkrediten durch

---

zenden) Vertragsauslegung zuzugestehen sei, sofern dieser die anderweitige Verwertung des belasteten Objekts anstrebe. Eine derartige Auslegung des Vertrages ist jedoch weder geboten noch möglich, da die Vereinbarung der Parteien damit nicht sachgerecht ergänzt würde, sondern vielmehr den mit der Festzinsabrede unzweifelhaft zum Ausdruck gebrachten Willen der Parteien überspielte, dass eine Kündigung in den Grenzen von § 609a Abs. 4 BGB a.F. ausgeschlossen sein soll; dagegen mit Recht auch: *Wenzel*, WM 1995, 1433, 1435; *Stelling*, Die vorzeitige Ablösung festverzinslicher Realkredite, S. 94.

217 So: *Harbeke*, WuB I E 3. 8.97 (S. 726).
218 BGH, Urt. v. 1.7.1997 – XI ZR 267/96, BGHZ 136, 161 lag ein Sachverhalt zu Grunde, wonach die klagenden Eheleute aufgrund bevorstehender Scheidung das belastete Grundstück veräußern und den Immobiliarkredit daher zwecks Ablösung des Grundpfandrechts vorzeitig beenden wollten. BGH, Urt. v. 1.7.1997 – XI ZR 197/96, WM 1997, 1799 handelte in der Sache davon, dass die beklagten Gesellschafter einer GbR zur Bewirtschaftung eines aus Wohn- und Geschäftshäusern bestehenden Anwesens, Immobiliarkredite in Höhe von insgesamt rund 9 Mio. DM vorzeitig beenden wollten, um die belastete Immobilie zur Sicherung einer anderweitig beschaffbaren Nachfinanzierung verwenden zu können. In Streit stand hier wie da insbesondere die Höhe der von der darlehensgebenden Bank verlangten Vorfälligkeitsentschädigung und damit mittelbar deren rechtliche Grundlagen und Grenzen.
219 Siehe hierzu: *Köndgen*, ZIP 1997, 1645: „Irgendjemand wird sicherlich noch ein finanzmathematisches Haar in der Suppe finden. [...] Aber die Kreditpraxis kann nach einer über mehrere Jahre rollenden und nahezu beispiellosen Prozesswelle, wieder zur Tagesordnung übergehen."
220 BGH, Urt. v. 8.10.1996 – XI ZR 283/95, BGHZ 133, 355; darauf weist auch *Knops* hin, Verbraucherschutz bei Immobiliarkreditverhältnissen, S. 115.

einseitige Erklärung des Darlehensnehmers auszuschließen.[221] Ein Recht des Darlehensnehmers zur außerordentlichen Kündigung aus wichtigem Grund lehnte der BGH jeweils mit wenigen Worten ab und begründete dies damit, dass der Anlass zur vorzeitigen Vertragsbeendigung allein in der Risikosphäre des Darlehensnehmers wurzele.[222] Dem Darlehensnehmer sei die unveränderte Vertragsfortführung daher nach ständiger höchstrichterlicher Rechtsprechung nicht unzumutbar,[223] sodass auch eine Anwendung der Grundsätze über den Wegfall der Geschäftsgrundlage ausscheide.[224] Den eigentlichen Kern der Entscheidungen bilden die dann folgenden Ausführungen zu den Fragen, ob, wie und unter welchen Voraussetzungen der Darlehensnehmer gleichwohl die Möglichkeit haben soll, den Darlehensvertrag vorzeitig zu beenden ohne mit dem Darlehensgeber eine einvernehmliche Regelung zu erzielen.[225] Den Vertretern, die eine einseitige, vorzeitige Vertragsbeendigung durch den Darlehensnehmer unter Berufung auf den Grundsatz *pacta sunt servanda* generell ablehnten bzw. allenfalls in extrem gelagerten Ausnahmefällen erwogen, erteilte der BGH dabei eine Absage und gewährte dem Darlehensnehmer einen auf Treu und Glauben gestützten Anspruch auf „Modifizierung des Vertragsinhalts ohne Reduzierung des Leistungsumfangs",[226] sofern der Darlehensnehmer – aus welchem Grund auch immer – eine anderweitige Verwertung des beliehenen Objekts geltend macht. Der Darlehensgeber habe zwar „[...] grundsätzlich einen Anspruch auf die unveränderte Einhaltung der eingegangenen Vertragspflichten."[227] Allerdings erfahre der Grundsatz der Vertragstreue bei Dauerschuldverhältnissen „[...] dann Ausnahmen, wenn berechtigte Interessen dies gebieten."[228] Ein berechtigtes Interesse an der Modifizierung des Vertragsinhaltes erachtet der BGH bis heute schon in dem nicht weiter begründungsbedürftigen Wunsch zur anderweitigen Verwendung des beliehenen Objekts. Dürfte der Darlehensgeber gleich-

---

221 BGH, Urt. v. 1.7.1997 – XI ZR 267/96, BGHZ 136, 161,164; BGH, Urt. v. 1.7.1997– XI ZR 197/96, WM 1997, 1799, 1800.
222 Ebda.
223 Siehe hierzu sowohl die beispielhaften Nachw. ebda. als auch die bereits oben angeführten Nachw. auf aktuellem Stand: § 5 B. II. 1.
224 BGH, Urt. v. 12.12.1985 – III ZR 184/84, WM 1986, 156, 158.
225 BGH, Urt. v. 1.7.1997 – XI ZR 267/96, BGHZ 136, 161; mit zusammenfassendem Verweis hierauf begnügt sich BGH, Urt. v. 1.7.1997– XI ZR 197/96, WM 1997, 1799.
226 BGH, Urt. v. 1.7.1997 – XI ZR 267/96, BGHZ 136, 161, 166.
227 Ebda.
228 Ebda.

wohl auf der unveränderten Vertragsfortführung beharren, werde dem Darlehensnehmer eine anderweitige Verwertung des belasteten Objekts faktisch unmöglich gemacht und somit über Gebühr in die gesetzlich gem. § 1136 BGB verbriefte wirtschaftliche Handlungsfreiheit eingegriffen. Erleide der Darlehensgeber zudem keinen finanziellen Nachteil, sei es ihm auch zumutbar zur vorzeitigen Kreditabwicklung gezwungen zu werden.[229] Auf Rechtsfolgenseite sollte dem Darlehensgeber daher ein konditional verknüpfter Anspruch auf Vorfälligkeitsentschädigung zugestanden werden, dessen Höhe nicht der freien Vereinbarung der Parteien in den Grenzen des § 138 BGB unterliege. Der Anspruch des Darlehensgebers sollte vielmehr allein auf sein positives Interesse gerichtet sein und darüber hinaus nicht zur Disposition der Parteien stehen. Die vom Darlehensnehmer angestrebte und mithilfe des BGH sodann auch ins Werk gesetzte „[...] Änderung des Kreditvertrages erschöpf[e] sich somit letztlich in der Beseitigung der vertraglichen - zeitlich begrenzten - Erfüllungssperre, d.h. in einer Vorverlegung des Erfüllungszeitpunktes."[230] Konkret sei jene Vorfälligkeitsentschädigung nach denselben Grundsätzen zu berechnen, die nach höchstrichterlicher Rechtsprechung für die Berechnung des Nichterfüllungsschadens in Fällen der schuldhaften Nichtabnahme der Valuta durch den Darlehensnehmer, der sog. Nichtabnahmeentschädigung,[231] heranzuziehen sind.[232]

II. Die Reaktionen in der Literatur

Die Entscheidungen des BGH wurden von Wissenschaft und Praxis mit großer Spannung erwartet und stießen bei den Kommentatoren auf ein geteiltes Echo. Einerseits wurde nahezu einhellig anerkannt, dass der BGH eine praktikable und interessengerechte Lösung gefunden und dadurch „[...] seine Aufgabe, Rechtsfrieden zu schaffen, im Ergebnis mit Augenmaß erfüllt [habe]."[233] Auf der anderen Seite wurde – ebenfalls nahezu einhellig

---

229 BGH, Urt. v. 1.7.1997 – XI ZR 267/96, BGHZ 136, 161, 167.
230 BGH, Urt. v. 1.7.1997 – XI ZR 267/96, BGHZ 136, 161, 166.
231 Siehe zur Begründung des Schadenersatzanspruches des Darlehensgebers bereits oben: § 4 B. III.
232 Näher zur Berechnung: § 9 D. III.
233 So stellvertretend: *Köndgen*, ZIP 1997, 1645; von Vertretern der Kreditwirtschaft wurde dies teils nicht thematisiert, vgl.: *Marburger*, ZBB 1998, 30; *Lang/Beyer*, WM 1998, 897; *Früh*, NJW 1999, 2632; a.A.: *Stelling*, Die vorzeitige Ablösung festverzinslicher Realkredite, S. 114 f., für den die Praktikabilität der Lösung den

– Kritik an der unzulänglichen dogmatischen Begründung jener Lösung geübt.

Insoweit reagierten Teile der Literatur der Sache nach wie auch im Ton mit überaus deutlicher Ablehnung und erachteten die Begründung der ergebnisorientierten Lösung des BGH nicht nur für dogmatisch unzulänglich, sondern erblickten darin zudem erhebliches Gefahrenpotential für eine nachhaltige Verwässerung der Dogmatik des Darlehensrechts im Besonderen und des Rechts der Dauerschuldverhältnisse im Allgemeinen.[234] Demnach „[drohe] [d]er Grundsatz der Vertragstreue als Fundament des Zivilrechts [...] in sein Gegenteil verkehrt zu werden, wenn er nur so lange [gelte], wie die berechtigten Interessen einer Vertragspartei nicht entgegenstehen."[235]

Unter den kritischen Stimmen bestand zudem Einigkeit, dass weder § 1136 BGB allein noch in Verbindung mit § 242 BGB tauglicher Anknüpfungspunkt für den vom BGH aus der Taufe gehobenen „Anspruch auf Modifizierung des Vertragsinhalts ohne Reduzierung des Leistungsumfangs"[236] sein konnte. So wurde vermehrt vorgebracht, dass es schon in der vom BGH dargestellten Allgemeinheit nicht zuträfe, dass die belastete Immobilie faktisch nicht veräußerbar sei. Es sei in aller Regel durchaus möglich, die Immobilie anderweitig zu verwerten, auch wenn dies regelmäßig nicht zu dem Preis möglich ist, den der Veräußerer sich vorstellt.[237] § 1136 BGB missbillige aber nur, dass sich der Eigentümer schlechthin sei-

---

massiven Eingriff des BGH „in grundlegende Strukturen des Zivilrechts" nicht aufwiegen kann.

234 Allen voran: *Köndgen*, ZIP 1997, 1645 („Die tragenden Gründe [...] sind geeignet, unermesslichen dogmatischen Flurschaden anzurichten") und dem zustimmend *Medicus*, EWiR 1997, 921, 922, nach dessen Ansicht „[s]ogar ein Arbeitnehmer oder Wohnungsmieter (beides Partner von Dauerschuldverhältnissen!) nicht sicher davor sein [könnte], unter ganz unsicheren Voraussetzungen von der anderen Partei mit Geld aus dem Vertrag gedrängt zu werden", wenn man der Begründung des BGH konsequent folgte; hierin haben freilich nicht wenige Vertreter der Kreditwirtschaft mit Verve eingestimmt, siehe etwa: *Wenzel*, WM 1997, 2340, 2341; *Marburger*, ZBB 1998, 30, 31; *Lang/Beyer*, WM 1998, 897, 898; *Früh*, NJW 1999, 2632, 2626; in der Sache ähnlich, aber substantiierter argumentierten: *Canaris*, FS Zöllner (1998), 1055, sowie (monographisch): *Stelling*, Die vorzeitige Ablösung festverzinslicher Realkredite, S. 67 ff.

235 So stellvertretend für die zuvor Genannten: *Wenzel*, WM 1997, 2340, 2341.

236 BGH, Urt. v. 1.7.1997 – XI ZR 267/96, BGHZ 136, 161, 166.

237 *Wenzel*, WM 1997, 2340, 2341; *Marburger*, ZBB 1998, 30, 31; *Lang/Beyer*, WM 1998, 897, 898; *Stelling*, Die vorzeitige Ablösung festverzinslicher Realkredite, S. 95 f.

ner Verfügungsmacht begibt.[238] Die bloße wirtschaftliche Beschränkung der Handlungsfreiheit sei hingegen tatbestandlich nicht von § 1136 BGB erfasst, wofür bereits der Wortlaut der Norm, allen voran aber systematische Erwägungen streiten. Denn mit der Einführung des § 609a BGB a.F. sei der Gesetzgeber konkludent von der Zulässigkeit festverzinslicher Darlehensverträge ausgegangen, für die ein Recht des Darlehensnehmers zur ordentlichen Kündigung bis zu zehneinhalb Jahre abbedungen werden kann. Werde dem Darlehensnehmer daneben unter Heranziehung des § 1136 BGB ermöglicht, sich zuvor einseitig vom Vertrag zu lösen, führte dies zu einem unlösbaren Widerspruch zu den ausdifferenzierten Regelungen in § 609a Abs. 1 Nr. 2 und 3 BGB a.F. bzw. deren weitgehender Aushöhlung.[239] Unabhängig davon wurde betont, dass der Darlehensnehmer sich seiner wirtschaftlichen Handlungsfreiheit bewusst auf privatautonomem Wege begeben habe. Die Einschränkung der wirtschaftlichen Handlungsfreiheit sei aber zwangsläufige Folge einer jeden vertraglichen Bindung und damit keine taugliche Grundlage für deren vorzeitige Beendigung. Die Verhinderung übermäßiger Beeinträchtigungen der wirtschaftlichen Handlungsfreiheit durch Vertrag sei eine andere Problematik, die es anhand der dafür bekannten Instrumente zu lösen gelte, die der Gesetzgeber zur inhaltlichen Kontrolle von Verträgen seit jeher bereitstellt, also insbesondere der Sittenwidrigkeitskontrolle nach § 138 BGB.[240]

Nicht nur unter Gegnern der „Linie des BGH" wurde schließlich das Problem gesehen, dass der BGH eine Möglichkeit geschaffen hatte, den ursprünglichen Konsens der Parteien in Frage zu stellen, obwohl die strengen Voraussetzungen für einen Wegfall der Geschäftsgrundlage oder für

---

238 Siehe hierzu: BGH, Beschl. v. 27.2.1980 – V ZB 19/79, BGHZ 76, 371, 373. Dies mahnt namentlich auch *Canaris* an, der jedoch nicht bezweifelt, dass die anderweitige Verwertung des belasteten Objekts faktisch unmöglich wird, sondern, dass § 1136 BGB nur Zusatzvereinbarungen betreffe, die eine Verfügung des Eigentümers über das beliehene Objekt unmöglich machen. Dass „[...] *das Grundpfandrecht selbst sowie die Langfristigkeit der durch dieses gesicherten Forderung*" die anderweitige Verwertung faktisch behindern, sei eine ganz andersartige Problematik, mit der § 1136 BGB nichts zu tun habe, *Canaris*, FS Zöllner (1998), 1055, 1062 (Hervorhebungen übernommen).

239 *Wenzel*, WM 1997, 2340, 2341; *Marburger*, ZBB 1998, 30, 31; *Stelling*, Die vorzeitige Ablösung festverzinslicher Realkredite, S. 96 f., 112 f.; a.A.: *Canaris*, FS Zöllner (1998), 1055, 1062, der aufgrund der stark divergierenden Rechtsfolgen von ordentlicher Kündigung und dem vom BGH gewährten Vertragsanpassungsanspruch keinen untragbaren Wertungswiderspruch zu erkennen vermag.

240 So insbesondere *Canaris*, FS Zöllner (1998), 1055, 1062; ähnlich zuvor aber schon *Marburger*, ZBB 1998, 30, 31.

eine Kündigung aus wichtigem Grund in den entschiedenen Fällen nicht vorlagen. Die insgesamt kritischen Kommentatoren sahen hierin – wie zuvor ausgeführt – eine erhebliche Entwertung des Vertragstreuegrundsatzes und hielten die Konzeption des vom BGH entwickelten Anspruchs mit den Vorgaben allgemeiner und schuldrechtlicher Dogmatik für weithin bzw. schlechthin unvereinbar. Aber selbst dem BGH im Grunde „wohlgesonnene" Stimmen, die sich im Ergebnis für eine Garantie der wirtschaftlichen Handlungsfreiheit des Darlehensnehmers im Sinne des BGH oder gar darüber hinaus aussprachen, erkannten die erheblichen Schwierigkeiten einer sachgerechten Konkretisierung und Verortung des höchstrichterlichen „Vertragsmodifizierungsanspruchs" im geltenden System.[241] So wurde von *Knops* kritisch angemerkt, dass sich eine Aufhebung der zeitweisen Erfüllungssperre bzw. eine Vorverlagerung des Erfüllungszeitpunktes, wie sie der BGH seiner Lösung konstruktiv zu Grunde legte, mit elementaren Grundsätzen des Darlehensrechts nicht vereinbaren lasse.[242] Werde dem Darlehensnehmer trotz entgegenstehender Festzinsabrede erlaubt, die Darlehensvaluta vorzeitig zurückzuzahlen, so gehe der Zinsanspruch aufgrund der Akzessorietät von Zins und Kapitalschuld „ohne Wenn und Aber" unter und das Darlehensverhältnis erlösche.[243] Worin dann aber die rechtliche Grundlage einer wirtschaftlichen Kompensationsleistung für „noch ausstehende Zinszahlungen"[244] liegen könne, sei völlig offengeblieben.[245]

III. Die Kodifikation im Zuge der Schuldrechtsmodernisierung

Trotz aller Kritik und verbleibender Unklarheiten hat sich der Gesetzgeber dafür entschieden, die Rechtsprechung des BGH in § 490 Abs. 2 BGB so

---

241 *Knops*, Verbraucherschutz bei Immobiliarkreditverhältnissen, S. 145; vgl. auch: *Metz*, EWiR, 1997, 923, 924, laut dem aber nur noch die Klärung „dogmatische[r] Detailfragen" ausstünde.

242 Ganz ähnlich argumentiert *Stelling*, Die vorzeitige Ablösung festverzinslicher Realkredite, S. 107 ff., der zudem aber grundsätzliche Kritik an der höchstrichterlichen Interpretation von Inhalt und Grenzen der wirtschaftlichen Handlungsfreiheit übt.

243 *Knops*, Verbraucherschutz bei Immobiliarkreditverhältnissen, S. 144; vgl. auch: *Stelling*, Die vorzeitige Ablösung festverzinslicher Realkredite, S. 109.

244 Damit sei hier nur stark vereinfacht ausgedrückt, was der Darlehensgeber beanspruchen kann; zu den Details: § 9 D. III.

245 *Knops*, Verbraucherschutz bei Immobiliarkreditverhältnissen, S. 144; *Stelling*, Die vorzeitige Ablösung festverzinslicher Realkredite, S. 109 f.

weit als möglich zu kodifizieren und sich dabei eng an den vom BGH aufgestellten Grundsätzen zu orientieren. Mit der Kodifikation war demnach keine Änderung der geltenden Rechtslage bezweckt; für den Rechtsanwender sollte lediglich weitest mögliche Rechtssicherheit und Rechtsklarheit geschaffen werden.[246] Statt eines Anspruchs auf Zustimmung zur Modifizierung des Vertragsinhalts ist dem Darlehensnehmer allerdings ein außerordentliches Kündigungsrecht eingeräumt worden, womit vom Gesetzgeber keine inhaltliche Änderung, sondern lediglich eine gesetzessystematische Anpassung der höchstrichterlichen Vorgaben bezweckt war.[247] Um dem „Vertragsmodifizierungsmodell" des BGH möglichst nahe zu kommen, sollte noch nach dem Regierungsentwurf eine konditionale Verknüpfung von Kündigungsrecht und der nunmehr in § 490 Abs. 2 S. 3 BGB legaldefinierten Vorfälligkeitsentschädigung normiert werden, wovon jedoch – nach heftiger Kritik des Schrifttums –[248] schließlich aufgrund der Beschlussempfehlung des Rechtsausschusses Abstand genommen wurde.[249] Im Übrigen wollte der Gesetzgeber, den „[...] Stand der Rechtsprechung bis ins Detail [übernehmen];"[250] da diese Rechtsprechung seiner Ansicht nach „[...] zu einem befriedigenden Rechtszustand geführt hat."[251] Die tatbestandlichen Voraussetzungen der Kündigung durch den Darlehensnehmer sind dementsprechend weithin mit den BGH-Vorgaben harmonisiert worden. Zentrale Voraussetzung für eine vorzeitige Beendigung des Darlehens durch einseitige Erklärung des Darlehensnehmers ist nach wie vor, dass „seine berechtigten Interessen dies gebieten", § 490 Abs. 2 S. 1 BGB. Als zusätzliche Voraussetzungen für eine wirksame Ausübung des Kündigungsrechts sind ferner die Einhaltung einer Kündigungsfrist[252] sowie eine Mindesthaltezeit der Valuta von sechs Monaten ins

---

246 BT-Drs. 14/6040, S. 254.
247 BT-Drs. 14/6040, S. 254 f.
248 *Köndgen*, WM 2001, 1637, 1644; *Mankowski/Knöfel*, ZBB 2001, 335, 337; *Langenbucher*, in: Dauner-Lieb (Hrsg.), Das neue Schuldrecht in der Praxis, S. 577; *Freitag*, WM 2001, 2370, 2376.
249 BT-Drs. 14/7052, S. 200.
250 Ebda.
251 Ebda.
252 Die ursprüngliche Fassung des § 490 Abs. 2 BGB vom 2.1.2002 verwies noch auf die Fristen des § 489 Abs. 1 Nr. 2, während mittlerweile auf die „Kündigungsfristen" des § 488 Abs. 3 S. 2 BGB verwiesen wird. Da § 488 Abs. 3 S. 2 BGB nur eine Kündigungsfrist enthält, handelt es sich dabei offenbar um ein redaktionelles Versehen des Gesetzgebers, der sich am Wortlaut der a.F. orientiert hat, so auch: *Mülbert*, in: Staudinger, BGB (2015), § 490 Rn. 78.

Gesetz aufgenommen worden, woraus sich eine Mindestvertragslaufzeit von insgesamt neun Monaten ergibt.[253]

Von einer konkreten Regelung zur Berechnung der Vorfälligkeitsentschädigung hat man indes bewusst aufgrund von Praktikabilitätserwägungen Abstand genommen und diese Aufgabe weiterhin Rechtsprechung und Literatur überlassen.[254]

IV. Stellungnahme

Der BGH hat mit seinen Urteilen vom 1.7.1997 einen für die Praxis gangbaren Weg gewiesen und ist seiner Aufgabe gerecht geworden, Rechtsfrieden und Rechtssicherheit zu schaffen.[255] Er hat dem Darlehensnehmer die Möglichkeit eröffnet, die Modifizierung des Immobiliarkreditvertrages zu erzwingen, wenn seine „berechtigten Interessen" dies gebieten, namentlich, wenn die Vertragsfortführung den Darlehensnehmer übermäßig in seiner wirtschaftlichen Handlungsfreiheit einschränkt. Damit hat er einen praktisch handhabbaren Ansatz zur vorzeitigen Beendigung von Immobiliarkreditverträgen etabliert, auf dessen Grundlage die Bankrechtspraxis klar zwischen „vertragsbeendigungsrelevanten" und „vertragsbeendigungsirrelevanten" Sachverhalten differenzieren konnte. Davon war auch der Gesetzgeber überzeugt[256] und hat die tatbestandliche Anknüpfung an den berechtigten Interessen des Darlehensnehmers beibehalten, wenngleich deren Vorliegen heute nicht mehr Voraussetzung für ein durchsetzbares Verlangen nach Vertragsaufhebung, sondern für die Gewährung und Ausübung eines Rechts zur außerordentlichen Kündigung ist. In Folge dessen hat sich auf Tatbestandsebene eine weitgehend einheitliche praktische Handhabung der Vorschrift durch Rechtsprechung und Literatur etabliert,[257] womit die BGH-Rechtsprechung insofern den Boden einer gesicherten Rechtsfindung bereitet hat.

Dafür aber haben sowohl der BGH als auch der Gesetzgeber aus dogmatischer Sicht einen hohen „Preis" gezahlt. Auf Grundlage des „Vertragsmodifizierungsmodells" wurde eine einseitig erzwingbare Revision des ur-

---

253 *K.P.Berger*, in: Münchener Kommentar zum BGB (2016), § 490 Rn. 29; *Mülbert*, in: Staudinger, BGB (2015), § 490 Rn. 79.
254 BT-Drs. 14/6040, S. 255.
255 *Köndgen*, ZIP 1997, 1645.
256 BT-Drs. 14/6040, S. 254 f.
257 Dazu näher nochmals unten: § 9 B. II. 2. a.

sprünglichen Parteikonsenses und damit eine Durchbrechung des Vertragstreuegrundsatzes wegen „berechtigter Interessen" des Betroffenen ermöglicht. Dafür fand sich weder im Darlehensrecht noch im allgemeinen Schuldrecht eine taugliche dogmatische Grundlage, sodass dem BGH nichts anderes als der Rückgriff auf die Grundsätze von Treu und Glauben gem. § 242 BGB blieb. Darin bestand jedoch keine systemkonforme Ergänzung der gesicherten Darlehens- und Dauerschuldrechtsdogmatik. Vielmehr vermochte der vom BGH eingeschlagene Weg zusammen mit der allgemein gehaltenen These, dass „[...] der Grundsatz der Vertragstreue bei Dauerschuldverhältnissen dann Ausnahmen [erfährt], wenn berechtigte Interessen eines Vertragsteils dies gebieten"[258], die Wertungen, die im Zusammenhang mit der Lehre vom außerordentlichen Kündigungsrecht aus wichtigem Grund und vom Wegfall der Geschäftsgrundlage entwickelt worden sind, zu konterkarieren. Folgerichtig war das „Vertragsmodifizierungsmodell" des BGH weder *de lege lata* noch *de lege ferenda* mit der Gesetzessystematik in Einklang zu bringen, sodass dem Gesetzgeber nur die Alternative blieb, ein Kündigungsrecht des Darlehensnehmers zu kodifizieren.[259]

Damit hat der Gesetzgeber zwar eine dogmatische Grundlage für praktikable Lösungen im Sinne der höchstrichterlichen Vorgaben geschaffen. Auch die – ohnehin eher theoretische –Gefahr eines „dogmatischen Flurschadens"[260] dürfte nunmehr vollständig gebannt sein, zumal die Regelung in ihrem Anwendungsbereich klar auf die Beendigung von Immobiliarkreditverträgen begrenzt ist. Gleichwohl kann man mit den Worten *Köndgens* „nicht scharf genug kritisieren",[261] dass sich der Gesetzgeber den apodiktischen Rekurs des BGH auf „Berechtigte Interessen" des Darlehensnehmers – trotz aller berechtigter Kritik – zu eigen gemacht hat. Denn dadurch ist eine bis dato dogmatisch nicht fundierte Möglichkeit zur Durchbrechung des Grundsatzes *pacta sunt servanda* gesetzlich verbrieft und legitimiert worden.

---

258 BGH, Urt. v. 1.7.1997 – XI ZR 267/96, BGHZ 136, 161, 166.
259 BT-Drs. 14/6040, S. 255.
260 *Köndgen*, ZIP 1997, 1645.
261 *Köndgen*, WM 2001, 1637, 1644.

B. Die dogmatische Rezeption des Kündigungsrechts aus § 490 Abs. 2 BGB de lege lata

Es überrascht daher nicht, dass die „richtige" rechtsdogmatische Deutung des Kündigungsrechts gem. § 490 Abs. 2 BGB sowie dessen konsistente Einpassung in das etablierte System dauerschuldrechtsspezifischer Beendigungsdogmatik noch immer problematisch und kontrovers sind.

I. Meinungsstand

1. Ordentliches Kündigungsrecht

Insbesondere vor Einführung des § 490 Abs. 2 BGB fanden sich in Rechtsprechung und Literatur Stimmen, die sich dafür aussprachen, dass dem Darlehensnehmer zur Beendigung von grundpfandrechtlich gesicherten Festzinskrediten ein ordentliches Kündigungsrecht zustehe bzw. *de lege ferenda* zu gewähren sei.[262] Dafür, nunmehr auch in § 490 Abs. 2 BGB einen besonders geregelten Fall der ordentlichen Kündigung durch den Darlehensnehmer im Sinne der §§ 488 Abs. 3 S. 1, 489 BGB zu erblicken, spricht einerseits der Verweis auf die Kündigungsfrist des § 488 Abs. 3 S. 1 BGB bzw. auf die Kündigungsfristen des § 489 Abs. 1 Nr. 2 BGB in der alten Fassung vom 1.1.2002. Andererseits findet sich eine ähnliche Verknüpfung von Kündigungsrecht und „berechtigtem Interesse" sonst nur im Zusammenhang mit der „Ordentlichen Kündigung des Vermieters" gem. § 573 BGB.

2. Vertragsanpassung kraft Wegfalls der Geschäftsgrundlage

Nach einer von *Mülbert* begründeten Auffassung ist in § 490 Abs. 2 BGB ein besonderer Fall des Wegfalls der Geschäftsgrundlage geregelt.[263] Demnach werde dem Darlehensnehmer im Wege der Vertragsanpassung das Recht zur außerordentlichen Kündigung sowie die Pflicht zur vollumfäng-

---

262 Siehe zu den insoweit überholten Konstruktionsversuchen eines ordentlichen Kündigungsrecht vor der Schuldrechtsmodernisierungsreform: *Stelling*, Die vorzeitige Ablösung festverzinslicher Realkredite, S. 93 ff.

263 *Mülbert*, WM 2002, 465, 475; ders., in: Staudinger, BGB (2015), § 490 Rn. 58; *Hopt*, in: Baumbach/Hopt, HGB (2016), BankGesch Rn. G/19a.

lichen Kompensation der daraus resultierenden Nachteile eingeräumt. Der vom BGH noch verworfene Rückgriff auf die Lehre vom Wegfall der Geschäftsgrundlage sei nunmehr möglich, weil mit § 490 Abs. 2 BGB die dafür notwendige Risikoverschiebung zu Gunsten des Darlehensnehmers kodifiziert worden sei.[264] Angesichts von Normhistorie und Gesetzesbegründung ergebe sich aus § 490 Abs. 2 BGB die gesetzliche Wertung, dass der Darlehensnehmer mit Abschluss eines Immobiliarkreditvertrages jedenfalls nicht das Risiko übernimmt, aufgrund und für die Dauer der Festzinsabrede an der freien Verfügung über das Sicherungsobjekt gehindert zu sein. Sofern der Wunsch nach einer vorzeitigen Vertragsbeendigung bzw. Vertragsanpassung von der Wahrnehmung der wirtschaftlichen Handlungsfreiheit, sprich der „berechtigten Interessen" des Darlehensnehmers getragen sei, entstammen die zur Vertragsanpassung veranlassenden Umstände gerade nicht (mehr) dessen Risikosphäre, sodass einer rechtlichen Deutung des § 490 Abs. 2 BGB als *lex specialis* zu § 313 Abs. 1 BGB nichts im Wege stehe.[265] Überdies sei jene rechtliche Deutung auch geboten, da nur eine Vertragsanpassung nach den Grundsätzen des Wegfalls der Geschäftsgrundlage den geeigneten dogmatischen Ansatz für die rechtskonstruktive Verknüpfung von Kündigungsrecht und Vorfälligkeitsentschädigung biete.[266]

3. Außerordentliches Kündigungsrecht aus wichtigem Grund

Nach anderer Ansicht soll es sich bei § 490 Abs. 2 BGB um einen besonders geregelten Fall eines Kündigungsrechts aus wichtigem Grund handeln. Dafür spreche sowohl der eindeutige Wortlaut als auch die Systematik des Gesetzes. Der Gesetzgeber habe, wie die Gesetzesbegründung belege, in § 490 Abs. 1 BGB „[...] ein außerordentliches Kündigungsrecht des Darlehensgebers für den Fall der Vermögensverschlechterung und in Absatz 2 ein außerordentliches Kündigungsrecht des Darlehensnehmers für den Fall der anderweitigen Verwertung des Sicherungsobjekts"[267] und keinen Spezialfall des Wegfalls der Geschäftsgrundlage kodifizieren wollen.[268]

---

264 *Mülbert*, in: Staudinger, BGB (2015), § 490 Rn. 58.
265 Vgl.: *Mülbert*, aaO.
266 *Mülbert*, WM 2002, 465, 475; ders., in: Staudinger, BGB (2015), § 490 Rn. 58; 86.
267 BT-Drs. 14/6040, S. 254.
268 So ausdrücklich: *Renner*, in Staub-HGB Kreditgeschäft, Vierter Teil Rn 246; siehe auch: *K.P.Berger*, in: Münchener Kommentar zum BGB (2016), § 490

Gegen eine Deutung als spezialgesetzlichen Rückgriff auf die Geschäftsgrundlagenlehre im Sinne von *Mülbert* und für eine Verortung als außerordentliches Kündigungsrecht aus wichtigem Grund wird zudem vorgebracht, dass die von § 490 Abs. 2 BGB statuierten Voraussetzungen nicht den strengen Anforderungen entsprechen, die für die Annahme einer Geschäftsgrundlagenstörung gegeben sein müssen.[269] Die Umstände, die nach § 490 Abs. 2 BGB zur außerordentlichen Kündigung berechtigten, entstammen allesamt allein der Risikosphäre des Darlehensnehmers, sodass für die Annahme eines Wegfalls der Geschäftsgrundlage kein Raum sei.[270] Schließlich könne beim Kündigungsrecht nach § 490 Abs. 2 BGB keine Rede davon sein, dass die dafür Anlass gebenden Umstände für die Parteien nicht vorhersehbar wären; vielmehr knüpfe das „[...] Kündigungsrecht nach § 490 Abs. 2 BGB an Umstände, die praktisch jeden jederzeit treffen können."[271]

II. Stellungnahme

1. Keine Deutung als ordentliches Kündigungsrecht

Eine Deutung als ordentliches Kündigungsrecht verbietet sich angesichts des klaren Wortlauts des § 490 Abs. 2 BGB sowie der systematischen Verortung des Kündigungsrechts in § 490 BGB. Weder der Verweis auf die Frist des § 488 Abs. 3 S. 2 BGB noch ein Vergleich mit § 573 BGB vermag eine dem klaren Willen des Gesetzgebers zuwiderlaufende Auslegung zu rechtfertigen.[272]

Es ist zunächst nicht ungewöhnlich, dass die Ausübung eines außerordentlichen Kündigungsrechts an gesetzliche Fristen geknüpft wird, sodass dem Kündigungsgegner ein angemessener Zeitraum eingeräumt wird, in dem er sich auf die vorzeitige Vertragsbeendigung einstellen und dadurch veranlasste Dispositionen treffen kann.[273] Allein aus der gesetzestechnischen Umsetzung der Fristenregelung durch einen Verweis auf das ordent

---

Rn. 28; *Krepold*, in: Schimansky/Bunte/Lwowski, Bankrechts-Handbuch (2017), § 79 Rn. 65; *Grunsky/Kupka*, FS Medicus (2009), 155, 164 f.
269 *Grunsky/Kupka*, FS Medicus (2009), 155, 164.
270 *Grunsky/Kupka*, FS Medicus (2009), 155, 164 f.
271 *Grunsky/Kupka*, FS Medicus (2009), 155, 165.
272 BT-Drs. 14/6040, S. 254.
273 Siehe etwa im mietrechtlichen Zusammenhang die Normaufzählung bei: *Rolfs*, in: Staudinger, BGB (2014), § 573d Rn. 5 ff.

liche Kündigungsrecht aus § 488 Abs. 3 S. 2 BGB eine rechtliche Deutung entgegen dem Wortlaut vorzunehmen, ist weder sinnvoll noch geboten.

Auch im Vergleich mit § 573 BGB ergeben sich keine Gemeinsamkeiten, die systematisch eine Gleichbehandlung beider Vorschriften als „Ordentliche Kündigungsrechte" geböten. Dabei zeigen sich ganz im Gegenteil derart grundlegende rechtskonstruktive Unterschiede, dass sich eine Gleichbehandlung nachgerade verbietet. In § 573 BGB hat der Gesetzgeber eine Ausnahme von dem Grundsatz formuliert, dass das Recht zur ordentlichen Kündigung den Parteien die Möglichkeit gibt, sich ohne besondere Begründung, sondern allein auf Grundlage eines selbstbestimmten Entschlusses und entsprechenden Willensakts, einseitig vom Vertrag zu lösen. Im Hinblick auf die besondere Schutzbedürftigkeit der Wohnung als zentralem Mittelpunkt privater Existenz[274] wird die Ausübung des Kündigungsrechts ausnahmsweise daran geknüpft, dass der Vermieter ein berechtigtes Interesse an der Beendigung des Mietverhältnisses hat, § 573 Abs. 1 BGB. Worin ein berechtigtes Interesse des Vermieters bestehen kann, wird in § 573 Abs. 2 BGB anhand von Regelbeispielen exemplifiziert. Eine gesetzliche Definition findet sich allerdings nicht, sodass bei der Auslegung auf die geltende Rechts- und Sozialordnung abzustellen ist. Dabei ist in besonderem Maße die Wertordnung der Grundrechte zu berücksichtigen.[275] Gemäß § 573 BGB wird die mietvertragliche Dauerrechtsbeziehung der Parteien also stabilisiert, indem der einseitigen Beendigung des Vertrages eine Abwägung der widerstreitenden Interessen vorangestellt wird, bei der sich das Interesse des Vermieters an der Kündigung gegenüber der Sozialpflichtigkeit des Eigentums durchsetzen muss.[276] Demgegenüber schafft § 490 Abs. 2 BGB erst den dogmatischen Anknüpfungspunkt für eine vorzeitige Vertragsbeendigung durch einseitigen Gestaltungsakt des Darlehensnehmers. § 490 Abs. 2 BGB hat keine stabilisierende Wirkung; umgekehrt nimmt die Vorschrift der Rechtsbeziehung die Stabilität, sofern der Darlehensnehmer berechtigte Interessen an der vorzeitigen Beendigung hat. § 490 Abs. 2 BGB normiert also keine beschränkende Ausnahme in Abkehr von einer nach dem allgemeinen Darlehensrecht grundsätzlich möglichen Kündigung des Darlehensvertrages durch den Darlehensnehmer,[277] sondern schafft die ausnahmsweise Möglichkeit zur Kündigung durch den Darlehensnehmer in Abkehr vom Grundsatz *pacta sunt*

---

274 BVerfG, Beschl. v. 26.5.1993 – 1 BvR 208/93, BVerfGE 89, 1, 6.
275 Ebda.
276 *Rolfs*, in: Staudinger, BGB (2014), § 573 Rn. 23.
277 So aber § 573 BGB für das Mietrecht, vgl.: *Mössner* in: jurisPK-BGB, § 573 Rn. 4.

servanda. Dafür aber bietet das Recht zur außerordentlichen Kündigung aus wichtigem Grund bzw. wegen Störung der Geschäftsgrundlage den systemgerechten dogmatischen Ansatz.

2. Keine Deutung als außerordentliches Kündigungsrecht aus wichtigem Grund

Nach der amtlichen Überschrift des § 490 BGB wird dem Darlehensnehmer gem. § 490 Abs. 2 S. 1, 2 BGB ein „Außerordentliches Kündigungsrecht" gewährt. Einen zwingenden Schluss auf den dogmatischen Anknüpfungspunkt lassen aber weder der Wortlaut noch die Begründung noch die Systematik des Gesetzes zu. Denn neben dem „buchstäblichen" Kündigungsrecht aus wichtigem Grund gem. § 314 BGB, kann sich ein außerordentliches Kündigungsrecht gleich in mehrfacher Hinsicht auch aus § 313 BGB ergeben.[278] So statuiert § 313 Abs. 3 BGB ein Recht zur Kündigung bei Dauerschuldverhältnissen, wenn eine Anpassung des Vertrages nicht möglich oder zumutbar ist. Allerdings kann auch die Vertragsanpassung kraft Wegfalls der Geschäftsgrundlage gem. § 313 Abs. 1 BGB inhaltlich sehr weit reichen und ermöglicht insbesondere auch die zweckmäßige Verknüpfung von außerordentlicher Kündigung und Ausgleichszahlungen des Kündigenden.[279] Eine Differenzierung zwischen beiden Rechtsinstituten bleibt der Gesetzgeber im Zusammenhang mit § 490 Abs. 2 BGB insgesamt schuldig. § 490 Abs. 3 BGB verweist sowohl auf § 313 BGB als auch auf § 314 BGB. Die Gesetzesbegründung spricht nur von einem „Kündigungsrecht des Darlehensnehmers"[280], ohne den konkreteren dogmatischen Anknüpfungspunkt zu nennen. Allerdings ergeben sich sowohl auf tatbestandlicher Ebene als auch auf Rechtsfolgenseite erhebliche Unterschiede zwischen der allgemeinen „Kündigung von Dauerschuldverhältnissen aus wichtigem Grund" und der in § 490 Abs. 2 BGB normierten Kombination von Kündigungsrecht und Ausgleichszahlungspflicht.

---

278 Siehe oben: § 5 B. III. 3. b.
279 BGH, Urt. v. 13.12.1995 – XII ZR 185/93, ZMR 1996, 309; siehe auch: *Finkenauer*, in: Münchener Kommentar zum BGB (2016), § 313 Rn. 91.
280 BT-Drs. 14/6040, S. 254.

a. Kein „wichtiger Grund" auf Tatbestandsebene

Eine außerordentliche Kündigung aus wichtigem Grund i.S.v. § 314 BGB
kommt nur in Betracht, wenn die Kündigung durch Umstände veranlasst
ist, die zum einen in der vertraglichen Beziehung selbst gründen und zum
anderen allein in der Risikosphäre des Kündigungsgegners liegen. Paradigmatisch sind insofern Fälle, in denen dem Kündigungsgegner eine Pflichtverletzung oder die Zerrüttung des gegenseitigen Vertrauens anzulasten
ist.[281]

§ 490 Abs. 2 BGB ermöglicht dem Darlehensnehmer eine außerordentliche Kündigung, wenn seine berechtigten Interessen dies gebieten, § 490
Abs. 2 S. 1 BGB. Ein berechtigtes Interesse liegt gem. § 490 Abs. 2 S. 2 BGB
– in Übereinstimmung mit den vom BGH aufgestellten Grundsätzen – vor,
wenn der Darlehensnehmer ein Bedürfnis nach einer anderweitigen Verwertung der zur Sicherung des Darlehens beliehenen Sache hat. Dies setzt
wiederum voraus, dass die beabsichtigte anderweitige Verwertung nicht
ohne die vorzeitige Kreditablösung möglich wäre. Nur in dem Fall wird
die wirtschaftliche Handlungsfreiheit des Darlehensgebers nach Ansicht
des BGH so über Gebühr eingeschränkt, dass eine einseitige Vertragsbeendigung durch den Darlehensnehmer möglich und geboten ist.[282] Neben
der geplanten Veräußerung des belasteten Objekts – gleich ob aus privatem
oder rein wirtschaftlichem Anlass –[283] wird von § 490 Abs. 2 S. 2 BGB insbesondere die geplante anderweitige Verwendung als Sicherungsobjekt erfasst, um sich dadurch Zugang zu weiteren Fremdmitteln zu verschaffen,
die der Darlehensnehmer beim Darlehensgeber selbst nicht akquirieren
kann.[284] Andererseits besteht Einigkeit, dass ein allgemeiner Entschul-
dungswunsch,[285] etwa nachdem der Darlehensnehmer unerwartet Liquidi-

---

281 *Pfeiffer*, in: jurisPK-BGB, § 313 Rn. 22; NK-BGB/*Krebs/Jung* (2016), § 313 Rn. 34.
282 BGH, Urt. v. 6.5.2003 – XI ZR 226/02, WM 2003, 1261, 1262.
283 Statt aller: *Mülbert*, in: Staudinger, BGB (2015), § 490 Rn. 68 m.w.N.
284 BGH, Urt. v. 1.7.1997 – XI ZR 197/96, WM 1997, 1799; *K.P.Berger*, in: Münchener Kommentar zum BGB (2016), § 490 Rn. 26; *Mülbert*, in: Staudinger, BGB
(2015), § 490 Rn. 69.
285 OLG Köln, Urt. v. 4.3.1999 – 18 U 156/98, WM 1999, 1167, 1168; LG Bonn, Urt.
v. 17.4.2002 – 1 O 370/01, WM 2002, 2051, 2054; *K.P.Berger*, in: Münchener
Kommentar zum BGB (2016), § 490 Rn. 26; *Mülbert*, in: Staudinger, BGB
(2015), § 490 Rn. 71; unklar, aber letztlich auch unergiebig: OLG Köln, Beschl.
v. 10.12.1999 – 11 W 75/99, ZIP 2000, 308, 309: „Darüber, dass die Kläger grundsätzlich eine Rückführung der Darlehenssumme in Höhe der durch Eintritt des
Versicherungsfalls fällig gewordenen Lebensversicherungssumme verlangen
konnten, haben die Parteien nicht gestritten.".

tät erlangt hat, ein berechtigtes Interesse ebenso wenig zu begründen vermag, wie „bloße" Zahlungsschwierigkeiten[286] oder das Verlangen nach einer Umschuldung zu besseren Konditionen.[287] All jene Rückzahlungswünsche haben ihren Ursprung allein im Darlehensvertrag und der Valutaverwendung und nicht in der Verfügung über das Sicherungsobjekt. Ein berechtigtes Interesse i.S.v. § 490 Abs. 2 S. 2 BGB ist hingegen nur gegeben, wenn die Kündigung gerade in der freien Verfügung über das Sicherungsobjekt gründet, nicht aber, wenn das Sicherungsobjekt nur Vehikel ist, um rein schuld- und vermögensrechtliche Interessen zu verwirklichen bzw. originär darlehensvertragliche Risiken zu vermeiden oder zu verschieben.[288]

Die berechtigten Interessen des Darlehensnehmers, die zu einer außerordentlichen Kündigung gem. § 490 Abs. 2 BGB Anlass geben können, gründen damit schon nicht im Darlehensvertrag selbst, wie es eine Kündigung aus wichtigem Grund voraussetzte. Im Gegenteil darf der Wunsch nach einer anderweitigen Verwertung des Sicherungsobjekts gerade nicht in der Vermeidung oder Umgehung originär darlehensvertraglicher Risiken und Nachteile wurzeln. Darin liegt gerade kein Bedürfnis zur anderweitigen Verwertung der beliehenen Sache, § 490 Abs. 2 S. 2 BGB. Dieses kann sich für den Darlehensnehmer vielmehr nur aus Umständen ergeben, die ungeachtet der vertragsinhärenten Risiken zur freien Verfügung über das Sicherungsobjekt veranlassen. Die beispielhafte Aufzählung solcher außervertraglichen Gründe schon im grundlegenden Urteil vom 1.7.1997 „(z.B. Ehescheidung, Krankheit, Arbeitslosigkeit, Überschuldung, Umzug)" [289] erfolgte durch den BGH nicht zufällig oder willkürlich, sondern entspricht auch dem heutigen gesetzlichen Leitbild.

Unabhängig von einer solch differenzierenden Betrachtung der unterschiedlichen Motive für die anderweitige Verwertung des Sicherungsobjekts, kann sich das Bedürfnis dazu jedoch keinesfalls aus Umständen ergeben, die allein im Risikobereich des Darlehensgebers gründen. Daran ändert auch eine mögliche Risikoverschiebung nichts, wie sie nach Ansicht von *Mülbert* durch § 490 Abs. 2 BGB vorgenommen worden sein soll.[290] Denn selbst wenn sich aus § 490 Abs. 2 BGB eine abweichende gesetzliche Risikozuweisung ergäbe, ginge diese keinesfalls so weit, dass das Risiko

---

286 AG Köln, Urt. v. 26.11.1998 – 117 C 233/98, WM 1999, 1460, 1461; *Wenzel*, WuB I E 3. 3.99; *Krepold*, in: Schimansky/Bunte/Lwowski, Bankrechts-Handbuch (2017), § 79 Rn. 65; *Mülbert*, in: Staudinger, BGB (2015), § 490 Rn. 71.

287 *Mülbert*, in: Staudinger, BGB (2015), § 490 Rn. 71 m.w.N.

288 Vgl.: *Wenzel*, WuB I E 3. 3.99.

289 BGH, Urt. v. 1.7.1997 – XI ZR 267/96, BGHZ 136, 161, 167.

290 *Mülbert*, in: Staudinger, BGB (2015), § 490 Rn. 58.

einer (berechtigten) anderweitigen Verwertung des Sicherungsobjekts und der damit einhergehenden Vertragsbeendigung allein dem Darlehensgeber auferlegt würde. Damit würden nicht nur die realen Verhältnisse auf den Kopf gestellt, sondern es bliebe auch auf tatbestandlicher Ebene unberücksichtigt, dass der Darlehensgeber auf Rechtsfolgenseite „[...] im wirtschaftlichen Ergebnis so gestellt werden [soll], wie er stünde, wenn das Darlehen für den ursprünglich vereinbarten Festschreibungszeitraum fortgeführt und mit Zinsen bedient worden wäre."[291]

b. Die entgegenstehende Rechtsfolgenkombination

Sowohl der BGH als auch der Gesetzgeber haben dem Darlehensnehmer keine isolierte Möglichkeit zur vorzeitigen Vertragsbeendigung eröffnet. Das Recht zur vorzeitigen Lösung vom Vertrag wurde jeweils mit der Pflicht zur wirtschaftlichen Entschädigung des Darlehensgebers verknüpft. Anstelle einer konditionalen Verknüpfung von Zustimmung zur Vertragsänderung und Zahlung der Vorfälligkeitsentschädigung („Vertragsmodifizierungsmodell"), hat der Gesetzgeber ein unbedingtes Kündigungsrecht des Darlehensnehmers mit einem Anspruch des Darlehensgebers auf Vorfälligkeitsentschädigung verknüpft, der zugleich mit wirksam ausgesprochener Kündigung entsteht.[292] Damit steht auf Rechtsfolgenseite nicht nur ein Recht zur Kündigung aus wichtigem Grund in Rede, sondern eine bewusste Kombination von Kündigungsrecht und Ausgleichspflicht.

3. Keine Deutung als Vertragsanpassung wegen Wegfalls der Geschäftsgrundlage

Die rechtliche Grundlage dafür bietet im Rahmen der allgemeinen Vorschriften zur „Anpassung und Beendigung von Verträgen" allein § 313 BGB, dessen Rechtsfolgen miteinander kombiniert werden.[293] Insofern orientieren sich sowohl die tatbestandlichen Vorgaben als auch die von § 490 Abs. 2 BGB statuierten Rechtsfolgen weit eher an § 313 BGB als an § 314 BGB, sodass es in der Tat naheliegt, die Vorschrift „[...] als gesetz-

---

291 BGH, Urt. v. 1.7.1997 – XI ZR 267/96, BGHZ 136, 161, 166.
292 *K.P.Berger*, in: Münchener Kommentar zum BGB (2016), § 490 Rn. 32; *Mülbert*, in: Staudinger, BGB (2015), § 490 Rn. 78.
293 Vgl.: § 5 B. III. 3. b.

lich besonders geregelte[n] Fall der Vertragsanpassung wegen *Wegfalls der Geschäftsgrundlage* einzuordnen."[294]

Dem steht grundsätzlich nicht entgegen, dass die zur Kündigung veranlassenden Umstände allein oder ganz überwiegend der Risikosphäre des kündigenden Teils entstammen und dem Einfluss- und Verantwortungsbereich des Kündigungsgegners gänzlich entzogen sind. Im Ausnahmefall kommt eine Vertragsanpassung oder Vertragsbeendigung auch dann in Betracht, sofern „[...] die Geschäftsgrundlage weggefallen ist oder sich nachträglich geändert hat."[295] Ein berechtigtes Interesse an der anderweitigen Verwertung der beliehenen Sache reichte dafür aber vor Einführung des § 490 Abs. 2 BGB nach allgemeiner Meinung nicht aus.[296] Daran hat sich auch danach nichts geändert. Insbesondere hat der Gesetzgeber in § 490 Abs. 2 BGB keine abweichende Risikozuweisung vorgenommen. Er hat lediglich die Folgen des Risikoeintritts neu definiert. Das Risiko der anderweitigen Verwertung der beliehenen Sache trägt heute wie damals der Darlehensnehmer. Für den Fall, dass sich dieses Risiko in einem (berechtigten) Wunsch zur freien Verfügung über sein Eigentum manifestiert, hat der Gesetzgeber in § 490 Abs. 2 BGB lediglich eine Kombination von Rechtsfolgen festgelegt, so wie sie der Richter bei einer Geschäftsgrundlagenstörung bestimmen kann.

Die Annahme, dass damit sogleich ein spezialgesetzlicher Fall der Geschäftsgrundlagenstörung selbst kodifiziert worden ist, geht nach hiesigem Dafürhalten zu weit. Der Gesetzgeber wollte die Rechtsprechung des BGH *en detail* umsetzen und hat zu keiner Zeit dessen Urteil in Frage gestellt, dass der Verwertungswunsch des Darlehensnehmers keine Störung der Geschäftsgrundlage begründen kann.[297] Dafür, dass der Gesetzgeber in § 490 Abs. 2 BGB eine von der damals allgemeinen Meinung abweichende Risikoverteilung vornehmen wollte, fehlt in der Gesetzesbegründung jeglicher Anknüpfungspunkt. Insbesondere „[d]er Hinweis in Absatz 3, dass die §§ 313, 314 RE unberührt bleiben, hat lediglich klarstellende Funktion. Damit soll verdeutlicht werden, dass die Regelung in den Absätzen 1

---

294 *Mülbert*, in: Staudinger, BGB (2015), § 490 Rn. 58 (Hervorhebung übernommen).

295 Grundlegend: BGH, Urt. v. 7.7.1971 – VIII ZR 10/70, WM 1971, 1307 (Leitsatz); BGH, Urt. v. 10.12.1980 – VIII ZR 186/79, WM 1981, 66; BGH, Urt. v. 29.11.1995 – XII ZR 230/94, NJW 1996, 714; BGH, Urt. v. 13.12.1995 – XII ZR 185/93, ZMR 1996, 309.

296 Siehe hierzu die zahlreichen Nachw. bei: *Stelling*, Die vorzeitige Ablösung festverzinslicher Realkredite, S. 103 (Fn. 526).

297 BGH, Urt. v. 1.7.1997 – XI ZR 267/96, BGHZ 136, 161, 164.

und 2 nicht abschließend ist, sondern den Vertragsparteien die sich aus den allgemeinen Vorschriften ergebenden weiteren Vertragslösungs-möglichkeiten außerhalb der im § 490 RE geregelten Einzelfälle verbleiben."[298]

4. Die eigene Meinung

Sowohl dem BGH als auch dem Gesetzgeber kam es vorrangig darauf an, dem Darlehensnehmer die Möglichkeit einzuräumen, sich vorzeitig vom Vertrag zu lösen, wenn seine berechtigten Interessen dies gebieten, ohne den Darlehensgeber dadurch wirtschaftlich schlechter zu stellen als er stünde, wenn der Vertrag bis Laufzeitende erfüllt worden wäre. Dafür hat schon der BGH mit dem Anspruch auf „Modifizierung des Vertragsinhalts ohne Reduzierung des Leistungsumfangs"[299] eine Verknüpfung von vorzeitiger Vertragsbeendigung und Ausgleichzahlung entwickelt, wofür bislang allein die Lehre vom Wegfall der Geschäftsgrundlage einen dogmatischen Ansatz bot. Mit anderen Worten hat der BGH dem Darlehensnehmer einen Vertragsanpassungsanspruch wie bei einer Störung der Geschäftsgrundlage eingeräumt, obwohl eine solche nicht gegeben war.

Diese – zu Recht kritisierte – Rechtsprechung wollte der Gesetzgeber so weit wie möglich umsetzen, hielt es aber mit der geltenden Gesetzessystematik für unvereinbar, dem Darlehensnehmer einen Vertragsauflösungsanspruch bzw. Vertragsanpassungsanspruch nach dem höchstrichterlichen Modell einzuräumen. Dies allein spricht aber noch nicht gegen die Kodifikation eines spezialgesetzlichen Falls einer Geschäftsgrundlagenstörung. Denn auch die Verknüpfung von Kündigungsrecht und Ausgleichzahlung erfolgt nach den allgemeinen Vorschriften im Wege der Vertragsanpassung, über die der Richter im eigenen Ermessen entscheidet. Mit der Kodifikation des § 490 Abs. 2 BGB hat der Gesetzgeber den Richter von einer solchen Entscheidung entbunden und hat stattdessen ein „Kündigungsrecht des Darlehensnehmers", § 490 Abs. 2 S. 1, 2 BGB und einen „gesetzliche[n] Anspruch"[300] des Darlehensgebers auf Vorfälligkeitsentschädigung in § 490 Abs. 2 S. 3 BGB kodifiziert, der mit wirksamer Ausübung des Kündigungsrechts entsteht.[301] Daraus, dass sich der Gesetzgeber für eine solche Kombination von Rechtsfolgen entschieden hat, wie sie im Übrigen nur bei Stö-

---

298 BT-Drs. 14/6040, S. 255.
299 BGH, Urt. v. 1.7.1997 – XI ZR 267/96, BGHZ 136, 161, 166.
300 BT-Drs. 14/7052, S. 200.
301 Vgl.: BGH, Urt. v. 19.1.2016 – XI ZR 388/14, BGHZ 208, 290 Rn. 23.

rungen der Geschäftsgrundlage möglich sind, folgt aber nicht zwingend, dass damit der berechtigte Wunsch nach anderweitiger Verwertung der beliehenen Sache zur Störung der Geschäftsgrundlage „befördert" wurde. Hätte der Gesetzgeber entgegen der allgemeinen Meinung in jedem Bedürfnis des Darlehensnehmers i.S.v. § 490 Abs. 2 S. 2 BGB ernstlich eine schwerwiegende Veränderung der Umstände gesehen, die eine unveränderte Vertragsfortführung „unzumutbar" machen, hätte er dies auch beim Namen nennen oder zumindest apodiktisch begründen müssen. Stattdessen hat er es dabei belassen, dem Darlehensnehmer die Vertragsbeendigung zu ermöglichen, wenn seine berechtigten Interessen dies gebieten und hat sich damit auf tatbestandlicher Ebene keinen Deut von den Vorgaben des BGH entfernt. Im Ergebnis wird der Ansatz des BGH damit in aller Konsequenz fortgeführt, denn auch der Gesetzgeber verknüpft das Recht zur vorzeitigen Vertragsauflösung mit der Pflicht zur Ausgleichszahlung, wie dies bei einer Störung der Geschäftsgrundlage möglich und geboten wäre, obwohl auf tatbestandlicher Ebene eine solche Störung nicht vorliegt.

Nach alledem handelt es sich bei 490 Abs. 2 BGB weder um ein ordentliches, noch ein außerordentliches Kündigungsrecht noch um einen gesetzlich besonders geregelten Fall der Vertragsanpassung *wegen* Wegfalls der Geschäftsgrundlage[302], sondern um die gesetzliche Anordnung einer Kombination von Rechtsfolgen *wie* bei einem Wegfall der Geschäftsgrundlage; allerdings unter anderen Voraussetzungen.

C. Die systemgerechte Verortung des „Außerordentlichen Kündigungsrechts" des Darlehensnehmers in der Dogmatik des allgemeinen Schuld- und Darlehensrechts

Obwohl der Gesetzgeber mit § 490 Abs. 2 BGB eine dogmatische Grundlage dafür geschaffen hat, lässt sich die hierin kodifizierte Möglichkeit zur vorzeitigen Immobiliarkreditbeendigung durch den Darlehensnehmer noch immer nicht klar in System und Dogmatik der allgemeinen Vorschriften zur Anpassung und Beendigung von Dauerschuldverhältnissen verorten. Dem steht insbesondere die „verunglückte" tatbestandliche Anknüpfung an „berechtigten Interessen" des Darlehensnehmers im Wege, weil die Hürde für eine Durchbrechung des Vertragstreuegrundsatzes damit auf ein Niveau gesenkt wurde, das dem damals geltenden Recht fremd

---

302 *Mülbert*, in: Staudinger, BGB (2015), § 490 Rn. 58 (Hervorhebung übernommen).

war. Auch mit Einführung des § 490 Abs. 2 BGB ist daher noch immer keine befriedigende Antwort darauf gegeben worden, wie dem Darlehensnehmer eine gesicherte und praktikable Möglichkeit zur vorzeitigen Beendigung von Immobiliarkrediten an die Hand gegeben werden kann, die sich konsistent in die Dogmatik des geltenden Darlehens- und Schuldrechts einfügt. Dazu fanden und finden sich insbesondere in der Literatur alternative Ansätze (*sub* i.), die es ihrerseits kritisch zu würdigen gilt (*sub* ii.), um im Anschluss daran einen eigenen Vorschlag zur systemgerechten dogmatischen Verortung des „Außerordentlichen Kündigungsrechts" des Darlehensnehmers unterbreiten zu können (*sub* iii.).

I. Alternative Ansätze

1. Das treuwidrige Beharren auf unveränderter Vertragsfortführung (§ 242 BGB)

Als der BGH in seinen Grundsatzurteilen vom 1.7.1997 einen derart umfassenden und weitreichenden Schutz der wirtschaftlichen Handlungsfreiheit des Darlehensnehmers postulierte, entsprach dies nicht der damals vorherrschenden Meinung. Nur wenige Stimmen in der Rechtsprechung[303] und in der Literatur[304] folgerten aus dem Gebot zur gegenseitigen Rücksichtnahme gem. § 242 BGB, dass der Darlehensnehmer sich gegen Zahlung einer Vorfälligkeitsentschädigung nur deshalb vorzeitig vom Vertrag lösen kann, weil er das Sicherungsobjekt anderweitig verwerten will. Nach jener Auffassung sollte der Darlehensgeber schon allein daher zur Zustimmung zu einer Ablösungsvereinbarung aus Treu und Glauben verpflichtet sein, weil er einerseits das legitime Interesse des Darlehensnehmers an der anderweitigen Verfügung zu achten habe und ihm andererseits selbst kein wirtschaftlicher Nachteil entstünde.

Die weit überwiegenden Stimmen lehnten es hingegen grundsätzlich ab, dem Darlehensnehmer das Recht einzuräumen, die vorzeitige Vertragsaufhebung erwirken zu können. Danach sollte der Grundsatz *pacta sunt servanda* nicht durch eine großzügige Auslegung des Rücksichtnahmegebots bzw. des § 242 BGB unterlaufen und Vertragsrisiken des Darlehens-

---

303 LG Hannover, Urt. v. 27.7.1994 – 7 O 140/94, WM 1995, 192; LG Karlsruhe, Urt. v. 13.12.1995 – 6 O 236/95, WM 1996, 574.

304 *Nobbe*, Neue höchstrichterliche Rechtsprechung zum Bankrecht, Rn. 839; *Reifner*, NJW 1995, 86, 89 f.

nehmers ohne klare gesetzliche Grundlage auf Darlehensgeberseite verschoben werden. Nur wenn sich das Beharren auf der unveränderten Vertragsfortführung ausnahmsweise als rechtsmissbräuchlich darstellte, sollte sich der Darlehensgeber einer vorzeitigen Vertragsaufhebung gegen Zahlung einer Vorfälligkeitsentschädigung nicht versperren dürfen und zur Mitwirkung an der Vertragsaufhebung verpflichtet sein. Danach wurde die Verweigerung zum Abschluss eines Ablösungsvertrages gegen Zahlung einer Vorfälligkeitsentschädigung insbesondere dann als „Zumutung" bzw. Fall unzulässiger Rechtsausübung empfunden, wenn die anderweitige Verwertung des Sicherungsobjekts durch Ehescheidung, Arbeitslosigkeit oder einen beruflich bedingten Umzug veranlasst war. Dann sollte es im Einzelfall als querulatorisch und grob unbillig anzusehen sein, den Darlehensnehmer, der wegen solcher – grundrechtlich relevanter – Umstände unter „echtem Verkaufsdruck" steht, an der unveränderten Vertragsfortführung festzuhalten und ihn selbst dann nicht gegen vollumfängliche wirtschaftliche Kompensationsleistung aus dem Vertrag zu entlassen.[305]

2. Die Begründung von Neuverhandlungspflichten

Von *H.P. Westermann* wurde der Vorschlag unterbreitet, in den Fällen, in denen die vorzeitige Beendigung des Darlehensvertrages durch scheidungs-, berufs- oder krankheitsbedingten Umzug bzw. Verkauf des Sicherungsobjekts veranlasst ist,[306] die Rechtsfigur der Neuverhandlungspflicht in Betracht zu ziehen.[307] Die Bank sollte demnach zur Mitwirkung an der Vertragsaufhebung und der Neufestlegung der Vertragskonditionen verpflichtet sein, um zumindest im Ergebnis eine „einvernehmliche" Lösung zu erreichen. Dabei sollte sich die Höhe der vom Darlehensnehmer zu zahlenden Vorfälligkeitsentschädigung einerseits an der komplexen, aber noch objektivierbaren schadensrechtlichen Berechnung orientieren, die auch vom BGH vorgeschlagen wurde. Andererseits sollten aber auch subjektive Belange, insbesondere der Anlass zur Kündigung, bei der Ermittlung

---

305 *Bruchner* in: Schimansky/Bunte/Lwowski, Bankrechts-Handbuch (1997), § 78 Rn. 101 („Härtefälle"); *Bellinger/Kerl*, HBG (1995) vor §§ 14-21a Rn. 26; Wenzel, WM 1995, 1433, 1436; ders., in: Metz/Wenzel, Rn. 228 ff.; *Nobbe*, Neue höchstrichterliche Rechtsprechung zum Bankrecht, Rn. 839; *Reifner*, NJW 1995, 86, 89 f.; (weit) strenger: *Canaris*, Bankrechtstag 1996, 3, 36 ff.; *Eckert*, WuB I E 1. 4.95.

306 *H.P.Westermann*, DZWir 1998, 27 (Fn. 3).

307 *H.P.Westermann*, DZWir 1998, 27.

des Vertragsaufhebungsentgelts Eingang finden bzw. nicht unberücksichtigt bleiben.[308]

3. Die analoge Anwendung von § 649 BGB

Vereinzelt ist ferner der Versuch unternommen worden, dem Darlehensnehmer ein Kündigungsrecht nach Vorbild des § 649 BGB einzuräumen. Das „Kündigungsrecht des Bestellers" sollte demnach einen tauglichen dogmatischen Anknüpfungspunkt bieten, um den Darlehensnehmer (jederzeit) zur vorzeitigen Vertragsbeendigung unter umfassender Schadloshaltung des Darlehensgebers zu befähigen. Die § 649 BGB zu Grunde liegende Interessenlage soll demnach mit der bei vorzeitiger Immobiliarkreditbeendigung vergleichbar sein,[309] sodass eine entsprechende Anwendung[310] bzw. ein weitgehender Gleichlauf[311] des neu eingeführten § 490 Abs. 2 BGB und § 649 BGB sinnvoll und geboten sei.

4. Außerordentliche Kündigung wegen Unzumutbarkeit unveränderter Vertragsfortführung

Zwischenzeitlich[312] hat *Rainer Stelling* den Versuch unternommen, ein außerordentliches Kündigungsrecht des Darlehensnehmers zu begründen, ohne hierfür die allgemeinen Grundsätze der Lehre vom außerordentlichen Kündigungsrecht aus wichtigem Grund antasten oder modifizieren zu müssen und ohne auf andere § 242 BGB immanenten Rechtsinstitute zurückzugreifen. Nach Ansicht *Stellings* habe der BGH mit seinem auf § 242 BGB basierenden „Vertragsmodifizierungsmodell" eine „konturenlo-

---

308 *H.P.Westermann*, DZWir 1998, 27, 28.

309 Vgl.: *Peters/Jcoby*, in: Staudinger, BGB (2014), § 649 Rn. 15, 70; *Zahn*, Vertragsaufhebung, S. 93.

310 LG Lübeck, Urt. v. 16.6.1995 – 15 O 68/94, WM 1996, 577, 578; *F. Peters*, JZ 1996, 73, 78.

311 In diese Richtung: *F. Peters/Jacoby*, in: Staudinger, BGB (2014), § 649 Rn. 15, 70; *Zahn*, Vertragsaufhebung (2005), S. 93.

312 Die Monographie von *Stelling*, Die vorzeitige Ablösung festverzinslicher Realkredite, ist – wie dem Vorwort auf S. 5 zu entnehmen ist – im Zeitraum zwischen den grundlegenden BGH-Entscheidungen und deren Kodifikation im Rahmen der Schuldrechtsmodernisierung fertiggestellt (1998) und publiziert worden (2000).

se Verlegenheitslösung"[313] gewählt, für die jede überzeugende Begründung fehle. Es sei mit (damals) geltendem Recht der Beendigung von Dauerschuldverhältnissen nicht zu vereinbaren (gewesen), dass eine Partei die Modifikation des bestehenden Vertrages schon dann erzwingen kann, wenn ihre berechtigten Interessen dies gebieten.[314] Voraussetzung für derart einschneidende Eingriffe in den ursprünglichen Konsens der Parteien sei stets die Unzumutbarkeit der unveränderten Vertragsfortführung, sofern spezialgesetzlich nicht etwas anderes bestimmt ist. Die vorzeitige Vertragsbeendigung sei nur *ultima ratio* zur Beendigung und Veränderung vertraglicher Beziehungen, deren Fortführung einer oder beiden Parteien schlechthin nicht mehr zugemutet werden kann; es hierfür nach Treu und Glauben ausreichen zu lassen, dass „berechtigte Interessen" die vorzeitige Vertragsaufhebung gebieten, laufe dem konzeptionell zuwider.

Es habe zudem weder des zweifelhaften Rückgriffs auf § 242 BGB noch der untauglichen tatbestandlichen Anknüpfung an „berechtigen Interessen" des Darlehensnehmers bedurft. Dem Darlehensnehmer könne vielmehr ohnedies in restriktiv zu behandelnden Ausnahmefällen ein originäres Recht zur außerordentlichen Kündigung aus wichtigem Grund zustehen. Es sei im Einzelfall möglich, dass sich die Unzumutbarkeit der Vertragsfortführung für den Darlehensnehmer aus Umständen ergebe, die allein dessen Risikosphäre zu entstammen scheinen. Dies setze voraus, dass eine Fortsetzung des Vertrages den Darlehensnehmer unverhältnismäßig in der Ausübung seiner Grundrechte einschränkt. An eine solche unangemessene Grundrechtseinschränkung seien jedoch angesichts der widerstreitenden Grundsätze von Vertragstreue und Privatautonomie strenge Anforderungen zu stellen.[315] So seien grundrechtsrelevante Beeinträchtigungen allenfalls im Zusammenhang mit Art. 6 und Art. 12 GG überhaupt denkbar.[316] Ferner müsse der Darlehensnehmer stets darlegen und beweisen, dass die Vertragsbeendigung das einzige bzw. relativ mildeste Mittel ist, um die angemessene Ausübung der Grundrechte zu gewährleisten.[317] Schließlich sei es obligatorisch, dass dem Darlehensgeber ein vollumfänglicher Ausgleich der wirtschaftlichen Nachteile gewährt wird, die diesem aufgrund der Kündigung entstehen. Nur unter der Bedingung einer solchen wirtschaftlichen Kompensation des Kündigungsgegners, sei es – unabhän-

---

313 *Stelling*, Die vorzeitige Ablösung festverzinslicher Realkredite, S. 111.
314 *Stelling*, Die vorzeitige Ablösung festverzinslicher Realkredite, S. 112 ff.
315 *Stelling*, Die vorzeitige Ablösung festverzinslicher Realkredite, S. 160 f.
316 *Stelling*, Die vorzeitige Ablösung festverzinslicher Realkredite, S. 145 ff.
317 *Stelling*, Die vorzeitige Ablösung festverzinslicher Realkredite, S. 161 ff.

gig von den grundrechtlichen Implikationen im Einzelfall – legitim, eine außerordentliche Kündigung aus wichtigem Grund auf Umstände zu stützen, die faktisch allein der Risikosphäre des Darlehensnehmers entstammen. Unter „Einbeziehung der vertraglichen Sekundärebene"[318] trage der Immobiliarkreditnehmer das Verwendungsrisiko für das überlassene Kapital auch dann, wenn er den Vertrag aus grundrechtsrelevantem Anlass kündigen kann, dafür aber im Gegenzug die Bank so zu stellen hat, wie sie stünde, wenn der Vertrag bis zum Ende des vereinbarten Festschreibungszeitraums durchgeführt worden wäre.[319] Der Vertrag sei in dem Fall zumindest wirtschaftlich in seinem Bestand geschützt. Dadurch sei es in wenigen Ausnahmefällen einer familiär oder beruflich veranlassten Veräußerung des Sicherungsobjekts möglich, dem Darlehensnehmer ein Recht zur außerordentlichen Kündigung aus wichtigem Grund – als *ultima ratio* zur Verhinderung übermäßiger Grundrechtseinschränkungen – zu eröffnen, ohne dass dem die darlehenstypische Risikoverteilung entgegensteht.[320]

5. Unmöglichkeit qua Zweckvereitelung

Nach einem weiteren Ansatz von *Köndgen* soll der Wunsch nach anderweitiger Verwertung der weiteren Mittelbelassung objektiv den Sinn nehmen und so zur Unmöglichkeit der Vertragsfortführung qua Zweckvereitelung führen. Infolgedessen sei die Bank gehalten, „das ‚zwecklos' gewordene Darlehen zurückzunehmen".[321] Allerdings habe die Bank in dem Falle grundsätzlich nicht die Gegenleistungsgefahr zu tragen. Vielmehr lasse sich aus § 645 Abs. 1 BGB der „verallgemeinerungsfähige Gedanke entnehmen, daß auch beim vom Gläubiger nicht zu vertretenden, aber in seiner Sphäre wurzelnden Zweckstörungen dem Schuldner wenigstens ein Teil der vertraglichen Vergütung gebührt."[322]

---

318 *Stelling*, Die vorzeitige Ablösung festverzinslicher Realkredite, S. 167.
319 Ebda.
320 Ebda.
321 *Köndgen*, Grundpfandrechtlich gesicherte Kredite, S. 148.
322 *Köndgen*, Grundpfandrechtlich gesicherte Kredite, S. 148 f. (Nachw. ausgelassen).

II. Stellungnahme

1. Die überholte Anknüpfung an den Schranken des § 242 BGB

Der Gesetzgeber hat sich ausdrücklich für die Kodifikation eines außerordentlichen Kündigungsrechts entschieden und hat das auf § 242 BGB gestützte „Vertragsmodifizierungsmodell" des BGH formell revidiert. § 490 Abs. 2 BGB ist nicht als gesetzlicher Spezialfall des Rechtsinstituts unzulässiger Rechtsausübung oder des Gebotes gegenseitiger Rücksichtnahme ausgestaltet worden, sondern als Kombination von Kündigungsrecht und Ausgleichsanspruch *wie* beim Wegfall der Geschäftsgrundlage. Der Ansatz, daneben ein Vertragsablösungsrecht auf das Rechtsmissbrauchsverbot bzw. das Rücksichtnahmegebot aus § 242 BGB zu stützen, ist rechtskonstruktiv überholt. Gleichwohl wäre es falsch, die dem zu Grunde liegenden Wertungen und Argumente zu verwerfen, ohne zuvor zu prüfen, ob und inwiefern diese für eine sachgerechte(re) Auslegung des geltenden Rechts fruchtbar gemacht werden können.

a. Rücksichtnahmegebot

Der Gläubiger verfolgt mit seinem Leistungsverlangen naturgemäß eigene Interessen. Dies ist im Darlehensrecht nicht anders, zumal auch der Darlehensvertrag grundsätzlich von einem egoistischen Leistungsaustausch und der Verfolgung eigener Interessen geprägt ist.[323] Aus § 242 BGB folgt gleichwohl das Gebot der gegenseitigen Unterstützung und Rücksichtnahme.[324] Danach sind besonders schutzwürdige Interessen der Gegenseite zu achten und geringfügige Abweichungen von der vereinbarten oder gesetzlichen Leistung hinzunehmen, um Bestand und Erfolg der gemeinsamen Vereinbarung nicht wegen „Bagatellen" zu gefährden.[325]

Die Rücksichtnahmepflicht des Gläubigers bildet jedoch keine taugliche Grundlage für derart weitreichende Veränderungen des Leistungsinhalts, wie sie mit einem Anspruch des Darlehensnehmers auf Vertragsaufhebung gegen Zahlung von Vorfälligkeitsentschädigung einhergehen. Es stehen keine geringfügigen, sondern substantielle Änderungen des ursprünglich Vereinbarten in Rede. Der ursprüngliche Darlehensvertrag wird beendet

---

323 § 5 A. II.
324 RG, Urt. v. 11.1.1912 – VI 480/10, RGZ 78, 134, 142.
325 *Schubert*, in: Münchener Kommentar zum BGB (2016), § 242 Rn. 183 m.w.N.

und der Anspruch des Darlehensgebers auf kontinuierliche Zinszahlungen wird mit der Vorfälligkeitsentschädigung durch eine kompliziert zu errechnende und streitanfällige „Einmalzahlung" substituiert, ohne dabei eine ggf. entgegenstehende Refinanzierungsstruktur auf Passivseite zu berücksichtigen, die sich konzeptionell an langfristigen und kontinuierlichen Zinseinnahmen orientieren mag.[326] Solch weitreichende Veränderungen des Leistungsinhalts lassen sich jedoch nicht auf einfache Rücksichtnahme- und Unterstützungspflichten stützen. Diese sind vom Gläubiger regelmäßig nur bei Störungen der Geschäftsgrundlage nach § 313 BGB hinzunehmen.[327]

b. Rechtsmissbrauchsverbot

Gleiches ist im Grunde denen entgegenzuhalten, die einen Anspruch des Darlehensnehmers auf Vertragsaufhebung gegen Vorfälligkeitsentschädigung in Ausnahmefällen auf das Verbot unzulässiger Rechtsausübung stützen wollten.[328] Das Rechtsmissbrauchsverbot ist Ausdruck der Schrankenfunktion des § 242 BGB und soll als „eine Art Abwehrrecht"[329] die Rechtsausübung dort verhindern, wo sich diese als grob unbillig und mit Recht und Gerechtigkeit unvereinbar darstellt. Insofern wirkt § 242 BGB in erster Linie destruktiv und schränkt die Rechtsausübung zu Lasten des Berechtigten nach Treu und Glauben ein.[330] Mit Recht wird jedoch in der Literatur darauf hingewiesen, dass mit der Einschränkung einer Rechtsposition auf der einen Seite regelmäßig die Verbesserung der Rechtsposition auf der anderen Seite einhergeht, sodass in Folge unzulässiger Rechtsausübung teils auch Rechtspositionen gestärkt oder gar erst geschaffen werden können, um den vom potentiellen Rechtsmissbrauch Betroffenen ausreichend zu schützen.[331]

---

326 Dies darf trotz heute vorherrschender Mischrefinanzierung nicht völlig unberücksichtigt bleiben, näher dazu oben: § 3 C.

327 *Schubert*, in: Münchener Kommentar zum BGB (2016), § 242 Rn. 183; *Sutschet*, in: Beck'scher Online-Kommentar BGB, § 242 Rn. 43.

328 Insbesondere weil das Rücksichtnahmegebot teils als spezielle Ausprägung des Verbots unzulässiger Rechtsausübung bzw. als von diesem mitumfasst angesehen wird, vgl.: *Schubert*, in: Münchener Kommentar zum BGB (2016), § 242 Rn. 183; *Olzen/Looschelders*, in: Staudinger, BGB (2015), § 242 Rn. 201 f.

329 *Sutschet*, in: Beck'scher Online-Kommentar BGB, § 242 Rn. 53 m.w.N.

330 *Schubert*, in: Münchener Kommentar zum BGB (2016), § 242 Rn. 204.

331 § 5 B. IV. 4.

Es ist daher nicht ausgeschlossen, dass § 242 BGB in den – wenn überhaupt – seltenen Fällen, in denen die Geschäftsgrundlage nicht gestört ist und ein Festhalten am Vertrag gleichwohl als grob unbillig und mit Recht und Gerechtigkeit schlechthin unvereinbar erscheint, neben §§ 313, 314 BGB ein Rest seiner Korrekturfunktion verblieben ist,[332] der in ähnlicher Form zu Eingriffen in den Konsens der Parteien berechtigt.[333] An der Aussage, dass der Darlehensnehmer nicht am Vertrag festgehalten werden darf, wenn sich dies als unzulässige Rechtsausübung darstellt, ist im Grunde nichts zu erinnern. Sonderlich hilfreich ist dies allerdings nicht, da es an allgemeingültigen und praktisch handhabbaren Kriterien für die Annahme eines Rechtsmissbrauchs im konkreten Fall fehlt. Die Autoren, die sich in „extrem gelagerten Ausnahmefällen" für einen Rückgriff auf § 242 BGB aussprachen, haben sich darauf beschränkt, die Fälle, in denen ein rechtsmissbräuchliches Verhalten des Darlehensgebers in Betracht kommt, vage zu kategorisieren[334] oder allenfalls an konkreten Beispielen zu verdeutlichen. So wurde insbesondere auf den – in der Tat paradigmatisch anmutenden – Fall verwiesen, den das *LG Hannover* mit Urteil vom 21.7.1994 entschied:[335] Einem Darlehensnehmer, der in Zahlungsschwierigkeiten geraten war, bot sich eine günstige Gelegenheit zum Verkauf des Sicherungsobjekts. Um diese Gelegenheit nutzen und in der Folge seine Kapitalschuld gegenüber der Bank begleichen zu können, ersuchte er die Bank um die Aufhebung des Vertrages und Löschung der Grundschuld. Obwohl der Darlehensnehmer zum Ersatz sämtlicher wirtschaftlicher Nachteile bereit war, verweigerte die Bank die Zustimmung, machte diese von der Zahlung eines darüberhinausgehenden Vorfälligkeitsentgelts abhängig, nahm die daraus folgende Zahlungsunfähigkeit des Darlehensnehmers billigend in Kauf und drohte zu allem Überfluss mit der Zwangsversteigerung des Grundstücks.

---

332 Ebda.

333 Vgl.: *Schubert*, in: Münchener Kommentar zum BGB (2016), § 242 Rn. 205.

334 *Bruchner*, in: Schimansky/Bunte/Lwowski, Bankrechts-Handbuch (1997), § 78 Rn. 101; *Bellinger/Kerl*, HBG, Vor §§ 14-21a Rn. 26; *Wenzel*, WM 1995, 1433, 1436; ders., in Metz/Wenzel, Rn. 228 ff.; *Nobbe*, Neue höchstrichterliche Rechtsprechung zum Bankrecht, 6. Rn. 839; *Reifner*, NJW 1995, 86, 89 f.; auf die fehlende Präzision der Vorschläge zur dogmatischen Anknüpfung weist auch *Knops*, Verbraucherschutz bei Immobiliarkreditverhältnissen, S. 144 zu Recht hin.

335 LG Hannover, Urt. v. 27.7.1994 – 7 O 140/94, WM 1995, 192, worauf etwa *Canaris*, Bankrechtstag 1996, 3, 36 ff.; *Reich*, Bankrechtstag 1996, 43, 60, *Knops*, Verbraucherschutz bei Immobiliarkreditverhältnissen, S. 122 („Rechtsmissbrauch der Banken") verweisen.

So plastisch dieser Lebenssachverhalt einen Fall der unzulässigen Rechtsausübung exemplifizieren mag[336] und so einleuchtend die darüber hinaus genannten Kategorien sein mögen: Konkrete Kriterien, anhand derer der Rechtsanwender *in casu* hinreichend klar entscheiden kann, ob Rechtsmissbrauch vorliegt oder nicht, ergeben sich daraus nicht. Hier wie da besteht vielmehr die Gefahr einer gefühlsorientierten und uneinheitlichen Einzelfalljurisprudenz. Dem aber hat der Gesetzgeber im Ergebnis zu Recht eine Absage erteilt.

2. Keine Pflicht zur Neuverhandlung

Ähnliche Bedenken lassen sich gegen die Begründung einer Neuverhandlungspflicht der Bank einwenden. Zunächst konkretisiert auch *H.P. Westermann* nicht hinreichend, unter welchen Voraussetzungen die Bank zur Mitwirkung verpflichtet sein soll. Zudem bleiben der Inhalt der Neuverhandlungspflicht, sowie die Folgen eines Scheiterns der Neuverhandlungen unklar, was allerdings daran liegen mag, dass am Ende doch nur eine erzwungene Vertragsanpassung zu „aufoktroyierten" Konditionen in Betracht kommen wird. So stellt sich die Problematik (irgend)einer erzwungenen Mitwirkung der Bank regelmäßig erst, wenn die Verhandlungen über eine einvernehmliche vorzeitige Vertragsaufhebung bereits stattgefunden haben, aber letztlich gescheitert sind. Insofern stritten die Parteien in der Zeit vor den „klärenden" BGH-Urteilen vom 1.7.1997 im Grunde nie über die Vertragsaufhebung selbst, sondern letztlich immer nur darum, zu welchen Konditionen sich die Bank damit einverstanden erklärt.[337] Eine Pflicht zur „neuerlichen" Neuverhandlung hilft hierbei nicht weiter. Vielmehr gilt es sowohl den Rahmen als auch die Details für eine interessengerechte Bestimmung der Konditionen einer vorzeitigen Vertragsbeendigung durch den Darlehensnehmer zu finden, wenn die Parteien vorab gezeigt haben, dass sie dazu auf einvernehmlichem Wege nicht (mehr) willens oder in der Lage sind.[338]

Es ist daher grundsätzlich sachgerecht, dass die Höhe der vom Darlehensnehmer zu leistenden Entschädigungszahlung nach § 490 Abs. 2 S. 3 BGB präjudiziert wird, sofern die Voraussetzungen der § 490 Abs. 2

---

336 A.A.: *Eckert*, WuB I E 1. 4.95, der selbst hierin kein rechtsmissbräuchliches Verhalten des Kreditinstituts erkennen will.

337 Vgl.: *Canaris*, FS Zöllner (1998), 1055, 1064.

338 Vgl.: § 5 B. IV. 2. c.

S. 1, 2 BGB vorliegen. Dann wird der Darlehensnehmer kaum zur freiwilligen Zahlung eines Entgelts zu bewegen sein, das in seiner Höhe über die Vorfälligkeitsentschädigung hinausgeht, zu deren Zahlung der Darlehensnehmer gesetzlich verpflichtet ist.[339] Sofern sich die Banken demgegenüber auf eine geringere Entschädigungszahlung einlassen sollten, wird dies ohnehin schon auf privatautonomem Wege vor einer möglichen Kündigung geschehen.

Es bleibt gleichwohl klarstellend festzuhalten, dass die Neuverhandlung und einvernehmliche Beendigung des Darlehensvertrages die hier und auch von der Privatrechtsordnung präferierte Lösung ist. Dafür ist den Parteien der nötige Raum zu lassen und dahin sind sie so weit wie möglich zu lenken. Dort aber, wo der Konsens nachweislich gescheitert ist, müssen Rechtsprechung, Wissenschaft und idealerweise der Gesetzgeber die rechtlichen Grundlagen einer sach- und interessengerechten Vertragsanpassung erarbeiten und festlegen.

3. Keine analoge Anwendung von § 649 BGB

Eine analoge Anwendung des § 649 BGB scheitert daran, dass es an einer planwidrigen Regelungslücke fehlt.[340] Mit § 490 Abs. 2 BGB hat der Gesetzgeber die Voraussetzungen und Folgen der vorzeitigen Immobiliarkreditbeendigung durch den Darlehensnehmer spezialgesetzlich geregelt und hat damit zugleich klargestellt, dass eine voraussetzungslose Kündigung auch bei vollumfänglicher Schadloshaltung des Darlehensgebers nicht in Betracht kommt.[341] § 649 BGB lässt sich nicht der verallgemeinerungsfähige Gedanke entnehmen, dass eine Vertragsbeendigung unter vollumfänglicher Wahrung der wirtschaftlichen Interessen des Opponenten jederzeit möglich sein muss.[342] Unabhängig von immobiliarkreditrechtlichen Spezifika betreffend schützenswerter Refinanzierungsstrukturen[343] würde damit der grundsätzliche Vorrang des Erfüllungsanspruchs unterlaufen und dem

---

339 Vgl.: *K.P.Berger*, in: Münchener Kommentar zum BGB (2016), § 490 Rn. 36.
340 So auch schon vor Einführung des § 490 Abs. 2 BGB: *Stelling*, Die vorzeitige Ablösung festverzinslicher Realkredite, S. 97 ff.
341 Siehe dazu auch: BT-Drs. 16/11643, S. 88; BT-Drs. 18/5922, S. 90; vgl. ferner unten: § 10 A. II. 2. b.
342 A.A.: *F. Peters*, JZ 1996, 73,78; in diese Richtung: *F. Peters/Jacoby*, in: Staudinger, BGB (2014), § 649 Rn. 15, 70; *Zahn*, Vertragsaufhebung, S. 93.
343 Darauf rekurriert insbesondere: *Stelling*, Die vorzeitige Ablösung festverzinslicher Realkredite, S. 98 f.

Schuldner würde die freie Wahl zwischen Erfüllung des Primäranspruchs und Stellung eines wirtschaftlichen Substituts gegeben. Ein derartiges Wahlrecht des Schuldners wird dem Vertrag in aller Regel nicht zu entnehmen sein und auch die Vorschriften des allgemeinen Schuld- und Darlehensrechts bieten hierfür keinerlei Anhalts- oder Anknüpfungspunkte.[344]

4. Die problematische Anknüpfung am Unzumutbarkeitsverdikt

Bevor der BGH mit den Grundsatzurteilen vom 1.7.1997 das „Vertragsmodifizierungsmodell" aus der Taufe hob, beschränkte sich das dogmatische Repertoire für ähnlich intensive Eingriffe in Dauerschuldrechtsbeziehungen auf das Recht zur außerordentlichen Kündigung aus wichtigem Grund sowie das Recht zur Vertragsanpassung bzw. -beendigung nach den Grundsätzen über den Wegfall der Geschäftsgrundlage. Tatbestandliche Voraussetzung ist auch heute noch unter Geltung der §§ 313, 314 BGB, dass einem Teil die unveränderte Vertragsfortführung unzumutbar ist. Davon war allerdings in Fällen, in denen der Darlehensnehmer den Immobiliarkredit zwecks anderweitiger Verwertung ablösen wollte, nach ganz herrschender Auffassung nicht auszugehen, da man die zur vorzeitigen Vertragsbeendigung Anlass gebenden Umstände allesamt in der Risikosphäre des beendigungswilligen Darlehensnehmers verortet sah.[345] Damit waren die dogmatisch gesicherten Pfade, vorbehaltlich einer gesetzlichen Risikoverschiebung zu Gunsten des Darlehensnehmers, versperrt. Dessen gewahr hat *Stelling* vorgeschlagen, die Frage der Risikotragung auf wirtschaftlich-faktischer Ebene zu beantworten und dem Darlehensnehmer – entgegen der damals vorherrschenden Ansicht – ein außerordentliches Kündigungsrecht aus wichtigem Grund als *ultima ratio* zuzugestehen, wenn die vorzeitige Vertragsbeendigung grundrechtlich impliziert war und wenn der Darlehensnehmer das darlehensrechtliche Verwendungsrisiko auf wirtschaftlicher Ebene voll in Form eines bürgerlich-rechtlichen Aufopferungsanspruchs zu tragen hatte.[346]

---

344 Vgl.: *Canaris*, FS Zöllner (1998), 1055, 1066.
345 Statt aller: BGH, Urt. v. 1.7.1997 – XI ZR 267/96, BGHZ 136, 161, 164.
346 § 9 C. I. 4.

a. Die beschränkte Relevanz grundrechtlicher Implikationen

Die Grundrechte beider Vertragsparteien können bei Abwägung der beiderseitigen Interessen zu berücksichtigen und für die Beantwortung der Frage, ob einem Teil die unveränderte Vertragsfortsetzung zumutbar ist oder nicht, mitentscheidend sein.[347] Dabei steht allerdings nicht eine abstrakte Abwägung des in der Privatautonomie gründenden Interesses des Darlehensgebers an der Vertragsfortsetzung gegen alle möglichen Grundrechte des Darlehensnehmers in Rede. Vielmehr geben heute die §§ 313, 314 BGB wie die damals zu § 242 BGB entwickelten Grundsätze[348] den konkreten Maßstab für die vorzunehmende Abwägung.[349] Denn an die Stelle jener subsumtionsfähigen Tatbestände darf nicht eine vage Gegenüberstellung verfassungsrechtlicher Prinzipien treten. „Ohne Maßstäbe hat das bloße Abwägen kollidierender Grundrechte keinen nachprüfbaren Begründungswert. Es ist wie ‚Wägen ohne Waage'".[350] Nach §§ 313, 314 BGB ist die vorzeitige Vertragsanpassung oder -beendigung immer nur *ultima ratio*. Der Vertrag ist ursprünglich von beiden Parteien geschlossen worden und darf dem Grundsatz *pacta sunt servanda* entsprechend in aller Regel nicht von einer Seite in Frage gestellt werden. Insbesondere bei Dauerrechtsbeziehungen ist es nicht unüblich, dass die Parteien im Vertragsverlauf erhebliches Interesse an einer vorzeitigen Vertragsbeendigung oder Vertragsanpassung entwickeln können. Hierzu gehören auch grundrechtlich relevante Interessen von Darlehensnehmern an der vorzeitigen Immobiliarkreditbeendigung, wie insbesondere der scheidungs-, berufs- oder krankheitsbedingte Auszug aus dem belasteten Objekt und das daraus folgende Bedürfnis einer anderweitigen Verwertung. Nach der Konzeption der Privatrechtsordnung im Allgemeinen wie auch der §§ 313, 314 BGB im Besonderen haben all jene einseitigen Interessen grundsätzlich gegenüber einer vereinbarungsgemäßen Vertragsdurchführung zurückzustehen. Sie sind normalerweise unerheblich, weil der Konsens der Parteien für die Laufzeit des Vertrages deren einseitige Interessen überlagert. Eine außerordentliche Kündigung oder Vertragsanpassung kommt daher nicht schon dann in Betracht, wenn die – grundrechtlich relevanten – Interessen des

---

347 § 5 B. II. 1.
348 Sofern im Folgenden von §§ 313, 314 BGB die Rede ist, soll Entsprechendes für die den Kodifikationen zu Grunde liegenden Rechtsinstitute aus § 242 BGB gelten.
349 Vgl.: § 5 B. IV. 4.
350 So die treffenden Worte von *Honsell*, in: Staudinger, Eckpfeiler des Zivilrechts (2014), B. Einleitung zum BGB Rn. 68b (Nachw. ausgelassen).

einen Teils, die des anderen Teils an der unveränderten Vertragsfortsetzung bei abstrakter Betrachtung überwiegen. Voraussetzung für die Durchbrechung des Vertragstreuegrundsatzes ist vielmehr, dass die Grundrechte der kündigungswilligen Partei gerade durch das Festhalten am Vertrag in unerträglicher Weise beeinträchtigt würden. Mit anderen Worten müssen die einseitigen, verfassungsrechtlich relevanten Interessen des einen Teils, die durch die Vertragsfortführung berührt sind, schwerer wiegen als das in dem Vertrag selbst verbriefte gemeinsame Interesse an seiner Durchführung.

Mit der Annahme, dass die Grundrechte

> „[...] nach der Theorie der mittelbaren Drittwirkung [...] auch bei der vorliegenden Abwägung von Bindungs- und Beendigungsinteressen berücksichtigt werden müssen, im Ergebnis aber nur selten dazu beitragen können, daß dem Beendigungsinteresse des Darlehensnehmers gegenüber dem Bindungsinteresse des Darlehensgebers der Vorrang eingeräumt wird",

scheint *Stelling* dem Rechnung zu tragen.[351] Die hiermit einhergehende Differenzierung der grundrechtlichen Implikationen überzeugt allerdings nur bedingt. Einerseits hat *Stelling* treffend herausgearbeitet, dass nicht jede grundrechtlich begründbare Motivation für eine vorzeitige Immobiliarkreditbeendigung ausreicht und dass insbesondere solche Beeinträchtigungen, deren sich der Darlehensnehmer bei Vertragsschluss hätte bewusst sein müssen und die er damit eigenverantwortlich in Kauf genommen hat, nicht zur Unzumutbarkeit der unveränderten Vertragsfortführung führen können.[352] Ihm ist ferner darin zuzustimmen, dass mit der Aufnahme eines Immobiliarkredits niemand auf „[...] eine freie Familienplanung, auf die Möglichkeit einer späteren Ehescheidung oder auf die Chance einer beruflichen Veränderung [...]" verzichtet, sodass mit einer unveränderten Vertragsfortführung eine unzumutbare Beeinträchtigung der dahinterstehenden Grundrechte aus Art. 12 Abs. 1 GG und Art. 6 Abs. 1 GG nicht auszuschließen ist.[353] Andererseits ist es *Stelling* nicht gelungen, das tatsächliche Vorliegen einer solchen Grundrechtsverletzung bzw. die Voraussetzungen dafür schlüssig darzutun. Er konnte daher im Ergebnis nur dazu beitragen, die schon andernorts[354] bemühten Fallgruppen der „beruflich be-

---

351 *Stelling*, Die vorzeitige Ablösung festverzinslicher Realkredite, S. 160.
352 *Stelling*, Die vorzeitige Ablösung festverzinslicher Realkredite, S. 137 ff.
353 *Stelling*, Die vorzeitige Ablösung festverzinslicher Realkredite, S. 161.
354 Vgl.: § 9 C. I. 1.

dingten" und „familiär bedingten" Veräußerung des Sicherungsobjekts zu präzisieren, ohne hiermit tatsächlich (wichtige) Gründe zu verifizieren, die eine vorzeitige Vertragsbeendigung rechtfertigten. Denn obwohl *Stelling* – abermals richtig – von der Prämisse ausgeht, dass die vorzeitige Darlehensablösung nur *ultima ratio* sein kann, kommt er letztlich zum falschen Schluss, dass eine vorzeitige Darlehensablösung „im Wege der außerordentlichen Kündigung"[355] schon dann möglich ist, wenn der Darlehensnehmer nachweisen kann, dass er das Sicherungsobjekt aus beruflichem oder familiärem Anlass anderweitig verwerten will und dazu – auch unter Ausschöpfung sämtlicher Alternative zu einer lastenfreien Übereignung –[356] gezwungen ist.

Die beruflich oder familiär begründete oder sonstwie grundrechtlich implizierte Notwendigkeit zur anderweitigen Verwertung des Sicherungsobjekts zeitigt allein noch keine solch unerträgliche Beeinträchtigung der jeweils einschlägigen Grundrechte des Darlehensnehmers; selbst unter der Prämisse, dass ihm die Verwertung des Sicherungsobjekts bei Vertragsfortführung faktisch unmöglich ist. Aus dem Anlass der Vertragsbeendigung kann regelmäßig nicht darauf geschlossen werden, dass dem Darlehensnehmer eine unveränderte Vertragsfortführung nicht dennoch zugemutet werden kann. So stellt sich beispielsweise die Frage, warum es für sehr vermögende Darlehensnehmer, die sich scheidungsbedingt zum Umzug gezwungen fühlen, unzumutbar sein soll, am unveränderten Vertrag festgehalten zu werden, wenn diese den Vertrag problemlos aus liquiden Mitteln bedienen könnten. Aber auch der „Normalverdiener", der sich etwa aus beruflichen Gründen zum Umzug genötigt sieht, wird durch eine unveränderte Vertragsfortsetzung nicht *per se* in unzumutbarer Art und Weise in seinen Grundrechten eingeschränkt. Im *worst case* muss der Darlehensnehmer weiterhin die periodischen Zins- und Tilgungsleistungen bis zum Vertragsende erbringen, obwohl er nicht umhinkann, die finanzierte Immobilie zu verlassen und eine neue Immobilie zu erwerben oder zu mieten, ohne aber die finanzierte Immobilie anderweitig marktgerecht verwerten zu können. Sofern der Darlehensnehmer die finanzielle Mehrbelastung jedoch – notfalls unter Einsatz seines gesamten pfändbaren Vermögens – erbringen kann, besteht keine Rechtfertigung dafür, korrigierend in den ursprünglichen Konsens der Parteien einzugreifen. Der Darlehensnehmer trägt das darlehensvertragliche Verwendungsrisiko. Unvorhergesehene Entwicklungen, durch die das finanzierte Projekt scheitert oder unrentabel

---

355 *Stelling*, Die vorzeitige Ablösung festverzinslicher Realkredite, S. 125 ff.
356 *Stelling*, Die vorzeitige Ablösung festverzinslicher Realkredite, S. 161 ff.

wird, gehen allein zu Lasten des Darlehensnehmers, der dies im Rahmen seiner Risikoprognose abzuwägen und einzupreisen hat(te). Sofern der Lösungswunsch des Darlehensnehmers grundrechtlich veranlasst ist, wird die Ausübung der in Rede stehenden Grundrechte durch ein Beharren des Darlehensgebers maßgeblich erschwert; daran gehindert wird er jedoch nicht. Vielmehr kann der Darlehensnehmer seine Grundrechte aus eigener Kraft zur vollen Geltung bringen. Den finanziellen Mehraufwand hierfür, sowie etwaige Unannehmlichkeiten für die Beschaffung hinreichender Liquidität muss er in Kauf nehmen oder eben auf die Ausübung seiner Grundrechte verzichten. Solange dem Darlehensnehmer diese Wahl auch bei unveränderter Vertragsfortsetzung verbleibt, ist eine vorzeitige Beendigung des Vertrages gegen den Willen des Darlehensgebers aber weder geboten noch gerechtfertigt; sie ist und bleibt *ultima ratio*.

b. Keine Risikoverschiebung unter „Einbeziehung der Sekundärebene"

Insofern erkennt auch *Stelling* zunächst richtig, dass selbst die von Ihm erwogenen grundrechtlichen Implikationen für die vorzeitige Immobiliarkreditbeendigung grundsätzlich allein in der Risikosphäre des Darlehensnehmers zu verorten sind. Dieser trägt das Verwendungsrisiko, d.h. es kommt „[...] nicht darauf [an], weshalb die von der Bank erbrachte Leistung nicht mehr benötigt wird, [womit] sich der Darlehensnehmer auch nicht auf die familiäre oder beruflich bedingte Notwendigkeit einer lastenfreien Objektveräußerung berufen [kann]."[357]

Der Vorschlag, dem Darlehensnehmer gleichwohl ausnahmsweise ein außerordentliches Kündigungsrecht aus beruflich oder familiär bedingtem Anlass gewähren zu können, indem eine Betrachtung der Risikoverteilung unter Einbeziehung der vertraglichen Sekundärebene erfolgt,[358] ist nun aber abzulehnen. Damit würde die (gewünschte) Rechtsfolge einer Vertragsbeendigung gegen Kompensationsleistung zur Begründung des dafür obligatorischen Tatbestandes herangezogen. Der „wichtige Grund" bzw. die Unzumutbarkeit der unveränderten Vertragsfortführung ergäbe sich mit anderen Worten erst aus der tatsächlichen oder bevorstehenden Kompensation der wirtschaftlichen Nachteile des Darlehensgebers. Die Folge, dass dieser so zu stellen ist, wie er stünde, wenn der Vertrag bis zum Ende des vereinbarten Festschreibungszeitraums durchgeführt worden wäre,

---

357 *Stelling*, Die vorzeitige Ablösung festverzinslicher Realkredite, S. 166.
358 Näher § 9 C. I. 4.

darf aber nicht mit der auf Tatbestandsebene zu klärenden Frage nach der Zumutbarkeit der unveränderten Vertragsfortführung vermengt werden. Denn auf diese Weise würde dem Darlehensgeber „durch die Hintertür" die Möglichkeit eröffnet, sich unter zwar strengen, aber für sich genommen doch irrelevanten Voraussetzungen[359] „freizukaufen". Dies ist grundsätzlich aber nur mit Zustimmung des Vertragspartners möglich. Nur in wenigen gesetzlichen Ausnahmefällen, wie z.B. gem. § 649 BGB oder § 651i BGB lässt der Gesetzgeber einen „lediglich wirtschaftlichen Bestandsschutz"[360] genügen und erlaubt eine (jederzeige) vorzeitige Vertragsbeendigung gegen Kompensationsleistung.[361] Im Übrigen handelt es sich auch bei der „wirtschaftlich kompensierten Vertragsbeendigung" um einen erheblichen Eingriff in den ursprünglichen Konsens,[362] der vorbehaltlich spezieller Regelungen nur unter den strengen Voraussetzungen der §§ 313, 314 BGB in Betracht kommt. In dem Fall trägt eine etwaige Kompensationsleistung aber nicht zur tatbestandlichen Legitimation bei, sondern ist vielmehr selbst Bestandteil einer möglichst interessengerecht ausgestalteten Rechtsfolge,[363] die es ja gerade erst zu legitimieren gilt. Anders gewendet wird die Vertragsfortführung (auch) für den Darlehensnehmer, der unter beruflich oder familiär bedingtem Verkaufsdruck steht, nicht auf einmal unzumutbar, nur weil er zu wirtschaftlichen Ausgleichszahlungen bereit ist. Dadurch wird die Vertragsbeendigung für den Darlehensgeber allenfalls zumutbar(er), was aber weder einen „wichtigen Grund" i.S.v. § 314 BGB noch eine Störung der Geschäftsgrundlage i.S.v. § 313 BGB begründen kann. Es spielt für die Vorschriften über die „Anpassung und Beendigung von Verträgen" auf Tatbestandsebene keine Rolle, ob dem Kündigungsgegner die Vertragsbeendigung zugemutet werden kann, sondern nur ob dem Kündigungswilligen die unveränderte Vertragsfortführung nicht zugemutet werden kann, §§ 313 Abs. 1, 314 Abs. 1 S. 2 BGB. Damit bleibt es beim eigentlich selbstverständlichen Ergebnis, dass eine außerordentliche Kündigung aus wichtigem Grund, wie auch eine Vertragsanpassung kraft Wegfalls der Geschäftsgrundlage ausscheiden,

---

359 Wie *Stelling* selbst im Grunde treffend erkennt, aaO., S. 166.
360 *Stelling*, Die vorzeitige Ablösung festverzinslicher Realkredite, S. 167.
361 Vgl.: *Stelling*, Die vorzeitige Ablösung festverzinslicher Realkredite, S. 167 ff., der aus der Existenz jener Vorschriften aber den zu weitgehenden Schluss zieht, dass „[d]ie §§ 649 und 651 i BGB [...] für die systematische Vertretbarkeit eines lediglich wirtschaftlichen Bestandsschutzes [sprechen]." (S. 170, Nachw. ausgelassen).
362 Vgl.: § 9 C. II. 1. a.
363 § 5 B. III. 3. b.

sofern die originären Tatbestandsvoraussetzungen dafür nicht gegeben sind.

5. Die untaugliche Anknüpfung am Unmöglichkeitsrecht

Schließlich ist der Vorschlag *Köndgens* abzulehnen, die vom Darlehensnehmer beabsichtige Veräußerung des belasteten Objekts als Zweckvereitelung im Sinne von § 275 BGB n.F. zu begreifen. Eine Subsumtion der in Rede stehenden Sachverhalte ist weder möglich noch zweckmäßig. Selbst wenn für die konkrete Mittelverwendung eine konkludente Zweckbindung angenommen werden kann,[364] führt der Wegfall des „Finanzierungssubstrats" nicht dazu, dass der Darlehensgeber die Finanzierungsleistung tatsächlich nicht mehr erbringen kann.[365] Die weitere Finanzierung des Sicherungsobjekts mag vom Darlehensnehmer nicht mehr gewollt sein; möglich bleibt sie für den (institutionellen) Darlehensgeber allemal.

Ohnedies könnte der Ansatz *Köndgens* für das Gros der Fälle schon aus rechtstatsächlichen Gründen nicht fruchtbar gemacht werden, zumal der Darlehensnehmer mit der vorzeitigen Beendigung des Darlehensvertrages die anderweitige Verwertung des Objekts ja gerade erst anstrebt und zu marktgerechten Konditionen ermöglichen will.[366]

III. Der eigene Vorschlag

Zunächst ist festzuhalten, dass es allein dem BGH und dem Gesetzgeber gelungen ist, praktisch handhabbare und hinreichend differenzierte Tatbestandsvoraussetzungen für eine vorzeitige Immobiliarkreditbeendigung durch den Darlehensnehmer zu formulieren. Dem liegt allerdings ein dogmatisch fragwürdiger und mit dem geltenden System unvereinbarer Lösungsansatz des BGH zu Grunde, den sich der Gesetzgeber gleichwohl inhaltlich zu eigen gemacht hat. Umso bedauerlicher ist, dass der BGH mit

---

364 *Freitag*, in: Staudinger, BGB (2015), § 488 Rn. 220.

365 *Wenzel*, WM 1995, 1433, 1435; *Canaris*, Bankrechtstag 1996, 3, 10 f.; *Stelling*, Die vorzeitige Ablösung festverzinslicher Realkredite, S. 107.

366 *Köndgen* selbst ist sich dessen bewusst: „(Allerdings kann der Kreditgeber eine Veräußerung regelmäßig dadurch blockieren, daß er das ihm eingeräumte Grundpfandrecht zurückhält)", ders., Grundpfandrechtlich gesicherte Kredite, S. 148; siehe ferner: *Canaris*, Bankrechtstag 1996, 3, 10 f.; *Stelling*, Die vorzeitige Ablösung festverzinslicher Realkredite, S. 106.

§ 1136 BGB den „Schlüssel" für eine dogmatisch konsistente und system-konforme Lösung in der Hand hielt, die jedoch an einer zu extensiven Interpretation der Vorschrift durch den BGH und den Gesetzgeber scheiter-te.

Nach hiesigem Vorschlag ist es auf Grundlage einer dem Sinn und Zweck sowie der Normhistorie entsprechenden Auslegung des § 1136 BGB (*sub* 1.) möglich, die überkommene Systematik und Dogmatik vorzeitiger Beendigung von Dauerschuldverhältnissen mit der *lex lata* in Einklang zu bringen (*sub* 4.). Anhand des normativen Gehalts von § 1136 BGB lässt sich einerseits die Schwelle ermitteln, ab der es dem Darlehensnehmer – im Sinne der strengen, allgemeinen Vorschriften über die Anpassung und Be-endigung von Verträgen gem. §§ 313, 314 BGB – nicht mehr zumutbar ist, den Darlehensvertrag unverändert fortzuführen (*sub* 2.). Andererseits kann anhand dessen – im Zusammenspiel mit der Kündigungssystematik des § 490 Abs. 1 BGB – die Grenze zum Rechtsmissbrauch gem. § 242 BGB nä-her definiert bzw. die Frage beantwortet werden, ab wann das Beharren des Darlehensgebers auf eine unveränderte Vertragsfortführung als Fall unzu-lässiger Rechtsausübung zu qualifizieren ist (*sub* 3.).

1. Der normative Gehalt des § 1136 BGB

Nach § 1136 BGB ist eine Vereinbarung, durch die sich der Eigentümer dem Gläubiger gegenüber verpflichtet, das Grundstück nicht zu veräußern oder nicht weiter zu belasten nichtig. Als Ausnahme zu § 137 S. 2 BGB ver-bietet die Vorschrift schuldrechtliche Vereinbarungen, durch der Eigen-tümer eines grundpfandrechtlich belasteten Grundstücks mehr von seiner wirtschaftlichen Handlungsfreiheit preisgibt, als dies angesichts von Rechtsnatur und Gegenstand der in Rede stehenden Sicherheit ohnehin notwendig ist.[367] „Die Rücksicht auf das Gedeihen und die fortschreitende Entwicklung der Verhältnisse erheischt dringend, dass der Eigentümer möglichst frei über sein Besitztum verfügen kann."[368]

---

367 *Lieder*, in: Münchener Kommentar zum BGB (2016), § 1136 Rn. 1.
368 Mugdan, Bd. 3, S. 381.

a. Die tatbestandliche Erfassung von Immobiliarkreditverhältnissen

Nach Ansicht des BGH soll die Norm jene wirtschaftliche Handlungsfreiheit gerade auch bei der Belastung von Grundstücken im Zusammenhang mit dem Abschluss und der Durchführung immobiliarkreditrechtlicher Vertragsverhältnisse bewahren.[369] Sofern der Wunsch des Darlehensnehmers nach einer anderweitigen Verwertung des belasteten Objekts bestehe, müsse es dem Darlehensgeber mit Blick auf § 1136 BGB verwehrt werden können, den Kreditnehmer an der unveränderten Durchführung des Darlehensvertrages festzuhalten. Sonst werde dem Darlehensnehmer „[...] die anderweitige Verwertung des belasteten Gegenstandes faktisch unmöglich gemacht. Darin läge ein Eingriff in die wirtschaftliche Handlungsfreiheit des Kreditnehmers [...]",[370] wogegen er sich durch die Erzwingung einer vorzeitigen Vertragsaufhebung gegen Zahlung einer Vorfälligkeitsentschädigung erwehren können müsse.[371]

In der Literatur wird dagegen vorgebracht, dass weder der Abschluss noch das Beharren auf der vertragsgemäßen Durchführung einer immobiliarkreditrechtlichen Festzinsabrede in den Anwendungsbereich des § 1136 BGB fallen. Nach Ansicht von *Canaris* betreffe § 1136 BGB nur Zusatzvereinbarungen, durch welche die Veräußerung und weitere Belastung des beliehenen Objekts verhindert werden soll. Mit der hier in Rede stehenden Problematik, dass „[...] *das Grundpfandrecht selbst sowie die Langfristigkeit der durch dieses gesicherten Forderung*"[372] die Beeinträchtigung der anderweitigen Verwertbarkeit zur Folge haben können, habe § 1136 BGB ersichtlich nichts zu tun.[373] Überdies setze sich der BGH mit seiner früheren Rechtsprechung in Widerspruch, wonach § 1136 BGB zwar den Schutz des Grundstückseigentümers gegen übermäßige Beschränkungen seiner wirtschaftlichen Handlungsfreiheit im Verhältnis zum Hypothekengläubiger bezweckt, „[...] nicht aber jede wirtschaftliche Beschränkung dieser Handlungsfreiheit [verbietet], sondern nur die, mit der dem Eigentümer schlechthin die Veräußerung oder weitere Belastung des Grundstücks unmöglich gemacht werden soll."[374] Angesichts dessen hält auch *Stelling* Festzinsvereinbarungen regelmäßig nicht vom Tatbestand des § 1136 BGB um-

---

369 BGH, Urt. v. 1.7.1997 – XI ZR 267/96, BGHZ 136, 161, 167.
370 Ebda.
371 Ebda.
372 *Canaris*, FS Zöllner (1998), 1055, 1062 (Hervorhebung übernommen).
373 Ebda.
374 BGH, Beschl. v. 27.2.1980 – V ZB 19/79, BGHZ 76, 371, 373.

fasst, „[...] da in der Praxis viele Kaufinteressenten durch eine geschickte Verhandlungsführung zur privaten Übernahme der laufenden Darlehensverpflichtungen und damit [...] auch zur Übernahme der auf dem Grundstück lastenden Grundpfandrechte bewegt werden können."[375] Überdies soll ein solches Normverständnis von § 1136 BGB in unlösbarem Widerspruch zum darlehensrechtlichen Kündigungsregime stehen, zumal der Gesetzgeber insbesondere mit § 609a Abs. 1 Nr. 3 BGB a.F. deutlich gemacht habe, dass er grundsätzlich von der Wirksamkeit langfristiger Festzinskredite mit grundpfandrechtlicher Sicherung ausgeht.[376]

Zunächst ist *Canaris* zuzustimmen, dass es sich bei Abschluss und vertragsgemäßer Durchführung eines grundpfandrechtlich gesicherten Kredits mit gebundenem Sollzinssatz keinesfalls um einen „Eingriff in die wirtschaftliche Handlungsfreiheit des Kreditnehmers" handeln kann.[377] Daher statuiert § 1136 BGB auch keine Abwehrrechte, sondern einen Selbstschutz des Darlehensnehmers, dessen Reichweite hier in Frage steht. Insofern ist den kritischen Stimmen in der Literatur zuzustimmen, dass nicht jede Beschränkung der wirtschaftlichen Handlungsfreiheit zur Nichtigkeit des schuldrechtlichen Vertrages führen kann. Schon der historische Gesetzgeber ist ganz selbstverständlich von der grundsätzlichen Wirksamkeit langfristiger Festzinskredite mit grundpfandrechtlicher Sicherung ausgegangen[378], was mit Einführung des § 609a BGB a.F. in der Tat nochmals deutlich zu Tage getreten ist. Dennoch ist nicht zu leugnen, dass ein (stures) Beharren des Darlehensgebers auf der unveränderten Durchführung solcher Verträge *de facto* dazu führen kann, dass eine anderweitige Verwertung des Grundstücks nicht mehr möglich ist bzw. wirtschaftlich dermaßen unattraktiv wird, dass mit dem BGH von deren „faktischer Unmöglichkeit" gesprochen werden kann. Dass sich hieraus eine – im Konsens der Parteien gründende – Einschränkung der wirtschaftlichen Handlungsfreiheit ergeben kann, vor der § 1136 BGB schützen soll, ist jedenfalls nicht ausgeschlossen.[379]

---

375 *Stelling*, Die vorzeitige Ablösung festverzinslicher Realkredite, S. 95; siehe auch: *Wenzel*, WM 1997, 2340, 2341; *Guttenberg*, JuS 1999, 1058, 1061.

376 *Stelling*, Die vorzeitige Ablösung festverzinslicher Realkredite, S. 96 f.; so auch bereits: *Wenzel*, WM 1997, 2340, 2341 f.; *Marburger*, ZBB 1998, 30, 31.

377 *Canaris*, FS Zöllner (1998), 1055, 1063.

378 Vgl. im hiesigen Zusammenhang: Mugdan, Bd. 3, S. 379.

379 In diese Richtung auch: *Knops*, Verbraucherschutz bei Immobiliarkreditverhältnissen, S. 120 ff., der allerdings dem zu extensiven Normverständnis des BGH unter unvollständigem und dadurch unzutreffendem Verweis auf die Motive des Gesetzgebers Beifall zollt: „Die vom BGH zu § 1136 BGB angestellten Überle-

b. Die „Usurpation" des § 1136 BGB durch den BGH

Dementsprechend war es folgerichtig, dass der BGH die Nichtigkeit der veräußerungshindernden Festzinsabrede gem. §§ 1136, 134 BGB nicht ernstlich erwogen, sondern versucht hat, die Wertungen des § 1136 BGB zur Begründung und Konturierung seines auf § 242 BGB gründenden „Vertragsmodifizierungsmodells" fruchtbar zu machen. Der BGH war sichtlich darum bemüht, seiner Rechtsprechung zumindest den Anschein einer dogmatischen Substantiierung zu geben und fand dafür in § 1136 BGB letztlich auch den richtigen Anknüpfungspunkt. Allerdings überzeugen die weitergehenden Ausführungen des BGH hierzu weder argumentativ noch methodisch: Unter den vom BGH ausgegebenen Prämissen, dass eine vertragsgemäße Durchführung des Vertrages die anderweitige Verwertung des belasteten Objekts faktisch unmöglich macht und dass § 1136 BGB die umfassende Freiheit zur jederzeitigen anderweitigen Verwertung des belasteten Objekts gewährleistet, hätte er konsequenterweise von der Nichtigkeit der Festzinsabrede ausgehen müssen. Nach jenen höchstrichterlichen Vorgaben wäre der Tatbestand des § 1136 BGB schon bei Vertragsschluss erfüllt, da die Festzinsabrede jedem begründeten Wunsch nach anderweitiger Verwertung von Anfang an entgegensteht. Da dieser Weg ganz offensichtlich nicht gangbar war, wäre eine systemgerechte Lösung des „Dilemmas" nur dadurch möglich gewesen, dass der BGH § 1136 BGB entweder eine gesetzliche Risikoverschiebung entnommen hätte, wie sie heute *Mülbert* in § 490 Abs. 2 BGB erblickt,[380] oder, dass er schon in jedem originären Veräußerungswunsch des Darlehensnehmers eine Störung der Geschäftsgrundlage erblickt hätte, obwohl die dafür maßgeblichen Umstände allein in der Risikosphäre des Darlehensnehmers liegen.

c. Die geboten restriktive Auslegung des § 1136 BGB

Davor hat sich der BGH im Ergebnis zu Recht gescheut, da selbstverständlich nicht jeder Wunsch des Darlehensnehmers zur anderweitigen Verwertung des belasteten Objekts eine Störung der Geschäftsgrundlage begrün-

---

gungen sind zutreffend, weil sie *unter anderem* die Begründung wiederholen, weswegen die Regelung überhaupt in das BGB aufgenommen worden ist." (S. 120, Nachw. ausgelassen; Hervorhebung nur hier).

380 *Mülbert*, in: Staudinger, BGB (2015), § 490 Rn. 83, näher bereits oben: § 9 B. I. 2.; § 9 B. II. 2. a.

det. Im Gegenteil hat der Darlehensnehmer mit Vertragsschluss eine eigenverantwortliche Prognoseentscheidung getroffen und hat sich im eigenen Interesse an der immobiliarkreditrechtlichen Vertragsgestaltung ganz bewusst seiner wirtschaftlichen Handlungsfreiheit ein Stück weit begeben.[381] Grund dafür, dass es dem BGH nicht gelungen ist, eine systemgerechte Lösung auf dogmatisch sicherem Boden zu finden und ihm stattdessen nur der fragwürdige Rückgriff auf § 242 BGB blieb, ist eine zu extensive Interpretation des § 1136 BGB, die sich der Gesetzgeber bedauerlicherweise zu eigen gemacht hat.

Es trifft zunächst zu, dass sich § 1136 BGB der allgemeine Rechtsgedanke entnehmen lässt, dass der Grundstückseigentümer im Zusammenhang mit der Belastung seines Grundstücks nicht übergebührlich in seiner wirtschaftlichen Handlungsfreiheit beschränkt werden soll.[382] Damit ist aber nicht gemeint, dass der Grundstückseigentümer trotz der grundpfandrechtlichen Belastung jederzeit nach Belieben und zu bestmöglichen Konditionen über sein Eigentum verfügen können muss. § 1136 BGB soll vielmehr in erster Linie gewährleisten, dass der Eigentümer die grundpfandrechtlich gesicherte Schuld trotz etwaigem Liquiditätsverlust durch die anderweitige Verwertung des belasteten Objekts befriedigen kann, ohne dass der Gläubiger ihn davon auf Grundlage eines obligatorischen Veräußerungsverbots abhalten und sich das Grundstück im Rahmen der Verwertung ggf. unter Wert aneignen kann.[383] Der Eigentümer „[...] muss, wenn seine Mittel nicht mehr ausreichen, rechtlich im Stande sein, eine neue Hypothek aufzunehmen und, wenn dies nicht gelingt, das Grundstück durch Veräußerung in leistungsfähigere Hände zu bringen."[384] Dadurch soll zum einen, ebenso wie mit dem damit systematisch und teleologisch im *„inneren Zusammenhang"*[385] stehenden Verbot des Verfallspfandes gem. § 1149 BGB[386] eine spekulative Hingabe des Sicherungsobjekts sowie eine mögliche Knebelung des Eigentümers durch den Gläubiger verhindert werden.[387] Zum anderen soll die wirtschaftliche Handlungsfreiheit des

---

381 *Canaris*, FS Zöllner (1998), 1055, 1063.

382 Vgl.: *Lieder*, in: Münchener Kommentar zum BGB (2016), § 1136 Rn. 1.

383 *Wolfsteiner*, in Staudinger, BGB (2015), § 1136 Rn. 2.

384 Mugdan, Bd. 3, S. 381.

385 So: *Wolfsteiner*, in Staudinger, BGB (2015), § 1136 Rn. 2 (Hervorhebung übernommen).

386 Der historische Gesetzgeber formulierte die Motive zu §§ 1136, 1149 BGB unter gemeinsamer Überschrift, siehe: Mugdan, Bd. 3, S. 379 ff.

387 *Wolfsteiner*, in Staudinger, BGB (2015), § 1136 Rn. 2; vgl. auch: *Reischl*, in: jurisPK-BGB, § 1136 BGB Rn. 3; *Lopau*, BlGBW 1979, 101, 102.

Schuldners nicht uferlos gewährleistet werden. Sinn und Zweck der Vorschrift ist es, den schuldrechtlichen Vertrag, der die dingliche Sicherung veranlasst, trotz etwaiger „Krise" zum wirtschaftlichen Erfolg zu verhelfen und nicht, diesen „ohne Not" in Frage stellen zu können. § 1136 BGB soll den Grundsatz *pacta sunt servanda* nach der Vorstellung des historischen Gesetzgebers flankieren, statt – wie offenbar der BGH und Teile der Literatur[388] meinen – zu derogieren.

2. Die Unzumutbarkeitsschwelle

Im Grunde steht das Verbot des § 1136 BGB dem Abschluss und der Durchführung von Immobiliarkreditverträgen damit weder tatbestandlich noch wertungsmäßig entgegen. Gleichwohl hat der Gesetzgeber deutlich gemacht, dass der Schuldner nicht um jeden Preis und ohne Ausnahme am unveränderten Vertrag festgehalten werden darf. Dazu hat er in § 1136 BGB eine Wertung vorgenommen, anhand der sich die Grenze zur Unzumutbarkeit der unveränderten Vertragseinhaltung bestimmen lässt: Der Schuldner soll auf Grundlage vertraglicher Absprachen keinesfalls dazu genötigt werden können, die zwangsweise Verwertung des belasteten Objekts in Kauf nehmen zu müssen, obwohl er seinen vertraglichen Verpflichtungen durch freihändige anderweitige Verwertung nachkommen oder – anders gewendet – den Gefahren und Nachteilen einer drohenden Zwangsvollstreckung zuvorkommen kann.[389]

Dem Darlehensnehmer ist ein Anspruch auf Anpassung des Vertrages nach § 313 Abs. 1 BGB einzuräumen, sofern ihm der Nachweis gelingt, dass er das Darlehen mit seinem gesamten weiteren pfändbaren Vermögen nicht mehr bedienen kann und er auf die anderweitige lastenfreie Verwertung des belasteten Objekts zwingend angewiesen ist. In dem Fall haben sich die dem Vertrag zugrundeliegenden, diesem aber nicht immanenten Umstände so schwerwiegend verändert, dass dem Darlehensnehmer unter Berücksichtigung der vertraglichen und der gesetzlichen Risikoverteilung das Festhalten am unveränderten Vertrag nicht zugemutet werden kann. § 1136 BGB statuiert – im Gegensatz zu § 490 Abs. 2 BGB in der heute vorherrschenden Interpretation – eine (echte) gesetzliche Risikoverschiebung zu Gunsten des Darlehensnehmers, um den Schutz des unveräußerlichen

---

388 *Knops,* Verbraucherschutz bei Immobiliarkreditverhältnissen, S. 120 ff.; vgl. auch: *Metz,* EWiR, 1997, 923, 924.

389 Vgl.: Mugdan, Bd. 3, S. 381.

Kerns seiner wirtschaftlichen Handlungsfreiheit zu garantieren. Ist der Darlehensnehmer zur vorzeitigen Beendigung des Immobiliarkreditvertrages nachweislich gezwungen, um einen Forderungsausfall durch freihändige Verwertung des Sicherungsobjekts aus eigener Kraft zu verhindern, rührt dies nach der Wertung des § 1136 BGB nicht allein in der Risikosphäre des Darlehensnehmers. In jenen eng umgrenzten Fallkonstellationen klammert der Gesetzgeber das Risiko der anderweitigen Verwertung des Sicherungsobjekts aus der Sphäre des Schuldners aus und verlagert es zu Lasten des Gläubigers in einen neutralen Bereich. Dem Schuldner, der seine Verbindlichkeiten nicht mehr bedienen, den Gläubiger wohl aber durch freihändigen Verkauf „auf einen Schlag" befriedigen kann, soll von den Nachteilen der Vollstreckung in die gestellten Sicherheiten verschont bleiben. Dabei handelt es sich um eine Wertung, die ganz ähnlich auch im weiteren Vollstreckungsverfahren Geltung beansprucht, sofern dessen Einleitung nicht verhindert werden kann. So ist das Zwangsversteigerungsverfahren gem. § 30a ZVG einstweilen einzustellen, wenn Aussicht besteht, dass durch die Einstellung die Versteigerung vermieden wird. Dem Schuldner soll durch die zeitweilige Einstellung des bereits nach § 15 ZVG eingeleiteten Verfahrens die Möglichkeit erhalten bleiben, seine offenen Verbindlichkeiten doch noch infolge eines lukrativen freihändigen Verkaufs oder einer anderweitigen Verwertung des Sicherungsobjekts[390] erfüllen und so die Zwangsversteigerung abwenden zu können.[391]

Nach dem Willen des Gesetzgebers darf dem „sanierungsbedürftigen" Schuldner nicht die tatsächlich bestehende Möglichkeit genommen werden, seine Verbindlichkeiten aus eigener Kraft zu bedienen und so die (weitere) Zwangsvollstreckung abzuwenden. Dem Schuldner dies zu verwehren, stellte eine übergebührliche Einschränkung seiner wirtschaftlichen Handlungsfreiheit dar, die weder mit materiellem Recht noch mit Verfahrensrecht vereinbar ist. Für den Immobiliarkredit ergibt sich daraus, dass der Darlehensnehmer das Risiko der Unmöglichkeit einer marktgerechten freihändigen Verwertung nicht trägt, da er es nach der Wertung des Gesetzes, insbesondere des § 1136 BGB, schon gar nicht übernehmen durfte. Dieses originären Kerns seiner wirtschaftlichen Handlungsfreiheit darf sich der Darlehensnehmer keinesfalls begeben. Sofern die freihändige Verwertung zwingend erforderlich ist und damit nachweislich die Möglichkeit zur vollumfänglichen Befriedigung verbunden ist, ist die Geschäftsgrundlage des Immobiliarkreditvertrages gestört. Dann kann dem

---

390 *Sievers*, in: Saenger *et. al.*, ZVG, Antragsmuster zu § 30a Rn. 6 f.
391 *Stöber*, in: Stöber, ZVG, § 30a Rn. 1.

Darlehensnehmer nicht mehr zugemutet werden, unverändert an der ursprünglichen (Festzins-)Vereinbarung festgehalten zu werden, wobei sich die Unzumutbarkeit der unveränderten Vertragsfortführung gerade angesichts und nicht entgegen der gesetzlichen Risikoverteilung ergibt. Dann bietet § 313 Abs. 1 BGB die dogmatische Grundlage für eine Verknüpfung von außerordentlichem Kündigungsrecht des Darlehensnehmers und einem Anspruch des Darlehensgebers auf Ausgleichszahlung, d.h. allein in diesen Ausnahmefällen ergibt sich jene Rechtsfolgenkombination *wegen* statt nur *wie* bei einer Störung der Geschäftsgrundlage.

3. Die Grenze zum Rechtsmissbrauch

Spiegelbildlich zur Unzumutbarkeitsschwelle im Sinne von § 313 BGB lässt sich anhand vorstehender Überlegungen nun auch konkreter als bisher bestimmen, wo die Grenze zum rechtsmissbräuchlichen Verhalten des Darlehensgebers zu ziehen ist: Der Darlehensgeber darf auf der unveränderten Vertragsfortführung nur beharren, solange er den Darlehensnehmer damit nicht sehenden Auges zum vermeidbaren Vertragsbruch nötigt und die (ebenfalls vermeidbare) zwangsweise Verwertung des belasteten Objekts billigend in Kauf nimmt. Dem Darlehensnehmer darf mit Blick auf die insofern unmissverständlichen Motive des historischen Gesetzgebers zu §§ 1136, 1149 BGB nicht die Möglichkeit genommen werden, seine (Kapital-)Schuld aus eigener Kraft begleichen und sich hierdurch der drohenden Zwangsvollstreckung erwehren zu können.[392] Der Schutz ebendieses Kerns wirtschaftlicher Handlungsfreiheit bildet nicht nur das maßgebliche Kriterium zur Konturierung der Unzumutbarkeitsschwelle, sondern sogleich auch zur Bestimmung der Grenze zum Rechtsmissbrauch. Voraussetzung ist hier wie da, dass die freihändige Verwertung des belasteten Objekts zwingend erforderlich ist und, dass die verbleibenden Verbindlichkeiten hierdurch auch nachweislich „auf einen Schlag" bedient werden können. Ansonsten ist es entweder nicht ungerechtfertigt, den Darlehensnehmer an der unveränderten Vertragsfortführung festzuhalten, weil dieser seinen Verbindlichkeiten mit anderweitigen liquiden oder zumindest beschaffbaren Mitteln nachkommen kann (ersterer Fall)[393] oder der Darlehensgeber hat wegen der Zahlungsunfähigkeit des Darlehensnehmers ohnedies ein Recht zur außerordentlichen Kündigung gem. § 490 Abs. 1 BGB respektive

---

392 Mugdan, Bd. 3, S. 380 f.
393 § 9 C. III. 2.

§ 314 BGB samt anschließender Betreibung der Zwangsvollstreckung zur Befriedigung des nach Kündigung bestehenden Anspruchs auf Schadenersatz statt der Leistung (letzterer Fall).[394]

Allerdings geht mit einer etwaigen Unzumutbarkeit der unveränderten Vertragsfortführung nicht stets auch ein rechtsmissbräuchliches Verhalten des Darlehensgebers einher. Dieser hat in aller Regel kein Interesse daran, die prekäre Lage des Darlehensnehmers zu ignorieren oder gar auszunutzen und einen Vertragsbruch mit folgender Zwangsvollstreckung zu provozieren, statt alternativ auf eine vollumfängliche Erfüllung seines positiven Interesses hoffen oder sogar „bauen" zu können. Die Bankrechtspraxis hat gezeigt, dass (institutionelle) Darlehensgeber viel eher daran interessiert und darum bemüht sind, den Vertrag einvernehmlich anzupassen und abzuwickeln. Ob die Voraussetzungen für eine Vertragsanpassung (nach hiesigem Verständnis) gegeben sind, ist daher regelmäßig nur für Inhalt und Grenzen der jeweils in Rede stehenden Kompensationszahlung von Bedeutung, nicht hingegen für die Lösung vom (ursprünglichen) Vertrag selbst.[395]

Nicht über „einen", sondern geradezu über „den" paradigmatischen Ausnahmefall hatte nach alledem das *LG Hannover* im Jahr 1994 zu entscheiden.[396] Wie bereits oben skizziert, bot sich dem Darlehensnehmer eine günstige Gelegenheit zum Verkauf des belasteten Objekts, wodurch es ihm möglich gewesen wäre, das positive Interesse der Darlehensgeberin vollumfänglich durch Zahlung einer Vorfälligkeitsentschädigung zu bedienen. Gleichwohl verweigerte die Bank die Zustimmung zur Vertragsaufhebung, machte diese von der Zahlung eines darüberhinausgehenden Vorfälligkeitsentgelts abhängig, nahm die daraus folgende Zahlungsunfähigkeit des Darlehensnehmers billigend in Kauf und drohte mit der Zwangsversteigerung des Grundstücks.[397]

Im Lichte der vorstehenden Überlegungen ist es kein Zufall, dass die Kommentatoren jener Rechtsprechung schon damals nahezu einhellig von einem rechtsmissbräuchlichen Verhalten der Bank ausgingen[398] und gerade diesen Fall zur Exemplifizierung des entsprechenden dogmatischen Ansatzes zur Schaffung einer Möglichkeit einseitiger Immobiliarkreditbeendi-

---

394 Vgl.: § 8 A. IV.
395 Vgl.: *Canaris*, FS Zöllner (1998), 1055, 1064.
396 LG Hannover, Urt. v. 27.7.1994 – 7 O 140/94, WM 1995, 192.
397 § 9 C. II. 1. b.
398 Ebda.

gung nach § 242 BGB heranzogen.[399] Während dies damals aber eher intuitiv richtig, denn dogmatisch fundiert geschah,[400] kann das treffende Ergebnis nunmehr auf die zuvor erarbeiteten, subsumtionsfähigen Voraussetzungen gestützt werden, unter denen im konkreten Fall die Grenze zum Rechtsmissbrauch überschritten ist: Der Darlehensnehmer muss die zwingende Notwendigkeit nachweisen, das belastete Objekt freihändig zu veräußern, um die verbleibenden Verbindlichkeiten „auf einen Schlag" bedienen zu können. Der Darlehensgeber muss gleichwohl auf die unveränderte Vertragsfortsetzung bestehen und damit das Scheitern des Vertrages sowie die anschließende Zwangsvollstreckung billigend in Kauf nehmen.

Sofern diese Voraussetzungen vorliegen, ist freilich auch von der Unzumutbarkeit einer unveränderten Vertragsfortführung auszugehen, womit der Anwendungsbereich der Vorschriften über den Wegfall der Geschäftsgrundlage eröffnet ist und ein Anspruch auf Vertragsanpassung schon hierauf gestützt werden kann. Für eine Korrektur oder Beendigung des Immobiliarkreditvertrages unter Rückgriff auf den allgemeinen Rechtsmissbrauchstatbestand gem. § 242 BGB ist daher kein oder allenfalls nur noch sehr beschränkt Raum.[401] Damit laufen die Überlegungen zu den Grenzen unzulässiger Rechtsausübung nicht ins Leere, zumal die eingeschränkte Bedeutung des § 242 BGB im gegenständlichen Zusammenhang bereits oben herausgearbeitet worden ist.[402] Vielmehr kann letztlich einerseits gezeigt werden, dass Geschäftsgrundlagenlehre und allgemeiner Rechtsmissbrauchstatbestand materiell miteinander harmonieren und andererseits, dass die hier vorgeschlagene Konturierung der Unzumutbarkeitsschwelle auch aus anderem Blickwinkel Sinn ergibt.

4. Die Vereinbarkeit des eigenen Vorschlags mit dem geltenden Recht

Nach dem hier verfolgten Ansatz bedürfte es einer spezialgesetzlichen Regelung im Grunde nicht, da demnach schon § 313 Abs. 1 BGB taugliche Rechtsgrundlage für die rechtskonstruktive Verknüpfung von außerordentlichem Kündigungsrecht und Kompensationsleistungspflicht des Darlehensnehmers sein kann. Dennoch besteht kein Anlass dafür, die Vorschrift

---

399 *Canaris*, Bankrechtstag 1996, 3, 36 ff.; *Reich*, Bankrechtstag 1996, 43, 60, *Knops*, Verbraucherschutz bei Immobiliarkreditverhältnissen, S. 122.
400 Siehe die bereits oben geäußerte Kritik: § 9 C. II. 1. b.
401 § 5 B. IV. 4.
402 § 9 C. II. 1.

des § 490 Abs. 2 BGB *de lege ferenda* anzupassen oder gar für deren Streichung zu plädieren, sofern auch eine zweckmäßige Interpretation der Vorschrift mit Wortlaut und Systematik des Gesetzes im Einklang steht. Im
Gegenteil hat die Normhistorie ein erhebliches Unsicherheits- und Streitpotential im Zusammenhang mit der vorzeitigen Immobiliarkreditbeendigung durch den Darlehensnehmer offenbart.[403] Das daraus folgende Rege-
lungsbedürfnis hat der Gesetzgeber im Ansatz völlig zu Recht durch Einführung einer ausdrücklichen Regelung gestillt.[404] Daran ist nach Möglichkeit anzuknüpfen.

a. Wortlautgetreue Interpretation

Nach dem Wortlaut des § 490 Abs. 2 S. 1, 2 BGB kann der Darlehensnehmer einen Immobiliarkreditvertrag vorzeitig kündigen, wenn seine berechtigten Interessen dies gebieten. Ein solches Interesse liegt insbesondere vor,
wenn der Darlehensnehmer ein Bedürfnis nach anderweitiger Verwertung
des zur Sicherung des Darlehens beliehenen Sache hat. Sowohl dem Rekurs auf die berechtigten Interessen des Darlehensnehmers in § 490 Abs. 2
S. 1 BGB als auch deren näherer Beschreibung in § 490 Abs. 2 S. 2 BGB
liegt nach hier vertretener Einschätzung eine zu extensive Interpretation
des § 1136 BGB und der hierin verbrieften wirtschaftlichen Handlungsfreiheit des Darlehensnehmers zu Grunde.[405]
    Der gesetzliche Wortlaut steht einer restriktiveren Interpretation, wie sie
hier vorgeschlagen wird, nicht entgegen. Der unbestimmte Rechtsbegriff
des „berechtigten Interesses" kann im Sinne des hier verfolgten Ansatzes
ausgefüllt werden. Demnach wäre eine Vertragsanpassung nach § 490
Abs. 2 BGB nur „geboten", wenn der Darlehensnehmer nachweisen kann,
dass die freihändige Verwertung des belasteten Objekts für die monetäre
Befriedigung des Darlehensgebers zwingend erforderlich ist und, dass die
verbleibenden Verbindlichkeiten hierdurch „auf einen Schlag" bedient
werden können. Nur in dem Fall besteht auch tatsächlich ein „Bedürfnis"
nach einer anderweitigen Verwertung der zur Sicherung des Darlehens beliehenen Sache, sodass auch die Konkretisierung nach § 490 Abs. 2
S. 2 BGB ihrem Wortlaut nach ohne weiteres im Einklang mit der vorgeschlagenen Neuinterpretation des § 490 Abs. 2 S. 1, 2 BGB steht.

---

403 § 9 A.
404 § 9 A. III.
405 § 9 C. III. 1. b.

b. Systemkonforme Interpretation

Die hier vorgeschlagene Neuinterpretation bereitet aus gesetzessystematischer Sicht keine Schwierigkeiten, sondern trüge zur Lösung bestehender Probleme bei. § 490 Abs. 2 BGB kann danach eindeutig als *lex specialis* zu § 313 BGB qualifiziert werden.[406] Überdies stünde nicht länger zu befürchten, dass die strengen Voraussetzungen der Allgemeinen Vorschriften zur „Anpassung und Beendigung von Verträgen" durch den darlehensrechtlichen „Sonderweg" aufgeweicht oder unterlaufen werden. Vielmehr würde der darin vom Gesetzgeber zum Ausdruck gebrachten Vorgabe, dass bei der Durchbrechung des Vertragstreuegrundsatzes höchste Zurückhaltung geboten ist, vermehrt Rechnung getragen und wieder mehr Raum für – im Grunde stets zu präferierende – privatautonome Lösungen geschaffen.

Weitere systematische Berührungspunkte kann es auf darlehensrechtlicher Ebene mit § 490 Abs. 1 BGB geben. Mit dem „Bedürfnis nach anderweitiger Verwertung der zur Sicherung des Darlehens beliehenen Sache" wird nach der hier vorgeschlagenen Interpretation regelmäßig eine Verschlechterung der Vermögensverhältnisse des Darlehensnehmers einhergehen, womit dem Darlehensgeber ggf. ein Recht zur außerordentlichen Kündigung gem. § 490 Abs. 1 BGB bzw. Nr. 19 Abs. 3 AGB-Banken zustehen kann.[407] Sofern der Darlehensnehmer allerdings nachweisen kann, dass er die beliehene Sache lastenfrei so verwerten kann, dass er das positive Interesse des Darlehensgebers vollständig erfüllen kann, ist eine Kündigung nach § 490 Abs. 1 BGB wie auch nach Nr. 19 Abs. 3 AGB-Banken ausgeschlossen, da die Kreditbedienung und -rückzahlung in dem Fall gerade nicht gefährdet ist.[408] Dann muss dem Darlehensnehmer zum Schutz des Kerns seiner wirtschaftlichen Handlungsfreiheit und dem Ultima Ratio-Gedanken entsprechend die außerordentliche Kündigung und Schadloshaltung im Wege der Vorfälligkeitsentschädigung gem. § 490 Abs. 2 BGB möglich sein. Kurzum: Solange der Darlehensnehmer nach § 490 Abs. 2 BGB kündigen kann (und dies nicht rechtsmissbräuchlich unterlässt), kann es der Darlehensgeber wegen Verschlechterung der Vermögens-

---

406 Sofern § 490 Abs. 2 BGB im Folgenden als spezielle Regelung des § 313 Abs. 1 BGB bezeichnet wird, liegt dem die hier vorgeschlagene restriktive Interpretation auf tatbestandlicher Ebene zu Grunde. Im Übrigen bleibt es dabei, dass § 490 Abs. 2 BGB nach heute herrschender Rezeption lediglich als Normierung und Konkretisierung der Rechtsfolgen verstanden wird, wie sie bei Wegfall der Geschäftsgrundlage durch den Richter zu kombinieren wären.

407 § 8 A. II. 3.

408 *Freitag*, WM 2001, 2370, 2375.

verhältnisse i.S.v. § 490 Abs. 1 BGB, Nr. 19 Abs. 3 AGB-Banken (noch) nicht.

c. Zwischenfazit

Die hier vorgeschlagene Norminterpretation steht, trotz im Grunde abweichender gesetzgeberischer (Fehl-)Vorstellungen, nicht nur im Einklang mit dem Wortlaut des Gesetzes, sondern ermöglicht zudem eine konsistente Verortung des „Außerordentlichen Kündigungsrechts" aus § 490 Abs. 2 BGB im bürgerlich-rechtlichen Gesamtrechtsgefüge.

Im – nach hiesigem Verständnis – geringen Anwendungsbereich des § 490 Abs. 2 BGB scheidet eine Kündigung des Darlehensgebers gem. § 490 Abs. 1 BGB wegen Verschlechterung der Vermögensverhältnisse regelmäßig[409] aus. Dadurch wird dem Schutz des Darlehensnehmers vor einer übergebührlichen Beeinträchtigung seiner wirtschaftlichen Handlungsfreiheit auf kleinem Raum und nur in formeller Hinsicht der Vorzug vor den wirtschaftlichen Interessen des Darlehensgebers gegeben, zumal letztere materiell vollständig gewahrt werden, § 490 Abs. 2 S. 3 BGB.

Ein darüberhinausgehender Mehrwert der vorgeschlagenen Neuinterpretation besteht darin, dass die Vorgaben von allgemeinem Schuld- und Darlehensrecht weithin harmonisiert würden, womit dem Grundsatz *pacta sunt servanda* als auch dem privatautonomen Handeln der Parteien bei der vorzeitigen Beendigung von Immobiliarkrediten – jedenfalls im gewerblichen Bereich – wieder größere Bedeutung zukäme. Nach der Konzeption des (überkommenen) bürgerlichen Rechts ist es zuvorderst Sache der Parteien, unliebsam gewordene (Dauer-)Rechtsbeziehungen einvernehmlich anzupassen oder zu beenden. Damit sich die Parteien hierum redlich bemühen und der ursprüngliche Konsens nicht allzu leichtfertig verworfen werden kann, werden an gesetzlich legitimierte Eingriffe zu Recht strenge Voraussetzungen geknüpft. Für die Beendigung von Immobiliarkrediten darf im Anwendungsbereich der „Allgemeinen Vorschriften" nichts anderes gelten.

---

409 Unbeschadet eines Rechtsmissbrauchs durch den Darlehensnehmer, z.B. durch querulatorisches Herauszögern der Kündigungserklärung.

D. Die Vorfälligkeitsentschädigung gem. § 490 Abs. 2 S. 3 BGB

Sofern die vorzeitige Vertragsbeendigung nicht einvernehmlich erfolgt und einseitig vom Darlehensnehmer herbeigeführt werden kann, besteht im Ergebnis Einigkeit, dass der Darlehensnehmer nicht kündigen kann, ohne dass er den Darlehensgeber auf der anderen Seite wirtschaftlich so zu stellen hat, wie dieser stünde, wenn der Vertrag unverändert fortgeführt worden wäre. Es entspricht einerseits schon dem Ultima Ratio-Gedanken, dass es jede Benachteiligung, wie auch jede unsachgemäße Bevorteilung des Darlehensgebers in Folge der außerordentlichen Kündigung so weit wie möglich zu vermeiden gilt. Andererseits steht diese Wertung auch vollends im Einklang mit dem hier verfolgten Ansatz. Die Vertragsbeendigung gründet demnach weder in der Risikosphäre des Darlehensnehmers noch der des Darlehensgebers, sodass auch auf Rechtsfolgenseite eine möglichst neutrale Verteilung von Kosten und Nutzen der vorzeitigen Vertragsbeendigung zu gewährleisten ist. Nach den allgemeinen Grundsätzen der Geschäftsgrundlagenlehre bzw. § 313 Abs. 1 BGB wäre dem Darlehensgeber als Kündigungsgegner „[...] eine Ausgleichszahlung zuzubilligen, über deren Höhe nach tatrichterlichem Ermessen zu befinden ist."[410] Die kündigende Partei ist insbesondere dazu anzuhalten, dem Kündigungsgegner den Ausfall zu ersetzen, den er infolge der außerordentlichen Kündigung erleidet.[411]

Dafür bietet heute § 490 Abs. 2 S. 3 BGB den spezialgesetzlichen Anknüpfungspunkt, der den Inhalt des Ausgleichsanspruchs des Darlehensgebers nach den höchstrichterlichen Vorgaben definiert.[412] Danach räumt der Gesetzgeber dem Darlehensgeber einen Anspruch auf vollumfänglichen Ersatz seines positiven Interesses ein,[413] der zugleich mit wirksam ausgesprochener Kündigung entsteht.[414] Der Darlehensnehmer hat dem Darlehensgeber denjenigen Schaden zu ersetzen, der diesem aus der vorzeitigen Kündigung entsteht (Vorfälligkeitsentschädigung). Der Anspruch auf „Vorfälligkeitsentschädigung" entsteht „automatisch"[415] mit der außerordentlichen Kündigung und kann deren wirksame Ausübung nicht ver-

---

410 BGH, Urt. v. 13.12.1995 – XII ZR 185/93, ZMR 1996, 309, 312.
411 BGH, Urt. v. 13.12.1995 – XII ZR 185/93, ZMR 1996, 309.
412 BGH, Urt. v. 19.1.2016 – XI ZR 388/14, BGHZ 208, 290 Rn. 23.
413 Vgl.: BT-Drs. 14/7052, S. 200.
414 BGH, Urt. v. 19.1.2016 – XI ZR 388/14, BGHZ 208, 290 Rn. 23; *K.P.Berger*, in: Münchener Kommentar zum BGB (2016), § 490 Rn. 32; *Mülbert*, in: Staudinger, BGB (2015), § 490 Rn. 78.
415 BGH, Urt. v. 19.1.2016 – XI ZR 388/14, BGHZ 208, 290 Rn. 23.

hindern.[416] Dem Darlehensgeber bleibt daher im Zweifel nichts anderes als die gerichtliche Durchsetzung seines Anspruchs. Gleichwohl kann er dem Verlangen des Darlehensnehmers auf Freigabe der Sicherheit solange ein Zurückbehaltungsrecht nach den §§ 273, 274 BGB entgegenhalten, wie dieser seiner Zahlungsverpflichtung aus § 490 Abs. 2 S. 3 BGB nicht nachkommt.[417] Von detaillierten Regelungen zur Berechnung der Vorfälligkeitsentschädigung hat der Gesetzgeber, wie schon erwähnt, bewusst abgesehen.[418] Allerdings ist man sich heute insofern einig, dass sich bei der Berechnung an den Grundsätzen zu orientieren ist, die der BGH bereits zur Berechnung der Nichtabnahmeentschädigung herangezogen hat.[419]

I. Die Rechtsnatur der Vorfälligkeitsentschädigung

Um die Rechtsnatur der Vorfälligkeitsentschädigung wird hingegen noch immer gestritten, zumal eine eindeutige gesetzgeberische oder höchstrichterliche Stellungnahme dazu bislang fehlt.[420]

1. Meinungsstand

Nach dem ursprünglichen „Vertragsmodifizierungsmodell" des BGH wurde die Vorfälligkeitsentschädigung als vorgezogene Erfüllung des Immobiliarkreditvertrages in entsprechend modifizierter Form einer „Einmalzahlung" verstanden, die der Darlehensnehmer zu leisten hatte, um die Zustimmung des Darlehensgebers zur vorzeitigen Vertragsbeendigung nach § 242 BGB beanspruchen zu können.[421] Der Gesetzgeber hat dieses Konzept eines (erzwingbaren) Ablösungsvertrages aufgegeben und den Kreditnehmer stattdessen ein unbedingtes Recht zur außerordentlichen Kündigung eingeräumt.[422] Damit ist die auch schon zuvor umstrittene Frage nach der Rechtsnatur der Vorfälligkeitsentschädigung erneut und unter an-

---

416 So die ganz h.M., siehe die Nachw. bei: *Mülbert*, in: Staudinger, BGB (2015), § 490 Rn. 87; a.A.: *Rohe*, in: Beck'scher Online-Kommentar BGB, § 490 Rn. 27.

417 Ebda.

418 BT-Drs. 14/6040, S. 255.

419 So schon *Rösler/Wimmer/Lang*, Vorzeitige Beendigung von Darlehensverträgen, Rn. D 2 m.w.N.

420 Vgl.: *Feldhusen*, JZ 2016, 580, 584.

421 § 9 A. I.

422 § 9 A. III.

deren Vorzeichen aufgeworfen worden; an der kontroversen Diskussion über die „richtige" Antwort hat sich indes wenig geändert.

a. Rechtliche Einordnung als Schadenersatzanspruch

Nach der wohl h.M. soll es sich bei der Vorfälligkeitsentschädigung um einen gesetzlichen Schadenersatzanspruch handeln.[423] Der Wortlaut des § 490 Abs. 2 S. 3 BGB („denjenigen Schaden zu ersetzen") lasse keine andere Interpretation zu. Ferner gehe auch der Gesetzgeber ausdrücklich von einem „gesetzlichen"[424] „Schadenersatzanspruch"[425] aus.[426] Zwar sei eine solche Verknüpfung eines Gestaltungsrechts mit einem gesetzlichen Schadenersatzanspruch durchaus ungewöhnlich, aber – wie § 122 BGB zeige – weder ohne Beispiel noch undenkbar.[427] Zudem erfolge die Ermittlung der Höhe der Kompensationsleistung nach allgemeiner Meinung auf Grundlage der schadensrechtlichen Vorschriften und Grundsätze, sodass auch daher eine abweichende rechtliche Einordnung keinen Sinn ergebe.

---

423 OLG Hamm, Urt. v. 6.12.2004 – 5 U 146/04, WM 2005, 1265; OLG Nürnberg, OLG Nürnberg, Beschl. v. 21.20.2014 – 14 U 916/13, WM 2015, 374; OLG Frankfurt, Urt. v. 17.4.2013 – 23 U 50/12, WM 2013, 1351; OLG Stuttgart, Beschl. v. 5.3. 2013 – 9 U 7/13, juris Rn. 29; *Knops*, in: Derleder/Knops/ Bamberger, Handbuch zum Bankrecht (2017), § 16 Rn. 17 u 26; *Thessinga*, in: Ebenroth/Boujong/Joost/Strohn, HGB, Bd. 2 (2015), Rn. IV 185; Palandt/ *Weidenkaff*, § 490 Rn 8; *Nobbe*, in Prütting/Wegen/Weinreich, § 490 Rn 18; *Renner*, in Staub-HGB Kreditgeschäft, Vierter Teil Rn 248; *Krepold*, in: Langenbucher/Bliesener/Spindler, Bankrechtskommentar (2016), 14. Kapitel Rn. 77; *Samhat*, in: Schwintowski, Bankrecht (2018), Kap. 14 Rn. 106; *Kropf/ Habl*, BKR 2014, 145, 148.
424 BT-Drs. 14/7052, S. 200.
425 BT-Drs. 16/11643, S. 87.
426 Zuletzt BT-Drs. 18/5922, S. 91: „Die Vorfälligkeitsentschädigung bleibt als schadensersatzrechtlicher Anspruch ausgestaltet.".
427 *Habersack*, Bankrechtstag 2002, 3, 16 f.; *Renner*, in Staub-HGB Kreditgeschäft, Vierter Teil Rn 248; *Schürnbrand*, in: Münchener Kommentar zum BGB (2017), § 502 Rn. 8.

b. Rechtliche Einordnung als bürgerlich-rechtlicher
    Aufopferungsanspruch

Nach einer weiteren Ansicht soll es sich beim Anspruch des Darlehensgebers auf Vorfälligkeitsentschädigung um einen spezialgesetzlich geregelten
Fall des bürgerlich-rechtlichen Aufopferungsanspruchs handeln.[428] Im
Ausgangspunkt gehen die jener Ansicht anhängenden Autoren einvernehmlich davon aus, dass § 490 Abs. 2 BGB ein spezialgesetzliches außerordentliches Kündigungsrecht aus wichtigem Grund normiert, dessen recht-
mäßige Ausübung keinesfalls eine schadenersatzrechtliche Forderung nach
sich ziehen könne. Einerseits seien dem bürgerlichen Recht verschuldensunabhängige, gesetzliche Schadenersatzansprüche fremd; andererseits dürfe der Darlehensnehmer für die Inanspruchnahme eines ihm gewährten
Rechts nicht schadensrechtlich sanktioniert werden. Vielmehr sei dem
Darlehensgeber aus § 490 Abs. 2 S. 3 BGB eine Ausgleichszahlung zu gewähren, die zwar nach schadensrechtlichen Grundätzen zu berechnen sei,
ihren dogmatischen Ursprung aber nicht im Schadensrecht selbst, sondern
im bürgerlich-rechtlichen Aufopferungsanspruch fände, den namentlich
Stelling schon vor der Schuldrechtsmodernisierungsreform „[...] auf der
Grundlage einer Rechtsanalogie zu den §§ 904 S. 2, 906 Abs. 2 S. 2, 912
Abs. 2, 917 Abs. 2 S. 1, 867 S. 2, 1005, 962 S. 3 BGB, 14 S. 2 BImSchG, 8
Abs. 3 S. 2 WHG und 29 ff. BJagdG "[429] fruchtbar machen wollte.

c. Rechtliche Einordnung als modifizierter Erfüllungsanspruch

Den bisher genannten Ansichten ist gemein, dass sie den Anspruch aus
§ 490 Abs. 2 S. 3 BGB der Begründung der Beschlussempfehlung des
Rechtsausschusses entsprechend als „gesetzlichen Anspruch" verstehen.
Den „Gegenpol" dazu bilden die Stimmen in der Literatur, die trotz bisweilen anderslautender Gesetzesbegründung[430] davon ausgehen, dass es
sich beim Anspruch auf Vorfälligkeitsentschädigung um einen Anspruch
auf modifizierte Erfüllung des ursprünglichen Darlehensvertrages han-

---

428 *K.P.Berger*, in: Münchener Kommentar zum BGB (2016), § 490 Rn. 34; vgl. auch:
     Reifner, WM 2009, 1773, 1775; zum alten Recht: *Stelling*, Die vorzeitige Ablö-
     sung festverzinslicher Realkredite, S. 184; *Kendzia*, ZBB 2001, 313, 316.
429 So: *Stelling*, Die vorzeitige Ablösung festverzinslicher Realkredite, S. 184;.
430 Siehe oben: § 9 D. I. 1. a.

delt.[431] Die Erfüllung des Darlehensvertrages durch den Darlehensnehmer werde – ganz ähnlich wie nach ursprünglicher Konzeption des BGH – vorverlegt und die periodischen Zinszahlungen zu einer Einmalzahlung zusammengefasst, deren Höhe sachgerechter Weise nach schadensrechtlichen Vorschriften und Grundsätzen zu ermitteln sei. Dies sei nach wie vor im Wege einer „Modifizierung des Vertragsinhalts ohne Reduzierung des Leistungsumfangs" zu erreichen. Statt den Darlehensgeber aus § 242 BGB zur Zustimmung zur vorzeitigen Vertragsbeendigung gegen Zahlung einer Vorfälligkeitsentschädigung zu verpflichten, werde dies jedoch nunmehr im Wege der Vertragsanpassung erreicht, wofür mittlerweile § 490 Abs. 2 BGB als Spezialfall der Geschäftsgrundlagenstörung die dogmatische Grundlage biete.[432] Durch die Verknüpfung von unbedingtem außerordentlichem Kündigungsrecht und modifiziertem Erfüllungsanspruch im Wege der Vertragsanpassung werde der vertragsmodifizierende Ansatz des BGH, der durch § 490 Abs. 2 kodifiziert werden sollte, konsequent fortgeführt.[433]

Demgegenüber wird eine rechtliche Deutung als Schadenersatzanspruch, ebenso wie von den Befürwortern eines bürgerlich-rechtlichen Ausgleichsanspruchs, als systemwidrig verworfen.[434] Letzteren wird zudem entgegengehalten, dass der Gesetzgeber mit § 490 Abs. 2 BGB keine Änderung der bestehenden Rechtslage bezweckt habe, sondern die höchstrichterliche Rechtsprechung, die die Vorfälligkeitsentschädigung als vorzeitige Erfüllung des Darlehensvertrages begriff, so weit wie möglich im Gesetz manifestieren wollte. Die rechtliche Einordung des Vorfälligkeitsentschädigungsanspruchs als bürgerlich-rechtlicher Aufopferungsanspruch werde dem gerade nicht gerecht, zumal damit der Ansatz des BGH nicht weiterverfolgt, sondern zu Gunsten einer völlig anderen rechtlichen Herleitung verworfen werde.[435]

---

431 *Mülbert*, in: Staudinger, BGB (2015), § 490 Rn. 83; Jauernig/*Berger*, § 490 Rn. 12; Soergel/*Seifert*, BGB (2014), § 490 Rn. 31; *Grunsky/Kupka*, in: FS Medicus (2009), 155, 166 ff.; *Schmidt*, in: Wolf/Lindacher/Pfeiffer, AGB-Recht (2013), Klauseln Rn. D 31.

432 § 9 B. I. 2.

433 *Mülbert*, in: Staudinger, BGB (2015), § 490 Rn. 86.

434 *Mülbert*, in: Staudinger, BGB (2015), § 490 Rn. 84; Jauernig/*Berger*, § 490 Rn. 12; Soergel/*Seifert*, BGB (2014), § 490 Rn 31; *Grunsky/Kupka*, in: FS Medicus (2009), 155, 163; *K.P.Berger*, in: Münchener Kommentar zum BGB (2016), § 490 Rn. 34; zum alten Recht: *Stelling*, Die vorzeitige Ablösung festverzinslicher Realkredite, S. 171 f.

435 *Mülbert*, in: Staudinger, BGB (2015), § 490 Rn. 85.

2. Stellungnahme

a. Vertragsanpassung als dogmatische Grundlage

Unabhängig von den strengen Voraussetzungen für eine Geschäftsgrundlagenstörung, hielt bereits der BGH die Anpassung des Vertrages für den geeigneten Weg, um dem Darlehensnehmer die Möglichkeit zur vorzeitigen Immobiliarkreditbeendigung einzuräumen und diese mit der Pflicht zur vollen wirtschaftlichen Kompensation zu verknüpfen. Daran anknüpfend hat der Gesetzgeber eine Kombination von Kündigungsrecht des Darlehensnehmers und eines Anspruchs des Darlehensgebers auf Vorfälligkeitsentschädigung kodifiziert, wie diese vom Richter bei Wegfall der Geschäftsgrundlage in eigener, originärer Ermessensentscheidung ins Werk gesetzt würde. Die dem Richter nach § 313 Abs. 1 BGB obliegende Modifikation des Vertrages unter Wahrung der beiderseitigen Interessen wird nun durch § 490 Abs. 2 BGB vorgenommen,[436] indem der Darlehensnehmer das Darlehen ohne Zustimmung des Darlehensgebers unter den Voraussetzungen des § 490 Abs. 2 S. 1 BGB vorzeitig voll tilgen kann und der Darlehensgeber in diesem Fall „[...] automatisch einen Anspruch nach § 490 Abs. 2 Satz 3 BGB [erhält], dessen Umfang durch das Gesetz und die hierzu ergangene Senatsrechtsprechung festgelegt wird."[437]

Der Einordnung des § 490 Abs. 2 S. 3 BGB als besonders geregelter Fall eines bürgerlich-rechtlichen Aufopferungsanspruchs ist damit der Boden entzogen. Dessen Herleitung beruht auf dem Gedanken, dass dem Darlehensnehmer ein außerordentliches Kündigungsrecht aus wichtigem Grund zustehen kann, wenn er das darlehensrechtliche Verwendungsrisiko auf wirtschaftlicher Ebene vollständig zu tragen hat, indem die Bank für die Aufopferung ihrer vertraglichen Rechte auf der Grundlage einer Rechtsanalogie zu den §§ 904 S. 2, 906 Abs. 2 S. 2, 912 Abs. 2, 917 Abs. 2 S. 1, 867 S. 2, 1005, 962 S. 3 BGB, 14 S. 2 BImSchG, 8 Abs. 3 S. 2 WHG und 29 ff. BJagdG entschädigt wird. Dies überzeugt weder auf tatbestandlicher Ebene

---

436 Vgl.: *Ganter*, WM 2016, 1813, 1814, der die Vorfälligkeitsentschädigung als „billigen Ausgleich für eine dem Darlehensnehmer gewährte Vergünstigung bei der Lösung eines Interessenkonflikts" ansieht, zugleich aber die sonst allgemein anerkannte schadensrechtliche Ermittlung recht apodiktisch in Zweifel zieht: „Die Vorfälligkeitsentschädigung hier in ein ‚schadensrechtliches Korsett' gezwängt zu haben, ist ein gesetzgeberischer Missgriff, der in der Praxis Schwierigkeiten bereitet".

437 BGH, Urt. v. 19.1.2016 – XI ZR 388/14, BGHZ 208, 290, 298 (Nachw. ausgelassen).

noch auf Rechtsfolgenseite. Eine außerordentliche Kündigung aus wichtigem Grund scheidet nach oben Gesagtem aus, weil die vorzeitige Vertragsbeendigung einerseits auf Umständen beruht, die nicht in der vertraglichen Beziehung selbst gründen und andererseits keinesfalls allein in der Risikosphäre des Kündigungsgegners zu verorten sind. Insbesondere der Vorschlag über letzteren Befund hinwegzukommen, indem bei der Bewertung der Risikotragung die wirtschaftliche „Sekundärebene" miteinbezogen wird, vermag nach hier vertretener Einschätzung nicht zu überzeugen.[438] Vor allem aber bedurfte es schon vor Einführung des § 490 Abs. 2 S. 3 BGB keiner entsprechenden Anwendung von Regelungen zur gesetzlichen Ausgleichshaftung im Sinne bürgerlich-rechtlicher Aufopferung. Eine Verknüpfung von Kündigung und Ausgleichsanspruch war schon damals nach den Grundsätzen über den Wegfall der Geschäftsgrundlage möglich, sodass es schon an einer planwidrigen Regelungslücke fehlte. Für eine Verknüpfung von (jeweils konstruiertem) außerordentlichen Kündigungsrecht aus wichtigem Grund und bürgerlich-rechtlichem Aufopferungsanspruch gab und gibt es keinen Raum.

b. Die Systemwidrigkeit eines modifizierten Erfüllungsanspruchs

In § 490 Abs. 2 BGB wird das Ergebnis eines Vertragsanpassungsverlangens i.S.v. § 313 Abs. 1 BGB vorweggenommen und gesetzlich fixiert. Noch auf Grundlage von § 242 BGB kam der BGH zum Ergebnis, dass der Darlehensgeber zur Zustimmung zur Vertragsaufhebung verpflichtet war, sofern der Darlehensnehmer seine Verbindlichkeiten aus dem Immobiliarkreditvertrag vorzeitig erfüllt. Die Modifikation, die der Darlehensnehmer verlangen konnte, lag demnach vornehmlich in der Vorverlagerung des Erfüllungszeitpunkts. Da der Gesetzgeber die Vorgaben des BGH so weit wie möglich umsetzen wollte, ist es durchaus naheliegend, den Anspruch aus § 490 Abs. 2 S. 3 BGB als modifizierten darlehensvertraglichen Zinsanspruch zu begreifen.

Dem stehen aber letztlich grundlegende Wertungen des geltenden Darlehensrechts entgegen.[439] Mit der außerordentlichen Kündigung endet die berechtigte Kapitalüberlassung und damit auch die Zinszahlungspflicht

---

438 § 9 C. II. 4. b.
439 Vgl.: *Feldhusen*, JZ 2016, 580, 584: „Der BGH hat [...] festgestellt, dass die Pflicht zur Zinszahlung im Zeitpunkt der Rückzahlung endet und damit der in der Literatur vertretenen Auffassung, wonach die Vorfälligkeitsentschädigung als mo-

des Darlehensnehmers. Grundlage eines modifizierten Erfüllungsanspruchs kann daher weder der ursprüngliche Darlehensvertrag der Parteien, noch ein Darlehensvertrag in angepasster Form sein, da ein mit der Kündigung entstehender modifizierter Erfüllungsanspruch – gleich welcher Gestalt – dem darlehensvertraglichen Pflichtenprogramm fremd ist.[440] Sowohl die Stimmen, die einen modifizierten Erfüllungsanspruch im Wege der Vertragsanpassung annehmen, als auch die, die einen solchen Anspruch ohne weiteres auf § 490 Abs. 2 S. 3 BGB stützen, bleiben eine Erklärung schuldig, wie jene Deutung mit den genannten darlehensrechtlichen Grundlagen in Einklang zu bringen ist. Schließlich ist die Annahme eines modifizierten Erfüllungsanspruchs mit Wortlaut und Begründung des Gesetzes schlechthin unvereinbar. Bei der Vorfälligkeitsentschädigung gem. § 490 Abs. 2 S. 3 BGB handelt es sich, ähnlich wie in dem vom BGH mit Urteil vom 13.12.1995 entschiedenen Fall,[441] um eine Ausgleichszahlung für denjenigen Schaden, der dem Darlehensgeber aus der vorzeitigen Kündigung entsteht und eben nicht um einen modifizierten Primäranspruch auf Erfüllung des ursprünglichen Vertrages.

3. Die eigene rechtliche Einordnung

Bei diesem Ausgleichsanspruch handelt es sich im Ergebnis der h.M. entsprechend um einen „gesetzlichen" Schadenersatzanspruch. Dem steht die dogmatische Einordnung des § 490 Abs. 2 BGB als Spezialfall des § 313 BGB nicht entgegen. In § 490 Abs. 2 BGB wird kein Anspruch auf Vertragsanpassung statuiert. Vielmehr wird hierin das Ergebnis eines solchen Vertragsanpassungsverlangens i.S.v. § 313 Abs. 1 BGB vorweggenommen und gesetzlich fixiert. Der Anspruch auf Vorfälligkeitsentschädigung wird dem Darlehensgeber nicht im Wege der Vertragsanpassung, sondern auf gesetzlicher Grundlage des § 490 Abs. 2 S. 3 BGB gewährt. Dogmatisches Vorbild bleibt gleichwohl eine vertragliche Ausgleichszahlungspflicht des Darlehensnehmers, die diesem gem. § 313 Abs. 1 BGB vom Richter im Wege der Vertragsanpassung auferlegt würde.[442] Da jene Zahlungsverpflichtung nach ganz herrschender und treffender Ansicht erst

---

difizierter Zinszahlungsanspruch in Gestalt eines Einmalbetrages fortbesteht eine Absage erteilt." (Nachw. und Hervorhebungen ausgelassen).
440 § 4 B.
441 BGH, Urt. v. 13.12.1995 – XII ZR 185/93, ZMR 1996, 309.
442 Vgl.: BGH, Urt. v. 13.12.1995 – XII ZR 185/93, ZMR 1996, 309.

nach bzw. mit wirksamer Kündigung durch den Darlehensnehmer entsteht, kann diese nicht mehr aus dem originär darlehensrechtlichen Pflichtenprogramm rühren. Denn mit der Kündigung wird der Darlehensvertrag beendet, die berechtigte Kapitalüberlassung endet und der Zinsanspruch des Darlehensnehmers erlischt. Inhaltlich handelt es sich also um eine einseitige und verschuldensunabhängige Verpflichtung des Darlehensnehmers zur Schadloshaltung des Darlehensgebers. Denn zum einen steht der Pflicht zur Zahlung einer Vorfälligkeitsentschädigung keinerlei vom Darlehensgeber zu leistender Mehrwert gegenüber, zumal das Kündigungsrecht des Darlehensgebers unabhängig von der Zahlung der Vorfälligkeitsentschädigung besteht und wirksam ausgeübt werden kann. Zum anderen kann es auf ein Vertretenmüssen des Darlehensnehmers nicht ankommen, da die Pflicht zur Ausgleichszahlung gerade an die Wahrnehmung eines explizit eingeräumten Kündigungsrechts knüpft. Diesbezüglich ist den kritischen Stimmen in der Literatur zuzustimmen,[443] dass es der Systematik der bürgerlich-rechtlichen Schadenersatzvorschriften weithin fremd ist,[444] die zulässige Wahrnehmung zugestandener Rechte schadenersatzrechtlich zu sanktionieren. Insbesondere überzeugt es nicht, die Schadenersatzpflicht des Anfechtenden nach § 122 BGB als dogmatisches „Vorbild" einer derartigen Praxis zu interpretieren. Danach hat der wirksam Anfechtende den Schaden zu ersetzen, den der andere dadurch erleidet, dass er auf die Gültigkeit der Erklärung vertraut. Schadenersatzauslösender Umstand nach § 122 BGB ist nicht die berechtigte Ausübung des Anfechtungsrechts, sondern die Enttäuschung des schutzwürdigen Vertrauens des Anfechtungsgegners auf die Gültigkeit der Erklärung bzw. des Vertrages.[445] Gegenstand des Schadensersatzanspruchs aus § 122 Abs. 1 BGB ist folgerichtig allein das negative Interesse des Anfechtungsgegners.[446] Demgegenüber

---

443 § 9 D. I. 1. c.

444 Eine verschuldensunabhängige Haftung für im Grunde erlaubte Handlungen findet sich sonst nur im Bereich der sog. Gefährdungshaftung. Danach wird für abstrakt gefährliche, aber gesamtgesellschaftlich erwünschte Tätigkeiten eine verschuldensunabhängige Haftung statuiert, um insgesamt ein angemessenes Schutzniveau garantieren zu können. Dabei handelt es sich aber gerade nicht um eine vertragliche Sekundärhaftung im Interesse des Vertragsgegners, sondern prinzipiell um außervertragliche Haftungstatbestände im Interesse der Allgemeinheit, vgl.: *Wandt*, Gesetzliche Schuldverhältnisse, § 22 Rn. 1; näher: *Metzing*, BLJ 2014, 80 m.w.N.

445 *Armbrüster*, in: Münchener Kommentar zum BGB (2017), § 122 Rn. 1; *Singer*, in: Staudinger, BGB (2017), § 122 Rn. 1.

446 Statt aller: *Armbrüster*, in: Münchener Kommentar zum BGB (2015), § 122 Rn. 17 m.w.N.

bezweckt § 490 Abs. 2 S. 3 BGB nicht den Ausgleich von „Vertrauensinves-
titionen", sondern die Kompensation des Zinsausfalls (≙ Erfüllungsinteresses), der einzig und allein aus der berechtigten Ausübung des Kündigungsrechts resultiert. Dabei handelt es sich um eine Konzeption, für die im
deutschen Schadenersatzrecht – soweit ersichtlich – jedes gesetzliche Vorbild fehlt.[447]

Allerdings kann die Übernahme einer einseitigen, verschuldensunab-
hängigen Schadenersatzpflicht – in den Grenzen der §§ 134, 138, 242 BGB
– ohne weiteres vertraglich vereinbart und auch an die legitime Ausübung
eigener Rechte geknüpft werden.[448] Entsprechendes kann der Richter zum
Gegenstand „seiner" Vertragsanpassungsentscheidung gem. § 313
Abs. 1 BGB machen[449] und dem Darlehensgeber einen Anspruch auf
Schadloshaltung aus dem insofern angepassten Vertrag gewähren. Einen
solchen vertraglichen Anspruch konnte der Gesetzgeber wiederum zum
Vorbild nehmen und in die Form eines gesetzlichen Schadenersatzanspruchs nach § 490 Abs. 2 S. 3 BGB gießen. Die konkrete rechtsdogmatische Qualifikation dieses „[d]em Grunde nach [...] besonderen vertragli-
chen Gegenanspruch[s] des Darlehensgebers",[450] der mit § 490 Abs. 2
S. 3 BGB Gesetz geworden ist, bleibt allerdings klärungsbedürftig.

a. Die zu weitreichende Annahme eines abstrakten Schuldversprechens

Bei dem „Versprechen", nach wirksamer Kündigung für den daraus entstandenen Schaden einzustehen, könnte es sich einerseits um ein abstraktes
Schuldversprechen bzw. Schuldanerkenntnis handeln,[451] das dem Darlehensnehmer vom Richter im Wege der Vertragsanpassung „in den Mund
gelegt" wird. Durch einen abstrakten Schuldvertrag geht ein Vertragspartner eine selbständige, d.h. von ihren wirtschaftlichen und rechtlichen Zu-
sammenhängen losgelöste Verpflichtung ein, die allein auf dem Leistungs-
willen des Versprechenden basieren soll.[452] Wichtigste Voraussetzung für
die Begründung solch abstrakter Verbindlichkeiten und zentraler Inhalt

---

447 Vgl.: *Mülbert*, in: Staudinger, BGB (2015), § 490 Rn. 84.
448 Dazu sogleich.
449 BGH, Urt. v. 13.12.1995 – XII ZR 185/93, ZMR 1996, 309.
450 BT-Drs. 16/11643, S. 86.
451 Das abstrakte Schuldanerkenntnis gem. § 781 BGB unterscheidet sich vom ab-
     strakten Schuldversprechen gem. § 780 BGB nur in der äußeren Form, siehe
     statt aller: *Marburger*, in: Staudinger, BGB (2015), Vor §§ 780-782 Rn. 4 m.w.N.
452 Palandt/*Sprau*, § 780 Rn. 1a, 4.

des abstrakten Schuldvertrages ist demnach der Abstraktionswille der Parteien, den es auf Grundlage des Vertragsinhalts und ggf. der Auslegung zu ermitteln gilt. [453] Dabei kommt es entscheidend darauf an, was die Parteien mit der in Rede stehenden Vereinbarung bezweckt haben. Die Abstraktion ist nicht Selbstzweck, sondern „[...] das *rechtstechnische Mittel* zur Realisierung eines von den Parteien gewollten weiteren Erfolgs."[454] Dieser besteht regelmäßig darin, dem Gläubiger größere Sicherheit zu bieten und ihm die Rechtsverfolgung maßgeblich zu erleichtern.[455] Namentlich soll dem Gläubiger die klageweise Geltendmachung der „versprochenen Schuld" allein anhand der Schuldurkunde (ggf. im Urkundenprozess, § 592 ZPO) ermöglicht und ihm jede weitere Darlegungs- und Beweislast hinsichtlich des Schuldgrundes genommen werden.[456]

Insbesondere angesichts jener sehr weitreichenden Privilegien des Gläubigers, die mit einem abstrakten Schuldversprechen einhergehen, ist zunächst festzuhalten, dass auch die Implementierung solcher Vereinbarungen grundsätzlich Gegenstand der Vertragsanpassung sein können.[457] Ferner stellt sich dann aber die Frage, ob die Parteien des Immobiliarkreditvertrages eine solche Abrede für den Fall der wirksamen Kündigung durch den Darlehensnehmer auch treffen wollten und das Pflichtenprogramm des Darlehensnehmers entsprechend anzupassen ist. Dies kann freilich nicht anhand von Analyse und Auslegung des konkreten Vertragsinhalts beantwortet werden, zumal die vertragliche Abrede ja gerade fingiert werden soll. Vielmehr ist auf abstrakter Ebene zu klären, ob die Interessenlage der Parteien und die gesetzgeberische Konzeption des § 490 Abs. 2 S. 3 BGB eine abstrakte Verpflichtung des Darlehensnehmers zur Zahlung der Vorfälligkeitsentschädigung i.S.d. §§ 780, 781 BGB erfordert. Es wurde bereits festgestellt, dass § 490 Abs. 2 S. 3 BGB nach hiesigem Verständnis in der Tat eine vom ursprünglichen Darlehensvertrag „losgelöste" Pflicht zur Erfüllung des positiven Interesses begründen soll. Der Darlehensgeber soll „unabhängig" von (originär) darlehensvertraglichen Pflichten so gestellt werden, wie er stünde, wenn der Vertrag bis Laufzeitende ordnungsgemäß erfüllt worden wäre. Hierfür wird ihm ein Anspruch auf Erfüllung seines positiven Interesses gewährt, der nach schadensrechtlichen Grundsätzen zu

---

453 *Marburger*, in: Staudinger, BGB (2015), Vor §§ 780-782 Rn. 6.
454 *Marburger*, in: Staudinger, BGB (2015), Vor §§ 780-782 Rn. 8 (Hervorhebung übernommen).
455 *Gehrlein*, in: Beck'scher Online-Kommentar BGB, § 780 Rn. 4 m.w.N.
456 *Marburger*, in: Staudinger, BGB (2015), Vor §§ 780-782 Rn. 10.
457 § 5 B. III. 3. b.

ermitteln ist. Insofern ist aber weder ersichtlich, dass für das positive Interesse des Darlehensgebers zusätzliche Sicherheit geschaffen werden soll, noch, dass ihm die Rechtsverfolgung unter nahezu vollständiger Befreiung von der Darlegungs- und Beweislast ermöglicht werden soll; in Rede stehen allenfalls Beweiserleichterungen im Rahmen der konkreten Schadensberechnung.[458] Ein abstraktes Schuldversprechen i.S.d. §§ 780, 781 BGB entspricht damit weder der abstrakten Interessenlage noch findet sich dafür eine Stütze im Gesetz oder dessen Begründung. Somit kommt eine rechtliche Einordnung der Pflicht des Darlehensnehmers zur Zahlung einer Vorfälligkeitsentschädigung als abstraktes Schuldversprechen nach §§ 780, 781 BGB nicht in Betracht. Vielmehr ist der – insofern unmissverständlich und widerspruchsfrei geäußerte – Wille des Gesetzgebers zu achten, dass dem Darlehensgeber (nichts Anderes oder Weitergehendes als) ein Anspruch auf Schadenersatz einzuräumen ist.

b. Gesetzlicher Schadenersatzanspruch nach Vorbild einer Schadlosgarantie

Insofern entspricht der in § 490 Abs. 2 S. 3 BGB kodifizierte Anspruch in Wortlaut und Umfang viel eher einer selbständigen Garantie. Dabei handelt es sich um einen atypischen, einseitig verpflichtenden Vertrag eigener Art, der eine über den Leistungsgegenstand hinausgehende Verpflichtung begründet (sog. Eigengarantie). Damit übernimmt der Schuldner typischerweise die einseitige und verschuldensunabhängige Verpflichtung zur Schadloshaltung des Gläubigers bei Verwirklichung der übernommenen Gefahr (hier: der wirksamen Ausübung des Rechts zur außerordentlichen Kündigung).[459] Den primären Leistungsgegenstand einer solchen Schadlosgarantie bildet die „Leistung von Schadenersatz",[460] dessen Umfang wie bei der Vorfälligkeitsentschädigung nach den Grundsätzen und Vorschriften des Schadenersatzrechts zu ermitteln ist (§§ 249 ff. BGB).[461] Einem gesetzlichen Schadenersatzanspruch entsprechend wird dem Gläubiger da-

---

458 Näher dazu unten: § 9 D. III.
459 *Nobbe*, in: Schimansky/Bunte/Lwowski, Bankrechts-Handbuch (2017), § 92 Rn. 6.
460 So: Erman/*E. Herrmann*, Vor § 765 Rn. 20.
461 BGH, Urt. v. 16.12.1960 – II ZR 137/59, WM 1961, 204; siehe zudem statt aller in der Lit.: *Horn*, in: Staudinger, BGB (2012), Vor §§ 765-778 Rn. 231 m.w.N.

mit ein Anspruch auf Ersatz des nachweislich entstandenen Schadens gewährt, der auf das positive Interesse des Berechtigten begrenzt ist.[462] Ebendiese Verpflichtung trifft gem. § 490 Abs. 2 S. 3 BGB den Darlehensnehmer, wenn er wirksam von seinem Kündigungsrecht aus § 490 Abs. 2 S. 1, 2 BGB Gebrauch macht. Insoweit geht der Anspruch des Darlehensgebers auch über die reine Vertragserfüllung hinaus. Denn ansonsten bliebe dem Darlehensgeber nicht mehr als ein Anspruch auf Rückzahlung der Valuta sowie bereits angefallener, aber noch ausstehender Zinsleistungen. Darüberhinausgehende Zinsansprüche fielen nach wirksamer Kündigung ersatzlos weg.[463] Die davon losgelöste Verpflichtung, dem Darlehensgeber denjenigen Schaden zu ersetzen, der diesem aus der vorzeitigen Kündigung entsteht, reicht deutlich weiter.

Nach alledem besteht nicht nur eine erhebliche Ähnlichkeit und Sachnähe zwischen dem Anspruch auf Zahlung von Vorfälligkeitsentschädigung mit einer Garantie des Schuldners zur Schadloshaltung, worauf auch schon andernorts zu Recht hingewiesen wurde.[464] Vielmehr kann der Systematik des allgemeinen Schuld- und Darlehensrechts und den Vorgaben von BGH und Gesetzgeber gleichzeitig nur durch eine rechtliche Deutung des § 490 Abs. 2 S. 3 BGB als gesetzliche Ausformung eines Garantiehaftungsanspruchs des Darlehensgebers entsprochen werden: Die im Ergebnis auch vom BGH angestrebte Vertragsanpassung wird heute dadurch erreicht, dass § 490 Abs. 2 BGB die Rechtsfolgen des § 313 Abs. 1 BGB spezialgesetzlich präjudiziert und konkretisiert. Namentlich wird dem Kündigungsrecht des Darlehensnehmers ein verschuldensunabhängiger Anspruch auf Schadenersatz gegenübergestellt. Eine solche Garantiehaftung für rechtmäßiges Handeln ist zwar in der Tat nur schwerlich mit dem System der gesetzlichen Schadenersatzvorschriften in Einklang zu bringen, kann aber ohne weiteres Vertrags- und Vertragsanpassungsgegenstand sein.[465] Bedenken gegen die gesetzliche Umsetzung in § 490 Abs. 2 S. 3 BGB sind ebenfalls nicht ersichtlich. Im Gegenteil entspricht die Annahme einer gesetzlichen[466] Schadenersatzhaftung[467] mit vertragsdogmati-

---

462 *Horn*, ebda.
463 § 9 D. I. 2. b.
464 *Mülbert*, in: Staudinger, BGB (2015), § 490 Rn. 86, der aber aaO. im Ergebnis zu Unrecht eine Deutung als modifizierten darlehensvertraglichen Zinsanspruch vornimmt.
465 BGH, Urt. v. 13.12.1995 – XII ZR 185/93, ZMR 1996, 309.
466 BT-Drs. 14/7052, S. 200.
467 BT-Drs. 16/11643, S. 87.

schem Hintergrund[468] sowohl dem Wortlaut als auch der Begründung des Gesetzes und trägt im Ergebnis sämtlichen, vom Gesetzgeber im Zusammenhang mit § 490 Abs. 2 S. 3 BGB formulierten Vorgaben und Zielsetzungen Rechnung.

II. Kündigungsvermeidende Vertragsänderung

Der Darlehensnehmer muss keine Vorfälligkeitsentschädigung i.S.v. § 490 Abs. 2 S. 3 BGB zahlen, wenn es ihm gelingt, einen geeigneten Ersatzkreditnehmer oder ein adäquates Ersatzsicherungsobjekt beizubringen. In beiden Konstellationen soll den Darlehensgeber die aus § 242 BGB rührende Obliegenheit treffen, einer Fortführung des Vertrages zu veränderten Konditionen zuzustimmen. Auf Grundlage einer solchen Obliegenheit kann der Darlehensgeber nicht zur Vertragsänderung gezwungen werden. Eine Verweigerung führt vielmehr dazu, dass der Darlehensnehmer unter den Voraussetzungen des § 490 Abs. 2 S. 1, 2 BGB kündigen kann, ohne infolge dessen zur Zahlung einer Vorfälligkeitsentschädigung gem. § 490 Abs. 2 S. 3 BGB oder einer anderen Kompensationsleitung verpflichtet zu sein, §§ 242, 254 BGB.[469] Der Darlehensgeber wird somit vor die Wahl zwischen einer kündigungsvermeidenden Vertragsveränderung und einer entschädigungslosen Vertragskündigung gestellt. Jene (faktische) Einschränkung seiner Entscheidungsfreiheit muss der Darlehensgeber aber nur hinnehmen, wenn seine Interessen auch bei veränderter Vertragsfortführung vollumfänglich gewahrt bleiben.

1. Ersatzkreditnehmerstellung

In Anlehnung an die zur Gestellung von Ersatzmietern entwickelten Grundsätze soll dies der Fall sein, wenn der Darlehensnehmer einen geeig-

---

468 Vgl.: BT-Drs. 16/11643, S. 86: „Dem Grunde nach gewähren die Ansprüche aus § 490 Abs. 2 und § 502 BGB-E jeweils einen besonderen vertraglichen Gegenanspruch des Darlehensgebers, falls der Darlehensnehmer von einem Recht auf vollständige oder teilweise vorzeitige Beendigung des Vertrags Gebrauch macht [...]“.

469 *Mülbert*, in: Staudinger, BGB (2015), § 490 Rn. 110, 112 m.w.N.

neten Ersatzkreditnehmer stellen kann.[470] Ein solcher Ersatzkreditnehmer muss dazu bereit und nach seinen persönlichen wirtschaftlichen Verhältnissen in der Lage sein, das Darlehen zu den mit dem bisherigen Kreditnehmer vereinbarten Bedingungen fortzuführen. Gegen die Bonität dürfen keine objektiv begründbaren Bedenken bestehen.[471] Ferner darf dem Darlehensgeber die Vertragsfortführung mit dem Ersatzkreditnehmer nicht unzumutbar sein. Dies ist etwa der Fall, wenn das Kreditverhältnis einen *„besonderen persönlichen Einschlag"*[472] hat oder nur (noch) von so kurzer Dauer ist, dass der mit der Ersatzkreditnehmerstellung verbundene Aufwand nicht gerechtfertigt erscheint. Den zusätzlichen Aufwand einer im Grunde möglichen Ersatzkreditnehmerstellung hat der Darlehensnehmer zu tragen.

2. Stellung ersatzweiser Sicherheit

Schließlich muss der Darlehensgeber einen Austausch des Sicherungsobjekts akzeptieren, sofern keine schutzwürdigen Eigeninteressen entgegenstehen.[473] Voraussetzung dafür ist abermals, dass dem Darlehensgeber die Stellung ersatzweiser Sicherheit im gegebenen Fall zumutbar ist. Dafür muss die als Ersatz angebotene Sicherheit absolut gleichwertig sein und der Darlehensnehmer muss willens und in der Lage sein, sämtliche mit dem Sicherungstausch anfallenden Kosten zu tragen.[474] Ein Sicherungsaustausch ist dem Kreditinstitut hingegen nicht zuzumuten, wenn es „[...] befürchten muß, etwa bei der Verwaltung oder Verwertung der Ersatzsicherheit, irgendwelche Nachteile zu erleiden."[475]

---

470 Vgl.: BGH, Urt. v. 30.11.1989 – III ZR 197/88, WM 1990, 174, 176; OLG Frankfurt, Urt. v. 3.5.2013 – 19 U 227/12, juris Rn. 15 ff.; *Knops*, WM 2000, 1427, 1429 ff.; ders, in: Derleder/Knops/Bamberger, Handbuch zum Bankrecht (2017), § 16 Rn 63 *K.P.Berger*, in: Münchener Kommentar zum BGB (2016), § 490 Rn. 43.

471 BGH, Urt. v. 30.11.1989 – III ZR 197/88, WM 1990, 174, 176.

472 *K.P.Berger*, in: Münchener Kommentar zum BGB (2016), § 490 Rn. 42 (Hervorhebung übernommen).

473 BGH, Urt. v. 3.2.2004 – XI ZR 398/02, BGHZ 158, 11.

474 BGH, Urt. v. 3.2.2004 – XI ZR 398/02, BGHZ 158, 11, 15.

475 Ebda.

3. Stellungnahme

Die Anpassung und Veränderung des Vertrages können bisweilen einschneidender sein als die vorzeitige Beendigung. Daher darf der Darlehensgeber auch in o.g. Fällen mit Recht nicht dazu gezwungen werden, einer Fortsetzung des Vertrages zu veränderten Konditionen zuzustimmen. Dies wäre grundsätzlich nur bei Störung der Geschäftsgrundlage oder auf Grundlage einer besonderen gesetzlichen oder vertraglichen Regelung möglich. Allerdings führt schon die Annahme einer Obliegenheit zur Einwilligung in die veränderte Vertragsfortführung zu erheblichem Druck auf den Darlehensgeber. Der damit einhergehende Eingriff in seine Dispositionsfreiheit ist unter den dargestellten, restriktiven Voraussetzungen jedoch gerechtfertigt. Denn einerseits bleiben die Interessen des Darlehensgebers objektiv voll gewahrt. Andererseits wird die außerordentliche Kündigung ganz im Sinne des Ultima Ratio-Grundsatzes vermieden, zumal die Vertragsänderung in den gegenständlichen Konstellationen tatsächlich das mildere Mittel gegenüber der Vertragsbeendigung darstellt.

III. Berechnung von Vorfälligkeits- und Nichtabnahmeentschädigung

Vermag der Darlehensnehmer dem Darlehensgeber keine kündigungsvermeidende Vertragsveränderung anzutragen, verbleibt es beim „Normalfall" des § 490 Abs. 2 S. 3 BGB und er ist nach wirksamer Kündigung zur Zahlung einer Vorfälligkeitsentschädigung verpflichtet.

1. Grundlagen der deutschen Berechnungspraxis

Die Höhe der Vorfälligkeitsentschädigung ist nach den für die Nichtabnahmeentschädigung geltenden Grundsätzen zu ermitteln.[476] Dem Darlehensgeber ist der verbleibende Erfüllungsschaden möglichst exakt zu ersetzen.[477] Bei Nichtabnahme und vorfälliger Rückzahlung der Valuta wird dem Darlehensgeber Kapital zur eigenen Nutzung aufgedrängt, wodurch

---

476 Statt aller: *K.P.Berger*, in: Münchener Kommentar zum BGB (2016), § 490 Rn. 35 m.w.N.; sofern nicht explizit auf Gegenteiliges hingewiesen wird, gelten die folgenden Ausführungen zur „Vorfälligkeitsentschädigung" sinngemäß für die „Nichtabnahmeentschädigung".

477 *Rohe*, WuB 2016, 383, 386.

ihm die Zinsen für den ursprünglich vereinbarten Festschreibungszeitraum entgehen. Ähnlich wie beim Verzugsschadenersatz gem. §§ 286, 288 BGB, der spiegelbildlich die vorenthaltenen Kapitalnutzung betrifft, ist dem Darlehensgeber der zu erwartende Kapitalnutzungswert für einen bestimmten Zeitraum zu ersetzen.[478] Ausgangspunkt für die rechtliche Beurteilung jenes Vermögensschadens ist die im Schadensrecht allgemein gültige Differenzhypothese,[479] wonach der ersatzfähige Schaden durch einen Vergleich der Vermögenslage des Geschädigten mit und ohne Eintritt des schädigenden Ereignisses (Nichtabnahme, vorfällige Valutarückführung, Verzug) zu ermitteln ist.[480] Die finanzmathematische Berechnung dieses Vermögensschadens in Form der Vorfälligkeitsentschädigung erfolgt entweder nach der konkreten oder abstrakten Variante der Aktiv-Aktiv-Methode oder der Aktiv-Passiv-Methode.[481] Diese sind vom BGH gleichermaßen anerkannt und der Darlehensgeber kann frei wählen, worauf er seine Berechnung stützt.[482]

a. Der maßgebliche Zeitraum rechtlich geschützter Zinserwartung

Der maßgebliche Zeitraum, der der Schadensberechnung – unabhängig von der gewählten Methode – zu Grunde zu legen ist, stimmt nicht immer mit dem vereinbarten Zinsfestschreibungszeitraum überein. Ein ersatzfähiger Zinsschaden kann nur für den Zeitraum der rechtlich geschützten Zinserwartung des Darlehensgebers geltend gemacht werden, also für die Zeitspanne, für die dieser auf Grundlage vertraglicher Abreden und gesetzlicher Regelungen mit einer unveränderten Vertragsfortführung rechnen darf.[483] Jener Zeitraum kann sich bis zum vereinbarten Laufzeitende, längstens aber bis zum frühestmöglichen Zeitpunkt erstrecken, in dem der Darlehensnehmer wirksam von einem Kündigungsrecht Gebrauch ma-

---

478 Vgl.: *Reifner*, AcP 214 (2014), 695, 740; vgl. auch: *K.P.Berger*, in: Münchener Kommentar zum BGB (2016), § 488 Rn. 70.
479 Palandt/*Grüneberg*, Vor § 249 Rn. 10.
480 *Reifner*, AcP 214 (2014), 695, 740.
481 Die folgende Begutachtung beschränkt sich weithin auf die Darstellung der rechtlichen Rahmenbedingungen für die Berechnung der Vorfälligkeitsentschädigung; eine umfassende Erörterung der konkreten finanzmathematischen Methodik und Details liefern *Rösler/Wimmer/Lang*, Vorzeitige Beendigung von Darlehensverträgen, E.
482 BGH, Urt. v. 30.11.2004 – XI ZR 285/03, BGHZ 161, 196, 201 m.w.N.
483 *Rösler/Wimmer/Lang*, Vorzeitige Beendigung von Darlehensverträgen, Rn. D 12 f.

chen kann. Aus § 489 Abs. 1 Nr. 2, Abs. 4 BGB folgt, dass der Zeitraum rechtlich geschützter Zinserwartung spätestens mit Ablauf von zehn Jahren und sechs Monaten nach Vollvalutierung endet.[484]

Bei der Ermittlung des für die Schadensberechnung relevanten Zinsfestschreibungszeitraums ist zu Gunsten des Darlehensnehmers zu unterstellen, dass er von bestehenden Sondertilgungsrechten vollumfänglich Gebrauch gemacht hätte. Klauseln, die davon abweichende Regelungen beinhalten sind gem. § 307 Abs. 1 S. 1, Abs. 2 Nr. 1 BGB unwirksam.[485] Die volle und unabdingbare Berücksichtigung von Sondertilgungsrechten wird insbesondere damit begründet, dass sich der Darlehensgeber mit der Einräumung von Sondertilgungsrechten seiner rechtlich geschützten Zinserwartung begeben haben soll.[486] Der Darlehensgeber hätte seinen vollen Zinsanspruch nicht geltend machen können, wenn der Darlehensnehmer von der Möglichkeit zur Sondertilgung Gebrauch gemacht hätte. Eine vom Zufall abhängige Gewinnposition werde indes nicht von § 252 BGB geschützt, womit es auf hypothetische Erwägungen zum mutmaßlichen weiteren Tilgungsverhalten des Darlehensnehmers ebenso wenig ankommen könne.[487] Allerdings begründen Sondertilgungsrechte „[...] ein kündigungsunabhängiges Teilleistungsrecht des Darlehensnehmers zur Rückerstattung der Valuta ohne Verpflichtung zur Zahlung einer Vorfälligkeitsentschädigung."[488] Damit begibt sich der Darlehensgeber gerade nicht sonst zu erwartender Zinsforderungen, sondern er verzichtet allenfalls auf deren schadensrechtliche Kompensation. Ein solch einseitiger Verzicht ist dem Schuldrecht jedoch fremd, sodass es eines nur schwerlich konstruierbaren Erlassvertrags gem. § 397 Abs. 1 BGB bedürfte, um die vom BGH angenommene rechtliche Wirkung zu erzielen.[489] Treffender ist es daher, die zwingende Berücksichtigung von Sondertilgungsrechten damit zu begründen, dass dem Darlehensgeber im Rahmen der Schadensermittlung nach § 252 S. 2 BGB zumindest der – regelmäßig nicht zu erbringende – Nachweis obläge, dass er „üblicherweise" den vollen Zinsgewinn erwirtschaftet hätte bzw. es nicht zur Ausübung der Sondertilgungsrechte durch den Darlehensnehmer gekommen wäre. Eine Klausel, nach der diese Nachweispflicht faktisch entfällt, widerspräche ferner den gesetzlichen Vorgaben zur

---

484 BGH, Urt. v. 7.11.2000 – XI ZR 27/00, BGHZ 146, 5, 12.
485 BGH, Urt. v. 19.1.2016 – XI ZR 388/14, BGHZ 208, 290.
486 Vgl. auch: *K.P. Berger*, in: Münchener Kommentar zum BGB (2016), § 490 Rn. 35; *Wimmer*, BKR 2002, 479.
487 BGH, Urt. v. 19.1.2016 – XI ZR 388/14, BGHZ 208, 290 Rn. 25.
488 BGH, Urt. v. 8.11.2011 – XI ZR 341/10, NJW 2012, 445, 446.
489 Siehe: *Feldhusen*, JZ 2016, 580, 582.

Darlegungs- und Beweislast und wäre somit schon gem. § 309 Nr. 12 BGB, jedenfalls aber gem. § 307 Abs. 1 BGB unwirksam.[490]

b. Aktiv-Aktiv-Methode (Zinsmargenschaden und Zinsverschlechterungsschaden)

Die tatsächlich enttäuschte Zinserwartung kann einerseits auf Basis der Aktiv-Aktiv-Methode errechnet werden. Diese beruht auf der Prämisse, dass die vorzeitig zurückgezahlten bzw. nicht abgerufenen Valuta bis zum Ende des rechtlich relevanten Zinszeitraums (wieder) als Immobiliarkredit ausgereicht werden.[491] Daraus ergibt sich der sog. Zinsverschlechterungsschaden (*sub* bb.), den der Darlehensgeber nach höchstrichterlicher Rechtsprechung kumulativ mit dem sog. Zinsmargenschaden (*sub* aa.) geltend machen kann.[492] Hinzu kommen etwaige Mehrkosten für die vorzeitige Abwicklung des Darlehens.[493]

aa. Zinsmargenschaden

Als Zinsmargenschaden wird der Nettozinsgewinn umschrieben, der dem Darlehensgeber im Zeitraum seiner rechtlich geschützten Zinserwartung entgeht, § 252 BGB.[494] Dieser kann einerseits dadurch ermittelt werden, dass der tatsächlich bestehende Refinanzierungszins vom konkreten Darlehenszins abgezogen wird (konkrete Variante).[495] Daraus ergibt sich die Bruttozinsmarge der Bank, die um die – im Rechtsstreit gem. § 287 ZPO zu schätzenden – ersparten Verwaltungs- und Risikokosten zu bereinigen ist (konkrete Nettozinsmarge).[496]

Für die konkrete Berechnung des Zinsmargenschadens ist in aller Regel die Offenlegung interner Betriebsdaten unausweichlich.[497] Dazu sollen die Kreditinstitute aber nicht genötigt werden, weshalb der BGH neben der konkreten Margenberechnung auch eine abstrakte Ermittlung der Netto-

---

490 Ebda.
491 *Rösler/Wimmer/Lang*, Vorzeitige Beendigung von Darlehensverträgen, Rn. D 30.
492 BGH, Urt. v. 1.7.1997 – XI ZR 267/96, BGHZ 136, 161, 169.
493 *v. Heymann/Rösler*, ZIP 2001, 441, 447.
494 *Derleder*, JZ 1989, 165,175.
495 *Rösler/Wimmer/Lang*, Vorzeitige Beendigung von Darlehensverträgen, Rn. D 32.
496 *Rösler/Wimmer/Lang*, Vorzeitige Beendigung von Darlehensverträgen, Rn. D 32 f.
497 *Rösler/Wimmer/Lang*, Vorzeitige Beendigung von Darlehensverträgen, Rn. D 34.

marge auf Grundlage des üblichen Durchschnittsgewinns bei Banken gleichen Typs unter Verweis auf § 252 BGB ausdrücklich zulässt.[498] Der insofern pauschalierbare Durchschnittsgewinn kann im Streitfall vom Richter gem. § 287 ZPO geschätzt werden.[499] Namentlich ist bei Pfandbriefbanken eine Nettomarge von 0,5% bis 0,8% p.a. anerkannt. Bei Geschäftsbanken kann der Satz wegen des „inhomogenen Geschäfts"[500] auch darüber liegen.[501]

bb. Zinsverschlechterungsschaden

Ferner kann der Darlehensgeber auf Grundlage der Aktiv-Aktiv-Methode einen sog. Zinsverschlechterungsschaden geltend machen. Dieser entsteht, wenn die zurückgeflossenen Valuta zu schlechteren als den im Vertrag vereinbarten Zinskonditionen ausgereicht oder angelegt werden können.[502] In Rede steht also die Differenz zwischen dem Zins, den der Darlehensnehmer bei Vertragsdurchführung gezahlt hätte („Vertragszins") und dem Wiederanlagezins, der nach den zur jeweiligen Zeit üblichen Konditionen im laufenden Aktivgeschäft der Bank zu bestimmen ist.[503] Sofern die Parteien ein Annuitätendarlehen vereinbart haben, ist bei der Berechnung des Vertragszinses zu berücksichtigen, dass der Bank unterjährig zu verschiedenen Zeitpunkten (periodische) Zins- und Tilgungsleitungen zufließen und sich die zu verzinsende Darlehenssumme infolge dessen stetig reduziert („Cash-Flow-Methode").[504]

Beim so zu ermittelnden Zinsverschlechterungsschaden soll es sich um eine vom Zinsmargenschaden zu unterscheidende und auch unabhängig davon bestehende Schadensposition handeln, die die Bank nach höchstrichterlicher Rechtsprechung zusätzlich geltend machen kann. Denn neben dem entgangenen Nettozinsgewinn, § 252 BGB könne sich ein darüberhinausgehender Vermögensnachteil i.S.v. § 249 BGB dadurch einstellen, dass die Valuta nicht nur zu niedrigerem Zinssatz ausgegeben werden

---

498 BGH, Urt. v. 1.7.1997 – XI ZR 267/96, BGHZ 136, 161, 169.
499 Ebda.
500 *v. Heymann/Rösler*, ZIP 2001, 441, 447.
501 *Rösler/Wimmer/Lang*, Vorzeitige Beendigung von Darlehensverträgen, Rn. D 35; *Mülbert*, in: Staudinger, BGB (2015), § 490 Rn. 95 je m.w.N.
502 BGH, Urt. v. 1.7.1997 – XI ZR 267/96, BGHZ 136, 161, 169 f.
503 Siehe zu den Einzelheiten: *Rösler/Wimmer/Lang*, Vorzeitige Beendigung von Darlehensverträgen, Rn. D 36 ff.
504 BGH, Urt. v. 7.11.2000 – XI ZR 27/00, BGHZ 146, 5, 11 ff.

können, sondern die Bank zudem an die im Vergleich teurere laufzeitkongruente Refinanzierung des ursprünglichen Immobiliarkredits gebunden bleibt. Konsequenterweise muss sich der Kreditgeber einen entsprechenden „Zinsverbesserungsvorteil" bei gegenteiliger Zinsentwicklung anrechnen lassen.[505]

Anders als die Zinszahlungen über die vereinbarte Laufzeit, kann der Darlehensgeber sowohl Zinsmargen- als auch Zinsverschlechterungsschaden „auf einen Schlag" beanspruchen. Zum Ausgleich dafür sind die Nettoschadensbeträge auf den Zeitpunkt der Zahlung der Vorfälligkeitsentschädigung abzuzinsen,[506] wobei der aktive Wiederanlagezins[507] – abermals unter Beachtung des Zahlungsstroms – zu Grunde zu legen ist.[508] Abzuzinsen ist dabei mit der realen Zinsstrukturkurve.[509] Schließlich kann die Bank ein angemessenes Bearbeitungsentgelt für die vorzeitige Abwicklung addieren.[510]

c. Die Aktiv-Passiv-Methode (Zinsverschlechterungsrate)

Als „Alternative" zum Aktiv-Aktiv-Vergleich anerkannt und in der Kreditpraxis vorherrschend ist die sog. Aktiv-Passiv-Methode.[511] Danach ist es der Bank gestattet, ihren Nichterfüllungsschaden auf Grundlage einer fiktiven laufzeitkongruenten Wiederanlage der vorzeitig zurückgeflossenen Mittel in sicheren Kapitalmarkttiteln zu berechnen. Diese Möglichkeit wird dem Darlehensgeber eröffnet, weil es ihm nicht ohne weiteres möglich oder zu-

---

505 *Mülbert*, in: Staudinger, BGB (2015), § 490 Rn. 96.

506 BGH, Urt. v. 1.7.1997 – XI ZR 197/96, WM 1997, 1799, 1801; a.A.: *Krepold*, in: Schimansky/Bunte/Lwowski, Bankrechts-Handbuch (2017) § 79 Rn. 104; ders., in: Langenbucher/Bliesener/Spindler, Bankrechtskommentar (2016), 14. Kapitel, Rn. 117 (Abzinsung der Bruttomarge).

507 Nach BGH, Urt. v. 7.11.2000 – XI ZR 27/00, BGHZ 146, 5, 15 ist im Zusammenhang mit der Aktiv-Passiv-Methode der Zinssatz von Hypothekenpfandbriefen zu Grunde zu legen. Bei Berechnung nach Aktiv-Aktiv-Methode dürfte es jedoch auch legitim sein auf einen marktgerechten Darlehenszins abzustellen, vgl.: *Rösler/Wimmer/Lang*, Vorzeitige Beendigung von Darlehensverträgen, Rn. D 62.

508 BGH, Urt. v. 7.11.2000 – XI ZR 27/00, BGHZ 146, 5, 15.

509 Ebda. unter Verweis auf *Rösler/Wimmer*, WM 2000, 164, 176 f.; näher zur „Verwendung einer geeigneten Zinsstrukturkurve bei der Berechnung der Vorfälligkeitsentschädigung", *Kaserer*, WM 2017, 213.

510 *v. Heymann/Rösler*, ZIP 2001, 441, 447.

511 *Mülbert*, in: Staudinger, BGB (2015), § 490 Rn. 98 m.w.N.

mutbar ist, die frei gewordenen Mittel tatsächlich wieder laufzeitkongruent auszureichen.[512] Streng genommen handelt es sich bei der Aktiv-Passiv-Methode um eine weitere Variante des Aktiv-Aktiv-Vergleichs. Dem Vertragszins wird nämlich nicht der passivseitige Refinanzierungsaufwand gegenübergestellt, sondern eine fiktive Wiederanlage am Kapitalmarkt auf Aktivseite zur Ermittlung des Zinsverschlechterungsschadens. Dieser wird im Rahmen des Aktiv-Passiv-Vergleichs zwecks besserer Abgrenzbarkeit auch als „Zinsverschlechterungsrate" bezeichnet.[513] So wie bei der Aktiv-Aktiv-Methode ist der tatsächlich geschuldete Zins im Falle eines Annuitätendarlehens nach der Cash-Flow-Methode zu berechnen, wobei der Berechnung auch hier der Nominalzinssatz und nicht der Effektivzinssatz zu Grunde zu legen ist.[514] Davon ist der aktive Wiederanlagezins abzuziehen, bei dessen Ermittlung ebenfalls die anfallenden Zahlungsströme zu berücksichtigen sind, sofern die vorzeitige Beendigung eines Annuitätendarlehens in Rede steht. Referenz für den fiktiven Wiederanlagezins ist der Zinssatz, der nach der Kapitalmarktstatistik der Deutschen Bundesbank bei einer Wiederanlage in laufzeit-kongruenten Hypothekenpfandbriefen hätte erzielt werden können.[515]

Die so zu ermittelnde Zinsverschlechterungsrate umfasst immer auch den entgangenen Nettozinsgewinn der Bank,[516] sodass der Zinsmargenschaden im Rahmen der Aktiv-Passiv-Methode nicht gesondert geltend gemacht werden kann.[517] Hinsichtlich der weiteren Berechnungsmodalitäten besteht wieder Gleichlauf zur Aktiv-Aktiv-Methode: Ersparte Verwaltungsaufwendungen und Risikoprämien sind anzurechnen. Die so ermittelte Netto-zinsverschlechterungsrate ist abzuzinsen. Schließlich kann die Bank ein angemessenes Entgelt für die vorzeitige Beendigung addieren.[518]

---

512 BGH, Urt. v. 1.7.1997 – XI ZR 267/96, BGHZ 136, 161, 170.

513 *Rösler/Wimmer/Lang*, Vorzeitige Beendigung von Darlehensverträgen, Rn. D 19 m.w.N.

514 BGH, Urt. v. 7.11.2000 – XI ZR 27/00, BGHZ 146, 5, 12; Grund dafür ist, dass im Effektivzins neben dem Nominalzins weitere vertraglich vereinbarte Kosten enthalten sind, die teils schon bei Valutierung einbehalten werden, siehe: OLG Schleswig, Urt. v. 8.1.1998 – 5 U 124/95, WM 1998, 861, 862 f.; OLG Karlsruhe, Urt. v. 5.10.1995 – 12 U 95/95, WM 1996, 572, 573; *Rösler/Wimmer*, WM 2000, 164, 173; *Metz*, ZBB 1994, 205, 213.

515 BGH, Urt. v. 7.11.2000 – XI ZR 27/00, BGHZ 146, 5, 12 f.

516 *v. Heymann/Rösler*, ZIP 2001, 441, 447.

517 BGH, Urt. v. 1.7.1997 – XI ZR 267/96, BGHZ 136, 161, 170.

518 *v. Heymann/Rösler*, ZIP 2001, 441, 447.

d. Rückerstattungsansprüche des Darlehensnehmers

Der Darlehensnehmer hat bei vorzeitiger Beendigung des Darlehensvertrages grundsätzlich einen Anspruch auf anteilige Rückzahlung eines vereinbarten *Disagios*.[519] Beim *Disagio* oder *Damnum* handelt es sich um einen von der Bank einbehaltenen Teilbetrag, um den die tatsächlich zur Verfügung gestellten Valuta von der nominell vereinbarten Summe abweicht. Die rechtliche Beurteilung richtet sich nach der im Zweifel auszulegenden vertraglichen Vereinbarung.[520] In aller Regel ist das *Disagio* heute als integraler Bestandteil der laufzeitabhängigen Zinskalkulation geworden und als Zinsvorauszahlung zu qualifizieren.[521] Mit wirksamer Kündigung fällt der Rechtsgrund für das Behaltendürfen eines noch unverbrauchten *Disagios* weg und der Darlehensgeber ist zur Erstattung nach § 812 Abs. 1 S. 2 Alt. 1 BGB verpflichtet.[522] Gleichwohl zählt das *Disagio* damit auch zur rechtlich geschützten Zinserwartung des Darlehensgebers und kann von diesem grundsätzlich als Rechnungsposten der Vorfälligkeitsentschädigung geltend gemacht werden.[523] Dies gilt nicht, solange der Berechnung der Effektivzinssatz zu Grunde gelegt wird, da das *Disagio* im Effektivzins bereits enthalten ist.[524] Im Falle eines Annuitätendarlehens kommt eine Erstattung des *Disagios* ohnedies nicht in Betracht, da dieses bereits durch Berücksichtigung der konkreten Zahlungsströme mit in die Berechnung des Zinsverschlechterungsschadens einfließt.[525]

Stellt sich heraus, dass der Darlehensnehmer eine insgesamt überhöhte Vorfälligkeitsentschädigung an den Darlehensgeber gezahlt hat, muss dieser den überschießenden Teilbetrag gem. §§ 812 Abs. 1 S. 1 1. Alt., 818 ff. BGB herausgeben, da er insofern ungerechtfertigt bereichert ist.[526] Eine nachträgliche (Vergleichs-)Vereinbarung, die eine solche Kondiktion

---

519 BGH, Urt. v. 8.10.1996 – XI ZR 283/95, BGHZ 133, 355, 358.
520 BGH, Urt. v. 29.5.1990 – XI ZR 231/89, BGHZ 111, 287, 288.
521 BGH, Urt. v. 8.10.1996 – XI ZR 283/95, BGHZ 133, 355, 358.
522 BGH, Urt. v. 8.10.1996 – XI ZR 283/95, BGHZ 133, 355, 358.
523 BGH, Urt. v. 8.10.1996 – XI ZR 283/95, BGHZ 133, 355, 360.
524 Ebda. m.w.N.
525 *Mülbert*, in: Staudinger, BGB (2015), § 490 Rn. 96, 98 m.w.N.
526 BGH, Urt. v. 1.7.1997 – XI ZR 267/96, BGHZ 136, 161, 167 f.; siehe zum Verjährungsbeginn solcher Regressansprüche: *Feldhusen*, NJW 2016, 2145, die wegen der mannigfachen Rechtsunsicherheiten im Zusammenhang mit der Ermittlung der konkreten Höhe der Vorfälligkeitsentschädigung eine Verschiebung des Verjährungsbeginns gem. § 199 Abs. 1 BGB bis zu einer Gesamtdauer der Verjährungsfrist von zehn Jahren erwägt bzw. bei einer fehlerhaften Ermittlung auf Basis unwirksamer AGB einen Rekurs auf die Verjährungsfrist nach § 199

des Darlehensnehmers ausschließt, kommt nur in Betracht, wenn beide Parteien der tatsächlichen und rechtlichen Sachlage gewahr sind und die Zahlung gleichwohl bewusst als frei aushandelbares Vorfälligkeitsentgelt begriffen wissen wollen.[527] Im Vornhinein können dementsprechende Vereinbarungen über die Höhe der Vorfälligkeitsentschädigung zu Gunsten des Darlehensgebers hingegen nicht wirksam vereinbart werden, da dies mit dem schadensrechtlich anerkannten Bereicherungsverbot[528] nicht vereinbar ist.

2. Kritische Stimmen

Im Vergleich zu anderen EU-Staaten werden in Deutschland auf Basis obenstehender Berechnungsmodalitäten sehr hohe Vorfälligkeitsentschädigungen fällig. Die hier zu zahlenden Beträge übersteigen die im EU-Ausland zu leistenden Entschädigungszahlungen mitunter um das fünf- bis sechsfache.[529] Den Grund dafür sehen nicht nur Verbraucherschützer[530] darin, dass es anhand der in Deutschland anerkannten Berechnungsgrundlagen regelmäßig zu einer rechtlich missbilligten schadensrechtlichen Bereicherung der Kreditgeber kommt und den Deutschen Banken hieraus zudem ungerechtfertigte Wettbewerbsvorteile erwachsen.[531] Nach einer vom vzbv im Jahre 2014 in Auftrag gegebenen Marktuntersuchung sollen „[n]ahezu zwei Drittel der Forderungen signifikant überhöht"[532] sein. Jede zehnte Vorfälligkeitsentschädigung soll den bei der Überprüfungsberechnung ermittelten Betrag gar um mehr als die Hälfte überstiegen haben.[533]

Abs. 4 BGB vorschlägt, da in der Regel nicht davon ausgegangen werden könne, dass der Darlehensnehmer von der Unwirksamkeit der Klausel und der daraus folgenden Überzahlung Kenntnis i.S.v. § 199 Abs. 1 Nr. 2 BGB erlangt, *Feldhusen*, aaO., 2145, 2149.

527 *K.P.Berger*, in: Münchener Kommentar zum BGB (2016), § 490 Rn. 36.

528 Das schadensrechtliche Bereicherungsverbot wird vom BGH als Element des Deutschen *ordre public* im Schadensrecht behandelt, BGH, Urt. v. 4.5.1992 – IX ZR 149/91, BGHZ 118, 312, 338.

529 So die vom vzbv 2004 in Auftrag gegebene Studie von: *Tiffe*, Vorfälligkeitsentschädigung in Europa (2004); siehe ferner: *Reifner*, WM 2009, 1773, 1776; *Knops*, Stellungnahme zu BT-Drs. 18/5922 (2015), B. IV.

530 Siehe etwa die grundsätzliche Kritik von: *Reifner*, WM 2009, 1773; vgl. auch: *Breuer/Kreuz*, ZBB 2009, 46, 61.

531 *Knops*, Stellungnahme zu BT-Drs. 18/5922 (2015), B. IV.

532 Vzbv, Vorfälligkeitsentschädigungen (2014), S. 13 (Überschrift zu 5.2.).

533 Vzbv, Vorfälligkeitsentschädigungen (2014), S. 14.

Die Ursachen solch überhöhter Entschädigungsforderungen sollen dabei einerseits auf konkreten Fehlern bei der Anwendung der derzeit geltenden und anerkannten Berechnungsgrundlagen gründen (*sub* a.); andererseits werden die geltenden Methoden grundsätzlich als „Quell" fehlerhafter Forderungsberechnungen zum Vorteil institutioneller Kreditgeber kritisiert und als ungeeignet verworfen (*sub* b.).

a. Die Ursachen überhöhter Vorfälligkeitsentschädigung auf Basis geltender Methodik

Nach o.g. Studie des vzbv von 2014 werden schon die derzeit geltenden Berechnungsgrundsätze nicht konsequent beachtet, was in der Mehrzahl der Fälle dazu führe, dass die tatsächlich beanspruchten Vorfälligkeitsentschädigungen einer Überprüfungsrechnung unter Beachtung der höchstrichterlichen Vorgaben[534] nicht standhielten und in aller Regel[535] zu hoch ausfielen. In mehr als der Hälfte der Fälle seien bestehende Sondertilgungsrechte unberücksichtigt geblieben.[536] Sogar in mehr als jedem zweiten Fall sei keine taggenaue Berechnung der Vorfälligkeitsentschädigung erfolgt, d.h. die Kreditinstitute legten ihrer Berechnung nicht den Wiederanlagezins am Tag der Rückzahlung zu Grunde, sondern errechneten den Schaden schon Wochen vor dem Stichtag. Dabei seien Wiederanlagerenditen, die im Vergleich zum Stichtag niedriger und damit schadenserhöhend ausfielen, meist „billigend in Kauf genommen" worden, während bei fallenden Zinsen nicht selten eine taggenaue Neuberechnung vorgenommen worden sei.[537] Schließlich seien von der Bank ersparte Risikokosten regelmäßig nur unzureichend berücksichtigt worden. Statt in jedem Einzelfall die vertragsindividuelle Risikokostenersparnis[538] anzusetzen,[539] halte sich die Praxis weithin an Schätzwerte, die auf ein im Jahre 1998 vom OLG Schleswig erlassenes Urteil[540] zurückgehen und seitdem unreflektiert über-

---

534 Vzbv, Vorfälligkeitsentschädigungen (2014), S. 9.
535 In 20 % der Fälle forderten die Banken allerdings weniger, als sie hätten tatsächlich verlangen können, vzbv, Vorfälligkeitsentschädigungen (2014), S. 13.
536 Vzbv, Vorfälligkeitsentschädigungen (2014), S. 16.
537 Vzbv, Vorfälligkeitsentschädigungen (2014), S. 17.
538 Siehe zur konkreten Ermittlung: *Breuer/Kreuz*, ZBB 2009, 46; *Dübel*, Europa 2013, S. 53 ff.
539 Vzbv, Vorfälligkeitsentschädigungen (2014), S. 18.
540 OLG Schleswig, Urt. v. 8.1.1998 – 5 U 124/95, WM 1998, 861.

nommen werden.[541] Schließlich werden die vom Kreditgeber ersparten Verwaltungskosten nicht empirisch exakt und einzelfallgerecht ermittelt;[542] sondern unter Heranziehung nicht mehr zeitgemäßer und daher zu niedriger Schätzwerte.[543]

b. Grundsätzliche Kritik an den „anerkannten" Berechnungsmethoden

Nach verbreiteter Ansicht soll die hohe „Fehlerquote" bei der Entschädigungsberechnung allerdings nur Symptom fehlender Transparenz und Konsistenz der derzeit herrschenden deutschen Berechnungspraxis sein. Diese leide an ganz grundlegenden Mängeln und „Irrationalitäten"[544], was teils bewusst ausgenutzt werde, um überhöhte Entschädigungssummen zu „generieren".[545]

aa. Der Vorwurf fiktiver Schadensberechnung

So hat insbesondere[546] *Udo Reifner* in seinem nicht unbeachtet gebliebenen Aufsatz aus dem Jahre 2009[547] umfassende und konzeptionelle Kritik an sämtlichen geltenden Methoden geübt und dabei u.a. moniert, dass die Schadensberechnung in der Praxis weithin einer „Schadensfiktion" gleichkomme.[548] Ursache dafür sei, dass die von den Kreditgebern mit Abstand am häufigsten herangezogene Aktiv-Passiv-Methode von falschen Grundannahmen bestimmt sei, wodurch die Berechnung weder schadensrechtlichen noch betriebs-wirtschaftlichen Standards genüge. Beim Aktiv-Passiv-Vergleich wird der Vertragszins mit der Rendite einer fiktiven Wiederanlage sicherer Kapitalmarkttitel, namentlich von Hypothekenpfandbriefen ver-

---

541 Vzbv, Vorfälligkeitsentschädigungen (2014), S. 21.
542 Siehe dazu und den damit verbundenen Problemen: *Dübel*, Europa 2013, S. 51.
543 So seien statt dem vom OLG Schleswig aaO. angesetzten „Standardbetrag" von 5,11 EUR pro Monat schon wegen der seitdem akkumulierten Inflation heute eher Kosten in Höhe von mind. 6 EUR anzusetzen, siehe: *Dübel*, Europa 2013, S. 51 (Fn. 45).
544 *Reifner*, WM 2009, 1773, 1777.
545 Vgl.: *Knops*, Stellungnahme zu BT-Drs. 18/5922 (2015), B. II-IV.
546 Siehe auch: *Knops*, in: Derleder/Knops/Bamberger, Handbuch zum Bankrecht (2017), § 16 Rn. 26 ff.
547 *Reifner*, WM 2009, 1773; dazu *Knops*, in: Derleder/Knops/Bamberger, Handbuch zum Bankrecht (2009), Rn. 23 („mit beachtlichen Gründen").
548 *Reifner*, WM 2009, 1773, 1778.

glichen. Dabei handele es sich um einen Aktiv-Aktiv-Vergleich, für den Refinanzierungskosten keine Relevanz haben (können). Denn im Gegensatz zum Verzug müsse die Bank nicht einen Fehlbetrag refinanzieren und hierfür Zinsen aufwenden („Refinanzierungsthese").[549] Der Bank stehen lediglich vorzeitig liquide Mittel zur Verfügung, zu deren marktgerechter Wiederanlage sie verpflichtet sei. Es sei schließlich praxisfern, dass die Bank sich nach Erteilung der bindenden Darlehenszusage sogleich refinanziert.[550] Im heutigen Passivgeschäft erfolge eine diversifizierte Refinanzierung, in deren Rahmen langfristige Anlagen zumeist kurzfristig refinanziert werden. Eine passivseitige, laufzeitkongruente „Zwangsbindung" zum langfristigen Kredit habe mit der Realität des modernen Passivgeschäfts wenig zu tun.[551] Selbst eine gesonderte Refinanzierung im Einzelfall könne bei heutiger Mischrefinanzierung ohne weiteres dadurch ausgeglichen werden, dass „an anderer Stelle Geld zurück[ge]geben"[552] wird.

Da ein tatsächlicher „Refinanzierungsschaden" demnach regelmäßig nicht in Betracht komme, sei es nur folgerichtig, dass beim sog. „Aktiv-Passiv-Vergleich" tatsächlich nichts anderes als ein Vergleich von Aktivgeschäften stattfindet, wobei der Vertragszins mit der Rendite einer fiktiven Wiederanlage in Hypothekenpfandbriefen erfolge.[553] Eine solch typisierte Wiederanlage in Pfandbrieftiteln gehe jedoch wiederum an der Realität des Aktivgeschäfts der Kreditinstitute vorbei. In den ganz überwiegenden Fällen werden die vorzeitig erhaltenen Mittel im Rahmen des „normalen" (Immobiliar-)Kreditgeschäfts zu marktüblichen Konditionen wieder ausgereicht. Die Annahme einer Wiederanlage in niedrigverzinslichen Pfandbriefen sei nicht praxisgerecht und privilegiere die Banken – insbesondere gegenüber anderen, nicht institutionellen Kreditgebern –[554] unangemessen. Statt von den Kreditgebern zumindest einen Vergleich gleichartiger Produkte im Rahmen einer „Alternativen Darlehensfortführung"[555] oder

---

549 *Reifner*, BB, 1985, 87.

550 So aber im Zusammenhang mit der Refinanzierung bei Hypothekenbanken: BGH, Urt. v. 12.3.1991 – XI ZR 190/90, WM 1991, 760, 762 m.w.N.

551 Siehe auch: *Knops*, in: Derleder/Knops/Bamberger, Handbuch zum Bankrecht (2017), § 16 Rn. 29.

552 *Reifner*, WM 2009, 1773, 1778.

553 Vgl.: *Reifner*, WM 2009, 1773, 1778 ff.; *Knops*, in: Derleder/Knops/Bamberger, Handbuch zum Bankrecht (2017), § 16 Rn. 29 ff.

554 Dies mahnt im Besonderen *Knops*, in: Derleder/Knops/Bamberger, Handbuch zum Bankrecht (2017), § 16 Rn. 29 f. an.

555 *Reifner*, WM 2009, 1773, 1779 (Nachw. ausgelassen).

gar den „strengen Beweis"[556] einer tatsächlich erfolgten Wiederanlage bzw. Refinanzierung zu verlangen, werde ihnen die Möglichkeit gegeben, „die billigste Wiederanlage ohne Rücksicht darauf zugrunde [zu legen], ob diese Anlage denn überhaupt objektiv und realistisch ist."[557] Der Vorteilsausgleich sei im Übrigen auf ein „Trostpflaster von insgesamt ca. 0,3 - 0,5% wegen geringerer Risiken und Servicekosten" beschränkt. Alles in allem sei es nicht überraschend, dass „[...] in der Praxis der Schaden nie auf die Rückgabekosten der Refinanzierung und fast nie auf die Wiederanlage in Krediten gestützt [wird]."[558]

bb. Der Vorwurf unzulässiger Kumulation von Zinsmargen- und Zinsverschlechterungsschaden

Die Berechnung wird in der Praxis allenfalls vereinzelt anhand des Aktiv-Aktiv-Vergleichs vorgenommen. Dabei erfolgt zwar tatsächlich ein Vergleich von Anlagen im Aktivgeschäft. Allerdings wird hierbei zur Errechnung des Zinsverschlechterungsschadens auf eine – abermals fiktive – Wiederanlage zu Durchschnittsrenditen des jeweiligen Kreditinstituts abgestellt.[559]

Gleichwohl sollen nach Ansicht einiger Autoren auch anhand des Aktiv-Aktiv-Vergleichs keine sachgerechten Ergebnisse erzielt werden. Nach Auffassung von *Knops*, der einen strengen Schadensnachweis fordert, ergibt sich dies schon daraus, dass den Banken nicht die konkrete Berechnung der von ihr geltend gemachten Schäden abverlangt wird. So sei eine tatsächliche Wiederanlage der vorzeitig erhaltenen Mittel zumutbar und ein daraus ggf. erwachsener Zinsverschlechterungsschaden auch nachweisbar.[560] Vor allem aber werde den Banken durch den erleichterten Nachweis eines Zinsmargenschadens gem. § 252 BGB ein grund- und beispielloser Vorteil eingeräumt.[561]

---

556 *Knops*, in: Derleder/Knops/Bamberger, Handbuch zum Bankrecht (2017) § 16 Rn. 44.
557 *Reifner*, WM 2009, 1773, 1780.
558 Ebda.
559 § 9 D. III. 1. b. bb.
560 *Knops*, in: Derleder/Knops/Bamberger, Handbuch zum Bankrecht (2017), § 16 Rn. 44.
561 *Knops*, in: Derleder/Knops/Bamberger, Handbuch zum Bankrecht (2017), § 16 Rn. 29 ff.

Im Übrigen wird an der zurzeit geübten Aktiv-Aktiv-Methode kritisiert, dass der Kreditgeber Zinsmargen- und Zinsverschlechterungsschaden kumulativ geltend machen kann. Dies führe stets[562] bzw. jedenfalls in aller Regel zu einer schadensrechtlichen Bereicherung des Kreditgebers.[563] Beim Zinsmargen- und Zinsverschlechterungsschaden handele es sich um alternative Schadenspositionen, die *Derleder* in Analogie zum Schadensersatz beim gescheiterten Autokauf entwickelt habe.[564] Danach könne der Anspruchsteller den Schaden ansetzen, der daraus entstehe, dass das Auto nicht weiterveräußert wird bzw. das zurückgezahlte Geld nicht wiederangelegt wird. Der Schaden liege in dem Fall der Differenz des vereinbarten Preises bzw. des Vertragszinses und dem Anschaffungspreis bzw. den Refinanzierungskosten (≙ Zinsmargenschaden). Alternativ dazu bestehe die Möglichkeit, das Auto weiterzukaufen bzw. das Geld wiederanzulegen und sodann die Differenz zwischen Vertragspreis (≙ Vertragszins) und Veräußerungspreis (≙ Wiederanlagerendite) als ersatzfähigen Schaden geltend zu machen (≙ Zinsverschlechterungsschaden). Ein kumulativer Ansatz sei hingegen ausgeschlossen. So könne der Autoverkäufer, wie es *Reifner* bildhaft ausdrückt,

„[...] auch nach Derleder nicht behaupten, er lasse das Auto herumstehen und wolle daher die Differenz zwischen Einkaufs- und Vertragspreis haben und gleichzeitig erklären, er habe es doch weiterverkauft und wolle die Differenz zwischen Vertragspreis und Marktpreis des Weiterverkaufs haben."[565]

Ein Zinsverschlechterungsschaden sei zudem unter den modernen Refinanzierungsbedingungen ohnedies kaum vorstellbar. Die Bank sei gerade nicht an die ggf. höheren Refinanzierungszinsen bei Kreditabschluss gebunden, sondern könne die Refinanzierung stets den Marktbedingungen anpassen. Der Gewinn aus der Wiederanlage sei daher regelmäßig nicht niedriger als bei ordnungsgemäßer Vertragsfortführung. Der einzige Nachteil, der der Bank bei vorzeitiger Rückzahlung entstehe, läge darin, dass sie das zu vernachlässigende Risiko negativer Margenänderungen in der Zukunft trage.[566]

---

562 Vgl.: *Reifner*, WM 2009, 1773, 1781 ff.; ders., VuR 1996, 315, 316.
563 OLG Düsseldorf, Urt. v. 14.11.1996 – 6 U 183/95, ZIP 1997, 500, 501; OLG Karlsruhe, Urt. v. 22.11.1996 – 3 U 52/95, ZIP 1997, 498, 499; *Wehrt*, ZIP 1997, 481, 485.
564 Grundlegend: *Derleder*, JZ 1989, 165, 174.
565 *Reifner*, WM 2009, 1773, 1782.
566 Ebda.

Anderer Ansicht nach sei es hingegen nicht ausgeschlossen, dass der Bank sowohl ein Zinsmargen- als auch ein Zinsverschlechterungsschaden entstcht.[567] So könne auch der Verkäufer beim gescheiterten Kauf sowohl die Differenz zwischen Einkaufs- und Verkaufspreis als Margenschaden geltend machen und zusätzlich die Differenz zwischen Einkaufs- und darunter gesunkenem Wiederverkaufspreis als Verschlechterungsschaden. Werde stattdessen die gesamte Differenz zwischen vertraglich vereinbartem Verkaufspreis und dem jetzigen Wiederverkaufspreis geltend gemacht, sei ein etwaiger Margenschaden darin freilich schon enthalten und könne nicht nochmals vereinnahmt werden. Auf die gegenständliche Problematik übertragen, könne die Bank einerseits den entgangenen Nettozins als Differenz von Vertragszins (≙ Verkaufspreis) und Refinanzierungszins (≙ Einkaufspreis) geltend machen und andererseits den Schaden ersetzt verlangen, den sie dadurch erleidet, teuer refinanziertes Geld (≙ Einkaufspreis) zu günstigeren Konditionen (≙ gesunkener Wiederverkaufspreis) wiederauslegen zu müssen.[568] Allerding sind auch jene Autoren, die einen zusätzlichen Zinsverschlechterungsschaden im Grunde für möglich halten, nahezu einhellig der Meinung, dass an den Nachweis hierfür erhöhte Anforderungen zu stellen sind und die Bank insbesondere zur Höhe der Refinanzierungskosten substantiiert vortragen muss.[569]

3. Reformbestrebungen

Von zuvor erörterter, grundlegender Kritik an den gängigen Berechnungsmethoden sind sowohl Rechtsprechung als auch Gesetzgeber bislang weithin unbeeinflusst geblieben.[570] Mit Umsetzung der Wohnimmobilienkreditrichtlinie wurden lediglich die Informationspflichten bei Verbraucherdarlehensverträgen dergestalt erweitert, dass der Immobiliar-Verbraucherdarlehensvertrag klar und verständlich formulierte Pflichtangaben über die Voraussetzungen und die Berechnungsmethode einer möglichen Vorfälligkeitsentschädigung enthalten muss, Art. 247 § 7 Abs. 2 Nr. 1 EGBGB.

---

567 BGH, Urt. v. 1.7.1997 – XI ZR 267/96, BGHZ 136, 161, 169; OLG München, Beschl. v. 24.1.1997 – 25 W 3365/96, WM 1997, 1051, 1052; Urt. v. 14.2.1996 – 7 U 3709/95, WM 1996, 1132, 1134; *W. Weber*, NJW 1995, 2951, 2955; *Canaris*, Bankrechtstag 1996, 3, 14; *Reich*, Bankrechtstag 1996, 43, 74.

568 *Canaris*, Bankrechtstag 1996, 3, 15.

569 *Canaris*, Bankrechtstag 1996, 3, 15; *Reich*, Bankrechtstag 1996, 43, 74.

570 Im Rahmen der Umsetzung der Wohnimmobilienkreditrichtlinie hat der Bundesrat gefordert, dass Artikel.

Der darüberhinausgehende Vorschlag des Bundesrates, eine gesetzliche Regelung zur Berechnung und Begrenzung der Vorfälligkeitsentschädigung zu schaffen,[571] ist von der Bundesregierung indes abgelehnt worden.[572] Die kritischen Stimmen sind jedoch nicht verstummt. Vielmehr sind daraus konkrete Vorschläge und Forderungen hervorgegangen, um die beanstandeten Missstände auszuräumen.

a. Die entschädigungsfreie Ablösung des Immobiliarkredits

Am weitesten geht dabei die Ansicht, die dem Darlehensnehmer die Ablösung des Immobiliarkredits ermöglichen will, ohne daran irgendeine Pflicht zur Entschädigungszahlung zu knüpfen.[573] Namentlich Italien ist diesen Weg gegangen.[574] Auf Grundlage des zum 31.1.2007 in Kraft getretenen sog. zweiten Bersani-Dekrets ist dort sämtlichen Entschädigungsansprüchen des Darlehensgebers mit Wirkung für die Zukunft der Boden entzogen worden, Art. 7 Decreto legge 31/01/2007 N. 7.[575]

b. Begrenzung der Vorfälligkeitsentschädigung

Dementgegen erkennt die ganz überwiegende Meinung nicht nur ein berechtigtes Interesse der Banken an der wirtschaftlichen Kompensation der tatsächlich entstehenden Nachteile an, sondern auch ein gesamtwirtschaftliches Interesse an der Aufrechterhaltung des Angebots zinsgünstiger Immobiliarkredite am deutschen Markt.[576] Dennoch wird mancherorts vorgeschlagen, die Höhe der Vorfälligkeitsentschädigung zu begrenzen, um

---

571 BR-Drs. 359/1/15, S. 9 ff.
572 BT-Drs. 18/6286, S. 23 f.
573 Vgl.: *Knops*, Verbraucherschutz bei Immobiliarkreditverhältnissen, S. 191, 206 ff.; ders., in: Derleder/Knops/Bamberger, Handbuch zum Bankrecht (2017), § 16 Rn. 75 ff.; siehe näher dazu unten: § 10 A. I. 2.; B. I.
574 Hierzu auch: *Dübel*, Europa 2013, S. 16.
575 Siehe: Gazzetta Ufficiale N. 26 del 01/02/2007.
576 So ist etwa vom vzbv im Zuge der Umsetzung der Wohnimmobilienkreditrichtlinie nicht etwa die (Maximal-)Forderung nach vollständiger Abschaffung, sondern „nur" nach „Zutreffender Abrechnung" und einer Höchstgrenze formuliert worden, siehe: vzbv, Verbraucherdarlehensverträge, S. 16 ff.

etwaige Extrembelastungen für den Kreditnehmer zu verhindern oder zumindest abzufedern.[577]

Eine solche Begrenzung könne etwa nach dem Vorbild Frankreichs oder Belgiens erfolgen.[578] Nach Art. 312-21 des französischen code de la consommation kann der Verbraucher sein Darlehen stets und ohne weiteres ganz oder vorzeitig zurückzahlen. In dem Fall kann der Darlehensgeber eine Vorfälligkeitsentschädigung geltend machen, sofern er sich eine solche im Vertag ausbedungen hatte. Der Umfang der Vorfälligkeitsentschädigung ist jedoch auf die Summe der in einem halben Jahr durchschnittlich anfallenden Zinsen oder höchstens 3 % des noch zu tilgenden Darlehensbetrages beschränkt. Die Forderung ist zur Gänze ausgeschlossen, wenn die Rückzahlung wegen eines berufs-, krankheits- oder todesfallbedingten Grundstückverkaufs notwendig geworden ist. Ähnlich ist die Rechtslage in Belgien, wo die Vorfälligkeitsentschädigung höchstens drei monatliche Zinsraten umfassen darf, Art. 12 § 1 Loi de 4 AOUT 1992.

In Belgien und Frankreich erfolgt damit eine von Markt- und Zinsentwicklung losgelöste Begrenzung der Vorfälligkeitsentschädigung. Ein Bezug zu den tatsächlichen Kosten des Kreditgebers fehlt, wodurch die Vorfälligkeitsentschädigung in beiden Jurisdiktionen faktisch als Gebühr für die vorzeitige Darlehensrückzahlung charakterisiert werden kann.[579] Für Deutschland soll dies nach anderer Ansicht jedoch kein gangbarer Weg sein. Stattdessen könne eine Begrenzung der Vorfälligkeitsentschädigung zweckmäßiger dadurch erreicht werden, dass sich die Vorfälligkeitsentschädigung wie bislang gem. § 249 ff. BGB an den tatsächlich eingetretenen Vermögensnachteilen des Darlehensgebers orientiert und eine absolute Obergrenze („Kappung") bei z.B. 5 %[580] oder 10 %[581] der Rückzahlungssumme eingeführt wird. Der entscheidende Nachteil des „Faktischen Gebührenmodells"[582] gegenüber vorgenannter „Kappungsvariante" bestehe darin, dass der Darlehensnehmer auf Grundlage des Gebührenmodells auch bei gestiegenen Zinsen eine davon unabhängige Gebühr zu zahlen habe. Dadurch steige die Gefahr, dass sein Schuldenstand den Wert der Im-

---

577 *Knops*, Stellungnahme zu BT-Drs. 18/5922 (2015), B. IV; vzbv, Verbraucherdarlehensverträge, S. 18 ff.; ders., Vorfälligkeitsentschädigungen (2014), S. 24; *Dübel*, Europa 2013, S. 60.

578 Dafür etwa: *Knops*, Stellungnahme zu BT-Drs. 18/5922 (2015), B. IV.

579 *Dübel*, Europa 2013, S. 14; ders., in: Dübel/Köndgen (2006), S. 16.

580 Vzbv, Vorfälligkeitsentschädigungen (2014), S. 24.

581 *Dübel*, Europa 2013, S. 60.

582 So die Terminologie bei: *Dübel*, Europa 2013, S. 13.

mobilie unterschreite („bilanzielle Überschuldung") und er sich in der Folge wirtschaftlich zur Vertragsfortführung gezwungen sehe („*lock in*").[583]

c. Die mittelfristige Etablierung eines „Marktpreismodells" nach dänischem Vorbild

Neben dem „deutschen Entschädigungsmodell" oder auch „Kostenmodell",[584] wie es in ähnlicher Form etwa auch in Spanien und den Niederlanden praktiziert wird,[585] und dem in Frankreich und Belgien herrschenden Gebührenmodell, findet sich in Dänemark eine völlig andere, in der EU einzigartige Form des Umgangs mit der vorzeitigen Rückzahlung festverzinslicher Kredite. In Dänemark werden Immobiliarkredite in der Regel mit Laufzeiten von fünf bis zehn Jahren geschlossen, die während dieser Zeit nicht gegenüber dem Kreditinstitut kündbar sind („*non collable*"). Mit Vertragsschluss werden sämtliche dänische Immobiliarkredite als Pfandbrief an der Kopenhagener Börse platziert, wobei der Marktwert des Pfandbriefes den Marktwert des Kredites wiederspiegelt.[586] Hierin liegt nun die Grundlage dafür, dass der Darlehensnehmer den „rechtlich unkündbaren" Kredit vorzeitig tilgen kann. Denn er kann jederzeit den Rückkauf der seinem Darlehen zugeordneten Pfandbriefserie von den Investoren mittels sog. Einlieferungsoption („*delivery option*") veranlassen.[587] Die Marktzinsentwicklung auf Passivseite wird auf diese Weise im Rahmen der vorfälligen Tilgung sowohl zu Gunsten als auch zu Lasten des Darlehensnehmers realisiert („symmetrische Auszahlungen").[588] Hier wie da werden zudem eine Bearbeitungsgebühr des Kreditinstituts von rund 350 EUR, eine Gebühr für die Neuemission der entsprechenden Pfandbriefe von 0,15 % der Kreditsumme sowie fixe Rechtskosten von 225 EUR fällig.[589]

Das dänische Modell erlaubt im Ergebnis symmetrische Auszahlungen auf Basis eines direkten Marktpreisvergleichs der dem Kredit zurechenbaren Pfandbriefserie. Bei fallenden Zinsen wird beim Rückkauf ein Verlust realisiert; bei steigenden Zinsen kann der Darlehensnehmer einen entspre-

---

583 *Dübel*, Europa 2013, S. 60.
584 *Dübel*, Europa 2013, S. 12.
585 Dazu näher: *Dübel*, Europa 2013, S. 17 ff.
586 *Dübel*, Europa 2013, S. 22; *Köndgen*, in: Dübel/Köndgen (2006), S. 92 f.; ders., Rechtsvergleich, S. 116 f.
587 *Dübel*, in: Dübel/Köndgen (2006), S. 17.
588 *Dübel*, Europa 2013, S. 61.
589 *Dübel*, Europa 2013, S. 22.

chenden Gewinn mitnehmen. Das Kreditinstitut ist hier buchstäblich nur Intermediär und partizipiert lediglich an den nicht zinsbezogenen Nebenentgelten.[590] Mit anderen Worten wird ein marktpreisbasierter Passiv-Passiv-Vergleich praktiziert, der in symmetrischen Auszahlungen endet. Grundlage dafür ist ein „hochliquide[r] Sekundärmarkt für Darlehen mit sehr niedrigen Transaktionskosten."[591]

Obschon das dänische Modell teils als „geradezu genial"[592] angepriesen wird, sind sich auch dessen Befürworter bewusst, dass dessen Umsetzung in Deutschland und Europa nur bedingt und allenfalls mittelfristig denkbar ist.[593] Allerdings befürwortet namentlich *Dübel* im Grunde sowohl die Organisation eines liquiden Sekundärmarktes als auch die darauf aufbauende Weiterentwicklung der Kompensation des Darlehensgebers im Wege der „Vorfälligkeitsentschädigung" zum symmetrischen Ausgleich von Vor- und Nachteilen bei vorzeitiger Rückzahlung verbriefter Immobiliarkredite.[594] Mit Blick darauf sei es sinnvoll, die Berechnung der Vorfälligkeitsentschädigung schon jetzt anhand eines Passiv-Passiv-Vergleichs vorzunehmen und damit schon heute eine Perspektive für die „Kapitalmarktlösung" nach dänischem Vorbild zu schaffen.[595] Solange jene Basis für einen Marktpreisvergleich fehle, seien als Maßstab für die Refinanzierungszinsen die der Bundesbankstatistik zu entnehmenden Renditen der Hypothekenbanken heranzuziehen. Auf eine tatsächliche Refinanzierung komme es – wie auch nach heute vorherrschender Aktiv-Passiv-Methode – nicht an. So wie beim Aktiv-Aktiv-Vergleich soll der Bank ferner gewährt werden, zusätzlich einen entgangenen Gewinn von pauschal 0,5 % p.a. geltend zu machen.[596]

---

590 Vgl.: *Köndgen*, Rechtsvergleich, S. 145.

591 Ebda.

592 Ebda.

593 *Köndgen*, in: Dübel/Köndgen (2006), S. 97; ders., Rechtsvergleich, S. 145 f.; *Dübel*, Europa 2013, S. 61 f.

594 *Dübel*, Europa 2013, S. 61.

595 *Dübel*, Europa 2013, S. 60 ff.; ebenfalls für eine Berechnung der Vorfälligkeitsentschädigung im Wege des Passiv-Passiv-Vergleichs: vzbv, Vorfälligkeitsentschädigungen (2014), S. 22 f.

596 Vzbv, Vorfälligkeitsentschädigungen (2014), S. 22 f.

d. Begrenzung auf Aktiv-Aktiv-Vergleich

Schließlich wird vorgeschlagen, den Aktiv-Aktiv-Vergleich als alternativlose Berechnungsmethode festzuschreiben.[597] Dabei sei ein „[...] im EU-Ausland ausschließlich verwandte[r] Zinsvergleich zwischen dem Vertragskredit und einem alternativen Kredit mit den gleichen Rückzahlungsmodalitäten für die Restlaufzeit vorzunehmen [...]."[598]

In „reiner Form" wird dies z.b. in den Niederlanden praktiziert: Die Kreditinstitute können dort nur den Schaden geltend machen, der sich im Vergleich von Vertragszins und dem Zins eines vergleichbaren Wiederanlageprodukts ergibt; ein zusätzlicher Margenschaden wird nicht erhoben. Dabei ist besonders bemerkenswert, dass sich die Regelungen zur Vorfälligkeitsentschädigung in den Niederlanden aus einer freiwilligen Selbstbeschränkung (*„Code of Conduct for Mortgage Loans"*) ergeben, auf die sich die niederländische Bankenvereinigung (*„Nederlandse Vereniging van Banken"*) mit dem niederländischen Versicherungsverband (*„Verbond van Verzekkeraars"*) geeinigt haben. Hierin werden dem Darlehensnehmer etwa auch umfangreiche Sondertilgungsrechte zugestanden (Nr. 10 CML) und es finden sich zahlreiche weitere (Selbst-)Beschränkungen des Entschädigungsverlangens zur Mobilitätssicherung des Darlehensnehmers.[599]

Auch in Spanien hat die Berechnung der Vorfälligkeitsentschädigung verbindlich anhand eines Aktiv-Aktiv-Vergleichs zu erfolgen. Im Gegensatz zu den Niederlanden, wird den Kreditgebern zusätzlich zum Zinsverschlechterungsschaden ein pauschaler Margenschaden zugestanden, der mit 0,5 % bzw. nach Ablauf von fünf Jahren mit 0,25 % des vorzeitig zurückgezahlten Kapitals anzusetzen ist, Art. 8 Lei 41/2007.

---

597 *Reifner*, WM 2009,1773, 1783; siehe auch *Wehrt*, BKR 2018, 221, 231: „Den faiiren – weil effizienten – Preis für eine Darlehensablösung stellt der Marktwert des Darlehens dar. Diesem Marktwert entspricht der sog. Zinsverschlechterungsschaden des Aktiv-Aktiv-Vergleichs."; vgl. ferner: *Dübel*, Europa 2013, S. 60, der in der Festschreibung des Aktiv-Aktiv-Vergleichs die „grundsätzliche Alternative" (aaO.) zur Umstellung auf die Passiv-Passiv-Methode sieht.

598 *Reifner*, WM 2009,1773, 1783.

599 So verzichten die institutionellen Kreditgeber völlig auf eine Vorfälligkeitsentschädigung, wenn die Ablösung des Kredits im Todesfall durch Versicherungsleistung erfolgt, Nr. 11 Ziff. 1 CML; überdies wird die Vorfälligkeitsentschädigung auf die Summe von 4 monatlichen Zinsraten oder 3 Prozent des vorzeitig zurückgezahlten Kapitals beschränkt, wenn der Darlehensgeber den Kredit im Falle eines Umzugs und Hausverkaufs nicht zur Finanzierung des ggf. beabsichtigen Neuerwerbs fortführen bzw. eine gleichwertige Anschlussfinanzierung anbieten kann Nr. 11 Ziff. 2 CML.

4. Die eigene Einschätzung zur geltenden deutschen Methodik

Eine kritische Auseinandersetzung mit den zuvor dargestellten Reformbestrebungen und deren methodischer Umsetzung ergibt nur Sinn, wenn überhaupt ein Bedürfnis zur Reform der zurzeit anerkannten und angewandten Berechnungsmethodik besteht. Hierfür gibt es zunächst einige alarmierende Indizien. Anlass zur kritischen Prüfung gibt einerseits, dass das deutsche System im EU-Vergleich geradezu exorbitant hohe Vorfälligkeitsentschädigungen hervorbringt. Andererseits scheint die deutsche Methodik recht anfällig für Fehler zu sein, die sich in der Mehrzahl der Fälle zu Lasten der Darlehensnehmer auswirken.[600] Der (wohl) zu einfache und nur schwerlich verifizierbare Schluss daraus wäre, dass es „schlicht" einer besseren Kontrolle und Durchsetzung fehlerfreier Abrechnungen unter dem geltenden System bedarf, um – auch im EU-Vergleich – zu befriedigenden Ergebnissen zu kommen. Näher liegt hingegen, dass die Komplexität der Methodik fehlerhafte Berechnungen provoziert. Die teils substantiiert geäußerten Zweifel an der Geeignetheit und Zweckmäßigkeit der angewandten Methoden können daher nicht ausgeblendet werden.

a. Aktiv-Passiv-Vergleich

Im Zusammenhang mit der in Deutschland vorherrschenden Methode wird zunächst zu Recht kritisiert, dass diese fälschlicherweise als Aktiv-Passiv-Vergleich bezeichnet wird.[601] Der Vertragszins des im Rahmen des Aktivgeschäfts der Bank ausgereichten Immobiliarkredits wird mit einer fiktiven Wiederanlage in sicheren Kapitalmarkttiteln verglichen.[602] Gegenstand einer Wiederanlage ist jedoch nicht die Refinanzierung des Kredits, zumal diese ja regelmäßig schon bei Vertragsschluss abgeschlossen sein soll,[603] sondern nichts anderes als ein Alternativgeschäft auf Aktivseite, das als fiktiver Vergleichsmaßstab herangezogen wird.

Daran wird allerdings auch in der Sache mit Recht Kritik geübt.[604] Die Annahme einer Wiederanlage in niedrigstverzinslichen Hypothekenpfandbriefen geht weithin an Realität des Aktivgeschäfts deutscher Banken vor-

---

600 § 9 D. III. 2. a.
601 § 9 D. III. 2. b. aa.
602 BGH, Urt. v. 30.11.2004 – XI ZR 285/03, BGHZ 161, 196, 201 m.w.N.
603 BGH, Urt. v. 12.3.1991 – XI ZR 190/90, WM 1991, 760, 762 m.w.N.
604 § 9 D. III. 2. b. aa.

bei und führt zu einer Überprivilegierung institutioneller Kreditgeber. Problematisch daran ist nicht die Fiktion einer Wiederanlage an sich. Es wäre überzogen und nicht praktikabel, dem Kreditgeber in jedem Fall den strengen Nachweis einer konkreten Wiederanlage des vorzeitig zurückerhaltenen Kapitals abzuverlangen.[605] Dafür müsste eine exakte Zuordnung der empfangenen Mittel zu deren weiterer Verwendung erfolgen. Dies dürfte in der Praxis aber kaum möglich bzw. jedenfalls nicht zweckmäßig sein, da es der Bank möglich sein muss, flexibel und schnell auf die ihr zur Verfügung stehenden Mittel zuzugreifen und diese nach Bedarf ins Aktivgeschäft einbringen können. Eine gewisse Typisierung der Wiederanlagemodalitäten ist daher notwendig. Ziel einer solchen Typisierung muss jedoch eine Approximation des tatsächlich entstandenen Schadens sein. Daher ist es verfehlt, die Rendite einer Wiederanlage in Hypothekenpfandbriefen als Maßstab heranzuziehen und so „Äpfel mit Birnen" zu vergleichen. Der Zinsvergleich muss vielmehr zwischen gleichartigen Produkten stattfinden,[606] die sich im Wert nur dadurch unterscheiden, dass Sie zu verschiedenen Zeitpunkten am Markt platziert werden. Dem ursprünglichen Darlehen ist ein äquivalenter Immobiliarkredit mit einer Laufzeit bis zum Ende der geschützten Zinserwartung gegenüberzustellen, dessen Wiederausgabe zum Stichtag unwiderlegbar vermutet wird.[607]

b. Aktiv-Aktiv-Vergleich

Dem kommt die Methodik zur Ermittlung des Zinsverschlechterungsschadens im Rahmen des derzeit geübten Aktiv-Aktiv-Vergleichs schon sehr nahe, zumal hier der Vertragszins mit einem Wiederanlagezins verglichen wird, der nach den zur jeweiligen Zeit üblichen Konditionen im laufenden Aktivgeschäft der Bank zu bestimmen ist.[608]

Ein zusätzlicher Zinsmargenschaden im Sinne eines entgangenen Nettozinsgewinns entsteht dem Darlehensgeber in dem Fall nicht. Grund dafür ist aber nicht, dass Zinsmargen- und Zinsverschlechterungsschaden nicht kumulativ anfallen können. Insofern hat *Canaris* richtig herausgearbeitet,

---

605 A.A.: *Knops*, in: Derleder/Knops/Bamberger, Handbuch zum Bankrecht (2017), § 16 Rn. 44.
606 Siehe: *Reifner*, WM 2009, 1773, 1783; *Knops*, in: Derleder/Knops/Bamberger, Handbuch zum Bankrecht (2017), § 16 Rn. 42 f.
607 Siehe hierzu: *Reifner*, WM 2009, 1773, 1783, der aaO. zudem einen konkreten Kodifizierungsvorschlag unterbreitet.
608 § 9 D. III. 1. b.

dass der Darlehensgeber sowohl den entgangenen Nettozins als Differenz von Vertragszins (≙ Verkaufspreis) und Refinanzierungszins (≙ Einkaufspreis) geltend machen und andererseits den Schaden ersetzt verlangen, den er dadurch erleidet, teuer refinanziertes Geld (≙ Einkaufspreis) zu günstigeren Konditionen (≙ gesunkener Wiederverkaufspreis) wiederauslegen zu müssen.[609]

Im Rahmen des Aktiv-Aktiv-Vergleichs findet aber logischerweise ein Vergleich von Refinanzierungs- und Wiederanlagezinsen nicht statt. Denn dies wäre wiederum ein Aktiv-Passiv-Vergleich, für den eine Offenlegung bankinterner Geschäftsdaten notwendig wäre. Damit sind jedoch potentiell so große (Wettbewerbs-)Nachteile für die Kreditgeber verbunden, dass dies richtigerweise auch rechtspolitisch unerwünscht ist.[610] Außerdem sind die konkreten Refinanzierungskosten in der Regel ohnehin nicht nachvollziehbar, da eine fristenkongruente Refinanzierung auf Pfandbriefbasis – wenn überhaupt – nur ausnahmsweise nachweislich sein wird. Beispielsweise werden Darlehen zur Finanzierung privater Wohnimmobilien in aller Regel über Einlagen und damit kurzfristig refinanziert und selbst ausgewiesene Pfandbriefbanken nutzen heute eine moderne Mischrefinanzierung samt umfassendem Risikomanagement.[611] Konsequenterweise wird daher tatsächlich ein Aktiv-Aktiv-Vergleich vorgenommen, indem der Vertragszins mit einem marktgerechten Wiederanlagezins verglichen wird. Ein ggf. entgangener Nettozins ist von der sich daraus ergebenden Zinsverschlechterungsrate stets mitumfasst.[612] Insofern kann nichts anderes gelten als beim sog. „Aktiv-Passiv-Vergleich",[613] zumal sich dieser nur im (untauglichen) Vergleichsmaßstab, nicht aber in der Methodik unterscheidet.[614]

Gleichwohl ist die Geltendmachung eines zusätzlichen Pauschalmargenschadens nicht denknotwendig ausgeschlossen. Nach den bisher gewonnenen Erkenntnissen liegt es nämlich näher, dass der Margenschaden „[...] nicht als Entschädigung für einen entgangenen Gewinn, sondern *als Ausgleich für in der Regel fixe – Acquisitionskosten einer Bank für Neukunden*

---

609 *Canaris*, Bankrechtstag 1996, 3, 14 f.
610 Vgl.: § 9 D. III. 1. b. aa.
611 § 3 C. IV. 2.; § 3 D.
612 *Canaris*, Bankrechtstag 1996, 3, 15.
613 § 9 D. III. 1. c.
614 § 9 D. III. 4. a.

[...]"[615] erhoben wird. Denn die regelmäßig[616] mit einem bestimmten Akquisitionsaufwand verbundene Wiederausgabe der zurückgeflossenen Mittel ist nicht nur wahrscheinlicher als dass bis zum Ende der Zinsbindungsfrist kein neuer Abnehmer gefunden wird;[617] sie wird im Rahmen der Ermittlung des Zinsverschlechterungsschadens sogar fingiert. Ebendiese Fiktion könnte nun aber dagegensprechen, den Banken einen zusätzlichen Ansatz von Neuakquisitionskosten in Form eines pauschalierten Margenschadens zu gewähren. Denn durch die Annahme einer Wiederanlage entfällt für die Banken das Risiko, dass eine Neuakquise tatsächlich scheitert. Die Risikoersparnis müsste daher strenggenommen mit tatsächlich entstandenen Akquisitionskosten verrechnet werden, um den bankseitigen Nachteil möglichst exakt abbilden zu können. Am Ende dürfte es aber auch hier praxisgerechter sein, eine typisierende Pauschalisierung unter Beachtung bankseitiger Risikovor- und Akquisitionsnachteile vorzunehmen, indem der Margenschaden im Zeitablauf gestaffelt und auf Basis eines degressiven Modells z.B. nach spanischem Vorbild ermittelt wird.[618] Denkbar ist aber auch eine feingliedrigere Staffelung z.B. dergestalt, dass bei zehnjähriger Laufzeit eine Degression von 1% bis 0 % in jährlichen Schritten von 0,1 % erfolgt.[619]

5. Kritische Würdigung der Reformvorschläge

a. Die drohenden Fehlallokationen übermäßiger Regulierung

Die Schwierigkeiten und die – in Wissenschaft und vor Gericht ausgetragenen – Streitigkeiten im Zusammenhang mit einer konkreten Schadensberechnung können vermieden werden, indem die vorzeitige Kreditablösung wie in Frankreich und Belgien (faktisch) von einer Gebühr abhängig gemacht wird oder die Geltendmachung von Vorfälligkeitsentschädigung gar wie in Italien rigoros verboten wird. Allerdings sind damit nicht nur die

---

615 *Dübel*, Europa 2013, S. 56 (Hervorhebung übernommen); dieser spricht diesbezüglich von einer „*Neudefinition des Regulierungsziels*", aaO., S. 60 (Hervorhebung übernommen).

616 Selbstverständlich fallen bei einer bankinternen Refinanzierung keine Akquisitionskosten an, sodass in dem Fall auch kein Margenschaden erhoben werden kann, *Dübel*, Europa 2013, S. 60.

617 Ebda.

618 § 9 D. III. 3. d.

619 So der Vorschlag von: *Dübel*, Europa 2013, S. 57.

angesprochenen Vorteile erheblicher Rechtsvereinfachung und Streitvermeidung verbunden.[620] Ganz im Gegenteil birgt ein faktisches Gebührenmodell oder Verbot auch erhebliche Nachteile und führt sowohl bei sinkenden wie auch steigendem Zins zu potentiell unerwünschten Fehlallokationen. Für den Fall, dass die Zinsen seit Vertragsschluss spürbar gesunken sind, kann es wirtschaftlich lohnend sein, den Vertrag vorzeitig abzulösen und sich die günstigeren Zinskonditionen im Rahmen einer Umschuldung zu Nutze zu machen.[621] Dies ist je nach konkreter Ausgestaltung wirtschaftlich nichts anderes als eine (rabattierte) Prepaymentoption bzw. *Call Option* (Kündigungsoption). Diese wird dem Darlehensnehmer freilich nicht „kostenlos" eröffnet, sondern wird über kurz oder lang in einen vom Regulierungsumfang abhängigen Zinsaufschlag („Optionsprämie") eingepreist.[622] Eine sehr starke Regulierung oder das Verbot von Vorfälligkeitsentschädigungszahlungen könnte sogar letztlich dazu führen, dass der nicht-kündbare Festzinskredit gänzlich vom Markt verschwindet. Dies aber liefe der in Deutschland vorherrschenden „Festzinskultur"[623] zuwider und ist folgerichtig auch rechtspolitisch nicht erwünscht. Im Zuge der Umsetzung der Wohnimmobilienkreditrichtlinie hat die Bundesregierung daher zu Recht darauf hingewiesen,

> „[...] dass die Deckelung der Vorfälligkeitsentschädigung Immobiliar-Verbraucherdarlehen mit Zinsbindung voraussichtlich zumindest teurer machen würde. Eine Kappungsregelung würde in die Zinskalkulation eingehen und könnte damit zu einer Verteuerung der Darlehen für alle Verbraucher führen. Die Gesamtheit der Darlehensnehmer würde für den Vorteil derjenigen, die vorzeitig zurückzahlen können, belastet. Ob dies wirklich angemessen ist, erscheint zweifelhaft, weil es gegenwärtig ohne weiteres möglich ist, das individuelle Risiko einer vorzeitigen Rückzahlung durch die Vereinbarung von Sondertilgungsrechten oder auch einer vollständigen vorzeitigen entschädigungsfreien Rückzahlung gegen einen Zinszuschlag abzusichern. Eine Deckelung der Entschädigung würde demgegenüber voraussichtlich dazu führen, dass gerade in Hochzinsphasen ein besonders hohes Risiko von Zinssenkungen eingepreist werden müsste. Dies könnte zu einer

---

620 Insoweit richtig: *Knops*, Stellungnahme zu BT-Drs. 18/5922 (2015), B. IV.
621 *Dübel*, Europa 2013, S. 35.
622 Siehe auch zur konkreten Bewertung: *Dübel*, Europa 2013, S. 37 ff.; vgl. ferner: *Schmolke*, Grenzen der Selbstbindung, S 890 f. (zu § 502 BGB i.d.F. v. 24.7.2010).
623 *Haas/Voigtländer*, Transparenz statt Deckelung, S. 4; siehe dazu bereits oben: § 3 A. I.

solchen Verteuerung führen, die viele – und gerade einkommens-schwache – Verbraucher vom Zugang zu Immobiliar-Verbraucherdarlehensverträgen mit Festzinsbindung ausschließen könnte. Die Deckelung könnte darüber hinaus auch dazu führen, dass der Festzinskredit insgesamt gefährdet würde. Die Einführung einer zu niedrigen Kappungsgrenze könnte dazu führen, dass Darlehensgeber gerade in Hochzinsphasen ihr Angebot an Festzinskrediten verringern oder ganz einstellen."[624]

Auf der anderen Seite kann es unter Geltung eines faktischen Gebührenmodells auch zu einer sowohl nach deutschem[625] als auch europäischem Recht[626] rechtswidrigen Bereicherung des Darlehensgebers kommen, da die Entschädigungshöhe mit der tatsächlichen Zinsentwicklung in keinem Zusammenhang steht. Bei gestiegenen Zinsen wird die Gebühr, die von den Banken eingefordert werden kann, den tatsächlichen Schaden nicht selten übersteigen. Darüber hinaus wird theoretisch die Gefahr einer bilanziellen Überschuldung der Darlehensnehmer erhöht, die auch praktisch zu einem sog. „Lock-in-Effekt" führen kann, sofern die „Vorfälligkeitsgebühr" nicht wie in Frankreich und Belgien unter bestimmten Umständen ganz entfällt.[627]

Eine Regulierung der Vorfälligkeitsentschädigung kann schließlich auch dadurch erfolgen, dass eine (maßvolle) Kappung der zuvor konkret errechneten Vorfälligkeitsentschädigung erfolgt. Dies ist durchaus überlegenswert, zumal die Einführung einer weiten Kappungsgrenze von etwa 10 % der Rückzahlungssumme allenfalls zu geringen Zinsaufschlägen zu Lasten aller Schuldner führte, im Einzelfall aber Schutz vor allzu extremen Belastungen böte.[628] Allerdings ist es Sache des Gesetzgebers abzuwägen, ob er den Schutz des Einzelnen vor Extrembelastungen höher gewichtet als den Schutz aller Darlehensnehmer vor potentiellen Zinsaufschlägen. Dem ist der Gesetzgeber auch nachgekommen und hat sich nach sachlicher Auseinandersetzung ausdrücklich gegen eine Kappung entschieden.[629] Hier

---

624 BT-Drs.18/6286, S. 24.
625 § 9 D. III. 1. d.
626 Art. 25 Abs. 3 der Wohnimmobilienkreditrichtlinie.
627 § 9 D. III. 3. b.
628 Schlüssig hierzu: *Dübel*, Europa 2013, S. 60.
629 BT-Drs.18/6286, S. 24.

kann man anderer Auffassung sein;[630] sofern aber nicht der (empirische) Nachweis des gesamtwirtschaftlichen Mehrwerts einer Kappungsgrenze gelingt, ist die gesetzgeberische Entscheidung zu respektieren.

b. Die Stärken und Schwächen des „Dänischen Modells"

Eine faktische Prepaymentoption hat der Darlehensnehmer auch nach dänischem Modell, da er den Kredit jederzeit vorzeitig dadurch ablösen kann, dass er den Rückkauf „seiner" Pfandbriefserie zum jeweiligen Marktpreis veranlasst. Dabei werden positive wie negative Marktpreisänderungen unmittelbar an den Darlehensnehmer weitergereicht, d.h. es kommt zu einem symmetrischen Vor- und Nachteilausgleich. Die Voraussetzung für solch einen Marktpreisvergleich ist ein liquider Sekundärmarkt für Pfandbriefe, die dem refinanzierten Kredit zugerechnet werden und vom Darlehensnehmer bei Bedarf zurückgekauft werden können.[631]

Dies ist aber ein Geschäftsmodell, das dem deutschen Markt bislang fremd ist. Man mag es für erstrebenswert halten, die rechtstatsächlichen Grundlagen für eine „Kapitalmarktlösung" nach dänischem Vorbild zu schaffen und mittelfristig einen stets rückzahlbaren Festzinskredit als Alternativprodukt am deutschen Markt zu etablieren.[632] Allerdings ist es eher fernliegend, dass es in absehbarer Zeit zu einer solchen Markterweiterung kommt. So fehlen schon jegliche Anhaltspunkte für ein konkretes politisches oder vom Markt ausgehendes Bedürfnis. Beides wäre jedoch unerlässlich, um die notwendigen Reformen des Pfandbriefrechts und -marktes durchzusetzen. Der „Deutsche Pfandbrief" müsste um eine gedeckte Schuldverschreibung ergänzt werden, die dem „Dänischen Pfandbrief" ähnelt. Die Deckung des „Dänischen Pfandbriefs" ist jedoch völlig anders organisiert als die des deutschen Vergleichsprodukts. In Dänemark erfolgt eine konkrete Zuordnung der Kredite zu bestimmten Pfandbriefserien, die vom Darlehensnehmer jederzeit zurückgekauft werden können.[633] In Deutschland werden die Kredite hingegen nicht in solch „statischen Pools" zusammengefasst, sondern in einer homogenen Deckungsmasse.[634] Damit

---

630 *Knops*, Stellungnahme zu BT-Drs. 18/5922 (2015), B. IV; vzbv, Verbraucherdarlehensverträge, S. 18 ff.; ders., Vorfälligkeitsentschädigungen (2014), S. 24; *Dübel*, Europa 2013, S. 60.
631 § 9 D. III. 3. c.
632 Vgl.: *Dübel*, Europa 2013, S. 60 ff.
633 § 9 D. III. 3. c.
634 Vgl.: *Dübel*, Europa 2013, S. 22 (Fn. 28).

müsste am Markt ein strukturell neues Produkt etabliert werden, dessen Emission mit ähnlichem Aufwand wie beim „Deutschen Pfandbrief" verbunden sein dürfte, an dem die Intermediäre aber nur mittelbar partizipieren. Nun ist es aber selbst bei optimalen rechtlichen Rahmenbedingungen weder realistisch noch wünschenswert, dass die in Deutschland etablierte Mischrefinanzierung zu Gunsten einer Pfandbriefmonokultur wie in Dänemark geopfert wird. Daher wird der „Dänische Pfandbrief" in Deutschland – wenn überhaupt – ein Dasein als Nischenprodukt zur weiteren Diversifizierung des „Refinanzierungsmixes" fristen.

Davon unabhängig ist es aber durchaus denkbar, die Berechnung der Vorfälligkeitsentschädigung im Rahmen eines Passiv-Passiv-Vergleichs vorzunehmen und die Refinanzierungszinsen miteinander zu vergleichen. Um den Banken auch hierbei nicht die Offenlegung von Interna abnötigen zu müssen, soll dabei auf die der Bundesbankstatistik zu entnehmenden Pfandbriefrenditen abgestellt werden dürfen.[635] Dies garantiert ohne Frage ein hohes Maß an Transparenz und Vergleichbarkeit. Dafür muss aber wiederum in Kauf genommen werden, dass die Realität des deutschen Passivgeschäfts damit nicht ansatzweise abgebildet wird. Eine Refinanzierung über Pfandbriefe findet nahezu ausschließlich im gewerblichen Bereich statt und ist auch hier regelmäßig nur Teil einer breiten Mischrefinanzierung.[636]

6. Zwischenfazit

Nach alledem ist es insgesamt vorzugswürdig, die Berechnung der Vorfälligkeitsentschädigung alternativlos auf einen Aktiv-Aktiv-Vergleich zu stützen, bei dem der Vertragszins mit dem einer äquivalenten Wiederanlage verglichen wird und die sich daraus ergebende – mit dem Effektivzinssatz des Vertragskredits abzuzinsende – Differenz[637] zusammen mit einem pauschalierten Margenschaden in Ansatz gebracht werden kann.[638] Zwar ist damit größerer Aufwand als bei einem Passiv-Passiv-Vergleich verbunden und es wird auch nicht das gleiche Maß an Transparenz erreicht, da nicht einfach auf Bundesbankstatistiken zurückgegriffen werden kann.[639] Aller-

---

635 § 9 D. III. 3. c.
636 Vgl.: § 3 D.
637 *Reifner*, WM 2009, 1773, 1783.
638 § 9 D. III. 4. b.
639 Vgl.: *Dübel*, Europa 2013, S. 60.

dings bietet der Aktiv-Aktiv-Vergleich in der hier präferierten Variante den besten Kompromiss, der sowohl dem Bedürfnis nach einer transparenten und nachvollziehbaren Methodik als auch nach einer realitätsnahen Schadensermittlung Rechnung trägt. Ferner trüge die Festschreibung des Aktiv-Aktiv-Vergleichs ein Stück weit zur Harmonisierung des „Vorfälligkeitsrechts" auf Unionsebene bei, zumal jene Berechnungspraxis in den Niederlanden, Spanien und Finnland bereits etabliert ist.[640] Schließlich können die dort gewonnen Erfahrungen auch für die praktische Umsetzung in Deutschland fruchtbar gemacht werden. Dabei scheint insbesondere eine freiwillige Selbstbeschränkung der Kredit- und Versicherungswirtschaft nach niederländischem Vorbild erstrebenswert. Hierdurch können die Betroffenen selbst die Grundlage einer sachgerechten Berechnungspraxis im Sinne aller Beteiligten schaffen, wodurch eine diffizile gesetzliche Regelung der Materie[641] von vornherein obsolet würde.

§ 10 Die vorzeitige Erfüllung von Immobiliarkreditverträgen

Neben der facettenreichen Kündigungsdogmatik hat sich insbesondere im Verbraucherkreditrecht das Rechtsinstitut der vorzeitigen Erfüllung als Kreditbeendigungsvariante etabliert. Dieses fand sich – beschränkt auf Teilzahlungsgeschäfte – bereits im früheren Recht des § 504 BGB a.F. sowie der Vorgängernorm des § 14 VerbrKrG.[642] Zwischenzeitlich war dem Verbraucher in § 500 Abs. 2 BGB a.F., das Recht eingeräumt, seine Verbindlichkeiten aus einem Verbraucherdarlehensvertrag jederzeit ganz oder teilweise vorzeitig zu erfüllen. Allerdings fand § 502 BGB a.F. keine Anwendung auf Immobiliarkreditverträge. Seit Umsetzung der Wohnimmobilienkreditrichtlinie hat der Verbraucher bei Vorliegen eines berechtigten Interesses nunmehr das Recht, auch einen Wohnimmobilienkredit vorzeitig zurückzuzahlen, ohne dass es zuvor einer Kündigung oder privatautonomen Absprache bedarf, § 500 Abs. 2 BGB n.F.

---

640 *Dübel*, Europa 2013, S. 19.
641 Siehe: BT-Drs.18/6286, S. 24: „Hinzu kommt, dass die Gründe, die seinerzeit gegen die gesetzliche Festschreibung einer Berechnungsmethode gesprochen haben, nach wie vor zutreffend erscheinen. Die Berechnungsmethode der Vorfälligkeitsentschädigung erscheint tatsächlich ‚in ihren Verästelungen und Details einer gesetzlichen Kodifikation nicht zugänglich' und sollte auch ‚für eventuelle Änderungen im Hinblick auf strukturelle Änderungen in den äußeren wirtschaftlichen Bedingungen offen' bleiben." (Nachw. ausgelassen).
642 *Schürnbrand*, in: Münchener Kommentar zum BGB (2017), § 500 Rn. 9.

Im Rahmen des allgemeinen Darlehensrechts spielt das Recht zur vorzeitigen Erfüllung hingegen eine nur untergeordnete Rolle, obschon § 271 Abs. 2 BGB dafür einen dogmatischen Anknüpfungspunkt bieten könnte, den in der Tat auch einige Autoren im Zusammenhang mit der vorzeitigen Beendigung festverzinslicher Hypothekendarlehen fruchtbar machen wollen. Insofern wird sowohl die Möglichkeit zur vorzeitigen Erfüllung des Kredits durch vorfällige Leistung auf die Darlehensforderung (*sub* A.) als auch auf die Grundschuld (*sub* B.) erwogen.

A. Vorzeitige Erfüllung durch Leistung auf die Forderung vor Fälligkeit

Der Darlehensnehmer kann seine Verbindlichkeiten aus einem Verbraucherdarlehensvertrag jederzeit ganz oder teilweise vorzeitig erfüllen, § 500 Abs. 2 S. 1 BGB. Im Verbraucherkreditrecht gilt damit im Grundsatz, dass der zahlungsfähige und zahlungswillige Darlehensnehmer den Kredit vor Fälligkeit bedienen und beenden kann, ohne dass es dazu der Zustimmung des Darlehensgebers bedarf.

I. Meinungsstand

Im Anwendungsbereich der §§ 488 bis 490 BGB ist hingegen umstritten, ob die allgemeine Auslegungsregel des § 271 Abs. 2 BGB[643] dem Darlehensnehmer ähnlich weitreichende Freiheiten und Befugnisse zur Erfüllung festverzinslicher (Immobiliar-)Kredite gewährt.

1. Unanwendbarkeit des § 271 Abs. 2 BGB auf verzinsliche Darlehen

Nach der ganz h.M. ist § 271 Abs. 2 BGB auf verzinsliche Darlehen nicht anwendbar. Aus § 488 Abs. 3 S. 3 BGB folge im Umkehrschluss, dass eine verzinsliche Darlehensschuld nicht vorzeitig zurückgezahlt werden kann, sofern der Darlehensnehmer nicht im Stande ist, sich auf ein Kündigungsrecht oder eine anderweitige Parteivereinbarung zu berufen.[644] Stünde

---

643 BGH, Urt. v. 24.4.1975 – III ZR 147/72, BGHZ 64, 278, 284.

644 Siehe hierzu – neben den umfassenden Nachweisen von *Freitag*, in: Staudinger, BGB (2015), § 488 Rn. 169 – das jüngst ergangene Urt. des BGH v. 16.2.2016 – XI ZR 454/14, NJW 2016, 1875 Rn. 26 m.w.N.

dem Darlehensnehmer eines verzinslichen Darlehens im Zweifel das Recht zu, seine Kapitalschuld vorzeitig zu tilgen, führte dies zur Konterkarierung des berechtigten Zinsinteresses des Darlehensgebers. Nach dem Grundsatz zinsrechtlicher Akzessorietät entfalle mit der rechtmäßigen Erfüllung des Rückzahlungsanspruchs jeder weitere Zinsanspruch des Darlehensgebers. Es dürfe aber nicht allein in der Hand des Darlehensnehmers liegen, den Zinsanspruch des Darlehensgebers durch vorzeitige Erfüllung nach Belieben beschneiden zu können.

2. Vorzeitige Erfüllung durch Kapitalrückzahlung

Im Gegensatz dazu hält *Knops* eine Anwendbarkeit des § 271 Abs. 2 BGB auf verzinsliche und befristete Darlehen für möglich und „im höchsten Maße billig".[645] Einer Rückzahlung des Kapitals vor Fälligkeit nach § 271 Abs. 2 BGB sollen weder zwingende gesetzliche Wertungen noch entgegenstehende Interessen des Darlehensgebers entgegengehalten werden können. Die Anwendbarkeit des § 271 Abs. 2 BGB auf grundpfandrechtlich gesicherte Festzinskredite[646] sei vielmehr sowohl nach der Historie[647] als auch dem Sinn und Zweck der Vorschrift geboten.

Das von der herrschenden Meinung vorgebrachte *argumentum e contrario* trage nicht. Die Vorschrift des § 609 BGB a.F. bzw. § 488 Abs. 3 BGB gelte nur für unbefristete Darlehen und biete schon daher keine taugliche Argumentationsgrundlage im Zusammenhang mit den in Rede stehenden Festzinskrediten. Dafür gelte vielmehr ein Umkehrschluss aus § 488 Abs. 3 S. 1 BGB (§ 609 Abs. 1 BGB a.F.), wonach die Fälligkeit nicht von der Kündigung des Gläubigers abhänge, wenn für die Rückzahlung des Darlehens eine Zeit bestimmt ist. Daher könne die Rückzahlung des Darlehens auch

---

645 *Knops*, VuR 2001, 239, 245; ders., Verbraucherschutz bei Immobiliarkreditverhältnissen, S. 191.

646 Auch wenn der allgemein gehaltene Titel von *Knops*, VuR 2001, 239 („Die Anwendbarkeit des § 271 Abs. 2 BGB auf verzinsliche Darlehen") etwas anderes suggeriert, so liegt jedenfalls der Fokus der Argumentation auf der Anwendbarkeit des § 271 Abs. 2 BGB auf Immobiliarkredite. Dies wird einerseits an mehreren Stellen des zitierten Aufsatzes selbst deutlich (Einl.; Punkt II. 2. b.); andererseits ergibt sich dies ohne weiteres aus dem Kontext mit den Ausführungen in seiner Dissertation, an die *Knops* insofern anknüpft, vgl.: *Knops*, Verbraucherschutz bei Immobiliarkreditverhältnissen, S. 171 ff.

647 Näher dazu: *Knops*, Verbraucherschutz bei Immobiliarkreditverhältnissen, S. 185 ff.

nicht an eine Fälligkeitskündigung geknüpft werden, die im Zweifel ohnehin formularmäßig ausgeschlossen sei.

Ferner könne gegen eine Anwendbarkeit des § 271 Abs. 2 BGB nicht eingewandt werden, dass die vorzeitige Rückzahlung zu einer Benachteiligung rechtlich geschützter Interessen des Darlehensgebers führe. Schon im Allgemeinen sei nicht ersichtlich, woraus sich ein derartiger Rechtssatz ergebe. Es verbiete sich, einer Norm des allgemeinen Schuldrechts die Anwendbarkeit aufgrund entgegenstehender Interessen nur einer Partei zu versagen. Der Gesetzgeber habe eine Interessenabwägung getroffen und angeordnet, dass der Schuldner die Leistung im Zweifel vor Fälligkeit bewirken darf. Dementgegen habe der Darlehensgeber keinen Anspruch darauf, dass die vom Schuldner gewählte Erfüllungszeit seinen Interessen und Wünschen entspricht.[648] Ohnedies berühre „[...] die vorzeitige Leistung selbst nicht die Interessen des Gläubigers."[649] Durch die vorzeitige Rückzahlung der Valuta entfalle für den Darlehensgeber auch das Kreditausfallrisiko vorzeitig, womit der Anwendbarkeit des § 271 Abs. 2 BGB allenfalls das Zinsinteresse des Darlehensgebers entgegenstehen könnte. Allerdings handele es sich dabei nur um ein „mittelbares"[650] Interesse des Darlehensgebers, das angesichts „[...] der synallagmatischen Verknüpfung von Hauptschuld und Zinsverpflichtung zum einen und nach dem zinsrechtlichen Akzessorietätsprinzip zum anderen [...]"[651] nur für die Zeit der vertragsgemäßen Valutaüberlassung bestünde. Führe die vorzeitige Rückzahlung der Valuta zum Wegfall der Zinszahlungspflicht und habe der Darlehensnehmer dies zu vertreten, so bestehe der Zinsanspruch des Darlehensgebers nach § 326 Abs. 2 S. 1 Alt. 1 BGB (§ 324 Abs. 1 BGB a.F.) fort.[652]

Zudem spreche auch die Entstehungsgeschichte des § 271 Abs. 2 BGB für dessen Anwendbarkeit auf Immobiliarkredite. Über die Frage der vorzeitigen Rückzahlung von Amortisationsdarlehen sei in der II. Kommissi-

---

648 *Knops*, VuR 2001, 239, 241; ders., Verbraucherschutz bei Immobiliarkreditverhältnissen, S. 182.

649 *Knops*, VuR 2001, 239, 242; ders., Verbraucherschutz bei Immobiliarkreditverhältnissen, S. 183 (Nachw. ausgelassen).

650 *Knops*, VuR 2001, 239, 242; ders., Verbraucherschutz bei Immobiliarkreditverhältnissen, S. 184.

651 Ebda. (Nachw. ausgelassen).

652 *Knops*, VuR 2001, 239, 242; Soergel/*Häuser*, BGB (1997), § 609 Rn. 63; *Mülbert*, AcP 192 (1992), 447, 514.

on zum Entwurf des BGB verhandelt worden.[653] Dabei habe man es ausdrücklich abgelehnt, § 271 Abs. 2 BGB um eine gegenteilige Auslegungsregel zu ergänzen. Eine vorzeitige Rückzahlung habe demnach auch bei kündbaren Darlehen mit Tilgungsplanbestimmung nicht im Zweifel ausgeschlossen werden sollen; eine Diskussion um die vorzeitige Rückzahlung bei fehlender Kündigungsmöglichkeit habe indes gar nicht stattgefunden. Schließlich entspreche § 271 Abs. 2 BGB „[...] exakt dem Grundsatz des römischen Privatrechts *diei adiectio pro reo est, non pro stipulatore* wonach die Befügung eines (Fälligkeits-)Termins zum Vorteil des Schuldners und nicht für den Gläubiger geschieht [...].“[654] Das verzinsliche Darlehen sei von diesem Grundsatz zu keiner Zeit ausgenommen gewesen „[...] und auch unter Geltung des heutigen BGB [müsse] der Gläubiger Geldschulden vorzeitig annehmen.“[655]

3. Vorzeitige Erfüllung der Darlehensgesamtverbindlichkeit

Neben *Knops* finden sich in der Literatur noch weitere Stimmen, die von der jederzeitigen Erfüllbarkeit verzinslicher Darlehen ausgehen. Demnach werden die Darlehensverbindlichkeiten vollumfänglich i.S.v. § 362 BGB dadurch erfüllt, dass der Darlehensnehmer vor Fälligkeit eine Leistung bewirkt, die sowohl das zurückzuzahlende Kapital als auch die auf die gesamte Laufzeit entfallenden Zinsen umfasst.[656] In dem Fall werde die berechtigte Zinserwartung des Darlehensgebers vollumfänglich gewahrt, zumal er „[...] genau das bekommen [habe], was er auf Grund des Schuldverhältnisses verlangen konnte, und nicht etwa ein Aliud, bei dem die Erfüllungswirkung von der Zustimmung des Gläubigers abhinge.“[657] Eine vertragsgemäße Leistung des geschuldeten „Zinses“ müsse nicht zwingend real nach Zeitabschnitten erfolgen, nur weil die Parteien eine dementsprechende Fälligkeitsvereinbarung getroffen haben. Es gebe im Gegenteil keinen Grund dafür, es dem Darlehensnehmer zu verwehren, vor Fälligkeit eine Leistung zu bewirken, die sowohl den vertraglich geschuldeten Kapital- als

---

653 *Knops*, VuR 2001, 239, 243; ders., Verbraucherschutz bei Immobiliarkreditverhältnissen, S. 185, je mit Verweis auf: Prot. I, S. 1090.

654 *Knops*, VuR 2001, 239, 243; ders., Verbraucherschutz bei Immobiliarkreditverhältnissen, S. 187 (Nachw. ausgelassen; Hervorhebung übernommen).

655 Ebda. (Nachw. ausgelassen).

656 *Muscheler/Bloch*, JuS 2000, 729, 731; *Freitag*, ZIP 2008, 1102, 1109; ders., in: Staudinger, BGB (2015), § 488 Rn. 168 f.

657 *Muscheler/Bloch*, JuS 2000, 729, 731.

auch Zinsanspruch in voller Höhe abdeckt.[658] Damit werde der „[…] Darlehensgeber wirtschaftlich exakt so gestellt, wie er bei zeitlich gestreckter Erfüllung des Vertrages stünde, was auch die Anrechnung der dem Darlehensgeber entstehenden Vorteile nicht ausschließ[e].“[659] Die konkrete Berechnung des vom Darlehensnehmer zu zahlenden „Einmalbetrags“[660] könne insofern nach den gleichen Grundsätzen wie bei der Vorfälligkeitsentschädigung erfolgen.[661]

II. Stellungnahme

1. Keine vorzeitige Rückzahlung verzinslichen Kapitals

Die vorzeitige Rückzahlung des Kapitals darf auch nach letztgenannter Ansicht nicht dazu führen, dass die berechtigte Renditeerwartung des Darlehensgebers konterkariert wird.[662] Insofern nimmt die ganz herrschende Meinung zu Recht an, dass eine Rückzahlung des verzinslichen Kapitals vor Fälligkeit ausgeschlossen ist. Dies ergibt sich allerdings nicht ohne weiteres aus dem hierfür regelmäßig ins Feld geführten Umkehrschluss aus § 488 Abs. 3 S. 3 BGB. Dieser lautet in wortlautgetreuer Übernahme eines von der II. Kommission zu Entwurf des BGB befürworteten Antrages: „Ist das Darlehen verzinslich, so ist der Schuldner erst nach von ihm erfolgter Kündigung zur Rückzahlung berechtigt“,[663] und trifft somit streng genommen nur für unbefristete Darlehen.[664] Gleichwohl besteht kein „Zweifel“ daran, dass die Rückzahlung einer verzinslichen Kapitalschuld ohne Ausnahme erst nach Fälligkeitseintritt möglich ist.

---

658 Vgl.: *Freitag*, ZIP 2008, 1102, 1109; ders., in: Staudinger, BGB (2015), § 488 Rn. 169.

659 *Freitag*, ZIP 2008, 1102, 1109.

660 Ebda.

661 *Freitag*, in: Staudinger, BGB (2015), § 488 Rn. 169.

662 *Freitag*, ZIP 2008, 1102, 1109; i.E. auch: *Muscheler/Bloch*, JuS 2000, 729, 731.

663 Mugdan, Bd. 2, S. 761 („Unterantrag 2“).

664 Insofern zu Recht: *Knops*, VuR 2001, 239, 240; ders., Verbraucherschutz bei Immobiliarkreditverhältnissen, S. 179.

a. Systematische Erwägungen

Dafür sprechen zum einen systematische Erwägungen. Der Gesetzgeber bestimmt für den Fall, dass für die Rückzahlung des Darlehens eine Zeit nicht bestimmt ist, dass die Fälligkeit von der fristgerechten Kündigung des Darlehens abhängt, § 488 Abs. 3 S. 1, 2 BGB. Haben die Parteien für die Rückzahlung hingegen eine Zeit bestimmt, so hängt die Fälligkeit in erster Linie davon ab. Einer Fälligkeitskündigung bedarf es in dem Fall nicht.[665] Folgerichtig kann das ordentliche Kündigungsrecht des Darlehensnehmers in den Grenzen von § 489 Abs. 4 BGB ausgeschlossen werden. Während die § 488 Abs. 3 S. 1 und 2 BGB die Fälligkeitsvoraussetzungen des Rückzahlungsanspruchs bei unbefristeten Darlehen normieren, regelt § 488 Abs. 3 S. 3 BGB entsprechend der Auslegungsregel des § 271 Abs. 2 BGB[666], dass der Darlehensnehmer ein unbefristetes, unverzinsliches Darlehen ohne vorherige Kündigung zurückzahlen kann. Einer Fälligkeitskündigung im Sinne von § 488 Abs. 3 S. 3 BGB bedarf es nur bei unbefristeten Darlehen; ist hingegen ein Rückzahlungstermin bestimmt, ist der Darlehensnehmer bei Laufzeitende sowieso zur Rückzahlung des Kapitals berechtigt. Die wesentliche und auf befristete Darlehen übertragbare Aussage, die § 488 Abs. 3 S. 3 BGB trifft, ist mithin nicht, dass die Rückzahlung eines unverzinslichen Darlehens „auch ohne Kündigung" bewirkt werden kann, sondern dass (nur) unverzinsliche Darlehen „auch vor Fälligkeit" des Kapitalrückzahlungsanspruchs erfüllbar sind.

b. Teleologische Erwägungen

Daran lässt zum anderen auch der historisch verbriefte Sinn und Zweck des § 488 Abs. 3 S. 3 BGB keine Zweifel. Demnach ist notwendigerweise zwischen der Rückzahlung verzinslicher und unverzinslicher Darlehen zu unterscheiden, um das berechtigte Zinsinteresse des Darlehensgebers zu wahren.[667] Der Zinsanspruch des Darlehensgebers erlischt nach dem Grundsatz zinsrechtlicher Akzessorietät mit Erfüllung des Rückzahlungs-

---

665 Man mag dies als „Umkehrschluss aus § 609 Abs. 1 BGB [≙ § 488 Abs. 3 S. 1 BGB]" bezeichnen, *Knops*, VuR 2001, 239, 241; ders., Verbraucherschutz bei Immobiliarkreditverhältnissen, S. 181 (Nachw. ausgelassen).

666 *K.P.Berger*, in: Münchener Kommentar zum BGB (2016), § 488 Rn. 222.

667 Mugdan, Bd. 2, S. 761; siehe im Übrigen statt Vieler: Palandt/*Grüneberg*, § 271 Rn. 11.

anspruchs.[668] Daher ist im Zweifel nicht anzunehmen, dass der Darlehensnehmer die Kaptalrückzahlung vorzeitig bewirken darf. Sonst hätte es der Darlehensnehmer in der Hand, die Zinserwartung des Darlehensgebers eigensinnig durch vorzeitige Rückzahlung zu beschränken und könnte so letztlich den geschuldeten Zins einseitig bestimmen.

Wenig begreiflich ist es indes, aus der akzessorischen Verknüpfung von Rückzahlungsanspruch und Zins zu folgern, dass es sich beim geschuldeten Zins nur um ein „mittelbares Interesse"[669] des Darlehensgebers handelt, das mit der vollständigen Rückzahlung der Valuta im Grunde in aller Regel abgegolten sein soll.[670] Der geschuldete Zins ist die synallagmatische Gegenleistung, die der Darlehnsnehmer für die Möglichkeit zur berechtigten Nutzung fremden Kapitals zu erbringen hat. Der geschuldete Zins darf nicht etwa als ein willkommenes Anhängsel des Kapitalrückzahlungsanspruchs missverstanden werden. Die Kapitalhingabe und die Inkaufnahme der damit verbundenen Risiken erfolgt vielmehr in aller Regel nur, um Zinsen zu erwirtschaften. Läge das primäre Interesse des Darlehensgebers allein in der Risikovermeidung und hätte er daher „[...] an sich gegen die vorzeitige Rückzahlung der Valuta nichts einzuwenden und müsste sie eigentlich begrüßen, weil er dadurch sicher ist, die ausgegeben Mittel auch zurückzuerhalten",[671] dann könnte er sich die Kapitalanlage schlicht sparen. Die Wahrheit ist, dass der Darlehnsgeber in dem vom Vertrag vorgesehen Umfang Geld verdienen will. Diese Renditeerwartung ist nicht nur real, sondern auch privatautonom legitimiert und darf daher nicht einseitig vom Darlehensnehmer in Frage gestellt werden können. Daran lassen weder das Gesetz noch die in Rede stehenden (Immobiliar-)Kreditvereinbarungen irgendwelche „Zweifel" i.S.v. § 271 Abs. 2 BGB.[672]

Schließlich kann auch keine Rede davon sein, dass der berechtigte Zinsanspruch des Darlehensnehmers bei verschuldeter vorzeitiger Rückzahlung[673] nach § 326 Abs. 2 S. 1 Alt. 1 BGB (§ 324 Abs. 1 BGB a.F.) fortbe-

---

668 § 4 B. IV. 3.
669 *Knops*, VuR 2001, 239, 242; ders., Verbraucherschutz bei Immobiliarkreditverhältnissen, S. 184 (Nachw. ausgelassen).
670 *Knops*, VuR 2001, 239, 242; ders., Verbraucherschutz bei Immobiliarkreditverhältnissen, S. 183 f.
671 *Knops*, VuR 2001, 239, 242; ders., Verbraucherschutz bei Immobiliarkreditverhältnissen, S. 183.
672 Vgl.: *Brandmüller*, Grundschulddarlehen, S. 218.
673 *Knops*, VuR 2001, 239, 242; ders., Verbraucherschutz bei Immobiliarkreditverhältnissen, S. 183.

steht und damit hinreichend gewahrt ist.[674] Zunächst kommt eine Anwendung des § 326 BGB schon tatbestandlich nicht in Betracht, da mit der vorzeitigen Rückzahlung ein „Zur-Verfügung-Stellen" der Valuta nicht unmöglich wird, § 275 BGB.[675] Der Valutierungsanspruch aus § 488 Abs. 1 S. 1 BGB ist notwendig auf die Hingabe- und fortwährende Belassung einer Geldsumme gerichtet. Es handelt sich um eine Geldschuld,[676] der gegenüber sich der Schuldner nicht auf Unmöglichkeit berufen kann.[677] Davon abgesehen spricht gegen eine Anwendbarkeit des § 326 Abs. 2 S. 1 Alt. 1 BGB zur Wahrung des Zinsanspruchs des Darlehensgebers, dass damit der Grundsatz zinsrechtlicher Akzessorietät ohne ersichtlichen Grund durchbrochen würde. Denn obwohl der Rückzahlungsanspruch vollumfänglich erfüllt würde (§§ 271 Abs. 2, 362 BGB), behielte der Darlehensgeber den Anspruch auf die Gegenleistung in Form des originären Zinsanspruchs, „[...] wie wenn er tatsächlich erfüllt hätte";[678] §§ 326 Abs. 2 S. 1, 488 Abs. 1 S. 2 BGB. Eine Erklärung, wie dies mit der prinzipiellen Akzessorietät von Zins- und Kapitalanspruch zusammengehen kann, bleibt insbesondere *Knops* schuldig, zumal eben dieser sonst ganz entschieden auf die (Fort-)Geltung des zinsrechtlichen Akzessorietätsprinzips pocht.[679]

2. Die Erfüllung der „Darlehensgesamtverbindlichkeit" vor Fälligkeit

Im Ergebnis ebenso abzulehnen ist die Ansicht, die eine vorzeitige Rückzahlung von Immobiliarkrediten samt aller bestehender und noch ausstehender Zinsansprüche nach §§ 271 Abs. 2, 362 BGB für möglich hält.[680]

---

674 Dafür auch: Soergel/*Häuser*, BGB (1997), § 609 Rn. 63 sowie *Mülbert*, AcP 192 (1992), 447, 514, der sich aber mittlerweile der h.M. angeschlossen hat und daher einer vorzeitigen Rückzahlung verzinslicher Darlehen insgesamt ablehnend gegenübersteht, siehe: *Mülbert*, in: Staudinger, BGB (2015), § 488 Rn. 338.
675 So auch: *Freitag*, ZIP 2008, 1102, 1109.
676 *Freitag*, in: Staudinger, BGB (2015), § 488 Rn. 153.
677 Statt aller: Palandt/*Grüneberg*, § 275 Rn. 3 m.w.N.
678 So wörtlich: Mot. II, S 208.
679 *Knops*, Verbraucherschutz bei Immobiliarkreditverhältnissen, S. 49 f.; konsequent hingegen: Soergel/*Häuser*, BGB (1997), § 609 Rn. 63; *Mülbert*, AcP 192 (1992), 447, 514, die jeweils eine strenge Akzessorietät von Zins und Kapitalschuld ablehnen, vgl.: Soergel/*Häuser*, BGB (1997), § 608 Rn. 18 („vermeintliche Akzessorietät der Zinsverbindlichkeit zur Hauptschuld"); *Mülbert*, AcP 192 (1992), 447, 515.
680 *Freitag*, ZIP 2008, 1102, 1109.

a. Die rechtstheoretische Möglichkeit zur vorfälligen Erfüllung verzinslicher Darlehen

Grund dafür ist aber nicht, dass eine Erfüllung verzinslicher Darlehen vor Fälligkeit kategorisch ausgeschlossen wäre. Vielmehr lässt sich die vorfällige Erfüllung verzinslicher Darlehen im Grunde durchaus mit dem allgemeinen Schuld- und Darlehensrecht vereinbaren, sofern der Darlehensnehmer sowohl das zur Verfügung gestellte Kapital als auch den – über die gesamte Laufzeit – geschuldeten Zins vor Fälligkeit leistet.[681]

Den dogmatischen Anknüpfungspunkt bildet jedoch nicht die vorzeitige Rückzahlung der Valuta,[682] die nach Vorgesagtem mit der ganz h.M. abzulehnen ist, sondern die vorzeitige Rückzahlung der Zinsen, §§ 488 Abs. 1 S. 2, 271 Abs. 2 BGB. Sofern periodische Zinszahlungen vereinbart sind, d.h. eine Zeit für die Leistung bestimmt ist, ist im Zweifel anzunehmen, dass der Gläubiger die Leistung nicht vor dieser Zeit verlangen, der Schuldner aber sie vorher bewirken kann. Einer vorzeitigen Bewirkung der Zinsleistungen steht § 488 Abs. 3 S. 3 BGB nicht entgegen. Dagegen, dass der Darlehensnehmer seine Zinsleistungen kumuliert vor Fälligkeit bewirken kann, könnte allenfalls streiten, dass die Ermittlung des konkret vom Darlehensnehmer zu zahlenden Betrags im Einzelfall komplex und streitanfällig sein kann. Allerdings treffen jene Nachteile in der Bankpraxis, wie im Zusammenhang mit der Berechnung der Vorfälligkeitsentschädigung deutlich geworden ist,[683] eher den Darlehensnehmer als den Darlehensgeber. Jedenfalls aber verliert der Darlehensgeber durch die vorzeitige Erfüllung der tatsächlich bestehenden Zinsgesamtverbindlichkeit weder ein vertragliches Recht noch werden dadurch seine geschützten Interessen verletzt. Im Allgemeinen spricht also nichts dagegen, dass der Darlehensnehmer die Zinszahlungen vor Fälligkeit erbringen und den Zinsanspruch des Darlehensgebers aus § 488 Abs. 1 S. 2 BGB vorzeitige zum Erlöschen bringen kann, § 362 BGB. Sind aber Zinsen nicht (mehr) geschuldet, kann der Darlehensnehmer nun auch die Valuta jederzeit zurückzahlen, *arg. ex*

---

681 Insoweit richtig: *Muscheler/Bloch*, JuS 2000, 729, 731; *Freitag*, ZIP 2008, 1102, 1109; ders., in: Staudinger, BGB (2015), § 488 Rn. 168 f.

682 So aber wohl *Freitag*, ZIP 2008, 1102, 1109: „[Der Zinsanspruch] wandelt sich jedoch mit Rückzahlung von einem zeitlich über die Vertragslaufzeit gestreckten Anspruch um in eine auf Zahlung eines Einmalbetrags gerichtete Forderung [...]"; eine nähere dogmatische Begründung der Möglichkeit zur vorzeitigen Erfüllung durch Bewirken der „Darlehensgesamtverbindlichkeit" bleiben auch *Muscheler/Bloch*, JuS 2000, 729, 731 schuldig.

683 § 9 D. III. 2.

§ 488 Abs. 3 S. 3 BGB. Nach alledem kann grundsätzlich auch ein verzinsliches Darlehen vor Fälligkeit erfüllt werden, indem der Darlehensnehmer berechtigterweise seine Zinsgesamtschuld vor Fälligkeit erfüllt, §§ 271 Abs. 2, 362 BGB, und sogleich die nunmehr unverzinsliche Kapitalschuld zurückzahlt, § 488 Abs. 3 S. 3 BGB.

Allerdings handelt es sich weder bei § 488 Abs. 3 S. 3 BGB noch bei § 271 Abs. 2 BGB um zwingendes Recht. So findet sich in den Mustervertragstexten der Kreditinstitute meist eine Regelung, wonach eine vollständige oder teilweise vorzeitige Rückzahlung des Darlehens der Zustimmung des Darlehensgebers bedarf. Damit wird dem Darlehensnehmer zwar nicht ausdrücklich verwehrt, vorfällige Zinszahlungen zu leisten. Dies berechtigt ihn aber angesichts der anderslautenden vertraglichen Abrede nicht zur vorzeitigen Rückzahlung gem. § 488 Abs. 3 S. 3 BGB. Die Bank kann den Darlehensnehmer – in den Grenzen der §§ 313, 490 Abs. 2 BGB, 500 Abs. 2 BGB – an der vertragsgemäßen Tilgung festhalten[684] und einer möglichen vorfälligen Erfüllung der Zinsverpflichtung insoweit den Sinn nehmen.[685]

b. Keine vorfällige Erfüllung von Immobiliarkreditverträgen

Bei Immobiliarkrediten kommt eine vorzeitige Erfüllung schon nach eindeutiger gesetzgeberischer Entscheidung nicht in Betracht. Eine vorzeitige Ablösung der Darlehensverbindlichkeiten ist beim Immobiliarkreditvertrag – unbeschadet privatautonomer Absprache – nur möglich, wenn der Darlehensnehmer ein berechtigtes Interesse nachweisen kann, §§ 490 Abs. 2, 500 Abs. 2 BGB. Nach dem ausdrücklichen Willen des Gesetzgebers sollen dem Immobiliarkreditnehmer keine weitergehenden gesetzlichen Rückzahlungsrechte zustehen. Dahinter steht die Befürchtung, dass mit der Möglichkeit zur jederzeitigen Rückzahlung durch den Darlehensnehmer eine erhebliche Verteuerung festverzinslicher Hypothekendarlehen einherginge.[686]

---

684 Siehe dazu etwa die Erläuterungen für Immobiliar-Verbraucherdarlehensverträge der L-Bank (Staatsbank für Banden-Württemberg), Punkt 11, abrufbar unter: https://www.l-bank.de/lbank/download/dokument/112530.pdf; vgl. auch das Formulierungsbeispiel bei: *Bock*, Beck'sche Online-Formulare Vertrag, 3.2 § 6 Abs. 2.

685 Vgl.: *Brandmüller*, Grundschulddarlehen, S. 218.

686 BT-Drs. 16/11643, S. 88; BT-Drs. 18/5922, S. 90.

„Ferner würde die langfristige Refinanzierung der Hypothekarkredite über Pfandbriefe erschwert und damit das bewährte deutsche Pfandbriefsystem erheblich benachteiligt werden, wenn die Kreditinstitute von einem allgemeinen Anspruch der Darlehensnehmer auf vorzeitige Rückzahlung ausgehen müssen."[687]

Die Anwendbarkeit des § 271 Abs. 2 BGB auf Immobiliarkredite ist daher angesichts der klaren Aussage, die der Gesetzgeber in und im Zusammenhang mit den §§ 490 Abs. 2, 500 Abs. 2 BGB getroffen hat, ausgeschlossen. Unzutreffend ist demgegenüber die Annahme, dass es sich bei § 490 Abs. 2 BGB um eine mit § 271 Abs. 2 BGB harmonierende Vorschrift handele, deren Einführung es nur bedurfte, um den Darlehensnehmer trotz berechtigter Kündigung zur Zahlung einer Vorfälligkeitsentschädigung zu verpflichten.[688] Die Vorschrift wurde nicht geschaffen, um die sonst jederzeit mögliche Darlehensbeendigung an eine Entschädigungszahlung zu knüpfen. Mit § 490 Abs. 2 BGB sollte erst die konsistente dogmatische Grundlage dafür geschaffen werden, dass der Darlehensnehmer ausnahmsweise die vorzeitige Beendigung eines Immobiliarkredits gegen Zahlung einer Vorfälligkeitsentschädigung erwirken kann.[689]

B. Vorzeitige Erfüllung durch Leistung auf die Grundschuld

Eine (weitere) Möglichkeit zur Ablösung grundpfandrechtlich gesicherter Festzinskredite vor Fälligkeit wird vereinzelt darin gesehen, dass der Darlehensnehmer auf die Grundschuld leistet, statt auf die obligatorische Darlehensforderung.[690] Damit ergäbe sich für Immobiliarkredite eine bereichsspezifische Möglichkeit zur vorzeitigen Erfüllung und Beendigung; und dies im Grunde losgelöst von der Kontroverse um die vorzeitige Erfüllung der darlehensvertraglichen Obligationen.

---

687 BT-Drs. 16/11643, S. 88.
688 So aber: *Freitag*, ZIP 2008, 1102, 1109; ders., in: Staudinger, BGB (2015), § 488 Rn. 169.
689 Ebenso: *Mülbert*, in: Staudinger, BGB (2015), § 488 Rn. 338.
690 *Knops*, Verbraucherschutz bei Immobiliarkreditverhältnissen, S. 193 ff.

I. Die These vorzeitiger Darlehensablösung durch Grundschuldtilgung

Nach der namentlich von *Knops* vertretenen Ansicht sei es dem Darlehensnehmer – unabhängig davon, ob die Grundschuld fällig ist oder nicht – jederzeit möglich, Zahlungen auf die Grundschuld zu leisten. Eine anders-
lautende Anrechnungsvereinbarung, wonach der Darlehensnehmer vorrangig auf die Forderung zu zahlen hat, könne jedenfalls nicht mit unmittelbarer Wirkung vereinbart werden, sodass der Darlehensgeber Zahlungen, die ausdrücklich auf die Grundschuld geleistet werden, nicht zurückweisen könne. Infolgedessen werde schließlich auch die Darlehensforderung erfüllt. Der Darlehensnehmer, der zugleich persönlicher und dinglicher Schuldner ist, leiste mit der Zahlung auf die Grundschuld auch erfüllungshalber auf die Darlehensforderung, die damit – ob fällig oder nicht –
untergehe.[691] Nur dadurch könne eine doppelte Inanspruchnahme des
Darlehensnehmers vermieden werden, da er sonst dem Darlehensgeber
„ad infinitum"[692] hafte und „[...] die Forderung trotz der Einrede der Dop-
pelbefriedigung gegen den Schuldner durchgesetzt werden [könne], wenn
sie nur an einen Dritten abgetreten [werde]."[693] Da die zu leistende Grundschuldsumme neben der Rückzahlungsforderung in aller Regel auch sämtliche Nebenforderungen, d.h. insbesondere auch die bis dahin angefalle-
nen Zinsen enthalte, sei dem Interesse des Kreditgebers mit Zahlung dieses Betrages vollumfänglich Genüge getan. „Ein Verbleib der Forderung
bei dem Kreditgeber wäre damit im höchsten Maße unbillig."[694] Im Ergebnis bestehe daher eine „Valutaannahmepflicht des Kreditgebers".[695] „Ein
Recht der Bank, den Kreditnehmer an den durch die Grundschuld gesicherten Vertrag festzuhalten [...], [gebe] es bei Zahlungen auf die fällige
Grundschuld nicht."[696]

II. Stellungnahme

Der Darlehensnehmer, der zugleich Eigentümer des belasteten Objekts ist,
kann grundsätzlich bestimmen, dass seine Zahlungen auf die fällige

---

691 *Knops*, Verbraucherschutz bei Immobiliarkreditverhältnissen, S. 200.
692 *Knops*, Verbraucherschutz bei Immobiliarkreditverhältnissen, S. 201.
693 Ebda.
694 Ebda.
695 *Knops*, Verbraucherschutz bei Immobiliarkreditverhältnissen, S. 208.
696 Ebda.

Grundschuld geleistet werden (*sub* 1.). Der dafür aufgewandte Geldbetrag dient dem Darlehensgeber gleichzeitig als Leistung erfüllungshalber zur Befriedigung der gesicherten Forderung. Ist die Forderung nicht fällig, führt aber auch die Grundschuldtilgung nicht dazu, dass der Darlehensgeber die Grundschuldsumme nun unverzüglich zur Befriedigung nutzen muss. Vielmehr treten die liquiden Mittel, die zur Tilgung der Grundschuld aufgewandt worden sind, an die Stelle der ursprünglichen dinglichen Sicherheit, während die gesicherte Darlehensforderung selbst unverändert fortbesteht (*sub* 2.).

1. Die Berechtigung zur Zahlung auf die Grundschuld

Seit Einführung des § 1193 BGB wird das Kapital von Sicherungsgrundschulden zwingend erst mit Kündigung fällig, für die eine Mindestfrist von sechs Monaten vorgeschrieben ist.[697] Mit Eintritt der Fälligkeit steht es dem Schuldner grundsätzlich frei, seine Zahlungen vorrangig auf die Grundschuld zu leisten, diese vollumfänglich zu tilgen und infolgedessen zur Eigentümergrundschuld zu wandeln.[698] In der Bankpraxis ist es aber üblich, dass das Tilgungsbestimmungsrecht des Schuldners schon im Vertrag mit unmittelbarer Wirkung ausgeschlossen wird.[699]

Unabhängig davon ist es – unbeschadet anderslautender Parteivereinbarungen – nicht möglich, die Grundschuld vor Fälligkeit mit Tilgungswirkung abzulösen. § 271 Abs. 2 BGB findet auf die Tilgung von Grundschulden keine Anwendung.[700] Dies wird von der ganz h.M. in Anschluss an das KG Berlin damit begründet, dass die schuldrechtliche Zweifelsregelung „[...] für das rein dingliche Grundschuldrecht keinesfalls Geltung haben könn[e]".[701] Dem ist im Ergebnis beizupflichten, wenn auch nicht von

---

697 Gem. Art. 229 § 18 Abs. 3 EGBGB findet § 1193 Abs. 2 BGB in der seit dem 19.8.2008 geltenden Fassung nur auf Grundschulden Anwendung, die nach dem 19.8.2008 bestellt worden sind.
698 § 4 C. II. 2.
699 Ebda.
700 KG Berlin, Beschl. v. 31.1.1935 – 1 Wx 7/35, JW 1935, 1641; *Klee*, NJW 1961, 579, 580; Palandt/*Grüneberg*, § 271 BGB Rn. 11; *Bittner*, in Staudinger, BGB (2014), § 271 Rn. 35; Jauernig/*Stadler* (2015), § 271 BGB Rn. 15; HK-BGB/*Schulze*, § 271 BGB Rn. 10; *Krüger*, in Münchener Kommentar zum BGB (2016), § 271 Rn. 35; *Lorenz*, in: Beck'scher Online-Kommentar BGB, § 271 BGB Rn. 24; a.A.: *Knops*, Verbraucherschutz bei Immobiliarkreditverhältnissen, S. 175 ff.
701 KG Berlin, Beschl. v. 31.1.1935 – 1 Wx 7/35, JW 1935, 1641.

einer grundsätzlichen Unanwendbarkeit des § 271 Abs. 2 BGB auf dingliche Ansprüche auszugehen ist.[702] Entscheidend ist vielmehr, dass die Grundschuld für sich allein keinen Anspruch des Gläubigers auf Leistungsbewirkung statuiert. Die Zahlungsverpflichtung ergibt sich allein aus dem Darlehensvertrag. Selbst bei Eintritt des Sicherungsfalles hat der Grundschuldgläubiger keinen Zahlungsanspruch gegen den Sicherungsgeber, sondern ein Verwertungsrecht. Es fehlt damit schon an einer vom Schuldner zu erbringenden Leistung i.S.v. § 271 BGB, die der Gläubiger zu irgendeiner Zeit auch verlangen könnte.[703] Die (explizite) Leistung auf die Grundschuld dient nicht zur Befriedigung eines Anspruchs von Gläubiger und Sicherungsnehmer, sondern dazu, die dingliche Sicherheit durch vollumfängliche Tilgung abzulösen und diese zu Eigentum zu erwerben (Eigentümergrundschuld). Dies ist aber erst zweckmäßig und plausibel, wenn die Grundschuld fällig ist. Bisweilen wird in diesem Zusammenhang die Behauptung geäußert, dass der BGH gleichwohl von einer jederzeitigen Ablösbarkeit nicht fälliger Grundschulden ausgehe.[704] Dies trifft in dieser Pauschalität nicht zu und entspricht auch nicht der vom BGH getroffenen Aussage, wonach das Fehlen der Fälligkeit nur deshalb „[...] als für die Ablösbarkeit unschädlich angesehen [wurde], weil die [Gläubigerin] mit der Anrechnung der Zahlung(en) auf die Grundschuld einverstanden war."[705] Selbstverständlich können sich die Parteien jederzeit darauf einigen, dass Zahlungen auch auf die nicht fällige Grundschuld angenommen werden. Daraus kann aber nicht der allgemeine Schluss gezogen werden, dass eine nicht fällige Grundschuld jederzeit mit Tilgungswirkung ablösbar ist.[706] Schließlich wäre es widersinnig, dem Eigentümer ein Kündigungsrecht einzuräumen, § 1193 Abs. 1 S. 2 BGB, um die Grundschuld fällig stellen zu können, wenn er die Grundschuld ohnedies jederzeit ablösen könnte. Ein Recht zur Kündigung ergibt für den Eigentümer nur Sinn, wenn sich daraus für ihn vorteilhafte Rechtsfolgen ergeben. Mit der Kündigung wird das Kapital der Grundschuld fällig, § 1192 Abs. 1 S. 1 BGB. Der einzig denkbare Vorteil, der für den Eigentümer damit verbunden sein kann, ist

---

702 Insoweit richtig: *Knops*, Verbraucherschutz bei Immobiliarkreditverhältnissen, S. 175 f. m.w.N.

703 *Gernhuber*, Erfüllung, § 3 I 6 Fn. 16.

704 *Knops*, Verbraucherschutz bei Immobiliarkreditverhältnissen, S. 176; *Lieder*, in: Münchener Kommentar zum BGB (2017), § 1191 Rn. 141; *Rohe*, in: Beck'scher Online-Kommentar BGB, § 1192 Rn. 180.

705 BGH, Urt. v. 19.9.1969 – V ZR 59/66, LM § 1191 BGB Nr. 6 Bl. 142.

706 So aber: *Knops*, Verbraucherschutz bei Immobiliarkreditverhältnissen, S. 176 f.

das Recht zur Grundschuldtilgung; bestünde dieses auch vor Fälligkeit, liefe § 1193 Abs. 1 S. 2 BGB ins Leere.

2. Die Wirkung der Grundschuldtilgung vor Fälligkeit der Forderung

Steht einer Zahlung auf die Grundschuld nichts entgegen oder nimmt der Gläubiger sie trotz abweichender Verrechnungsabrede an,[707] geht das Grundschuldkapital samt den noch nicht fälligen Zinsen in entsprechender Anwendung von §§ 1142, 1143 BGB auf den Eigentümer über.[708] Ist der Eigentümer zugleich der persönliche Schuldner, so erlischt infolgedessen regelmäßig auch die Forderung. Denn mit der Zahlung auf die Grundschuld wird sogleich erfüllungshalber auf die Forderung geleistet und der Gläubiger kann sich aus dem hingegebenen Surrogat befriedigen.[709]

Der Umstand, dass die Leistung auf die Forderung erfüllungshalber erfolgt, führt nun aber nicht plötzlich dazu, dass dadurch eine nicht fällige Forderung zum Erlöschen gebracht wird.[710] § 271 Abs. 2 BGB ist und bleibt auf grundpfandrechtlich gesicherte Festzinskredite unanwendbar. Daran ändert die Form der angebotenen Leistung nichts. Lässt sich der Darlehensgeber nicht auf eine vorzeitige Darlehensablösung ein, besteht die Darlehensforderung vielmehr auch bei vollumfänglicher Grundschuldtilgung unverändert fort. Dennoch erwirbt der Darlehensnehmer die Grundschuld zu Eigentum und kann nunmehr frei über das ehemals belastete Objekt verfügen. Daran ist nichts zu erinnern, da der Darlehensnehmer die dingliche Sicherheit – ähnlich wie bei der Stellung adäquater Ersatzsicherheit –[711] dadurch substituiert, dass er dem Darlehensgeber vorzeitig sämtliche liquiden Mittel zur vertragsgemäßen (!) Befriedigung seiner Ansprüche verschafft.

Im Ergebnis ebenfalls unberechtigt ist in diesem Zusammenhang die Befürchtung, dass der Schuldner bei isolierter Abtretung der Forderung

---

707 Siehe: *Gaberdiel/Gladenbeck*, Kreditsicherung, Rn. 807, 825.

708 So i.E. die allgemeine Meinung; nur die Begründung divergiert, siehe: *Lieder*, in: Münchener Kommentar zum BGB (2017), § 1191 Rn. 123 ff.

709 *U. Huber*, Die Sicherungsgrundschuld, 1965, S. 82 f.; *Lieder*, in: Münchener Kommentar zum BGB (2017), § 1191 Rn. 141; vgl. auch: *Küchler*, Die Sicherungsgrundschuld, 1939, S. 65 ff.; *Seckelmann*, Die Grundschuld als Sicherungsmittel, 1963, S. 118.

710 A.A.: *Knops*, Verbraucherschutz bei Immobiliarkreditverhältnissen, S. 200 ff.

711 § 9 D. II. 2.

doppelt in Anspruch genommen werden könnte.[712] Richtig ist zwar, dass der Schuldner dem Zessionar nicht die erfüllungshalber an den Zedenten geleistete Zahlung entgegenhalten kann, zumal der Zessionar sich aus den hingegebenen Mitteln nicht befriedigen kann. Allerdings wird die fiduziarische Verknüpfung von Forderung und Sicherheit weder durch die Abtretung der gesicherten Forderung noch dadurch gelöst, dass die Grundschuld durch liquide Mittel substituiert wird.[713] Dient die Forderung in der Hand des Zessionars nicht mehr dazu, die Forderung zu sichern oder erfüllt der persönliche Schuldner seine Verbindlichkeiten gegenüber dem Zessionar, fällt der Sicherungszweck weg und der Sicherungsnehmer (Zedent) ist zur Herausgabe der Sicherheit – nunmehr in Form des geldwerten Surrogats – verpflichtet.[714] Dem kann schließlich weder entgegengehalten werden, dass der Darlehensnehmer in dem Fall doppelte Liquidität vorhalten muss und mit dem Insolvenzrisiko des Zedenten belastet ist. Beides nimmt er bewusst und billigend in Kauf, wenn er auf die Grundschuld zahlt, obwohl die Forderung noch nicht fällig ist.

§ 11 Die einvernehmliche „Lösung"

Im Rahmen der allgemeinen Vorschriften verbleibt dem Darlehensnehmer nach bisher gewonnenen Erkenntnissen nur die Möglichkeit, mit dem Darlehensgeber eine einvernehmliche Lösung zu finden, sofern die Voraussetzungen für eine außerordentliche Kündigung nach § 490 Abs. 2 BGB nicht gegeben sind. Das Gesetz eröffnet den Parteien einen weiten Spielraum, ihren Interessen im Zusammenhang mit der vorzeitigen Immobiliarkreditbeendigung privatautonom Ausdruck zu verleihen. Es steht ihnen grundsätzlich frei, jeden Vertrag vorzeitig im gegenseitigen Einvernehmen zu beenden oder anzupassen, ohne dass es dafür einer gesonderten Begründung bedarf. Diese liefert allein die eigenverantwortliche, im Vertrag selbst verkörperte Entscheidung. Dazu wird sich der Darlehensgeber jedoch meist nur gegen Zahlung eines „Vorfälligkeitsentgelts" bewegen lassen, das die Parteien in (*sub* C.) noch näher zu erörternden rechtlichen Grenzen frei aushandeln können. Vorab bedürfen jedoch schon Gegenstand und Konzeption solcher Parteiabsprachen (*sub* A.) sowie deren nicht immer unproblematischer Abschluss (*sub* B.) der näheren Begutachtung, bevor

---

712 *Knops*, Verbraucherschutz bei Immobiliarkreditverhältnissen, S. 194 ff.
713 Vgl.: *K. Schmidt*, JuS 1991, 332.
714 Vgl.: BGH, Urt. v. 2.10.1990 – XI ZR 205/89, NJW-RR 1991, 305.

schließlich die konkreten Gestaltungsspielräume und -varianten in der Praxis näher in den Blick genommen werden (*sub* D.).

A. Vertragsgegenstand und -konzeption

Für den Fall, dass dem Darlehensnehmer keine Möglichkeit zur ordentlichen oder außerordentlichen Kündigung offensteht, kann die Bank im Rahmen der allgemeinen Vorschriften nicht zur vorzeitigen Vertragsbeendigung gezwungen werden. Der Kreditgeber hat das Letztbestimmungsrecht. Insbesondere ist der Rechtsprechung des BGH, wonach der Darlehensnehmer bei berechtigtem Interesse einen Anspruch auf Modifizierung des Vertrages hat, mit Einführung des § 490 Abs. 2 BGB der Boden entzogen worden.[715] Gleichwohl können beide Parteien jederzeit auf eine einvernehmliche Beendigung des Vertrages hinwirken. Darauf kann sich die Bank entweder vorbehaltlos ein- und den Darlehensnehmer endgültig und entschädigungsfrei aus dem Immobiliarkredit entlassen („entschädigungsfreie Vertragsablösung"), oder sie macht ihre Zustimmung zur vorzeitigen Kreditablösung von der Zahlung eines privatautonom auszuhandelnden Vorfälligkeitsentgelts abhängig („entgeltliche Vertragsablösung").

Zur Veranschaulichung des letztgenannten Regelfalles soll das folgende Beispiel dienen:

> Bank (B) gewährt dem privaten Darlehensnehmer (D) im Jahre 2005 ein grundpfandrechtlich gesichertes Darlehen mit zehnjähriger Laufzeit zu einem gebundenen Sollzinssatz von 5 % p.a. Im Jahre 2007 tritt D an B mit der Bitte um vorzeitige Ablösung des Kredits heran. B stimmt dem zu, bedingt sich aber die Zahlung eines angemessenen Vorfälligkeitsentgelts in Höhe einer „echten" Vorfälligkeitsentschädigung zuzüglich einer „Lästigkeitspauschale" von 1000 EUR (≙ 10 % der Vorfälligkeitsentschädigung) aus.

---

715 Dennoch hat der BGH darauf bisweilen auch nach der Schuldrechtsmodernisierung rekurriert, BGH, Urt. v. 30.11.2004 – XI ZR 285/03, BGHZ 161, 196, 200 f.; BGH, Urt. v. 3.2.2004 – XI ZR 398/02, BGHZ 158, 11, 15; Grund dafür dürfte jedoch gewesen sein, dass die revisionsrechtliche Überprüfung anhand des „alten Rechts" statt der je gem. Art. 229 § 5 S. 2 EGBGB anzuwenden neuen Vorschriften stattgefunden hat, nicht hingegen, dass der BGH trotz neuer Rechtslage an seiner Rechtsprechung festhalten wollte, so aber: *Ganter*, WM 2016, 1813, 1816.

I. Meinungsstand

Es ist nicht abschließend geklärt, wie der Gegenstand einer solchen Absprache rechtlich zu fassen ist.

1. Die Vertragsmodifizierungsthese

Nach der Konzeption des BGH soll darin nicht die Vertragsauflösung oder vollständige Vertragsbeendigung, sondern eine Änderung des ursprünglichen Darlehensvertrages zu erblicken sein.[716] Diese Einschätzung stützt sich noch immer auf die grundlegenden Ausführungen des BGH in seinem Urteil v. 1.7.1997.[717] Dort heißt es wörtlich:

> „Tritt der Kreditnehmer an den Darlehensgeber mit dem Wunsch nach einer vorzeitigen Kreditabwicklung gegen Zahlung einer angemessenen Vorfälligkeitsentschädigung heran, so hat dieses Begehren nicht eine Beseitigung der vertraglichen Bindung, sondern letztlich nur eine vorzeitige Erbringung der geschuldeten Leistung zum Ziel. Der Darlehensgeber soll durch die vorzeitige Rückzahlung des Darlehenskapitals und die Zahlung der Vorfälligkeitsentschädigung im wirtschaftlichen Ergebnis so gestellt werden, wie er stünde, wenn das Darlehen für den ursprünglich vereinbarten Festschreibungszeitraum fortgeführt und mit Zinsen bedient worden wäre. Die vom Kreditnehmer in solchen Fällen angestrebte Änderung des Kreditvertrages erschöpft sich somit letztlich in der Beseitigung der vertraglichen – zeitlich begrenzten –Erfüllungssperre, d.h. in einer Vorverlegung des Erfüllungszeitpunktes."[718]

Im Beispiel führte die Absprache von B und D nach diesen Grundsätzen zu einer Modifikation des Darlehensvertrages, anhand der D sämtliche darlehensvertragliche Verpflichtungen – zuzüglich einer Pauschale von 1000 EUR – auf einen Schlag erfüllen kann bzw. zu erfüllen hat, um die vorzeitige Beendigung des angepassten Darlehensvertrages herbeizuführen.

---

716 Grundlegend: BGH, Urt. v. 1.7.1997 – XI ZR 267/96, BGHZ 136, 161, 166; siehe ferner nur: BGH, Urt. v. 11.10.2016 – XI ZR 482/15, NJW 2017, 243 Rn. 32; siehe auch: *K.P.Berger*, in: Münchener Kommentar zum BGB (2016), § 490 Rn. 39 f. („Änderungsvereinbarung").

717 Siehe etwa die Bezugnahme bei: BGH, Urt. v. 11.10.2016 – XI ZR 482/15, NJW 2017, 243 Rn. 32 a.E.

718 BGH, Urt. v. 1.7.1997 - XI ZR 267/96, BGHZ 136, 161, 166.

2. Verortung als autonomer Vertrag

Anderer Ansicht nach soll es sich bei der entgeltlichen Vertragsablösung um eine originäre Absprache zur Vorverlegung des Erfüllungszeitpunktes gegen Zahlung eines Vorfälligkeitsentgelts handeln.[719] Die obligatorische Vereinbarung selbst bewirke keine Modifikation des Darlehensvertrages und erweitere den darlehensvertraglichen Pflichtenkatalog des Darlehensnehmers nicht um die Zahlung einer frei aushandelbaren Ausgleichssumme. Dazu bedürfe es einer vom Darlehensvertrag losgelösten Verpflichtung des Darlehensnehmers, die dieser im Austausch gegen die Vorverlegung des Erfüllungszeitpunktes abgibt. Die Vorverlegung des Erfüllungszeitpunktes wiederum sei „[...] ‚streng genommen' gar keine schuldrechtliche Verpflichtung, sondern ein Verfügungsgeschäft, das unmittelbar auf den Inhalt des Schuldvertrages einwirkt."[720]

II. Die eigene Einschätzung

Ausgangspunkt für eine sachgerechte rechtsdogmatische Verortung entgeltgebundener Vertragsablösungsvereinbarungen müssen die Parteiinteressen sein, die damit verwirklicht werden sollen: Der Darlehensnehmer will sich – meist zwecks Grundstücksenthaftung – vorzeitig vom Immobiliarkredit lösen. Der Darlehensgeber versperrt sich dem in aller Regel nicht, sofern ihm keine wirtschaftlichen Nachteile erwachsen. Ggf. sucht er die „Bittstellerposition" des Darlehensnehmers zum weiteren wirtschaftlichen Vorteil für sich zu nutzen. Die rechtliche Umsetzung dessen kann auf unterschiedlichen dogmatischen Wegen erreicht werden.

1. Keine reine „Vorverlegung des Erfüllungszeitpunktes"

Nicht dazu zählt eine bloße „Vorverlegung des Erfüllungszeitpunktes". Würde der Zeitpunkt der Erfüllung sämtlicher Darlehensverbindlichkeiten für beide Seiten verpflichtend vorverlegt, läge darin eine Verkürzung der Vertragslaufzeit unter wirtschaftlicher Aufrechterhaltung der Zinsschuld für die ursprüngliche Gesamtlaufzeit. Diese führte im Ergebnis zu einem

---

719 OLG Karlsruhe, Urt. v. 22.11.2016 – 17 U 176/15, Rn. 39, juris; *Schnauder*, jurisPR-BKR 1/2017 Anm. 1.
720 *Schnauder*, jurisPR-BKR 1/2017 Anm. 1.

entsprechend kurzfristigeren, aber umso teureren Kredit mit endfälliger Restzinszahlungsverpflichtung.

Von einer solchen – auch für den Darlehensnehmer verpflichtenden – Vorverlagerung der Fälligkeit der Darlehnsgesamtverbindlichkeit geht augenscheinlich auch der BGH nicht aus. Dessen Ausführungen lassen auf die Annahme einer faktischen „Vorverlegung des Erfüllungszeitpunktes" durch „Beseitigung der vertraglichen – zeitlich begrenzten –Erfüllungssperre"[721] zu Gunsten des Darlehensnehmers schließen. Anders gewendet bezwecken die Parteien nicht, dass der Darlehensnehmer die Valuta zum Stichtag zurückzahlen *muss*, sondern, dass er dies *darf*. Der Darlehensnehmer hat die vorfällige Erfüllung des Darlehens ab dem vereinbarten Stichtag zu dulden bzw. darf sich dem nicht mehr versperren. Den Gegenstand einer darauf abzielenden Vertragsgestaltung benennt der BGH rechtlich nicht präzise, sondern beschränkt sich auf eine recht vage Deutung als Vertragsänderung mit dem Ziel „der vorzeitigen Erbringung der geschuldeten Leistung".[722] Eine Konkretisierung der (angeblichen) Vertragsänderung, etwa danach, welche Leistung zu welchem Zeitpunkt geschuldet ist bzw. vorzeitig erbracht werden soll, bleibt der BGH schuldig. Die Aussagekraft der höchstrichterlichen Erwägungen ist insofern beschränkt, zumal das Ziel der „vorzeitigen Erbringung der Leistung" durch verschiedene vertragsdogmatische Gestaltungen erreicht werden kann.

2. Annahme vorzeitiger Rückzahlung nach vorfälliger Zinszahlung

Eine Möglichkeit besteht darin, dass sich der Darlehensgeber zur Annahme der vorzeitigen Rückzahlung der Valuta als Erfüllung verpflichtet, nachdem der Darlehensnehmer sämtlichen im Vertrag angelegten Zinsverpflichtungen („Zinsgesamtverbindlichkeit") nachgekommen ist. Darin wäre im Grunde eine Rückbesinnung auf die Vorgaben des allgemeinen Schuldrechts betreffend die vorzeitige Erfüllung laufzeitabhängiger Verbindlichkeiten zu sehen. Der Darlehensnehmer erfüllt seine gesamten Zinsverbindlichkeiten gem. § 271 Abs. 2 BGB vor Fälligkeit und der Darlehensgeber duldet sodann die Rückzahlung der unverzinslichen Kapitalschuld (§ 488 Abs. 3 S. 3 BGB) trotz abweichender gesetzlicher Wertung (§§ 490 Abs. 2, 502 BGB) bzw. vertraglicher Abrede. In einem darüberhinausgehenden Vorfälligkeitsentgelt kann nach dieser Konzeption einerseits

---

721 BGH, Urt. v. 1.7.1997 – XI ZR 267/96, BGHZ 136, 161, 166.
722 Ebda.

die Gegenleistung für die Zustimmung zur Kumulation der Zinspflicht sowie zur Annahme der Rückzahlung der unverzinslichen Valuta als Erfüllung gesehen werden, die nicht im (modifizierten) Darlehensvertrag selbst, sondern originär in der davon unabhängigen Ablösungsvereinbarung gründet. Andererseits liegt es nicht fern, ein solches „Vorfälligkeitsentgelt im engeren Sinne" als Verteuerung der (flexibilisierten) Kapitalnutzungsmöglichkeit, sprich als endfällige Zusatzzinszahlung zu interpretieren. Im letzteren Fall handelte es sich beim Vorfälligkeitsentgelt im Ergebnis um die erhöhte Zinsgesamtverbindlichkeit des Darlehensnehmers, die dieser auf Grundlage des modifizierten Darlehensvertrages *in cumulo* zahlen und sogleich das unverzinsliche Kapital zurückführen kann.

3. Annahme vorzeitiger Tilgung gegen Kompensationszahlung

Die weit überwiegenden Gestaltungen in der Praxis legen allerdings eine andere vertragsdogmatische Konzeption nahe.[723] Der Darlehensnehmer tritt regelmäßig an die Bank mit der Bitte um vorzeitige Darlehensablösung heran. Ist die Bank zustimmungswillig, teilt sie dem Kunden mit, dass sie mit der vorzeitigen Rückführung des Darlehens gegen Zahlung eines Aufhebungsentgelts bzw. Vorfälligkeitsentgelts einverstanden ist. Mit der Rückführung des Darlehens meinen die Parteien die Rückführung der noch nicht getilgten Valuta, sofern sich nicht etwas anderes aus dem Vertrag(skontext) ergibt [724] „Das Aufhebungsentgelt soll [...] die Nachteile einer vorzeitigen Rückführung der Darlehensmittel ausgleichen, da unverändert Kosten aus der Beschaffung der ausgeliehenen Gelder anfallen."[725] Mit der Rückzahlung der Valuta fällt der Anspruch auf nicht bereits fällige Zinsen nach dem ungeschriebenen Grundsatz zinsrechtlicher Akzessorietät weg.[726] Das im Gegenzug zu zahlende Vorfälligkeitsentgelt dient somit in erster Linie – wie die Vorfälligkeitsentschädigung – zum Ausgleich des entgangenen Zinsvorteils und wird von den Banken auch in aller Regel

723 Siehe hierzu das Aufhebungsvertragsmuster bei: *Rösler/Wimmer/Lang*, Vorzeitige Beendigung von Darlehensverträgen, Rn. B 199.
724 Vgl. auch: *Thessinga* in: Ebenroth/Boujong/Joost/Strohn, Handelsgesetzbuch (2015), Bd. 2, Rn. IV 203.
725 So die Musterformulierung bei *Rösler/Wimmer/Lang*, Vorzeitige Beendigung von Darlehensverträgen, Rn. B 199.
726 § 4 B. IV. 3.

nach den für § 490 Abs. 2 S. 3 BGB geltenden Grundsätzen berechnet.[727] Allerdings handelt es sich beim Vorfälligkeitsentgelt nicht um einen gesetzlichen Schadenersatzanspruch, sondern um einen grundsätzlich frei aushandelbaren „Preis" für die Annahme der Darlehensrückführung vor Ablauf der Zinsfestschreibungsfrist als Erfüllung, den die Parteien im beiderseitigen Einvernehmen auch über dem gem. § 490 Abs. 2 S. 3 BGB beanspruchbaren Betrag ansetzen können.[728] Die rechtliche Grundlage sämtlicher „Entgeltzahlungen" bildet allein die darlehensunabhängige Ablösungsvereinbarung. Weder die Kompensationszahlung für die wegfallenden Zinsen noch ein darüberhinausgehendes Vorfälligkeitsentgelt i.e.S. können nach dieser Konzeption im ursprünglichen oder veränderten Darlehensvertrag gründen. Das darlehensvertragliche Pflichtenprogramm kennt derartige Leistungsversprechen nicht; sie müssen losgelöst davon begründet werden.[729]

Nochmals zusammengefasst erschöpft sich die rechtliche Wirkung der Parteivereinbarung „somit letztlich in der Beseitigung der vertraglichen – zeitlich begrenzten – Erfüllungssperre [...]".[730] Die Parteien bestimmen, dass die verzinsliche Kapitalschuld – ganz im Sinne der Zweifelsregel des § 271 Abs. 2 BGB – vorzeitig erfüllt werden kann. Darin ist noch keine Beendigung des Darlehensvertrages zu erblicken. Diese erfolgt erst mit der tatsächlichen Erfüllung des Rückzahlungsanspruchs durch Annahme der vorfälligen Zahlung als Erfüllung durch den Darlehensgeber sowie Begleichung sämtlicher bereits fälliger Zinsverbindlichkeiten. Ebenso unpräzise ist es die „Vorverlegung des Erfüllungszeitpunktes" als schuldrechtliche Modifikation des Darlehensvertrages zu qualifizieren.[731] Die vorzeitige Rückzahlung des Kapitals wird vom Darlehensgeber in Erfüllung seiner Verbindlichkeit aus der eigens zu diesem Zweck getroffenen Parteiabsprache als Erfüllung angenommen. Weder bei dieser tatsächlichen Hand-

---

727 *K.P.Berger*, in: Münchener Kommentar zum BGB (2016), § 490 Rn. 40; vgl. ferner: *Fischer*, in: Fischer/Klanten, Bankrecht (2010), Rn. 6.115.

728 Vgl.: BGH, Urt. v. 6.5.2003 – XI ZR 226/02, NJW 2003, 2230, 2231; *Krepold* in: Schimansky/Bunte/Lwowski, Bankrechts-Handbuch (2017), § 79 Rn. 68 f.; *Rösler/Wimmer/Lang*, Vorzeitige Beendigung von Darlehensverträgen, Rn. B 199; *Rösler/Wimmer*, WM 2000, 164, 167; zu den Grenzen siehe unten: § 11 C.

729 Vgl.: OLG Karlsruhe, Urt. v. 22.11.2016 – 17 U 176/15, juris Rn. 39; *Schnauder*, jurisPR-BKR 1/2017 Anm. 1.

730 BGH, Urt. v. 1.7.1997 – XI ZR 267/96, BGHZ 136, 161, 166.

731 Dagegen mit Recht: *Schnauder*, jurisPR-BKR 1/2017 Anm. 1.

lung[732] noch dem im Austausch hierfür zu zahlenden Vorfälligkeitsentgelt handelt es sich um Pflichten aus einem (modifizierten) Darlehensvertrag. Dieser verpflichtet den Darlehensgeber nach wie vor zur Belassung des hingegebenen Kapitals und den Darlehensnehmer zur Rückzahlung der Valuta sowie der Zahlung von Zinsen. Aus der „Aufhebungsvereinbarung" ergibt sich für den Darlehensnehmer lediglich die Möglichkeit zur vorzeitigen Erfüllung des Rückzahlungsanspruchs.[733] Macht der Darlehensnehmer davon Gebrauch, endet sogleich der Zinsanspruch des Darlehensgebers nach dem Grundsatz zinsrechtlicher Akzessorietät und das Darlehen ist vorbehaltlich der Entrichtung sämtlicher bereits fälliger Zinsen vorzeitig abgelöst. Der Darlehensvertrag kann – in welcher Form auch immer – nicht mehr rechtliche Grundlage der Ausgleichs- und Entgeltzahlung sein; dies ist nur noch die originäre (entgeltliche) Ablösungsvereinbarung.

B. Abschluss und Auslegung „lückenhafter" Ablösungsvereinbarungen

Im Idealfall wird eine solche Vereinbarung auf unzweifelhafter Tatsachenbasis zu angemessenen Konditionen geschlossen, der Darlehensvertrag vorzeitig erfüllt und die vereinbarte Ausgleichsforderung des Darlehensgebers bedient. Problematisch sind demgegenüber Fallgestaltungen, in denen der Kredit vorzeitig im beiderseitigen Einvernehmen abgelöst werden sollte, ohne dass die Parteien eine Regelung über mögliche Kompensationszahlungen des Darlehensnehmers getroffen haben.[734]

---

732 Erman/*Westermann/Buck-Heeb*, § 363 Rn. 3; *Olzen*, in: Staudinger, BGB (2016), § 363 Rn. 13; Soergel/*Schreiber*, BGB (2009), § 363 Rn. 1; Palandt/*Grüneberg*, § 363 Rn. 2; *Fetzer*, in: Münchener Kommentar zum BGB (2016), § 363 Rn. 3; für tatsächliche Handlung mit rechtsgeschäftsähnlichem Charakter: BGH, Urt. v. 12.6.2013 – XII ZR 50/12, NJW-RR 2013, 1232 Rn. 38; *Dennhardt*, in: Beck'scher Online-Kommentar BGB, § 363 Rn. 5.

733 Siehe dazu auch die in der Praxis übliche Gestaltung einer „Aufhebungsentgelt-Anpassungsklauseln", anhand derer der tatsächliche Rückzahlungstermin als Stichtag für die Entgeltberechnung auf Grundlage des dann gültigen Zinsniveaus bestimmt wird, *Rösler/Wimmer/Lang*, Vorzeitige Beendigung von Darlehensverträgen, Rn. B 199.

734 Siehe dazu: *Ganter*, WM 2016, 1813, 1816 ff.

I. Lösungsansätze in Rechtsprechung und Literatur

Dem soll nach teilweise vertretener Ansicht dadurch abgeholfen werden, dass § 490 Abs. 2 S. 3 BGB auch in Fällen einvernehmlicher Darlehensbeendigung Anwendung findet.[735]

Anderer Ansicht nach kommt eine (entsprechende) Anwendung des § 490 Abs. 2 S. 3 BGB mangels wirksamer Kündigung nicht in Betracht. Taugliche Grundlage könne nur eine im Zweifel nach §§ 133, 157 BGB ergänzend auszulegende Vereinbarung der Parteien sein. Fehle es daran, könne der Darlehensgeber weder ein „Vorfälligkeitsentgelt" noch eine „Vorfälligkeitsentschädigung" beanspruchen.[736] Allerdings wird eine Pflicht des Darlehensnehmers zur Zahlung eines „angemessenen" Vorfälligkeitsentgelts – teils sehr großzügig – im Wege der ergänzenden Vertragsauslegung[737] oder auch unter Berufung auf § 242 BGB angenommen.[738] In vielen Fällen erstrebt der Darlehensnehmer eine vorzeitige Beendigung des Darlehensvertrages, um (schnell) eine Freistellung des zur Sicherung belasteten Grundstücks zu erreichen und dieses lastenfrei veräußern zu können. Lasse der Darlehensnehmer den Grundstückskaufvertrag nun unter Verwendung der Löschungsbewilligung vollziehen, die die Bank nur vorbehaltlich der Zahlung eines (angemessenen) Vorfälligkeitsentgelts erteilt hat, sei zu Gunsten des Darlehensgebers in der Regel zugleich von einer wirksamen Entgeltvereinbarung auszugehen. Jedenfalls sei es dann treuwidrig, wenn der Darlehensnehmer eine Pflicht zur Vorfälligkeitsentgeltzahlung unter Verweis auf den fehlenden Konsens negiere.[739]

Nach Auffassung von *Bruchner* und *Krepold* soll sich ein Anspruch der Bank auf Zahlung eines Vorfälligkeitsentgelts ohnedies regelmäßig schon aus der Auflösungsvereinbarung selbst ergeben, zumal dies dem gesetzlichen „Normalfall" entspreche und es daher keiner gesonderten Aufnahme

---

735 OLG Schleswig, Urt. v. 21.5.2015 – 5 U 207/14, ZIP 2015, 1817, 1819; Palandt/ *Weidenkaff,* § 490 Rn. 8.

736 *Rösler/Wimmer,* WM 2000, 164, 167; *Rösler/Wimmer/Lang,* Vorzeitige Beendigung von Darlehensverträgen, Rn. B 88, 198 ff.; *Ganter,* WM 2016, 1813, 1818.

737 OLG Brandenburg, Urt. v. 10.12.2014 – 4 U 96/12, juris Rn. 79.

738 OLG Düsseldorf, Urt. v. 29.1.2016 – I-7 U 21/15, juris Rn. 73; OLG Karlsruhe, Urt. v. 21.8.2008 – 17 U 334/08, BKR 2009, 121; ferner schon: *Canaris,* Bankrechtstag 1996, 3, 25.

739 Näher: *Ganter,* WM 2016, 1813, 1817 f., der die zuvor genannten Urteile des OLG Karlsruhe und OLG Brandenburg *en detail* rezipiert.

in den Vertrag bedürfe.[740] Einer solchen bedürfe vielmehr der ausnahmsweise Verzicht der Bank, wobei an die Feststellung des Verzichtswillens zudem strenge Anforderungen zu stellen seien.[741]

II. Die eigene Einschätzung

Besteht eine vertragliche Vereinbarung über die vorzeitige Ablösung des Vertrages, genießt diese trotz möglicher Berechtigung zur außerordentlichen Kündigung grundsätzlich Vorrang. Wenn aber die Voraussetzungen einer außerordentlichen Kündigung, insbesondere nach § 490 Abs. 2 BGB nicht vorliegen, ist von vornherein kein Raum für eine Anwendung der Vorschrift. Sowohl der prinzipielle Wille zur vorzeitigen Vertragsbeendigung als auch die Modalitäten dafür müssen sich aus der vertraglichen Absprache der Parteien ergeben. Etwaige Lücken sind im Wege der ergänzenden Vertragsauslegung zu schließen, wobei § 490 Abs. 2 S. 3 BGB allenfalls als gesetzliche Orientierungshilfe herangezogen werden kann. Ein fehlender Konsens über eine Ausgleichszahlung darf nicht unter Heranziehung von § 490 Abs. 2 S. 3 BGB substituiert werden.[742]

Im Besonderen streitanfällig und problembehaftet ist der Fall, dass die Bank den Darlehensnehmer mehr oder weniger deutlich darauf hinweist, dass sie eine vorzeitige Darlehensablösung nur gegen Zahlung eines Vorfälligkeitsentgelts dulden wird, es jedoch weder in der Sache noch in der Höhe zu einer ausdrücklichen Einigung darüber kommt. Hintergrund dessen ist, dass eine Ablösungsvereinbarung – trotz ggf. bestehendem Kündigungsrecht gem. § 490 Abs. 2 BGB – meist anlässlich einer (zeitnahen) Veräußerung des belasteten Grundstücks erfolgt.[743] Dafür bedarf es der Freistellung von bestehenden Grundschulden, die zumeist nur durch Ablösung der gesicherten Darlehensverbindlichkeit einschließlich eines Vorfälligkeitsentgelts (zumindest) in Höhe einer Vorfälligkeitsentschädigung gem. § 490 Abs. 2 S. 3 BGB zu erreichen ist.[744] Um die Abwicklung des Kaufvertrages nicht zu behindern, reicht es in der Praxis regelmäßig aus, von der Bank eine Löschungsbewilligung einzuholen, die der Notar aus-

---

740 *Krepold*, in: Schimansky/Bunte/Lwowski, Bankrechts-Handbuch (2017), § 79 Rn. 70 (Fn. 6).
741 Ebda.
742 *Ganter*, WM 2016, 1813, 1819.
743 Ebda.
744 *Heinze*, DNotZ 2016, 255, 261.

weislich eines entsprechenden Treuhandauftrages des Kreditinstituts erst nach Erfüllung aller ausstehenden Verbindlichkeiten vollziehen darf.[745] Da der Notar *de lege lata* nicht zu prüfen braucht, ob die bankseitigen Forderungen berechtigt sind, werden diese zunächst erfüllt und es erfolgt der Vollzug von Lastenfreistellung und Kaufvertrag.[746] Den Gegenstand möglicher Streitigkeiten bilden daher fast ausnahmslos Regressforderungen des Darlehensnehmers, die auf Herausgabe der rechtsgrundlos erlangten Kompensationsleistung gerichtet sind. Denn zu einer ausdrücklichen Einigung über ein vom Darlehensnehmer zu zahlendes Vorfälligkeitsentgelt kommt es im Rahmen des geschilderten Verfahrens nur ausnahmsweise, zumal die konkrete Berechnung bzw. Geltendmachung des Vorfälligkeitsentgelts oftmals erst nach Abschluss und Beurkundung des Kaufvertrages erfolgt.[747] Dann aber stellt sich die Frage, ob überhaupt eine entgeltgebundene Ablösungsvereinbarung wirksam zustande gekommen ist.

1. Die Konsensfindung in der Praxis

Dafür bedarf es zweier inhaltlich aufeinander bezogener Willenserklärungen, die im Zweifel nach §§ 133, 157 BGB auszulegen sind, dann aber zumindest einen Konsens über die *essentialia negotii* des Vertrages erkennen lassen müssen.[748] Namentlich müssen sich die Parteien einig sein, dass der Kredit vorzeitig abgelöst werden darf und dass damit eine Verpflichtung des Darlehensnehmers zur Zahlung eines Vorfälligkeitsentgelts einhergeht. Voraussetzung ist also, dass vor der notariellen Abwicklung des Kaufvertrages zwischen dem Darlehensnehmer (Verkäufer) und dem Erwerber deutlich gemacht worden ist, dass der Darlehensnehmer nur bei Zahlung eines Vorfälligkeitsentgelts den Kredit vorzeitig ablösen können und eine lastenfreie Veräußerung ermöglicht werden soll. Verliert die Bank kein Wort über eine etwaige Kompensationsforderung und fehlt insofern jeder taugliche Anknüpfungspunkt für die Vereinbarung eines Vorfälligkeitsentgelts, ist zu Gunsten des Darlehensnehmers davon auszugehen, dass die Bank zu einer entgeltfreien Vertragsbeendigung bereit ist.[749]

---

745 Ebda.
746 Vgl.: *Everts*, in: Beck'sches Notar-Handbuch (2016), A. I. Rn. 206 ff.
747 *Ganter*, WM 2016, 1813, 1819.
748 *Ganter*, WM 2016, 1813, 1818.
749 *Ganter*, WM 2016, 1813, 1819.

Am Abschluss eines wirksamen Ablösungsvertrages bestehen indes erhebliche Zweifel, wenn zwar in der Sache klar ist, dass die Zustimmung der Bank dazu an eine Entgeltzahlungspflicht des Darlehensnehmers knüpft, aber Angaben zur konkreten Höhe des zu zahlenden Vorfälligkeitsentgelts fehlen. Im Rahmen solch einer entgeltlichen Ablösungsvereinbarung ist das Vorfälligkeitsentgelt Ausgleich dafür, dass der Darlehensgeber die vorzeitige Erfüllung und den damit einhergehenden Verlust von Zinsvorteilen zulässt. Dieser vom Darlehensnehmer zu zahlende „Preis" für die vorzeitige Ablösung des ursprünglichen Kredits ist wesentlicher Vertragsbestandteil, über den die Parteien zwingend einig werden müssen. Hierfür reicht es aus, wenn das Vorfälligkeitsentgelt unter Heranziehung des dispositiven Rechts oder – nachrangig dazu – im Wege der ergänzenden Vertragsauslegung gem. §§ 133, 157 BGB bestimmt werden kann.[750]

Bei der Ablösungsvereinbarung handelt es sich nicht um einen typisierten Vertrag, für den das Gesetz ein differenziertes Regelungsprogramm bereithält. Insbesondere kann nicht ohne weiteres auf die darlehensrechtlichen Kündigungsvorschriften zurückgegriffen werden, da sich die Regelungslücke gerade nicht im Zusammenhang mit einem Darlehensvertrag oder dessen Kündigung ergibt. Vielmehr kann die von den Parteien erstrebte Ablösungsvereinbarung allenfalls im Wege der ergänzenden Vertragsauslegung nach §§ 133, 157 BGB konkretisiert werden.

> „Die ergänzende Vertragsauslegung richtet sich danach, was die Parteien bei einer angemessenen Abwägung ihrer Interessen nach Treu und Glauben als redliche Vertragspartner vereinbart hätten, wenn sie den nicht geregelten Fall bedacht hätten. Bei der Ermittlung dieses hypothetischen Parteiwillens sind in erster Linie die in dem Vertrag schon vorhandenen Regelungen und Wertungen zu berücksichtigen. Die hieraus herzuleitende Vertragsauslegung muß sich als zwanglose Folge aus dem gesamten Zusammenhang des Vereinbarten ergeben."[751]

Nach diesen Grundsätzen ist es naheliegend und geboten, die konkrete Höhe des Vorfälligkeitsentgelts anhand der Grundsätze zu bestimmen, die zur Berechnung der „Vorfälligkeitsentschädigung" i.S.v. § 490 Abs. 2 S. 3 BGB entwickelt worden sind. Dies gilt jedenfalls dann, wenn sich dem Sachverhalt genügende Anhaltspunkte für eine Bezugnahme auf die insofern anerkannten Berechnungsmethoden entnehmen lassen, indem der Darlehensgeber etwa den Ersatz des „positiven Interesses", des „Nichterfül-

---

750 *Ganter*, WM 2016, 1813, 1818.
751 BGH, Urt. v. 4.3.2004 – III ZR 96/03, BGHZ 158, 201, 207.

lungsschadens" oder einer „Vorfälligkeitsentschädigung" beansprucht. Aber selbst dann, wenn der Darlehensgeber seine Forderung zunächst völlig offen formuliert und die Annahme der vorfälligen Rückzahlung als Erfüllung von einem „angemessenen Betrag" oder einer „noch zu bestimmenden Summe" abhängig macht, kann der Vertrag unter Rückgriff auf die gängigen Methoden zur Ermittlung von Vorfälligkeits- und Nichtabnahmeentschädigung sinnvoll „zu Ende gedacht" werden.[752] Dadurch, dass der Darlehensnehmer die Lastenfreistellung irreversibel vollziehen lässt, ohne der zuvor geäußerten Entgeltforderung des Darlehensgebers ausdrücklich zu widersprechen, erklärt er sich konkludent damit einverstanden, eine Kompensationsleistung an den Darlehensgeber zu erbringen. Die gänzliche Negierung der vertraglichen Absprache infolge einer fehlenden Preisbestimmung wird dem geäußerten Willen der Parteien nicht gerecht, sondern führte ohne Not zur einseitigen Übervorteilung einer Partei.[753] Dementgegen kann die lückenhafte Absprache dadurch interessengerecht ergänzt werden, dass das konkret zu zahlende Vorfälligkeitsentgelt – wie in der Praxis üblich –[754] unter Heranziehung der zur Berechnung der Vorfälligkeitsentschädigung anerkannten Methoden bestimmt wird. Damit wird einerseits dem berechtigten und auch klar geäußerten Interesse des Darlehensgebers an wirtschaftlicher Kompensation für die vorzeitige Vertragsbeendigung genüge getan. Andererseits wird eine Überforderung und Benachteiligung des Darlehensnehmers vermieden, da er lediglich mit einer Zahlungsforderung konfrontiert wird, mit der er in der Sache rechnen muss und die in dieser Höhe selbst infolge berechtigter Kündigung angefallen wäre, § 490 Abs. 2 S. 3 BGB.

Gleichwohl ist es für den Darlehensnehmer tunlich, die Zahlung des geforderten Entgelts mit Blick auf § 814 BGB nur unter Vorbehalt ausführen und die Höhe der Forderung nachträglich durch den Richter überprüfen zu lassen.[755] Eine Überprüfung der Forderungshöhe durch den Notar bereits im Rahmen der Beurkundung, wie sie teils im Sinne eines effektiven Verbraucherschutzes gefordert wird,[756] ist hingegen abzulehnen. Denn selbst eine nur kursorische Überprüfung kann das Beurkundungsverfahren zweckwidrig bzw. mit Blick auf die Pflicht zur Urkundsgewährung gem.

---

752 Vgl.: BGH, Urt. v. 20.9.1993 – II ZR 104/92, BGHZ 123, 281, 286.
753 Dazu sogleich.
754 *K.P.Berger*, in: Münchener Kommentar zum BGB (2016), § 490 Rn. 40.
755 *Heinze*, DNotZ 2016, 255, 264; *Ganter*, WM 2016, 1813, 1820; *Canaris*, Bankrechtstag 1996, 3, 24 m.w.N.
756 *Knops*, NJW 2015, 3121, 3125.

§ 15 Abs. 1 S. 1 BNotO sogar rechtswidrig behindern, da der Notar die Beurkundung in der Regel schon vor der tatsächlichen Enthaftung des Grundstücks vornehmen kann und soll. Eine ggf. streitige Auseinandersetzung mit der Bank über die Zurverfügungstellung einer detaillierten Rechnungsaufstellung führte zudem zu einer Überfrachtung der Beurkundungs- und Vertragsabwicklungspraxis.[757]

2. Folgen fehlender Einigkeit

Kommt es im Einzelfall dennoch zum logischen oder offenen Dissens, stünde es dem Darlehensnehmer grundsätzlich frei, ein schon bezahltes Vorfälligkeitsentgelt zu kondizieren, auch wenn es bereits zum irreversiblen Vollzug der Lastenfreistellung gekommen ist.[758] Sind die Forderungen der Bank hingegen ausnahmsweise noch nicht vollumfänglich erfüllt worden, darf der Treuhänder die Löschungsbewilligung der Bank nicht verwenden, sodass der Darlehensnehmer nicht in der Lage wäre, seiner Pflicht aus dem Kaufvertrag zur Verschaffung lastenfreien Eigentums nachzukommen, § 433 Abs. 1 BGB.[759] In dem einen wie dem anderen Fall stünde eine einseitige Benachteiligung im Raume, die im Einzelfall unbillig bzw. nicht mit Treu und Glauben zu vereinbaren sein mag. Daher ist im gegebenen Fall die Frage zu beantworten, ob sich der Darlehensnehmer der Forderung der Bank treuwidrig verschließt oder zu Recht auf einer entgeltfreien Vertragsauflösung bzw. der Rückforderung rechtsgrundlos gezahlten Vorfälligkeitsentgelts bestehen darf. So dürfte es etwa widersprüchlich und rechtsmissbräuchlich sein, eine Entgeltvereinbarung – z.B. unter Verweis auf die fehlende Bestimmtheit der Forderung – zu negieren,[760] obwohl die Lastenfreistellung irreversibel vollzogen ist und der Darlehensgeber betragsmäßig nicht mehr einbehalten will, als ein auf das positive Interesse beschränktes Vorfälligkeitsentgelt.[761] Andererseits kann die Bank mit ihrer Forderung auch nach Treu und Glauben kein Gehör finden, falls davon zwischen den Parteien nie die Rede war oder von der Bank hierzu nur vage oder widersprüchliche Aussagen vorliegen.[762]

---

757 *Heinze*, DNotZ 2016, 255, 263 f.
758 *Canaris*, Bankrechtstag 1996, 3, 25.
759 Vgl.: *Heinze*, DNotZ 2016, 255, 262; *Ganter*, WM 2016, 1813, 1820.
760 Nach hier vertretener Ansicht helfen darüber in aller Regel schon die §§ 133, 157 BGB hinweg, siehe oben: § 11 B. II. 1.
761 Vgl.: *Canaris*, Bankrechtstag 1996, 3, 25.
762 Vgl.: *Ganter*, WM 2016, 1813, 1818 f.

C. Inhalt und Grenzen der Entgeltvereinbarung

Die Frage, ob es zum Abschluss einer Vorfälligkeitsentgeltvereinbarung in bestimmter Höhe gekommen ist, ist von der Frage zu trennen, welche rechtlichen Grenzen dabei zu achten sind. Vor allem der Darlehensnehmer, der sich nicht auf ein Kündigungsrecht stützen kann, ist in schwieriger Verhandlungsposition und muss sich den Preis für die vorzeitige Vertragsablösung in ungünstigen Fällen geradezu diktieren lassen. Im Zweifel steht er nur vor der Wahl, die Preisvorstellung des Darlehensgebers zu akzeptieren oder auf die vorzeitige Ablösung des Darlehens zu verzichten, kurzum: *take it or leave it.* Da der Darlehensnehmer zudem weder auf ein anderes Produkt, noch einen anderen Vertragspartner ausweichen kann, ist es jedenfalls nicht ausgeschlossen, dass die Vertragsparität zu seinen Lasten gestört ist. Vor diesem Hintergrund werden in Wissenschaft und Praxis unterschiedliche Ansätze zur inhaltlichen Beschränkung und Kontrolle mutmaßlich überzogener Entgeltforderungen diskutiert.

I. Meinungsstand

1. Inhaltskontrolle nach § 138 BGB

Nach allgemeiner Ansicht kann das vom Darlehensnehmer zu zahlende Entgelt nur in den Grenzen des § 138 BGB vereinbart werden.[763] Insofern kann der Wuchertatbestand des § 138 Abs. 2 BGB erfüllt sein oder ein wucherähnliches Geschäft gem. § 138 Abs. 1 BGB vorliegen.

> „Beide Tatbestände erfordern nach ständiger höchstrichterlicher Rechtsprechung sowohl ein objektiv auffälliges Mißverhältnis von Leistung und Gegenleistung als auch das Hinzutreten subjektiver Umstände wie die vorwerfbare Ausbeutung der Zwangslage, der Unerfahrenheit, des Mangels an Urteilsvermögen oder der erheblichen Willensschwäche des Benachteiligten im Falle des § 138 Abs. 2 BGB oder das Zutagetreten einer verwerflichen Gesinnung des Begünstigten im Falle des § 138 Abs. 1 BGB."[764]

In Anlehnung an die von der Rechtsprechung zu Ratenkrediten entwickelten Grundätze ist die Grenze zum Wucher regelmäßig überschritten,

---

763 Statt aller: BGH, Urt. v. 6.5.2003 – XI ZR 226/02, NJW 2003, 2230.

764 BGH, Urt. v. 6.5.2003 – XI ZR 226/02, NJW 2230, 2231 (Nachw. ausgelassen).

wenn das vereinbarte Entgelt eine nach § 287 ZPO geschätzte Vorfälligkeitsentschädigung um mehr als das doppelte übersteigt.[765] Dann liegt es jedenfalls nahe, dass die Bank eine Zwangslage des Darlehensnehmers ausnutzt, in der er etwa unter massivem Verkaufsdruck steht.[766] Ein weniger strenger Maßstab gilt nach höchstrichterlicher Rechtsprechung allerdings, wenn sich Unternehmer oder Kaufleute gegenüberstehen, da hier regelmäßig nicht davon ausgegangen werden kann, dass der Begünstigte (Darlehensnehmer) die persönliche oder geschäftliche Unterlegenheit des Benachteiligten ausgenutzt hat.[767] In Teilen der Literatur wird überdies eine besonders strenge Handhabung des § 138 BGB angemahnt, die der übermächtigen Verhandlungsposition des Darlehensgebers ausreichend Rechnung trägt. Insofern soll schon bei „nur" unangemessen hohen Vorfälligkeitsentgelten der Verdacht einer sittenwidrigen Ausnutzung der schwachen Verhandlungsposition des Darlehensnehmers nahe liegen.[768]

Als rechtliche Folge des Sittenverstoßes kommt nach Rechtsprechung und herrschender Lehre grundsätzlich[769] nur die Unwirksamkeit der gesamten Ablösungsvereinbarung in Betracht, §§ 138, 139 BGB. Eine geltungserhaltende Reduktion der sittenwidrigen Abrede, z.B. durch Reduzierung des Entgelts auf das marktübliche oder gar höchstzulässige Maß,[770] soll nach ganz h.M. bei einem Verstoß gegen das Wucherverbot[771] ebenso ausgeschlossen sein, wie bei Preisvereinbarungen, die durch Ausnutzung

---

765 *Krepold*, in: Schimansky/Bunte/Lwowski, Bankrechts-Handbuch (2017), § 79 Rn. 69 m.w.N.

766 *Canaris*, Bankrechtstag 1996, 3, 28.

767 BGH, Urt. v. 6.5.2003 – XI ZR 226/02, NJW 2230, 2231.

768 In diese Richtung: *Canaris*, FS Zöllner (1998), 1055, 1067; vgl. ferner: OLG Karlsruhe, Urt. v. 22.11.1996 – 3 U 52/96, ZIP 1997, 498, 499; *Köndgen*, ZIP 1997, 1645, 1646; *Metz*, in: Metz/Wenzel, Rn. 85, 91; *ders.*, *ZBB* 1994, 205, 209; *Reifner*, EWiR 1996, 1113, 1114; ders. VuR 1996, 82; vgl. auch: *Bruchner* in: Schimansky/Bunte/Lwowski, Bankrechts-Handbuch (1997), § 78 Rn. 101 f., die dies jedoch durch eine entsprechende Anwendung des § 315 Abs. 3 erreichen wollten.

769 In Rspr. und Lit. werden nicht wenige Ausnahmen vom Grundsatz der Gesamtnichtigkeit anerkannt oder zumindest diskutiert; ausführlich hierzu: *Armbrüster*, in: Münchener Kommentar zum BGB (2016), § 138 Rn. 158; *Sack/Fischinger*, in: Staudinger, BGB (2017), § 138 Rn. 154 ff.

770 Siehe hierzu im Zusammenhang mit wucherischen Krediten: *Sack/Fischinger*, in: Staudinger, BGB (2017), § 138 Rn. 192 ff. m.w.N.

771 Anders aber sowohl beim „Mietwucher" (BGH, Rechtsentscheid in Mietsachen v, 11.1.1984 – VIII ARZ 13/83, BGHZ 89, 316, 320 f.) als auch beim „Lohnwucher" (*Sack/Fischinger*, in: Staudinger, BGB (2017), § 138 Rn. 191).

einer (faktischen) Monopolstellung durchgesetzt wurden.[772] Dem Wucherer sollen aus dem Rechtsgeschäft keine Vorteile erhalten bleiben, da § 138 BGB nur so seine pönale und präventive Wirkung voll entfalten können soll.[773]

2. Angemessenheitskontrolle nach § 315 Abs. 3 BGB analog

Teilweise wird eine Kontrolle der vereinbarten Entgelthöhe („Entgeltkontrolle") am Maßstab des § 138 BGB für unzureichend erachtet. § 138 BGB verbiete nur die „Vereinbarung" extrem überhöhter Vorfälligkeitsentgelte und habe unter diesen strengen Voraussetzungen mit Recht die Gesamtnichtigkeit der Auflösungsvereinbarung zu Folge. Dies sei für den Darlehensnehmer jedoch nur ein Nutzen von „eher zweifelhafter Natur"[774], da er in der Folge weiter an den ursprünglichen Vertrag gebunden sei und es abermals in der Hand des Darlehensgebers liege, der vorzeitigen Darlehensablösung zu angemessenen oder zumindest nicht sittenwidrigen Konditionen zuzustimmen. Im ungünstigsten Fall könnte der Darlehensgeber von einer vorzeitigen Beendigung nunmehr auch ganz Abstand nehmen und den Darlehensnehmer bis Laufzeitende am Vertrag festhalten. Dem könne auch nicht dadurch abgeholfen werden, dass dem Darlehensnehmer, dem ein sittenwidriger Ablösungsvertrag diktiert worden ist, ein Recht zur entgelt- und entschädigungsfreien Kündigung aus wichtigem Grund einzuräumen sei, § 314 BGB.[775] Auf diese Weise werde „[...] lediglich das hohe Streitpotential, das mit einer exakten Berechnung des dem Darlehensgeber tatsächlich entstehenden Vorfälligkeitsnachteils verbunden ist, [...] von der Tatbestandsseite auf die Rechtsfolgenseite verlagert [...]".[776] Zudem helfe § 138 BGB nicht zu verhindern, dass der Darlehensgeber seine besonders günstige, monopolartige Stellung nutzt, um gegenüber dem Darlehensnehmer unangemessen hohe Forderungen durchzusetzen.[777]

---

772 *Armbrüster*, in: Münchener Kommentar zum BGB (2016), § 138 Rn. 158.
773 BGH, Urt. v. 12.7.1965 – II ZR 118/63, BGHZ 44, 158, 162; BGH, Urt. v. 21.3.1977 – II ZR 96/75, BGHZ 68, 204, 207; BGH, Urt. v. 30.5.1958 – V ZR 280/56, NJW 1958, 1772; *Canaris*, WM 1981, 978, 979; *Zimmermann*, Totalnichtigkeit, S. 177.
774 *Stelling*, Die vorzeitige Ablösung festverzinslicher Realkredite, S. 194.
775 Dafür: *Canaris*, FS Zöllner (1998), 1055, 1071 f.
776 *Stelling*, Die vorzeitige Ablösung festverzinslicher Realkredite, S. 195 (Fn. 974).
777 *Stelling*, Die vorzeitige Ablösung festverzinslicher Realkredite, S. 195 ff.

Da der Darlehensgeber die Entgelthöhe bis zur Grenze der Sittenwidrigkeit faktisch bestimmen könne, sei die Lage damit vergleichbar, dass ihm ein Leistungsbestimmungsrecht nach § 315 BGB zusteht. Daher sei es naheliegend und sachgerecht, die Preisforderung der Bank in analoger Anwendung des § 315 Abs. 3 BGB auf ihre Billigkeit zu kontrollieren und so den gebotenen und im Vergleich zu § 138 BGB strengeren Kontrollmaßstab zu etablieren.[778]

II. Stellungnahme

Es ist nicht zu leugnen, dass der Darlehensgeber eine monopolartige Stellung einnimmt, wenn der Darlehensnehmer die vorzeitige Vertragsbeendigung wünscht, er aber kein Kündigungsrecht für sich in Anspruch nehmen kann. Dennoch kommt nur § 138 BGB als Mittel zur inhaltlichen „Entgeltkontrolle" in Betracht.

1. Keine Angemessenheitskontrolle nach § 315 Abs. 3 BGB analog

Eine analoge Anwendung des § 315 Abs. 3 BGB scheitert einerseits daran, dass eine vergleichbare Interessenlage nicht gegeben ist. Die Ermessenskontrolle nach § 315 BGB ist ein „kompensierendes repressives ‚Ersatzinstrument'"[779] dafür, dass die Parteien die Richtigkeitsgewähr des Vertrages einvernehmlich außer Kraft gesetzt haben.[780] Eine Partei unterwirft sich bewusst der Leistungsbestimmung durch die andere Partei, wobei nach § 315 Abs. 1 BGB „im Zweifel" anzunehmen ist, dass die Bestimmung nach billigem Ermessen zu treffen ist. Insofern wird den Parteien, die die Vertragsparität bewusst aufgeben, gem. § 315 BGB zumindest nahegelegt, dies nur in den Grenzen billigen Ermessens zu tun, die im Zweifel der richterlichen Kontrolle unterliegen, § 315 Abs. 3 BGB. Im gegenständlichen Zusammenhang kann indes schon nicht ohne weiteres davon ausgegangen werden, dass die Vertragsparität gestört oder die Richtigkeitsgewähr des

---

778 OLG Karlsruhe, Urt. v. 22.11.1996 – 3 U 52/96, ZIP 1997, 498, 499; *Köndgen*, ZIP 1997, 1645, 1646; *Metz*, in: Metz/Wenzel, Rn. 85, 91; ders., ZBB 1994, 205, 209; *Bruchner*, in: Schimansky/Bunte/Lwowski, Bankrechts-Handbuch (1997), § 78 Rn. 101 f.
779 *Rieble*, in: Staudinger, BGB (2015), § 315 Rn. 37.
780 *Rieble*, in: Staudinger, BGB (2015), § 315 Rn. 35.

Vertrages außer Kraft gesetzt ist. Daran fehlt es etwa, wenn der Darlehensnehmer die Kreditablösung rein aus Profitabilitätserwägungen anstrebt. Dann stellt sich lediglich die Frage, bis zu welchem Preis sich dies lohnt. Im Ausgangspunkt können sowohl die Bank als auch der Darlehensnehmer mit der Ablösungsvereinbarung ein „gutes Geschäft" machen. Können die Parteien sich nicht auf einen Preis einigen, zu dem sich die Vertragsaufhebung nach ihrem Dafürhalten rechnet, können beide Parteien davon Abstand nehmen und es bei der Fortsetzung des ursprünglichen Vertrags belassen. Es mag für den Darlehensnehmer unrentabel sein, wenn er die Vertragsablösung nicht zu einem Preis in Höhe des Erfüllungsinteresses durchsetzen kann. Die Richtigkeitsgewähr des Vertrages ist in dem Fall aber weder aufgehoben noch dermaßen gestört, dass eine Angemessenheitskontrolle geboten wäre. Dies gilt im Grunde selbst dann, wenn die Vertragsaufhebung grundrechtlich veranlasst ist, da der grundrechtliche Anlass allein noch nichts über die Verhandlungsposition des Darlehensnehmers aussagt. Dazu mag wieder das Beispiel des vermögenden Darlehensnehmers dienen, der zwar einen grundrechtlichen Anlass für die Vertragsauflösung hat, aber den Vertrag auch ohne weiteres fortführen könnte, ohne dass die Verwirklichung der Grundrechtsposition gefährdet oder auch nur merklich erschwert wäre.[781] In dem Fall kann der Darlehensnehmer dem Darlehensgeber die Vertragsablösung anbieten und kann entscheiden, ob es für ihn wirtschaftlich sinnvoller ist, den Vertrag zu dem Preis abzulösen, der sich aushandeln lässt, oder den ursprünglichen Vertrag fortzuführen. Darüber hinaus wird eine mögliche Vertragsdisparität heute regelmäßig dadurch aufgehoben, dass der Darlehensnehmer, der ein „echtes Bedürfnis" nach der vorzeitigen Vertragsauflösung hat, ein Kündigungsrecht aus § 490 Abs. 2 BGB geltend machen und den Darlehensnehmer so zu einer Preisgestaltung in (etwa der) Höhe einer nach § 490 Abs. 2 S. 3 BGB zu berechnenden Vorfälligkeitsentschädigung bewegen kann. Mit Blick auf die extensive Auslegung des § 490 Abs. 2 BGB ist es dann auch konsequent, dass eine davon unabhängige Vereinbarung über die Höhe des Entgelts keiner Angemessenheitskontrolle unterliegt, sondern grundsätzlich rechtswirksam ist, solange die Grenzen des § 138 BGB gewahrt sind.[782]

---

781 § 9 C. II. 4. a.
782 BGH, Urt. v. 6.5.2003 – XI ZR 226/02, NJW 2003, 2230; zust.: *Rösler/Wimmer*, EWiR 2003, 747, 748; *Blaurock*, WuB I E 3. 2.03; siehe statt vieler Weiterer: OLG Schleswig, Beschl. v. 3.5.2010 – 5 U 29/10, WM 2011, 460; *K.P.Berger*, in:

Andererseits bietet § 315 BGB – ob in direkter oder analoger Anwendung – ohnehin keine taugliche Rechtsgrundlage für eine über § 138 BGB hinausgehende inhaltliche „Entgeltkontrolle". § 315 BGB eröffnet nur im Zweifel die Möglichkeit, die in die Hände einer Partei gegebene Entscheidung über noch offene Leistungskonditionen einer Ermessenskontrolle zu unterziehen. Die Überprüfung eines vereinbarten Vertragsinhalts anhand gesetzlicher Maßstäbe kann dagegen nur auf Grundlage von § 138 BGB oder § 242 BGB erfolgen.[783] Dabei bietet § 242 BGB im Grunde einen ähnlich strengen Kontrollmaßstab wie § 315 BGB. Der Maßstab von „Treu und Glauben" wird jedoch im Gegensatz zur „Billigkeit" zwingend festgeschrieben. Überdies geht es bei der inhaltlichen Kontrolle nach § 242 BGB nicht in erster Linie um die Berücksichtigung der individuellen Belangen und Interessen der Parteien mit Blick auf eine „billige" Vertragsfortschreibung, sondern vielmehr darum, das „generell Angemessene" ins Werk zu setzen.[784] Dafür gewährt § 242 BGB dem Richter einen ähnlich weiten Spielraum wie § 315 Abs. 3 BGB,[785] sodass auch eine für dessen analoge Anwendung erforderliche, planwidrige Regelungslücke nicht ersichtlich ist.[786]

2. Keine Angemessenheitsprüfung auf Grundlage von § 242 BGB

Somit scheint es tunlich, die Entgelthöhe einer Angemessenheitsprüfung am Maßstab von Treu und Glauben zu unterziehen und so zumindest ein Stück materieller Vertragsgerechtigkeit zu verwirklichen. Allerdings ist es angesichts der bisher gewonnenen Erkenntnisse weder geboten noch zweckmäßig, den Kontrollmaßstab des § 138 BGB unter Rückgriff auf § 242 BGB zu verschärfen. Die Möglichkeit zur einseitigen Beendigung des Immobiliarkreditvertrages wird dem Darlehensnehmer nur unter den (strengen) Voraussetzungen des § 490 Abs. 2 BGB eröffnet.[787] Im Übrigen muss er sich am Vertrag festhalten lassen oder sich mit dem Darlehensge-

---

Münchener Kommentar zum BGB (2016), § 490 Rn. 40; *Rösler/Wimmer/Lang*, Vorzeitige Beendigung von Darlehensverträgen, Rn. B 88.

783 *Würdinger*, in: Münchener Kommentar zum BGB (2016), § 315 Rn. 9 f.; ausführlicher bereits oben: § 5 B. IV. 2. b.

784 *Würdinger*, in: Münchener Kommentar zum BGB (2016), § 315 Rn. 10.

785 Ebda.

786 Ebenso, allerdings ohne nähere Begründung: *Rösler/Wimmer/Lang*, Vorzeitige Beendigung von Darlehensverträgen, Rn. C 40.

787 § 9 C. III.

ber über die vorzeitige Darlehensablösung einig werden. Insbesondere bot § 242 BGB nie eine taugliche Grundlage für die einseitige Immobiliarkreditbeendigung durch den Darlehensnehmer.[788] Konsequenterweise darf § 242 BGB dann aber auch nicht die Möglichkeit bieten, Entgeltforderungen des Darlehensgebers der Höhe nach zu beschränken, obwohl sich diese in den Grenzen des von § 138 BGB Erlaubten bewegen. Sofern das Entgelt nicht in einem auffälligen Missverhältnis zur „Benchmark" des § 490 Abs. 2 S. 3 BGB steht und vom Darlehensnehmer nicht unter Ausnutzung einer Zwangslage etc. diktiert wird, bietet § 490 Abs. 2 BGB genügenden Schutz für den Darlehensnehmer und die Gewähr für das erforderliche Mindestmaß materieller Vertragsgerechtigkeit. Denn die schwache Verhandlungsposition des Darlehensnehmers ist am Ende nichts Anderes als Ausdruck des – unbeschadet der §§ 490, 313, 314 BGB – uneingeschränkt geltenden Grundsatzes *pacta sunt servanda*. Dieser darf nicht anhand einer strengen Preiskontrolle gem. § 242 BGB bzw. § 315 BGB „durch die Hintertür" aufgeweicht werden. Solange es nicht treuwidrig ist, den Darlehensnehmer uneingeschränkt am Vertrag festzuhalten, kann es nicht treuwidrig sein, ihm die Wahl zu geben, sich gegen ein ggf. überteuertes, aber noch nicht sittenwidrig hohes Entgelt davon zu lösen.

III. Die eigene Einschätzung

1. Die Verwirklichung „materieller Vertragsgerechtigkeit" anhand von § 138 BGB

Das heißt allerdings nicht, dass die schwache Verhandlungsposition des Darlehensnehmers oder gar eine im Einzelfall tatsächlich gestörte Vertragsparität bei der Inhaltskontrolle nach § 138 BGB völlig unberücksichtigt bleiben darf. Es gehört vielmehr zu den originären Aufgaben und Zielen des § 138 BGB, die übergebührliche Ausnutzung persönlicher oder wirtschaftlicher Schwächen einer Partei zu verhindern und zu sanktionieren.[789] Mehr noch bildet gerade die Inkriminierung des Missbrauchs von Monopolstellungen den historischen Ausgangspunkt der Sittenwidrigkeitskontrolle.[790] Schon das Reichsgericht erblickte einen Sittenverstoß darin, „[...] dass ein Vertragspartner sein wirtschaftliches Übergewicht dazu miss-

---

788 § 9 C. II. 1.
789 BVerfG, Nichtannahmebeschluss v. 29.5.2006 – 1 BvR 240/98, juris Rn. 21-25.
790 *Armbrüster*, in: Münchener Kommentar zum BGB (2016), § 138 Rn. 87.

braucht, um dem allgemeinen Verkehr unbillige, unverhältnismäßige Opfer aufzuerlegen, unbillige und unverhältnismäßige Bedingungen vorzuschreiben."[791]

Mit Rücksicht auf die Vertragsfreiheit als grundlegendes Prinzip der Zivilrechtsordnung darf ein „Sittenverstoß" aber keinesfalls leichtfertig angenommen werden. Daran sind sowohl abstrakt als auch im konkreten Einzelfall strenge Anforderungen zu knüpfen. Denn grundsätzlich entspricht es dem bürgerlich-rechtlichen Selbstverständnis, dass die Vertragsparteien ihre Interessen am besten einschätzen und vertraglich manifestieren können. Ein staatlicher Eingriff in dieses „freie Spiel der Kräfte" und die privatautonome Konsensfindung der Parteien muss sich daher stets an der verfassungsrechtlich in Art. 2 Abs. 1 GG verbrieften Vertragsfreiheit messen lassen und kann nur ganz ausnahmsweise zum Schutz hoch- bzw. höherrangiger Güter und Interessen gerechtfertigt sein.[792] Eine Anwendung des § 138 BGB kommt daher nicht in Betracht, sofern dem beanstandeten Verhalten nicht eine „gesteigerte Rechtswidrigkeit" inhärent[793] ist oder damit nicht zumindest eine „gewisse Erheblichkeitsschwelle" überschritten ist.[794]

Ob dies der Fall ist, hat der Richter unter umfassender Abwägung sämtlicher Umstände des Einzelfalls zu entscheiden. Ist im Einzelfall tatsächlich eine „prekäre Verhandlungsposition" des Darlehensnehmers anzunehmen, kann und muss dies bei der Inhaltskontrolle nach § 138 BGB berücksichtigt werden. So ist ein auffälliges Missverhältnis von Leistung und Gegenleistung nicht zwingend erst anzunehmen, wenn der Wert der Leistung knapp oder annähernd doppelt so hoch ist wie der der Gegenleistung. Dabei handelt es sich nur um eine „Faustregel",[795] auf die etwa zurückgegriffen werden kann, wenn der Wunsch des Darlehensnehmers nach vorzeitiger Vertragsbeendigung allein profitgetrieben ist.[796] „Entscheidend sind aber stets die *Umstände des Einzelfalles*."[797] Beispielsweise wird bei Wohnraummietverträgen ein auffälliges Missverhältnis im Sinne der Wuchertatbestände des § 138 Abs. 2 BGB, des § 302a StGB und des § 5 WiStG schon

---

791 RG, Urt. v. 8.1.1906 – I 320/05, RGZ 62, 264, 266.
792 Vgl.: *Sack/Fischinger*, in: Staudinger, BGB (2017), § 138 Rn. 90.
793 Vgl. etwa: *Wolf/Neuner*, BGB AT, § 46 Rn. 1: „*ethisches Minimum*" (Hervorhebung übernommen).
794 Für eine solche Kontrolldichte plädieren: *Sack/Fischinger*, in: Staudinger, BGB (2017), § 138 Rn. 92.
795 *Sack/Fischinger*, in: Staudinger, BGB (2017), § 138 Rn. 244.
796 Vgl.: § 11 C. II. 1.
797 *Sack/Fischinger*, in: Staudinger, BGB (2017), § 138 Rn. 245 (Hervorhebung übernommen).

dann angenommen, wenn die vereinbarte Miete die ortsübliche Miete um ca. 50% übersteigt.[798] Insofern ist es nicht fernliegend, auf ähnliche Entgelthöchstgrenzen auch im gegenständlichen Zusammenhang abzustellen, falls der Darlehensgeber im konkreten Fall eine besondere Zwangslage des Darlehensnehmers zur eigenen Gewinnmaximierung ausgenutzt hat.[799]

2. Die sachgerechte Handhabung auf Rechtsfolgenseite

Ist die Vertragsablösung zu sittenwidrigen Konditionen erfolgt, hat dies nach ganz h.M. die Gesamtnichtigkeit der Vereinbarung mit Wirkung *ex tunc* zur Folge. Eine teleologische Reduktion von § 138 BGB bzw. eine geltungserhaltende Reduktion der sittenwidrigen Abrede dergestalt, dass die Vertragsablösung zu marktgerechten Konditionen rechtswirksam erhalten bleibt, ist abzulehnen. Dies führte im Ergebnis dazu, dass der Darlehensgeber seine Verhandlungsübermacht „bis zum Letzten" in sittenwidriger Weise ausreizen könnte, ohne dabei merkliche wirtschaftliche Nachteile in Kauf nehmen zu müssen. Der Ausgleich seines positiven Interesses wäre sichergestellt und die sittenwidrig agierende Bank stünde nicht schlechter als das Gros der Marktteilnehmer, die sich bei ihren Vorfälligkeitsentgeltforderungen an den im Zusammenhang mit § 490 Abs. 2 S. 3 BGB Berechnungsgrundsätzen orientieren. Damit würde der Zweck des § 138 BGB, der u.a. in der Prävention und Pönalisierung des sittenwidrigen Verhaltens besteht, nicht nur verfehlt, sondern er würde nachgerade pervertiert. Statt den Darlehensgeber vor der Ausnutzung seiner wirtschaftlichen Übermacht abzuhalten, würde ihm dafür durch die Annahme einer teleologischen Reduktion des § 138 BGB ein „Netz mit doppeltem Boden" gespannt.

Richtig ist allein die Annahme einer anfänglichen Gesamtnichtigkeit der Ablösungsvereinbarung. Damit fällt der originäre Rechtsgrund für die Zahlung des Vorfälligkeitsentgelt weg und der Darlehensnehmer kann nach §§ 812 Abs. 1 S. 1. Alt., 818 Abs. 2 BGB Geldwertersatz verlangen.

---

798 *Emmerich*, in: Staudinger, BGB (2018), Vor § 535 Rn. 119 m.w.N.

799 Eine derart rigorose Handhabung des § 138 BGB wäre nach hiesigem Dafürhalten etwa denkbar, wenn die materiellen Voraussetzungen für eine Kündigung nach § 490 Abs. 2 BGB vorlägen, es dem Darlehensnehmer aber gerade auf eine besonders schnelle Vertragsauflösung und Lastenfreistellung außerhalb der von § 490 Abs. 2 BGB vorgegebenen Fristen ankommt und der Darlehensgeber ebendiesen Zeitdruck zur Durchsetzung überzogener Entgeltforderungen ausnutzt.

Demgegenüber ist der darlehensvertragliche Rückzahlungsanspruch mit Rechtsgrund erfüllt worden. Der Darlehensgeber hat sich der vorfälligen Rückzahlung der Valuta tatsächlich nicht versperrt. Dass dies zwecks Erfüllung der unwirksamen Ablösungsvereinbarung geschah, ändert nichts an der wirksamen Erfüllung des Rückzahlungsanspruchs infolge der tatsächlichen Tilgungsannahme durch den Darlehensgeber. Die Bank wäre wegen der anfänglichen Nichtigkeit der Vereinbarung dazu nicht verpflichtet gewesen und hätte die Annahme verweigern können. Dies hat sie tatsächlich nicht getan, womit der Rückzahlungsanspruch letztgültig erloschen ist, § 362 BGB. Die Unwirksamkeit der Ablösungsvereinbarung führt also nicht zum Wiederaufleben des Darlehensvertrages.

Für eine außerordentliche Kündigung i.S.v. § 314 BGB, wie sie *Canaris* dem Darlehensnehmer noch vor der Schuldrechtsmodernisierung zugestehen wollte,[800] besteht daher schon kein Bedarf; unabhängig davon lägen die Voraussetzungen dafür nicht vor. Mit dem Verstoß des Darlehensgebers gegen die guten Sitten geht nach heutiger Rechtslage nicht automatisch eine Pflichtverletzung auf darlehensvertraglicher Ebene einher,[801] zumal eine Pflicht des Darlehensgebers zur Vertragsauflösung oder -anpassung jedenfalls unter Geltung des § 490 Abs. 2 BGB gerade nicht besteht.[802] Zu denken wäre allenfalls daran, dass ein sittenwidriges Vertragsgebaren des Darlehensgebers das Vertrauensverhältnis der Parteien „abstrakt" so nachhaltig erschüttert, dass dem Darlehensnehmer die Fortführung des ursprünglichen Vertrages nicht mehr zugemutet werden kann. Die Zerrüttung des Vertrauensverhältnisses zwischen den Parteien kann nämlich durchaus ein „wichtiger Grund" sein, der zur außerordentlichen Kündigung berechtigt. Voraussetzung dafür ist aber, dass das Vertragsverhältnis eine „intensive vertrauensvolle Zusammenarbeit"[803] erfordert.[804] Dies ist aber beim Darlehensvertrag in aller Regel nicht der Fall.[805]

Letzten Endes bedarf es weder eines Rückgriffs auf § 314 BGB noch sonstiger rechtsfolgenseitiger Modifikationen des § 138 BGB, um die Fälle

---

800 *Canaris*, FS Zöllner (1998), 1055, 1071 f.

801 Unter damals geltender Rechtslage, konnte *Canaris*, FS Zöllner (1998), 1055, 1071 darauf hingegen noch mit Recht abstellen.

802 § 9 A. III.

803 *Lorenz*, in: Beck'scher Online-Kommentar BGB, § 314 Rn. 14 (Hervorhebung ausgelassen).

804 Eda; siehe ferner etwa: *Gaier*, in: Münchener Kommentar zum BGB (2016), § 314 Rn. 12; NK-BGB/*Krebs/Jung* (2016), § 314 Rn. 36.

805 § 5 A. II.; vgl. ferner: *Lorenz*, in: Beck'scher Online-Kommentar BGB, § 314 Rn. 14; NK-BGB/*Krebs/Jung* (2016), § 314 Rn. 36.

sittenwidriger Übervorteilung des Darlehensnehmers einer sachgerechten Lösung zuzuführen: Der Darlehensnehmer kann das gezahlte Vorfälligkeitsentgelt gem. §§ 812 Abs. 1 S. 1 1. Alt., 817 S. 1 BGB kondizieren, während die Kondiktion der Zahlung auf den betagten,[806] aber wegen § 138 BGB nie fällig gewordenen Rückzahlungsanspruch mit Rechtsgrund erfolgte und – wie § 813 Abs. 2 BGB deklaratorisch festhält –[807] ausgeschlossen ist. Als Gegenleistung für das nun kondizierbare Vorfälligkeitsentgelt hat der Darlehensgeber die vorzeitige Erfüllung des Darlehensvertrages geduldet und ihn so bewusst und zweckgerichtet von den noch ausstehenden Zinszahlungsverbindlichkeiten befreit.[808] Dies tat er ohne rechtlichen Grund und kann grundsätzlich den im Vermögen des Darlehensnehmers verbleibenden Wert der Zinsersparnis herausverlangen, §§ 812 Abs. 1 S. 1 1. Alt., 818 Abs. 2 BGB. Der objektive Wert der Zinsschuldbefreiung hat sich „am zeitlich, örtlich und sachlich relevanten Markt auszurichten"[809] und kann anhand der für § 490 Abs. 2 S. 3 BGB geltenden Grundsätze ermittelt werden.

Ein solcher Anspruch des Darlehensgebers, der mangels Schutzwürdigkeit nach der Zweikondiktionenlehre geltend zu machen wäre,[810] scheitert in aller Regel aber an der Kondiktionssperre des § 817 S. 2 BGB.[811] Insbesondere wird der Bank in den ganz überwiegenden Fällen der Vorwurf gemacht werden können, den Sittenverstoß vorsätzlich begangen oder zumindest die Augen davor verschlossen zu haben.[812] Die Sittenwidrigkeit der Ablösungsvereinbarung gründet in der Ausnutzung der Zwangslage des Darlehensnehmers einerseits und der eigenen Verhandlungsübermacht andererseits. Es ist insoweit fernliegend, dass der Darlehensgeber nur „aus Versehen" ein sittenwidrig hohes Entgelt aushandelt bzw. sich dabei nicht bewusst ist, dass er seine Verhandlungsposition ausnutzt.

Zusammengefasst führt ein Sittenverstoß nach § 138 BGB mit der h.M. zur anfänglichen Gesamtnichtigkeit des Ablösungsvertrages. Im Rahmen

---

806 § 4 B. II. 2.
807 *Martinek*, in: jurisPK-BGB, § 813 Rn. 2; ders., in: Reuter/Martinek, Ungerechtfertigte Bereicherung (1983), S. 133.
808 A.A. ist offenbar das OLG Karlsruhe, Urt. v. 22.11.2016 – 17 U 176/15, Rn. 44: „Eine Leistung im Rechtssinne [...] ist in der bloßen Vorverlagerung des Erfüllungszeitpunktes nicht zu sehen.".
809 *Schwab*, in: Münchener Kommentar zum BGB (2017), § 818 Rn. 82 (Nachw. ausgelassen).
810 *Canaris*, Bankrechtstag 1996, 3, 29 m.w.N.
811 Vgl.: *Canaris*, Bankrechtstag 1996, 3, 29.
812 A.A.: *Canaris*, Bankrechtstag 1996, 3, 29.

der bereicherungsrechtlichen Rückabwicklung kann der Darlehensnehmer das rechtsgrundlos gezahlte Vorfälligkeitsentgelt kondizieren, §§ 812 Abs. 1 S. 1 1. Alt, 817 S. 1 BGB, nicht aber die vorzeitig zurückgezahlten Valuta, § 813 Abs. 2 BGB. Der Darlehensgeber hat im Grunde einen Anspruch auf Ersatz der vom Darlehensnehmer erlangten Zinsschuldbefreiung durch Annahme der vorfälligen Darlehensrückführung als Erfüllung, §§ 812 Abs. 1 S. 1 1. Alt, 818 Abs. 2 BGB. Die Kondiktion ist jedoch aufgrund des bankseitigen Sittenverstoßes regelmäßig gem. § 817 S. 2 BGB gesperrt. Die Durchsetzung eines sittenwidrig hohen Vorfälligkeitsentgelts führt somit ganz im Sinne der mit § 138 BGB verfolgten Normzwecke in der Regel dazu, dass der Darlehensnehmer die vorzeitige Darlehensablösung und Lastenfreistellung „entgeltfrei" erreichen kann. Die sittenwidrige Ausnutzung seiner Verhandlungsstärke ist für den Darlehensgeber so – zu Recht – mit dem Risiko behaftet, die Nachteile der vorzeitigen Darlehensablösung selbst tragen zu müssen. Der darlehensvertragliche Rückzahlungsanspruch ist indes – ebenfalls zu Recht – nicht betroffen, da dieser selbst in keinem Zusammenhang mit dem zu sanktionierenden Sittenverstoß steht.

D. Die Vertragsgestaltung in der Bankrechtspraxis

In der Praxis können Streitigkeiten über die zuvor erörterten und mitunter komplexen Rechtsfragen zur Begründung und Höhe von Ansprüchen des Darlehensgebers auf wirtschaftliche Ausgleichszahlungen am wirksamsten dadurch vermieden werden, dass die Parteien diesbezüglich schon im ursprünglichen Immobiliarkreditvertrag eindeutige und rechtswirksame Vereinbarungen treffen.

I. Gestaltungsspielraum

Der Gestaltungsspielraum der Parteien ist jedoch nicht unbegrenzt. Sowohl individualvertragliche Absprachen als auch AGB-Gestaltungen müssen der inhaltlichen Wirksamkeitskontrolle standhalten und können nur in den Grenzen des zwingenden Rechts getroffen werden. Den Ausgangspunkt „abweichender" vertraglicher Gestaltungen bildet das dispositive Recht, aus dem sich die Voraussetzungen und die Höhe etwaiger Ausgleichsverpflichtungen des Darlehensnehmers ergeben. Der Spielraum für vertragliche Absprachen über eine vom Darlehensnehmer zu kompensierende vorzeitige Darlehensbeendigung wird insofern maßgeblich dadurch bestimmt, ob und inwieweit von den gesetzlichen Kündigungstatbeständen zu Lasten des Darlehensnehmers abgewichen werden kann. Diesbezüglich wurde bereits oben herausgearbeitet, dass das ordentliche Kündigungsrecht des Darlehensnehmers (nur) in den Grenzen des § 489 Abs. 4 BGB abbedungen werden kann.[813] Nunmehr bleibt zu klären, ob und in welchem Umfang auch das „Außerordentliche Kündigungsrecht" des Darlehensnehmers gem. § 490 Abs. 2 BGB zur Disposition der Parteien steht.

1. Meinungsstand

a. Die einhellige Charakterisierung des § 490 Abs. 2 S. 3 BGB als zwingendes Recht

Es entspricht der allgemeinen Meinung, dass die Parteien im Kreditvertrag weder eine individualvertragliche noch formularmäßige Abrede treffen können, mit der von § 490 Abs. 2 S. 3 BGB zu Lasten des Darlehensnehmers abgewichen wird. Steht dem Darlehensnehmer ein Recht zur Kündigung aus § 490 Abs. 2 S. 1, 2 BGB zu, so kann er sich allenfalls nach erfolgter Kündigung bzw. im vollen Bewusstsein des bestehenden Kündigungsrechts zur Zahlung eines Vorfälligkeitsentgelts bereit erklären, das die nach § 490 Abs. 2 S. 3 BGB beanspruchbare Vorfälligkeitsentschädigung übersteigt.[814] Im Rahmen des Kreditvertrags kann eine dementsprechende Absprache nach deutschem Recht (noch) nicht wirksam getroffen werden. Denn schon nach der in § 490 Abs. 2 BGB kodifizierten Rechtsprechung konnte der Darlehensgeber vom Darlehensnehmer im Zusammenhang mit der vorzeitigen Darlehensablösung nicht mehr als den Ersatz seines positiven Interesses verlangen, sofern der Darlehensnehmer ein berechtigtes Interesse nachweisen konnte. Ein darüber hinaus gezahltes Entgelt konnte der Darlehensnehmer nach dieser Rechtsprechung kondizieren.[815] An diesen Grundsätzen wollte der Gesetzgeber auch unter Geltung des § 490 Abs. 2 BGB ausdrücklich festhalten.[816]

---

813 Vgl.: § 7 B. III.
814 *K.P.Berger*, in: Münchener Kommentar zum BGB (2016), § 490 Rn. 36.
815 BGH, Urt. v. 1.7.1997 – XI ZR 267/96, BGHZ 136, 161, 167 f.
816 BT-Drs. 15/6040, S. 255.

Demgemäß kann auch – trotz des damit verbundenen Rechtsvereinfachungs- und Streitvermeidungspotentials – eine Pauschalierung der Entschädigungszahlung nur in engen Grenzen vereinbart werden. Die Pauschale darf nicht zu einer schadensrechtlichen Bereicherung des Darlehensgebers führen und muss sich in den Grenzen des nach § 490 Abs. 2 S. 3 BGB zu ermittelnden Wertes bewegen. Eine etwaige Pauschalierung hat sich an einer durchschnittlichen Nettozinsmarge zu orientieren[817] und es muss berücksichtigt werden, dass bei der Schadensermittlung eine Abzinsung mit dem aktiven Wiederanlagezins vorzunehmen ist.[818] Ein darüberhinausgehender Zinsverschlechterungsschaden ist indes nicht zu berücksichtigen, da dieser keineswegs immer, sondern nur bei gesunkenen Kapitalmarktzinsen anfällt.[819] Übersteigt eine in AGB vereinbarte Pauschale demgegenüber den Schaden, der bei gewöhnlichem Verlauf zu erwarten wäre, so folgt die Unwirksamkeit der Klausel entweder schon aus § 309 Nr. 5 lit. a. BGB oder aber jedenfalls – selbst bei Verwendung gegenüber Kaufleuten – aus § 307 Abs. 2 Nr. 1 BGB.[820]

Ein von § 490 Abs. 2 BGB losgelöstes Recht zur vorzeitigen Darlehensablösung kann dem Darlehensnehmer dementgegen auch schon bei Vertragsschluss eingeräumt und wirksam von der Zahlung eines in den Grenzen von § 138 BGB aushandelbaren Vorfälligkeitsentgelts abhängig gemacht werden. Darin liegt letztlich sogar eine Abweichung zu Gunsten des Darlehensnehmers, der sonst ausnahmslos am Vertrag festgehalten werden könnte.[821]

b. Die umstrittene Charakterisierung von § 490 Abs. 2 S. 1, 2 BGB

Nach verbreiteter Ansicht soll es zumindest „ein sehr schwieriges Unterfangen"[822] oder gar praktisch unmöglich sein, von § 490 Abs. 2 S. 1, 2 BGB zu Lasten des Darlehensnehmers abzuweichen. Ein – in der Bankpraxis al-

---

817 BGH, Urt. v. 11.11.1997 – XI ZR 13/97, WM 1998, 70.
818 BGH, Urt. v. 11.11.1997 – XI ZR 13/97, WM 1998, 70; BGH, Urt. v. 2.3.1999 – XI ZR 81/98, WM 1999, 840.
819 BGH, Urt. v. 11.11.1997 – XI ZR 13/97, WM 1998, 70.
820 Vgl.: *Mülbert*, in: Staudinger, BGB (2015), § 490 Rn. 107 m.w.N.
821 Vgl.: *Mülbert*, in: Staudinger, BGB (2015), § 490 Rn. 108; *Thessinga* in: Ebenroth/Boujong/Joost/Strohn, Handelsgesetzbuch (2015), Bd. 2, Rn. IV 203.
822 *Krepold* in: Schimansky/Bunte/Lwowski, Bankrechts-Handbuch (2017), § 79 Rn. 160.

lein denkbarer –[823] formularmäßiger Ausschluss des Kündigungsrechts be-
nachteilige den Darlehensnehmer unangemessen und sei in aller Regel
gem. § 307 Abs. 2 Nr. 1 BGB unwirksam.[824] Insbesondere im B2C-Verhält-
nis sei eine für den Verbraucher nachteilige Abweichung nicht mit dem
telos und Leitbild der Regelung zu vereinbaren und damit auch nicht wirksam vereinbar.[825]

Dementgegen hält es *Mülbert* rechtlich wie tatsächlich für möglich, das
Kündigungsrecht aus § 490 Abs. 2 S. 1 und 2 BGB individualvertraglich zu
Lasten (je)des Darlehensnehmers abzubedingen. Lediglich ein formularmäßiger Ausschluss gegenüber Verbrauchern könne nicht wirksam vereinbart werden, da dies dem gesetzlichen Leitbild zuwiderliefe und zu einer
unangemessenen Benachteiligung des Verbrauchers gem. § 307 Abs. 2
Nr. 1 BGB führe. Demnach handele es sich bei § 490 Abs. 2 S. 1 und 2 BGB
grundsätzlich nicht um zwingendes Recht, zumal dem Darlehensnehmer
stets die im Kern unabdingbaren Rechte aus §§ 313, 314 BGB erhalten bleiben, vgl. § 490 Abs. 3 BGB.[826] Überdies habe der Gesetzgeber sich im Gegensatz zu § 489 Abs. 4 S. 1 BGB und § 511 BGB i.d.F. v. 29.7.2009[827] bewusst dagegen entschieden, der Norm zwingenden Charakter zu verleihen.[828]

2. Stellungnahme

Bevor zu letzterem Stellung bezogen wird, ist zunächst der allgemeinen
Ansicht zuzustimmen, dass es sich bei § 490 Abs. 2 S. 3 BGB um eine zwingende Vorschrift handelt. Der Gesetzgeber hat keine Zweifel daran gelassen, dass der Darlehensnehmer, der ein berechtigtes Interesse an der vorzeitigen Darlehensablösung nachweisen kann, dem Darlehensgeber „nur"
zum Ersatz seines positiven Interesses verpflichtet ist. Darüberhinausgehende Ausgleichszahlungen können die Parteien – wie schon nach frühe-

---

823 So die berechtigte Annahme von: *Rösler/Wimmer/Lang*, Vorzeitige Beendigung
     von Darlehensverträgen, Rn. B 197.
824 *Rösler/Wimmer/Lang*, Vorzeitige Beendigung von Darlehensverträgen, Rn. B 197;
     K.P. Berger, in: Münchener Kommentar zum BGB (2016), § 490 Rn. 38.
825 Vgl.: *Mankowski/Knöfel*, ZBB 2001, 335, 351.
826 *Mülbert*, in: Staudinger, BGB (2015), § 490 Rn. 103; ders., WM 2002, 465, 475.
827 Eine entsprechende Regelung findet sich nunmehr in § 512 BGB n.F.
828 *Mülbert*, in: Staudinger, BGB (2015), § 490 Rn. 103; ders., WM 2002, 465, 475;
     a.A.: *Mankowski/Knöfel*, ZBB 2001, 335, 351; vgl. ferner: *Habersack*, Bankrechts-
     tag 2002, 3, 17.

rer Rechtsprechung – nur vereinbaren, wenn der Darlehensnehmer kein berechtigtes Interesse an der vorzeitigen Darlehensablösung hat. Die daraus folgenden praktischen Schwierigkeiten, insbesondere im Zusammenhang mit der Vereinbarung von Entschädigungspauschalen, sind indes hinzunehmen bzw. vielmehr dadurch auszuräumen, dass einerseits die Berechnung der Vorfälligkeitsentschädigung vereinfacht und transparenter gestaltet wird[829] und andererseits dadurch, dass § 490 Abs. 2 S. 1, 2 BGB geboten restriktiv interpretiert und den Parteien so der notwendige Spielraum für rechtvereinfachende und streitvermeidende Gestaltungen eröffnet wird.[830]

Überdies wird auch die Frage nach der Abdingbarkeit von § 490 Abs. 2 S. 1, 2 BGB auf Grundlage des hier vertretenen Normverständnisses mehr noch als bisher zum Scheinproblem. Denn dem Darlehensnehmer bliebe auch bei vollständigem Ausschluss des Kündigungsrechts aus § 490 Abs. 2 S. 1, 2 BGB ein im Ergebnis gleichlautender Anspruch aus § 313 Abs. 1 BGB, sofern er ein berechtigtes Interesse gem. § 490 Abs. 2, S. 1 BGB im hier verstandenen Sinne dartun kann. Insbesondere liefe auch eine Verlängerung der Frist des § 490 Abs. 2 S. 1 BGB oder eine einvernehmliche Verzögerung der Vollvalutierung ins Leere.[831] Denn der Darlehensnehmer kann sein Ablösungsverlangen auch dann auf § 313 Abs. 1 BGB stützten, wenn gerade aus der „fristgemäßen" Verzögerung der Darlehensablösung eine substantielle Einschränkung seiner wirtschaftlichen Handlungsfreiheit resultierte; so etwa, wenn für die erfolgreiche Veräußerung des belasteten Objekts nur ein sehr kurzes „Zeitfenster" bestünde.

Legt man demgegenüber das derzeit herrschende Normverständnis zu Grunde, ist § 490 Abs. 2 BGB konsequenterweise zur Gänze zwingender Charakter beizumessen. Die Vorschrift soll demnach garantieren, dass der Darlehensnehmer nicht seines unabdingbaren Kerns wirtschaftlicher Handlungsfreiheit beraubt wird. Bis zur Kodifikation des § 490 Abs. 2 BGB fehlte es nach ganz herrschender Meinung in der Literatur an einer konsistenten dogmatischen Grundlage dafür, dass der Darlehensnehmer sich zur Verwirklichung seiner wirtschaftlichen Handlungsfreiheit vorzeitig und einseitig vom Darlehensvertrag lösen kann; insbesondere die §§ 313, 314 BGB wurden insofern als untauglich verworfen.[832] Ist aber § 490 Abs. 2 BGB nach diesem Verständnis für den Schutz der wirtschaftlichen Handlungsfreiheit im Sinne des zwingenden § 1136 BGB konstitutiv, dann

---

829 § 9 D. III. 6.
830 § 9 C. III. 4. c.
831 So im Ergebnis auch: *Mülbert*, in: Staudinger, BGB (2015), § 490 Rn. 62.
832 § 9 A.

kann der Norm der zwingende Charakter auch nicht unter Verweis auf §§ 490 Abs. 3, 313, 314 BGB abgesprochen werden.[833]

II. Gestaltungspraxis

Die Umsetzung des verbleibenden Gestaltungsspielraums erfolgt sowohl in der gewerblichen Bankvertragspraxis und mehr noch im Rahmen des verbraucherkreditrechtlichen Massengeschäfts zumeist auf Grundlage standardisierter Formularverträge, die mal mehr und mal weniger auf den individuellen Fall anzupassen sind. Im B2C-Verhältnis werden die „Kündigungsrechte der Bank" (Nr. 19 AGB-Banken; Nr. 26 AGB-Sparkassen) und die „Kündigungsrechte des Kunden" (Nr. 18 AGB-Banken; Nr. 26 AGB-Sparkassen)[834] regelmäßig in den standardisierten AGB des jeweiligen Kreditinstituts konkretisiert. Demgegenüber kommt die gewerbliche Vertragsgestaltungspraxis oft nicht ohne weitreichendere Modifikationen der immobiliarkreditrechtlichen Beendigungsdogmatik aus, um eine sachgerechte Gestaltung komplexer Immobilienfinanzierungen sicherstellen zu können.[835]

1. Repayment, Prepayment and Cancellation nach LMA-Standard

Eine in der Praxis anerkannte Grundlage für die vertragliche Gestaltung komplexer Immobilienfinanzierungen ist beispielsweise die von der *Loan Market Association* („LMA") herausgegebene Vorlage für (syndizierte) Immobiliarkredite zur Finanzierung großvolumiger Projekte („*Euro Term Facility Agreement for Real Estate Finance Multiproperty Investment Transactions*").[836] In dessen *Section 4* finden sich die maßgeblichen Regelungen zur vertragsgemäßen und vorzeitigen Rückzahlung sowie zur Kündigung des Kredits. In *Clause 6* werden die Modalitäten vertragsgemäßer Rückzahlung, wie etwa Fälligkeit und Umfang der Rückzahlung(stran-

---

833 A.A.: *Mülbert*, in: Staudinger, BGB (2015), § 490 Rn. 104.
834 Hierin wird jedoch keine Abweichung von § 490 Abs. 2 und 3 BGB bzw. den §§ 313, 314 BGB vereinbart. Nr. 18 Abs. 2 AGB-Banken kommt insofern nur deklaratorische Bedeutung zu und nach Nr. 18 Abs. 3 bleiben die gesetzlichen Kündigungsrechte unberührt, vgl.: *Bunte*, AGB-Banken (2015), 2. Teil Rn. 379 ff.
835 Siehe oben: § 3 A. II.
836 Das hier in Bezug genommene Vertragswerk datiert auf den 12.10.2016 und wird hier und im Folgenden als „LMA-Standard" bezeichnet.

chen) vereinbart. In *Clause 7* folgt eine Konkretisierung der Kündigungsrechte der Parteien sowie der Rechte und Pflichten der Kreditnehmerge-
sellschaft (*„Company"*) bzw. einzelner Tochtergesellschaften (*„Borrowers"*)
im Zusammenhang mit einer vorzeitigen Rückzahlung der Darlehensvaluta.

Zunächst wird in *Clause 7.1* festgelegt, dass das Kreditengagement jeder
involvierten Bank (*„Lender"*) unverzüglich endet, wenn diese ihren Pflichten nicht mehr vertragsgemäß nachkommt bzw. nachzukommen vermag.
In dem Fall (*„Illegality"*) hat der Darlehensnehmer den entsprechenden
Anteil des zur Verfügung gestellten Kapitals zurückzuzahlen, ohne aber in
der Folge zur Zahlung eines nach *Clause 11.5 lit. b* definierten und regelmäßig degressiv nach Zeitabschnitten gestaffelten Vorfälligkeitsentgelts
verpflichtet zu sein, vgl. *Clause 11.5 lit. c (i)*.

Die folgende *Clause 7.2* beinhaltet eine sog. Change of Control-Rege-
lung,[837] nach der dem Darlehensgeber ein Recht zur außerordentlichen
Kündigung für den Fall eingeräumt wird, dass sich bei der Kreditnehmer-
gesellschaft ein Wechsel auf Gesellschafter- bzw. Führungsebene vollzieht.

Auch dem Darlehensnehmer wird in *Clause 7.7* ein Recht zur außerordentlichen Kündigung gegenüber einzelnen Banken eingeräumt. Danach
kann der Darlehensnehmer den Vertrag kündigen, soweit und solange sich
eine Bank mit Recht auf – andernorts im Vertrag geregelte – (Steuer-)Frei-
stellungsansprüche (*„Tax indemnity"*, *Clause 12.3*; *„Increased costs"*, *Clause
13.1*) oder steuerlich bedingte Ausgleichszahlungsansprüche (*„Tax gross
up"*, *Clause 12.2*) beruft. In diesen Fällen kann sich der Darlehensnehmer
vom Vertrag lösen und das Kapital vorzeitig zurückzahlen, ohne ein Vorfälligkeitsentgelt i.S.v. *Clause 11.5* zahlen zu müssen, vgl. *Clause 11. 5 lit. c (i)*.

Ferner wird dem Darlehensnehmer in *Clause 7.5* ein „Ordentliches Kündigungsrecht" eingeräumt, das es ihm unter Einhaltung einer von den Parteien zu bestimmenden Frist erlaubt, den Kredit ganz oder teilweise in Höhe eines zuvor festgelegten Mindestbetrags zu kündigen (*„Voluntary
cancellation"*). Das ordentliche Kündigungsrecht wird ferner durch ein
ebenfalls fristgebundenes Recht zur vorzeitigen Rückzahlung bestimmter
(Mindest-)Beträge ergänzt, das vom Darlehensnehmer regelmäßig nach Ende des von den Parteien festgelegten Verfügungszeitraums (*„Availability
Period"*) ausgeübt werden kann, *Clause 7.6* (*„Voluntary prepayment of
loans"*). In den letztgenannten Fällen muss der Darlehensnehmer nun aber
das in *Clause 11.5* festgesetzte Vorfälligkeitsentgelt zahlen, es sei denn er
kann ein berechtigtes Interesse nach § 490 Abs. 2 S. 1, 2 BGB nachweisen.

---

837 Näher dazu: *Cramer*, WM 2011, 825.

Dann verbleibt es – insofern zwingend – beim gesetzlichen Anspruch aus § 490 Abs. 2 S. 3 BGB, vgl.: *Clause 11.5 lit. c (ii)*.

Schließlich muss der Darlehensnehmer die – in *Clause 7.3* näher beschriebenen – Vermögensvorteile, die mit der vorfälligen Rückzahlung einhergehen, zwingend zur Befriedigung des zurückzuzahlenden Kapitals samt anfallenden Vorfälligkeitsentgelten vorhalten und verwenden (*„Mandatory Prepayment"*). Die genauen Rückzahlungsmodalitäten einer solch „obligatorischen Sondertilgung" sind sodann in *Clause 7.4* (*„Apllication of mandatory prepayments"*) festgelegt.

2. Exit Fee Agreement

Es kann zunächst festgehalten werden, dass sich die zuvor erörterten Modifikationen dem Grunde nach allesamt in den Grenzen des offenstehenden Gestaltungsspielraums bewegen. Unter der Prämisse, dass im Einzelnen keine Überregulierung durch überlange Fristen o.Ä. erfolgt, wird hierin den besonderen Interessen der professionell agierenden Parteien und insbesondere den hohen vertragstechnischen Anforderungen im Zusammenhang mit großvolumigen Immobilienfinanzierungsprojekten Rechnung getragen.

Nicht unproblematisch ist es hingegen, wenn die Parteien – einem entsprechenden Hinweis im LMA-Standard (Fn. 109) folgend – auf Grundlage eines sog. *Exit Fee Agreements* (auch: *Exit Fee Letter* oder *Prepayment Fee Letter*) Entgeltzahlungen vereinbaren, die der Darlehensnehmer bei Nichtabnahme oder vorzeitiger Rückzahlung des Kredits zusätzlich zur ohnehin anfallenden Nichtabnahme- oder Vorfälligkeitsentschädigung zahlen muss, ohne dass es auf den Grund der vorzeitigen Rückzahlung ankäme. Solche Vereinbarungen, die den Darlehensnehmer auch bei bestehendem Kündigungsrecht gem. § 490 Abs. 2 S. 1, 2 BGB zu schadensübersteigenden Entgeltzahlungen verpflichten, widersprechen der zwingenden Vorschrift des § 490 Abs. 2 S. 3 BGB und können daher weder individualvertraglich noch formularmäßig wirksam vereinbart werden.

a. Möglichkeit zur dépeçage

Fraglich ist allerdings, ob die Parteien die zwingende Vorschrift des § 490 Abs. 2 S. 3 BGB rechtswirksam dadurch umgehen können, dass die Exit-Fee-Vereinbarung in einer separaten Vertragsurkunde erfolgt und einer

Jurisdiktion unterworfen wird, die eine formularmäßige Absprache entsprechender Entgeltzahlungen zulässt.[838] Im Grundsatz gilt, dass die Parteien frei wählen können, welchem Recht sie den Vertrag unterwerfen, Art. 3 Abs. 1 Rom I-VO. Art. 3 Abs. 1 S. 3 Rom I-VO ermöglicht zudem im Grunde auch eine Teilrechtswahl. Den Parteien ist es demnach unbenommen, das Vertragsstatut zu spalten und nur für einzelne Vertragsteile oder bestimmte Fragen eines Vertragsverhältnisses eine kollisionsrechtliche Teilverweisung vorzunehmen.[839]

Allerdings ist eine solche *dépeçage*[840] nicht unbegrenzt möglich. Grundlegende Voraussetzung dafür ist zum einen die logische Abspaltbarkeit der Teilfrage, die dem separaten Vertragsstatut unterworfen werden soll, d.h. die Rechtswahl muss in sich sachgerecht sein und darf nicht zu widersprüchlichen Ergebnissen führen.[841] Überdies gelten auch im Zusammenhang mit einer Teilrechtswahl die Grenzen des Art. 3 Abs. 3 und 4 Rom I-VO sowie von Art. 9 Rom I-VO. Damit wird das gewählte Recht zum einen bei gänzlich fehlendem Auslandsbezug der Vertragsbeziehung soweit verdrängt, wie das zwingende Recht des Einbettungsstatuts reicht.[842]

Zum anderen ist es ausgeschlossen, durch die Teilrechtswahl zwingende Vorschriften der *lex fori* zu umgehen, die als Eingriffsnormen im Sinne des Art. 9 Rom I-VO qualifiziert werden können. Diesbezüglich ist freilich „*äußerste Zurückhaltung* geboten",[843] weil die allzu leichtfertige Anwendung des Art. 9 Rom I-VO mit der Gefahr von Rechtszersplitterung und -unsicherheit verbunden ist.[844] Gleichwohl wurde vor Inkrafttreten der Rom I-VO erwogen, die zwingenden verbraucherkreditrechtlichen Vorschriften der §§ 491 ff. BGB und auch das „Außerordentliche Kündigungsrecht" des Darlehensnehmers nach § 490 Abs. 2 BGB als Eingriffsnorm im Sinne von Art. 9 Rom I-VO zu qualifizieren, um so damals noch bestehende Schutzlücken für Verbraucher zu schließen. Diese Lücken bestehen *de*

---

838 Etwa nach luxemburgischen Recht.

839 *Magnus*, in: Staudinger, BGB (2016), Art. 3 Rom I-VO Rn. 104; *Martiny*, in: Münchener Kommentar zum BGB (2015), Art. 3 Rom I-VO Rn. 68; Soergel/ *v. Hoffmann* (1996), Art. 27 EGBGB.

840 Statt aller: *Magnus*, in: Staudinger, BGB (2016), Art. 3 Rom I-VO Rn. 104 m.w.N.

841 Siehe etwa: *Spickhoff*, in: Beck'scher Online-Kommentar BGB, VO (EG) 593/2008 Art. 3 Rn. 30.

842 *Magnus*, in: Staudinger, BGB (2016), Art. 3 Rom I-VO Rn. 145 m.w.N.

843 *Freitag*, in: Reithmann/Martiny, IVR (2015), Rn. 5.16 (Hervorhebung übernommen).

844 Ebda.

lege lata nicht mehr, da Verbraucherkreditverträge nunmehr vom Anwendungsbereich von Art. 6 Rom I-VO umfasst sind und Art. 22 Abs. 4 der Verbraucherkreditrichtlinie, auf die heute auch in Art. 46 lit. b Abs. 3 Nr. 4 EGBGB Bezug genommen wird, eine eigene Kollisionsnorm enthält, die zwingende Schutzbestimmungen der Richtlinie rechtswahlfest macht.[845] Daher kann die Verbesserung des Verbraucherschutzes nicht mehr angeführt werden, um die §§ 491 ff. BGB als Eingriffsnormen i.S.v. Art. 9 Rom I-VO einzuordnen. Dies gilt umso mehr für § 490 Abs. 2 BGB, da die Vorschrift im B2C-Bereich mittlerweile von den verbraucherkreditrechtlichen *leges speciales* der §§ 500 Abs. 2, 502 Abs. 1 S. 1 BGB verdrängt wird.

Erwägenswert ist eine rechtswahlfeste Anknüpfung des § 490 Abs. 2 BGB jedoch aus anderem Grund: Sinn und Zweck der Vorschrift ist es, den Kern der wirtschaftlichen Handlungsfreiheit des Darlehensnehmers zu schützen. Ihm soll nach hiesigem Verständnis zumindest die tatsächliche Möglichkeit erhalten bleiben, einer zwangsweisen Verwertung des belasteten Objekts durch freihändige Veräußerung zuvorzukommen.[846] Das Verbot rechtsgeschäftlicher Verfügungsbeschränkungen aus § 1136 BGB wird gem. § 490 Abs. 2 BGB dadurch prolongiert, dass der Darlehensnehmer sich nicht am Vertrag festhalten muss, sofern gerade dies zu einer Verfügungsbeschränkung im Sinne des § 1136 BGB führte. § 1136 BGB selbst wird in der Literatur nun aber seinerseits als Eingriffsnorm i.S.v. Art. 9 Rom I-VO interpretiert,[847] da das Verfügungsbeschränkungsverbot ebenso wie das Verfallspfandverbot des § 1149 BGB so eng mit der grundpfandrechtlichen Verwertung verknüpft sei, dass eine rechtswahlfeste Anknüpfung dieser Vorschriften an die *lex rei sitae* geboten ist.[848] Sofern nun aber mit § 490 Abs. 2 BGB der von §§ 1136, 1149 BGB bezweckte Schutz der wirtschaftlichen Handlungsfreiheit des Grundstückseigentümers auch im Rahmen laufender Verträge verwirklicht werden soll, liegt es zumindest nicht fern, auch § 490 Abs. 2 BGB als „international zwingende Vorschrift"[849] zu deuten.

---

845 Näher dazu: *Magnus*, in: Staudinger, BGB (2016), Art. 9 Rom I-VO Rn. 157 f.
846 § 9 C. III.
847 Namentlich: *Wolfsteiner*, in: Staudinger, BGB (2015), § 1136 Rn. 1.
848 Jeweils für die Deutung des § 1149 BGB als Eingriffsnorm: *Reithmann*, DNotZ 2003, 461, 463; *Freitag*, in: Reithmann/Martiny, IVR (2015); Rn. 5.61; *Wolfsteiner*, in: Staudinger, BGB (2015), § 1149 Rn. 1; Rauscher/*Thorn*, 2011, Art. 9 Rom I-VO Rn. 53.
849 So im Zusammenhang mit § 1149 BGB: *Reithmann*, DNotZ 2003, 461, 463.

b. Keine Einschränkung durch die „Rosinentheorie"

Verneint man hingegen einen derart engen Bezug der Kündigungsregelung des § 490 Abs. 2 BGB zur Grundstücksverwertung und lehnt eine Qualifikation des § 490 Abs. 2 BGB als rechtswahlfeste Vorschrift mit der heute ganz herrschenden Meinung ab,[850] folgt auch daraus noch nicht ohne weiteres, dass eine Umgehung des § 490 Abs. 2 S. 3 BGB durch *dépeçage* möglich ist. Denn nach einigen Stimmen in der Literatur darf die freie Teilrechtswahl nach Art. 3 Abs. 1 S. 3 Rom I-VO keinesfalls dazu führen, dass die Parteien einen faktisch rechtsgrundlosen Vertrag gestalten können, indem sie sich das jeweils anzuwendende Recht „[...] wie Kinder Rosinen aus dem Teig herauspicken."[851] Dem ist aber schlussendlich entgegenzuhalten, dass sich der Rom I-VO eine solche Begrenzung der Teilrechtswahl nicht entnehmen lässt. Art. 9 sowie Art. 3 Abs. 3 und 4 Rom I-VO bestimmen klar, unter welchen Voraussetzungen zwingendes Recht trotz davon abweichender, privatautonom getroffener Rechtswahl Anwendung findet. Im Übrigen kann die Teilrechtswahl zulässigerweise zur Umgehung zwingender Vorschriften des sonst anzuwendenden Rechts genutzt werden.[852]

Sofern man nach alledem die Vorschrift des § 490 Abs. 2 BGB nicht als Eingriffsnorm i.S.v. Art. 9 Rom I-VO deutet und die Kreditvertragsbeziehung Auslandsbezug i.S.v. Art. 3 Abs. 3 Rom I-VO aufweist, können die Parteien eine von § 490 Abs. 2 S. 3 BGB abweichende Regelung treffen und auf diese Weise der als störend empfundenen Vorschrift entgehen, Art. 3 Abs. 1 S. 3 Rom I-VO. Dennoch bleibt letzten Endes ein „fader Beigeschmack", wenn sich professionelle Parteien die Möglichkeiten nach Rom I-VO zu Nutze machen und aufwendige „Umgehungsgestaltungen" wählen (müssen), um eine offenbar als sachgerecht und praktikabel empfundene Regelung ins Vertragswerk aufnehmen zu können. Die „Schuld" daran ist allerdings nicht in der Liberalität des europäischen Kollisionsrechts zu suchen. Solche Umgehungsgestaltungen sind vielmehr ein Symptom dafür, dass § 490 Abs. 2 BGB derzeit zu extensiv verstanden wird und

---

850 Vgl.: *Magnus*, in: Staudinger, BGB (2016), Art. 9 Rom I-VO Rn. 158; *Martiny*, in: Münchener Kommentar zum BGB (2015), Art. 9 Rom I-VO Rn. 91; *Freitag*, in: Reithmann/Martiny, IVR (2015); Rn. 5.97; Rauscher/*Thorn* (2011), Art. 9 Rom I-VO Rn. 49.

851 So: *v. Bar*, IPR II, Rn. 426; siehe ferner: *Spickhoff*, in: Beck'scher Online-Kommentar BGB, VO (EG) 593/2008 Art. 3 Rn. 30; *Stoll*, FS Kegel (1987), 623, 647 f.

852 *Magnus*, in: Staudinger, BGB (2016), Art. 3 Rom I-VO Rn. 112; Rauscher/*v. Hein* (2011), Art. 3 Rom I-VO Rn. 79; *Ferrari*, in: Ferrari, IVR (2011), Art. 3 Rom I-VO Rn. 38.

jedenfalls gewerblich agierenden Parteien nicht der notwendige und gewünschte Raum für die privatautonome Gestaltung ihrer Rechtsbeziehungen gelassen wird.

§ 12 Die steuerrechtliche Handhabung von Vorfälligkeitsentschädigung und Vorfälligkeitsentgelt (Annex)

Steht nach alledem eine gesetzliche oder vertragliche Pflicht des Darlehensnehmers zur Ausgleichszahlung sowohl dem Grunde als auch der Höhe nach außer Streit, ist schließlich zu klären, ob und inwiefern der steuerpflichtige Darlehensnehmer die oft hohen Beträge steuerwirksam in Ansatz bringen kann.

A. Die nach BFH und BMF geltenden Grundsätze

Nach der jüngeren Rechtsprechung des BFH, der sich zwischenzeitlich die Steuerverwaltung angeschlossen hat,[853] können Ausgleichszahlungen, die der Darlehensnehmer im Zusammenhang mit einer vorzeitigen Darlehensablösung erbracht hat, regelmäßig nur als Veräußerungskosten in Sinne von § 16 Abs. 2 S. 1 EStG oder im Rahmen eines nach §§ 23, 17 EStG steuerbaren Veräußerungsvorganges in Ansatz gebracht werden.[854] Dementgegen ist eine steuerliche Geltendmachung als Werbungskosten bei Einkünften aus der Vermietung des finanzierten Objekts grundsätzlich mangels Veranlassungszusammenhang ausgeschlossen.[855] Aus dem gleichen Grund sind Vorfälligkeitsentschädigungszahlungen nicht als Betriebsausgaben bei die Ermittlung des laufenden Gewinns zu berücksichtigen.[856]

Der BFH erblickt in der Vorfälligkeitsentschädigung ein „Nutzungsentgelt im weiteren Sinne für das auf die verkürzte Laufzeit in Anspruch genommene Fremdkapital".[857] Auch wenn es sich dabei nicht um Zinsen im

---

853 BMF, Schrb. v. 27.7.2015 – IV C 1 - S 2211/11/10001, DOK 2015/0644430, DStR 2015, 1753.

854 BFH, Urt. v. 6.12.2005 – VIII R 34/04, BFHE 212, 122, 125; vgl. auch: BFH, Urt. v. 11.2.2014 – IX R 42/13, BFHE 245, 131 Rn. 12.

855 BFH, Urt. v. 11.2.2014 – IX R 42/13, BFHE 245, 131 (Leitsatz).

856 Vgl.: BFH, Urt. v. 6.12.2005 – VIII R 34/04, BFHE 212, 122, 125; BFH, Urt. v. 25.1.2000 – VIII R 55/97, BFHE 191, 111.

857 BFH, Urt. v. 6.12.2005 – VIII R 34/04, BFHE 212, 122, 124 (Nachw. ausgelassen).

bürgerlich-rechtlichen Sinne handele,[858] sei die Vorfälligkeitsentschädigung „Bestandteil der auf die (verkürzte) Gesamtlaufzeit des Kredits bezogene Gegenleistung des Darlehensnehmers für die Inanspruchnahme des Fremdkapitals [...]"[859] und beruhe „[...] mithin – ebenso wie die vertraglich vereinbarten Darlehenszinsen – auf dem Darlehensvertrag als Rechtsgrund."[860] Nach ständiger Rechtsprechung des BFH wird eine zur vorzeitigen Ablösung eines Darlehens gezahlte Vorfälligkeitsentschädigung insofern folgerichtig vom Begriff der Schuldzinsen gem. § 9 Abs. 2 S. 3 Nr. 1 EStG umfasst.[861] Deren Anerkennung als Werbungskosten setzt voraus, dass sie durch die Erzielung steuerbarer Einnahmen veranlasst sind.[862]

Einen solchen Veranlassungszusammenhang[863] lehnt der BFH jedoch ausdrücklich ab, sofern die Zahlung der Vorfälligkeitsentschädigung – wie üblich – im Zusammenhang mit der Veräußerung der belasteten Immobilie erfolgt.[864] Das „steuerrechtlich ‚auslösende Moment'"[865] für die Zahlung der Vorfälligkeitsentschädigung liegt nach Ansicht des BFH nämlich in der vertraglichen Absprache, der es zur vorzeitigen Darlehensablösung bedürfe und zu der der Darlehensgeber bei berechtigtem Interesse des Darlehensnehmers zustimmen müsse.[866] Die Zahlung der Vorfälligkeitsentschädigung sei daher regelmäßig nicht durch die Vermietung des finanzierten Objekts, sondern durch dessen Veräußerung veranlasst. Soweit einmal ein wirtschaftlicher Zusammenhang zwischen der Finanzierung der Immobilie und der Vermietungstätigkeit bestanden habe, werde dieser durch den neuen Veranlassungszusammenhang – sprich der Veräußerung des finanzierten Objekts – überlagert.[867] Ein steuerwirksamer Ansatz der Vorfälligkeitsentschädigung komme nach alledem nur in Betracht, wenn die Vermögensumschichtung selbst der steuerbaren Sphäre angehört und die hier-

---

858 Ebda.
859 BFH, Urt. v. 11.2.2014 – IX R 42/13, BFHE 245, 131 Rn. 10.
860 Ebda.
861 BFH, Urt. v. 11.2.2014 – IX R 42/13, BFHE 245, 131 Rn. 8 m.w.N.
862 BFH, Urt. v. 6.12.2005 – VIII R 34/04, BFHE 212, 122, 124.
863 Siehe zum Veranlassungsprinzip als Grundlage zur Bestimmung von Erwerbsbezügen und Erwerbsaufwendungen und zur Verwirklichung „kausalrechtlicher Symmetrie" in einem synthetischen Einkommensteuersystem, *Hey* in: Tipke/Lang, Steuerrecht (2018), § 8 Rn. 208 m.w.N.
864 BFH, Urt. v. 11.2.2014 – IX R 42/13, BFHE 245, 131.
865 BFH, Urt. v. 11.2.2014 – IX R 42/13, BFHE 245, 131 Rn. 11 (Nachw. ausgelassen).
866 Eda; siehe auch: *Schallmoser*, in: Spiegelberger/Schallmoser, Immobilie, Rn. 1541.
867 BFH, Urt. v. 11.2.2014 – IX R 42/13, BFHE 245, 131 Rn. 12 m.w.N.

durch veranlasste Entschädigungszahlung als Veräußerungskosten in die Ermittlung des Veräußerungsgewinns oder -verlusts nach §§ 16, 34 EStG bzw. §§ 23, 17 EStG einzustellen ist.[868]

Ausnahmsweise soll der Abzug einer Vorfälligkeitsentschädigung als Werbungskosten bei Einkünften aus Vermietung und Verpachtung trotz allem noch in den Fällen möglich sein, in denen der Darlehensnehmer die Immobilie nicht veräußert, sondern das Darlehen oder einen Teil davon – z.b. im Rahmen einer Umschuldung – entschädigungspflichtig ablöst und die Immobilie gleichwohl weitervermietet. Dann stehe auch die Entschädigungszahlung im wirtschaftlichen Zusammenhang mit der Vermietungstätigkeit, da auf diese Weise die Finanzierung des vermieteten Objekts aufrechterhalten und gesichert werde.[869]

B. Abweichende Ansätze

I. Grundsätzliche Abzugsfähigkeit als nachträgliche Werbungskosten

Nach früherer Rechtsprechung wurde ein Schuldzinsenabzug als nachträgliche Werbungskosten nicht nur im Zusammenhang mit Vorfälligkeitsentschädigungszahlungen, sondern insgesamt abgelehnt, da man den Veranlassungszusammenhang mit der Veräußerung des finanzierten Objekts und Aufgabe der Vermietungstätigkeit als gelöst sah. Diese Rechtsprechung hat der IX. Senat des BFH mit Urteil vom 20.6.2012 jedoch im Lichte der zeitlichen Ausdehnung steuerpflichtiger privater Veräußerungsgewinne[870] aufgegeben und erlaubt nunmehr den Abzug von Schuldzinsen als nachträgliche Werbungskosten bei den Einkünften, die aus der Vermietung der finanzierten Immobilie erwirtschaftet worden sind, wenn und soweit die Verbindlichkeiten durch den Veräußerungserlös nicht getilgt werden können.[871] Der ursprüngliche Veranlassungszusammenhang besteht demnach fort, wenn der Veräußerungserlös nicht ausreicht, um sämtliche Verbindlichkeiten des Darlehensnehmers zu tilgen und daher auch im Nachhinein auf die Restschuld Zinsen anfielen (sog. Grundsatz des Vorrangs der Schul-

---

868 BFH, Urt. v. 6.12.2005 – VIII R 34/04, BFHE 212, 122, 125; vgl. auch: BFH, Urt. v. 11.2.2014 – IX R 42/13, BFHE 245, 131 Rn. 12.

869 Vgl.: Blümich/*Schallmoser*, EStG, § 21 Rn. 280; ders., in: Spiegelberger/Schallmoser, Immobilie, Rn. 1541.

870 Siehe zur Rechtsentwicklung und Erweiterung von § 23 EStG: Blümich/*Glenk*, EStG, § 23 Rn. 2 ff.

871 BFH, Urteil v. 20.6.2012 – IX R 67/10, BFHE 237, 368.

dentilgung).[872] Vor dem Hintergrund jener Rechtsprechungsänderung sind in der Literatur vereinzelt Stimmen aufgekommen,[873] die auch für die Abzugsfähigkeit der Vorfälligkeitsentschädigung als nachträgliche Werbungskosten bei den Einkünften aus VuV plädieren. Demzufolge soll auch zwischen der Entschädigungszahlung und der Vermietungstätigkeit ein ungelöster Veranlassungszusammenhang bestehen, da die Vorfälligkeitsentschädigung auf der langfristigen Zinsfestschreibung im Immobiliarkreditvertrag beruhe, die ihrerseits maßgeblich zur Planungssicherheit in der Vermietungsphase beitrage.[874]

II. Ausnahmsweise Abzugsfähigkeit als Werbungskosten bei steuerrelevantem Neuerwerb

Eine solch grundsätzliche Abzugsfähigkeit wurde vom BFH freilich nie angenommen. In bestimmten Ausnahmefällen wurde jedoch auch vom BFH unter engen Voraussetzungen ein Werbungskostenabzug im Zusammenhang mit VuV-Einkünften auch bei Veräußerung des finanzierten Objekts anerkannt.[875] Nach jener mittlerweile ausdrücklich aufgegebenen[876] Rechtsprechung war ein wirtschaftlicher Zusammenhang von Vorfälligkeitsentschädigung und steuerbaren Vermietungseinkünften allenfalls gegeben, wenn der Darlehensnehmer den nach Tilgung verbleibenden Veräußerungserlös nachweislich zur Finanzierung eines neuen Vermietungsobjekts verwendete.[877] Dahinter steht der sog. „Surrogationsgedanke",[878] wonach der steuerrechtlich relevante Veranlassungszusammenhang nicht abschließend beendet wird, sofern der „an die Stelle" des Grundstücks tretende Veräußerungserlös zur Erzielung steuerbarer Einkünfte weiterverwandt wird.[879] Vorliegend hieße das, dass der durch die – insofern steuerlich irrelevante – Veräußerung überlagerte Veranlassungszusammenhang

---

872 BFH, Urteil v. 20.6.2012 – IX R 67/10, BFHE 237, 368 Rn. 24.
873 Darauf verweist auch: *Trossen*, NWB 2014, 2316, 2317.
874 *Meyer/Ball*, DStR 2012, 2260, 2265.
875 Vgl.: *Trossen*, NWB 2014, 2316, 2318.
876 BFH, Urt. v. 11.2.2014 – IX R 42/13, BFHE 245, 131 Rn. 12.
877 Vgl.: BFH, Urt. v. 14.1.2004 – IX R 34/01, DStRE 2004, 804; BFH, Urt. v. 23.4.1996 – IX R 5/94, BFHE 180, 374, 376.
878 Allgemein dazu: BFH, Urt. v. 17.8.2005 – IX R 23/03, BFHE 211, 143.
879 Näher dazu: Blümich/*Schallmoser*, EStG, § 21 Rn. 295 f.

abermals durch eine neue, steuerbare Vermietungstätigkeit überlagert würde.[880]

C. Zusammenfassende Stellungnahme

Der BFH kommt auf Grundlage der neueren Rechtsprechung des IX. Senats zu weithin sachgerechten Ergebnissen. Der Darlehensnehmer bezweckt mit der Zahlung von Vorfälligkeitsentschädigung bzw. Vorfälligkeitsentgelt in der Regel eine vorzeitige Ablösung des Darlehens und der als Sicherheit gestellten Grundschuld, um das Grundstück lastenfrei veräußern zu können. Die Entschädigungszahlung ist daher grundsätzlich durch den Veräußerungsvorgang veranlasst und kann daher auch nur im Rahmen dessen berücksichtigt werden, §§ 16, 17, 23 EStG. Eine Ausnahme muss dann gelten, wenn die Entschädigungszahlung zwecks Umschuldung erfolgt, die der Aufrechterhaltung der Finanzierung des vermieteten Objekts dient.

Im Einzelfall kommt ein Abzug der Vorfälligkeitsentschädigung als – vorab entstandene – Werbungskosten nach hier vertretener Einschätzung zudem nach wie vor in Betracht, wenn mit der Veräußerung des vermieteten Objekts nachweislich der Erwerb eines neuen, ggf. lukrativeren Renditeobjekts bezweckt wird. Die insofern geänderte Rechtsprechung des BFH, nach der ein Werbungskostenabzug auch in jenen Fällen kategorisch ausgeschlossen sein soll,[881] überzeugt in dieser „Rigorosität" nicht.[882] Richtig ist zwar, dass ein wirtschaftlicher Zusammenhang zwischen der Vorfälligkeitsentscheidung und dem Neuerwerb eines Mietobjekts nicht durch Surrogation eintritt. Eine steuerrechtliche Surrogation ist anzunehmen, wenn der Erlös aus der Veräußerung eines Wirtschaftsguts, das bislang zur Erzielung steuerbarer Einkünfte eingesetzt worden ist, nach einer neuen Anlageentscheidung des Steuerpflichtigen zum Erwerb einer neuen Einkunftsquelle verwendet wird.[883] Vorfälligkeitsentschädigung und -entgelt sind jedoch keinesfalls Teil des Veräußerungserlöses und werden auch weder originär noch betragsmäßig im Rahmen der konkreten Neufinanzierung auf-

---

880 Vgl.: *Schießl*, DStZ 2007, 465, 466 („doppelte Überlagerung").

881 BFH, Urt. v. 11.2.2014 – IX R 42/13, BFHE 245, 131 Rn. 12; vgl. auch: BFH, Urt. v. 6.12.2005 – VIII R 34/04, BFHE 212, 122, 126 f.

882 A.A.: Blümich/*Schallmoser*, EStG, § 21 Rn. 280; vgl. auch: *Schießl*, DStZ 2007, 465, 466 f.

883 *Schießl*, DStZ 2007, 465, 466.

gewandt.[884] Gleichwohl überzeugt es nicht, einen steuerrelevanten Veranlassungszusammenhang zwischen Ausgleichszahlung und dem Erwerb einer neuen Einkunftsquelle pauschal abzulehnen. Ein solcher wird etwa schwerlich zu verneinen sein, wenn die Veräußerung der vermieteten Immobilie nur erfolgt, um den Erwerb einer neuen Immobilie zu ermöglichen und dies zwingend notwendig ist, um auch in Zukunft steuerbare Mieteinkünfte generieren zu können. Dann kommt der Darlehensnehmer nicht umhin, das Darlehen vorzeitig abzulösen und die Vorfälligkeitsentschädigung zu zahlen, um das Grundstück lastenfrei veräußern und aus dem Erlös eine neue Immobilie zur Sicherung und Erhaltung der Vermietungstätigkeit und -einnahmen erwerben zu können, § 9 Abs. 1 S. 1 EStG.

Abgesehen davon ist zu kritisieren, dass die steuerrechtlichen Erwägungen des BFH oft völlig losgelöst von grundlegenden bürgerlich-rechtlichen Vorstellungen erfolgen, obwohl dafür kein Bedürfnis ersichtlich ist. Im Gegenteil kann die im Ergebnis überwiegend richtige steuerrechtliche Argumentation des BFH anhand der einschlägigen bürgerlich-rechtlichen Grundwertungen und Erkenntnisse nicht nur gestützt, sondern vielfach noch gestärkt werden. Verfehlt ist insbesondere die steuerrechtliche Einordnung „der" Vorfälligkeitsentschädigung als „Schuldzinsen" im Sinne von § 9 Abs. 1 S. 3 EStG. Unabhängig davon, wie extensiv der steuerrechtliche Schuldzinsbegriff ausgelegt wird,[885] handelt es sich nach den bislang gewonnenen Erkenntnissen weder bei der Vorfälligkeitsentschädigung noch beim Vorfälligkeitsentgelt um ein „Nutzungsentgelt im weiteren Sinne [...]";[886] das seinen Rechtsgrund im Darlehensvertrag findet.[887] Die Pflicht zur Zahlung einer Vorfälligkeitsentschädigung ergibt sich seit dem Schuldrechtsmodernisierungsgesetz aus § 490 Abs. 2 S. 3 BGB, der dem Darlehensgeber einen gesetzlichen Schadenersatzanspruch einräumt.[888] Die rechtliche Grundlage für die Zahlung eines Vorfälligkeitsentgelts wird hingegen dadurch geschaffen, dass die Parteien vereinbaren, dass der Darlehnsnehmer seiner darlehensvertraglichen Rückzahlungspflicht vorzeitig nachkommen darf, sofern er sich zur Zahlung eines in den Grenzen von § 138 BGB aushandelbaren Vorfälligkeitsentgelts bereit erklärt. In jedem Fall bleibt kein Vertrag, der als Darlehensvertrag typisiert werden könnte

---

884 Insofern zu Recht: *Schießl*, DStZ 2007, 465, 466 f.; vgl. auch: Blümich/ *Schallmoser*, EStG, § 21 Rn. 280.

885 Statt aller: Blümich/*Schallmoser*, EStG, § 21 Rn. 286 m.w.N.

886 BFH, Urt. v. 6.12.2005 – VIII R 34/04, BFHE 212, 122, 124.

887 Vgl.: BFH, Urt. v. 11.2.2014 – IX R 42/13, BFHE 245, 131 Rn. 10.

888 § 9 D. I. 3. b.

und in keinem Fall kann die Ausgleichszahlung wirtschaftlich oder rechtlich als Gegenleistung für die Fremdkapitalnutzung interpretiert werden. Es handelt sich vielmehr um eine Schadenersatzleistung oder eine Entgeltzahlung, die im Zusammenhang mit der vorzeitigen Beendigung des Immobiliarkredits anfällt. Das Motiv bzw. das „Bedürfnis" dafür ergibt sich regelmäßig aus dem Wunsch oder der Notwendigkeit einer lastenfreien Grundstücksveräußerung, sodass es nur folgerichtig ist, hierin grundsätzlich auch die steuerrechtlich maßgebliche Veranlassung zu erblicken. Schließlich ist es aber auch vor diesem Hintergrund nicht in jedem Einzelfall ausgeschlossen, dass die Entschädigungszahlung in erster Linie zum Zwecke der Sicherung und Erhaltung laufender oder künftiger VuV-Einkünfte geleistet wird und unter (diesen) Umständen als Werbungskosten in Ansatz gebracht werden kann.[889]

---

889 Dies gilt nach hier vertretener Ansicht etwa für die Fälle einer „Umschuldung zwecks Finanzierungsfortführung" (vgl.: Blümich/*Schallmoser*, EStG, § 21 Rn. 280; ders., in: Spiegelberger/Schallmoser, Immobilie, Rn. 1541) als auch für die im vorherigen Abschnitt erörterten Fälle einer „Veräußerung zwecks Neuerwerbs".

Kapitel 4 Die verbraucherkreditrechtliche Beendigungsdogmatik

Bis zur Umsetzung der Wohnimmobilienkreditrichtlinie ergaben sich die rechtlichen Grundlagen für die Beendigung grundpfandrechtlich gesicherter Festzinskredite vornehmlich aus den Vorschriften des allgemeinen Schuld- und Darlehensrechts, die nach der Auffassung des Gesetzgebers ein weithin ausdifferenziertes Regelungsgefüge dafür boten.[1] Gleichwohl bilden die bürgerlich-rechtlichen Vorschriften heute nur mehr „den grundständigen Korpus"[2] einer modernen Darlehensbeendigungsdogmatik, deren Gesamtkonzeption erst unter Berücksichtigung der weitreichenden Ergänzungen und Modifikationen des Verbraucherkreditrechts erschlossen werden kann. So werden die Möglichkeiten des Darlehensnehmers zur vorzeitigen Beendigung eines Immobiliarkreditvertrages seit Umsetzung des OLGVertrÄndG vom 7.6.2002[3] maßgeblich um das Recht zum Widerruf nach § 495 BGB erweitert (*sub* § 13). Ferner wird sowohl die bürgerlich-rechtliche Kündigungs- als auch jüngst die Erfüllungsdogmatik zu Lasten des Darlehensgebers bzw. zu Gunsten des Darlehensnehmers modifiziert (*sub* § 14), um auf der einen Seite ein Höchstmaß an Flexibilität des liquiden Verbrauchers zu gewährleisten und auf der anderen Seite eine dauerhafte Überschuldung des finanziell überforderten Verbrauchers zu verhindern.

§ 13 Der Widerruf von Verbraucherdarlehen

Das heute in § 495 BGB geregelte Widerrufsrecht des Darlehensnehmers bei Verbraucherdarlehensverträgen ist „eines der zentralen Instrumente des Verbraucherkreditrechts".[4] Es handelt sich dabei um ein besonders ausge-

---

1 BT-Drs. 16/11643, S. 88.
2 *Freitag*, in: Staudinger, BGB (2015), § 488 Rn. 14.
3 BGBl. I, S. 2850.
4 Soergel/*Seifert*, BGB (2014), § 495 Rn. 1; siehe auch: HK-BGB/*Wiese*, § 495 BGB Rn. 2.

staltetes Rücktrittsrecht[5] von halbzwingendem Charakter,[6] das der Verbraucher grundsätzlich innerhalb einer – ebenfalls halbzwingend geltenden –[7] Regelfrist von 14 Tagen ausüben kann, §§ 495 Abs. 1, 355 Abs. 2 S. 1, 512 BGB. Dadurch soll dem Darlehensnehmer eine angemessene Zeit eingeräumt werden, um seinen wirtschaftlich weitreichenden Entschluss überdenken und mit gewissem Abstand eine wohl überlegte Entscheidung über den Fortgang der vertraglichen Beziehung treffen zu können.[8] Der Gesetzgeber will das von ihm unterstellte strukturelle Informations- und Kompetenzdefizit des Verbrauchers dadurch ausgleichen, dass er ihm das einseitige Privileg einräumt, den bereits geschlossenen Vertrag unter dem Eindruck der nach § 491a BGB zu gewährenden vorvertraglichen Informationen sowie den vertraglichen Pflichtangaben nach § 492 Abs. 2 BGB i.V.m. Art. 247 EGBGB erneut auf den Prüfstand stellen zu können.[9]

Die konzeptionelle Verknüpfung von befristetem Widerrufsrecht des Verbrauchers und weitreichenden Informationspflichten gewerblicher Kreditgeber wurde erstmals mit § 7 VerbrKrG (Widerrufsrecht) und § 4 VerbrKrG (Schriftform; erforderliche Angaben) verwirklicht. Als Anknüpfungs- und Orientierungspunkt dafür konnten wiederum die schon damals geltenden Widerrufsrechte nach § 1 HiWiG und insbesondere § 1b AbzG fruchtbar gemacht werden, wenngleich deren vordergründiger Zweck des Überrumpelungs- und Übereilungsschutzes nunmehr maßgeblich vom Motiv des Informations- und Kenntnisausgleichs überlagert wurde.[10]

Durch das Gesetz über Fernabsatzverträge[11] wurde mit § 361a BGB a.F. zwischenzeitlich eine einheitliche, aber noch mithilfe der besonderen Vorschriften – wie § 7 VerbrKrG – ausfüllungsbedürftige „Blankettnorm" eingeführt.[12] Die Funktion des § 361a BGB a.F. übernimmt seit dem Schuld-

---

5 BGH, Urt. v. 13.4.2011 – VIII ZR 220/10, BGHZ 189, 196, 206; statt Vieler aus der Lit.: *Fritsche*, in: Münchener Kommentar zum BGB (2016), § 355 Rn. 13 m.w.N.; a.A.: *Reiner*, AcP 203 (2003), 1, 27 („anfechtungsähnliches Gestaltungsrecht"); *Hönninger*, in: jurisPK-BGB, § 357a Rn. 9.

6 *Schürnbrand*, in: Münchener Kommentar zum BGB (2017), § 495 Rn. 9.

7 *Kessal-Wulf*, in: Staudinger, BGB (2012), § 495 Rn. 9.

8 Statt aller: Soergel/*Seifert*, BGB (2014), § 495 Rn. 2.

9 *Schürnbrand*, in: Münchener Kommentar zum BGB (2017), § 495 Rn. 9; Soergel/ *Seifert*, BGB (2014), § 495 Rn. 3; HK-BGB/*Wiese*, § 490 BGB Rn. 3.

10 *B. Peters*, in: Schimansky/Bunte/Lwowski, Bankrechts-Handbuch (2017), § 81 Rn. 278; Soergel/*Häuser*, BGB (1997), § 7 VerbrKrG Rn. 2 f.

11 BGBl. I, S. 897.

12 *B. Peters*, in: Schimansky/Bunte/Lwowski, Bankrechts-Handbuch, 4. Aufl. 2011, § 81 Rn. 279.

rechtsmodernisierungsgesetz[13] § 355 BGB, der heute in seinen Abs. 1 und 2 die grundlegenden Voraussetzungen zur Ausübung der gesetzlich vorgesehen Widerrufsrechte regelt und in Abs. 3 die „allgemeinen" Widerrufsfolgen normiert.[14]

Ebenfalls im Zuge der Schuldrechtsmodernisierungsreform ist das ehemals in § 7 VerbrKrG geregelte Widerrufsrecht bei Verbraucherdarlehensverträgen in § 495 BGB inkorporiert worden. Die insofern noch immer einschlägige Norm des § 495 BGB ist zwischenzeitlich mehrmals reformiert worden und gilt seit Umsetzung des OLGVertrÄndG vom 7.6.2002[15] auch für Immobiliarkreditverträge.[16] Insbesondere regelungstechnisch bedingte Änderungen ergaben sich ferner mit Umsetzung der Verbraucherkreditrichtlinie,[17] womit jedoch keine tiefgreifenden inhaltlichen Änderungen des verbraucherkreditrechtlichen Widerrufsrechts verbunden waren.[18]

A. Anwendungsbereich

Nach der neuen Diktion des Verbraucherkreditrechts, die mit Umsetzung der Wohnimmobilienkreditrichtlinie eingeführt worden ist, gilt § 495 BGB mit den in Abs. 2 normierten Ausnahmen für Verbraucherdarlehensverträge i.S.v. § 491 BGB, d.h. für Allgemein- und Immobiliar-Verbraucherdarlehensverträge. In der Sache finden die verbraucherschützenden *leges speciales* somit grundsätzlich auf sämtliche entgeltliche Darlehensverträge zwischen einem Unternehmer als Darlehensgeber und einem Verbraucher als Darlehensnehmer Anwendung, § 491 Abs. 2, Abs. 3 BGB.

---

13 BGBl. I, S. 3138.
14 Vgl. *Frische*, in: Münchener Kommentar zum BGB (2016), § 355 Rn. 6 ff.
15 BGBl. I, S. 2850.
16 Damit wollte der Gesetzgeber insbesondere den Vorgaben genügen, die der EuGH in seinem Urt. v. 13.12.2001 – C-481/99 (*Heininger*), NJW 2002, 281 gemacht hat; ausführlich dazu etwa: B. *Peters*, in: Schimansky/Bunte/Lwowski, Bankrechts-Handbuch (2017), § 81 Rn. 308 ff.
17 BGBl. I, S. 3642.
18 Soergel/*Seifert*, BGB (2014), § 495 Rn. 9.

I. Prolongation und Novation

Haben die Parteien sich über die Fortführung einer langfristigen (Immobilien-)Finanzierung im Wege der Anschlussfinanzierung geeinigt, ist im Einzelfall zu klären, ob die Parteien eine bloße Vertragsverlängerung oder eine Novation der vertraglichen Beziehung samt Gewährung eines neuen Kapitalnutzungsrechts z.b. in Form eines sog. „Forward-Darlehens" vereinbart haben.[19] Im letzteren Falle beginnt die Kündigungsfrist des § 489 Abs. 1 Nr. 2 Hs. 1 BGB mit Empfang der Valuta erneut zu laufen und dem Darlehensnehmer steht mit dem neuen Vertrag ein neues Recht zum Widerruf zu. Dementgegen löst eine schlichte Vertragsverlängerung weder ein neues Widerrufsrecht aus, noch wird dadurch ein noch bestehendes Widerrufsrecht berührt.[20] Zudem beginnt die Frist des § 489 Abs. 1 Nr. 2 BGB schon mit Abschluss der Prolongationsvereinbarung zu laufen, § 489 Abs. 1 Nr. 2 Hs. 2 BGB, was den Zeitraum der geschützten Zinserwartung des Darlehensgebers erheblich verkürzen kann.[21] Sowohl mit Blick auf einen möglichen Widerruf als auch im Zusammenhang mit der Berechnung einer ggf. anfallenden Vorfälligkeitsentschädigung bei vorzeitiger Beendigung des Vertrages kann es daher maßgebend sein, wie die Anschlussfinanzierungsvereinbarung rechtlich zu würdigen ist. Dies wiederum ist „[...] Auslegungsfrage, die grundsätzlich dem Tatrichter obliegt [...]."[22] Es muss in jedem Einzelfall ergründet werden, ob die Parteien das alte Schuldverhältnis tatsächlich aufgeben und durch ein neues ersetzen wollten. Bei der Feststellung des Willens zur Novation mahnt der BGH allerdings zur Vorsicht und hält im Zweifel dazu an, nur von einer bloßen Vertragsänderung auszugehen.[23]

---

19 Näher: *Feldhusen*, ZIP 2016, 850 mit Begutachtung der gängigen Anschlussfinanzierungspraxis.
20 BGH, Urt. v. 28. 5. 2013 – XI ZR 6/12, BKR 2013, 326 Rn. 20 ff.; KG Berlin, Beschl. v. 7.8.2015 – 8 U 191/14, WM 2016, 213, 214 ff.; *Schürnbrand*, in: Münchener Kommentar zum BGB (2017), § 491 Rn. 7; vgl. auch: BGH, Urt. v. 26.10.2010 – XI ZR 367/07, WM 2011, 23, 26.
21 *Feldhusen*, ZIP 2016, 850.
22 BGH, Urt. v. 26.10.2010 – XI ZR 367/07, WM 2011, 23, 26.
23 Ebda.

II. Gläubiger- und Schuldnerwechsel

Neben einer Anpassung der Vertragskonditionen im Wege der Prolongation oder Novation, können sich verbraucherkreditrechtlich relevante Änderungen der ursprünglichen Vertragskonstellation im Zuge gesetzlicher oder rechtsgeschäftlicher Rechtsnachfolge ergeben. Im Grundsatz gilt hierbei, dass „Statusänderungen" der Parteien die Fortgeltung des Verbraucherdarlehensrechts unberührt lassen. Haben die Parteien einen Verbraucherdarlehensvertrag i.S.v. § 491 BGB geschlossen, so ändert sich daran nichts, wenn der Verbraucher zwischenzeitlich unternehmerisch tätig wird oder – umgekehrt – der Unternehmer seine unternehmerische Tätigkeit aufgibt oder von einem Verbraucher beerbt wird.[24]

1. Abtretung gem. §§ 398 ff. BGB

Auch eine Abtretung einzelner darlehensvertraglicher Ansprüche vermag nicht am verbraucherkreditrechtlichen Charakter des Vertrages zu rühren, wobei zu beachten ist, dass der Zessionar des Kapitalauszahlungs- und -belassungsanspruchs nicht sogleich das Widerrufsrecht des Darlehensnehmers erwirbt; dieses „[...] unterliegt als vertragsbezogenes Gestaltungsrecht der gesonderten Abtretung."[25]

2. Befreiende Schuldübernahme gem. §§ 414 ff. BGB

Gegenstück zur Abtretung ist die befreiende Schuldübernahme gem. §§ 414 ff. BGB. Danach wird unter Wahrung der Schuldidentität ein Schuldnerwechsel vollzogen, indem der Übernehmer an die Stelle des Veräußerers tritt.[26] So wie die Abtretung einzelner Ansprüche gem. § 398 BGB berührt auch die Schuldübernahme den Verbraucherdarlehenscharakter als *causa* der übernommenen Verbindlichkeit nicht. Ferner erfolgt kein derivativer Erwerb eines fortbestehenden Widerrufsrechts. Dieses verbleibt dem Altschuldner unabhängig von Status und Person des Übernehmenden, da es nicht an die übernommene Verbindlichkeit, sondern an den ur-

---

24 *Schürnbrand*, in: Münchener Kommentar zum BGB (2017), § 491 Rn. 27.

25 *Schürnbrand*, in: Münchener Kommentar zum BGB (2017), § 491 Rn. 28 (Nachw. ausgelassen).

26 Palandt/*Grüneberg*, Vor § 414 BGB Rn. 1.

sprünglich geschlossenen Vertrag knüpft. Unter Umständen ist dem Übernehmenden jedoch ein originäres Recht zum Widerruf der Schuldübernahme zuzubilligen. Voraussetzung dafür ist, dass ein Verbraucher i.S.v. § 13 BGB die Kapital- und Zinsschuld unter Beteiligung des unternehmerisch tätigen Kreditgebers übernimmt. Mit der befreienden Schuldübernahme muss eine mit dem Verbraucherkredit vergleichbare Interessenlage und Schutzbedürftigkeit des Übernehmers einhergehen, damit eine entsprechende Anwendung der §§ 491 ff. BGB gerechtfertigt ist. Die §§ 491 ff. BGB zielen darauf ab, dem Verbraucher eine rechtsgeschäftliche Entscheidungsfindung „auf Augenhöhe" mit (unterstellt) strukturell überlegenen Darlehensgebern zu ermöglichen. Dessen bedarf es nicht, wenn der Kreditgeber an der Entscheidung zur Schuldübernahme nicht beteiligt war und sich seine Beteiligung auf die nachträgliche Genehmigung beschränkt. „Zu diesem Zeitpunkt ist die Entscheidungsfindung des Übernehmers abgeschlossen [...]"[27] und es ist kein Grund ersichtlich, den Darlehensgeber trotz fehlender rechtsgeschäftlicher Konfrontation mit weitreichenden Informationspflichten zu belasten bzw. dem Übernehmer ein Widerrufsrecht nach § 495 BGB analog einzuräumen.[28] Dies setzt vielmehr voraus, dass der Darlehensgeber aktiv an der Schuldübernahme mitgewirkt hat, indem er diese zumindest nachweislich initiiert hat; dann liegt jedenfalls ein Umgehungstatbestand i.S.v. § 512 S. 2 BGB nahe.[29]

3. Vertragsübernahme

Im Falle der Vertragsübernahme nimmt die Rechtsprechung überdies einen derivativen Erwerb eines fortbestehenden Widerrufsrechts durch den Übernehmer an, wobei es nicht darauf ankommen soll, ob der Verbraucherdarlehensvertrag von einem Verbraucher oder einem Unternehmer übernommen wird.[30] Das Widerrufsrecht finde seine Grundlage im Ver-

---

27 *Grigoleit/Herresthal*, Jura 2002, 393, 400.
28 Ebda.
29 *Ulmer/Timmann*, FS Rowedder (1994), 503, 512 ff.; Bülow/Artz/*Artz*, § 495 Rn. 78; *Nobbe*, in Prütting/Wegen/Weinreich, § 491 Rn 19; *Renner*, in Staub-HGB Kreditgeschäft, Vierter Teil Rn. 562; Soergel/*Seifert*, BGB (2014), § 495 Rn. 40; *Grigoleit/Herresthal* Jura 2002, 393, 400; weitergehend: Bamberger/Roth/ *Möller* (2012), § 495 Rn. 28: Initiierung sei zu vermuten; noch weitergehend: *Kessal-Wulf*, in: Staudinger, BGB (2012), § 495 Rn. 22: Umgehung auch ohne Initiierung möglich.
30 BGH, Urt. v. 17.4.1996 – VIII ZR 44/95, NJW 1996, 2094.

tragsschluss. Der von den Parteien gewählte Weg ziele explizit auf die Übernahme des Vertrages „unter Aufrechterhaltung der Identität"[31] ab. Im Gegensatz zum Neuabschluss des Vertrages werde dem Übernehmer der Eintritt in die Rechtsstellung des Veräußerers gerade unabhängig von Status und Schutzbedürftigkeit ermöglicht.[32]

Nach überwiegender Literaturauffassung kommt ein derivativer Erwerb des Widerrufsrechts hingegen nur bei Vertragsübernahme durch einen Verbraucher in Betracht, da nur er voll in die Rechtsstellung des veräußernden Verbrauchers eintreten können soll.[33] Werde der Vertrag von einem Unternehmer übernommen, könne sich dieser nicht auf ein fortbestehendes Widerrufsrecht berufen. Anders als bei einer zwischenzeitlichen Aufnahme unternehmerischer Tätigkeit durch den Verbraucher werde dem Widerrufsrecht mit dem Parteiwechsel jede Grundlage entzogen, da der übernehmende Unternehmer zu keinem Zeitpunkt des *ad personam* eingeräumten Schutzes nach § 495 BGB bedurfte.[34] Dem Übernehmer soll nur ein originäres Recht zum Widerruf der Vertragsübernahme zustehen, da sich die Interessenlage bei der Vertragsübernahme nicht von der beim originären Verbraucherdarlehensvertragsabschluss unterscheide.[35] Ähnlich wie bei der privaten Schuldübernahme hält es die überwiegende Auffassung für erforderlich, dass der unternehmerisch handelnde Darlehensgeber an der Vertragsübernahme selbst beteiligt ist oder von ihm zumindest nachweisbar die Initiative dazu ausgeht.[36]

---

31 BGH, Urt. v. 10.5.1995 – VIII ZR 264/94, BGHZ 129, 371, 375.

32 BGH, Urt. v. 17.4.1996 – VIII ZR 44/95, NJW 1996, 2094; BGH, Urt. v. 10.5.1995 – VIII ZR 264/94, BGHZ 129, 371, 375; Erman/*Röthel*, Vor § 414 Rn. 10; *Röthel/Heßeler*, WM 2008, 1001,1107; vgl. auch: *Rieble*, in: Staudinger, BGB (2017), § 414 Rn. 82 f.

33 *Martinek*, JZ 2000, 551, 560; *Möschel*, in: Münchener Kommentar zum BGB (2007), Vor §§ 414 ff. Rn. 9; *Schürnbrand*, in: Münchener Kommentar zum BGB (2017), § 491 Rn. 33; *Nörr*, in Nörr/Scheyhing/Pöggeler, Sukzessionen (1999), § 18; *Bülow*, WM 1995, 2089, 2090; *Ulmer/Masuch*, JZ 1997, 654, 660; Palandt/*Weidenkaff*, § 491 Rn. 10.

34 *Schürnbrand*, in: Münchener Kommentar zum BGB (2017), § 491 Rn. 33.

35 So die ganz h.M.: BGH, Urt. v. 26.5.1999 – VIII ZR 141/98, BGHZ 142, 23, 29 f.; Bülow/Artz/*Artz*, § 491 Rn. 80; *Schürnbrand*, in: Münchener Kommentar zum BGB (2017), § 491 Rn. 32; *Kessal-Wulf*, in: Staudinger, BGB (2012), § 491 Rn. 22; *Volmer*, WM 1999, 209, 211 ff.; *Röthel/Heßeler*, WM 2008, 1001, 1003 f.; *Mankowski*, Beseitigungsrechte (2003), S. 1000; *Martinek*, JZ 2000, 551, 558 ff.

36 OLG Düsseldorf, Urt. v. 20.12.1999 – 24 U 186/98, NJW-RR 2001, 641 f.; Erman/*Saenger*, § 491 Rn. 24; Bülow/Artz/*Artz*, § 491 Rn. 80; *Nobbe*, in Prütting/Wegen/Weinreich, § 491 Rn. 19; *B. Peters*, WM 2006, 1183, 1185; *Mairose*, RNotZ

Anderer Ansicht nach soll es sich bei der Vertragsübernahme stets um ein einheitliches Geschäft handeln, das stets die Mitwirkung aller Parteien erfordert. Für die Anwendbarkeit der §§ 491 ff. BGB komme es daher nicht entscheidend darauf an, ob die Parteien den Weg einer dreiseitigen oder zweiseitigen Vertragsübernahme unter Zustimmung des Dritten wählen. Eine einheitliche Behandlung sei zudem geboten, da die rechtskonstruktive Umsetzung in der Praxis oft unwillkürlich erfolge und eine Differenzierung angesichts der wirtschaftlich weithin identischen Sachverhalte ohnehin schwer möglich sei.[37]

a. Die Gewährung eines originären Widerrufsrechts gem. § 495 BGB analog

Im Ergebnis ist einerseits der herrschenden Meinung in Rechtsprechung und Literatur zu folgen, die ein originäres Widerrufsrecht des übernehmenden Verbrauchers nur bei dreiseitiger Vertragsübernahme oder deren tatsächlicher Initiierung durch den Darlehensgeber annimmt. Insofern kann nichts Anderes gelten als im Falle der privaten Schuldübernahme. Eine vergleichbare Interessenlage, die eine analoge Anwendung des § 495 BGB auf die Vertragsübernahme rechtfertigt, liegt nur vor, wenn der institutionelle Darlehensgeber auf die Entscheidung zur Übernahme der darlehensvertraglichen Rechte und Pflichten irgendwie Einfluss nehmen kann. Ist die Vertragsübernahme bereits „beschlossene Sache" und wird vom Darlehensgeber nur noch „abgenickt", fehlt es an der Konfrontation von Verbraucher und (unterstellt) strukturell überlegenem Unternehmer und somit auch an der Notwendigkeit eines prozeduralen Ausgleichs gestörter Vertragsparität. Die in der Sache treffende Einordnung der Schuldübernahme als einheitliches Rechtsgeschäft ändert daran nichts. Denn obwohl die Vertragsübernahme nur unter Mitwirkung aller Beteiligten wirksam zu Stande kommen kann,[38] führt dies nicht in jedem Fall zu einer beim Verbraucherdarlehensvertragsschluss vergleichbaren Interessenlage. Entscheidend ist mit anderen Worten nicht die rechtstheoretische, sondern

---

2012, 467, 472; offen gelassen von: BGH, Urt. v. 26.5.1999 – VIII ZR 141/98, BGHZ 142, 23, 31.

37 *Röthel/Heßeler*, WM 2008, 1001, 1003 f.; *Mankowski*, Beseitigungsrechte (2003), S. 1000; *Martinek*, JZ 2000, 551, 558 ff.

38 *Röthel/Heßeler*, WM 2008, 1001, 1003 f.; *Mankowski*, Beseitigungsrechte (2003), S. 1000; *Martinek*, JZ 2000, 551, 558 ff.; *Ulmer/Masuch*, JZ 1997, 654, 655.

die tatsächliche Mitwirkung des Darlehensgebers bei der Vertragsübernahme.

b. Kein derivativer Erwerb eines fortbestehenden Widerrufsrechts

Andererseits ist der derivative Erwerb eines fortbestehenden Widerrufsrechts nach hier vertretener Ansicht insgesamt ausgeschlossen. Wird der Vertrag von einem Dritten übernommen, kann das Widerrufsrecht „[...] seinen Zweck, ein nachträgliches Überdenken der eingegangenen Verpflichtung zu ermöglichen, in der Person des Ausgeschiedenen nicht mehr erreichen, da er mit der Verbindlichkeit nichts mehr zu tun hat; es kann deshalb nur erlöschen."[39] Die Vertragsübernahme mag darauf abzielen, dem Übernehmer die identische Rechtsstellung des Veräußerers zu verschaffen. Allerdings knüpft das Widerrufsrecht des Veräußerers aus § 495 BGB an seine Schutzbedürftigkeit als Verbraucher bei Vertragsschluss. Diese Verknüpfung wird mit dem Parteiwechsel unwiederbringlich gelöst. Dies gilt für die Übernahme des Vertrages durch Unternehmer und Verbraucher gleichermaßen. Eine ordnungsgemäße Belehrung und Information des Übernehmers kommt logischerweise erst im Rahmen des Vertragsübernahmegeschäfts in Betracht. Wird dieses von einem Verbraucher unter tatsächlicher Mitwirkung des unternehmerisch agierenden Darlehensgebers geschlossen, ist die Situation mit dem Abschluss eines Verbraucherdarlehensvertrages vergleichbar und die §§ 491 ff. BGB gelten entsprechend: Der Verbraucher ist umfassend zu informieren und über sein originäres Widerrufsrecht zu belehren. Unter diesem Eindruck kann er seine Entscheidung zur Vertragsübernahme überdenken und bei Bedarf fristgerecht revidieren. Die Entscheidung zum Abschluss des ursprünglichen Vertrages oblag indes allein dem Veräußerer; nur ihm gegenüber konnten hierbei Informations- und Belehrungspflichten erfüllt oder verletzt werden. Es ergibt weder Sinn noch ist es notwendig, hieraus Rechtsfolgen zu Gunsten eines Dritten herzuleiten, der den Vertrag übernimmt. Dem Verbraucherschutz wird durch die Gewährung eines originären Widerrufsrechts vollumfänglich genüge getan. Die Möglichkeit, den ursprünglichen Vertragsschluss zu überdenken und zu widerrufen, besteht immer nur für den, der den Vertrag auch geschlossen hat; sie fällt mit dessen Ausscheiden weg.

---

39 *Martinek*, JZ 2000, 551, 560.

III. Mitverpflichtung Dritter

Die Schuld- und Vertragsübernahme ist von der Mitverpflichtung Dritter zu unterscheiden. Im ersteren Fall wird die Schuld oder der gesamte Vertrag durch einen Dritten übernommen. Dieser tritt im vereinbarten Umfang in die rechtliche Position des ursprünglichen Schuldners ein. Im Wege der Mitverpflichtung tritt der Dritte als zusätzlicher Schuldner neben den Darlehensnehmer, ohne selbst Ansprüche gegenüber dem Darlehensgeber zu begründen. Ist der Dritte Verbraucher i.S.v. § 13 BGB stellt sich die Frage, ob auch er sich gegenüber dem Darlehensgeber auf ein Widerrufsrecht gem. § 495 BGB berufen kann bzw. ob die §§ 491 ff. BGB insgesamt (entsprechende) Anwendung finden. Eine Mitverpflichtung Dritter[40] erfolgt regelmäßig, um dem Darlehensgeber die zusätzliche Sicherheit eines weiteren (solventen) Schuldners bieten zu können, zumal es nicht unüblich ist, dass der Darlehensgeber dies zur Bedingung für den Abschluss des Vertrags macht. Nach Wortlaut und Entstehungsgeschichte der §§ 491 ff. BGB wird die Bestellung von Kreditsicherheiten von deren Anwendungsbereich nicht umfasst. In Betracht kommt allenfalls eine entsprechende Anwendung,[41] wobei die Rechtsprechung und die Mehrheit der Autoren in der Literatur nach dem rechtlichen Grund der Mitverpflichtung differenzieren.

1. Bürgschaft

Nach herrschender, höchstrichterlich bestätigter Ansicht soll eine analoge Anwendung der §§ 491 ff. BGB ausscheiden, wenn sich der Dritte für den Darlehensnehmer verbürgt.[42] Der Schutzfunktion der §§ 491a, 492 BGB bedürfe es angesichts des strengen Schriftformerfordernisses des § 766 BGB nicht. Insofern fehle schon eine planwidrige Regelungslücke, zumal der Gesetzgeber den Anwendungsbereich der §§ 491 ff. BGB bewusst nicht auf

---

40 Im Verlauf der weiteren Begutachtung wird die Verbrauchereigenschaft des „Dritten" i.S.v. § 13 BGB unterstellt.
41 A.A.: Bülow/Artz/*Bülow*, § 491 Rn. 118; ders., NJW 1996, 2889.
42 BGH, Urt. v. 21.4.1998 – IX ZR 258/97, BGHZ 138, 321, 325 ff.; OLG Frankfurt, Urt. v. 20.12.2006 – 9 U 18/06, ZGS 2007, 240; OLG Düsseldorf, Urt. v. 12.9.2007 – I-3 U 31/07, WM 2007, 2009; OLG Hamm, Urt. v. 12.11.1997 – 31 U 50/97, WM 1998, OLG Rostock, Urt. v. 11.12.1997 – 1 U 140/96, WM 1998, 446; OLG Stuttgart, Urt. v. 22.7.1997 – 6 U 31/97, NJW 1997, 3450, 3451; aus dem Schrifttum statt Vieler: *Kessal-Wulf*, in: Staudinger, BGB (2012), § 491 Rn. 23 m.w.N.

Kreditsicherungsrechte ausgeweitet habe. Es sei auch nicht geboten, dem „Verbraucherbürgen" ein Widerrufsrecht entsprechend § 495 BGB einzuräumen. Das Schutzbedürfnis von Bürge und Kreditnehmer sei nicht vergleichbar. Der Bürge habe keine Wahl zwischen unterschiedlichen Angeboten und es bestünde auch keine Gefahr, dass er zum unüberlegten Bürgschaftsvertragsabschluss verlockt wird. Einer nachträglichen Bedenkzeit, wie sie § 495 BGB bezweckt, bedürfe es nicht. Schließlich sei aufgrund der Akzessorietät von Bürgschaft und Forderung ohnedies eine angemessene und ausreichende Partizipation des Bürgen am Schutz der §§ 491 ff. BGB gewährleistet.

Nach gegenteiliger Ansicht soll der Bürge ebenso wie der Sicherungsgesamtschuldner[43] am Schutz des Verbraucherdarlehensrechts partizipieren.[44] Der private Bürge sei nicht weniger schutzbedürftig als der Sicherungsgesamtschuldner. Hier wie da sei ein einheitliches Maß an Verbraucherschutz entsprechend §§ 491 ff. BGB zu verwirklichen. Die bürgschaftsrechtlichen Schutzinstrumente, namentlich das Schriftformerfordernis des § 766 BGB sowie die streng akzessorische Haftung des Bürgen vermittelten nur einen statusunabhängigen Schutz des Bürgen, nicht aber einen angemessenen Schutz des Verbrauchers. Der „Verbraucherbürge" müsse vor Abschluss des Bürgschaftsvertrags wie der Darlehensnehmer zusätzlich mit den für ihn relevanten Informationen gem. § 492 BGB versorgt werden. Nicht anders als im Verbraucherdarlehensrecht sei auch im „Verbraucherbürgschaftsrecht" ein strukturelles Informations- und Kompetenzdefizit des Verbrauchers zu unterstellen, das mit den Instrumenten des Verbraucherdarlehensrechts auszugleichen sei. So sei dem Bürgen endlich auch ein Widerrufsrecht nach § 495 BGB einzuräumen, um die Tragweite und das Risiko seiner Mitverpflichtung nochmals unter dem Eindruck aller wichtigen Informationen und mit gewisser Distanz nochmals kritisch würdigen und im Zweifel davon Abstand nehmen zu können. Für den Darlehensgeber seien damit nur unmerkliche Nachteile verbunden, zumal es ihm möglich sei, die Valuta erst nach Verstreichen der Widerrufsfrist auszuzahlen.

Eine weitere Ansicht in der Literatur stimmt im Grundsatz mit der herrschenden Meinung darin überein, dass eine analoge Anwendung der §§ 491 ff. BGB auf die „Verbraucherbürgschaft" wegen der unterschiedlichen Interessenlage nicht in Betracht kommt. Eine Regelungslücke beste-

---

43 Dazu sogleich.
44 *Bülow/Artz/Bülow*, § 491 Rn. 119; NK-BGB/*Krämer* (2016), § 491 Rn. 9; *Sölter*, NJW 1998, 2191 f.; *Hommelhoff*, FG 50 Jahre BGH, Bd. II (2000), 889, 905; *Sedlmeier*, Selbstbestimmung, S. 444 ff.; *Zöllner*, WM 2000, 1, 4.

he zudem nur hinsichtlich der Informationspflichten aus § 492 BGB, die *de lege lata* – auch in vergleichbarer Form – gegenüber dem Bürgen nicht bestehen. Dem sei dadurch abzuhelfen, dass das Schriftformerfordernis des § 766 BGB bei Abschluss einer „Verbraucherbürgschaft" um „[...] die auch für den Bürgen relevanten *Angaben* des § 492 Abs. 2 *über den Umfang des von ihm zu übernehmenden Bürgschaftsrisikos* [...]"[45] angereichert wird. Namentlich sei der Bürge über den Gesamtbetrag aller Teilzahlungen sowie die Höhe zusätzlich anfallender Kosten zu informieren.[46]

2. Schuldbeitritt

Anders als bei der Bürgschaft wird eine analoge Anwendung der §§ 491 ff. BGB mehrheitlich befürwortet, wenn die Mitverpflichtung im Wege des Schuldbeitritts erfolgt. Außer Streit steht dies, wenn zwischen Beitretendem und Darlehensgeber ein sog. Übernahmebeitritt vereinbart ist. Dabei handelt es sich, wie bei den gesetzlich in § 2382 BGB und § 25 HGB geregelten Fällen, um eine nach außen wirkende Erfüllungsübernahme und der Beitretende verpflichtet sich im Innenverhältnis zur vollumfänglichen Schuldtragung.[47] Demgegenüber verpflichtet sich der Beitretende beim Sicherungsbeitritt nur dazu, im Sicherungsfall neben dem Darlehensnehmer für die Schuld einzustehen, sodass sich der Kreditgeber an einen weiteren Schuldner halten kann.

Umstritten ist, ob eine analoge Anwendung der §§ 491 ff. BGB auch geboten ist, wenn der Dritte sich im Sicherungsfall als weiterer Schuldner der darlehensvertraglichen Verbindlichkeiten zur Verfügung stellt, ohne gegenüber dem Darlehensgeber eigene Rechte aus dem Kreditvertrag herleiten zu können („Sicherungsbeitritt").[48] Nach ständiger Rechtsprechung des BGH[49] und der h.M. in der Literatur[50] soll eine entsprechende Anwendung der §§ 491 ff. BGB beim Beitritt zum entgeltlichen Darlehensvertrag ebenso geboten sein, wie beim Übernahmebeitritt. Der Beitretende ver-

---

45 *Schürnbrand*, in: Münchener Kommentar zum BGB (2017), § 491 Rn. 58.

46 Dafür etwa: *Schürnbrand*, in: Münchener Kommentar zum BGB (2017), § 491 Rn. 58 m.w.N.

47 *Schürnbrand*, in: Münchener Kommentar zum BGB (2017), § 491 Rn. 56.

48 Näher zur Differenzierung zischen Sicherungs- und Übernahmebeitritt: *Schürnbrand*, Schuldbeitritt, S. 32 ff. und 75 ff.

49 BGH, Urt. v. 12.11.2015 – I ZR 168/14 WM 2016, 968 Rn. 33 m.w.N.

50 Siehe die Nachw. bei: *Schürnbrand*, in: Münchener Kommentar zum BGB (2017), § 491 Rn. 56 (Fn. 145).

pflichte sich einseitig zur Mitübernahme der darlehensvertraglichen Verbindlichkeiten des Darlehensnehmers, ohne eigene Rechte aus dem Verbraucherdarlehen vergegenwärtigen zu können. *A maiore ad minus* sei das Schutzbedürfnis des Beitretenden nicht nur mit dem des Darlehensnehmers vergleichbar, sondern übersteige es noch.

Die Gegenauffassung lehnt die analoge Anwendung der §§ 491 ff. BGB auf den Sicherungsbeitritt eines Verbrauchers ab.[51] Es gebe keine Rechtfertigung dafür, Bürgschaft und Schuldbeitritt unterschiedlich zu behandeln. In dem einen wie dem anderen Fall handele es sich um Kreditsicherungsgeschäfte, denen andere Risiken immanent sind als dem Darlehensvertrag selbst. Eine unterschiedliche Behandlung sei auch nicht dadurch gerechtfertigt, dass der Beitretende im Unterschied zur Bürgschaft gesamtschuldnerisch hafte. Der rechtstechnische Rahmen der Inanspruchnahme des Dritten weise keinerlei Bezug zu den von §§ 491 ff. BGB verfolgten Schutzzwecken auf. Der für den Beitretenden relevante Schutz sei vielmehr dadurch zu initialisieren, dass das Schriftformerfordernis des § 766 BGB für den Schuldbeitritt entsprechend gilt und auch für den Sicherungsgesamtschuldner um die für ihn relevanten Pflichtangaben des § 492 Abs. 2 BGB angereichert wird.

3. Garantie

Schließlich ist streitig, ob die §§ 491 ff. BGB auf die kautelare Forderungsgarantie entsprechende Anwendung finden. Nach einer Ansicht handele es sich dabei um eine Kreditsicherung, die von den Parteien in Form und Umfang frei vereinbar sei. Es bestehe weder Bedürfnis für die analoge Anwendung des Verbraucherkreditrechts noch für eine entsprechende Geltung des Formerfordernisses des § 766 BGB.[52]

---

51 *Schürnbrand*, in: Münchener Kommentar zum BGB (2017), § 491 Rn. 57; ders., Schuldbeitritt, S. 58 ff. und 66 ff.; *Habersack*, in: Münchener Kommentar zum BGB (2017), Vor § 765 Rn. 15; *Madaus*, BKR 2008, 54, 56; *Ulmer*, in: Münchener Kommentar zum BGB (2004), § 491 Rn. 82; *Harke*, Schuldrecht AT Rn. 486; *Rüßmann*, FS Heinrichs (1998), 451, 483.

52 *Schürnbrand*, in: Münchener Kommentar zum BGB (2017), § 491 Rn. 58; *Nobbe*, in: Schimansky/Bunte/Lwowski, Bankrechts-Handbuch (2017), § 92 Rn. 4.

Anderer Ansicht nach sollen die §§ 491 ff. BGB „per analogiam auf die Forderungsgarantie anzuwenden"[53] sein.[54] Mit der Garantie gehe ein zumindest ebenso hohes Schutzbedürfnis wie mit dem Schuldbeitritt einher. Auch der Garant hafte nicht akzessorisch. Die ihm verbleibenden Verteidigungsmöglichkeiten seien denen des gesamtschuldnerisch haftenden Beitretenden sogar noch unterlegen. Letzterer könne sich im Gegensatz zum Garanten auf rechtshindernde und rechtsvernichtende Einwendungen gegen die Forderung berufen und sich mit den tatsächlich erhobenen Einreden des Hauptschuldners verteidigen.[55] Ferner ergeben sich für die frei vereinbare Garantie keine Schutzinstrumente, wie sie das Gesetz im Zusammenhang mit der Bürgschaft gem. §§ 766 ff. BGB vorhält. Die inhaltliche Gestaltung der Garantie unterliege nur den allgemeinen Grenzen der §§ 134, 138 BGB, anhand derer ein angemessener Schutz des „Verbrauchergaranten" nicht verwirklicht werden könne. Schließlich trete bisweilen nicht oder erst im Rahmen rechtlicher Auseinandersetzung offen zu Tage, welche Form der persönlichen Sicherheit zu Gunsten des Darlehensgebers bestellt worden ist. Es hänge mitunter vom Zufall ab, ob die Parteien eine Garantie, einen Schuldbeitritt oder eine Bürgschaft vereinbart haben.[56] Nicht vom Zufall abhängen dürfe indes, welches Maß an Verbraucherschutz gilt. Solange der Gesetzgeber *de lege ferenda* keine Rechtsklarheit und -einheitlichkeit in Form eines speziellen „Verbraucherkreditsicherungsrecht" schafft, könne ein adäquater Schutz von Verbrauchern, die sich zwecks Kreditsicherung persönlich mitverpflichten, nur dadurch erreicht werden, dass die Personalsicherheiten in entsprechender Anwendung der §§ 491 ff. BGB einheitlich in den verbraucherkreditrechtlichen Anwendungsbereich miteinbezogen werden.[57]

---

53 *Omlor*, WM 2009, 54, 60.
54 *Omlor*, WM 2009, 54; *Möller*, in: Beck'scher Online-Kommentar BGB, § 491 Rn. 49; Erman/*Saenger*, § 491 Rn. 22.
55 *Omlor*, WM 2009, 54, 57.
56 Ebda.
57 Vgl.: *Omlor*, WM 2009, 54, 60.

4. Stellungnahme

a. Keine unmittelbare Anwendung der §§ 491 ff. BGB

Zuvorderst ist klarzustellen, dass die §§ 491 ff. BGB nicht unmittelbar für Interzessionsgeschäfte gelten. Bei der Mitverpflichtung eines dritten Verbrauchers im Wege von Bürgschaft, Garantie oder Sicherungsbeitritt handelt es sich keinesfalls um einen „Verbraucherdarlehensvertrag" i.S.d. § 491 BGB. Etwas Anderes folgt auch nicht, wie namentlich *Bülow* meint, aus der Entstehungsgeschichte der „Besonderen Vorschriften für Verbraucherdarlehensverträge". Es ist nicht zu leugnen, dass diese ihre historische Grundlage im AbzG finden und es mag sein, dass namentlich der Schuldbeitritt „[...] vollständig von den Schutzbestimmungen des Abzahlungsgesetzes erfaßt [war]."[58] Zudem ist es richtig, dass der Gesetzgeber mit der Einführung des VerbrKrG das verbraucherkreditrechtliche Schutzniveau insgesamt steigern und einer gegenüber der früheren Rechtslage konsistenteren Regelung zuführen wollte.[59] In diesem Zusammenhang wurde die Einführung „Besonderer Vorschriften für Verbraucherinterzessionsgeschäfte" durch den Rechtsausschuss diskutiert, im Ergebnis aber verworfen,[60] sodass diese nie zum Gegenstand des VerbrKrG bzw. der §§ 491 ff. BGB geworden sind. Eine unmittelbare Anwendung der §§ 491 ff. BGB auf Interzessionsgeschäfte setzte demnach eine Auslegung *contra legem* voraus, die – auch mit Blick auf das AbzG als historische Grundlage – abzulehnen ist. In Betracht kommt allenfalls eine entsprechende Anwendung.

b. Die gebotene Analogie

Voraussetzung dafür ist zum einen, dass es bislang versäumt wurde, den Verbraucherschutz bei Interzessionsgeschäften spezialgesetzlich festzuschreiben. Dagegen spricht auf den ersten Blick die Entstehungsgeschichte des VerbrKrG. Wie erwähnt, wurden verbraucherkreditrechtliche Sondervorschriften zu Interzessionsgeschäften im Rahmen des Gesetzgebungsverfahrens diskutiert und verworfen.[61] Insbesondere der Schutz des Bürgen wurde angesichts des Schriftformerfordernisses gem. § 766 BGB und der

---

58 *Bülow*, NJW 1996, 2889, 2892.
59 BT-Dr 11/5462, S. 11.
60 Protokolle des Rechtsausschusses, 11. Wahlperiode, Nr. 86, S. 2 ff.
61 Ebda.

strengen Akzessorietät von Bürgschaft und Darlehensforderung für ausreichend erachtet. Dennoch ist die Entscheidung gegen eine verbraucherkreditrechtliche Regelung von Interzessionsgeschäften nicht mit einer Entscheidung gegen jeglichen Verbraucherschutz im Bereich der (einseitigen) Mitverpflichtung Dritter gleichzusetzen. Die besondere Schutzbedürftigkeit, die mit der Bestellung von Personalsicherheiten einhergeht war und ist im Allgemeinen anerkannt[62] und es liegt zumindest nahe, dass es zu Gunsten des Verbrauchers unter dem Aspekt unterstellter struktureller Vertragsdisparität eines gesteigerten und darauf abgestimmten Schutzes bedarf. Dies wurde im Gesetzgebungsverfahren des VerbrKrG zu keinem Zeitpunkt in Frage gestellt. Das Verbraucherkreditrecht wurde lediglich nicht als geeigneter Standort für die Kodifikation eines solch differenzierten Verbraucherschutzes bei Interzessionsgeschäften erachtet. Insbesondere sollte das VerbrKrG nicht mit sozialpolitisch motivierten Vorhaben, wie der Bekämpfung privater Überschuldung oder der Schaffung eines Verbraucherinsolvenzverfahrens überfrachtet werden.[63] An der grundsätzlichen Notwendigkeit eines angemessenen Verbraucherschutzes bei Interzessionsgeschäften bestehen auch seitens des Gesetzgebers keine Zweifel. Gesetzliche Vorschriften, die auf jenen besonderen Schutz des Verbrauchers abzielen, sind insgesamt – auch im Bürgschaftsrecht – nicht ersichtlich; eine planwidrige Regelungslücke ist gegeben.[64]

Zum anderen setzt eine entsprechende Anwendung der §§ 491 ff. BGB voraus, dass die Interessenlage beim Interzessionsgeschäft mit der bei einer unmittelbaren Anwendung der jeweiligen Norm des Verbraucherkreditrechts vergleichbar ist. Das Schutzbedürfnis des Sicherungsgebers darf sich in Art und Umfang nicht (wesentlich) von dem des Verbraucherdarlehensnehmers unterscheiden.

Aus dem Grunde ist eine analoge Anwendung des § 495 BGB weder zu Gunsten des Bürgen noch des Garanten noch des Sicherungsgesamtschuldners geboten.[65] Das Widerrufsrecht wird dem Darlehensnehmer eingeräumt, um seine Entscheidung für den Abschluss eines Verbraucherdarle-

---

62 *Omlor*, WM 2009, 54, 56.
63 So fand der hierfür streitende Entschließungsantrag der SPD-Fraktion (BT-Drs. 11/8358) kein Gehör, siehe: BT-Drs. 11/8274, S. 23.
64 Ebenso: *Omlor*, WM 2009, 54, 57.
65 Noch weiter geht *P. Bydlinski*, in: Münchener Kommentar zum BGB (2017), § 425 Rn. 33, nach dessen Ansicht der „[...] Normkomplex [der §§ 491 ff. BGB] – und insbesondere das Widerrufsrecht (§ 495) – auf den bloß sichernden Mitschuldner entgegen der Rspr. generell keine Anwendung finden." (Nachw. ausgelassen).

hensvertrages nochmals unter dem Eindruck vorvertraglicher Information sowie der vertraglichen Pflichtangaben überdenken und binnen 14-Tages-frist revidieren zu können. Ihm soll Gelegenheit gegeben werden, sich nochmals einen Marktüberblick zu verschaffen und ggf. ein günstigeres Vergleichsangebot zu wählen. Zudem soll er davor geschützt werden, sich übereilt für ein „verlockendes" Vertragsangebot zu entscheiden, dessen Sinnhaftigkeit und Tragweite er erst mit gewisser Distanz richtig oder zu-mindest besser einschätzen kann. Der Sicherungsgeber mag bei der Ent-scheidung des Darlehensnehmers für ein Vertragsangebot ggf. faktisch ein Mitspracherecht haben; rechtlich obliegt ihm nicht mehr als die Entschei-dung darüber, ob er sich auf Grundlage der vom Darlehensnehmer akzep-tierten Konditionen einseitig mitverpflichtet oder nicht. Ihm ist es zu kei-ner Zeit möglich, ein günstigeres Alternativangebot zu wählen und er läuft auch nicht Gefahr sich *ad hoc* auf ein nur vermeintlich günstiges Vertrags-angebot einzulassen, zumal er weder aus dem Interzessionsgeschäft noch dem Darlehensvertrag eigene Ansprüche herleiten kann.[66] Gegen eine ana-loge Anwendung des § 495 BGB spricht zudem, dass dem Sicherungsgeber so eine Möglichkeit an die Hand gegeben würde, die privatautonome Ent-scheidung des Darlehensnehmers in Frage zu stellen und ihn der Gefahr einer außerordentlichen Kündigung durch den Darlehensgeber auszuset-zen. Ein Widerruf des Interzessionsgeschäfts führte dazu, dass dem Darle-hensgeber eine Sicherheit entzogen wird, deren Bestand in aller Regel maßgebliche Bedingung für den Abschluss des Vertrages ist. Im Zweifel hat der Darlehensgeber bei Entzug der Sicherheit einen Anspruch gegen den Darlehensnehmer auf Verstärkung noch bestehender Sicherheiten oder Bestellung neuer Sicherheit, etwa gem. Nr. 13 AGB-Banken oder Nr. 22 Abs. 1 AGB-Sparkassen. Ist er dazu nicht in der Lage, wird der Dar-lehensgeber in aller Regel von seinem außerordentlichen Kündigungsrecht aus Nr. 19 Abs. 3 AGB-Banken respektive Nr. 26 Abs. 2 lit. b AGB-Sparkas-sen Gebrauch machen. Dies wiegt umso schwerer, wenn das Interzessions-geschäft des Verbrauchers seinerseits zur Absicherung eines Verbraucher-kredits dient. Unterstellt, der Darlehensnehmer wollte den Vertrag selbst nicht widerrufen, führte die analoge Anwendung des § 495 BGB in dem Fall nicht nur zu einer – noch eher verschmerzbaren – Überprivilegierung des Sicherungsgebers, sondern überdies zum Scheitern des originären Ver-braucherdarlehensvertrages samt den damit verbundenen einschneidenden

---

66 Vgl.: *Schürnbrand*, in: Münchener Kommentar zum BGB (2017), § 491 Rn. 58.

Folgen für den Darlehensnehmer, wie dem schlagartigen Entzug der Liquidität und der zwangsweisen Verwertung weiterer Sicherheiten.[67]

Der Schutz des Verbraucherdarlehnsnehmers darf nicht dadurch geschmälert und gefährdet werden, dass Sicherungsgebern – gleich welcher Art – ein gesetzlich nicht vorgesehenes Widerrufsrecht *per analogiam* eingeräumt wird; für ihn hat der Grundsatz *pacta sunt servanda* in den Grenzen der allgemeinen Vorschriften vollumfassend zu gelten. Umso wichtiger ist es, dass ein Verbraucher sich nicht überstürzt und uninformiert auf ein unwiderrufliches Interzessionsgeschäft einlässt. Unabhängig davon, ob er sich per Garantie, Bürgschaft oder Schuldbeitritt verpflichtet, muss ihm die Tragweite und das Risiko seiner Entscheidung klar vor Augen geführt werden. Dafür reicht es nicht aus, das bürgschaftsrechtliche Schriftformerfordernis des § 766 BGB auf sämtliche Interzessionsgeschäfte auszuweiten. Unabhängig von der Kontroverse, ob eine solch umfassende Heranziehung des § 766 BGB möglich und geboten ist,[68] vermittelt das Schriftformerfordernis für sich allein nur einen lückenhaften Verbraucherschutz bei Interzessionsgeschäften. Denn ein bloßes Formerfordernis ist unzureichend, um dem (bürgenden, garantierenden oder beitretenden) Verbraucher „[...] die Tragweite der übernommenen Verpflichtung vor Augen führen und ihn von der Eingehung unüberlegter Bürgschaftsverpflichtungen ab[zu]halten."[69] Aufgrund des unterstellten strukturellen Informations- und Kompetenzdefizits des Verbrauchers müssen ihm zudem sämtliche Informationen zugänglich gemacht werden, die für die Entscheidung zur rechtsgeschäftlichen Mitverpflichtung relevant sind. Namentlich ist dem Sicherungsgeber eine wohlüberlegte Entscheidung, wie sie durchaus auch § 766 BGB bezweckt, erst unter dem Eindruck der Pflichtangaben gem. § 492 Abs. 2 BGB möglich, soweit diese eine taugliche Grundlage zur Bewertung des eigenen Kreditsicherungsrisikos bieten; „[d]as betrifft nament-

---

67 Nach a.A. sei in der Praxis regelmäßig ein „Gleichlauf" von Darlehen und Bürgschaft zu erreichen, indem der Darlehensgeber mit der Valutierung bis zum Verstreichen beider Widerrufsfristen zuwartet, NK-BGB/*Krämer* (2016), § 491 Rn. 9; dies greift schon angesichts von Konstellationen zu kurz, in denen eine (Verstärkung der) Besicherung erst im Nachhinein erfolgt und lässt „pathologische" Fälle, wie ein „ewiges Widerrufsrecht" (dazu unten: § 13 B. I. 2.) gänzlich außer Acht.

68 Ausführlich dazu: *Schürnbrand*, Schuldbeitritt, S. 57 ff.

69 *Habersack*, in: Münchener Kommentar zum BGB (2017), § 766 Rn. 1 (Nachw. ausgelassen).

lich den Gesamtbetrag aller Teilzahlungen und die Höhe zusätzlicher Kosten."[70]

Entgegen Teilen der Literatur ist dies jedoch nicht dadurch zu erreichen, dass eine umfassende Geltung des § 766 S. 1 BGB für alle Interzessionsgeschäfte angenommen wird und das Formerfordernis zu Gunsten des Verbrauchers um die für ihn relevanten Pflichtangaben des § 492 Abs. 2 BGB „angereichert" wird. Damit würde ohne Not ein rechtskonstruktiv bedenklicher Weg beschritten.[71] Den tauglichen Anknüpfungspunkt für die Verwirklichung eines angemessenen Verbraucherschutzes bietet nicht das statusunabhängige Formerfordernis des § 766 S. 1 BGB, sondern die auf den Verbraucher zugeschnittene Vorschrift des § 492 BGB selbst. Darlehensnehmer und Sicherungsgeber haben ein identisches bzw. jedenfalls vergleichbares Bedürfnis, bei Vertragsschluss so weitreichend informiert zu sein, dass sie die Tragweite und Risiken ihrer Entscheidung abschätzen können. Dem wird im unmittelbaren Anwendungsbereich der §§ 491 BGB dadurch Rechnung getragen, dass § 492 BGB eine Kombination aus Schriftformerfordernis und vertraglichen Pflichtangaben normiert. Entsprechendes hat zum Schutze von Verbrauchern zu gelten, die sich durch Interzessionsgeschäft gegenüber (institutionellen) Kreditgebern mitverpflichten.

IV. Mehrheit von Kreditnehmern

Schließlich sind die Fälle, in denen sich ein Dritter einseitig mitverpflichtet, von solchen zu unterscheiden, in denen eine Mehrheit von Darlehensnehmern das Darlehen als Gesamtschuldner in Anspruch nimmt. Dann ist im Wege der Einzelbetrachtung zu beurteilen, ob der jeweilige Gesamtschuldner als Verbraucher i.S.v. § 13 BGB zu qualifizieren ist und sich auf die verbraucherkreditrechtlichen Sondervorschriften berufen kann.[72] Sofern demnach mehreren Gesamtschuldnern ein Recht zum Widerruf zusteht, können diese den Vertrag nach vorzugswürdiger Auffassung unabhängig voneinander widerrufen.[73] Eine Unteilbarkeit des Widerrufsrechts

---

70 So: *Schürnbrand*, in: Münchener Kommentar zum BGB (2017), § 491 Rn. 58 (Nachw. ausgelassen).

71 Darauf zu Recht hinweisend: *Omlor*, WM 2009, 54, 59.

72 *Schürnbrand*, in: Münchener Kommentar zum BGB (2017), § 491 Rn. 14.

73 BGH, Urt. v. 11.10.2016 – XI ZR 482/15, NJW 2017, 243 Rn. 14 ff.
OLG Hamm, Urt. v. 21.10. 2015 – I-31 U 56/15, WM 2016, 116, 122; *Knops/U. Martens*, WM 2015, 2025 f.; *U. Martens*, FS Derleder (2015), 333, 336 ff.; *Nobbe*, in Prütting/Wegen/Weinreich, § 491 Rn. 5; *Schürnbrand*, in: Münchener Kommen-

führte indes zu dessen maßgeblicher Entwertung für Verbraucher, die an einer „gleichgründigen Gesamtschuld"[74] beteiligt sind. Denn diese könnten nicht mehr allein über die Vertragsfortführung disponieren. Damit aber steht und fällt letzten Endes die Effektivität und Zweckmäßigkeit des Widerrufs als „Kernstück des Verbraucherschutzes über das Verbraucherdarlehen"[75].[76] Ein Verbraucher „unter Vielen" ist nicht weniger schutzbedürftig als der Einzelkreditnehmer. Im Zweifel hat daher das berechtigte Interesse der übrigen widerrufsberechtigten Gesamtschuldner an der vertragsgemäßen Durchführung des Kredits gegenüber der Verwirklichung eines effektiven Individualverbraucherschutzes zurückzustehen.[77]

B. Rechtsausübung

Der Verbraucher, dem gem. §§ 355 Abs. 1 S. 1, 495 Abs. 1 BGB ein Widerrufsrecht zusteht, hält damit ein (rücktrittsähnliches) Gestaltungsrecht in der Hand. Erst dessen wirksame Ausübung im Wege fristgerechter Erklärung gegenüber dem Unternehmer gem. § 355 Abs. 1 BGB führt dazu, dass die Parteien an ihre auf den Abschluss des Vertrags gerichteten Willenserklärungen nicht mehr gebunden sind und die Rückabwicklung des Vertrages ins Werk gesetzt wird.[78] Aus der – nunmehr formlos möglichen –[79] Widerrufserklärung muss der Entschluss des Verbrauchers zum Widerruf des Vertrages eindeutig hervorgehen, § 355 Abs. 1 S. 3 BGB; im Zweifel unterliegt sie als empfangsbedürftige Willenserklärung der Auslegung.[80]

---

tar zum BGB (2017), § 495 Rn. 8; a.A.: OLG Karlsruhe, Urt. v. 15.12. 2015 – 17 U 145/14, WM 2016, 1036, 1038 f. für zwischen 2002 und 2014 geschlossene Verträge; a.A.: *Kaiser*, in: Staudinger, BGB (2012), § 355 Rn. 43; diff.: *Samhat/Zeelen*, EWiR 2016,193, 194.

74 *Schürnbrand*, in: Münchener Kommentar zum BGB (2017), § 491 Rn. 14.

75 So: HK-BGB/*Wiese*, § 495 BGB Rn. 1.

76 Vgl.: BGH, Urt. v. 11.10.2016 – XI ZR 482/15, NJW 2017, 243 Rn. 22.

77 Siehe: BGH, Urt. v. 11.10.2016 – XI ZR 482/15, NJW 2017, 243 Rn. 14 ff. samt weiterführender rechtshistorischer Argumentation.

78 HK-BGB/*Schulze*, § 355 BGB Rn. 2.

79 Das zuvor gem. § 355 Abs. 1 S. 2 BGB a.F. bestehende Textformerfordernis ist im Rahmen der Umsetzung der Verbraucherrechte-RL (Art. 11 Abs. 1 S. 1 lit. b der RL 2011/83/EU) zu Gunsten der Formfreiheit aufgegeben worden.

80 Näher: HK-BGB/*Schulze*, § 355 BGB Rn. 5.

I. Widerrufsfrist

1. Die Regelfrist gem. §§ 355 Abs. 2, 356b Abs. 1 BGB

Der Verbraucher kann seine Willenserklärung grundsätzlich binnen einer Frist von 14 Tagen ab Vertragsschluss widerrufen, § 355 Abs. 2 BGB. Die Frist für den Widerruf nach § 495 BGB beginnt gem. § 356b BGB nicht, bevor der Darlehensgeber dem Darlehensnehmer den Vertrag samt den vollständigen und fehlerfreien Pflichtangaben gem. § 492 Abs. 2 BGB schriftlich zugänglich gemacht hat. Auf diese Weise wird dem Verbraucher ein angemessener Zeitraum gewährt, in dem er zum Vertragsschluss eine gewisse objektive Distanz gewinnen und seine Entscheidung informiert und in Ruhe überdenken kann. Danach ist es grundsätzlich geboten und wünschenswert, dass auch der widerrufsbehaftete Verbrauchervertrag ins „normale" Durchführungsstadium übergeht und der Grundsatz *pacta sunt servanda* wieder allgemein greift.

2. Das „ewige" Widerrufsrecht

a. Die lex lata

Dies gilt im Allgemeinen nur unter der Prämisse, dass der Verbraucher ordnungsgemäß über sein Widerrufsrecht belehrt worden ist. Bei Abschluss eines Verbraucherdarlehensvertrages muss die dem Darlehensnehmer nach § 356b Abs. 1 BGB zur Verfügung gestellte Urkunde vollständig richtige Pflichtangaben gem. § 492 Abs. 2 BGB inkl. umfassender Widerrufsinformationen enthalten. Dies gilt nach aktueller Rspr. des BGH im Präsenzgeschäft der Banken gleichermaßen. Eine korrekte mündliche Belehrung kann die ordnungsgemäße schriftliche Verbraucherinformation nicht ersetzen oder korrigieren.[81] Nur der umfassend informierte Verbraucher kann von seinem Widerrufsrecht effektiv und zweckmäßig Gebrauch machen. Als Folge fehlender oder fehlerhafter Information des Darlehensnehmers beginnt die Widerrufsfrist nicht zu laufen, es sei denn der Darlehensgeber holt die gem. § 492 Abs. 2 BGB geforderten Pflichtangaben inkl. Widerrufsbelehrung (Art. 247 § 6 Abs. 2 EGBGB) nach. In dem Fall beträgt die Widerrufsfrist einen Monat ab vollständiger Nachholung der Pflichtangaben, § 356b Abs. 2 S. 2 BGB.

---

81 BGH, Urt. v. 21.2.2017 – XI ZR 381/16, WM 2017, 806 Rn. 16.

Im Übrigen besteht das Widerrufsrecht aus § 495 BGB grundsätzlich unbegrenzt bzw. buchstäblich „ewig" fort. Darlehensgeber, die den Verbraucher bei Abschluss eines Allgemein-Verbraucherdarlehensvertrages nicht ordnungsgemäß belehren und informieren, werden seit Umsetzung des OLG-Vertretungsänderungsgesetzes vom 23.7.2002[82] mit dieser „Maximalsanktion des ewigen Widerrufsrechts"[83] belegt: Der Darlehensnehmer kann sich in den Grenzen zulässiger Rechtsausübung[84] jederzeit einseitig vom Vertrag lösen, während der unternehmerisch handelnde Darlehensgeber strikt daran gebunden bleibt.[85] Eine zeitliche Obergrenze für die Ausübung des Widerrufsrechts aus § 495 BGB, wie sie für den Widerruf von außerhalb von Geschäftsräumen geschlossenen Verträgen und Fernabsatzverträgen im Rahmen der Umsetzung der Verbraucherrechte-RL in § 356 Abs. 3 S. 2 BGB kodifiziert wurde,[86] ist vom Gesetzgeber erst jüngst im Zuge der Umsetzung der Wohnimmobilienkreditrichtlinie in § 356b Abs. 2 S. 4 BGB – begrenzt auf den Widerruf von Immobiliar-Verbraucherdarlehensverträgen – eingeführt worden.[87] Danach erlischt das Widerrufsrecht bei einem Immobiliar-Verbraucherdarlehensvertrag spätestens zwölf Monate und 14 Tage nach dem Vertragsschluss.[88] Ergänzend dazu wurde in Art. 229 § 38 Abs. 3 EGBGB eine „Übergangsregelung" getroffen, wonach ein fortbestehendes „ewiges" Widerrufsrecht bei Altverträgen,[89] spätestens drei Monate nach dem 21.3.2016 erlischt. Kurzum: Seit dem 21.6.2016 (0 Uhr) ist das „ewige" Widerrufsrecht bei Immobiliar-Verbraucherdarlehensverträgen „Geschichte".[90]

---

82 BGBl I, S. 2850.
83 *Scholz/Schmidt/Ditté*, ZIP 2015, 605, 607.
84 Dazu sogleich unter § 13 B. II.
85 *Scholz/Schmidt/Ditté*, ZIP 2015, 605, 606.
86 Gesetz zur Umsetzung der Verbraucherrechterichtlinie und zur Änderung des Gesetzes zur Regelung der Wohnungsvermittlung v. 20.9.2013, BGBl. I, S. 3642.
87 Gesetz zur Umsetzung der Wohnimmobilienkreditrichtlinie und zur Änderung handelsrechtlicher Vorschriften v. 11.3.2016, BGBl. I, S. 396.
88 Bzw. dem ggf. späteren Zeitpunkt, in dem der Darlehensnehmer die schriftliche Urkunde i.S.v. § 356b Abs. 1 BGB erhält, § 356b Abs. 2 S. 4 BGB.
89 Betroffen sind Immobiliardarlehensverträge i.S.v. § 492 Abs. 1a S. 2 BGB i.d.F. v. 1.8.2002 bis 10.5.2010, die zwischen dem 1.9.2002 und dem 10.5.2010 geschlossen wurden, Art. 229 § 38 Abs. 3 S. 1 EGBGB.
90 Vgl.: *Omlor*, NJW 2016, 1265.

b. Die Genese der Musterbelehrungsgesetzgebung

Mit der (rückwirkenden) Kassation des „ewigen" Widerrufsrechts bei Immobiliar-Verbraucherdarlehensverträgen hat der Gesetzgeber den vorläufigen (?) Schlusspunkt einer von erheblichen Unsicherheiten geprägten Rechtsentwicklung gesetzt, die – neben teils leidenschaftlich geführten Diskussionen in der Literatur – eine geradezu beispiellose Flut von Prozessen mit sich brachte.

Den Ausgangspunkt bildete die bereits oben angeklungene Heininger-Entscheidung. Hierin erachtete es der EuGH für unvereinbar mit den Vorgaben der Haustürgeschäfte-RL, die Ausübung des Widerrufsrechts trotz mangelhafter Information des Verbrauchers zeitlich zu begrenzen.[91] Dem widersprach das damals geltende Recht in Deutschland, wonach ein Erlöschen des Widerrufsrechts spätestens sechs Monate nach Vertragsschluss bzw. nach Erhalt zu liefernder Waren angeordnet war, § 355 Abs. 3 BGB i.d.F. v. 1.1.2002. Darauf reagierte der Gesetzgeber mit der einheitlichen Abschaffung zeitlicher Obergrenzen für den Widerruf durch nicht ordnungsgemäß informierte Verbraucher. Das „ewige" Widerrufsrecht wurde als strenge Folge für die Verletzung unternehmerischer Informations- und Belehrungspflichten aus der Taufe gehoben. Angesichts der strengen Anforderungen, die die Rechtsprechung mittlerweile an die ordnungsgemäße Belehrung des Verbrauchers stellte,[92] war dem Unternehmer ein „solches Modell" nach gesetzgeberischer Überzeugung indes nur „[...] zuzumuten, wenn die Belehrung des Verbrauchers über sein Widerrufsrecht leicht und sicher möglich ist."[93] Nach der Konzeption des Gesetzgebers galt es größtmögliche Belehrungssicherheit für jene Unternehmer zu schaffen, die sich rechtstreu verhalten (wollten), um die harte Sanktionierung derjenigen rechtfertigen zu können, die ihren Informations- und Belehrungspflichten nicht nachkommen (wollten). Zu diesem Zweck wurde den Unternehmern mit der zweiten Verordnung zur Änderung der BGB-Informationspflichtenverordnung vom 1.8.2002 ein Muster für die ordnungsgemäße Widerrufsbelehrung in die Hände gegeben,[94] mit dessen Verwendung sie „sicher gehen"[95] können sollten.

---

91 EuGH, Urt. v. 13.12.2001 – C-481/99 (*Heininger*), NJW 2002, 281 Rn. 48.
92 Einen Überblick über die strengen Anforderungen mit zahlreichen Nachw. aus der Rspr. geben etwa: *Lang/Schulz*, ZBB 2014, 273, 278 f.
93 BT-Drs. 14/9266, S. 45.
94 BGBl. I, S. 2958.
95 BT-Drs. 14/9266, S. 45.

Schon unmittelbar nach der Einführung der Musterbelehrung in Anlage 2 zu § 14 BGB-InfoV wurden in der Literatur jedoch Zweifel daran angemeldet, ob diese den gesetzlichen Anforderungen genügte.[96] Die Zweifel wurden nur wenig später in der Instanzenrechtsprechung[97] und bald darauf auch obergerichtlich bestätigt.[98] Obwohl die Musterbelehrung von den erkennenden Gerichten als Teil eines lediglich materiellen Gesetzes verworfen werden konnte, blieb der Verordnungsgeber zunächst noch unbeeindruckt und hielt an der Vereinbarkeit der Musterbelehrungen mit dem geltenden Recht fest.[99] Er geriet erst in Zugzwang, als es zum Geschäftsmodell sog. „Abmahnanwälte" verkam, die Verwender der Musterbelehrungen massenhaft wettbewerbsrechtlich abzumahnen. Dem „kollektiven Aufschrei der Empörung"[100] von Unternehmern, die wegen Verwendung des gesetzlichen Musters abgemahnt wurden, konnte sich das damalige Bundesministerium für Justiz (BMJ)[101] nicht entziehen und fasste die Musterbelehrung mit der 3. Verordnung zur Änderung der BGB-InfoV vom 4.3.2008 neu.[102] Mit Umsetzung der Verbraucherkreditrichtlinie folgte endlich die Einführung „gerichtsfester" Musterbelehrungen mit Gesetzesrang, deren Verwendung gem. § 360 Abs. 3 BGB a.F. mit Gesetzlichkeitsfiktion ausgestattet wurde.[103] Im Verbraucherdarlehensrecht wurde das Konzept der Widerrufsbelehrung zu Gunsten der Widerrufsinformation des Verbrauchers bei Vertragsschluss gem. § 492 Abs. 2 BGB i.V.m. Art. 247 § 6 Abs. 2 EGBGB aufgegeben, ohne sogleich eine formalgesetzliche „Musterwiderrufsinformation" vorzuhalten. Dies wurde mit dem am 30.7.2010 in Kraft getretenen „Gesetz zur Einführung einer Musterwiderrufsinformation für Verbraucherdarlehensverträge, zur Änderung der Vorschriften über das Widerrufsrecht bei Verbraucherdarlehensverträgen und zur Ände-

---

96 *Masuch*, NJW 2002, 2931; *Marx/Bäuml*, WRP 2004, 162.
97 LG Halle (Saale), Urt. v. 13.5.2005 – 1 S 28/05, MMR 2006, 772; LG Koblenz, Urt. v. 20.12.2006 – 12 S 128/06, MMR 2007, 190.
98 Siehe etwa: OLG Schleswig, Urt. v. 25.10.2007 – 16 U 70/07, NJOZ 2008, 1477; OLG Jena, Urt. v. 28.9.2010 – 5 U 57/10, BeckRS 2010, 25722.
99 Vgl. die Antwort der BReg. auf die kleine Anfrage der FDP, BT-Drs. 16/3595.
100 *Schröder*, NJW 2010, 1933, 1935.
101 Dieses ist heute als Bundesministerium für Justiz und Verbraucherschutz organisiert, vgl.: BMJV, Geschichte der Justizminister in der BRD, http://www.bmjv.de /DE/Ministerium/GeschichteBMJV/Justizminister/JustizministerInnen_node.ht ml (a.E.).
102 BGBl. I, S. 292.
103 Gesetz zur Umsetzung der Verbraucherkreditrichtlinie, des zivilrechtlichen Teils der Zahlungsdiensterichtlinie sowie zur Neuordnung der Vorschriften über das Widerrufs- und Rückgaberecht v. 29.7.2009, BGBl. I, S. 2355.

rung des Darlehensvermittlungsrechts vom 24.8.2010"[104] durch Aufnahme von Anlage 6 zu Art. 247 § 6 Abs. 2 EGBGB nachgeholt.[105] Damit verbunden wurde die klare Ansage, dass die Gesetzlichkeitsfiktion nur eintritt,

> „wenn der Darlehensgeber das Muster richtig ausfüllt und wie für den betreffenden Vertrag vorgegeben verwendet. Durch die Gestaltungshinweise nicht geforderte Weglassungen oder Ergänzungen führen zum Verlust der Gesetzlichkeitsfiktion. Will der Darlehensgeber für den Fall der Ausübung des Widerrufsrechts über die bloße Information hinausgehende Rechtsfolgen vereinbaren, so ist dies – soweit rechtlich zulässig – nur an anderer Stelle möglich."[106]

c. Die höchstrichterliche „Aufarbeitung"

Bis August 2012 bestand für Verwender der in Anlage 2 zu § 14 BGB-InfoV zur Verfügung gestellten Vorgängermuster keine rechtliche Sicherheit und Klarheit darüber, dass sie sich auf die – sinngemäß in § 14 Abs. 1 BGB-InfoV geregelte – Gesetzlichkeitsfiktion berufen konnten. Es entsprach mittlerweile ständiger Rechtsprechung des BGH, dass die vom Verordnungsgeber vorgehaltenen Musterbelehrungen nicht den gesetzlichen Anforderungen genügten.[107] Allerdings wichen die tatsächlich verwendeten Muster in den entschiedenen Fällen so maßgeblich vom Verordnungsmuster ab, dass der BGH lange offen lassen konnte, ob sich der Verwender einer Widerrufsbelehrung auf die Schutzwirkungen des § 14 Abs. 1 BGB-InfoV berufen kann, wenn er das in Anlage 2 zu § 14 Abs. 1 BGB-InfoV geregelte Muster für die Widerrufsbelehrung verwendet hat. Im Rahmen seines Urteils vom 15.8.2012 kam er um eine Entscheidung nicht mehr umhin und erkannte, dass die Gesetzlichkeitsfiktion, die der Verordnungsgeber der Musterbelehrung durch § 14 Abs. 1 BGB-InfoV beigelegt hat, trotz der materiellen Unzulänglichkeiten des Musters von der Ermächtigungsgrundlage des Art. 245 Nr. 1 EGBGB a.F. gedeckt ist.[108] Das Urteil wirkte in zweierlei Hinsicht als Zäsur: Einerseits wurde der Streit um die grundsätzliche Geltung der le-

---

104 BGBl. I, S. 977.
105 Siehe zu den Problemen, die sich aus der zeitlichen Überlappung ergeben: *Bülow*, NJW 2010, 1713.
106 BT-Drs. 17/1394, S. 22.
107 Siehe nur: BGH, Urt. v. 1. 3. 2012 – III ZR 83/11, NJOZ 2012, 1941, 1942 m.w.N.
108 BGH, Urt. v. 15. 8. 2012 – VIII ZR 378/11, NJW 2012, 3298, 3299.

diglich materiell-rechtlich angeordneten Gesetzlichkeitsfiktion des § 14 Abs. 1 BGB-InfoV beendet.[109] Andererseits galt es nun die Voraussetzungen herauszuarbeiten, unter denen sich der Unternehmer im konkreten Fall darauf berufen konnte. Diesbezüglich verfolgte die Rechtsprechung[110] einen formalistischen Ansatz und stellte den Grundsatz auf, dass sich ein Unternehmer auf die Schutzwirkung des § 14 Abs. 1 BGB-InfoV nur dann berufen kann, „[...] wenn er gegenüber dem Verbraucher ein Formular verwendet hat, das dem Muster der Anlage 2 zu § 14 Abs. 1 BGB-InfoV in der jeweils maßgeblichen Fassung sowohl inhaltlich als auch in der äußeren Gestaltung vollständig entspricht."[111] Dahinter stand und steht die Überzeugung, dass es nur die Rigidität einer weithin[112] wörtlichen Übernahme des Mustertextes zu rechtfertigen vermag, dass die Widerrufsfrist zu Gunsten des Unternehmers regulär zu laufen beginnt, obwohl die Belehrung des Verbrauchers nicht den formalgesetzlichen Anforderung genügte.[113] Auf der „sicheren Seite" waren nach alledem nur die Unternehmer, die die vom Verordnungsgeber privilegierte Musterbelehrung „sklavisch" übernommen hatten sowie die, die es tatsächlich irgendwie vermocht hatten, den Verbraucher in Eigenregie ordnungsgemäß zu belehren.[114]

d. Der „Widerrufsjoker"

In den weit überwiegenden Fällen verblieb es zunächst beim „ewigen" Widerrufsrecht des Verbrauchers. Mit der Umsetzung der Verbraucherrechte-RL erfolgte jedoch die Wiedereinführung einer zeitlichen Obergrenze für den Widerruf von außerhalb von Geschäftsräumen geschlossen Verträgen. Seit dem 28.5.2015 (0 Uhr) handelt es sich beim „ewigen" Widerrufsrecht um ein verbraucherkreditrechtliches Spezifikum. Ohnedies rückte der zeitlich unbegrenzte Widerruf von Verbraucherdarlehensverträgen gem.

---

109 Siehe dazu die Streitdarstellung in: BGH, Urt. v. 15. 8. 2012 – VIII ZR 378/11, NJW 2012, 3298, 3299.

110 Siehe die ausführlichen Nachw. bei: *Lang/Schulz*, ZBB 2014, 273, 278.

111 BGH, Urt. v. 19. 7. 2012 – III ZR 252/11, BGHZ 194, 150 Rn. 15 (Nachw. ausgelassen).

112 Näher zum Gestaltungsspielraum für die Verwender: *Schmidt-Kessel/Schäfer*, WM 2013, 2241.

113 Vgl. hierzu schon: BGH, Urt. v. 9.12.2009 – VIII ZR 219/08, MMR 2010, 166 (*Föhlisch*).

114 Zu den Anforderungen sei abermals verwiesen auf: *Lang/Schulz*, ZBB 2014, 273, 278 f.

§ 495 BGB zunehmend in den Fokus der rechtswissenschaftlichen und rechtspolitischen Diskussion. Vor dem wirtschaftlichen Hintergrund rapide sinkender Zinsen entdeckten Verbraucher das „ewige" Widerrufsrecht als probates Mittel, um sich entschädigungsfrei von hochverzinslichen (Immobiliar-)Verbraucherdarlehen zu lösen. Mit tatkräftiger Unterstützung der Medien[115] und „geschäftstüchtiger" Anwälte[116] sind die Kreditinstitute in den letzten Jahren regelrecht mit einer Welle von Widerrufen überzogen worden, die regelmäßig auf eine kompensationsfreie Beendigung von – zwischen August 2002 und Juni 2010 geschlossenen –[117] Immobiliar-Verbraucherdarlehen abzielten. Im Zuge dessen sind bisweilen auch vollständig abgewickelte Kredite widerrufen und die Rückzahlung von bereits geleisteten Entschädigungen oder Entgelten erfolgreich geltend gemacht worden. Dagegen konnten sich die Kreditgeber im Einzelfall mit dem Einwand der Verwirkung[118] oder des Rechtsmissbrauchs[119] zur Wehr setzen. Nichtsdestotrotz lag die immense wirtschaftliche „Sprengkraft" des sog. „Widerrufsjokers" offen zu Tage und die Kreditwirtschaft war verständlicherweise darum bemüht, für eine grundsätzliche (zeitliche) Begrenzung des Widerrufs von (Immobiliar-)Verbraucherdarlehen zu werben. Dem immer lauter werdenden Ruf nach einem Einschreiten des Gesetzgebers,[120] konnte oder wollte sich dieser bald nicht mehr erwehren, kassierte den „Widerrufsjoker" im Immobiliardarlehensrecht rückwirkend zum 21.6.2016 und hat damit für künftige Fälle Rechtsklarheit im Interesse der Kreditwirtschaft geschaffen.

---

115 Beispielhaft: *Schön*, Baukredit widerrufen und tausende Euro sparen, http://ww w.finanztip.de/baufinanzierung/fehlerhafte-widerrufsbelehrung-darlehen/.

116 Siehe etwa die zahlreichen Nennungen der Stiftung Warentest, https://www.test .de/Immobilienkredite-So-kommen-Sie-aus-teuren-Kreditvertraegen-raus-471880 0-4719373/ („Diese Anwälte waren bereits erfolgreich").

117 In Rede steht namentlich die Ausübung des Widerrufsrechts gem. § 495 Abs. 1 BGB in der zwischen dem 1.8.2002 und dem 10.6.2010 geltenden Fassung (im Folgenden § 495 BGB a.F.).

118 Siehe etwa: OLG Düsseldorf, Urt. v. 9.1.2014 – I-14 U 55/13, NJW 2014, 1599; OLG Frankfurt a. M., Beschl. v. 10.3.2014 – 17 W 11/14, BeckRS 2015, 05107; OLG Köln, Urt. v. 25.1.2012 – 3 U 30/11, BKR 2012, 162.

119 Siehe etwa: OLG Düsseldorf, Urt. v. 1.2.2017 – I-3 U 26/16, juris.

120 Vgl.: *Edelmann/Hölldampf*, KSzW 2015, 148; *Scholz/Schmidt/Ditté*, ZIP 2015, 605.

II. Grenzen der Rechtsausübung

Davon unberührt bleibt die rechtliche Würdigung von „Altfällen", in denen der Immobiliar-Verbraucherdarlehensvertrag noch (vermeintlich) rechtzeitig vor dem Stichtag widerrufen worden ist. Die daraus resultierenden Streitigkeiten drehen sich regelmäßig darum, ob das Widerrufsrecht des Verbrauchers wegen fehlender oder fehlerhafter (Muster-)Belehrung fortbesteht und wenn ja, ob der späte Widerruf noch in den Grenzen zulässiger Rechtsausübung gem. § 242 BGB erfolgen konnte.

1. Verwirkung

So besteht grundsätzlich die Möglichkeit, dass der Darlehensnehmer sein Widerrufsrecht nach § 495 Abs. 1 BGB a.F. verwirkt.[121] Bei der Verwirkung handelt es sich um einen „Unterfall der unzulässigen Rechtsausübung wegen der illoyal verspäteten Geltendmachung von Rechten".[122] Eine Verwirkung setzt im Allgemeinen voraus, dass der Berechtigte von seinem Recht über einen namhaften Zeitraum keinen Gebrauch gemacht hat (Zeitmoment)[123] und sein Verhalten bei objektiver Beurteilung den Eindruck vermittelt, dass er sein Recht auch in Zukunft nicht mehr ausüben wird (Umstandsmoment).[124] „Ob eine Verwirkung vorliegt, richtet sich letztlich nach den vom Tatrichter festzulegenden und zu würdigenden Umständen des Einzelfalles, ohne dass insofern auf Vermutungen zurückgegriffen werden kann."[125] Allerdings wird in Rspr. und Lit. nicht einheitlich beurteilt, welche konkreten Umstände im jeweiligen Fall für eine Verwirkung des verbraucherkreditrechtlichen Widerrufsrechts streiten.

---

121 BGH, Urt. v. 12.7.2016 – XI ZR 564/15, NJW 2016, 3512 Rn. 34 m.w.N.
122 BGH, Urt. v. 12.7.2016 – XI ZR 564/15, NJW 2016, 3512 Rn. 37 (Nachw. ausgelassen).
123 Maßgeblicher Zeitpunkt bei der Bemessung des Zeitmoments ist das Zustandekommen des Verbrauchervertrages, siehe: BGH, Urt. v. 11.10.2016 – XI ZR 482/15, NJW 2017, 243 Rn. 31; siehe zur Dauer selbst: OLG Schleswig, Urt. v. 6.10.2015 – 5 U 72/16, BeckRS 2016, 19644 Rn. 32 (mind. 3 Jahre).
124 BGH, Urt. v. 12.7.2016 – XI ZR 564/15, NJW 2016, 3512 Rn. 37.
125 Ebda. (Nachw. ausgelassen).

a. Differenzierung nach der Qualität der Belehrung

Nach verbreiteter Ansicht in der Literatur sowie der obergerichtlichen Rechtsprechung ist eine Verwirkung des Widerrufsrechts möglich, wenn der Verbraucher (auch) aus der fehlerhaften Widerrufsbelehrung ohne weiteres entnehmen konnte, dass ihm ein befristetes, aber sonst bedingungslos ausübbares Widerrufsrecht zusteht.[126] In dem Fall sei es abwegig, dass der Verbraucher nicht um die (zeitnahe) Befristung des Widerrufsrechts wusste und sich jahrelang an dessen wirksamer Ausübung gehindert sah. Dem insoweit informierten Verbraucher müsse es nach Treu und Glauben verwehrt sein, von seinem „ewigen" Widerrufsrecht erst geraume Zeit nach Vertragsschluss Gebrauch zu machen. Als „loyal" bzw. treumäßig sei die die verspätete Ausübung des Widerrufsrechts regelmäßig nur zu werten, wenn der Verbraucher überhaupt nicht belehrt worden sei oder aus der Belehrung nicht klar hervorgegangen sei, dass dem Verbraucher ein befristetes und sonst unbedingtes Widerrufsrecht zusteht.

b. Differenzierung nach dem Stadium des Vertrages

Der BGH ist dem nicht gefolgt. Art und Gewicht des Belehrungsfehlers sollen demnach keine Relevanz für das Vorliegen des Umstandsmoments haben. Der Gesetzgeber habe sich bewusst gegen eine unterschiedliche rechtliche Behandlung von „wesentlichen" und „unwesentlichen" Belehrungsfehlern entschieden. Dem nicht ordnungsgemäß belehrten Verbraucher werde hier wie da ein „ewiges" Widerrufsrecht eingeräumt. „Das Risiko, dass ein Fehler der Widerrufsbelehrung erst nachträglich aufgedeckt wird, [trage] nicht der Verbraucher, sondern die Bank."[127] Regelmäßig sei es viel eher der Bank möglich und zumutbar, von ihr zu verantwortende Belehrungsfehler zu erkennen und im Laufe der Vertragsbeziehungen durch ordnungsgemäße Nachbelehrung des Verbrauchers zu korrigie-

---

126 *Braunschmidt*, NJW 2014, 1558, 1560; *Domke*, BB 2005, 1582, 1585; *Duchstein*, NJW 2015, 1409, 1413; *Edelmann/Hölldampf*, KSzW 2015, 148, 149 f.; *Habersack/Schürnbrand*, ZIP 2014, 749, 754 f.; OLG Düsseldorf, OLG Düsseldorf, Urt. v. 9.1.2014 – I-14 U 55/13, NJW 2014, 1599, OLG Frankfurt a. M., Beschl. v. 10.3.2014 – 17 W 11/14, BeckRS 2015, 05107; OLG Köln, Urt. v. 25.1.2012 – 3 U 30/11, BKR 2012, 162.
127 BGH, Urt. v. 12.7.2016 – XI ZR 564/15, NJW 2016, 3512 Rn. 40.

ren.[128] Habe der Darlehensgeber dies versäumt, sei grundsätzlich zu Gunsten des Verbrauchers davon auszugehen, dass dieser erst unmittelbar vor der Geltendmachung vom Fortbestand seines Widerrufsrechts erfahren hat. Allein der Umstand, dass der Darlehensnehmer sich laufend vertragstreu verhalten hat, könne daher kein schutzwürdiges Vertrauen des Unternehmers begründen, der Verbraucher werde seine auf Abschluss des Verbraucherdarlehensvertrages gerichtete Willenserklärung nicht mehr widerrufen.[129]

Etwas Anderes soll sich im Einzelfall daraus ergeben können, dass der Verbraucher einen bereits beendeten Verbraucherdarlehensvertrag widerruft. Nach der vollständigen Abwicklung des Darlehensvertrages durch Erfüllung oder im Wege der einvernehmlichen Aufhebung könne sich der Darlehensgeber regelmäßig darauf einrichten, dass der bereits beendete Vertrag nicht mehr bzw. nochmals in Frage gestellt wird. Dies gelte „in besonderem Maße, wenn die Beendigung des Darlehensvertrages auf einen Wunsch des Verbrauchers zurückgeht."[130] In Anschluss an diese Rechtsprechung ist zunächst das OLG Schleswig noch einen Schritt weitergegangen und hat eine tatsächliche Vermutung für das Vorliegen des Umstandsmoments angenommen, wenn der Verbraucher ein Verbraucherdarlehen unter Zahlung einer Vorfälligkeitsentschädigung ablöst und der Widerruf in gewissem zeitlichen Abstand von etwa sechs Monaten zur Darlehensablösung erfolgt.[131] Unter Ablehnung eines Rückgriffs auf die Rechtsfigur einer tatsächlichen Vermutung hält es das OLG-Düsseldorf indes für sachgerecht, „dass das Vorliegen des sog. ‚Umstandsmoments' und somit eine Verwirkung (des Widerrufsrechts) immer dann bejaht wird, wenn die Parteien den durch die einvernehmliche Beendigung ihres Darlehensvertrages geschaffenen Zustand (übereinstimmend) als endgültig angesehen haben und ansehen durften."[132]

---

128 BGH, Urt. v. 12.7.2016 – XI ZR 564/15, NJW 2016, 3512 Rn. 41; *Bülow*, WM 2015, 1829, 1831; *Domke*, BB 2005, 1582, 1584.
129 BGH, Urt. v. 12.7.2016 – XI ZR 564/15, NJW 2016, 3512 Rn. 39.
130 BGH, Urt. v. 11.10.2016 – XI ZR 482/15, NJW 2017, 243 Rn. 30.
131 OLG Schleswig, Urt. v. 6.10.2015 – 5 U 72/16, BeckRS 2016, 19644 Rn. 38.
132 OLG Düsseldorf, Urt. v. 1.2.2017 – I-3 U 26/16, juris Rn. 46.

2. Rechtsmissbrauch

Liegen die Voraussetzung einer Verwirkung nicht vor, kann die Ausübung eines Verbraucherwiderrufsrechts im Einzelfall gleichwohl eine unzulässige Rechtsausübung aus sonstigen Gründen darstellen und in Widerspruch zu § 242 BGB stehen.[133] Der Grundsatz von Treu und Glauben bildet eine allen Rechten, Rechtsinstituten und Rechtsnormen immanente Schranke. Die Geltendmachung eines an sich bestehenden Rechts kann sich nach den besonderen – vom Tatrichter umfassend zu würdigenden – Umständen des Einzelfalles als treuwidrig erweisen, wenn die Interessen der anderen Partei überwiegend schutzwürdig sind und das Ergebnis der Rechtsausübung im jeweiligen Fall als grob unbillig und schlechthin ungerecht erscheint.[134]

„Welche Anforderungen sich daraus im Einzelfall ergeben, ob insbesondere die Berufung auf eine Rechtsposition rechtsmissbräuchlich erscheint, kann regelmäßig nur mit Hilfe einer umfassenden Bewertung der gesamten Fallumstände entschieden werden, wobei die Interessen aller an einem bestimmten Rechtsverhältnis Beteiligten zu berücksichtigen sind."[135]

Bislang hat der BGH nicht präzisiert, welche Kriterien für eine rechtsmissbräuchliche Ausübung des verbraucherkreditrechtlichen Widerrufsrechts sprechen.

a. Kenntnis des Verbrauchers

Nach der Rspr. des OLG Stuttgart stellt sich die Ausübung eines „ewigen" Widerrufsrechts als treuwidrig dar, „wenn der Verbraucher in Kenntnis seines Widerrufrechts zunächst nicht widerruft und vorbehaltlos weiter die Raten zahlt."[136] Habe der Verbraucher nachweislich Kenntnis von seinem (fortbestehenden) Widerrufsrecht (erlangt),[137] sei es widersprüchlich, wenn er seine vertraglichen Verbindlichkeiten nicht nur kurzfristig weiter-

---

133   BGH, Urt. v. 12.7.2016 – XI ZR 564/15, NJW 2016, 3512 Rn. 37.
134   HK-BGB/*Schulze*, § 242 BGB Rn. 21 f.
135   BGH, Urt. v. 12.7.2016 – XI ZR 564/15, NJW 2016, 3512 Rn. 43.
136   OLG Stuttgart, Urt. v. 7.2.2017 – 6 U 40/16, BeckRS 2017, 101501 (3. Ls.).
137   Nach *Dawirs* soll dies bei einem juristisch vorgebildeten Verbraucher zu vermuten sein, NJW 2016, 439, 442 ff.

hin ohne jeden Vorbehalt bedient, um dann schließlich doch zu widerrufen. Anders als in dem Fall, in dem der Darlehensgeber nicht weiß und nicht glauben darf, dass der fehlerhaft belehrte Verbraucher sein „ewiges" Widerrufsrecht kennt, dürfe der Darlehensgeber angesichts vorbehaltloser und nicht nur kurzfristig fortgeführter Ratenzahlungen durch den nachweislich informierten Verbraucher berechtigterweise auf den Bestand des Vertrauens berufen. Ein Rechtsmissbrauch des Verbrauchers liege umso näher, je länger dieser das Verbraucherdarlehen trotz Kenntnis um die Widerruflichkeit vorbehaltlos weiterbediene.[138]

b. Der schutzzweckwidrige Widerruf

Nach Teilen der Literatur soll der Darlehensnehmer sein Widerrufsrecht aus § 495 BGB a.F. regelmäßig verwirken, wenn er davon erst Jahre nach Vertragsschluss und Ablauf der regulären Widerrufsfrist Gebrauch macht und der Widerruf nicht vom Schutzzweck des § 495 BGB a.F. gedeckt sei. Insbesondere sei eine Ausübung des Widerrufsrechts treuwidrig, die allein auf eine zinsgünstige Umschuldung bzw. die Teilhabe am heutigen Niedrigzinsniveau abziele. Es sei mit dem Sinn und Zweck eines (fortbestehenden) Widerrufsrechts schlechthin unvereinbar, dem Verbraucher die Abwälzung des Zinsänderungsrisikos auf den Darlehensgeber zu ermöglichen. Werde ein so intendierter Widerruf des Verbrauchers gleichwohl als treumäßig erachtet, führe dies nicht nur zu einer Überprivilegierung einzelner Darlehensnehmer. Vielmehr könne die Legitimation individuell opportunistischen Verhaltens zu einer Verteuerung des gesamten Marktangebots und damit zu einer ungerechtfertigten Mehrbelastung aller Verbraucher führen.[139]

---

138   OLG Stuttgart, Urt. v. 7.2.2017 – 6 U 40/16, BeckRS 2017, 101501; OLG Stuttgart, Urt. v. 6.12.2016 – 6 U 95/16, VuR 2017, 107 mit abl. Anmerkung von *Maier*.

139   Vgl.: *Edelmann/Hölldampf*, KSzW 2015, 148, 149 f., 153; *Henning*, CRP 2015, 80, 84; *Hölldampf*, WM 2014, 1659, 1660, 1662 ff.; *Hölldampf/Suchoweskyi*, WM 2015, 999 (Fn. 7); *Kropf*, WM 2013, 2250, 2254; *Scholz/Schmidt/Ditté*, ZIP 2015, 605, 614 f.; *Wahlers*, WM 2015, 1043, 1049.

c. Die Negativabgrenzung des BGH

Dem hat der BGH eine klare Absage erteilt. Ein Rechtsmissbrauch soll demnach nicht allein damit begründet werden können, dass der Widerruf des Darlehensnehmers nicht durch den Schutzzweck des § 495 BGB veranlasst ist. Es stehe dem Verbraucher frei, den Vertrag z.b. auch zwecks Umschuldung oder aus anderen wirtschaftlichen Interessen zu widerrufen. Der Widerruf sei vom Gesetzgeber bewusst von jedem Begründungserfordernis freigehalten und dem freien Willen des Verbrauchers überlassen worden. Diese Entscheidung dürfe nicht dadurch konterkariert werden, dass im Nachhinein nur ein schutzzweckmotivierter Widerruf für mit Treu und Glauben vereinbar erachtet wird.[140]

„Gleiches [gelte] für die gesamtwirtschaftlichen Folgen der vermehrten Ausübung von Verbraucherwiderrufsrechten."[141] Dem Phänomen und den Folgen des massenhaften Widerrufs von Verbraucherdarlehensverträgen, mit dem sich die Kreditwirtschaft „– immerhin aufgrund eigener Belehrungsfehler –"[142] konfrontiert sieht, könne keine Relevanz bei der Würdigung individueller Rechtsausübung zukommen. Die vielfach bestehende Möglichkeit zur unbefristeten Geltendmachung beruhe auf bewusstem gesetzgeberischem Handeln, das nicht durch eine extensive Anwendung des § 242 BGB unterlaufen werden dürfe, „um so empfundene vermeintliche Defizite bei einem sachgerechten Ausgleich der Interessen der Vertragsparteien aufzuwägen."[143]

d. Institutioneller Rechtsmissbrauch

Nach Einschätzung von *Scholz/Schmidt/Ditté* gehe mit den vom BGH angesprochenen „vermeintlichen" Defiziten beim Interessenausgleich der Vertragsparteien die Verletzung verfassungsrechtlich verbriefter Rechtspositionen der Kreditgeber einher.[144] Das gesetzgeberische Konzept, dem recht-

---

140 BGH Urt. v. 24.7.2018 – XI ZR 139/16, BeckRS 2018, 18778 Rn. 11; BGH, Urt. v. 12.7.2016 – XI ZR 564/15, NJW 2016, 3512 Rn. 47; *Duchstein*, NJW 2015, 1409; *Engelhardt*, Europäisches Verbrauchervertragsrecht (2001), S. 164 f.; *Gansel/Huth/Knorr*, BKR 2014, 353, 356; *Habersack/Schürnbrand*, ZIP 2014, 749, 756; *Müggenborg/Horbach*, NJW 2015, 2145, 1248; *Rehmke/Tiffe*, VuR 2014, 135, 141.
141 BGH, Urt. v. 12.7.2016 – XI ZR 564/15, NJW 2016, 3512 Rn. 49.
142 Ebda.
143 Ebda. (Nachw. ausgelassen).
144 *Scholz/Schmidt/Ditté*, ZIP 2015, 605, 610 ff.

streuen Unternehmer eine sichere und einfache Möglichkeit zur ordnungsgemäßen Verbraucherbelehrung einzuräumen und im Gegenzug ein „ewiges" Widerrufsrecht bei fehlerhafter Belehrung als Sanktionierung des
pflichtwidrig handelnden Unternehmers zu statuieren, sei unter tatkräftiger Mitwirkung einer viel zu rigiden Rechtsprechung vollends gescheitert.[145] Dadurch, dass der Gesetzgeber untaugliche Musterbelehrungen zur
Verfügung gestellt und der BGH die Gesetzlichkeitsfiktion des
§ 14 Abs. 1 BGB-InfoV an eine sklavische Übernahme durch den unternehmerischen „Verwender" geknüpft hat, habe die Kreditwirtschaft in der Zeit
von August 2002 bist Juni 2010 nie eine realistische Chance gehabt, die
Verbraucher ordnungsgemäß zu belehren und der „Maximalsanktion"[146]
des „ewigen" Widerrufsrechts zu entgehen.[147] Es führe zu schlechthin untragbaren Ergebnissen, wenn man die Ausübung des „ewigen" Widerrufsrechts uneingeschränkt auf Grundlage einer dermaßen missglückten Gesetzgebung und Rechtsprechung erlaube. Angesichts der – verfassungsrechtlich relevanten – Missstände sei die Geltendmachung eines Widerrufsrechts, das nach dieser Rechtslage besteht, grundsätzlich als Fall des institutionellen Rechtsmissbrauchs aufzufassen.[148]

Eine „generell unangemessene Rechtspraxis"[149] sei aber nicht ohne Weiteres anzunehmen. Der Verbraucher müsse – wenn auch fehlerhaft – zumindest so belehrt worden sein, dass er wissen konnte, wann, wie und mit
welchen Rechtsfolgen er widerrufen kann. Ferner sei dem insoweit informierten Verbraucher jedenfalls eine Widerrufsfrist von einem Jahr und 14
Tagen einzuräumen. Der Gesetzgeber habe andernorts deutlich gemacht,
dass er das Widerrufsrecht des falsch belehrten Verbrauchers frühestens
nach Verstreichen dieser Frist zu Gunsten der Rechtssicherheit entwertet.
Diese gesetzgeberische Grundannahme dürfe auch im Verbraucherkreditrecht nicht im Wege einer (zu) extensiven Anwendung des § 242 BGB miss-
achtet werden.[150]

---

145 *Scholz/Schmidt/Ditté*, ZIP 2015, 605, 607 f.
146 *Scholz/Schmidt/Ditté*, ZIP 2015, 605, 607.
147 *Scholz/Schmidt/Ditté*, ZIP 2015, 605, 608.
148 *Scholz/Schmidt/Ditté*, ZIP 2015, 605, 612 f.
149 *Scholz/Schmidt/Ditté*, ZIP 2015, 605, 611.
150 *Scholz/Schmidt/Ditté*, ZIP 2015, 605, 613.

III. Stellungnahme

1. Die rechtliche Würdigung von „Altfällen"

Es kann letztlich dahinstehen, ob es sich bei der treuwidrigen Geltendmachung eines zeitlich unbegrenzten Widerrufsrechts um einen Fall des institutionellen oder individuellen Rechtsmissbrauchs handelt (*sub* a.). Die Treuwidrigkeit der Ausübung des „ewigen" Widerrufsrechts kann in beiden Fällen nur einzelfallbezogen festgestellt werden.[151] Nach den jeweils maßgeblichen Umständen kann sich die Rechtsausübung durch den Verbraucher insbesondere als illoyal verspätet (*sub* b.) oder – in seltenen Ausnahmefällen – als sonst rechtsmissbräuchlich (*sub* c.) darstellen.

a. Der fehlende Gehalt der Annahme eines institutionellen Rechtsmissbrauchs

Der Grundsatz von Treu und Glauben bildet eine allen Rechten, Rechtsinstituten und Rechtsnormen immanente Schranke. § 242 BGB setzt die allgemeinen Grenzen zulässiger Rechtsausübung und gewährt im Falle der treuwidrigen Geltendmachung formal bestehender Rechtsposition eine von Amts wegen zu berücksichtigende Einwendung.[152] Dem Grundsatz von Treu und Glauben läuft zuvorderst die rechtsmissbräuchliche Geltendmachung subjektiver Rechte zuwider (individueller Rechtsmissbrauch). Daneben müssen unter Umständen die sich aus einem Rechtsinstitut oder Rechtsnormen ergebenden Rechtsfolgen (insgesamt) zurückzutreten, wenn sie zu mit Treu und Glauben unvereinbaren, schlechthin untragbaren Ergebnissen führen (institutioneller Rechtsmissbrauch).[153] „Der Unterschied zwischen den beiden Anwendungsfällen liegt darin, dass sich beim institutionellen Missbrauch der Vorwurf bereits aus *Sinn und Zweck des Rechtsinstituts*, beim individuellen Rechtsmissbrauch dagegen erst aus einem *Verhalten des Gläubigers* ergibt."[154] Eine trennscharfe Abgrenzung hat für die konkrete Feststellung, ob sich die Ausübung des „ewigen" Wider-

---

151 *Olzen/Looschelders*, in: Staudinger, BGB (2015), § 242 Rn. 217; vgl.: BGH, Urt. v. 3.12.1958 – V ZR 28/57, BGHZ 29, 6, 10; BGH, Urt. v. 27.10.1967 – V ZR 153/64, BGHZ 48, 396 (je zur unzulässigen Berufung auf Formnichtigkeit „in besonders gelagerten Fällen", so BGH, Urt. v. 3.12.1958 – V ZR 28/57, aaO.).

152 Palandt/*Grüneberg*, § 242 Rn. 40 f.

153 Siehe etwa: *Olzen/Looschelders*, in: Staudinger, BGB (2015), § 242 Rn. 217 m.w.N.

154 So *Olzen/Looschelders*, aaO. (Hervorhebungen übernommen).

rufsrechts als Rechtsmissbrauch darstellt oder nicht, keinen zählbaren Mehrwert. Die gesetzmäßige Ausübung „ewiger" Widerrufsrechte aus § 495 BGB a.F. führt nicht prinzipiell zu untragbaren Ergebnissen, auch wenn das dahinterstehende gesetzgeberische Konzept in weiten Teilen nicht aufgegangen sein mag. Die Gesetzeswirklichkeit läuft den damit verfolgten gesetzgeberischen Zielen und Wünschen nicht *per se* zuwider. Dies gilt etwa für die Fälle, in denen der Verbraucher nicht oder nur völlig unzureichend belehrt worden ist. Dann entspricht die strenge Folge des „ewigen" Widerrufsrechts dem ausdrücklichen Willen des Gesetzgebers und wird auch in der Literatur nicht ernstlich in Frage gestellt.[155] Gleiches gilt umgekehrt in den Fällen, in denen der Verbraucher umfassend und ordnungsgemäß belehrt wurde. Schließlich wird dem gesetzgeberischen Willen in den Fällen entsprochen, in denen die Kreditinstitute die materiell fehlerhafte Musterbelehrung aus Anlage 2 zu § 14 BGB-InofV inhaltlich (nahezu) unverändert übernommen haben.

Es ist nicht zu leugnen, dass dem eine kritische (Über-)Zahl von Fällen gegenübersteht, in denen die Kreditgeber sich nicht auf die Gesetzlichkeitsfiktion des § 14 BGB-InfoV berufen können und dem Verbraucher trotz Verwendung – statt sklavischer Übernahme – der Mustertexte ein zeitlich unbegrenztes Widerrufsrecht zusteht. Schon die Frage, ob ein solch „pathologischer" Fall gegeben ist, kann indes nur im Einzelfall beantwortet werden, zumal dafür jedwede tatsächliche oder gesetzliche Vermutung fehlt. Den erforderlichen Einzelfallbezug verkennen auch *Scholz, Schmidt* und *Ditté* nicht und knüpfen die Annahme eines (institutionellen) Rechtsmissbrauchs an detaillierte, in jedem Einzelfall zu überprüfende Voraussetzungen. In objektiver Sicht wird eine – wenn auch unwirksame – Belehrung des Verbrauchers gefordert, deren Informationsgehalt der Musterbelehrung in nichts nachsteht. Überdies wird die Annahme eines Rechtsmissbrauchs vom Verstreichen einer an § 356 Abs. 3 S. 2 BGB orientierten Mindestfrist von einem Jahr und 14 Tagen abhängig gemacht oder anders gewendet: von einer Untätigkeit des Verbrauchers über einen solchen (namhaften) Zeitraum.[156] Eine rechtsmissbräuchliche Ausübung des „ewigen" Widerrufsrechts kann auch nach dieser Konzeption weder einzelfall- noch verhaltensunabhängig festgestellt werden. Damit liegt es näher, die treuwidrige Ausübung des „ewigen" Widerrufsrechts als Fall des individuellen Rechtsmissbrauchs zu begreifen. In aller Regel ist eine trennscharfe Abgrenzung ohnehin entbehrlich, da der Rechtsmissbrauch letztlich nur

---

155 So auch nicht von: *Scholz/Schmidt/Ditté*, ZIP 2015, 605, 613.
156 *Scholz/Schmidt/Ditté*, ZIP 2015, 605, 613.

nach den vom Tatrichter zu würdigenden Umständen des Einzelfalles festgestellt werden kann. Unter der Überschrift des „institutionellen Rechtsmissbrauchs" leisten *Scholz, Schmidt* und *Ditté* nach alledem nicht mehr, aber auch nicht weniger, als dezidierte Vorschläge zur Konkretisierung jener Umstände unter besonderer Berücksichtigung der problematischen Gesetzes- und Rechtsprechungsgenese zu unterbreiten.

b. Die Voraussetzungen einer Verwirkung des „ewigen" Widerrufsrechts

Die hier zu würdigenden „Altfälle" drehen sich um den Widerruf von Immobiliarkreditverträgen, die zwischen August 2002 und Juni 2010 unter Verwendung untauglicher Musterwiderrufsbelehrungen geschlossen worden sind. Zwischen Vertragsschluss und Widerruf können in manchem Fall bis zu 15 Jahre vergangen sein, sodass sich naturgemäß die Frage der Verwirkung stellt. Ein Recht ist nach ständiger Rechtsprechung des BGH verwirkt,

> „wenn sich der Schuldner wegen der Untätigkeit seines Gläubigers über einen gewissen Zeitraum hin bei objektiver Beurteilung darauf einrichten darf und eingerichtet hat, dieser werde sein Recht nicht mehr geltend machen, so dass die verspätete Geltendmachung gegen Treu und Glauben verstößt. Zu dem Zeitablauf müssen besondere, auf dem Verhalten des Berechtigten beruhende Umstände hinzutreten, die das Vertrauen des Verpflichteten rechtfertigen, der Berechtigte werde sein Recht nicht mehr geltend machen."[157]

Nach insofern treffender Ansicht kann das sog. Umstandsmoment nicht allein aufgrund weiterer vorbehaltloser Erfüllung der vertraglichen Pflichten durch den Verbraucher bejaht werden.[158] Dies gilt im Grundsatz sowohl unabhängig vom Gewicht des Belehrungsfehlers als auch unabhängig vom Stadium des Vertrages. Dem nicht ordnungsgemäß belehrten Verbraucher ist vom Gesetzgeber ein „ewiges" Widerrufsrecht eingeräumt worden. Daran hat er im Verbraucherkreditrecht bis zur Umsetzung der Wohnimmobilienkreditrichtlinie uneingeschränkt festgehalten. Er hat es insbesondere bewusst und fortwährend unterlassen, bei der Anknüpfung der schweren Folge des „ewigen" Widerrufsrechts nach Art oder Gewicht des Beleh-

---

157 BGH, Urt. v. 12.7.2016 – XI ZR 564/15, NJW 2016, 3512 Rn. 37 (Nachw. ausgelassen).
158 BGH, Urt. v. 12.7.2016 – XI ZR 564/15, NJW 2016, 3512 Rn. 39.

rungsfehlers zu unterscheiden. Die u.a. daraus resultierenden Unklarheiten über den Fortbestand des Widerrufsrechts, gehen zu Lasten des unterstellt strukturell überlegenen Darlehensgebers.[159] Dies folgt nicht aus spezifischen Erwägungen zum Verbraucherschutz oder Verbraucherkreditrecht, sondern aus den allgemeinen Verwirkungsanforderungen.

Konsens ist, dass die – mit Recht als missglückt kritisierte – Gesetzgebung betreffend die Jahre 2002 bis 2010 im Zusammenspiel mit einer (vermeintlich) verbraucherfreundlichen Rechtsprechung zu eklatanten Rechtsunsicherheiten geführt hat und den Kreditinstituten eine ordnungsgemäße Verbraucherbelehrung mehr als schwergemacht worden ist. Angesichts der wirtschaftlichen Brisanz der Thematik muss die fehlende Rechtsklarheit den Kreditinstituten schon früh (schmerzlich) bewusst gewesen sein. Letztlich war es diesen aber bei formwirksam geschlossenen Verträgen jederzeit möglich, eine verlängerte Widerrufsfrist (einen Monat) durch ordnungsgemäße Nachbelehrung gem. § 355 Abs. 2 S. 2 BGB i.d.F. v. 22.8.2002 i.V.m. Art. 229 § 9 Abs. 2 EGBGB[160] bzw. Nachholung der Pflichtangaben gem. § 356b Abs. 2 S. 2 BGB i.V.m. 492 Abs. 6 BGB resp. § 495 Abs. 2 S. 1 Nr. 2 BGB a.F. i.V.m. 492 Abs. 6 BGB a.F.[161] in Gang zu setzen und so rechtliche Klarheit zu schaffen.

Haben die Banken dies nicht getan, konnten und können sie wegen der weiterschwelenden Rechtsunsicherheit nicht ausschließen, dass dem Verbraucher ein „ewiges" Widerrufsrecht zusteht und sie können sich auch bis zum Ende des Vertrages nicht darauf einrichten, dass er dieses nicht mehr ausüben wird. Solange sich die Kreditinstitute – verständlicherweise – gegen eine (massenhafte) Nachbelehrung unter Verwendung nunmehr formalgesetzlich verbriefter Mustertexte entschieden haben,[162] müssen sie im Gegenzug den Nachteil fortwährender Rechtsunsicherheit in Kauf nehmen und können grundsätzlich nicht darauf vertrauen, dass der Verbraucher von seinem „ewigen" Widerrufsrecht nicht nachträglich Kenntnis erlangt und anschließend davon Gebrauch macht.

Anders können Fallgestaltungen zu beurteilen sein, in denen sowohl Darlehensgeber als auch Darlehensnehmer nachweislich Kenntnis vom

---

159 BGH, Urt. v. 12.7.2016 – XI ZR 564/15, NJW 2016, 3512 Rn. 40; BGH, Urt. v. 15.5.2018 – XI ZR 508/16, BeckRS 2018, 14427 Rn. 13.

160 Siehe zu den Anforderungen an eine ordnungsgemäße Nachbelehrung bei „Altverträgen": BGH, Beschl. v. 15.2.2011 – XI ZR 148/10, juris Rn. 10 ff. m.w.N.

161 Siehe zur Rechtslage vor Einführung des § 356b BGB a.F.: *Kessal-Wulf*, in: Staudinger, BGB (2012), § 492 Rn. 82 ff.

162 Der entscheidende Grund dafür, dürfte gewesen sein, „dass die Unternehmer keine ‚schlafenden Hunde wecken wollten'[.]", *Lechner*, WM 2015, 2165, 2167.

Fortbestand des Widerrufsrechts haben.[163] Abermals kommt es entscheidend darauf an, ob sich der Kreditgeber im gegebenen Fall wegen der Untätigkeit des Verbrauchers bei objektiver Beurteilung darauf einrichten darf und eingerichtet hat, dieser werde sein Recht nicht mehr geltend machen, so dass die verspätete Geltendmachung gegen Treu und Glauben verstößt.[164] Für die konkrete Bestimmung des Zeitraums, in dem der Darlehensgeber weiterhin mit der Ausübung des Widerrufsrechts rechnen muss, bietet sich eine Orientierung an der gesetzlichen Ausschlussfrist des §§ 355 Abs. 2 S. 2 BGB a.F., 356b Abs. 2 S. 3 BGB n.F. an. Im Gegensatz zu den Höchstfristen der §§ 356 Abs. 2 S. 3, 356b Abs. 2 S. 4 BGB n.F., die eine alternative gesetzliche Orientierungshilfe böten, statuieren die §§ 355 Abs. 2 S. 2 BGB a.F., 356b Abs. 2 S. 3 BGB n.F. eine kenntnisabhängige Ausschlussfrist von einem Monat. Zudem erscheint es angesichts der hohen Hürde des Nachweises positiver Verbraucherkenntnis – für Vermutungen ist insofern kein Raum –[165] sachgerecht, schon nach vergleichsweise kurzer Zeit ein schutzwürdiges Vertrauen des Darlehensgebers in den Fortbestand des Vertrages zu bejahen. Jedenfalls wird eine Verwirkung anzunehmen sein, wenn der informierte Verbraucher seinen vertraglichen Verbindlichkeiten länger als ein Jahr (und 14 Tage) nach Kenntniserlangung ohne jeden Vorbehalt nachkommt. Spätestens dann darf sich der Darlehensgeber darauf einrichten, dass der Vertrag nicht mehr widerrufen wird.[166]

Allerdings ist die Kenntnis des Verbrauchers von seinem Widerrufsrecht keine zwingende Voraussetzung für die Verwirkung.[167] Gerade bei beendeten Verbraucherdarlehensverträgen soll eine Verwirkung nach höchstrichterlicher Rechtsprechung auch dann möglich sein, wenn dem Verbraucher keine Kenntnis nachgewiesen werden kann und weder eine ordnungsgemäße Belehrung noch Nachbelehrung durch den Darlehensgeber erfolgt ist. Dies soll vor allem dann gelten, wenn die Beendigung des Darlehensvertrags auf einen Wunsch des Verbrauchers zurückgeht.[168] Eine „tatsächli-

---

163 Noch restriktiver: *Protzen*, NJW 2016, 3479, 3484, der aaO. schon die grundsätzliche Geltung des Verwirkungseinwandes anzweifelt und diesen – wenn überhaupt – nur bei jahrelanger Kenntnis beider Parteien vom Fortbestehen des Widerrufsrechts für erwägenswert hält.

164 Vgl.: BGH, Urt. v. 11.10.2016 – XI ZR 482/15, NJW 2017, 243 Rn. 30.

165 Ebda.

166 Vgl.: OLG Stuttgart, Urt. v. 7.2.2017 – 6 U 40/16, BeckRS 2017, 101501 Rn. 63.

167 BGH, Hinweisbeschl. v. 23.1.2018 – XI ZR 298/17, NJW 2018, 1390 Rn. 16 ff. m.w.N.; a.A.: Knops, NJW 2018, 425.

168 BGH, Urt. v. 10.10.2017 – XI ZR 449/16, NJW 2018, 223 Rn. 19; BGH Urt. v. 27.2 .2018 – XI ZR 480/16, BeckRS 2018, 5002 Rn. 12.

che Vermutung", dass das Umstandsmoment für die Verwirkung nach Ablauf von sechs Monaten regelmäßig gegeben ist, wenn der Verbraucher das Darlehen gegen Zahlung einer Vorfälligkeitsentschädigung ablöst,[169] besteht indes nicht.[170]

Wie noch näher auszuführen sein wird,[171] stellt sich die Frage der Verwirkung nach hier vertretener Einschätzung nicht, wenn sich der Verbraucher auf eine einvernehmliche Vertragsaufhebung gegen Zahlung eines angemessenen Vorfälligkeitsentgelts einlässt und im Nachhinein den Widerruf erklärt, um das gezahlte Entgelt zurückzuverlangen. Mit Annahme der vorfällig zurückgezahlten Valuta als Erfüllung durch den Darlehensgeber, wird der Darlehensvertrag beendet und dem Widerrufsrecht des Darlehensnehmers wird die vertragsdogmatische Grundlage entzogen. Mit Vertragsende kommt ein Widerruf nicht mehr in Betracht und ist auch nicht aus zwingenden Verbraucherschutzgründen geboten.[172]

c. Rechtsmissbrauch aus sonstigen Gründen

Liegen die Voraussetzungen einer Verwirkung nicht vor, kann in der Ausübung des Widerrufsrechts ein rechtsmissbräuchliches Verhalten aus sonstigen Gründen zu sehen sein.[173] Dafür bleibt nach der geboten restriktiven Rechtsprechung des BGH nur wenig Raum. Der BGH hat es mit Recht abgelehnt, die Treumäßigkeit der Widerrufsausübung anhand der damit verfolgten Motive des Verbrauchers zu bewerten. Die heute in § 355 Abs. 1 S. 4 BGB geregelte Begründungsfreiheit ist seit jeher wesensbildendes Element des (verbraucherkreditrechtlichen) Widerrufs. Daran ändert der Wegfall der zeitlichen Befristung nichts und daran ist auch nicht im Wege einer extensiven Anwendung des § 242 BGB zu rühren.[174] Nach der gesetzgeberischen Konzeption ist es gleichgültig, ob der Widerruf schutzzweckmotiviert erfolgt oder allein auf die Ausnutzung wirtschaftlicher Vorteile abzielt. Hinzukommt, dass sich die Rechtsausübung im ersteren wie im letz-

---

169 Vgl.: OLG Schleswig, Urt. v. 6.10.2015 – 5 U 72/16, BeckRS 2016, 19644 Rn. 38, das, unabhängig von der Kenntnis des Verbrauchers von einer unzulässigen Rechtsausübung ausging, wenn „[...] nach der Ablösung des Darlehens (erneut) eine gewisse Zeit – etwa sechs Monate verstreicht".
170 BGH, Urt. v. 15.5.2018 – XI ZR 508/16, BeckRS 2018, 14427 Rn. 13.
171 Siehe unten: § 13 C. III.
172 A.A.: BGH, Urt. v. 11.10.2016 – XI ZR 482/15, NJW 2017, 243 Rn. 28 m.w.N.
173 BGH, Urt. v. 12.7.2016 – XI ZR 564/15, NJW 2016, 3512 Rn. 43.
174 BGH, Urt. v. 12.7.2016 – XI ZR 564/15, NJW 2016, 3512 Rn. 47.

teren Fall nicht als treuwidrige Ausnutzung einer formalen Rechtsposition darstellt, da hier wie da handgreifliche Interessen verfolgt werden. Dies mag man als gesamtwirtschaftsschädigenden Verbraucheropportunismus kritisieren; rechtsmissbräuchlich ist es nicht.[175]

2. Abschließende Bewertung der Gesetzesgenese

Die Unzahl der Streitigkeiten, die in Wissenschaft und vor Gericht um Bestehen und Ausübung des „ewigen" Widerrufsrechts ausgetragen wurden und werden, dokumentieren ein beispielloses gesetzgeberisches Scheitern zwischen 2002 und 2010.[176] Bis zur Einführung „gerichtsfester" Musterbelehrungen war den Kreditinstituten eine rechtssichere (Nach-)Belehrung im verbraucherdarlehensrechtlichen Massengeschäft kaum möglich. Die Gesetzlichkeitsfiktion des § 14 Abs. 1 BGB-InfoV ist erst im Jahre 2012 höchstrichterlich bestätigt und sogleich maßgeblich dadurch relativiert worden, dass die Rechtsprechung deren Geltung von der (nahezu) wörtlichen Übernahme der Musterbelehrung aus Anlage 2 zu § 14 BGB-InfoV abhängig gemacht hat. Statt Unternehmern, die zum pflichtgemäßen Handeln motiviert waren, einen sicheren und einfachen Weg zur ordnungsgemäßen Belehrung aufzuzeigen, hat der Gesetzgeber mit der Einführung der Musterbelehrungen das genaue Gegenteil eklatanter Rechtsunsicherheit erreicht. Bis heute müssen die Kreditgeber damit rechnen, dass sich Verbraucher auf ein zeitlich unbegrenztes Recht zum Widerruf von Allgemein-Verbraucherdarlehensverträgen berufen. Trotz einer zwischenzeitlichen „Steilvorlage"[177] durch den EuGH, der im Fall Hamilton entschieden hatte, dass der nationale Gesetzgeber die Ausübung des „ewigen" Widerrufsrechts auf einen Monat nach vollständiger Erbringung der Leistungen aus dem Darlehensvertrag befristen darf,[178] rüttelte der Gesetzgeber lange Zeit nicht am „ewigen" Widerrufsrecht. Erst mit Umsetzung der Wohnimmobilienkreditrichtlinie hat er wenigstens im praxisrelevanten Bereich des Immobiliar-Verbraucherdarlehensrechts den längst überfälligen Schlussstrich unter ein wenig rühmliches Kapitel deutscher Gesetzgebungsge-

---

175 Vgl.: BGH, Urt. v. 12.7.2016 – XI ZR 564/15, NJW 2016, 3512 Rn. 45 ff.
176 Vgl. statt Vieler: *Scholz/Schmidt/Ditté*, ZIP 2015, 605, 612; *Lechner*, WM 2015, 2165, 2167; *Omlor*, NJW 2016, 1265, 1266 f.; *Schnauder*, jurisPR-BKR 1/2017 Anm. 1.
177 *Lechner*, WM 2015, 2165, 2168.
178 EuGH, Urt. v. 10. 4. 2008 – C-412/06 *(Hamilton)*, BB 2008, 967, 969 *(Edelmann)*.

schichte gezogen. Die „pro futuro"[179] wirkende Abschaffung des „ewigen" Widerrufsrechts bei Immobiliardarlehensverträgen, die im vakanten Zeitraum geschlossen worden sind, ist in jeder Hinsicht zu begrüßen. Die Interessen einzelner Verbraucher am Fortbestand eines Widerrufsrechts, das ihnen bis zum Stichtag bereits viele Jahre zur Verfügung stand, haben hinter dem weit überwiegenden Interesse der Allgemeinheit an der Schaffung von Rechtssicherheit zurückzustehen.[180] Dies betrifft offenkundig die Kreditgeber, die sich ab dem 21. Juni 2016 (0 Uhr) vollends auf die Abwicklung zahlloser Altfälle konzentrieren können. Nicht weniger betrifft dies die Allgemeinheit der Verbraucher, zumal die mit dem „grandios"[181] gescheiterten Konzept des „ewigen" Widerrufsrechts verbundenen Fehlallokationen zum gesamtwirtschaftlichen Nachteil[182] aller gereichen. Alles in allem hat der Gesetzgeber mit Einführung von § 356b Abs. 2 S. 4 BGB und Art. 229 § 38 Abs. 3 EGBGB einen Schritt in die richtige Richtung getan. Rechtspolitisch wünschenswert wäre es, dass er sich alsbald auch zur Abschaffung des „ewigen" Widerrufsrechts bei Allgemein-Verbraucherdarlehensverträgen durchringt und damit den Schlusspunkt einer zwischenzeitlich zur Farce[183] verkommenen Rechtsentwicklung setzt. An der vorzugswürdigen „Generalbereinigung des Fiaskos"[184] sah sich der Gesetzgeber aber bislang gehindert, zumal die Unionsrechtswirksamkeit einer Widerrufsbefristung trotz insuffizienter Belehrung[185] nicht abschließend geklärt ist.[186] Sowohl die Verbraucherkreditrichtlinie als auch die Wohnimmobilienkreditrichtlinie schweigen dazu. Als vorläufiges „i-Tüpfelchen" gesetzgeberischer Fehlleistung hat er dieses Schweigen einmal als Verbot jeder zeitlichen Befristung der Widerrufsausübung im Sinne der Heininger-Entscheidung aufgefasst[187] und einmal als Freibrief für die Einführung der Kappungsgrenze nach § 356b Abs. 2 S. 4 BGB interpretiert.[188] Es ist letztlich offen, ob die letztgenannte Interpretation mit Unionsrecht und insbe-

---

179 *Omlor*, NJW 2016, 1265, 1266.
180 Siehe: *Omlor*, NJW 2016, 1265, 1266 f., der aaO. mit Recht auf die Verfassungskonformität der mit Art. 229 § 38 Abs. 3 EGBGB einhergehenden „Rückbewirkung von Rechtsfolgen" hinweist.
181 *Lechner*, WM 2015, 2165, 2167.
182 Vgl.: *Omlor*, NJW 2016, 1265, 1266; *Schnauder*, jurisPR-BKR 1/2017 Anm. 1.
183 Vgl.: *Schröder*, NJW 2010, 1933, 1935 („Die Neufassung der Muster 2008 – kein ‚Aprilscherz'").
184 *Lechner*, WM 2015, 2165, 2173.
185 Näher dazu: *Bülow*, WuB 2016, 209, 210 f.; *Lechner*, WM 2015, 2165, 2169 f.
186 Vgl.: *Schürnbrand*, in: Münchener Kommentar zum BGB (2017), § 495 Rn. 13.
187 Vgl.: BT-Drs. 17/12637.
188 Vgl.: BT-Drs.

sondere den Vorgaben der Heininger-Entscheidung in Einklang steht. Ohne weiteres möglich und erstrebenswert wäre es zumindest gewesen, den Widerruf nach vollständiger Erbringung sämtlicher Leistungen aus dem Allgemein-Verbraucherdarlehensvertrag im Sinne der Hamilton-Entscheidung (rückwirkend) auszuschließen.[189] Als (ernüchterndes) Zwischenergebnis kann festgehalten werden, dass es noch immer nicht gelungen ist, abschließend für rechtliche Klarheit und Sicherheit zu sorgen. Dies ist für sich genommen kritikwürdig, öffnet aber zugleich den Blick für das vielleicht entscheidendste Versäumnis der legislativverantwortlichen Bundesregierung: Diese war seit der Heininger-Entscheidung vom 13.12.2001 nicht willens oder nicht in der Lage, auf eine europarechtliche Ermächtigungsgrundlage für die Einführung einer einheitlichen Kappungsgrenze hinzuwirken und so auf „allen Ebenen" für Rechtssicherheit zu sorgen.[190] Es ist schon lange an der Zeit, dem abzuhelfen und endlich auf klare unionsrechtliche Vorgaben für eine sinnvolle nationale Einheitslösung im Sinne der §§ 356 Abs. 3 S. 2, 356b Abs. 2 S. 4 BGB zu drängen.

C. Rechtsfolgen

Der wirksame Widerruf führt gem. § 355 Abs. 1 S. 1 BGB i.d.F. v. 20.9.2013[191] dazu, dass die Parteien nicht mehr an ihre auf den Abschluss des Vertrages gerichteten Willenserklärungen gebunden sind. Die gegenseitigen Leistungspflichten erlöschen, soweit diese bis zum Zeitpunkt des Vertrages noch nicht erfüllt sind.[192] Gleichwohl bleibt die vertragliche Sonderverbindung der Parteien mit anderem Inhalt bestehen: Der widerrufene Vertrag verwandelt sich *ex nunc* in ein Rückgewährschuldverhältnis.[193] Die Rückabwicklungsmodalitäten werden seit Umsetzung der Verbraucherrechtrichtlinie durch die §§ 357 ff. BGB in Ergänzung der Grundnorm des § 355 Abs. 3 BGB abschließend festgelegt. Die frühere Verweisung des § 357 Abs. 1 S. 1 BGB i.d.F. v. 2.1.2002[194] auf das Rücktrittsfolgenrecht ist einem differenzierten „Widerrufsfolgenrecht" gewichen und gilt „nur" noch für die Rückabwicklung von widerrufenen Verträgen, die vor dem

---

189 *Lechner*, WM 2015, 2165, 2173.
190 So auch: *Lechner*, WM 2015, 2165, 2173.
191 Im Folgenden als n.F. bezeichnet.
192 *Müller-Christmann*, in: Beck'scher Online-Kommentar BGB, § 355 Rn. 32.
193 Statt aller: *Fritsche*, in: Münchener Kommentar zum BGB (2016), § 355 Rn. 50 m.w.N.
194 Im Folgenden als a.F. bezeichnet.

13.6.2014 geschlossen worden sind, Art. 229 § 32 Abs. 1 EGBGB.[195] Die Neuordnung des Widerrufsfolgenrechts „[…] sollte aber nicht darüber hinwegtäuschen, dass es sich vornehmlich um eine systematisierende Zusammenführung der bisherigen Rechtslage handelt, die weitgehend fortgilt."[196] Dies erlaubt es, die Begutachtung der Widerrufsfolgen nach altem und neuem Recht synergetisch zu verknüpfen und nur bei Bedarf auf die relevanten Unterschiede im Rahmen der vertraglichen Rückabwicklung hinzuweisen.[197]

I. Die Ansprüche des Darlehensgebers

Mit dem Widerruf des Verbraucherdarlehensvertrages wird dieser *ex nunc* beendet und die Berechtigung des Darlehensgebers zur Kapitalnutzung entfällt. Der Darlehensgeber hat zum einen Anspruch auf Rückzahlung der Valuta, wobei jedoch um die taugliche Anspruchsgrundlage und um die Wirkung bereits erbrachter Tilgungsleistungen gestritten wird (*sub 1.*). Zum anderen kann der Darlehensgeber für die Gebrauchsüberlassung der Valuta nach altem Recht Wertersatz nach § 346 Abs. 2 S. 2 BGB[198] und nach neuem Recht Zinsen aus § 357a Abs. 3 BGB geltend machen (*sub 2.*). Schließlich hat der Darlehensnehmer dem Darlehensgeber die Aufwendungen zu ersetzen, die der Darlehensgeber an öffentliche Stellen erbracht hat und nicht zurückverlangen kann (*sub 3.*).

1. Die Rückzahlung der Valuta

Nach herrschender Meinung ergibt sich der Rückzahlungsanspruch des Darlehensgebers unmittelbar aus Rücktritts- bzw. Widerrufsfolgenrecht.[199] Demnach soll er nach früherer Rechtslage auf § 346 Abs. 1 Hs. 1 BGB und *de lege lata* auf § 355 Abs. 3 S. 1 BGB n.F. zu stützen sein.[200] Auf Grundlage dessen soll der Darlehensnehmer dem Darlehensgeber „[…] die Herausga-

---

195 Siehe zur Neustrukturierung des „Widerrufsfolgenrechts": BT-Drs. 17/2637, S. 33.
196 So: *Piekenbrock/Rodi*, WM 2015, 1085, 1087.
197 Vgl.: *Piekenbrock/Rodi*, aaO.
198 In der seit 1.8.2002 geltenden Fassung v. 23.7.2002.
199 Im Folgenden wird nur noch von „Widerrufsfolgen" die Rede sein.
200 BGH, Beschl. v. 22.9.2015 – XI ZR 116/15, NJW 2015, 3441; Palandt/*Grüneberg*, § 357a Rn. 4.

be der gesamten Darlehensvaluta ohne Rücksicht auf eine (Teil-)Tilgung [schulden] [...].“[201]

Nach anderer Ansicht soll sich der Rückzahlungsanspruch des Darlehensgebers auch bei wirksamem Widerruf des Vertrages aus § 488 Abs. 1 S. 2 BGB ergeben.[202] Der Rückzahlungsanspruch des Darlehensgebers werde durch den Widerruf nicht begründet, sondern lediglich vorzeitig fällig.[203] Im Gegensatz zu den Regelungen des Widerrufsfolgenrechts sei § 488 Abs. 1 S. 2 BGB auf die darlehensvertragliche Restkapitalabwicklung zugeschnitten. Insbesondere könne sich weder aus § 346 Abs. 1 Hs. 1 BGB noch aus § 355 Abs. 1 S. 3 BGB n.F. ein Anspruch auf Rückgewähr des hingegebenen „Geldes“, sondern allenfalls ein Anspruch auf Wertersatz für die zeitweilige Kapitalüberlassung ergeben.[204] Die Rückzahlung des Kapitals, das dem Darlehensnehmer abzüglich etwaiger Tilgungsleistungen verblieben ist, könne der Darlehensgeber somit einzig auf Grundlage von § 488 Abs. 1 S. 2 BGB beanspruchen.

Zu folgen ist letztgenannter Mindermeinung. Allein § 488 Abs. 1 S. 2 BGB kann taugliche Anspruchsgrundlage für die Rückzahlung der verbliebenen Valuta sein. Sowohl nach § 357 Abs. 1 S. 1 BGB a.F. i.V.m. § 346 Abs. 1 Hs. 1 BGB als auch nach § 355 Abs. 1 S. 3 BGB n.F. sind im Falle des Widerrufs die empfangenen Leistungen zurückzugewähren. Die einzige Hauptleistungspflicht des Darlehensgebers besteht gem. § 488 Abs. 1 S. 1 BGB darin, dem Darlehensnehmer einen Geldbetrag in der vereinbarten Höhe zur Verfügung zu stellen. Darin gründet die einheitliche und im darlehensvertraglichen Synallagma zu verortende Verpflichtung des Darlehensgebers zur Hingabe und Belassung des Kapitals über die vereinbarte Laufzeit.[205] Gegenstand der Verpflichtung des Darlehensnehmers aus § 357 Abs. 1 S. 1 BGB a.F. i.V.m. § 346 Abs. 1 Hs. 1 BGB bzw. § 355 Abs. 1 S. 3 BGB n.F. kann demgemäß kein isolierter Anspruch auf Rückzahlung der Valuta sein, da der Darlehensgeber nie eine vergleichbare Leistung erbracht hat, die ihm zurückgewährt werden könnte. Die – hierfür einzig in Betracht kommende – Hingabe der Valuta ist untrennbarer Bestandteil des „Zur Verfügung Stellens“ als einheitlicher Hauptleistungs-

---

201 BGH, Beschl. v. 22.9.2015 – XI ZR 116/15, NJW 2015, 3441 (Orientierungssatz).

202 S. *Müller/Fuchs*, WM 2015, 1094, 1095; *Piekenbrock/Rodi*, WM 2015, 1085, 1086 f.; *Schnauder*, NJW 2015, 2689, 2690; *Kaiser*, in: Staudinger, BGB (2012), § 357 Rn. 7, 28.

203 *Piekenbrock/Rodi*, WM 2015, 1085, 1087.

204 *Piekenbrock/Rodi*, WM 2015, 1085, 1086 f.; S. *Müller/Fuchs*, WM 2015, 1094, 1095; *Kaiser*, in: Staudinger, BGB (2012), § 357 Rn. 7, 28.

205 Siehe oben: § 4 B. I.

pflicht des Darlehensgebers aus § 488 Abs. 1 S. 1 BGB.[206] Die Rückgewähr der Gebrauchsüberlassung ist naturgemäß ausgeschlossen. Stattdessen wird dem Darlehensgeber nach altem Recht ein Wertersatzanspruch aus § 346 Abs. 2 S. 1 Nr. 1, S. 2 BGB bzw. nach neuem Recht ein Anspruch auf Zahlung des vereinbarten Sollzinses für den Zeitraum zwischen Valutierung und Rückzahlung des Darlehens gem. § 357a Abs. 3 S. 1 BGB n.F. gewährt. Für die Rückzahlung der beim Darlehensnehmer verbliebenen Valuta bietet nach alledem weder das alte noch das neue Widerrufsfolgenrecht eine taugliche Anspruchsgrundlage.[207] Dafür besteht angesichts von § 488 Abs. 1 S. 2 BGB auch kein Bedürfnis. Mit dem wirksamen Widerruf wird der Darlehensvertrag *ex nunc* beendet und der betagte Rückzahlungsanspruch des Darlehensgebers aus § 488 Abs. 1 S. 2 BGB wird fällig.[208] Obwohl es sich dabei um eine darlehensvertragliche Hauptleistungspflicht des Darlehensnehmers handelt,[209] erlischt diese nach § 355 Abs. 1 S. 1 BGB nicht, da das Widerrufsfolgenrecht hierzu – wie ausgeführt – keine eigene Regelung trifft. Bei Fälligkeit ist der Darlehensnehmer verpflichtet, das zur Verfügung gestellte Darlehen unter Anrechnung bereits erfolgter Tilgungsleistungen[210] zurückzubezahlen, § 488 Abs. 1 S. 2 BGB.

2. Ersatz für das „Zur-Verfügung-Stellen" der Valuta

Bis zum Widerruf des Verbraucherdarlehensvertrages kann der Darlehensnehmer das zur Verfügung gestellte Kapital berechtigt nutzen. Die berechtigte Kapitalnutzungsmöglichkeit kann dem Darlehensgeber nicht *in natura* gem. § 357 Abs. 1 S. 1 BGB a.F. i.V.m. § 346 Abs. 1 Hs. 1 BGB bzw. § 355 Abs. 1 S. 3 BGB n.F. zurückgewährt werden. Unter Geltung der früheren Rechtslage hat der Darlehensnehmer in dem Fall gem. § 357 Abs. 1 S. 1 BGB a.F. i.V.m. § 346 Abs. 2 S. 1 Nr. 1 BGB Wertersatz zu leisten, bei dessen Berechnung grundsätzlich der vertraglich vereinbarte Sollzins zu Grunde zu legen ist, vgl. § 357 Abs. 1 S. 1 BGB a.F. i.V.m. § 346 Abs. 2 S. 2 Hs. 1 BGB. Nichts anderes ergibt sich nach neuem Recht aus § 357a Abs. 3 S. 1 BGB.

---

206 Ebda.
207 So mit Recht die zuvor Genannten, je aaO.
208 Siehe oben: § 4 B. II. 2.
209 Siehe oben: § 4 B. II. 1.
210 So im Ergebnis auch: *Feldhusen*, BKR 2015, 441, 443, die den Anspruch auf Rückzahlung der verbliebenen Valuta jedoch auf das Widerrufsfolgenrecht stützt.

Nach § 357 Abs. 1 S. 1 BGB a.F. i.V.m. § 346 Abs. 2 S. 2 Hs. 2 BGB steht dem Darlehensnehmer jedoch der Nachweis offen, dass der Wert des Gebrauchsvorteils tatsächlich niedriger war. Dies gilt seit Umsetzung der Verbraucherkreditrichtlinie nur noch, wenn das Darlehen durch ein Grundpfandrecht gesichert ist, § 495 Abs. 2 S. 1 Nr. 3 Hs. 2 BGB i.d.F. v. 11.6.2010. Seit Umsetzung der Verbraucherrechterichtlinie gibt § 357a Abs. 3 S. 1 BGB n.F. dem Darlehensgeber einen Anspruch auf Entrichtung des vereinbarten Sollzinses für den Zeitraum zwischen der Auszahlung und der Rückzahlung des Darlehens. Ist das Darlehen durch ein Grundpfandrecht gesichert, kann nachgewiesen werden, dass der Wert des Gebrauchsvorteils niedriger war als der vereinbarte Sollzins. In diesem Falle ist gem. § 357a Abs. 3 S. 2, 3 BGB n.F. nur der niedrigere Betrag geschuldet. Im Vergleich zur ab dem 11.6.2010 geltenden Rechtslage ergeben sich insofern keine durchgreifenden inhaltlichen Änderungen. Insbesondere sind die genauen Modalitäten der Ermittlung des „Werts des Gebrauchsvorteils" i.S.v. § 357a Abs. 3 S. 2, 3 BGB n.F. ebenso strittig wie nach § 357 Abs. 1 S. 1 BGB a.F. i.V.m. § 346 Abs. 2 S. 2 Hs. 2 BGB.

a. Die unterschiedlichen Ansätze zur Ermittlung des Gebrauchsvorteilswertes

In Einklang mit den überwiegenden Stimmen in der Lit. ermittelt die instanzen- und obergerichtliche Praxis den „Wert des Gebrauchsvorteils" vorwiegend anhand des Zinsniveaus, das ausweislich der EWU-Zinsstatistiken zur Zeit des Vertragsschlusses als marktüblich gilt.[211] Dabei wird regelmäßig auf die Werte für Darlehen mit entsprechender Laufzeit und auch sonst vergleichbaren Konditionen Bezug genommen. Namentlich das LG Berlin hat ohne nähere Begründung auf Darlehen mit einer der tatsächlichen Überlassungsdauer entsprechenden Zinsbindungsfrist abgestellt.[212] Den „Marktzins bei Vertragsschluss" hat der Darlehensnehmer dann für den gesamten Zeitraum zwischen Valutierung und Rückzahlung zu entrichten,

---

211 Siehe die Nachw. aus Rspr. und Lit. bei: *Piekenbrock/Rodi*, WM 2015, 1085, 1090 (Fn. 78).

212 Siehe: LG Berlin, Urt. v. 7.11.2011 – 38 O 358/10, BeckRS 2015, 09873: „Die Kläger hätten daher darlegen und beweisen müssen, dass der marktübliche Zinssatz geringer als 4,53% zum Vertragsabschlusszeitpunkt für sechsjährige Darlehen ist. Auf die sechsjährige Laufzeit kommt es an, weil der Widerruf des Darlehensvertrages sechs Jahre nach Abschluss erfolgte.".

sofern die Parteien einen vergleichsweise höheren Sollzins vereinbart haben.

In der Literatur wird mittlerweile vermehrt für eine zeitabschnittsweise Berechnung des Marktzinses plädiert.[213] Der marktübliche Zins bei Abschluss des Vertrages spiegele den objektiven „Wert des Gebrauchsvorteils" nur unzureichend wider. Der Gebrauchswert müsse für jeden Monat aufs Neue anhand der korrespondierenden statistischen Werte festgelegt werden. Nur dadurch könne eine objektive Bewertung der Gebrauchsvorteile sichergestellt werden, die auch dem zeitlichen Vollzug des widerrufenen Vertrages Rechnung trage.[214] Andernfalls sei zu befürchten, dass der Darlehensnehmer trotz Widerrufs faktisch an einem langjährigen Festzinskredit zu marktüblichen Konditionen festgehalten wird. Dies sei nicht mit dem Sinn und Zweck des Widerrufs zu vereinbaren, der dem Darlehensnehmer die kritische Prüfung und begründungsfreie Revision seines Vertragsentschlusses ermöglichen soll. Zudem sei auch nur eine zeitabschnittsweise Ermittlung des Gebrauchsvorteils mit Wortlaut und Begründung des § 346 Abs. 2 S. 2 BGB vereinbar. Die in § 346 Abs. 2 S. 2 Hs. 1 BGB gewählte Formulierung „zu Grunde legen" begrenze die Reichweite des § 346 Abs. 2 S. 2 Hs. 2 BGB immanent und mache deutlich, dass die Basis der Wertberechnung nicht sklavisch feststehe, sondern nur den Ausgangspunkt der – bei § 346 Abs. 2 S. 2 Hs. 2 BGB an rein objektiven Kriterien zu orientierenden – Berechnung bilde.[215] Dem stehe auch nicht entgegen, dass die Parteien von vornherein eine langfristige Zinsbindung vereinbart hatten. Davon habe sich der Darlehensnehmer mit dem Widerruf gerade berechtigt und bewusst gelöst. Die Festzinsabrede dürfe daher die Rückabwicklung des Vertrages nicht zu Lasten des Darlehensnehmers belasten.[216]

Schließlich verfolgt das LG Hannover den Ansatz einer „vereinfachten" Gebrauchswertermittlung nach Zeitabschnitten, indem es den durchschnittlichen Marktzins vergleichbarer Darlehen im Zeitraum zwischen Vertragsschluss und Widerruf zu Grunde legt.[217]

---

213 *Servais*, NJW 2014, 3748, 3749 f.; daran anknüpfend: *Feldhusen*, BKR 2015, 441, 445; wohl auch: *Rehmke/Tiffe*, VuR 2014, 135 (Fn. 3).
214 *Servais*, NJW 2014, 3748, 3750; vgl.: *Feldhusen*, BKR 2015, 441, 445.
215 Ebda.
216 *Servais*, NJW 2014, 3748, 3750.
217 LG Hannover, Urt. v. 21.11.2013 – 8 O 85/13, BeckRS 2014, 18341 (*sub* II. 2. b.).

b. Stellungnahme

Die § 357a Abs. 3 S. 2, 3 BGB n.F., § 357 Abs. 1 S. 1 BGB a.F. i.V.m. § 346 Abs. 2 S. 2 Hs. 2 BGB sollen sicherstellen, „dass der Verbraucher nicht den Vertragszins zahlen muss, wenn er nur einen niedrigeren oder gar keinen Gebrauchsvorteil hatte."[218] Zu dem Zweck wird dem Darlehensnehmer der Nachweis eröffnet, dass der Wert des Gebrauchsvorteils niedriger war als die vertraglich bestimmte Gegenleistung. Für die Ermittlung des Vergleichswerts sind „[...] wie in § 818 Abs. 2 die objektiven Wertverhältnisse maßgebend [...]."[219] Zu ermitteln ist mithin der Wert, den die Leistung in ihrer tatsächlichen Beschaffenheit für jedermann hat.[220] Geht es – wie zumeist – um die Rückabwicklung eines wirksam widerrufenen Immobiliarkredits, besteht die Leistung des Darlehensgebers „in ihrer tatsächlichen Beschaffenheit" darin, dem Darlehensnehmer bis zur Vertragsbeendigung die Kapitalnutzung unter Gestellung umfassender (grundpfandrechtlicher) Sicherheit zu einem unveränderlichen Sollzins zu ermöglichen. Der objektive Wert des Gebrauchsvorteils kann nur anhand aller wertbildenden Faktoren ermittelt werden, die dem tatsächlich zur Verfügung gestellten Darlehen zu eigen sind. Dies erfordert eine retrospektive Wertermittlung zum Ende des Leistungsaustauschs, der beim Darlehensvertrag mit dem wirksamen Widerruf bzw. dem Entstehen des Rückabwicklungsverhältnisses zusammenfällt.

Der methodische Ansatz einer zeitabschnittsweisen Wertermittlung wird dem nicht gerecht. Durch die Heranziehung monatlicher Einzelwerte der einschlägigen Statistiken wird die objektive Wertstruktur eines variabel verzinslichen Darlehens simuliert. Dem Darlehensnehmer ist aber kein variabel verzinsliches Darlehen, sondern ein festverzinsliches Darlehen zur Verfügung gestellt worden. Dies darf bei der objektiven Bewertung des Gebrauchsvorteils des Darlehens in seiner tatsächlichen Beschaffenheit nicht außer Acht bleiben. Ebenso wenig darf unberücksichtigt bleiben, dass dem Darlehensnehmer das Kapital nicht über die gesamte Laufzeit bzw. Zinsfestschreibungsphase, sondern nur bis zum Widerruf zur Verfügung gestellt war. Daraus folgt einerseits, dass der Darlehensgeber nur für die Zeit berechtigter Kapitalnutzungsmöglichkeit ab Valutierung bis Vertragsende oder vorzeitiger Rückzahlung Wertersatz zu leisten hat. Anderseits verliert auch die Festzinsabrede mit dem Ende von Vertrag und Zinszahlungs-

---

218 BT-Drs. 14/9266, S. 45, vgl. auch: BT-Drs. 17/12637, S. 65.
219 BT-Drs. 14/6040, S. 196.
220 HK-BGB/*Schulze/Wiese*, § 818 BGB Rn. 8 m.w.N.

pflicht jede Wirkung und wirtschaftliche Relevanz für beide Parteien. Der Bewertung des objektiven Gebrauchswertvorteils ist angesichts dessen nicht die bei Vertragsschluss vereinbarte, sondern nur die tatsächlich genutzte Festzinsperiode zu Grunde zu legen.[221] Nach alledem ist der Ermittlung des objektiven Gebrauchswerts bei Immobiliarkrediten der marktübliche Zins zu Grunde zu legen, der bei Vertragsschluss für ein vergleichbares grundpfandrechtlich gesichertes Darlehen mit einer der tatsächlichen Laufzeit entsprechenden Festzinsbindung nach EWU-Zinsstatistik zu zahlen gewesen wäre.[222]

Schließlich kann bei der Wertermittlung nicht ohne weiteres übergangen werden, dass dem Darlehensnehmer über die gesamte Vertragsdauer ein fortwährendes „ewiges" Widerrufsrecht zustand.[223] Dieses eröffnet dem Darlehensnehmer die ständige Möglichkeit, sich begründungs- und entschädigungsfrei vom laufenden Vertrag ohne Einhaltung einer Frist zu lösen, während der Darlehensgeber vollumfänglich an die vertragliche Absprache gebunden bleibt. Wirtschaftliches Äquivalent dazu ist nicht ein (voll) variabel verzinslicher Kredit in entsprechender Höhe,[224] sondern eine uneingeschränkte „Call-Option" des Darlehensnehmers, die diesem in der Praxis nur mit Zinsaufschlag eingeräumt worden wäre. Einen solchen Aufschlag bei der Gebrauchswertberechnung im Zusammenhang mit § 357a Abs. 3 S. 2, 3 BGB n.F., § 357 Abs. 1 S. 1 BGB a.F. i.V.m. § 346 Abs. 2 S. 2 Hs. 2 BGB voll einzupreisen dürfte allerdings verfehlt sein. Im Gegensatz zur vertraglich vereinbarten „Call-Option" ist zu Gunsten des Verbrauchers regelmäßig davon auszugehen, dass er von einem fortbestehenden Widerrufsrecht mangels ordnungsgemäßer (Nach-)Belehrung nichts weiß. Mit dem Fortbestand des Widerrufsrechts wird die Fehlleistung des Darlehensgebers nach der gesetzgeberischen Konzeption – letztlich auch wertmäßig – kompensiert.[225]

---

221 *Piekenbrock/Rodi*, WM 2015, 1085, 1092 f.

222 So im Ergebnis auch: *Piekenbrock/Rodi*, WM 2015, 1085, 1093; LG Berlin, Urt. v. 7.11.2011 – 38 O 358/10, BeckRS 2015, 09873.

223 Dies ist im Rahmen der bisherigen Diskussion soweit ersichtlich noch nicht thematisiert worden.

224 Dem entspräche eine zeitabschnittsweise Bewertung, wie sie von *Servais*, NJW 2014, 3748, 3749 und *Feldhusen*, BKR 2015, 441, 445 vorgeschlagen wird.

225 Ohnehin dürften sämtliche mit dem „ewigen" Widerrufsrecht einhergehenden Risiken für die Kreditwirtschaft bzw. Vorteile der Verbraucher längst von den Kreditinstituten eingepreist worden sein und sich bereits weithin in den Werten der einschlägigen Statistiken spiegeln.

3. Aufwendungsersatz

Darüber hinaus hat der Darlehensnehmer dem Darlehensgeber gem.
§ 357a Abs. 3 S. 5 BGB n.F. die Aufwendungen zu ersetzen, die der Darlehensgeber gegenüber öffentlichen Stellen erbracht hat und nicht zurückverlangen kann. Das neue Recht schreibt damit abermals die seit Umsetzung der Verbraucherkreditrichtlinie geltende Rechtslage (§ 495 Abs. 2 S. 1 Nr. 3 Hs. 1 BGB i.d.F. v. 11.6.2010) unverändert fort und gewährt dem Darlehensgeber Anspruch auf Ersatz (verlorener) Aufwendungen[226] an öffentliche Stellen, wie etwa Notarkosten, nicht aber Kosten für Anfragen bei privaten Auskunfteien.[227]

II. Die Ansprüche des Darlehensnehmers

Die Widerrufsfolgeansprüche betreffen nach neuem wie altem Recht die Erstattung der erbrachten Zinszahlungen (*sub* 1.) Einen darüberhinausgehenden Nutzungsersatzanspruch kann der Darlehensnehmer seit Umsetzung der Verbraucherrechterichtlinie und Wegfall des Verweises auf das Rücktrittsfolgenrecht nicht mehr beanspruchen. Gleichwohl ist eine – geboten kurze – Darstellung der nach altem Recht geltenden Grundsätze angesichts der zahlreichen Altfälle unerlässlich (*sub* 2).

1. Zinserstattungsanspruch

Der Darlehensgeber schuldet dem Darlehensnehmer nach § 355 Abs. 3 S. 1 BGB n.F. bzw. § 357 Abs. 1 S. 1 BGB a.F. i.V.m. § 346 Abs. 1 S. 1 BGB Geldwertersatz für die geleisteten Zinszahlungen. Sind Raten mit Zins- und Tilgungsanteil gezahlt worden, hat der Darlehensgeber nur den jeweiligen Zinsanteil zurückzuerstatten. Die Tilgungszahlungen sind nicht Gegenstand der widerrufsbedingten Rückabwicklung, sondern betreffen allein den darlehensrechtlichen Rückzahlungsanspruch, der sich im Wege periodischer Tilgung kontinuierlich reduziert. Da der Widerruf den Rück-

---

226 „Der Begriff ist hier nicht wie in §§ 256, 670 als freiwillige Aufopferung von Vermögenswerten im Interesse eines anderen, sondern eher allgemeinsprachlich iS von Kosten zu verstehen.", *Fritsche*, in: Münchener Kommentar zum BGB (2016), § 357a Rn. 19 (Nachw. ausgelassen).

227 BT-Drs. 16/11643, S. 83.

zahlungsanspruch – wie ausgeführt – nicht berührt, sind die Tilgungszahlungen vom Darlehensnehmer legitim und nachhaltig vereinnahmt worden.[228]

2. Nutzungsersatzanspruch

Nach § 357 Abs. 1 S. 1 BGB a.F. i.V.m. § 346 Abs. 1 S. 1 BGB hat der Darlehensgeber dem Darlehensnehmer zudem Nutzungsersatz zu leisten, wobei nach Vorgesagtem nur eine Nutzungsentschädigung hinsichtlich der Zinszahlungen und nicht der Tilgungsleistungen in Betracht kommt.

a. Nutzungsersatz bei Konsumentenkrediten

Nach § 346 Abs. 1 BGB sind grundsätzlich die tatsächlich gezogenen Nutzungen herauszugeben. „Bei Zahlungen an eine Bank besteht aber eine tatsächliche Vermutung dafür, dass die Bank Nutzungen im Wert des üblichen Verzugszinses in Höhe von fünf Prozentpunkten über dem Basiszinssatz gezogen hat, die sie als Nutzungsersatz herausgeben muss."[229] Dem liegen die folgenden treffenden Erwägungen zu Grunde:[230] Im Verzugsfalle kann die Bank grundsätzlich eine Verzinsung von fünf Prozentpunkten über dem Basiszinssatz ohne weiteren Nachweis als Verzugsschadenersatz geltend machen.[231] Die beiderseitig widerlegliche Vermutung, dass die Banken aus (vorenthaltenen) Geldmitteln Wiederanlagezinsen in Höhe von fünf Prozentpunkten über dem Basiszinssatz erwirtschaften, muss zu ihren Lasten auch bei der Schätzung von Nutzungszinsen aus rechtsgrundlos vereinnahmten Mitteln gelten.[232] Schließlich steht der Bank jedoch der Nachweis eines geringeren Nutzungsersatzanspruchs frei, sofern sie in der Lage ist, „zur geringeren Höhe von ihr gezogener Nutzungen unter Darlegung ihres Zinsgewinnungsaufwands und ihrer Zinsausfälle substantiiert vorzutragen."[233]

---

228 Vgl. oben: § 13 C. I. 1.
229 BGH, Urt. v. 10.3.2009 – XI ZR 33/08, BGHZ 180, 123 Rn. 29.
230 A.A.: *Ditges/Ditges*, BKR 2015, 361, 363 f., die in Anschluss an OLG Jena, Urt. v. 19.19.2010 – 5 U 821/08, BeckRS 2010, 28861 für eine konkrete Berechnung plädieren.
231 BGH, Urt. v. 8.10.1991 – XI ZR 259/90, BGHZ 115, 268.
232 Grundlegend: BGH, Urt. v. 12.5.1998 – XI ZR 79/97, NJW 1998, 2529, 2531.
233 BGH, Urt. v. 12.5.1998 – XI ZR 79/97, NJW 1998, 2529, 2530.

b. Nutzungsersatz bei Immobiliardarlehen

Dies soll nach höchstrichterlicher Rechtsprechung nicht unterschiedslos beim Widerruf von Immobiliardarlehensverträgen im Sinne des § 492 Abs. 1a S. 2 Hs. 1 BGB i.d.F. v. 23.7.2002 gelten. Bei diesen Verträgen beträgt der Verzugszinssatz für das Jahr zweieinhalb Prozentpunkte über dem Basiszinssatz, § 497 Abs. 1 S. 2 BGB i.d.F. v. 23.7.2002. Die niedrigere Pauschale rechtfertigt sich ausweislich der Gesetzesbegründung dadurch, dass der Standardansatz von fünf Prozentpunkten über dem Basiszinssatz den tatsächlichen Verzugsschaden bei Immobiliarkrediten regelmäßig weit übersteige, zumal die Refinanzierungskosten hier erheblich geringer sind.[234] Spiegelbildlich sei beim Widerruf eines Immobiliardarlehensvertrages im Sinne des § 492 Abs. 1a S. 2 Hs. 1 BGB i.d.F. v. 23.7.2002 zu vermuten, dass die Bank aus den ihr überlassenen Zinsraten Nutzungen lediglich in Höhe von zweieinhalb Prozentpunkten über dem Basiszinssatz gezogen hat.[235]

Die nach Art des Kredits differenzierende Nutzungsersatzbestimmung ist scheinbar logisch und einleuchtend. Die gesetzlich vermutete Wiederanlagerendite gilt für beide Parteien des widerrufenen Vertrages gleichermaßen. Allerdings liegt den gesetzlichen Verzugszinspauschalen der §§ 288, 497 BGB die Vermutung zu Grunde, dass sich die Bank die vorenthaltenen Mittel zu ebendiesen Konditionen am Markt besorgen kann (Refinanzierungsthese)[236] und nicht die These, dass die Bank mit den vorenthaltenen Geldmitteln eine Rendite in entsprechender Höhe erzielt hätte.[237] Anders als beim Verzugsschaden können entgangene Nutzungen jedoch logisch nur aus der (vermuteten) Wiederanlage und nicht aus einer (vermuteten) Refinanzierung resultieren.[238] Warum aber eine Bank aus vorenthaltenen Zinsen aus einem Immobiliarkredit weniger Rendite erzielen soll, als mit solchen aus einem Konsumentenkredit, bedarf der kritischen Überprüfung.[239] Der Realität moderner Bankpraxis dürfte es viel eher entsprechen, dass die überlassenen Mittel unabhängig von der rechtlichen Grundlage der Vereinnahmung im – heute selbst bei Pfandbriefhäu-

---

234 BT-Drs. 14/6040, S. 256.
235 Vgl.: BGH, Urt. v. 11.10.2016 – XI ZR 482/15, NJW 2017, 243 Rn. 40.
236 BT-Drs. 11/5462, S. 25 f.; BT-Drs. 14/1246, S. 5.
237 So noch: BGH, Urt. v. 28.4.1988 – III ZR 57/87, BGHZ 104, 337, 344 ff.
238 Insofern hält der BGH treffend an seiner ständigen Rspr. zur Nutzungsersatzermittlung fest, BGH, Urt. v. 10.3.2009 – XI ZR 33/08, BGHZ 180, 123 Rn. 29 m.w.N.
239 Vgl.: *Wehrt*, WM 2016, 389, 391; *Feldhusen*, BKR 2015, 441, 446 f.

sern – breit gefächerten Aktivgeschäft wiederangelegt werden[240] und auf Passivseite eine zweckmäßige Mischrefinanzierung erfolgt.[241] Es mag rechtspolitisch gewünscht sein, dass der Nutzungsersatz bei Immobiliardarlehensverträgen zum Schutz des Verbrauchers angesichts von Höhe und Dauer der Vertragsleistung maßvoller gestaltet wird; für eine realitätsferne Ermäßigung der bankseitigen Nutzungsersatzpflicht der Kreditinstitute kann dies nicht streiten.

c. Der Wegfall des Nutzungsersatzanspruchs de lege lata

Der Gesetzgeber ist gar noch einen Schritt weitergegangen und verwehrt dem Darlehensnehmer *de lege lata* jeden Nutzungsersatzanspruch. Die heute abschließenden Widerrufsfolgeregelungen der §§ 355 Abs. 3, 357 ff. BGB n.F. enthalten insofern keine mit § 346 Abs. 1 BGB vergleichbare Anspruchsgrundlage. Dies ist rechtspolitisch zu kritisieren, da den Kreditgebern tatsächlich Mittel zur Renditeerzielung überlassen werden, wobei das Gros der betroffenen Zinszahlungen erst nach Verstreichen der (regulären) Widerrufsfrist erfolgt. Auf der anderen Seite fehlen diese Mittel dem nicht ordnungsgemäß belehrten Verbraucher. Dies darf bei einem fairen Ausgleich im Rahmen der Herstellung des *status quo ante contractum* nicht unberücksichtigt bleiben, zumal sonst eine unsachgemäße Überprivilegierung der Banken – trotz bzw. gerade infolge von Belehrungsfehlern – zu befürchten steht. Es wäre wünschenswert, dass der Gesetzgeber die Abschaffung der bankseitigen Nutzungsersatzpflicht *de lege ferenda* überdenkt, die §§ 355 ff. BGB um einen entsprechenden Anspruch des Darlehensnehmers ergänzt und eine Vereinheitlichung der vermuteten Wiederanlagerenditehöhe erwägt.

III. Die Rückzahlung wirtschaftlicher Kompensationsleistungen

Es steht außer Streit, dass der Widerruf eines laufenden widerruflichen Immobiliarkredits im Gegensatz zur Kündigung gem. § 490 Abs. 2 BGB oder zur vorzeitigen Erfüllung im gegenseitigen Einvernehmen bzw. nach §§ 500 Abs. 2, 502 BGB keine Kompensationsforderungen des Darlehensgebers auslöst. Davon sind die Fälle zu unterscheiden, in denen der Vertrag

---

240 *Wehrt*, WM 2016, 389, 391.
241 § 3 D.

zwischenzeitlich gekündigt oder (einvernehmlich) vorzeitig erfüllt worden ist und der Darlehensnehmer sein „ewiges" Widerrufsrecht danach zur Rückforderung von Entgelt- oder Entschädigungszahlungen fruchtbar machen will. Dann stellt sich die Frage, ob und auf welcher rechtlichen Basis dem Darlehensnehmer zwischenzeitlich erbrachte Kompensationsleistungen zurückzuzahlen sind.

1. Die Widerruflichkeit vorzeitig beendeter Verträge

Grundlegende Voraussetzung dafür ist, dass die vorzeitige Beendigung einem wirksamen Widerruf des Vertrages nicht im Wege steht.

a. Die höchstrichterlichen Vorgaben

In Anschluss an seine Rechtsprechung zur Widerruflichkeit sittenwidriger Verträge[242] vertritt der BGH die Auffassung, dass die einvernehmliche Aufhebung des Darlehensvertrages einen anschließenden Widerruf nicht hindert.[243]

„Zweck des Widerrufsrechts [sei es], dem Verbraucher die Möglichkeit zu geben, sich von dem geschlossenen Vertrag auf einfache Weise durch Widerruf zu lösen, ohne die mit sonstigen Nichtigkeits- oder Beendigungsgründen verbundenen, gegebenenfalls weniger günstigen Rechtswirkungen in Kauf nehmen zu müssen."[244]

Ferner entspricht es der ständigen Rechtsprechung des BGH, dass die zuerst erklärte Kündigung eines Verbrauchervertrages den späteren Widerruf nicht ausschließt.[245]

„Bei Fehlen einer ordnungsgemäßen Belehrung über das Widerrufsrecht [sei] nicht sichergestellt, dass dem Versicherungsnehmer zur Zeit der Kündigung bewusst ist, neben dem Kündigungsrecht ein Recht

---

242 BGH, Urt. v. 25.11.2009 – VIII ZR 318/08, BGHZ 183, 235 Rn. 17.
243 Zuletzt: BGH, Urt. v. 21.2.2017 – XI ZR 381/16, WM 2017, 806 Rn. 20.
244 BGH, Urt. v. 11.10.2016 – XI ZR 482/15, NJW 2017, 243 Rn. 28.
245 BGH, Urt. v. 11.10.2016 – XI ZR 482/15, NJW 2017, 243 Rn. 28; BGH, Urt. v. 27.4.2016 – IV ZR 226/14, BeckRS 2016, 09153 Rn. 15; BGH, Urt. v. 7.5.2014 – IV ZR 76/11, NJW 2014 Rn. 36; BGH, Urt. v. 16.10.2013 – IV ZR 52/12, NJW 2013, 3776 Rn. 24.

zum Widerruf zu haben, um so die Vor- und Nachteile einer Kündigung gegen die eines Widerrufs abwägen zu können."[246]

Für die wirksame Kündigung nach § 490 Abs. 2 S. 3 BGB und die vorzeitige Erfüllung eines widerruflichen Immobiliarkredits gem. § 500 Abs. 2 BGB dürfte nichts anderes gelten.[247]

b. Kritische Stimmen in Rechtsprechung und Literatur

Nach Teilen der Rechtsprechung und Literatur soll der Widerruf eines bereits vollständig beendeten Verbraucherdarlehensvertrages nicht in Betracht kommen. Mit der wirksamen Kündigung oder einvernehmlichen vorzeitigen Ablösung werde der Darlehensvertrag *ex nunc* beendet und dem Widerruf sei jede (vertragsdogmatische) Grundlage entzogen. [248]

> „Kündigung und Widerruf stehen dogmatisch in einem strengen Alternativverhältnis. Vielmehr müsste der gekündigte Darlehensvertrag zumindest für eine juristische Sekunde wieder aufleben, um anschließend durch den Widerruf der Vertragserklärung in ein Rückabwicklungsverhältnis nach den §§ 357, 346 BGB verwandelt werden zu können."[249]

Die Ablehnung des Widerrufs bereits beendeter Verbraucherdarlehensverträge ist zudem im Kontext mit der Kritik zu sehen, die Teile der Literatur bereits an der dafür grundlegenden Rechtsprechung des BGH zum Widerruf unwirksamer Verträge geübt haben.[250] Danach widerspreche es den dogmatischen Strukturen des Vertragsrechts, wenn nichtige oder nicht mehr wirksame Verträge nach Rücktrittsvorschriften abgewickelt wer-

---

246 BGH, Urt. v. 16.10.2013 – IV ZR 52/12, NJW 2013, 3776 Rn. 24 (Versicherungsvertrag); daran für den Darlehenswiderruf anschließend: BGH, Urt. v. 11.10.2016 – XI ZR 482/15, NJW 2017, 243 Rn. 28.

247 Vgl.: OLG Frankfurt, Beschl. v. 2.9.2015 – 23 U 24/15, juris Rn. 24; *Schürnbrand*, in: Münchener Kommentar zum BGB (2017), § 495 Rn. 4 m.w.N.

248 OLG Düsseldorf, Urt. v. 27.11.2014 – I-6 U 135/14, WM 2015, 718, 720; Beschl. v. 18.1.2012 – I-6 W 221/11, BKR 2012, 240, 242; LG Frankfurt, Urt. v. 12.2.2016 – 2-5 O 220/15, juris Rn. 47; LG Siegen, Urt. v. 10.10.2014 – 2 O 406/13, BKR 2015, 116, 117; *Kropf*, WM 2013, 2250, 2255.

249 *Kropf*, WM 2013, 2250, 2255.

250 *Thüsing*, in: Staudinger, BGB (2012), § 312d Rn. 14.

den.[251] Der Wortlaut des § 355 Abs. 1 S. 1 BGB („nicht mehr gebunden")
spreche dafür, dass der Widerruf einen wirksamen Vertrag voraussetze.[252]
Bei nichtigen Verträgen fehle schon jede rechtliche Grundlage für die Gewährung des Widerrufsrechts und den dadurch vermittelten Verbraucherschutz. Zudem könne ein nichtiges Vertragsverhältnis nicht in ein Rückabwicklungsverhältnis verwandelt werden.[253] Insbesondere biete die Lehre
von der Doppelwirkung im Recht keinen tauglichen Begründungsansatz
für solch einen „dogmatischen Bruch"[254].[255] Anhand der grundlegenden
Ausführungen von *Theodor Kipp*, wonach sich „prinzipiell zwei gleichwir-
kende juristische Tatsachen [...] in ihrer Wirksamkeit miteinander vertra-
gen",[256] habe sich der allgemeine Rechtssatz etabliert, „dass ein Sachverhalt
unter zwei verschieden Normen subsumiert werden kann, die jeweils die-
selbe Rechtsfolge anordnen",[257] sodass „zwei Gründe desselben Rechtsge-
bots miteinander konkurrieren".[258] Die von Widerruf und §§ 138, 142 BGB
angeordneten Rechtsfolgen seien jedoch grundverschieden. Der Widerruf
beende den Vertrag *ex nunc* und etabliere ein Rückabwicklungsverhältnis
mit dem Ziel den *status quo ante contractum* wiederherzustellen. Demgegenüber werde nach § 138 BGB bzw. § 142 BGB die Nichtigkeit des Vertrages *ex tunc* angeordnet und eine bereicherungsrechtliche Rückabwicklung
ins Werk gesetzt. Von einer Doppelwirkung im Sinne von *Kipp* könne somit keine Rede sein. Vielmehr setzen auch die gesetzlichen Rücktrittsrech-
te, auf die § 355 Abs. 1 BGB a.F. verweist, „ihrer Idee nach einen an und für
sich wirksamen Vertrag voraus".[259]

2. Die Rechtsfolgen des Widerrufs vorzeitig beendeter Verträge

Hält man den Widerruf nicht mehr wirksamer Verbraucherdarlehensverträge gleichwohl für möglich, bleibt zu klären, ob und wie dadurch ein

---

251 Vgl.: *Thüsing*, in: Staudinger, BGB (2012), § 312d Rn. 14; *Würdinger*, JuS 2011,
     769; *Hahn*, NJ 2010, 281.
252 *Würdinger*, JuS 2011, 769, 772.
253 *Kipp*, FS Martitz (1911), 211, 228.
254 *Würdinger*, JuS 2011, 769, 772.
255 So auch: *Thüsing*, in: Staudinger, BGB (2012), § 312d Rn. 14.
256 *Kipp*, FS Martitz (1911), 211, 228.
257 *Würdinger*, JuS 2011, 769.
258 *Kipp*, FS Martitz (1911), 211, 220.
259 *Kipp*, FS Martitz (1911), 211, 228.

Anspruch des Darlehensnehmers auf Herausgabe von Vorfälligkeitsentschädigungs- bzw. -entgeltzahlungen entstehen kann.

a. Rückzahlung nach Widerrufsfolgenrecht

Der BGH hat sich *obiter* dafür ausgesprochen, dass der Darlehensgeber im Falle eines wirksamen Widerrufs eines einvernehmlich aufgehobenen Vertrages ein dafür vereinnahmtes Vorfälligkeitsentgelt nach § 357 Abs. 1 S. 1 BGB a.F. i.V.m. § 346 Abs. 1 BGB zurückzuzahlen hat.[260] Das Vorfälligkeitsentgelt sei in Erfüllung einer darlehensvertraglichen Verpflichtung geleistet worden. In der einvernehmlichen Aufhebung des Darlehensvertrages sei eine Modifikation des ursprünglichen Darlehensvertrages zu sehen, die sich in der Vorverlegung des Erfüllungszeitpunktes erschöpfe. In Folge dieser Vertragsänderung bleibe dem Darlehensnehmer sein Widerrufsrecht erhalten und die periodische Zinszahlungsverpflichtung werde in der als Vorfälligkeits- oder Aufhebungsentgelt bezeichneten Einmalzahlung zusammengefasst.[261]

Keine Gelegenheit hatte der BGH bislang, sich zur Anspruchsgrundlage für die Rückzahlung einer gem. § 490 Abs. 2 S. 3 BGB gezahlten Vorfälligkeitsentschädigung nach Widerruf eines nach § 490 Abs. 2 BGB gekündigten Vertrages zu äußern. Sofern auf einen solchen Anspruch erkannt wird, rekurriert die ober- und instanzengerichtliche Praxis – soweit ersichtlich – ebenfalls auf § 357 Abs. 1 S. 1 BGB a.F. i.V.m. § 346 Abs. 1 BGB. Auch die entrichtete Vorfälligkeitsentschädigung gehöre zu den vom Darlehnsgeber herauszugebenden Zahlungen, da es sich dabei um eine aus dem Darlehensvertrag empfangene Leistung des Darlehensnehmers handele.[262]

---

260 BGH, Urt. v. 11.10.2016 – XI ZR 482/15, NJW 2017, 243 Rn. 32 ff.; ebenso: OLG Düsseldorf, Urt. v. 17.4.2015 – I-17 U 127/14, Rn. 16; OLG Frankfurt, Beschl. v. 2.92015 – 23 U 24/15, Rn. 21; OLG Stuttgart, Urt. v. 29.9.2015 – 6 U 21/15, Rn. 72; OLG Hamm, Urt. v. 4.11.2015 – I-31 U 64/15, Rn. 24; OLG Frankfurt, Urt. v. 27.1.2016 – 17 U 16/15, Rn. 36; OLG Düsseldorf, Urt. v. 29.1.2016 – I-7 U 21/15, Rn. 58; OLG Brandenburg, Urt. v. 1.6.2016 – 4 U 182/14, Rn. 22, 38; je zit. nach juris.

261 BGH, aaO.

262 OLG Nürnberg, Beschl. v. 8.2.2016 – 14 U 895/15, juris Rn. 53; LG Nürnberg-Fürth, Urt. v. 20.4.2015 – 6 O 9499/14, juris Rn. 75.

b. Rückzahlung des Vorfälligkeitsentgelts nach § 313 Abs. 1, 3 i.V.m. § 346 BGB

Nach vereinzelten Stimmen in Rechtsprechung und Literatur soll der Darlehensnehmer das von ihm gezahlte Vorfälligkeitsentgelts „analog § 313 Abs. 1 Abs. 3 Satz 1 i.V.m. § 346 Abs. 1 BGB verlangen"[263] können. Die Pflicht des Darlehensnehmers zur Zahlung eines Vorfälligkeitsentgelts gründe nicht im (modifizierten) Darlehensvertrag,[264] sondern einzig in der einvernehmlichen Ablösungsvereinbarung der Parteien. Der damit verfolgte Zweck, die Vorverlegung der Fälligkeit gegen Zahlung des Vorfälligkeitsentgelts zu verfügen, werde mit dem Widerruf des Darlehensvertrages verfehlt,

> „weil die Regelung der Vorfälligkeit der Vertragsleistung mit dem ursprünglichen Darlehensvertrag ihren Bezugspunkt verlier[e] und daher gegenstandslos [werde]. Darauf reagier[e] das Schuldrecht entweder speziell mit dem Recht der Leistungsstörungen (entsprechend § 275 Abs. 1, § 326 Abs. 4, § 346 Abs. 1 BGB oder allgemein mit den Regeln der Geschäftsgrundlage (analog § 313 Abs. 1 und 3, § 346 Abs. 1 BGB)."[265]

Da es sich bei der Vorverlagerung des Erfüllungszeitpunkts nicht um eine Leistung im Rechtssinne handele, biete nicht das primäre Leistungsstörungsrecht der §§ 275, 326 BGB die taugliche Anspruchsgrundlage für die Rückgewähr der Entgeltzahlung; diese ergebe sich vielmehr nach den Grundsätzen des Wegfalls der Geschäftsgrundlage. Mit Widerruf nach Vertragsaufhebung trete eine schwerwiegende Änderung der Umstände ein, die die Parteien zur Geschäftsgrundlage gemacht haben. In Kenntnis dessen hätten die Parteien eine solche Vereinbarung nicht getroffen. „Da eine Anpassung dieser Vereinbarung im Hinblick auf den vollständigen Wegfall der sich aus den Darlehensverträgen ergebenden Verpflichtung des Klägers zur Zahlung der monatlich vereinbarten Zinsen nicht möglich [sei]"[266] stehe dem Darlehensnehmer ein Rücktrittsrecht aus § 313 Abs. 3 BGB zu, mit dessen Ausübung der Aufhebungsvertrag rückabzuwickeln sei.[267]

---

263 OLG Karlsruhe, Urt. v. 22.11.2016 – 17 U 176/15, juris Rn. 42; siehe auch: *Schnauder*, jurisPR-BKR 1/2017 Anm. 1.
264 Siehe hierzu die Kritik von *Schnauder*, aaO. („konstruktive Volte").
265 OLG Karlsruhe, Urt. v. 22.11.2016 – 17 U 176/15, juris Rn. 43.
266 OLG Karlsruhe, Urt. v. 22.11.2016 – 17 U 176/15, juris Rn. 46.
267 Ebda.; zustimmend: *Schnauder*, jurisPR-BKR 1/2017 Anm. 1.

3. Stellungnahme

Nach hier vertretener Auffassung scheiden widerrufsbedingte Vorfälligkeitsentgelt- und Vorfälligkeitsentschädigungsrückzahlungsansprüche insgesamt aus.

a. Die vorzugswürdige Ablehnung der Widerruflichkeitsprämisse

Nach der vorzugswürdigen Mindermeinung folgt dies schon daraus, dass die vorzeitige Vertragsbeendigung einen anschließenden Widerruf ausschließt. Der ursprüngliche Darlehensvertrag wird beendet und der dogmatische Anknüpfungspunkt des verbraucherkreditrechtlichen Widerrufsrechts fällt unwiederbringlich weg. Dies gilt unabhängig von der tatsächlich gewählten Form der vorzeitigen Vertragsbeendigung:

Im Falle einer Kündigung nach § 490 Abs. 2 BGB[268] wird der Anspruch des Darlehensgebers auf Rückzahlung der Valuta fällig und der Darlehensvertrag in ein Abwicklungsschuldverhältnis umgewandelt.[269] Mit Fälligkeit des Valutarückzahlungsanspruches wird der Darlehensnehmer von seiner Pflicht zur Zahlung weiterer Vertragszinsen frei.[270] Da den Darlehensnehmer im Falle einer wirksamen Kündigung keine weiteren darlehensvertraglichen Hauptpflichten treffen, kann dieser das darlehensrechtliche Schuldverhältnis insgesamt durch ordnungsgemäße Erfüllung seiner Pflichten zur Rückzahlung der Valuta und ggf. noch ausstehender Zinszahlungen zum Erlöschen bringen.[271] Entsprechendes gilt bei einer vorzeitigen Erfüllung des Rückzahlungsanspruchs, zu der der Darlehensnehmer entweder auf Grund privatautonomer Ablösungsvereinbarung oder gesetzlich gem. § 500 Abs. 2 BGB berechtigt ist.

Nach ordnungsgemäßer Rückzahlung der Valuta und Erfüllung der bis dahin fällig gewordenen Zinsverbindlichkeiten besteht in dem einen wie

---

268 Diese erfolgt, sofern nichts Anderes vereinbart ist, durch formlose, einseitige und empfangsbedürftige Willenserklärung, vgl.: *K.P.Berger*, in: Münchener Kommentar zum BGB (2016), § 488 Rn. 229.

269 *K.P.Berger*, in: Münchener Kommentar zum BGB (2016), § 488 Rn. 236; *Mülbert*, in: Staudinger, BGB (2015), § 488 Rn. 314.

270 BGH, Urt. v. 8.2.2000 – XI ZR 313/98, WM 2000, 718, 781, BGH, Urt. v. 28.4.1988 – III ZR 57/87, BGHZ 104, 337, 338 f.; *K.P.Berger*, in: Münchener Kommentar zum BGB (2016), § 488 Rn. 196; *Freitag*, in: Staudinger, BGB (2015), § 488 Rn. 185a; *Mülbert*, in: Staudinger, BGB (2015), § 488 Rn. 293.

271 Siehe oben: § 6.

dem anderen Fall kein wirksamer Verbraucherdarlehensvertrag mehr; und damit auch kein Widerrufsrecht aus § 355 BGB, § 495 Abs. 1 BGB. Es ist zwar richtig, dass der nicht ordnungsgemäß belehrte Darlehensnehmer während des laufenden Vertrages die Wahl hat, ob er den Vertrag kündigen, widerrufen oder vorzeitig erfüllen will.[272] Mit der Kündigung und anschließenden Erfüllung sämtlicher darlehensvertraglicher Pflichten hat er diese Wahl letztgültig getroffen und die entsprechenden Rechtsfolgen ausgelöst. Dass dem Darlehensnehmer zur Zeit der Kündigung möglicherweise nicht bewusst ist, neben dem Kündigungsrecht ein Recht zum Widerruf zu haben, ändert daran nichts. Selbst wenn dies nachweislich der Fall ist, ergibt sich daraus keine taugliche dogmatische Grundlage für den Fortbestand des Widerrufsrechts. Die verbraucher- und verbraucherkreditrechtlichen Vorschriften halten keine (weitergehenden) Sanktionen dafür bereit, dass der Darlehensgeber den Verbraucher über den Fortbestand eines „ewigen" Widerrufsrechts im Unklaren lässt. Das „ewige" Widerrufsrecht ist die strenge Folge einer nicht ordnungsgemäßen Belehrung bei Vertragsabschluss. Dem kann der Darlehensgeber jederzeit durch ordnungsgemäße Nachbelehrung abhelfen und die verlängerte Widerrufsfrist gem. §§ 355 Abs. 2 S. 2 BGB a.F. resp. §§ 495 Abs. 2 S. 1 Nr. 1, 492 Abs. 6 BGB a.F. resp. § 356b Abs. 2 S. 3 BGB n.F. in Gang setzen. Tut er dies nicht, besteht das Widerrufsrecht des Darlehnsnehmers weiter fort; darüberhinausgehende Nachteile ordnet das Gesetz nicht an. Mit anderen Worten trägt der Darlehensgeber, der nicht ordnungsgemäß belehrt hat und sich gegen eine ordnungsgemäße Nachbelehrung entscheidet, das Risiko, dass sich der Darlehensnehmer bis zum vereinbarten Laufzeitende jederzeit vom Vertrag lösen kann. Das Risiko, vom Fortbestand des Widerrufsrechts nie zu erfahren und es infolge dessen nicht ausüben zu können trägt nach verbraucherkreditrechtlicher Konzeption *primär* der Darlehensnehmer und allenfalls *sekundär* der Darlehensgeber:

> „Berechtigte Verbraucherinteressen werden dadurch nicht beeinträchtigt. Es ist davon auszugehen, dass die Masse der Verbraucher ohnehin Kenntnis von ihrem Widerrufsrecht hat. [...] Wenn der Verbraucher tatsächlich keine Kenntnis vom Widerrufsrecht hatte oder durch die er-

---

272 BGH, Urt. v. 11.10.2016 – XI ZR 482/15, NJW 2017, 243 Rn. 28; BGH, Urt. v. 27.4.2016 – IV ZR 226/14, BeckRS 2016, 09153 Rn. 15; BGH, Urt. v. 7.5.2014 – IV ZR 76/11, NJW 2014 Rn. 36; BGH, Urt. v. 16.10.2013 – IV ZR 52/12, NJW 2013, 3776 Rn. 24.

teilte Information hierüber sogar getäuscht wurde, kommen Schadens-ersatzansprüche in Betracht."[273]

Die Rechtsauffassung, „dass eine Aufhebungsvereinbarung [oder wirksame Kündigung nach § 490 Abs. 2 S. 3 BGB oder berechtigte Erfüllung nach § 500 Abs. 2 BGB] einen anschließenden Widerruf nicht hindert",[274] ist mit dem Wortlaut und der Systematik des Gesetzes nicht vereinbar. Das Recht zum Widerruf erlischt zwingend mit dem Ende des Vertrages. „Schlagwort-artig formuliert: Kein Widerruf ohne wirksamen Vertrag."[275]

b. Der fehlende Mehrwert der Widerruflichkeitsprämisse für den Verbraucher

Schließlich kann auch nicht der Schutz des Verbrauchers für die Annahme der Widerruflichkeit nicht mehr wirksamer Darlehensverträge ins Feld ge-führt werden. Der Widerruf des Darlehensvertrages bietet dem Verbrau-cher keinerlei Mehrwert, da er weder die rechtlichen Folgen einer wirksa-men Kündigung nach § 490 Abs. 2 BGB noch die einer – vertraglich oder gesetzlich erlaubten – vorzeitigen Erfüllung verdrängen kann.

aa. Kein Anspruch auf Rückgewähr von Vorfälligkeitsentschädigungszahlungen

Mit der wirksamen Kündigung nach § 490 Abs. 2 BGB geht ein gesetzli-cher Anspruch des Darlehensgebers auf Zahlung einer Vorfälligkeitsent-schädigung gem. § 490 Abs. 2 S. 3 BGB einher. Ein anschließender Wider-ruf rührt daran nicht. Selbst für den Fall, dass der Verbraucher den gekün-digten Vertrag – entgegen hier vertretener Auffassung – widerrufen kann, führt dies nicht zur Unwirksamkeit der Kündigung. Der Darlehensnehmer widerruft die auf den Abschluss des Vertrags gerichtete Willenserklärung, nicht die auf die vorzeitige Beendigung des Vertrages gerichtete Gestal-tungserklärung. Die Voraussetzungen des § 490 Abs. 2 S. 3 BGB bleiben vollumfänglich erfüllt. Der Rechtsgrund der Vorfälligkeitsentschädigungs-zahlung fällt durch den Widerruf nicht weg.

---

273 BT-Drs. 18/5922.
274 BGH, Pressemitteilung Nr. 19/17 v. 21.2.2017.
275 So: *Würdinger*, JuS 2011, 769, 772.

Im Ergebnis nichts Anderes gilt, wenn der Darlehensnehmer den Vertrag nach § 500 Abs. 2 BGB rechtmäßig vorzeitig erfüllt. Dadurch (allein) wird ein Anspruch des Darlehensgebers auf Zahlung einer Vorfälligkeitsentschädigung gem. § 502 BGB ausgelöst. An der tatsächlich erfolgten Erfüllung des Darlehensvertrages ändert der *ex nunc* wirkende Widerruf nichts.

bb. Kein Anspruch auf Rückgewähr von Vorfälligkeitsentgeltzahlungen

Im Unterschied zur Vorfälligkeitsentschädigung findet das Vorfälligkeitsentgelt seine rechtliche Grundlage nicht im Gesetz, sondern in einer Ablösungsvereinbarung der Parteien. Im Regelfall erklärt sich der Darlehensnehmer mit der vorzeitigen Rückzahlung der Valuta bereit, sofern der Darlehensnehmer ihm zum Ausgleich die Zahlung eines in den Grenzen von § 138 BGB aushandelbaren Vorfälligkeitsentgelts verspricht. Der Darlehensnehmer zahlt dann regelmäßig eine Gesamtsumme, die neben den bereits aufgelaufenen Zinsverbindlichkeiten, die verbliebenen Valuta sowie das – separat vereinbarte – Vorfälligkeitsentgelt umfasst. Der Darlehensgeber vollzieht den Vertrag, indem er die vorfällige Zahlung auf den Rückzahlungsanspruch als Erfüllung annimmt und den Darlehensnehmer so von jeder weitergehenden Zinsverpflichtung befreit. Rechtsgrund der Entgeltzahlung ist auch hier nicht der Darlehensvertrag, sondern allein die Ablösungsvereinbarung der Parteien.[276] Auch hier vermag der nachträgliche Widerruf des Verbraucherdarlehens die davon losgelöste Abrede nicht zu berühren. Die Zahlung des Vorfälligkeitsentgelts ist nach wie vor mit Rechtsgrund erfolgt. Wie beim Widerruf nach Kündigung (§ 490 Abs. 2 BGB) oder vorzeitiger Erfüllung (§ 500 BGB) kommt weder eine bereicherungsrechtliche Kondiktion nach § 812 Abs. 1 S. 1 Alt. 1 BGB noch eine Miteinbeziehung des Vorfälligkeitsentgelts bei der darlehensvertraglichen Rückabwicklung in Betracht.

Entgegen vereinzelter Stimmen in Rechtsprechung und Literatur kann der Darlehensnehmer das von ihm gezahlte Vorfälligkeitsentgelt auch nicht „analog § 313 Abs. 1 Abs. 3 Satz 1 i.V.m. § 346 Abs. 1 BGB verlangen."[277] Der Widerruf lässt weder die objektive noch subjektive Geschäftsgrundlage des entgeltlichen Aufhebungsvertrages entfallen. Bei objektiver Betrachtung haben sich die Umstände, die die Parteien zur Grundlage

---

276 Näher dazu oben: § 11 A. II.
277 OLG Karlsruhe, Urt. v. 22.11.2016 – 17 U 176/15, juris Rn. 43.

ihrer Vereinbarung gemacht haben, mit dem späteren Widerruf nicht geändert. Obwohl dem Darlehensnehmer ein Recht zum Widerruf zustand, haben die Parteien eine entgeltliche Vertragsablösung vereinbart und vollzogen. Der nachträgliche Widerruf wirkt sich darauf nicht aus. In Betracht zu ziehen wäre allenfalls eine Störung der subjektiven Geschäftsgrundlage. Nach § 313 Abs. 2 BGB steht es einer Veränderung der Umstände gleich, wenn wesentliche Vorstellungen, die zur Grundlage des Vertrages geworden sind, sich als falsch herausstellen. Insofern ist nicht zu leugnen, dass der Darlehensnehmer sich mit an Sicherheit grenzender Wahrscheinlichkeit nicht auf einen entgeltlichen Ablösungsvertrag eingelassen hätte, wenn er von der Möglichkeit zum entschädigungsfreien Widerruf Kenntnis gehabt hätte. Allerdings führen einseitige oder gemeinsame Fehlvorstellungen regelmäßig nicht zu einer Grundlagenstörung.

> „*Grundsätzlich* fallen Störungen in der Motivation ausschließlich in die *Risikosphäre* der jeweiligen Partei, und zwar auch dann, wenn die Motivation der Gegenpartei *bekannt* war. Dabei ist es gleichgültig, ob es sich um eine irrige Annahme gegenwärtiger Gegebenheiten (,gemeinsamer Irrtum') oder um eine später enttäuschte Erwartung zukünftiger Gegebenheiten handelt."[278]

Es ist kein Grund ersichtlich, auf normativer Ebene von diesen Grundsätzen abzuweichen. Der Darlehensnehmer trägt grundsätzlich das Risiko, vom Fortbestand des Widerrufsrechts nie zu erfahren, es infolge dessen nicht auszuüben und ggf. eine ungünstigere Beendigungsvariante zu wählen.

Schließlich böte eine Rückabwicklung des Ablösungsvertrages nach Rücktrittsfolgenrecht gem. § 313 Abs. 1, 3 i.V.m. § 346 Abs. 1 BGB ohnehin keine zählbaren Vorteile. Nach § 346 Abs. 1 BGB sind die empfangenen Leistungen zurückzugewähren und die gezogenen Nutzungen herauszugeben. Der Darlehensnehmer kann das gezahlte Vorfälligkeitsentgelt herausverlangen. Der Darlehensgeber hat den Darlehensnehmer mit vorfälliger Annahme der Valuta von weitergehenden Zinszahlungsverpflichtungen befreit. Dafür hat der Darlehensnehmer Wertersatz zu leisten, dessen Höhe anhand der im Vertrag bestimmten Gegenleistung – sprich dem Vorfälligkeitsentgelt – zu bestimmen ist, § 346 Abs. 2 S. 1 Nr. 1, S. 2 Hs. 1 BGB. Alles in allem führte die Annahme einer Geschäftsgrundlagenstörung zu

---

278 *Finkenauer*, in: Münchener Kommentar zum BGB (2016), § 313 Rn. 272 (Hervorhebungen übernommen).

einem verzichtbaren Nullsummenspiel, was die Untauglichkeit des Rückgriffs auf § 313 BGB nochmals bestätigt.

c. Zwischenfazit

Die Zahlung von Vorfälligkeitsentgelt und Vorfälligkeitsentschädigung erfolgt durch den Darlehensnehmer zwecks Erfüllung gesetzlicher oder vertraglicher Ansprüche; unabhängig davon, ob er sein Widerrufsrecht kennt oder nicht. Die rechtlichen Grundlagen dieser Ansprüche werden durch den Widerruf nicht berührt. Keine dieser Kompensationsleistungen unterliegt der bereicherungsrechtlichen Kondiktion oder der widerrufsrechtlichen Rückabwicklung. Widerruf, Kündigung und (einvernehmliche) Rückzahlung haben jeweils unterschiedliche Voraussetzungen und jeweils unterschiedliche Rechtsfolgen; von einer Doppelwirkung im Recht i.S.v. *Kipp* kann keine Rede sein. Nach treffender Ansicht folgt daraus eine strenge Alternativität der Beendigungsgründe.[279] Nimmt man hingegen eine Koexistenz der Beendigungsgründe über das Vertragsende hinaus an, hat daraus auch eine Koexistenz auf Rechtsfolgenseite zu folgen. Die Annahme eines prinzipiellen „Widerrufsfolgenvorrangs" entbehrt jeder gesetzlichen und rechtsdogmatischen Grundlage.

4. Der Rückgriff auf das allgemeine Schadenersatzrecht (Der eigene Ansatz)

Als Zwischenergebnis kann festgehalten werden, dass weder das Widerrufsfolgenrecht noch die Geschäftsgrundlagenlehre i.V.m. dem Rücktrittsfolgenrecht noch das Bereicherungsrecht die tauglichen Rechtsgrundlagen für einen sachgerechten Ausgleich der Nachteile bereithalten, die der Verbraucher dadurch erleidet, dass er sich in Unkenntnis seines Widerrufsrechts für eine kompensationspflichtige Vertragsbeendigung entscheidet. „Wenn der Verbraucher tatsächlich keine Kenntnis vom Widerrufsrecht hatte oder durch die erteilte Information hierüber sogar getäuscht wurde, kommen Schadensersatzansprüche in Betracht."[280] Die Fälle, in denen der Verbraucher sein Widerrufsrecht wegen fehlender Kenntnis infolge der vorzeitigen Beendigung des Vertrages durch Kündigung oder vorfällige Erfül-

---

279 Vgl.: *Kropf*, WM 2013, 2250, 2255.
280 BT-Drs. 18/5922, S. 74.

lung verliert, ähneln den Fällen, in denen der Verlust des Widerrufsrechts im Verstreichen der absoluten Erlöschensgrenze des § 356b Abs. 2 S. 4 BGB gründet. Hier wie da versäumt es der Verbraucher von seinem Widerrufsrecht Gebrauch zu machen, weil er zu keiner Zeit ordnungsgemäß darüber belehrt worden ist. Entscheidet sich der Darlehensnehmer auf Grund dieses Informationsdefizits nicht für den Widerruf, sondern für eine kompensationspflichtige Beendigungsvariante, erwächst ihm daraus ein finanzieller Nachteil in Höhe der geleisteten Entgelt- oder Entschädigungszahlung.

a. Die fehlende Schadensursächlichkeit pflichtwidriger Belehrung

Ein Anspruch des Darlehensnehmers auf Ersatz dieses Schadens gem. § 280 Abs. 1 BGB ist begründet, wenn dieser auf einer verschuldeten Pflichtverletzung des Darlehensgebers beruht.

> „Das Unterlassen der vorgeschriebenen Pflichtangaben zum Widerrufsrecht im Vertrag stellt eine Pflichtverletzung im Sinne von § 280 Absatz 1 BGB dar und begründet grundsätzlich einen Schadensersatzanspruch des Darlehensnehmers gegen den Darlehensgeber gemäß den §§ 280 Absatz 1, 241 Absatz 2 BGB."[281]

Allerdings ist die pflichtwidrige Belehrung bei Vertragsschluss nicht kausal dafür, dass sich der Darlehensnehmer bei fortgeschrittenem Vertragsverlauf für eine kompensationspflichtige Beendigungsvariante entscheidet, statt zu widerrufen. Fehlende oder falsche Pflichtangaben im Vertrag können hinweggedacht werden, ohne dass die für den Verbraucher nachteilige Beendigung des Vertrages mit an Sicherheit grenzender Wahrscheinlichkeit entfiele. Bei ordnungsgemäßer Belehrung hätte der Verbraucher den Vertrag nur binnen einer Frist von 14 Tagen widerrufen können, d.h. im fortgeschrittenen Vertragsverlauf stand ihm sowieso nur eine der kompensationspflichtigen Beendigungsvarianten offen.

b. Keine Pflichtwidrigkeit durch unterbliebene Nachbelehrung

Die tatsächliche Ursache für die „Fehlentscheidung" des Darlehensnehmers ist dessen Informationsdefizit bei Vertragsbeendigung. Hätte er zu diesem Zeitpunkt gewusst, dass er den Vertrag jederzeit frei widerrufen

---

281 Ebda.

kann, hätte er sich mit an Sicherheit grenzender Wahrscheinlichkeit nicht für eine kompensationspflichtige Vertragsbeendigung entschieden. Ein Anspruch des Darlehensnehmers auf Schadenersatz aus § 280 Abs. 1 BGB wird jedoch erst virulent, wenn sich aus dem Darlehensvertrag eine Pflicht des Darlehensgebers auf Information des nicht ordnungsgemäß belehrten Verbrauchers über den Fortbestand seines Widerrufsrechts (unmittelbar) vor der nachteilsbehafteten Vertragsbeendigung ergäbe.

Während des laufenden Vertrages hat der Darlehensgeber jederzeit die Möglichkeit, den Verbraucher ordnungsgemäß nachzubelehren, ihn so von seinem (fortbestehenden) Widerrufsrecht in Kenntnis und die verlängerte Widerrufsfrist der §§ 355 Abs. 2 S. 2 BGB a.F., 356b Abs. 2 S. 3 BGB in Gang zu setzen. Allerdings handelt es sich dabei weder um eine vertragliche Pflicht noch ist die unterbliebene Nachbelehrung zwingend kausal für die Wahl der nachteiligen Beendigungsvariante. Der Darlehensgeber hat lediglich die Obliegenheit zur ordnungsgemäßen Nachbelehrung. Kommt er dem nicht nach, bleibt es beim Fortbestand des Widerrufsrechts bis zum Ende des Vertrages und dem Risiko des jederzeitigen Vertragswiderrufs durch den Verbraucher. Dies kann der Darlehensgeber – wie in den allermeisten Fällen praktiziert – bewusst in Kauf nehmen, um „keine schlafenden Hunde zu wecken"; schadenersatzpflichtig macht er sich dadurch nicht.[282] Die von Teilen der Literatur vertretene Gegenauffassung,[283] wonach die Belehrung und „folgerichtig" auch die Nachbelehrung des Verbrauchers als echte Rechtspflichten zu begreifen seien, verkennt, dass der Vertrag gem. § 492 Abs. 2 BGB die für den Verbraucherdarlehensvertrag vorgeschriebenen Angaben enthalten „muss", während diese nach wirksamem Vertragsschluss oder in den Fällen des § 494 Abs. 2 S. 1 BGB nach Gültigwerden des Vertrags nachgeholt werden „können", § 492 Abs. 6 S. 1 BGB. Selbst unter Annahme einer Nachbelehrungspflicht entstünde diese bereits unmittelbar nach Abschluss des insofern defizitären Vertrages, d.h. eine pflichtgemäße Nachbelehrung führte nicht dazu, dass der Verbraucher im fortgeschrittenen Vertragsverlauf zwischen Widerruf und Kündigung etc. abwägen kann. Mit der ordnungsgemäßen Nachbelehrung wird dem Verbraucher eine zeitliche Grenze zur Widerrufsausübung von einem Monat gesetzt. Danach stehen ihm abermals nur die kompensationspflichtigen Beendigungsmöglichkeiten offen.

---

282 Vgl.: OLG Brandenburg, Urt. v. 5.10.2016 – 4 U 56/16, juris Rn. 20.
283 *Protzen*, NJW 2016, 3479, 3482; *M. Martens*, VuR 2008, 121, 122.

c. Die schadenersatzpflichtige Aufklärungspflichtverletzung

Als schadensursächlich kommt nur die Verletzung einer Pflicht des Darlehensgebers zur Aufklärung des Verbrauchers über den (potentiellen) Fortbestand seines Widerrufsrechts in Ansehung einer kompensationspflichtigen Vertragsbeendigung in Betracht. In den speziellen Vorschriften des Verbraucher- und Verbraucherkreditrechts wird eine solche nicht explizit erwähnt und kann diesen angesichts der oben dargestellten gesetzlichen Risikoverteilung auch nicht ohne weiteres – etwa mit der vagen Begründung zwingenden Verbraucherschutzes – entnommen werden. Allerdings kann das darlehensvertragliche Schuldverhältnis nach seinem Inhalt jeden Teil zur Rücksicht auf die Rechte, Rechtsgüter und Interessen des anderen Teils verpflichten, § 241 Abs. 2 BGB.

„Zu den wichtigsten Nebenpflichten zählen die unterschiedlichen Aufklärungs-, *Anzeige-*, *Warn- und Beratungspflichten*, d.h. die Pflicht, den anderen Teil unaufgefordert über entscheidungserhebliche Umstände zu informieren, die diesem verborgen geblieben sind. Die Haftung beruht auf dem Gedanken, dass der Schuldner – insbesondere auf Grund seiner überlegenen Fachkunde – zur Aufklärung verpflichtet ist, wenn Gefahren für das Leistungs- oder Integritätsinteresse des Gläubigers bestehen, von denen dieser keine Kenntnis hat."[284]

Nach diesen Grundsätzen liegt es jedenfalls nicht fern, eine Pflicht der Bank anzunehmen, den beendigungswilligen Darlehensnehmer über ein möglicherweise fortbestehendes Widerrufsrecht aufzuklären, um ihn vor unnötigen Entgelt- und Entschädigungszahlungen zu bewahren.

Die Annahme einer solchen Aufklärungspflicht darf indes nicht leichtfertig erfolgen. Eine allgemeine Pflicht zur Aufklärung besteht nicht.[285] Zu beachten ist ferner, dass der Darlehensgeber grundsätzlich nicht zur Nachbelehrung des Verbrauchers verpflichtet ist und ihm über sein Widerrufsrecht im Dunkeln lassen darf.[286] Eine weitergehende Aufklärungspflicht kann frühestens in dem Moment ausgelöst werden, in dem der Darlehensgeber vom Beendigungswunsch des Darlehensnehmer Kenntnis erlangt. Eine schuldhafte Aufklärungspflichtverletzung kommt ferner nicht in Betracht, wenn der Darlehensgeber nachweislich keine Kenntnis vom

---

284 *Sutschet*, in: Beck'scher Online-Kommentar BGB, § 241 Rn. 77 (Hervorhebung übernommen).
285 HK-BGB/*Schulze*, § 241 BGB Rn. 7 m.w.N.
286 § 13 B. III. 1. b.

Fortbestand des Widerrufsrechts des Darlehensnehmers hat und sich dieser Kenntnis auch nicht grob fahrlässig verschlossen hat. So dürfte ein Schadenersatzanspruch wegen Pflichtverletzung gem. §§ 280 Abs. 1, 241 Abs. 2 BGB in jedem Fall abzulehnen sein, wenn der Darlehensnehmer den Vertrag ohne Vorwarnung gem. § 490 Abs. 2 BGB wirksam kündigt oder gem. § 500 Abs. 2 BGB vorzeitig erfüllt. Dementgegen wird kein Zweifel daran bestehen, dass der Darlehensgeber zum Schadenersatz verpflichtet ist, wenn er den Verbraucher trotz (positiver) Kenntnis nicht über den Fortbestand des Widerrufsrechts informiert, obschon ihm bekannt ist, dass der Darlehensnehmer eine kompensationspflichtige Vertragsbeendigung anstrebt. Denn eine Offenbarungspflicht ergibt sich insbesondere daraus, dass die kenntnisüberlegene Partei weiß oder wissen muss, dass die Entscheidung der kenntnisunterlegenen Gegenseite von der Kenntnis der fraglichen Umstände maßgeblich beeinflusst wird.[287] Mit anderen Worten darf der Darlehensgeber seinen Informationsvorsprung nicht bewusst ausnutzen, um den (unterstellt) strukturell unterlegenen Verbraucher zu übervorteilen. Tut er dies doch, ist darin ein rücksichtsloses und pflichtwidriges Verhalten zu erblicken, das einen Anspruch des Verbrauchers auf Ersatz der daraus erwachsenden Vermögensnachteile aus § 280 Abs. 1 BGB auslöst.

Weniger eindeutig ist schließlich der praktische Regelfall zu beurteilen, in dem der Darlehensgeber von der angestrebten Vertragsbeendigung nachweislich Kenntnis hatte, aber jede Kenntnis vom Fortbestand des Widerrufsrechts bestreitet. Die Gewährung oder Nichtgewährung eines Schadenersatzanspruchs aus § 280 Abs. 1 BGB hängt dann grundlegend davon ab, ob man die Kenntnis bzw. fahrlässige Unkenntnis des Darlehensgebers vom Fortbestand des Widerrufsrechts bereits für die Entstehung der Aufklärungspflicht oder erst für das Vertretenmüssen der Pflichtverletzung als maßgeblich erachtet. Im ersteren Fall obläge dem Darlehensnehmer der kaum zu erbringende Nachweis, dass der Darlehensgeber zum Zeitpunkt der nachteiligen Vertragsbeendigung vom Fortbestand des Widerrufsrechts Kenntnis hatte. Im letzteren Fall würde dies gem. § 280 Abs. 1 S. 2 BGB widerleglich vermutet und dem Darlehensgeber bliebe nicht mehr als die – ebenso wenig Erfolg versprechende – Möglichkeit zur Exkulpation. Die entscheidende Frage ist somit, ob eine Aufklärungspflicht des Darlehensgebers allein dadurch ausgelöst werden kann, dass er vom Wunsch des Darlehensnehmers zur vorzeitigen Vertragsbeendigung erfährt oder ob hierzu

---

287 *Busche*, in: Staudinger, Eckpfeiler des Zivilrechts (2018), F. Rn. 25 m.w.N.

die vom Darlehensnehmer nachzuweisende Kenntnis des Darlehensgebers über den (potentiellen) Fortbestand des Widerrufsrechts treten muss.

Nach ständiger höchstrichterlicher Rechtsprechung bestehen Aufklärungspflichten hinsichtlich sämtlicher Umstände, die für den Rechtsgüterschutz der anderen Partei erkennbar von wesentlicher Bedeutung sind und deren Mitteilung nach Treu und Glauben erwartet werden kann.[288] „Wesentliche, sogar logisch zwingende Voraussetzung für eine Aufklärungspflicht ist der Umstand, dass eine Partei über mehr Informationen verfügt als die andere".[289] Dies steht vorliegend nicht außer Zweifel, da die Nachweisschwierigkeiten ja gerade die (bestrittene) Kenntnis des Darlehensgebers um den Fortbestand des Widerrufsrechts betreffen. Allerdings kann sich das erforderliche Informationsgefälle zu Lasten des Verbrauchers aus der im Verbraucherkreditrecht unterstellten strukturellen Überlegenheit des Darlehensgebers ergeben.[290] Die Banken wissen sehr genau, dass es bei der überwiegenden Zahl von Verbraucherdarlehensverträgen, die im Zeitraum zwischen September 2002 bis Juni 2010 abgeschlossen wurden, zu strukturellen Belehrungsfehlern gekommen ist und der Mehrzahl der Verbraucher daher ein „ewiges Widerrufsrecht" zusteht.[291] Kommt ein „betroffener" Verbraucher auf die Bank zu und äußert die Absicht, diesen gegen Entgelt- oder Entschädigungszahlung zu beenden, muss jedem seriösen Kreditinstitut klar sein, dass der Darlehensnehmer ein fortbestehendes Recht zum Widerruf hat und sich etwaige Entgelt- oder Entschädigungsleistungen ggf. sparen kann. Dem mag man entgegenhalten, dass die Informationspflicht keine jedem zugänglichen Tatsachen betrifft und von einem ablösungswilligen Darlehensnehmer verlangt werden kann, dass er sich selbst über den Fortbestand seines Widerrufsrechts informiert.[292] Dies scheint angesichts der zwischenzeitlichen medialen Aufmerksamkeit, die der „Widerrufsjoker" erfahren hat, nicht abwegig, erweist sich bei näherem Hinsehen jedoch als zynisch. Der informierte oder gar opportunistisch handelnde Verbraucher könnte sich demzufolge entgelt- und entschädigungsfrei vom Vertrag lösen, während der – nicht nur unterstellt, sondern diesmal tatsächlich – uninformierte Verbraucher durch die unreflektierte Beendigung sein Widerrufsrecht verlöre und sämtliche damit verbundenen

---

288 Siehe die umfassenden Nachw. bei: *Olzen*, in: Staudinger, BGB (2015), § 241 Rn. 447.
289 *Olzen*, in: Staudinger, BGB (2015), § 241 Rn. 448.
290 Vgl.: *Olzen*, in: Staudinger, BGB (2015), § 241 Rn. 448 m.w.N.
291 Siehe oben: § 13 B. I. 2.
292 Vgl.: *Olzen*, in: Staudinger, BGB (2015), § 241 Rn. 450.

Vermögensnachteile zu tragen hätte. Damit fielen mehrheitlich die Verbraucher „durchs Raster", die eines verbraucherschützenden Informationsausgleichs am allermeisten bedürften.

d. Zwischenergebnis

Einzig richtig ist es nach alledem, eine Pflicht der (institutionellen) Kreditgeber zur Aufklärung des ablösungswilligen Darlehensnehmers über den möglichen Fortbestand seines Widerrufsrechts anzunehmen, sofern die vorzeitige Beendigung eines zwischen dem 1.9.2002 und dem 10.6.2010 geschlossenen Vertrages in Rede steht. Die Pflicht entsteht, sobald der Darlehensgeber vom Ablösungswunsch des Darlehensnehmer Kenntnis erlangt, da hierdurch – anders als beim schlichten Verstreichen der Widerrufshöchstfrist – eine weitergehende Aufklärung konkret veranlasst ist. Die bloße Nachbelehrungsobliegenheit wird um eine echte Aufklärungspflicht i.S.v. § 241 Abs. 2 BGB ergänzt. Die Aufklärungspflicht hat jedoch nicht die ordnungsgemäße Nachbelehrung i.S. einer Nachbelehrungspflicht zum Inhalt, sondern nur die Information des Verbrauchers, dass ihm möglicherweise noch immer ein Recht zum Widerruf zusteht. Der Verbraucher ist lediglich zur weiteren rechtlichen Prüfung einer möglicherweise fortbestehenden Widerrufsbefugnis zu befähigen bzw. zu veranlassen. Ein darüberhinausgehendes Informationsgefälle ist nicht auszugleichen. Im Zweifels- oder Streitfall kommt auch die Bank nicht umhin, (anwaltlich) prüfen zu lassen, ob das Widerrufsrecht tatsächlich fortbesteht oder nicht. Unterlässt es die Bank, den ablösungswilligen Verbraucher dementsprechend aufzuklären, liegt darin eine Pflichtverletzung, die sie im Zweifel zu vertreten hat, § 280 Abs. 1 S. 2 BGB. Löst der Verbraucher das Darlehen infolgedessen gegen Entgelt- oder Entschädigungszahlung ab, erwächst ihm daraus ein kausaler Schaden in entsprechender Höhe, den er gem. §§ 280 Abs. 1, 241 Abs. 2, 249 BGB vom Darlehensgeber ersetzt verlangen kann.

D. Rechtsdurchsetzung

Schließlich bleibt zu klären, wie sich die rechtliche Durchsetzung in der Sache begründeter Ansprüche in der Praxis gestaltet, zumal diesbezüglich sowohl materiell-rechtliche (*sub* i.) als auch prozessuale (*sub* ii.) Besonderheiten zu beachten sind.

I. Materiell-Rechtlich

Die materiellen Anforderungen an die Durchsetzbarkeit der begründeten Ansprüche können nicht pauschal benannt werden, sondern richten sich jeweils nach den rechtlichen Grundlagen des Anspruchs, der im konkreten Fall geltend gemacht werden soll.

1. Widerrufsfolgen

Nach früherer Rechtslage sind die Verpflichtungen aus dem widerrufsbedingten Rückgewährschuldverhältnis nach § 357 Abs. 1 S. 1 BGB a.F. i.V.m. § 348 BGB Zug um Zug zu erfüllen. Die gegenseitigen Ansprüche der Parteien stehen sich selbständig gegenüber und können gem. §§ 387, 389 BGB gegeneinander aufgerechnet werden. Eine automatische Saldierung findet nicht statt. Nehmen die Parteien selbst eine Saldierung vor, kann darin nach den Umständen des Einzelfalls eine schlüssige Aufrechnungserklärung gem. § 388 BGB zu sehen sein. In Verzug können die Parteien in entsprechender Anwendung von § 348 S. 2 i.V.m. § 320 Abs. 2 BGB erst geraten, sobald die Gegenpartei sämtlichen Verpflichtungen aus dem Rückgewährschuldverhältnis nachgekommen ist oder sie deren Erfüllung in verzugsbegründender Weise i.S.d. § 286 BGB angeboten hat.[293]
  Seit Umsetzung der Verbraucherrechterichtlinie gelten die Vorschriften über den gesetzlichen Rücktritt bekanntlich nicht länger entsprechend, was auch die Zug-um-Zug-Verknüpfung der gegenseitigen Ansprüche i.S.v. § 348 BGB betrifft. Nach heutiger Rechtslage sind die empfangenen Leistungen spätestens nach 30 Tagen zurückzugewähren, § 357a Abs. 1 BGB. Geschieht dies bis zum Ablauf jener nach § 355 Abs. 3 S. 2 BGB zu bestimmenden Höchstfrist nicht, gerät die säumige Partei ohne weiteres in Verzug, § 286 Abs. 2 Nr. 2 BGB.[294]

---

293 *Feldhusen*, BKR 2015, 441, 447; vgl. auch: BGH, Urt. v. 21.2.2017 – XI ZR 467/15, WM 2017, 906 Rn. 27.

294 Vgl.: *Feldhusen*, BKR 2015, 441, 447 (Rn. 66); *Müller-Christmann*, in: Beck'scher Online-Kommentar BGB, § 357a Rn. 2.

2. Schadenersatz

Die Durchsetzbarkeit etwaiger Schadenersatzansprüche des Darlehensnehmers wegen Pflichtverletzung aus §§ 280, 241 Abs. 2, 249 BGB beurteilt sich naturgemäß losgelöst von Widerruf und widerrufsbedingtem Rückgewährschuldverhältnis, zumal entsprechende Schadenersatzansprüche gerade darin gründen, dass eine wirksame Widerrufsausübung des Darlehensnehmers durch Verletzung von Belehrung- oder Aufklärungspflichten vereitelt worden ist. Maßgeblich sind vielmehr die allgemeinen Vorgaben zur Durchsetzung vertraglicher Schadenersatzansprüche.

Insbesondere unterliegen diese der regelmäßigen Verjährungsfrist nach § 195 BGB. Die regelmäßige Verjährungsfrist beginnt, soweit nicht ein anderer Verjährungsbeginn bestimmt ist, mit dem Schluss des Jahres, in dem der Anspruch entstanden ist und der Gläubiger von den den Anspruch begründenden Umständen und der Person des Schuldners Kenntnis erlangt oder ohne grobe Fahrlässigkeit erlangen müsste, § 199 Abs. 1 BGB. Davon wird im Falle einer schadenersatzrelevanten Belehrungspflichtverletzung regelmäßig auszugehen sein, sobald der Darlehensnehmer nach Verstreichen der Höchstfrist vom Fortbestand seines Widerrufsrechts erfährt. Gilt es, einen Schadenersatzanspruch wegen einer Aufklärungspflichtverletzung vor Vertragsbeendigung durchzusetzen, dürfte genügen, dass der Darlehensnehmer davon erfährt, dass statt einer kompensationspflichtigen Darlehnsbeendigung der Widerruf des Vertrages möglich gewesen wäre und der Darlehensgeber hierauf nicht hingewiesen hat. Darüber hinaus ist es in der Regel nicht erforderlich, dass der Gläubiger den Sachverhalt rechtlich treffend erfasst. Allerdings kann die Rechtsunkenntnis den Verjährungsbeginn ausnahmsweise hinausschieben, wenn – wie hier – eine unsichere und zweifelhafte Rechtslage vorliegt, die selbst ein rechtskundiger Dritter nicht zuverlässig einzuschätzen vermag.[295] Unabhängig davon verjährt ein Anspruch des Darlehensnehmers auf Schadenersatz wegen Pflichtverletzung ohne Rücksicht auf die Kenntnis oder grob fahrlässige Unkenntnis in zehn Jahren von ihrer Entstehung an, § 199 Abs. 3 S. 1 Nr. 1 BGB. Zusammengefasst kann der Darlehensnehmer „unnötige" Entgelt- oder Entschädigungszahlungen allenfalls zehn Jahre ab Vereinnahmung durch den Darlehensgeber aus §§ 280 Abs. 1, 241 Abs. 2, 249 BGB ersetzt verlangen.

---

295   BGH, Urt. v. 20.1.2009 – XI ZR 504/07, BGHZ 179, 260 Rn. 47 m.w.N.

II. Prozessual

Die gerichtliche Durchsetzung sämtlicher widerrufsbedingter Ansprüche hat vorrangig im Wege der Leistungsklage zu erfolgen. Der beliebten Praxis, die Bank bei fehlender Aussicht auf eine außergerichtliche Einigung auf Feststellung in Anspruch zu nehmen, dass der Darlehensvertrag nach wirksamem Widerruf rückabzuwickeln ist, hat der BGH mit Urteil vom 21.2.2017[296] zu Recht eine Absage erteilt. Gegenüber der Leistungsklage bot dies zum einen den Vorteil, die Klageforderung aus dem künftigen Rückabwicklungsverhältnis nicht exakt beziffern zu müssen; zum anderen war es so möglich, die Widerruflichkeit des Darlehensvertrages zunächst gerichtlich überprüfen zu lassen und sich erst im Nachgang für eine mögliche Umschuldung zu günstigeren Konditionen zu entscheiden.

Die Zulässigkeit eines solchen Feststellungsbegehrens scheitert jedoch am Vorrang der Leistungsklage. Der BGH führt insofern geradezu schulbuchmäßig aus, dass es dem Darlehensnehmer regelmäßig möglich und zumutbar ist, den wirtschaftlichen Gegenstand des Feststellungsbegehrens erschöpfend mit der Leistungsklage zu verfolgen.[297] Dieser beschränkt sich nicht allein auf die (negative) Feststellung, der Bank stehe eine Vorfälligkeitsentschädigung nicht zu, sondern erstreckt sich auf die Forderungen aus dem widerrufsbedingten Rückgewährschuldverhältnis.[298] Selbst wenn eine „Saldierung" der gegenseitigen Ansprüche im Ergebnis nicht zu einem Überschuss zu Gunsten des Darlehensnehmers führt, ist es ihm möglich, die Bank auf Zahlung aus § 357 Abs. 1 S. 1 BGB a.F. i.V.m. §§ 346 ff. BGB in Anspruch zu nehmen, zumal keine automatische Verrechnung stattfindet, sodass jedenfalls bis zur Aufrechnung ein einklagbarer Zahlungsanspruch verbleibt.[299] Eine Leistungsklage ist auch zumutbar, da dem Darlehensnehmer die Ermittlung der von ihm beanspruchbaren Leistungen ohne weiteres möglich ist. Der Anspruch aus § 357 Abs. 1 S. 1 BGB a.F. i.V.m. §§ 346 ff. BGB ist nach höchstrichterlicher Rechtsprechung auf

---

296 BGH, Urt. v. 21.2.2017 – XI ZR 467/15, WM 2017, 906.

297 BGH, Urt. v. 21.2.2017 – XI ZR 467/15, WM 2017, 906 Rn. 14.

298 BGH, Urt. v. 21.2.2017 – XI ZR 467/15, WM 2017, 906 Rn. 16; freilich wird auch einem solchen negativen Feststellungsbegehren angesichts der sogleich folgenden Erwägungen im Ergebnis das Rechtsschutzbedürfnis fehlen, zumal die positive Inanspruchnahme der Bank aus § 357 Abs. 1 S. 1 BGB a.F. i.V.m. §§ 346 ff. BGB für den Kläger weder in den Voraussetzungen noch den Risiken grundlegend verschieden sein dürfte, vgl.: BGH, Urt. v. 13.12.1984 – I ZR 107/82, NJW 1986, 1815, 1816.

299 BGH, Urt. v. 21.2.2017 – XI ZR 467/15, WM 2017, 906 Rn. 18.

Nutzungsersatz aus den Zins- und Tilgungsleistungen gerichtet, die sie bis zum Zeitpunkt des Widerrufs erbracht hat.[300] Die Anspruchshöhe kann vom Darlehensnehmer(vertreter) leicht ermittelt werden, zumal spiegelbildlich zu § 497 Abs. 1 S. 2 BGB die Vermutung gilt, dass die Bank Nutzungen in Höhe 2,5 Prozentpunkten über dem Basiszinssatz gezogen hat.[301] Schließlich erschöpft die Leistungsklage auch das Feststellungsziel des Darlehensnehmers.[302] Sofern kein verbundener Vertrag vorliegt, deckt sich das Begehren, die Umwandlung eines Verbraucherdarlehensvertrages in ein Rückgewährschuldverhältnis feststellen zu lassen wirtschaftlich mit dem Interesse an der Rückgewähr der auf den Vertrag erbrachten Leistungen. „Nur auf den Austausch dieser Leistungen ist das Rückgewährschuldverhältnis gerichtet."[303]

Nach alledem mag die Inanspruchnahme der Bank im Wege der Leistungsklage für Verbraucher mit mehr Aufwand verbunden sein und weniger taktische Möglichkeiten bieten; möglich und zumutbar ist die Klage auf Leistung aber allemal, sofern dadurch das Feststellungsziel des Verbrauchers vollends erschöpft wird. Nichts anderes gilt im Übrigen für die Inanspruchnahme des Darlehensgebers auf „Regress" bereits gezahlter Vorfälligkeitsentschädigungen bzw. -entgelte. Der Anspruch des Darlehensnehmers zielt in jenen Fällen – unabhängig von der dogmatischen Begründung – auf die Erstattung tatsächlich gezahlter Beträge ab und kann daher ohne weiteres zum Gegenstand eines hinreichend bestimmten Leistungsbegehrens gemacht werden.

§ 14 Die verzugsbedingte Kündigung durch den Darlehensgeber

Bereits seit Einführung des Verbraucherkreditgesetzes und damit lange vor der Ausweitung des Anwendungsbereichs des § 495 BGB auf Immobiliarkreditverträge wird der Schutz des Verbrauchers bei der (vorzeitigen) Beendigung des Kreditvertrages durch einschränkende Modifizierungen der allgemeinen Kündigungsdogmatik zu Lasten des Darlehensgebers gewährleistet. Hierfür halten heute die „Besonderen Vorschriften für Verbraucher-

---

300 BGH, Beschl. v. 22.9.2015 – XI ZR 116/15, NJW 2015, 3441; nach hier vertretener Ansicht kommt nur eine Nutzungsentschädigung hinsichtlich der Zinszahlungen in Betracht, s.o. § 13 C. II. 2.; vgl. ferner: § 13 C. I. 1.
301 BGH, Urt. v. 21.2.2017 – XI ZR 467/15, WM 2017, 906 Rn. 19; krit. dazu oben: § 13 C. II. 2. b. und c.
302 BGH, Urt. v. 21.2.2017 – XI ZR 467/15, WM 2017, 906 Rn. 21.
303 Ebda.

darlehensverträge" in den §§ 497 ff. BGB detaillierte Regelungen bereit, anhand derer insbesondere die rechtlichen Grundlagen und Folgen der verzugsbedingten Kündigung durch den Darlehensgeber spezifiziert werden.[304]

In Anlehnung an § 4 Abs. 2 AbzG enthielt bereits § 12 Abs. 1 VerbrKrG eine detaillierte Regelung über die Voraussetzungen einer verzugsbedingten Kündigung durch den Darlehensgeber. Dem entspricht – von redaktionellen Änderungen abgesehen –[305] die heutige Vorschrift des § 498 Abs. 1 BGB (*sub* B.), die das allgemeine Kündigungsrecht des Darlehensgebers wegen Schuldnerverzuges aus § 314 Abs. 1 BGB (*sub* A.) bei Verbraucherdarlehensverträgen wegen der damit verbundenen tiefschneidenden Folgen (*sub* C.) einschränkt.[306]

A. Die verzugsbedingte Kündigung gem. § 314 Abs. 1 BGB

In Parallele zum gesetzlichen Rücktrittsrecht aus § 323 BGB ergibt sich ein Recht des Gläubigers zur Kündigung aus wichtigem Grund gem. § 314 Abs. 1 BGB regelmäßig daraus, dass der Schuldner seine Leistung nicht oder nicht vertragsgemäß erbringt.[307] Gerät der Darlehensnehmer mit seinen Ratenzahlungen in Rückstand, kann dies also grundsätzlich eine fristlose Kündigung durch den Darlehensgeber rechtfertigen. Allerdings kann es dem Darlehensgeber bei nur unerheblichem Zahlungsrückstand zumutbar sein, das Vertragsverhältnis (zunächst) fortzuführen, *arg. ex* § 323 Abs. 5 S. 2 BGB.[308] Entscheidend ist, ob der Zahlungsverzug nach den Umständen des Einzelfalles eine Vertragsfortführung für den Darlehensgeber unzumutbar erscheinen lässt. So wird ein einmaliger Zahlungsrückstand mit einem vergleichsweise geringen Teilbetrag in aller Regel noch nicht zur

---

304 Von einer detaillierten Darstellung des § 499 BGB wird abgesehen, da die Norm vorwiegend Allgemein-Verbraucherdarlehensverträge betrifft und in Abs. 3 lediglich ein Sanktionsverbot dafür enthält, dass die vom Darlehensnehmer gemachten Angaben unvollständig waren oder die Kreditwürdigkeitsprüfung nicht ordnungsgemäß durchgeführt wurde, sofern dem Darlehensnehmer diesbezüglich kein Vorsatz nachzuweisen ist, näher: Bülow/Artz/*Bülow*, § 499 Rn. 21 ff.

305 *Schürnbrand*, in: Münchener Kommentar zum BGB (2017), § 498 Rn. 3.

306 Siehe die Begründung des Gesetzgebers: BT-Drs. 11/5462, S. 14.

307 *Gaier*, in: Münchener Kommentar zum BGB (2016), § 314 Rn. 11 m.w.N.

308 Vgl.: *Gaier*, aaO.

Kündigung legitimieren.[309] Vielmehr muss die Vertragsverletzung von gewissem Gewicht und von gewisser Dauer sein, wofür etwa die mietrechtlichen Vorgaben des § 543 Abs. 2 S. 1 Nr. 3 BGB eine grobe Orientierungshilfe bieten können.[310] Allerdings ist es angesichts der streng einzelfallorientierten Regelungskonzeption der allgemeinen Vorschriften über die Anpassung und Beendigung von Verträgen nicht tunlich, die verzugsbedingte Kündigung an starre Grenzen zu knüpfen. Letztlich ist in jedem Einzelfall zu entscheiden, ob der jeweilige Zahlungsrückstand den Zweck des Vertrages so konkret gefährdet oder das Vertrauen des Darlehensgebers dermaßen erschüttert, dass er die Vertragsbeziehung zur Gänze in Frage stellen darf.[311]

B. Gesamtfälligstellung bei Teilzahlungsdarlehen gem. § 498 BGB

Demgegenüber legt § 498 BGB typisierend fest, in welchen Grenzen dem Darlehensgeber eine Vertragsfortführung im verbraucherkreditrechtlichen Massengeschäft trotz Zahlungsverzugs des Darlehensnehmers noch zuzumuten ist. Umgekehrt erfolgt eine abstrakte Definition der Voraussetzungen dafür, dass der Darlehensgeber ein Verbraucherdarlehen, das in Teilzahlungen zu tilgen ist, wegen Zahlungsverzugs des Darlehensnehmers kündigen kann.

I. Die tatbestandlichen Mindestvoraussetzungen

Namentlich muss der Darlehensnehmer mit mindestens zwei aufeinander folgenden Teilzahlungen ganz oder teilweise in Verzug sein. Zudem muss zum Zeitpunkt der Kündigungsandrohung die „qualifizierte Rückstandsquote"[312] des § 498 Abs. 1 S. 1 Nr. 1 lit. b. BGB erreicht sein,[313] und der Darlehensgeber muss dem Darlehensnehmer erfolglos eine zweiwöchige

---

309 *Weth*, in: jurisPK-BGB, § 314 Rn. 18; NK-BGB/*Krebs*/*Jung* (2016), § 314 Rn. 34.
310 *Lorenz*, in: Beck'scher Online-Kommentar BGB, § 314 Rn. 11; NK-BGB/*Krebs*/ *Jung* (2016), § 314 Rn. 34.
311 Näher dazu mit Bsp. aus der Rspr.: *K.P. Berger*, in: Münchener Kommentar zum BGB (2016), § 490 Rn. 49.
312 Bülow/Artz/*Bülow*, § 498 Rn. 16.
313 *Schürbrand* spricht bei Vorliegen der Voraussetzungen aus § 498 Abs. 1 S. 2 Nr. 1 lit. a und lit. b von „qualifiziertem Ratenverzug", siehe: dens., in: Münchener Kommentar zum BGB (2017), § 498 Rn. 10 bis 15.

Frist zur Zahlung des rückständigen Betrags mit der Erklärung gesetzt haben, dass er bei Nichtzahlung innerhalb der Frist die gesamte Restschuld verlange, § 498 Abs. 1 Nr. 1, 2 BGB. Schließlich soll der Darlehensgeber dem Darlehensnehmer spätestens mit der Fristsetzung ein Gespräch über die Möglichkeiten einer einverständlichen Regelung anbieten, § 498 Abs. 1 S. 2 BGB. Darin ist jedoch nach nahezu einhelliger Meinung keine Wirksamkeitsvoraussetzung zu erblicken,[314] sondern allenfalls eine vertragliche Rücksichtnahmepflicht des Darlehensgebers zur Förderung einvernehmlicher Lösung, deren Verletzung im Einzelfall Schadersatzansprüche des Verbrauchers begründen kann.[315]

Seit Inkrafttreten des Risikobegrenzungsgesetzes vom 12.8.2008[316] gelten die qualifizierten Voraussetzungen des § 498 BGB auch für die Kündigung von grundpfandrechtlich gesicherten Darlehen mit der Maßgabe, dass der Darlehensnehmer mit mindestens 2,5 Prozent des Nennbetrages des Darlehens in Verzug sein muss, § 498 Abs. 3 BGB i.d.F. v. 12.8.2008. Mit dieser Sonderregelung, die mit Umsetzung der Wohnimmobilienkreditrichtlinie – nach zwischenzeitlicher Verlagerung in § 503 Abs. 3 BGB a.F. – wieder in § 498 Abs. 2 BGB verortet und der neuen Diktion des Verbraucherkreditrechts angepasst worden ist,[317] wollte der Gesetzgeber dem bei Immobiliarkrediten anfänglich geringen Tilgungsanteil Rechnung tragen[318] und „[...] die Rückstandsquote für Immobiliardarlehensverträgen so fest[legen], dass bei Vorliegen der sonstigen Voraussetzungen ein Rückstand von etwa einem halben Jahr zur Verzugskündigung ausreicht."[319]

II. Die systematische Verortung im Lichte des Normzwecks

Mit § 498 BGB n.F. hat der Gesetzgeber eine umfassende und detaillierte Regelung über die Voraussetzungen einer Kündigung verbraucherkredit-

---

314 Siehe nur: Palandt/*Weidenkaff*, § 498 Rn. 5; wohl a.A.: BeckOGK/*Knops*, § 498 BGB Rn. 26.

315 HK-BGB/*Wiese*, § 498 BGB Rn. 9; *Schürnbrand*, in: Münchener Kommentar zum BGB (2017), § 498 Rn. 20; Bülow/Artz/*Bülow*, § 498 Rn. 41; *Kessal-Wulf*, in: Staudinger, BGB (2012), § 498 Rn. 9 krit.: *Jungmann*, in: Schimansky/Bunte/Lwowski, Bankrechts-Handbuch (2017), § 81 Rn. 583.

316 BGBl. I, S. 1666.

317 Näher zur Entstehungsgeschichte: *Schürnbrand*, in: Münchener Kommentar zum BGB (2017), § 498 Rn. 3.

318 *Schürnbrand*, in: Münchener Kommentar zum BGB (2012), § 503 Rn. 22.

319 BT-Drs. 16/9821, S. 16.

rechtlicher Teilzahlungsdarlehen wegen Zahlungsverzuges des Darlehensnehmers geschaffen.[320] Ziel der Regelung war und ist es, zu verhindern, dass eine einmal eingetretene Überschuldungslage zu einem fortlaufend anwachsenden Schuldenberg des Verbrauchers führt („moderner Schuldturm").[321] Die verzugsbedingte Kündigung wird an möglichst strenge Voraussetzungen geknüpft, um eine Gesamtfälligstellung insoweit auszuschließen, als dies mit den berechtigten Interessen des Darlehensgebers an präventiver Intervention bei drohendem Kreditausfall noch vereinbar ist.[322] Denn

> „[d]ie Gesamtfälligstellung hat [...] für die Betroffenen einschneidende finanzielle Konsequenzen. Zunächst konfrontiert sie den Darlehensnehmer mit einem hohen, sofort auszugleichenden Saldo in einem Augenblick, in dem seine wirtschaftliche Lage meist ohnehin so prekär ist, daß er nicht einmal das Geld für die Ratenzahlungen aufzubringen vermag. Ohne alsbaldige Regulierung läuft er Gefahr, in ein ‚dauerndes Zwangskreditverhältnis' zu geraten."[323]

Um der gesetzgeberischen Intention voll gerecht zu werden, hält es eine in der Literatur verbreitete Ansicht für geboten, § 498 BGB weitehenden Anwendungsvorrang einzuräumen, sofern die Kündigung in der wesentlichen Verschlechterung der Vermögenslage oder einer erheblichen Vermögensgefährdung des Verbrauchers gründet.[324] Demnach soll eine Kündigung nach §§ 490 Abs. 1, 314 BGB resp. Nr. 19 Abs. 3 AGB-Banken resp. Nr. 26 Abs. 2 AGB-Sparkassen neben § 498 BGB nur möglich sein, „wenn der Vermögensverfall offenkundig ist, das Ausmaß einer Insolvenz erreicht und ausreichende Sicherheiten nicht zur Verfügung stehen."[325] Dem ist mit der treffenden Rechtsprechung des OLG Hamm zur Vorgängernorm des § 12 VerbrKrG entgegenzuhalten, dass § 498 BGB nur die Kündigungsvoraussetzungen des Zahlungsverzuges regelt.[326] Das Recht zur Kündigung aus einem anderen wichtigen Grund, z.B. wegen nicht vertragsgemäß bestellter Sicherheiten oder wegen (vorsätzlicher)[327] Falschangaben des Dar-

---

320 Vgl.: BT-Drs. 11/5462, S. 14.
321 BT-Drs. 11/5462, S. 16.
322 *Schürnbrand*, in: Münchener Kommentar zum BGB (2017), § 498 Rn. 3.
323 BT-Drs. 11/5462, S. 16.
324 *Schürnbrand*, in: Münchener Kommentar zum BGB (2017), § 498 Rn. 24; ebenso: *Knops*, WM 2012, 1649, 1650 f.
325 *Kessal-Wulf*, in: Staudinger, BGB (2012), § 498 Rn. 6 (Nachw. ausgelassen).
326 OLG Hamm, Urt. v. 5. 6.1998 – 30 U 163/97, NJW-RR 1998, 1672 m.w.N.
327 Vgl.: § 499 Abs. 3 S. 2 BGB.

lehensnehmers, bleibt dadurch unberührt.[328] Dies gilt auch für die Kündigung wegen wesentlicher Verschlechterung des Vermögens des Kreditnehmers. Es ist weder sinnvoll noch geboten, dass die Bank bei Vorliegen der strengen Voraussetzungen von § 490 Abs. 1 BGB bzw. den einschlägigen Klauseln der verwendeten AGB[329] einem drohenden Kreditausfall sehenden Auges bis zum Eintritt des qualifizierten Ratenverzuges nach § 498 Abs. 1 S. 1 Nr. 1 BGB und des Verstreichens der Frist gem. § 498 Abs. 1 S. 1 Nr. 2 BGB zuwarten muss. § 498 BGB ist auf die Stärkung der Verbraucherinteressen im Falle eines Zahlungsverzugs bei Teilzahlungsdarlehen zugeschnitten und nicht auf den Interessenausgleich bei wesentlicher Verschlechterung der Vermögensverhältnisse. Dafür bietet § 490 Abs. 1 BGB bzw. regelmäßig der Vertrag selbst die taugliche Grundlage und es lässt sich weder dem Wortlaut noch der Begründung des Gesetzes entnehmen, warum und inwiefern § 498 BGB darauf Einfluss zum Nachteil des Darlehensgebers nehmen sollte. Im Gegenteil hat der Gesetzgeber im Rahmen der Begründung des Risikobegrenzungsgesetzes klargestellt, dass „[d]ie Kündigung nach § 490 Abs. 1 BGB wegen einer wesentlichen Verschlechterung der Vermögensverhältnisse des Schuldners oder einer wesentlichen Wertminderung des sichernden Grundstücks und darauf beruhender Ausfallgefahr [...] nicht berührt [wird].“[330]

C. Rechtsfolgen verzugsbedingter Verbraucherkreditkündigung

Sind die Voraussetzungen des § 498 BGB gegeben und übt der Darlehensgeber sein Kündigungsrecht wirksam aus, fällt die Teilzahlungsabrede weg und der Anspruch auf Rückzahlung des Restkapitals wird fällig. Vertragszinsen sind ab diesem Zeitpunkt nach dem ungeschriebenen Grundsatz zinsrechtlicher Akzessorietät nicht mehr geschuldet.[331] Daran anknüpfend[332] vermindern sich die Gesamtkosten (§ 6 Abs. 3 PAnGV) um die Zinsen und sonstigen laufenden Kosten, die bei gestaffelter Berechnung auf

---

328 Insofern wohl unstr., siehe: Jauernig/*Berger*, § 498 Rn. 10; *Schürnbrand*, in: Münchener Kommentar zum BGB (2017), § 498 Rn. 24 m.w.N.

329 Siehe oben: § 8 A. I. sowie § 8 B.

330 BT-Drs. 16/9821 S. 16.

331 Im gegenständlichen Zusammenhang: *Schürnbrand*, in: Münchener Kommentar zum BGB (2017), § 498 Rn. 26; zu den entsprechenden Wirkungen der Kündigung nach § 490 Abs. 1 BGB, s.o. § 8 A. IV.

332 Ebda.

die Zeit nach Fälligkeit entfallen, § 501 BGB.[333] Ungeachtet dessen bleibt der Darlehensnehmer grundsätzlich zum Ersatz von Schäden nach §§ 280 Abs. 2, 286, 249 ff. BGB und Zinsen aus § 497 BGB verpflichtet, die in der verzögerten Rückzahlung des Restkapitals nach Mahnung oder Ablauf einer kalendermäßig vereinbarten Rückzahlungsfrist gründen.[334]

I. Die Kontroverse um das Verhältnis von Verzugszins und Nichterfüllungsschaden in der Rechtsprechung

In der obergerichtlichen Rechtsprechung war indes umstritten, in welchem Umfang der Darlehensgeber bei berechtigter verzugsbedingter Kündigung eines grundpfandrechtlich gesicherten Festzinsdarlehens sowohl Verzugszinsen wegen der verspäteten Rückzahlung der Valuta als auch Ersatz des Nichterfüllungsschadens geltend machen kann. Ausgangsfall war, dass der Darlehensnehmer den Darlehensgeber durch fortgesetzten Ratenzahlungsverzug zur Kündigung und Gesamtfälligstellung des Darlehens veranlasst hatte. Nach der berechtigten Kündigung machte die Bank Verzugszinsen wegen der nicht erfolgten Rückzahlung der Darlehenssumme geltend und forderte zudem eine Zinsausfallentschädigung in Höhe des positiven Interesses („Nichterfüllungsschaden").

1. Alternativität von Verzugszins und Nichterfüllungsschaden

Mit Urteil vom 7.11.2007 entschied das OLG Hamburg,[335] dass der Darlehensgeber neben dem Verzugszins wegen der nicht erfolgten Rückzahlung der Valuta nach berechtigter Kündigung gem. §§ 280 Abs. 2, 286, 288 BGB keinen weitergehenden Anspruch auf Ersatz des Nichterfüllungsschadens aus „§§ 280 I, 249 I, 252 BGB"[336] geltend machen kann. Zwar seien die Voraussetzungen eines solchen Anspruchs auf „eine Zinsausfallentschädigung als Schadenersatz wegen Nichterfüllung des vorzeitigen Vertrages"[337] bei

---

333 Die Kostenermäßigung des § 501 wirkt nicht anspruchsbegründend, sondern ist lediglich als Rechnungsposten bei der Abwicklung des beendeten Vertrages zu berücksichtigen, siehe nur: Palandt/*Weidenkaff*, § 501 Rn. 1.

334 HK-BGB/*Wiese*, § 498 BGB Rn. 10; *Schürnbrand*, in: Münchener Kommentar zum BGB (2017), § 498 Rn. 26 m.w.N.

335 OLG Hamburg, Urt. v. 7.11.2007 – 10 U 5/07, juris.

336 OLG Hamburg, Urt. v. 7.11.2007 – 10 U 5/07, juris Rn. 14.

337 Ebda.

berechtigter bankseitiger Kündigung wegen Verzugs grundsätzlich gegeben. Jedoch sei dessen Geltendmachung ausgeschlossen, wenn der Darlehensgeber bereits einen Anspruch auf Ersatz des Verzögerungsschadens geltend gemacht habe. In Anschluss an die Rechtsprechung des BGH,[338] „wonach der Darlehensnehmer in einem derartigen Fall die Zinsausfallentschädigung nur ‚anstelle' des Verzögerungsschadens nach §§ 280 II, 286 BGB"[339] verlangen könne, sei dem Darlehensgeber eine kumulative Geltendmachung der in Rede stehenden Schadenspositionen zu verwehren, da dieser sonst im Ergebnis mehr erhielte als bei ordnungsgemäßer Vertragserfüllung.[340]

Dem ist der 23. Senat des OLG Frankfurt a.M. mit Urteil vom 13.4.2011[341] gefolgt und hat die vorangegangene Verurteilung[342] der beklagten Bank zur Rückzahlung des Auflösungsschadens, den diese neben dem Verzögerungsschaden kumulativ vereinnahmt hatte, unbeanstandet gelassen und die Berufung insoweit zurückgewiesen. Mit Geltendmachung des gesetzlichen Verzugszinses bzw. des Vertragszinses in entsprechender Anwendung des § 628 Abs. 2 BGB[343] sei der Schaden des Darlehensgebers voll abgegolten. Der zweifache Ansatz von Ausfallentschädigungen sei nicht statthaft.[344]

2. Nebeneinander von Verzugszins und Nichterfüllungsschaden

Nur Monate später hat der 9. Senat des OLG Frankfurt a.M. mit Urteil vom 23.11.2011 in Widerspruch dazu entschieden,[345] dass der Darlehensgeber neben der „Vorfälligkeitsentschädigung"[346] auch „Verzugszinsen auf die auch die Vorfälligkeitsentschädigung umfassende Gesamtrestforderung [...] für den Zeitraum ab Kündigung" [347] geltend machen darf.[348]

---

338 BGH, Urt. v. 28.4.1988 – III ZR 57/87, NJW 1988, 1967.
339 OLG Hamburg, Urt. v. 7.11.2007 – 10 U 5/07, juris Rn. 15.
340 OLG Hamburg, Urt. v. 7.11.2007 – 10 U 5/07, juris Rn. 16.
341 OLG Frankfurt, Urt. v. 13.4.2011 – 23 U 386/09, BKR 2012, 66.
342 Durch das LG Frankfurt, Urt. v. 9.10.2009 – 2/23 O 501/08.
343 Vgl.: BGH, Urt. v. 28.4.1988 – III ZR 57/87, BGHZ 104, 337, 341.
344 OLG Frankfurt, Urt. v. 13.4.2011 – 23 U 386/09, BKR 2012, 66, 70.
345 OLG Frankfurt, Urt. v. 23.11.2011 – 9 U 76/10, BKR 2012, 18.
346 So die Diktion aaO.
347 OLG Frankfurt, Urt. v. 23.11.2011 – 9 U 76/10, BKR 2012, 18, 22.
348 Das Urteil ist in der bankrechtlichen Literatur nahezu durchgehend begrüßt worden, wobei die Nähe zur Kreditwirtschaft einiger Kommentatoren nicht unerwähnt bleiben soll, siehe: *Welter*, WuB I E 3. 1.13; *Freckmann/Rösler/Wimmer*,

Sinngemäß hat das OLG Stuttgart mit umfassend begründetem Urteil vom 11.2.2015 entschieden, dass Auflösungsschaden und Verzugsschaden strikt zu unterscheidende Positionen seien, die die Bank nebeneinander in Ansatz bringen kann.[349] Der Verzugsschaden der Bank gründe darin, dass sie ihr zustehende Geldmittel nicht termingerecht erhalte und keine Zinsen daraus erwirtschaften kann.[350] Dementgegen umfasse der Auflösungsschaden, „den Schaden, den die Bank dadurch erleidet, dass sie wegen vorzeitiger Auflösung des Vertrags ihre Erfüllungsansprüche auf Zinszahlung verliert."[351] Dabei handele es sich um einen Anspruch auf Schadenersatz statt der Leistung, die der Darlehensnehmer auf Grundlage des Vertrages hätte erbringen müssen, §§ 280 Abs. 1, 3, 281, 288 Abs. 4 BGB, während der Verzugsschaden allein aus der nicht vereinbarungsgemäßen Erfüllung fälliger und durchsetzbarer Zahlungsansprüche des Darlehensgebers resultiere, §§ 280 Abs. 2, 286, 288 Abs. 1, 497 Abs. 1 BGB.[352]

3. Die Spezialität von Verzugszins gegenüber Nichterfüllungsschaden

Mit Urteil vom 19.1.2016 hob der BGH das vorgenannte Urteil des 9. Senates des OLG Stuttgart teilweise auf, verurteilte die beklagte Bank zur Rückzahlung des bereits vereinnahmten Nichterfüllungsschadens nebst Rechtshängigkeitszinsen aus § 812 Abs. 1 S. 1 1. Alt. BGB.[353] Dem Darlehensgeber habe neben dem Anspruch auf Ersatz des Verzugsschadens, für dessen Ermittlung im gegebenen Fall die verbraucherkreditrechtliche Sondervorschrift des § 497 Abs. 1 BGB in der bis zum 10.6.2010 geltenden Fassung einschlägig war, kein weitergehender Schadenersatzanspruch zugestanden, sodass die Zahlung der „Vorfälligkeitsentschädigung" ohne Rechtsgrund erfolgt sei.[354] Im Anwendungsbereich des § 497 BGB soll dies nach mittler-

---

BankPraktiker 2013, 308; *Merz*, BankPraktiker 2013, 344, 346 f.; *Edelmann/Hölldampf*, BB 2014, 202; *Krepold/Kropf*, WM 2015, 1, 13; vgl. aus der Rechtsprechung auch: OLG München, Urt. v. 31.3.2014 – 17 U 4313/13, WM 2014, 1341.

349   OLG Stuttgart, Urt. v. 1.2.2015 – 9 U 153/14, BKR 2015, 237 Rn. 76.
350   OLG Stuttgart, Urt. v. 1.2.2015 – 9 U 153/14, BKR 2015, 237 Rn. 77.
351   OLG Stuttgart, Urt. v. 1.2.2015 – 9 U 153/14, BKR 2015, 237 Rn. 78.
352   Vgl. die zustimmende Anmerkung von: *Wiehe*, BKR 2015, 464, 465; ebenso: *Bunte*, NJW 2016, 1626.
353   BGH, Urt. v. 19.1.2016 – XI ZR 103/15, BGHZ 208, 278.
354   BGH, Urt. v. 19.1.2016 – XI ZR 103/15, BGHZ 208, 278 Rn. 14 f.

weile bestätigter Rechtsauffassung des BGH[355] jedoch nicht daraus folgen, dass sich die Geltendmachung von Verzugs- und Nichterfüllungsschaden gegenseitig ausschließen. Vielmehr soll § 497 Abs. 1 BGB eine verbraucherkreditrechtliche Spezialregelung zur Schadensberechnung nach berechtigter verzugsbedingter Kündigung durch den Darlehensgeber enthalten, die „die Geltendmachung einer als Ersatz des Erfüllungsinteresses verlangten Vorfälligkeitsentschädigung" von vornherein ausschließt.[356]

Nach der bisherigen – von verbraucherkreditrechtlichen Erwägungen noch unberührten – Rechtsprechung des BGH verbleibe der Bank für die Zeit nach wirksamer Verzugskündigung kein vertraglicher Zinsanspruch. Stattdessen stehe ihr ein Anspruch auf Ersatz des Verzögerungsschadens zu, wobei sie ihren Verzugsschaden konkret oder abstrakt berechnen könne. Anstelle dieses Verzögerungsschadens könne die Bank in entsprechender Anwendung des § 628 Abs. 2 BGB aber grundsätzlich auch den bisherigen Vertragszins als Schadenersatz wegen Nichterfüllung verlangen, wobei sich dieser Zinsanspruch nur auf das noch offene Darlehenskapital bezieht und auf den Umfang beschränkt ist, in dem der Darlehensgeber eine rechtlich geschützte Zinserwartung hatte.[357]

Mit Einführung von § 11 VerbrKrG[358] habe der Gesetzgeber die Verzugsschadensberechnung im Verbraucherkreditrecht gegenüber diesen – in den Urteilen des BGH vom 28.4.1988[359] aufgestellten – Grundsätzen nochmals vereinfachen und einen Rückgriff auf den Vertragszins grundsätzlich ausschließen wollen.[360] Dementsprechend sei die noch im Regierungsentwurf enthaltene Regelung des § 11 Abs. 3 VerbrKrG-E, aufgrund derer der Kre-

---

355 BGH, Urt. v. 22.11.2016 – XI ZR 187/14, WM 2017, 97.

356 BGH, Urt. v. 19.1.2016 – XI ZR 103/15, BGHZ 208, 278 (Ls.); BGH, Urt. v. 22.11.2016 – XI ZR 187/14, WM 2017, 97, je in Anschluss an OLG Zweibrücken, Urt. v. 24.7.2000 – 7 U 47/00, WM 2001, 24, 25; siehe ferner die Literaturnachw. bei: BGH, Urt. v. 19.1.2016 – XI ZR 103/15, BGHZ 208 Rn. 22.

357 BGH, Urt. v. 19.1.2016 – XI ZR 103/15, BGHZ 208, 278 Rn. 20 mit Verweis auf seine Urt. v. 28.4.1988 – III ZR 57/87, BGHZ 104, 337 und III ZR 120/87, WM 1988, 1044.

358 Soweit der Verbraucher mit Zahlungen, die er auf Grund des Kreditvertrages schuldete, in Verzug kam, hatte er den geschuldeten Betrag nach § 11 Abs. 1 VerbrKrG mit fünf vom Hundert über dem jeweiligen Diskontsatz der Deutschen Bundesbank zu verzinsen, wenn nicht im Einzelfall der Kreditgeber einen höheren oder der Verbraucher einen niedrigeren Schaden nachweisen konnte.

359 BGH, Urt. v. 28.4.1988 – III ZR 57/87, BGHZ 104, 337 und III ZR 120/87, WM 1988, 1044.

360 BGH, Urt. v. 22.11.2016 – XI ZR 187/14, WM 2017, 97 Rn. 17.

ditgeber auf die fällige Restschuld abweichend von § 11 Abs. 1 S. 1 VerbrKrG den Vertragszins hätte verlangen können, wegen ihrer mangelnden Praktikabilität im Gesetzgebungsverfahren ersatzlos gestrichen worden.[361] Eine Besserstellung des vertragsbrüchigen gegenüber dem vertragstreuen Schuldner sei für den Bereich des Verbraucherdarlehensgeschäfts zum Zwecke der (Prozess-)Vereinfachung bewusst in Kauf genommen und auch im Zuge der Überführung des § 11 VerbrKrG in § 497 Abs. 1 BGB nicht revidiert worden. Im Gegenteil sei der Anwendungsbereich des § 497 Abs. 1 BGB gegenüber der verbraucherkreditrechtlichen Vorgängernorm sogar erweitert und die vereinfachte Verzugsschadensberechnung auch für Immobiliardarlehensverträge festgeschrieben worden.[362] Werde dem Darlehensgeber gleichwohl ein im Grunde auf dem Vertragszins beruhender Anspruch auf „Vorfälligkeitsentschädigung" zugebilligt, liefe dies dem gesetzgeberischen Konzept der vereinfachten Verzugsschadensermittlung im Verbraucherkreditrecht zuwider.[363]

Schließlich sei ein Anspruch des Darlehensgebers auf Zahlung einer Vorfälligkeitsentschädigung nur für die Fälle ausdrücklich normiert, in denen der Darlehensnehmer den Darlehensvertrag vorzeitig kündigt oder erfüllt, vgl. §§ 490 Abs. 2, 502 BGB. Dass der Gesetzgeber keine entsprechende Regelung für die verzugsbedingte Kündigung durch den Darlehensgeber – etwa in § 490 Abs. 1 BGB –[364] getroffen hat, könne „im Wege des Umkehrschlusses zumindest als Hinweis darauf verstanden werden, dass ein solcher Anspruch im Anwendungsbereich des § 497 Abs. 1 BGB ausgeschlossen sein soll."[365]

II. Die Kontroverse in der Literatur

Die nunmehr in den Urteilen vom 19.1.2016 und 22.11.2016 dokumentierte Rechtsauffassung des BGH wurde bereits im Rahmen eines früheren Verfahrens[366] durch einen entsprechenden Hinweis des damaligen Vorsit-

361 BGH, Urt. v. 22.11.2016 – XI ZR 187/14, WM 2017, 97 Rn. 19.
362 BGH, Urt. v. 22.11.2016 – XI ZR 187/14, WM 2017, 97 Rn. 21.
363 BGH, Urt. v. 22.11.2016 – XI ZR 187/14, WM 2017, 97 Rn. 18.
364 Vgl.: *Winneke/Reiff*, VuR 2016, 52, 57.
365 BGH, Urt. v. 22.11.2016 – XI ZR 187/14, WM 2017, 97 Rn. 21; siehe auch: *Winneke/Reiff*, aaO.
366 BGH, Anerkenntnisurt. v. 17.1.2013 – XI ZR 512/11, juris; vorgehend: OLG Frankfurt, Urt. v. 23.11.2011 – 9 U 76/10, BKR 2012, 18.

zenden des XI. Zivilrechtssenats *Ulrich Wiechers* deutlich.[367] Schon dessen Andeutung, dass der BGH § 497 Abs. 1 BGB im verbraucherkreditrechtlichen Massengeschäft als abschließende Regelung für die Schadensbestimmung im Verzugsfalle erachtet, blieb weder in der obergerichtlichen Rechtsprechung[368] noch in der Bankrechtswissenschaft unbeachtet. Insbesondere kreditwirtschaftsnahe Autoren waren alarmiert und befeuerten die bereits unter Geltung des Verbraucherkreditgesetzes schwelende Diskussion[369] neu.

1. Die kritischen Stimmen

So formierte sich angesichts der wirtschaftlichen Bedeutung der Streitfrage in der kreditwirtschaftsnahen Bankrechtsliteratur schnell Widerspruch zur These *Ulrich Wiechers*,[370] der nach der Verkündung des Urteils vom 19.1.2016 nochmals stärker wurde und in einer Vielzahl überaus kritischer Beiträge mündete.[371] Darin werden im Wesentlichen die folgenden Kritikpunkte erörtert.

Erstens wird dem BGH vorgeworfen, er missachte den Unterschied zwischen Verzögerungsschaden und Nichterfüllungsschaden. Sowohl § 497 Abs. 1 BGB in alter und neuer Fassung als auch die Vorgängernorm des § 11 Abs. 1 VerbrKrG enthalten allenfalls spezielle Regelungen zur Verzugsschadensermittlung. Der Ersatz des Schadens, der aus der vorzeitigen Kündigung und Gesamtfälligstellung des Darlehens resultiert, sei hingegen nie Gegenstand der verbraucherkreditrechtlichen Sondervorschriften gewesen. Dabei handele es sich um Schadenersatz statt der Leistung, durch den die berechtigte Zinserwartung des Darlehensgebers gewahrt werde. Dieser Anspruch auf Ersatz des positiven Interesses aus §§ 280 Abs. 1, 3, 281 BGB (i.V.m. §§ 314 Abs. 4, 288 Abs. 4 BGB) sei strikt vom Verzöge-

---

367 Siehe: *Edelmann/Hölldampf*, BB 2014, 202 m.w.N.
368 OLG Frankfurt a.M., Urt. v. 3.12.2014 – 17 U 130/14, juris.
369 Siehe dazu die umfassenden Nachw. bei: BGH, Urt. v. 19.1.2016 – XI ZR 103/15, BGHZ 208, 278 Rn. 22.
370 *Krepold/Kropf*, WM 2015, 1, 12 ff.; *Edelmann*, Banken-Times SPEZIAL Bankrecht, Januar/Februar/März 2015, 7f.; *Edelamm/Hölldampf*, BB 2014, 202; *Freckmann/Rösler/Wimmer*, BankPraktiker 2013, 308; *Hinrichs*, ZflR 2013, 369; *Knöpfel*, NJW 2014, 3215; *Merz*, BankPraktiker 2013, 347; vgl. auch: *Wiehe*, BKR 2015, 464.
371 *Bunte*, NJW 2016, 1626; *Hertel*, jurisPR-BKR 4/2016 Anm. 3; *G. Müller*, WM 2016, 2201; *Keding*, BKR 2016, 244, *Haertlein/Hennig*, EWiR 2016, 391; *M. Huber*, WM 2017, 605.

rungsschaden aus §§ 280 Abs. 2, 286, 497 Abs. 1 BGB zu unterscheiden. Dem Anspruch auf Ersatz des Verzögerungsschadens in der nach § 497 BGB normierten Höhe (Diskontsatz + 2,5 %) werde mit der (termingerechten) Rückzahlung der Valuta jede Grundlage entzogen. Demgegenüber werde die geschützte Zinserwartung des Darlehensgebers unabhängig davon schon in dem Moment enttäuscht, in dem der Darlehensgeber das Darlehen gem. § 498 BGB (gesamt)fällig stelle. Allein die Kündigung führe zum nachhaltigen Wegfall des Vertragszinsanspruchs, wofür der Darlehensnehmer verzugsunabhängig Schadenersatz statt der Leistung zu zahlen habe.

Zweitens werde durch die Interpretation des § 497 BGB als abschließende Regelung zur Schadenersatzbestimmung im Verzugsfall eine unsachgerechte Besserstellung des vertragsbrüchigen gegenüber dem vertragstreuen Darlehensnehmer provoziert. Während der vertragstreue Verbraucher das Vertragszinsinteresse des Darlehensgebers vollumfänglich im Wege periodischer Zahlungen oder durch Leistung einer Vorfälligkeitsentschädigung gem. §§ 502, 490 Abs. 2 S. 3 BGB befriedigen müsse, werden säumige Zahler noch belohnt, indem sie von ebendiesen Zahlungen befreit und nur mit Verzugszinsen in Höhe von §§ 497 Abs. 4 BGB n.F., 503 Abs. 3 BGB konfrontiert werden. Eine solche Besserstellung sei nicht nur offensichtlich ungerecht, sondern finde auch keine Stütze im Wortlaut oder der Begründung des Gesetzes. Der Gesetzgeber habe lediglich die Ermittlung des Verzugsschadens vereinfachen und pauschalieren und dabei – abweichend von den bisherigen höchstrichterlichen Vorgaben –[372] einen Rückgriff auf den Vertragszins ausschließen wollen. Insofern habe er aus Gründen der Rechtsvereinfachung in der Tat eine Besserstellung des vertragsbrüchigen gegenüber dem vertragstreuen Verbraucher in Kauf genommen und auch auf Ausnahmeregelungen, wie sie beispielsweise noch in § 11 Abs. 3 BGB-E vorgesehen war,[373] verzichtet.[374] Es sei jedoch an keiner Stelle erwogen worden, dem Darlehensgeber auch den Ersatz des Auflösungsschadens zu verwehren. Die Entschädigung für den entgangenen Zinsgewinn nach vorzeitiger Gesamtfälligstellung sei weder Gegenstand der verbraucherkreditrechtlichen Regelungen noch der hierzu angestellten gesetzgeberischen Überlegungen gewesen, sondern gehöre in voller Höhe zu den ersatzfähigen Schadenspositionen des Darlehensgebers.

---

372 BGH, Urt. v. 28.4.1988 – III ZR 57/87, BGHZ 104, 337, 342 f.
373 BT-Drs. 11/5462, S. 28.
374 Auf einhellige Empfehlung des Rechtsausschusses, siehe: BT-Drs. 11/8274, S. 22.

Schließlich sei es verfehlt, aus dem Umstand, dass *de lege lata* ein An-spruch auf Vorfälligkeitsentschädigung nur Fällen der vorzeitigen Vertrags-kündigung oder -erfüllung durch den Darlehensnehmer normiert ist, *e contrario* zu schließen, dass ein solcher Anspruch bei verzugsbedingter Kündigung durch den Darlehensgeber nicht vorgesehen sei. Ganz im Ge-genteil bedürfe es der §§ 490 Abs. 2 S. 3, 502 BGB nur, da der Zinsanspruch des Darlehensgebers mit der berechtigten Kündigung oder Rückzahlung des Darlehens sonst ersatzlos entfiele.[375] Da dies die Gefahr einer erhebli-chen Verteuerung bis hin zum Verschwinden festverzinslicher Darlehens-gestaltungen berge,[376] werde in §§ 490 Abs. 2 S. 3, 502 BGB ausdrücklich festgeschrieben, dass der Darlehensgeber in Höhe seines positiven Interes-ses schadlos zu halten ist. Dessen bedürfe es bei einer berechtigten Kündi-gung durch den Darlehensgeber gem. §§ 314, 498 BGB nicht. Die Berechti-gung, Schadenersatz zu verlangen, werde durch die Kündigung nicht aus-geschlossen, §§ 314 Abs. 4, 288 Abs. 4 BGB und ergebe sich daher schon ohne weiteres aus §§ 280 Abs. 1, 3, 281 BGB. Mit fortgesetztem Zahlungs-rückstand verletze der Darlehensnehmer seine Pflichten aus dem Darle-hensvertrag und veranlasse den Darlehensgeber zurechenbar zur Kündi-gung der Geschäftsbeziehung unter den Voraussetzungen von § 314 Abs. 1 BGB bzw. § 498 BGB. In Folge dessen entfalle der Vertragszinsan-spruch des Darlehensgebers und ihm entstehe ein kausaler, nach den für § 490 Abs. 2 S. 3 BGB entwickelten Grundsätzen zu berechnender Schaden i.S.v. §§ 249 ff. BGB.[377]

2. Die Stimmen im Sinne des BGH

Die überwiegend kritische Rezeption der aktuellen höchstrichterlichen Rechtsprechung soll nicht darüber hinwegtäuschen, dass der BGH zur Un-terstützung seiner Rechtsauffassung auf zahlreiche Stimmen in der oberge-richtlichen Rechtsprechung und Literatur verweisen konnte, die eine Gel-tendmachung des Nichterfüllungsschadens anstelle des reglementierten Verzögerungsschadens im Anwendungsbereich des § 497 Abs. 1 BGB a.F. wie auch des § 11 VerbrKrG ablehnten.[378] Auch im Nachgang wurde die

---

375 So im Besonderen: *Haertlein/Hennig*, EWiR 2016, 391, 392.
376 Vgl.: § 9 D. III. 5. a.
377 Vgl: *M. Huber*, WM 2017, 605, 607 f.; *Edelamm/Hölldampf*, BB 2014, 202.
378 Siehe abermals die Nachw. in: BGH, Urt. v. 19.1.2016 – XI ZR 103/15, BGHZ 208, 278 Rn. 22.

rechtliche Würdigung des BGH von Teilen der Literatur ausdrücklich begrüßt und verteidigt.[379]

Den Kritikern wird insbesondere entgegengehalten, dass der BGH keineswegs die unterschiedlichen Schadenspositionen miteinander vermenge. Es werde nicht bestritten, dass Verzögerungsschaden und Nichterfüllungsschaden klar voneinander zu trennen seien. Der BGH sei vielmehr zu dem Ergebnis gelangt, dass § 497 Abs. 1 BGB eine abschließende Regelung enthalte, die den Rückgriff auf den Vertragszins als Grundlage der Schadensberechnung für den Zeitraum nach Wirksamwerden der Kündigung generell ausschließe.[380]

Dies ergebe sich entgegen der Gegenansicht sehr wohl aus Normhistorie und *telos* des § 497 BGB. Der Gesetzgeber habe die Verzugsfolgen im Kampf gegen den „modernen Schuldturm" generell zu Gunsten des ohnehin finanziell angeschlagenen Verbrauchers transparenter und moderater gestalten wollen. Nach den insofern grundlegenden Urteilen des BGH vom 28.4.1988 habe der Darlehensgeber im Verzugsfalle einen vertragszinsbasierten Nichterfüllungsschaden nur „anstelle" des Verzögerungsschadens gem. § 628 Abs. 2 BGB analog geltend machen können. Selbst dieser Zinsanspruch sei aber lediglich angesichts des Verzugs mit dem noch offenen Kapital und längstens bis zum Ende der geschützten Gewinnerwartung gewährt worden. Ein zusätzlicher Schadenersatzanspruch wegen des entgangenen Zinsgewinns sei auch nach der damaligen Rechtsprechung nicht vorgesehen gewesen. Jedenfalls aber solle der Verbraucher in Folge der verzugsbedingten Gesamtfälligstellung eines notleidenden Kredits gem. § 498 BGB neben den pauschal anzusetzenden (§ 497 Abs. 1 S. 1, Abs. 4 BGB) oder konkret nachzuweisenden Verzugszinsen (§ 497 Abs. 1 S. 2 BGB) keinen weitergehenden, vertragszinsbasierten Ersatzforderungen des Darlehensgebers ausgesetzt sein. Die damit einhergehende Privilegierung des vertragsbrüchigen Verbrauchers sei bewusst in Kauf genommen, um dessen offenbar prekäre Finanzlage nicht weiter zu verschlimmern und ihm die Chance einer vollständigen Schuldbegleichung zu erhalten.[381] Das Risiko, dass dadurch ein falscher Anreiz zum Vertragsbruch durch den ablösungswilligen Verbraucher gesetzt werden könnte, habe der Gesetzgeber gesehen, aber aufgrund der mitunter gravierenden Folgen einer verzugsbe-

---

379 *Jungmann*, WuB 2016, 263; *Feldhusen*, JZ 2016, 580, 584; *Tiffe*, VuR 2016, 303; siehe ferner: *Winneke/Reiff*, VuR 2016, 52, die sich aaO. bereits unmittelbar vor dem Urteil für die von *Wiechers* angedeutete Rechtsauffassung aussprachen.

380 Vgl. auch: BGH, Urt. v. 22.11.2016– XI ZR 187/14, WM 2017, 97 Rn. 24.

381 Dezidiert dazu: *Jungmann*, WuB 2016, 263, 265 f.

dingten Kündigung (z.B. SCHUFA-Eintrag, Zwangsvollstreckung usw.) als unerheblich erachtet.[382] Ferner bleibe dem Darlehensgeber auch die Möglichkeit, das Darlehen trotz Verzuges nicht fällig zu stellen und die Vollstreckung auf die rückständigen Raten zu beschränken.[383] Damit habe der Darlehensgeber nach wie vor die prozessualen Mittel in der Hand, sein Vertragszinsinteresse – insbesondere gegenüber opportunistisch agierenden Verbrauchern – effektiv durchzusetzen.

III. Stellungnahme

Letztlich handelt es sich bei der Frage, ob der Darlehensgeber bei verzugsbedingter Kündigung neben dem abstrakt oder konkret zu ermittelnden Verzögerungsschaden auch Ersatz des Nichterfüllungsschadens verlangen kann, in erster Linie um eine rechtspolitische Frage, auf die der Gesetzgeber *de lege ferenda* eine klare Antwort geben sollte.

1. Die Konkurrenz der Schadenspositionen im bürgerlichen Recht

Hierfür gilt es im Ausgangspunkt sämtliche in Betracht kommenden und potentiell konkurrierenden Schadenspositionen zu benennen, die aus dem Verzug des Darlehensnehmers herrühren können.

Soweit der Darlehensnehmer mit der Zahlung seiner Raten in Verzug gerät, hat er den geschuldeten Betrag nach §§ 288 Abs. 1 BGB zu verzinsen. Der „geschuldete Betrag" umfasst das Darlehenskapital, Zinsen, Kosten und Schadenersatzansprüche.[384] „Das Zinseszinsverbot in § 289 Satz 1 BGB beschränkt sich auf die gesetzlichen Verzugszinsen nach § 288 Satz 1 BGB, § 352 Abs. 1 Satz 1 HGB, schließt aber einen Schadensersatzanspruch wegen verzögerter Zinszahlung nicht aus."[385] Die Höhe des Verzögerungsschadens ist nach ständiger Rechtsprechung des BGH grundsätzlich unabhängig vom Vertragszins zu ermitteln und ab Verzugseintritt allein auf schadensrechtlicher Grundlage gem. §§ 286, 288 BGB zu bestimmen. Dem

---

382 Vgl.: *Jungmann*, WuB 2016, 263, 266; *Tiffe*, VuR 2016, 303, 304.

383 Darauf weisen auch einige Kritiker der höchstrichterlichen Rspr. hin: *Edelamm/ Hölldampf*, BB 2014, 202, 206 f.; *Bunte*, NJW 2016, 1626, 1630; *G. Müller*, WM 2016, 2201, 2209; zur konkreten Vorgehensweise im Wege der Zwangsverwaltung: *Stapper/Böhme*, NZI 2016, 230, 232.

384 *Kessal-Wulf*, in: Staudinger, BGB (2012), § 497 Rn. 24 m.w.N.

385 BGH, Urt. v. 7.11.1985 – III ZR 128/84, NJW-RR 1986, 205, 207.

liegt die Erwägung zu Grunde, dass der Darlehensnehmer mit Fälligkeits-eintritt die Berechtigung zur Kapitalnutzung verliert. Dies gilt gleicherma-ßen für die kündigungsbedingte Fälligkeit des Gesamtkapitals wie für den fällig gewordenen Tilgungsanteil einzelner Raten.[386] Für die insofern un-berechtigte Kapitalnutzung kann der Darlehensgeber nicht mehr den ver-traglich geschuldeten Zins beanspruchen, sondern nur noch den im Scha-denersatzrecht gründenden Verzugszins.[387] Der vertraglichen Gegenleis-tung weicht demnach der Ersatz des Schadens, den der Darlehensgeber da-durch erleidet, dass ihm vertragsmäßig zustehende Geldmittel vorenthal-ten werden, die ihm dann zur Renditeerzielung fehlen. Kurzum: Sämtliche ausstehenden Zahlungen sind heute grundsätzlich mit fünf Prozentpunk-ten über dem Basiszinssatz zu verzinsen, § 288 Abs. 1 BGB.

Befindet sich der Darlehensnehmer fortgesetzt im Zahlungsrückstand, kann der Darlehensgeber gem. § 314 BGB berechtigt oder – etwa zur Wah-rung kaufmännischer Sorgfalt – gehalten sein, das Darlehen zu kündigen und gesamtfällig zu stellen. Mit der Kündigung kann der Darlehensgeber die Aufforderung zur sofortigen oder fristgerechten Rückführung des Rest-kapitals verbinden. Sofern der Darlehensnehmer die Valuta gleichwohl nicht zurückzahlt, gerät er mit seiner Leistung auf den Rückzahlungsan-spruch aus § 488 Abs. 1 S. 2 BGB in Verzug und muss grundsätzlich auch hierauf Verzugszinsen gem. § 288 BGB leisten. Um zu verhindern, dass der vertragsbrüchige Schuldner das Kapital unberechtigt zinsgünstiger nutzen kann als berechtigt, gesteht er dem Darlehensgeber außerhalb des Anwen-dungsbereichs von § 497 BGB nach dem Rechtsgedanken des § 628 Abs. 2 BGB zu, statt ggf. niedrigerer Verzugszinsen den Vertragzins geltend zu machen.[388]

Im Übrigen gehen die künftigen Vertragszinsansprüche nach dem Grundsatz zinsrechtlicher Akzessorietät unter. Mit Ausgleich der kündi-gungsbegründenden Zahlungsrückstände und der (termingerechten) Rückzahlung des Restkapitals endet der Verzug schließlich und der Darle-hensnehmer wird von jeglicher Zinszahlungsverpflichtung frei. Anders ge-wendet entgeht dem Darlehensgeber in Folge der Kündigung und Gesamt-fälligstellung des Darlehens der Zinsgewinn, den er bis Laufzeitende bzw. jedenfalls bis zum Ende der Festzinsabrede erwirtschaftet hätte.[389] Die Fra-ge, ob der Darlehensgeber diesen Nichterfüllungsschaden neben dem Ver-

---

386 *Kessal-Wulf*, in: Staudinger, BGB (2012), § 497 Rn. 11.
387 BGH, Urt. v. 28.4.1988 – III ZR 57/87, BGHZ 104, 337, 338 m.w.N.
388 BGH, Urt. v. 28.4.1988 – III ZR 57/87, BGHZ 104, 337, 342 f.
389 § 9 D. III. 1.

zugsschaden geltend machen kann, war schon vor den Grundsatzurteilen des BGH vom 28.4.1988 umstritten[390] und wurde auch darin nur vage thematisiert. Der BGH hatte sich mit Blick auf den streitgegenständlichen Ratenkredit mit der Aussage begnügt, dass die Banken keine zusätzlichen Schadenersatzansprüche wegen des entgangenen Zinsgewinns geltend machen werden, sofern der Kreditnehmer seine Verpflichtung zur Zahlung des Nettorestkreditbetrages unverzüglich nach Eintritt der vorzeitigen Fälligkeit erfüllt.[391] Allerdings wies der BGH im gleichen Atemzuge darauf hin,

> „dass er Hypothekenbanken das Recht [zubillige], in ihren AGB Kreditnehmern, die durch Vertragsverletzungen Anlaß zur vorzeitigen Kündigung langfristiger Hypothekarkredite gegeben haben, zum Pauschalersatz des durch die Kündigung entgangenen Gewinns für die Zeit bis zum Ende der Rückzahlungssperrfrist zu verpflichten (Beschl. v. 17.3.1988 – III ZR 138/87)."[392]

Damit traf der BGH beiläufig zwei gewichtige Aussagen. Einerseits erkannte er grundsätzlich einen Anspruch des Darlehensgebers auf Ersatz seines positiven Interesses wegen zur Kündigung veranlassenden Zahlungsverzuges an. Andererseits erlaubte er dem Darlehensgeber sogar, einen solchen Anspruch in den AGB von Immobiliarkreditverträgen festzuschreiben und zu pauschalieren, womit er *a maiore ad minus* auch anerkannt haben dürfte, dass der Darlehensgeber den Auflösungsschaden bei Immobiliarkreditverträgen aus dispositivem Recht geltend machen kann.[393]

Unter dieser Prämisse kann es bei der Ermittlung von Verzugs- und Nichterfüllungsschaden bei Immobiliarkrediten zu klärungsbedürftigen Überschneidungen kommen. Namentlich im Zeitraum zwischen Kündigung und Rückzahlung des Restkapitals hätte der Darlehensnehmer sowohl Verzugszinsen gem. § 288 BGB bzw. Vertragszinsen gem. § 628 Abs. 2 BGB analog auf das rückständige Restkapital zu entrichten und müsste den Darlehensgeber zudem für den entgangenen Zinsgewinn entschädigen, sofern man bei der Berechnung des Auflösungsschadens auf

---

390 Zum damaligen Meinungsstand: *Emmerich/Kessler*, Konsumentenkredite, S. 137 ff.
391 BGH, Urt. v. 28.4.1988 – III ZR 57/87, BGHZ 104, 337, 342.
392 Ebda.
393 Vgl.: BGH, Beschl. v. 17.3.1988 – III ZR 138/87, jurion.

den Zeitpunkt der wirksamen Kündigung abstellt.[394] Hierfür wird vorgebracht,[395] dass Auflösungs- und Verzögerungsschaden jeweils unterschiedliche Vermögensnachteile des Darlehensgebers ausgleichen, sodass nur die kumulative Geltendmachung beider Schadenspositionen eine vollumfängliche Restitution gewährleistet. Denn einerseits müsse sich der Darlehensgeber die vorenthaltenen Geldmittel zeitweise (teuer) am Markt besorgen[396] und könne diese andererseits nur zu den nunmehr gängigen Marktkonditionen wiederanlegen.[397] Haben sich die Zinskonditionen im Vergleich zum Vertragszins verschlechtert, folge aus der vorzeitigen Fälligkeit des Kapitals (auch) ein Schaden in Vorfälligkeitsentschädigungshöhe (vgl. § 490 Abs. 2 S. 3 BGB).[398]

Der BGH hat nun aber mit Recht klargestellt, dass der Darlehensgeber seinen Nichterfüllungs- und Verzögerungsschaden nicht kumulativ, sondern nur alternativ geltend machen kann.[399] Er hat die Wahl. Er kann die offenen Darlehensvaluta in voller Höhe zurückverlangen und darauf nach den allgemeinen Vorschriften Verzugszinsen verlangen (Verzögerungsschaden). Oder er kann einen Anspruch auf Schadenersatz statt der Leistung in Höhe seines positiven Interesses gem. §§ 280 Abs. 1, Abs. 3 und 281 BGB geltend machen, d.h. er kann verlangen, wirtschaftlich so gestellt zu werden, wie er stünde, wenn der Darlehensnehmer den Vertrag ordnungsgemäß erfüllt hätte (Nichterfüllungsschaden).[400] Handelt es sich beim gekündigten Vertrag – wie regelmäßig – um ein Annuitätendarlehen, ist der Darlehensgeber also so zu stellen, wie er stünde, wenn der Darlehensnehmer seinen Zins- und Tilgungsverpflichtungen bis zum Ende der gesicherten Zinserwartung vollumfänglich nachgekommen wäre. Mit anderen Worten gilt es den Einmalbetrag zu ermitteln, den der Darlehensnehmer zahlen muss, um die nach der Kündigung versiegenden Zahlungsströme

---

394 Nach Ansicht des BGH hat der Darlehensgeber die Wahl, ob er seinen Anspruch auf Vorfälligkeitsentschädigung bzw. Ersatz des Nichterfüllungsschadens zum Zeitpunkt der Zahlung oder des Wirksamwerdens der Kündigung berechnet, BGH, Urt. v. 20.2.2018 – XI ZR 445/17, NJW 2018, 1812 Rn. 29 ff.

395 OLG Stuttgart, Urt. v. 9.6.2017 – 9 U 220/16, BeckRS 2017, 145233 Rn. 37 ff.

396 So die vom Gesetzgeber präferierte Refinanzierungsthese, BT-Drs. 11/5462, S. 26.

397 Nach der sog. Wiederanlagethese ist der Bank als Verzugsschaden der abstrakte Wiederanlagegewinn bei (gedacht) rechtzeitiger Leistung zu ersetzen, BGH, Urt. v. 28.4.1988 – III ZR 57/87, BGHZ 104, 337, 344.

398 *Edelamm/Hölldampf*, BB 2014, 202.

399 BGH, Urt. v. 20.2.2018 – XI ZR 445/17, NJW 2018, 1812 Rn. 33 ff. (mit zust. Anm. *Bausch*).

400 BGH, Urt. v. 20.2.2018 – XI ZR 445/17, NJW 2018, 1812 Rn. 34, 36.

auszugleichen. Nach den Vorgaben des BGH ist dazu zunächst der gesamte ab dem Wirksamwerden der Kündigung noch geschuldete Zahlungsstrom aus Zins- und Tilgungsleistungen auf Vertragszinsbasis zu ermitteln und um ersparte Risikovorsorge sowie die ersparten jährlichen Verwaltungsaufwendungen zu kürzen. In einem zweiten Schritt sind die Beträge mit dem aktiven Wiederanlagezins abzuzinsen, der auf dem Kapitalmarkt bei der laufzeitkongruenten Anlage in sichere Kapitalmarkttitel zu erzielen war.[401] Damit knüpft der BGH an die anerkannte Methodik zur Berechnung von Vorfälligkeits- und Nichtabnahmeentschädigung an[402] und orientiert sich bei der Ermittlung des positiven Interesses sachgerecht am gesamten ab dem Wirksamwerden der Kündigung noch geschuldeten Zahlungsstrom aus Zins- und Tilgungsleistungen.[403] Damit wird die von den Parteien (regelmäßig) vereinbarte Annuität auch bei der Berechnung des Nichterfüllungsschadens berücksichtigt.[404] Bei ordnungsgemäßer Durchführung des Vertrages wären dem Darlehensgeber die vereinbarten Zins- und Tilgungszahlungen zugeflossen. Schadenrechtliches Äquivalent dessen ist der abgezinste Gesamtbetrag jener Leistungen und gerade nicht das „bloße Nebeneinander" von vollständig fällig gestelltem Restkapital in nicht abgezinster Höhe, hierauf anfallenden Verzugszinsen sowie Schadensersatz statt der Leistung (lediglich) für die entgangenen Zinszahlungen.[405]

Der Darlehensgeber muss sich also zwischen der Geltendmachung seines positiven Interesses bzw. Nichterfüllungsschadens und einem möglichen Verzögerungsschaden betreffend der „[...] in nicht abgezinster Höhe fällig gestellte[n] Restdarlehensvaluta"[406] entscheiden. Eine Vermengung ist weder sachgerecht noch zulässig.[407]

2. Die Entwicklung im Verbraucherkreditrecht – ein Spekulationsbeitrag

Die Verzugszinsrechtsprechung des BGH wurde vom Gesetzgeber bereits kurze Zeit nach Erlass der wegweisenden Urteile vom 28.3.1988 BGB bei der Schaffung des Verbraucherkreditgesetzes berücksichtigt. In Anlehnung

---

401 BGH, Urt. v. 20.2.2018 – XI ZR 445/17, NJW 2018, 1812 Rn. 38.
402 BGH, Urt. v. 20.2.2018 – XI ZR 445/17, NJW 2018, 1812 Rn. 37.
403 BGH, Urt. v. 20.2.2018 – XI ZR 445/17, NJW 2018, 1812 Rn. 39.
404 BGH, Urt. v. 20.2.2018 – XI ZR 445/17, NJW 2018, 1812 Rn. 38.
405 BGH, Urt. v. 20.2.2018 – XI ZR 445/17, NJW 2018, 1812 Rn. 39.
406 Ebda.
407 BGH, Urt. v. 20.2.2018 – XI ZR 445/17, NJW 2018, 1812 Rn. 33, 39.

daran wurde im (späteren)[408] § 11 Abs. 1 VerbrKrG normiert, dass der Verbraucher den geschuldeten Betrag mit fünf vom Hundert über dem jeweiligen Diskontzinssatz der Deutschen Bundesbank zu verzinsen hat, wenn der Kreditgeber im Einzelfall keinen höheren Schaden nachweist. Damit wollte der Gesetzgeber zum einen „die Verzugszinsproblematik als miturschlichen Faktor für die ständig ansteigende Verschuldung von Verbraucherhaushalten [aufgreifen]"[409] und zum anderen „die entstandene Rechtsunsicherheit bei der Bestimmung der zulässigen Verzugszinsen im Bereich der Verbraucherkredite beseitigen."[410] In Vorgriff auf die entsprechende Modifizierung der allgemeinen Vorschrift des § 288 Abs. 1 BGB,[411] die erst mit Umsetzung des Gesetzes zur Beschleunigung fälliger Zahlungen vom 30.3.2000 erfolgte,[412] wurde dem Darlehensgeber eine abstrakte Verzugszinsermittlung erlaubt, die sich zu Gunsten des Verbrauchers zwingend am veränderlichen Basiszinssatz zu orientieren und vertragszinsunabhängig zu erfolgen hat. Eine abweichende Regelung war nach dem ursprünglichen Gesetzesentwurf in § 11 Abs. 3 VerbrKrG-E für den Fall vorgesehen, dass der Verbraucher mit der Rückzahlung der Restschuld in Verzug gerät.[413] Den höchstrichterlichen Vorgaben entsprechend[414] sollte damit die berechtigte Zinserwartung des Darlehensgebers „in Anlehnung an den Gedanken des § 628 Abs. 2 BGB"[415] gewahrt werden, indem er „so lange den um die Einmalkosten bereinigten Effektivzins verlangen [können sollte], bis die Summe des anfangs kalkulierten Zinsertrags erreicht ist."[416] Demgegenüber erachtete der Rechtsausschuss des Bundestages jene Ausnahmeregelung als unpraktikabel und „durch die Rechtsprechung des Bundesgerichtshofs überholt",[417] worauf § 11 Abs. 3 VerbrKrG-E gestrichen wurde. Am Ende des Gesetzgebungsverfahrens stand mit § 11 VerbrKrG eine Vorschrift, die bei der abstrakten Verzugsschadensermittlung bei verbraucherdarlehensrechtlichen Ratenkrediten einen Rückgriff auf den Vertragszins konsequent ausschloss. Daran änderte sich auch mit Überführung in

---

408 Im Gesetzesentwurf noch § 10 VerbrKrG-E, siehe: BT-Drs. 11/5462, S. 7.
409 BT-Drs. 11/5462, S. 25.
410 Ebda.
411 Vgl.: BT-Drs. 14/1246, S. 5.
412 BGBl. I, S. 330.
413 BT-Drs. 11/5462, S. 28.
414 BGH, Urt. v. 28.4.1988 – III ZR 57/87, BGHZ 104, 337, 342 f.
415 BT-Drs. 11/5462, S. 28.
416 Ebda.
417 BT-Drs. 11/8274, S. 22.

§ 497 BGB im Zuge der Schuldrechtsmodernisierung nichts; vielmehr wurde der Anwendungsbereich auf Immobiliardarlehen ausgedehnt.[418]

An keiner Stelle des Gesetzes oder der Materialien findet sich indes ein eindeutiger Hinweis darauf, ob mit § 11 VerbrKrG bzw. den Nachfolgevorschriften eine abschließende Regelung für die Geltendmachung verzugsbedingter Schäden geschaffen werden sollte. Die Gesetzesgenese lässt vielmehr sowohl Raum für die dementsprechende Interpretation des BGH als auch für die konträre Annahme eines Nebeneinanders von Verzögerungs- und Nichterfüllungsschaden. Diese Ambivalenz wurzelt nach hiesigem Dafürhalten bereits in der grundlegenden Verzugsrechtsprechung des BGH, an der sich der Gesetzgeber bei der Kodifikation des § 11 VerbrKrG orientiert hat.[419] Hierin wurde vom BGH für Ratenkredite – ohne Beleg – unterstellt, dass die Banken bei unverzüglichem Ausgleich des Nettokreditbetrages von der Forderung zusätzlicher Schadenersatzansprüche wegen des entgangenen Zinsgewinns für die Restlaufzeit absehen.[420] Damit hätte sich die Frage nach dem Verhältnis zwischen Verzugs- und Nichterfüllungsschaden für den BGH gar nicht stellen dürfen. Allerdings sah er es offenbar als ungerecht an, dass der Darlehensnehmer das Restkapital in der Zeit zwischen Kündigung und Rückzahlung ggf. zu besseren Konditionen als zuvor nutzen kann und gewährte dem Darlehensgeber insofern einen Anspruch auf „den bisherigen Vertragszins als Schadenersatz wegen Nichterfüllung des vorzeitig beendeten Vertrages", den er „anstelle des Verzögerungsschadens nach § 286 BGB gem. dem Rechtsgedanken des § 628 Abs. 2 BGB"[421] verlangen kann. Statt dem Darlehensgeber einen Anspruch auf Ersatz des Auflösungsschadens wegen Pflichtverletzung zu gewähren und ihn so nach den allgemeinen Grundsätzen der §§ 249 ff. BGB wirtschaftlich so zu stellen, wie er stünde, wenn der Vertrag durch den Darlehensnehmer ordnungsgemäß erfüllt worden wäre,[422] hat er einen Ersatz des Nichterfüllungsschadens begründungslos negiert und einen alternativen Vertragszinsanspruch analog § 628 Abs. 2 BGB hergeleitet. Die dafür notwendige planwidrige Regelungslücke hat der BGH mit anderen Worten erst geschaffen, indem er den bestehenden Anspruch auf Ersatz des Nichterfüllungsschadens unreflektiert beiseiteschob. [423]

---

418 BT-Drs. 14/6040, S. 256.
419 BT-Drs. 11/5462, S. 28.
420 BGH, Urt. v. 28.4.1988 – III ZR 57/87, BGHZ 104, 337, 342.
421 Jeweils ebda.
422 Vgl. bereits: *Emmerich/Kessler*, Konsumentenkredite, S. 138.
423 Siehe auch die kritischen Stimmen von *Reifner*, JZ 1988, 1130, 1134 zur damaligen sowie *M. Huber*, WM 2017, 605, 608 zur aktuellen Rechtslage.

Und auch der Gesetzgeber sah sich in Anschluss an den BGH offenbar nicht dazu veranlasst, einen möglichen Anspruch des Darlehensnehmers auf Ersatz des Auflösungsschadens wegen Pflichtverletzung zu thematisieren, zumal ein solcher im Anwendungsbereich des § 11 VerbrKrG angesichts der höchstrichterlichen Erwägungen überhaupt nicht zur Debatte stand. Ganz in diesem Sinne beschränken sich die Erwägungen des Gesetzgebers zum Nichterfüllungsschaden des Darlehensgebers auf die mögliche Gewährung des Vertragszinsanspruchs aus dem Restkapital für die Zeit der unberechtigten Nutzung ab Kündigung bis zur Rückzahlung bzw. dem Ende des Zeitraums der geschützten Zinserwartung. Tatsächlich umgesetzt wurde eine entsprechende Regelung aber – wie erwähnt – nicht.[424]

Spätestens mit Überführung des § 11 VerbrKrG in § 497 BGB und insbesondere der Erweiterung des Anwendungsbereichs auf Immobiliarkredite hätte es indes einer ausdrücklichen Klärung des Verhältnisses von Auflösungsschaden und Verzugsschaden durch den Gesetzgeber bedurft. Denn anders als bei Ratenkrediten erachtete der BGH den kündigungsbedingten Auflösungsschaden bei Immobiliarkrediten als relevante und berechtigte Schadensposition der Banken. Gleichwohl beließ es der Gesetzgeber bei der apodiktischen Aussage, dass

„§ 497 RE [...] bis auf die neue Regelung eines pauschalen Verzugszinses für Hypothekardarlehen und bis auf redaktionelle Anpassungen an die neue Diktion des Darlehensrechts und die angepassten Verweisungen dem bisherigen § 11 VerbrKrG [entspricht]."[425]

Damit wiederum hat der Gesetzgeber den Boden für die heutige Diskussion um die Reichweite des § 497 BGB bereitet, die angesichts der inhaltlichen Leere der gesetzgeberischen Begründung nur als spekulativ bezeichnet werden kann.

So kann man sich auf den Standpunkt stellen, dass der Gesetzgeber der abschließenden Regelung des § 11 VerbrKrG mit Einführung des § 497 BGB auch für Immobiliarkredite dem Grunde nach umfassende Geltung verleihen wollte, obwohl § 11 VerbrKrG in Ansehung der grundlegenden BGH-Rechtsprechung nur auf Ratenkredite zugeschnitten war.[426]

Ebenso gut kann man mutmaßen, dass § 11 VerbrKrG nach Vorstellung des Gesetzgebers lediglich die Verzugsschadensermittlung im engeren Sinn regelte, da die Banken bei der verzugsbedingten Kündigung von Ratenkre-

---

424 Vgl. BT-Drs. 11/8274, S. 22.
425 BT-Drs. 14/6040, S. 256.
426 Vgl.: § 14 C. II. 2.

diten sowieso keine weitergehenden Ansprüche auf Ersatz des Auflösungsschadens geltend machen. In dem Fall hätte § 11 VerbrKrG keine Aussage darüber getroffen, ob der Darlehensgeber neben dem pauschalierten Verzugsschaden auch den Nichterfüllungsschaden geltend machen kann, da sich die Konkurrenzfrage im Anwendungsbereich des § 11 VerbrKrG gar nicht stellte.[427] Und weil der Gesetzgeber die Regelung inhaltlich unverändert übernehmen wollte, dürfte auch die Nachfolgeregelung des § 497 BGB heute nichts anderes regeln als die Ermittlung des Verzugsschadens im engeren Sinne. Es gibt keine Hinweise darauf, dass der Gesetzgeber mit § 497 BGB eine abschließende Regelung zur Schadensermittlung im Verzugsfalle schaffen wollte, unabhängig davon, dass die Regelung nunmehr auch für Immobiliarkredite gilt. Die knappe Begründung des Gesetzgebers könnte vielmehr dafürsprechen, dass § 497 BGB nach wie vor nur die Ermittlung des Verzögerungsschadens im engeren Sinne betrifft. Etwas anderes hätte der Gesetzgeber substantiierter begründen müssen.

3. Die wünschenswerte Klarstellung auf Grundlage teleologischer Erwägungen

Am Ende ist es müßig, über die tatsächlichen Vorstellungen des Gesetzgebers zu streiten.[428] Und auch die Systematik des geltenden Rechts bietet – entgegen den Ausführungen des BGH und vereinzelter Stimmen in der Literatur –[429] keine weiterführenden Hinweise. Insbesondere ist es verfehlt, aus den Anspruchsgrundlagen, die dem Darlehensgeber einen positivrechtlichen Anspruch auf Vorfälligkeitsentschädigung gewähren, *e contrario* darauf zu schließen, dass ihm ein solcher Anspruch im Falle der eigenen berechtigten verzugsbedingten Kündigung nicht zusteht. Der angesprochenen Regelungen der §§ 490 Abs. 2 S. 3, 502 BGB bedarf es jeweils, um den Darlehensgeber trotz der berechtigten vorzeitigen Vertragsbeendigung durch den Darlehensnehmer schadlos zu halten und einen fairen Ausgleich der individuellen und gesamtwirtschaftlichen Interessen zu gewährleisten. Demgegenüber ergibt sich der Anspruch des Darlehensgebers auf Ersatz des Auflösungsschadens bei berechtigter verzugsbedingter Kündigung bereits ohne weiteres aus §§ 280 Abs. 1, 3, 281 BGB. Für eine

---

427 Vgl.: § 14 C. II. 1 und § 14 C. III. 1.
428 In diese Richtung auch: *Keding*, BKR 2016, 244, 246.
429 BGH, Urt. v. 19.1.2016 – XI ZR 103/15, BGHZ 208, 278 Rn. 30; *Winneke/Reiff*, VuR 2016, 52, 57.

positiv-rechtliche Regelung im Sinne der §§ 490 Abs. 2, 502 BGB fehlt daher jedes Bedürfnis. Aus dem Fehlen einer unnötigen Regelung kann nun aber nicht geschlossen werden, dass die tatsächlich bestehenden Vorschriften mit dem nämlichen Regelungsgehalt nicht zur Anwendung kommen.[430]

Eine wünschenswerte Klarstellung durch den Gesetzgeber kann letztlich nur auf Grundlage teleologischer Erwägungen folgen, wobei die besseren Argumente nach hiesiger Einschätzung für eine Interpretation des § 497 BGB als abschließende Regelung sprechen. Mit Einführung der Vorgängerregelung des § 11 VerbrKrG sollte ausweislich der Gesetzesbegründung „die Verzugszinsproblematik als mitursächliche[r] Faktor für die ständig ansteigende Verschuldung von Verbraucherhaushalten in sogenannten ‚dauernden Zwangskreditverhältnissen' [aufgegriffen werden], in der Öffentlichkeit unter dem Stichwort ‚moderner Schuldturm' charakterisiert."[431] Insofern sollte die Regelung „einen angemessenen Ausgleich zwischen Kreditgebern und säumigen Verbrauchern gewährleisten". Darüber hinaus ging es dem Gesetzgeber insbesondere auch darum, „die entstandene Rechtsunsicherheit bei der Bestimmung der zulässigen Verzugszinsen im Bereich der Verbraucherkredite zu beseitigen."[432]

Von diesen teleologischen Grundvorstellungen ist bei Überführung der Norm in § 497 GB a.F. nicht abgewichen worden.[433] Zugleich ist der Anwendungsbereich auf Immobiliarkredite erweitert worden. Gerade im Immobiliarkreditbereich würde jedoch sowohl das Ziel des Schuldnerschutzes als auch das Ziel der Rechtsvereinfachung weitestgehend verfehlt, wenn § 497 BGB ausschließlich die Ermittlung des Verzugsschadens im engeren Sinne beträfe und es dem Darlehensgeber davon unabhängig offen stünde, den Nichterfüllungsschaden nach allgemeinem Schadenersatzrecht geltend zu machen. Denn dann würde der Darlehensnehmer nicht „nur" mit einer nach § 497 BGB leicht kalkulierbaren Verzugszinsforderung konfrontiert, sondern gegebenenfalls mit einer Schadenersatzforderung, deren Berechnung derzeit alles andere als transparent und einfach gestaltet ist.[434] Hinzukommt, dass der Nichterfüllungsschaden bei ungünstiger Zinsentwicklung sehr hoch ausfallen und für den Verbraucher eine existenzbedro-

---

430 Ebenso: *Haertlein/Hennig*, EWiR 2016, 391, 392.

431 BT-Drs. 11/5462, S. 25.

432 Ebda.

433 *Jungmann*, WuB 2016, 263, 266 spricht insofern vom „für die Sonderregelungen für Verbraucherdarlehen maßgebliche[n] Gesamt-Telos (u.a. von § 497 BGB), dem Schuldner einen Ausweg aus dem ‚modernen Schuldturm' zu ebnen".

434 Vgl. oben: § 9 D. III.

hende Zusatzbelastung begründen kann. Dem kann § 497 BGB nur entgegenwirken, wenn die schadensrechtlichen Verzugsfolgen damit abschließend geregelt werden und im Ergebnis ein Schuldenschnitt zu Gunsten finanziell strauchelnder Verbraucher bewirkt wird. Auf diese Weise werden die Chancen erhöht, dass der Verbraucher seine Verbindlichkeiten letztendlich doch noch erfüllen kann bzw. das Risiko gesenkt, dass sich die Verschuldung mehr und mehr verstetigt.[435]

Gegen die hier vertretene Sichtweise kann in der Sache völlig zu Recht eingewandt werden, dass der vertragsbrüchige Verbraucher gegenüber vertragstreuen Darlehensnehmern privilegiert wird. Die Privilegierung des säumigen Verbrauchers ist allerdings erforderlich, um das Risiko chronischer Überschuldung zu minimieren. Bei vorzeitiger Erfüllung des Kreditvertrages nach § 500 Abs. 2 BGB oder berechtigter Kündigung des Kreditvertrages nach § 490 Abs. 2 BGB bedarf es dessen nicht, da die vorzeitige Kreditbeendigung in diesen Fällen nicht in der Zahlungsunfähigkeit des Darlehensnehmers, sondern in dem Bedürfnis nach anderweitiger Verwertung des Sicherungsobjekts gründet.[436] Auch mit Rücksicht darauf, dass dem Darlehensgeber im Verzugsfalle eine berechtigte Schadensposition abgeschnitten wird, führt die Privilegierung des säumigen Verbrauchers unter Abwägung der widerstreitenden Interessen nicht zu einer unangemessenen Benachteiligung der Kreditwirtschaft und kann mit Blick auf die gesetzgeberischen Schuldnerschutzbestrebungen hingenommen werden. Befindet sich der Verbraucher tatsächlich in der Krise und kann schon die laufenden Raten nicht mehr bedienen, wird ihn in aller Regel schon die Gesamtfälligstellung und der damit verbundene sofortige Liquiditätsentzug vor schwer überwindbare Herausforderungen stellen. Fordert der Darlehensgeber darüber hinaus noch Ersatz des Auflösungsschadens, wird dies in vielen Fällen zur völligen Überforderung des Verbrauchers führen und das Risiko einer dauernden Überschuldung deutlich erhöhen. Demgegenüber erhöht ein faktischer Schuldenschnitt nach § 497 BGB auch im Interesse des Darlehensgebers die Chance, dass der Verbraucher die aufgelaufenen Verbindlichkeiten doch noch bedienen kann, da er zusätzlich „nur" mit dem spezialgesetzlich vorgesehenen Verzugszins gem. § 497 BGB belastet wird.[437]

---

435 *Jungmann*, WuB 2016, 263, 266.
436 Siehe oben: § 9 B. II. 2. a. und unten: § 15 C. I. 1.
437 *Jungmann*, WuB 2016, 263, 266.

Vergleichsweise unerheblich ist die vielerorts[438] beschworene Gefahr möglicher Fehlanreize.[439] Auch in Ansehung der günstigen Verzugsschadensfolgenregelung wird der Verbraucher in aller Regel weder zur leichtsinnigen Kreditaufnahme noch zur berechnenden Vertragsuntreue verleitet werden. Ersterem wirken insbesondere die weitreichenden Pflichten des Darlehensgebers zur Information (§ 492 Abs. 2 BGB n.F.) und Kreditwürdigkeitsprüfung (§§ 505a bis 505d BGB n.F.) entgegen. Nach treffender Argumentation des Gesetzgebers lohnt sich ein opportunistisches Vorgehen des Verbrauchers „aber auch nicht wegen der Gefährdung der Kreditwürdigkeit, der unverzüglichen Konfrontation mit der Gesamtforderung aufgrund einer Gesamtfälligstellung und den durch Titulierung und Vollstreckung bedingten Kosten."[440] Der „Leidensdruck" des Verbrauchers muss schon sehr hoch sein, wenn er all dies in Kauf nimmt, um aus dem Kredit „günstiger" als auf konventionellem Wege herauszukommen. Schließlich kann der Darlehensgeber dem ohnehin zuvorkommen, indem er das Darlehen nicht kündigt und im Wege der Zwangsverwaltung nur in die rückständigen Raten samt darauf anfallender Verzugszinsen vollstreckt.[441] Dadurch kann der eigentlich solvente Schuldner, der die hier angenommene Privilegierung des § 497 BGB zweckwidrig ausnutzen will, nicht nur am Vertrag festgehalten werden, sondern zusätzlich mit den Nachteilen der (partiellen) Zwangsvollstreckung konfrontiert werden. Trotz verbraucherfreundlicher Auslegung des § 497 BGB im Sinne des BGH bliebe der fortwährende Zahlungsverzug daher mit so vielen Nachteilen behaftet, dass sich ein kalkulierter Vertragsbruch nicht rechnet.

Alles in allem ist es somit durchaus zweckmäßig, dass der Verbraucher bei berechtigter bankseitiger Kündigung nach § 498 BGB neben den bis dahin aufgelaufenen Verbindlichkeiten ausschließlich den in § 497 BGB normierten Verzugszins auf den geschuldeten Betrag zu entrichten hat. Im Kampf gegen den „modernen Schuldturm" darf es dem Darlehensgeber im Verbraucherkreditrecht verwehrt werden, Schadenersatz für den entgangenen Zinsgewinn nach §§ 280 Abs. 1, 3, 281 BGB zu verlangen. Dies sollte vom Gesetzgeber bei nächster Gelegenheit durch einen deutlichen Hin-

---

438 Stellvertretend sei nur auf die aktuellsten Stimmen hingewiesen: *Bunte*, NJW 2016, 1626, 1629; *Hertel*, jurisPR-BKR 4/2016 Anm. 3; *G. Müller*, WM 2016, 2201, 2207 und 2209; *Keding*, BKR 2016, 244, *Haertlein/Hennig*, EWiR 2016, 391, 392; *M. Huber*, WM 2017, 605.
439 Wie hier: *Jungmann*, WuB 2016, 263, 266; *Tiffe*, VuR 2016, 303, 304.
440 BT-Drs. 111/5462, S. 25.
441 Siehe oben: § 14 C. II. 2. (a.E.).

weis im Gesetz selbst oder zumindest im Rahmen künftiger Gesetzesbegründung klargestellt werden.

§ 15 Die vorzeitige Rückzahlung durch den Verbraucher

Neben dem Schutz vor (dauerhafter) finanzieller Überforderung notleidender Darlehensnehmer auf der einen Seite bietet das Verbraucherkreditrecht liquiden Verbrauchern auf der anderen Seite – mittlerweile auch bei Immobiliar-Verbraucherdarlehensverträgen – die Möglichkeit, ihre Verbindlichkeiten ganz oder teilweise vorzeitig zu erfüllen, § 500 Abs. 2 BGB (*sub* A.), sofern hierfür ein berechtigtes Interesse sowie die Bereitschaft besteht, dem Zinsinteresse des Darlehensgebers durch Zahlung einer Vorfälligkeitsentschädigung gem. § 502 BGB (*sub* B.) abzuhelfen.

A. Das Recht zur vorzeitigen Erfüllung aus § 500 Abs. 2 BGB

Anders als im Anwendungsbereich der Vorschriften des allgemeinen Schuld- und Darlehensrechts[442] wird in § 500 Abs. 2 S. 1 BGB der Grundsatz festgeschrieben, dass der Darlehensnehmer zur jederzeitigen Rückführung (auch) von verzinslichem Kapital berechtigt ist. Dieser verbraucherkreditrechtliche *Default* gilt gem. § 512 BGB halbzwingend, wird *de lege lata* jedoch in § 500 Abs. 2 S. 2 BGB dahingehend eingeschränkt, dass der Darlehensnehmer eines Immobiliar-Verbraucherdarlehensvertrags, für den ein gebundener Sollzinssatz vereinbart wurde, seine Verbindlichkeiten im Zeitraum der Sollzinsbindung nur dann ganz oder teilweise vorzeitig erfüllen kann, wenn hierfür ein berechtigtes Interesse des Darlehensnehmers besteht.

I. Genese

Ihren dogmatischen Ursprung hat die heutige Regelung in Art. 8 der Richtlinie des Rates vom 22.12.1986 zur Angleichung der Rechts- und Verwaltungsvorschriften der Mitgliedstaaten über den Verbraucherkredit

---

442 S.o. § 10.

(87/102/EWG).[443] Bereits in diesem frühen Stadium europäischer Binnenmarktintegration und -harmonisierung sollte dem Verbraucher nach den Erwägungen des Rates gestattet werden, seine Verbindlichkeiten vorzeitig zu erfüllen und ihm in dem Falle eine angemessene Ermäßigung der Gesamtkosten des Kredits einzuräumen.[444]

Die Umsetzung dieser Vorgaben erfolgte durch den deutschen Gesetzgeber zunächst auf rechtlich „zweigeteiltem" Wege.[445] Dem Verbraucher wurde einerseits in § 609a Abs. 1 Nr. 2 BGB a.F. das Recht eingeräumt, einen Festzinskredit nach Ablauf von sechs Monaten nach dem vollständigen Empfang unter Einhaltung einer Kündigungsfrist von drei Monaten ganz oder teilweise zu kündigen, wenn das Darlehen nicht durch ein Grund- oder Schiffspfandrecht gesichert war. Andererseits ermöglichte § 14 VerbrKrG (in direkter Anwendung) die vorzeitige Rückzahlung unter Ermäßigung der Gesamtkosten bei Teilzahlungsgeschäften und (als Auffangvorschrift in entsprechender Anwendung) bei allen Kreditverträgen, die nicht unter § 609a Abs. 1 Nr. 2 BGB a.F. fielen. Dadurch wurde der von Art. 8 der Richtlinie 87/102/EWG beabsichtigte Verbraucherschutz lückenlos umgesetzt.[446] Mit der zwischenzeitlichen Einführung von § 489 BGB a.F. für § 609a BGB a.F. bzw. von § 504 BGB a.F. für § 14 VerbrKrG erfolgten weithin nur redaktionelle Anpassungen,[447] wenngleich die – zwecks Harmonisierung mit § 489 Abs. 1 Nr. 2 BGB a.F. – in § 504 S. 3 BGB a.F. neuaufgenommene Einschränkung der Gesamtkostenermäßigung für die ersten neun Monate nach Vertragsschluss in der Literatur zu Recht als „missglückt"[448] und richtlinienwidrig angesehen wurde.[449]

Mit Umsetzung der Verbraucherkreditrichtlinie hat der Gesetzgeber die „Besonderen Vorschriften für Verbraucherdarlehensverträge" durch die Einführung der entsprechenden Kapitelüberschrift" auch formell als teilemanzipiertes Regelungswerk kenntlich gemacht und hierin sämtliche Sonderregelungen für die Kündigung und vorzeitige Erfüllung von Verbraucherdarlehensverträgen verortet.[450] In § 500 Abs. 2 BGB wird dem Dar-

---

443 Amtsblatt Nr. L 042 v. 12.2.1987, S. 48 – 53; ausführlich dazu: *M. Hoffmann*, Die Reform der Verbraucherkreditrichtlinie (87/102/EWG), S. 20 ff.

444 Siehe: Art. 8 der Richtlinie 87/102/EWG sowie Erwägungsgrund Nr. 18.

445 *Kessal-Wulf*, in: Staudinger, BGB (2012), § 500 Rn. 4.

446 Ebda.

447 *Schürnbrand*, in: Münchener Kommentar zum BGB (2008), § 504 Rn. 2.

448 Ebda.

449 Näher dazu: *Schürnbrand*, in: Münchener Kommentar zum BGB (2008), § 504 Rn. 15 m.w.N. auch zur Gegenansicht.

450 BT-Drs. 16/11643, S. 74 f.

lehensnehmer seit dem in Umsetzung von Art. 16 Abs. 1 S. 1 der Verbraucherkreditrichtlinie das Recht gewährt, seine Verbindlichkeiten aus einem Verbraucherdarlehensvertrag jederzeit ganz oder teilweise zu erfüllen. Bei grundpfandrechtlich gesicherten Darlehen verblieb es demgegenüber bis zur Umsetzung der Wohnimmobilienkreditrichtlinie beim „Sonderkündigungsrecht gemäß § 490 Abs. 2",[451] zumal der Gesetzgeber ganz bewusst auf jegliche Änderungen der Kündigungsdogmatik für Immobiliardarlehen verzichtete.[452]

Mit dem Gesetz zur Umsetzung der Wohnimmobilienkreditrichtlinie vom 11.3.2016[453] ist die heute geltende Fassung des § 500 Abs. 2 BGB eingeführt worden, der nunmehr die vorzeitige Rückzahlung für alle Verbraucherdarlehensverträge regelt. Die bisher in § 503 BGB enthaltene Sonderregelung ist nicht beibehalten worden. Gleichwohl stellt auch das neue Recht unterschiedliche Voraussetzungen an die vorzeitige Rückzahlung von Allgemein- und Immobiliar-Verbraucherdarlehensverträgen, sofern und solange ein gebundener Sollzinssatz vereinbart ist. Beim Immobiliar-Verbraucherdarlehen ist eine vorzeitige Erfüllung in dem Fall nur möglich, wenn hierfür ein berechtigtes Interesse des Darlehensnehmers besteht, § 500 Abs. 2 S. 2 BGB n.F.

Eine inhaltliche Abweichung zum bislang geltenden Recht liegt darin, dass der vorzeitigen Rückzahlung des Immobiliarkredits keine wirksame Kündigung vorausgehen muss.[454] Im Unterschied zu § 490 Abs. 2 BGB wird dem Darlehensnehmer die vollständige und – nunmehr auch – teilweise[455] vorzeitige Erfüllung seiner Verbindlichkeiten aus dem Immobiliar-Verbraucherdarlehensvertrag bereits dann ermöglicht, wenn hierfür ein berechtigtes Interesse besteht und nicht erst wenn seine berechtigten Interessen dies gebieten.[456] Allerdings wird zu Recht bezweifelt, dass mit den unterschiedlichen Formulierungen von § 490 Abs. 2 S. 1 BGB und § 502 Abs. 2 S. 2 BGB tatsächlich unterschiedliche Anforderungen an die vorzeitige Vertragsbeendigung einhergehen bzw. bezweckt sind.[457] Mit der Kodifikation des § 502 Abs. 2 S. 2 BGB hat der deutsche Gesetzgeber den Spielraum genutzt, der vor allem auf Drängen Deutschlands in Art. 25 Abs. 5 der Wohnimmobilienkreditrichtlinie eröffnet worden ist. Die Formulie-

---

451 BT-Drs. 16/11643, S. 85.
452 BT-Drs. 16/11643, S. 88.
453 BGBl. I, S. 396.
454 BT-Drs. 18/5922, S. 90.
455 Darauf verweist zu Recht: *Piekenbrock*, GPR 2015, 26, 33.
456 BT-Drs. 18/5922, S. 90.
457 *Schürnbrand*, in: Münchener Kommentar zum BGB (2017), § 500 Rn. 12.

rung in Art. 25 Abs. 5 sollte es insbesondere dem deutschen Gesetzgeber mit Blick auf die „Vielfalt der Hypothekarkreditmechanismen"[458] ermöglichen, weiterhin (unverändert) hohe Anforderungen an eine vorzeitige Immobiliarkreditbeendigung zu stellen.[459] Mit anderen Worten hätte es der „abgeschwächten" Formulierung des § 500 Abs. 2 S. 2 BGB schon gar nicht bedurft, um den unionsrechtlichen Vorgaben gerecht zu werden.[460] Der Gesetzgeber sah sich indes an einer wortlautgetreuen Orientierung an § 490 Abs. 2 S. 1 BGB gehindert und hat es stattdessen vorgezogen, die engere Formulierung von Art. 25 Abs. 5 der Richtlinie 2014/17/EU zu übernehmen. Dennoch gelten laut Gesetzesbegründung für die vorzeitige Erfüllung von Immobiliar-Verbraucherdarlehen jetzt „nahezu dieselben Voraussetzungen wie für das außerordentliche Kündigungsrecht nach § 490 Absatz 2 BGB"[461] und für die Frage, wann ein berechtigtes Interesse vorliegt, soll an Rechtsprechung und Literatur zur parallelen Frage bei § 490 Abs. 2 BGB angeknüpft werden können.[462]

II. Dogmatische Verortung

Das sichtliche Bemühen um eine Harmonisierung der tatbestandlichen Anforderungen an die vorzeitige Erfüllung von Immobiliar-Verbraucherdarlehen gem. § 500 Abs. 2 BGB und die Kündigung von Immobiliarkrediten gem. § 490 Abs. 2 BGB darf nicht darüber hinwegtäuschen, dass die Beendigungssystematik des allgemeinen Schuld- und Darlehensrechts mit Einführung von § 500 Abs. 2 BGB i.d.F v. 29.7.2009 und § 500 Abs. 2 BGB n.F. buchstäblich „auf den Kopf" gestellt worden ist. Im Anwendungsbereich der allgemeinen Vorschriften gilt der Grundsatz, dass der Darlehensnehmer ein verzinsliches Darlehen nicht vor Laufzeitende

---

458 Erwägungsrund 66 der Richtlinie 2014/17/EU.

459 Siehe: Bundesministerium der Justiz (BMJ), Integration der Märkte für den Hypothekarkredit in der EU, November 2005, S. 8 ff.; dass., Integration der Europäischen Hypothekarkreditmärkte: Stellungnahme zu den Berichten der Unterarbeitsgruppen Finanzierungsfragen und Industrie-Verbraucher-Dialog v. Februar 2007, S. 5; vgl. auch die Antwort der Bundesregierung auf eine kleine Anfrage der FDP-Fraktion u.a.: BT-Drs. 16/7656; näher zum Gesetzgebungsverfahren auf unionsrechtlicher Ebene noch: *Schäfer*, VuR 2014, 207.

460 So auch die Stellungnahme des Bundesrates: BT-Drs. 18/6286, S. 4.

461 BT-Drs. 18/5922, S. 90.

462 Ebda.; angesichts dessen dürfte die an den Richtlinientext angepasste Formulierung eher als (übervorsichtiges) Lippenbekenntnis, denn als gehaltvolle Modifikation zu Gunsten des Verbrauchers zu deuten sein.

zurückführen kann.[463] An einen festverzinslichen Darlehensvertrag mit gebundenem Sollzinssatz bleibt er – unbeschadet einer einvernehmlichen Vertragsbeendigung – grundsätzlich in den Grenzen von §§ 489 Abs. 4 BGB gebunden. Eine einseitige Lösungsmöglichkeit eröffnet das Gesetz dem Darlehensnehmer nur bei Immobiliarkreditverträgen, wenn seine berechtigten Interessen dies gebieten, § 490 Abs. 2 BGB. Diametral dazu wird der verbraucherkreditrechtliche Grundsatz, dass auch verzinsliche Darlehen jederzeit vor Laufzeitende zurückgeführt werden können für Immobiliar-Verbraucherdarlehen in entsprechender Weise eingeschränkt, § 500 Abs. 2 S. 2 BGB.

Die konzeptionellen Unterschiede wurzeln darin, dass die verbraucherkreditrechtliche Sondervorschrift des § 500 Abs. 2 BGB auf anderen dogmatischen Grundlagen basiert als die allgemeinen Kündigungsregelungen der §§ 488 ff. BGB. Der in § 500 Abs. 2 S. 1 BGB normierte Grundsatz der jederzeitigen Erfüllbarkeit von Verbraucherkreditverträgen gründet nicht im nationalen bürgerlichen Recht. Insbesondere bietet die Auslegungsregel des § 271 Abs. 2 BGB[464] keine taugliche Grundlage. Die dogmatischen Wurzeln sind allein in den unionsrechtlichen Vorgaben der Richtlinien 87/102/EWG (Art. 8 S. 1, Art. 14), 2008/48/EG (Art. 16 Abs. 1 S. 1, Art. 22) und 2014/17/EU (Art. 25 Abs. 1 S. 1, Art. 41) zu suchen. Danach oblag es den Mitgliedstaaten, dem Verbraucher das unabdingbare Recht einzuräumen, seine Verbindlichkeiten aus einem Kreditvertrag vorzeitig zu erfüllen. Eine Zweifelsregelung im Sinne von § 271 Abs. 2 BGB hätte dem nicht gerecht werden können und wurde dementsprechend auch zu keinem Zeitpunkt erwogen.[465] Der deutsche Gesetzgeber hat sich vielmehr dafür entschieden, die Spezifika des verbraucherkreditrechtlichen Vertragsregimes im Rahmen der „Besonderen Vorschriften für Verbraucherdarlehen" zu normieren und darin u.a. den Grundsatz vorzeitiger Darlehensrückzahlung halbzwingend festzuschreiben, §§ 500 Abs. 2 S. 1, 512 BGB n.F. (bzw. § 511 BGB a.F.). Mit Ausdehnung des Anwendungsbereiches von § 500 Abs. 2 BGB auf Immobiliardarlehen hat er diesen Grundsatz entsprechend Art. 25 Abs. 5 der Richtlinie 2014/17/EU dahingehend eingeschränkt, dass der Darlehensnehmer eines Immobiliar-Verbraucherdarlehensvertrags, für den ein gebundener Sollzinssatz vereinbart wurde, seine Verbindlichkeiten im Zeitraum der Sollzinsbindung nur dann ganz oder teilweise vorzeitig erfüllen kann, wenn hierfür ein berechtigtes Interesse des Darlehensneh-

---

463 § 10 A. II. 1.
464 BGH, Urt. v. 24.4.1975 – III ZR 147/72, BGHZ 64, 278, 284.
465 Vgl.: *Kessal-Wulf*, in: Staudinger, BGB (2012), § 500 Rn. 4.

mers besteht, § 500 Abs. 2 S. 2 BGB. Auch diese Einschränkung hat ihre Grundlage nicht im allgemeinen Schuld- und Darlehensrecht, sondern allein in der unionsrechtlich gewährten Möglichkeit, den verbraucherdarlehensrechtlichen *Default* im Interesse der Kreditwirtschaft zu modifizieren.

Alles in allem hat der Gesetzgeber mit der Kodifikation des § 500 Abs. 2 BGB n.F. einen Kompromiss in Gesetzesform gegossen, der auf Unionsebene über viele Jahre hinweg erarbeitet worden ist. Namentlich sind die §§ 491 ff. BGB um das unabdingbare Recht des Verbrauchers zur jederzeitigen Rückführung von Immobiliardarlehen erweitert und sogleich durch die Vorschrift § 500 Abs. 2 S. 2 BGB wieder eingeschränkt worden. Damit ist für das immobiliar-verbraucherkreditrechtliche Vertragsregime ein neuer Standard etabliert worden und dennoch kann nach Einschätzung des Gesetzgebers – bemerkenswerterweise – nahtlos an die bislang geltende Praxis angeknüpft werden.[466]

B. Die Vorfälligkeitsentschädigung nach § 502 BGB

Mit der berechtigten vorzeitigen Rückzahlung der Valuta erlischt der Rückzahlungsanspruch des Darlehensgebers, §§ 488 Abs. 1 S. 2, 362 Abs. 1 BGB und die Zinsschuld des Darlehensnehmers endet *ex nunc*.[467] Überzahlte Zinsen und sonstige laufzeitabhängig Kosten fließen in das Abwicklungsverhältnis mit ein und die Gesamtkosten i.S.v. § 6 Abs. 3 PAngV mindern sich entsprechend, § 501 BGB. Spiegelbildlich zu § 501 BGB regelt § 502 BGB die Rechte des Darlehensgebers nach vorzeitiger Beendigung des Darlehensverhältnisses.[468] Der Darlehensgeber kann im Fall der vorzeitigen Rückzahlung eines festverzinslichen Darlehens grundsätzlich[469] eine angemessene Vorfälligkeitsentschädigung verlangen, § 502 Abs. 1 S. 1 BGB. Nach § 502 Abs. 1 S. 2 BGB gilt S. 1 bei Allgemein-Verbraucherdarlehensverträgen nur, wenn der gebundene Sollzinssatz bei Vertragsabschluss vereinbart wurde, da gem. Art. 3 lit. k der Richtlinie 2008/48/EG nur die so entstehende Zinserwartung als berechtigt erachtet wird. Eine vergleichbare Restriktion ist der Wohnimmobilienkreditrichtlinie nicht zu entnehmen und wurde vom deutschen Gesetzgeber auch nicht überschießend kodifiziert, sodass eine nachträgliche Sollzinsverein-

---

466 BT-Drs. 18/5922, S. 90.
467 Siehe oben: § 4 B. IV. 3.
468 BT-Drs. 16/11643, S. 86.
469 Siehe zu den möglichen Ausschlussgründen: Bülow/Artz/*Bülow*, § 502 Rn. 21 ff.

barung bei Immobiliar-Verbraucherdarlehensverträgen dem Anspruch aus § 502 Abs. 1 S. 1 BGB nicht im Wege steht.[470]

Der Anspruch aus § 502 Abs. 1 S. 1 BGB ist dem in § 490 Abs. 2 S. 3 BGB geregelten Anspruch auf Vorfälligkeitsentschädigung nachempfunden und gewährt dem Darlehensgeber „einen besonderen vertraglichen Gegenanspruch [...], dessen Umfang grundsätzlich nach § 249 ff. zu berechnen ist."[471] Es muss ein enger Kausalzusammenhang zwischen der vorzeitigen Rückzahlung und dem Schaden des Darlehensgebers bestehen, dessen Höhe nach den für § 490 Abs. 2 S. 3 BGB aufgestellten Grundsätzen[472] zu ermitteln ist.[473]

Bei Allgemein-Verbraucherdarlehensverträgen darf die Vorfälligkeitsentschädigung nicht die in § 502 Abs. 3 BGB statuierten Höchstgrenzen überschreiten. Damit hat der deutsche Gesetzgeber die Vorgaben aus Art. 16 Abs. 2 der Verbraucherkreditrichtlinie umgesetzt, ohne den von Art. 16 Abs. 4 lit. b eröffneten Spielraum auszunutzen, wonach der Kreditgeber ausnahmsweise eine höhere Entschädigung verlangen kann, wenn er nachweist, dass der aus der vorzeitigen Rückzahlung entstandene Verlust den nach Abs. 2 bestimmten Betrag übersteigt. Da die Wohnimmobilienkreditrichtlinie keine vergleichbare Vorgabe beinhaltet, konnte bei der vorzeitigen Rückzahlung von Immobiliar-Verbraucherdarlehen auf jedwede Deckelung verzichtet werden.

Anders als bei der Ermittlung der Anspruchshöhe, spielt die Unterscheidung zwischen Allgemein- und Immobiliar-Verbraucherdarlehen bei der rechtsdogmatischen Verortung der Anspruchsgrundlage des § 502 Abs. 1 S. 1 BGB keine Rolle. Jener Anspruch ist dem in § 490 Abs. 2 S. 3 BGB geregelten Anspruch auf Vorfälligkeitsentschädigung nachempfunden[474] und ist dementsprechend als gesetzlicher Schadenersatzanspruch nach Vorbild einer Schadlosgarantie einzuordnen.[475] „Die Vorfälligkeitsentschädigung

---

470 Bülow/Artz/*Bülow*, § 502 Rn. 8.
471 BT-Drs. 16/11643, S. 86 f.
472 Siehe oben: § 9 D. III. 1.
473 BT-Drs. 16/11643, S. 87; BT-Drs. 18/5922, S. 91; siehe aber die Kritik von *Knops*, NJW 2018, 1505, 1509 f.: Danach könne der Darlehensgeber bei richtlinienkonformer Auslegung von § 502 BGB lediglich eine angemessene und objektive Entschädigung für die unmittelbar mit der vorzeitigen Rückzahlung des Kredits zusammenhängenden Kosten verlangen, nicht aber den entgangenen (Zins-)Gewinn.
474 BT-Drs. 16/11643, S. 86.
475 Siehe oben: § 9 D. I. 3. b.

bleibt als schadensersatzrechtlicher Anspruch ausgestaltet",[476] der im Unterschied zu § 490 Abs. 2 S. 3 BGB freilich nicht in der Vertragsanpassungsdogmatik der Geschäftsgrundlagenlehre gründet.[477]

Die vorzeitige Rückzahlung des Verbraucherdarlehens entspricht vielmehr dem verbraucherkreditrechtlichen *Default*[478] und bedarf grundsätzlich weder einer besonderen Legitimation auf Tatbestandsebene noch eines Ausgleichs auf Rechtsfolgenseite. Insbesondere hätte es dem nationalen Gesetzgeber nach Art. 25 der Richtlinie 2014/17/EU freigestanden, dem Darlehensgeber jeglichen Anspruch auf Vorfälligkeitsentschädigung bei vorzeitiger Erfüllung von Immobiliar-Verbraucherdarlehen zu verwehren.[479] Aus im Grunde treffenden kreditwirtschaftlichen Erwägungen[480] hat er sich jedoch im Einklang mit den Vorgaben aus Art. 16 Abs. 2 der Richtlinie 2008/48/EG bzw. Art. 25 Abs. 3 der Richtlinie 2014/17/EU dafür entschieden, auch die Schadloshaltung des Kreditgebers bei vorzeitiger Rückzahlung festverzinslicher Kredite zum halbzwingenden Bestandteil des (gesamten) verbraucherkreditrechtlichen Vertragsregimes zu machen. Zu diesem Zweck gewährt § 502 Abs. 1 S. 1 BGB dem Darlehensgeber – ebenso wie § 490 Abs. 2 S. 3 BGB –[481] einen „Schadenersatzanspruch"[482] in Höhe des positiven Interesses, sofern kein gesetzlicher Ausschlusstatbestand einschlägig ist und die Parteien keine abweichende Vereinbarung zu Gunsten des Darlehensnehmers getroffen haben.[483]

C. Die kritische Würdigung des Gesamtkonzepts vorzeitiger Verbraucherkrediterfüllung

Mit Umsetzung der Wohnimmobilienkreditrichtlinie ist eine verbraucherkreditrechtliche Gesamtkonzeption der vorzeitigen Erfüllung gem. §§ 500 Abs. 2, 502 BGB n.F. etabliert worden, anhand der eine gewisse „Janusköpfigkeit" der jüngsten gesetzgeberischen Bemühungen deutlich wird. Einerseits kann die einseitige Beendigung von Allgemein- sowie von Immobiliar-Verbraucherdarlehen nun ausnahmslos auf verbraucherkreditrechtliche

---

476 BT-Drs. 18/5922, S. 91.
477 Vgl. oben: § 9 D. I. 3.
478 Siehe oben: § 15 A.
479 *Schürnbrand*, in: Münchener Kommentar zum BGB (2017), § 502 Rn. 4.
480 Vgl. oben: § 9 D. III. 5.
481 BT-Drs. 16/11643, S. 86.
482 BT-Drs. 16/11643, S. 87.
483 BT-Drs. 16/11643, S. 87; BT-Drs. 18/5922, S. 91.

Vorschriften gestützt werden, die dogmatisch auf eigenen Füßen stehen.[484] Andererseits sind die unionsrechtlichen Spielräume, die teils erst auf deutsche Intervention hin geschaffen wurden, bei der Gestaltung und Begründung der verbraucherkreditrechtlichen Sondervorschriften ausgenutzt worden, um gerade bei der vorzeitigen Beendigung von Immobiliarkrediten einen weitgehenden Gleichlauf mit den Vorschriften des allgemeinen Schuld- und Darlehensrechts zu erreichen.

I. Die Einschränkung des § 502 Abs. 2 S. 2 BGB auf Tatbestandsebene

Den Grundstein dafür bildet die im Einklang mit Art. 25 Abs. 5 der Richtlinie 2014/17/EU kodifizierte Einschränkung der jederzeitigen Erfüllungsmöglichkeit gem. § 502 Abs. 2 S. 2 BGB. Dadurch sind die materiellen Tatbestandsvoraussetzungen für die vorzeitige Beendigung von Immobiliar-Verbraucherdarlehen mit den Kündigungsvoraussetzungen gem. § 490 Abs. 2 BGB weithin harmonisiert worden.

1. Die taugliche Anknüpfung am „Berechtigten Interesse" de lege lata

In dem einen wie dem anderen Fall kann der Darlehensnehmer die Beendigung des Immobiliarkreditvertrages nur dann einseitig herbeiführen, wenn er daran ein berechtigtes Interesse hat. „Für die Frage, wann ein berechtigtes Interesse vorliegt, kann an Rechtsprechung und Literatur zur parallelen Frage bei § 490 Absatz 2 BGB angeknüpft werden."[485] Dies erlaubt jeweils eine praktikable Bestimmung und Abgrenzung der Lebenssachverhalte, die zur vorzeitigen Beendigung von Immobiliarkrediten legitimieren.[486] Anders als bei § 490 Abs. 2 BGB erfolgt die tatbestandliche Anknüpfung an „ein berechtigtes Interesse des Darlehensnehmers"[487] bei § 500 Abs. 2 S. 2 BGB jedoch systemkonform und steht im Einklang mit der zu Grunde liegenden Dogmatik. Aus § 490 Abs. 2 S. 1, 2 BGB ergeben sich die – nach derzeitiger Lesart – untauglichen Kriterien, nach denen dem Darlehensnehmer ausnahmsweise die Möglichkeit zur einseitigen vor-

---

484 § 15 A. II.
485 BT-Drs. 18/5922, S. 90.
486 Vgl. oben: § 9 A. IV.
487 I.S.d. herrschenden Interpretation von § 490 Abs. 2 S. 1, S. 2 BGB, dazu oben: § 9 B. II. 2. a.

zeitigen Beendigung des Darlehensvertrages eröffnet wird. Dementgegen schränkt § 500 Abs. 2 S. 2 BGB die grundsätzliche Möglichkeit zur vorzeitigen Erfüllung von Immobiliarkrediten auf tatbestandlicher Ebene ein. Die dogmatische Grundlage dafür findet sich nicht in den allgemeinen Vorschriften der §§ 313, 314, 271 Abs. 2 BGB, sondern in Art. 25 Abs. 5 der Richtlinie 2014/17/EU, an den die Regelung streng angelehnt ist.[488] Mit dem Vorliegen eines berechtigten Interesses muss daher nicht die hohe Hürde der Unzumutbarkeit der Vertragsfortführung überwunden werden. Es ist ausreichend, dass sich anhand des „berechtigten Interesses" i.S.v. § 500 Abs. 2 S. 2 BGB zweckmäßig differenzieren lässt, unter welchen Tatumständen ein Immobiliar-Verbraucherdarlehen vorzeitig erfüllbar ist oder nicht.

Dafür können in der Tat Rechtsprechung und Literatur zur parallelen Frage bei § 490 Abs. 2 BGB fruchtbar gemacht werden. Zunächst entspricht es der Konzeption des Verbraucherkreditrechts, dass das Recht des Verbrauchers auf vorzeitige Rückzahlung aus § 500 Abs. 2 S. 1 BGB auf Grundlage der herrschenden Interpretation des berechtigten Interesses nur sehr maßvoll eingeschränkt wird. Ferner wird dadurch die Frage, ob ein Immobiliar-Verbraucherdarlehen vorzeitig zurückgezahlt werden kann oder nicht, sach- und interessengerecht beantwortet: Solange der Rückzahlungswunsch des Darlehensnehmers allein im Darlehensvertrag und der Valutaverwendung gründet, überwiegt typischerweise das Interesse des Darlehensgebers an der vertragsgemäßen Einhaltung des Vertrages und dem darauf ggf. abgestimmten Refinanzierungskonzept.[489] Dementgegen wiegt das Interesse des Darlehensnehmers an der vorzeitigen Rückzahlung eines Immobiliar-Verbraucherdarlehens regelmäßig höher, wenn dieses gerade in der freien Verfügung über das Sicherungsobjekt gründet.[490] Dem besonderen Interesse der Kreditwirtschaft an der Kontinuität von Immobiliar-Verbraucherdarlehen wird solange entsprochen, wie der Darlehensnehmer mit der vorzeitigen Rückzahlung nicht eine anderweitige Verwertung der zur Sicherung des Darlehens beliehenen Sache bezweckt. Plakativ formuliert rechtfertigt der Wunsch des Verbrauchers nach freier Verfügung über sein Eigentum die Rückzahlung des dem im Wege stehenden Kredits § 500 Abs. 2 S. 1, S. 2 BGB.[491]

---

488 § 15 A I.
489 BT-Drs. 16/11643, S. 88.
490 Siehe oben: § 9 B. II. 2. a.
491 Vgl. ebda.

2. Die zweifelhafte Notwendigkeit des § 500 Abs. 2 S. 2 BGB de lege ferenda

Auf einem anderen Blatt steht die grundsätzlichere Frage, ob es sich bei § 500 Abs. 2 S. 2 BGB überhaupt um eine sinnvolle Regelung handelt. Zweifel daran ergeben sich insbesondere daraus, dass der Darlehensgeber nach vorzeitiger Rückzahlung eines Immobiliar-Verbraucherdarlehens wirtschaftlich so zu stellen ist, wie er stünde, wenn der Kredit vertragsgemäß bedient worden wäre, § 502 Abs. 1 S. 1 BGB. Sofern kein Ausschlusstatbestand einschlägig ist, geht mit der vorzeitigen Rückzahlung der Verbindlichkeiten aus einem Immobiliar-Darlehensvertrag stets die Pflicht des Darlehensnehmers zur uneingeschränkten Schadloshaltung des Darlehensgebers einher. Damit wird vordergründig das Erfüllungsinteresse des Darlehensgebers gewahrt, um mittelbar das Angebot und die Attraktivität des Immobiliarkredits in Deutschland sicherzustellen.[492] Gleichzeitig wirkt die Pflicht zur Zahlung einer ungedeckelten Vorfälligkeitsentschädigung regulierend und verhindert – unabhängig von der konkreten Zinsentwicklung – eine opportunistische Ablösung von Immobiliarkrediten vor Fälligkeit: Die vermeintlichen Vorteile einer Umschuldung bei degressiver Zinsentwicklung werden durch dementsprechend höher ausfallende Vorfälligkeitsentschädigungsforderungen neutralisiert. Steigen die Zinsen während der Laufzeit oder bleiben sie auf einem Niveau, ergibt die Umschuldung in aller Regel schon wirtschaftlich wenig Sinn. Aufgrund seiner umfassenden Einstandspflicht werden mithin typischerweise weitere besondere Umstände gegeben sein, die den Darlehensnehmer zur vorzeitigen Rückzahlung des Kredits veranlassen.[493]

Ob es daneben einer weiteren Einschränkung des Grundsatzes aus § 500 Abs. 2 S. 1 BGB bedarf, scheint jedenfalls fragwürdig und sollte *de lege ferenda* überdacht werden. Durch die Kompensationspflicht des Darlehensnehmers wird den kreditwirtschaftlichen Interessen im Verbraucherkreditrecht grundsätzlich Rechnung getragen. Daher scheint es möglich und vorzugswürdig, die Unterschiede bei der vorzeitigen Rückzahlung von Allgemein- und Immobiliar-Verbraucherdarlehen zu nivellieren und den unionsrechtlichen Standard jederzeitiger Erfüllbarkeit bei allen Verbraucherdarlehen uneingeschränkt zu verwirklichen.

---

492 Vgl.: BT-Drs. 18/5922, S. 91 f.
493 Vgl.: *M. Hoffmann*, Die Reform der Verbraucherkreditrichtlinie (87/102/EWG), S. 60 f. (Fn. 344).

II. Die paternalistische Überregulierung auf Rechtsfolgenseite

Dies gilt sinngemäß auf Rechtsfolgenseite. Die Deckelung der Vorfälligkeitsentschädigung bei Allgemein-Verbraucherdarlehensverträgen gem. § 502 Abs. 3 BGB ist anschauliches Beispiel für eine überschießende Bevorteilung Weniger auf Kosten der Gesamtheit aller Verbraucher.[494] Es gibt keinen Grund, die vorzeitige Erfüllung der Verbindlichkeiten aus einem Allgemein-Verbraucherdarlehensvertrag gegenüber der tatsächlich vereinbarten Erfüllung zu privilegieren. Der Darlehensnehmer verhält sich in beiden Fällen vertragsgemäß, *arg. ex* § 500 Abs. 2 S. 1 BGB. So ist nicht erklärlich, warum der Darlehensgeber infolge der vorzeitigen Erfüllung einen wirtschaftlichen Nachteil erleiden bzw. der Darlehensnehmer einen wirtschaftlichen Vorteil ziehen soll. Eine überzeugende Begründung liefert auch der Gesetzgeber nicht, der die Deckelung für erforderlich hält, um den Darlehensnehmer nicht durch die Drohung mit einer hohen Ausgleichsforderung von der vorzeitigen Rückzahlung des Darlehens abzuhalten.[495] Mit der vorzeitigen Rückzahlung des Darlehens enttäuscht der Darlehensnehmer die berechtigte Gewinnerwartung des Darlehensgebers. Es ist nur fair, dass der Darlehensnehmer in dem Fall eine Vorfälligkeitsentschädigung zu zahlen hat, um das Erfüllungsinteresse des Darlehensgebers auf diesem Wege zu befriedigen. Der Darlehensnehmer hat die freie Wahl, ob er das positive Interesse des Darlehensgebers „auf einen Schlag" oder vereinbarungsgemäß durch periodische Zahlungen erfüllt. Ein Stufenverhältnis der verschiedenen Erfüllungsvarianten ist weder dem Gesetz noch den zu Grunde liegenden Richtlinien zu entnehmen; beide stehen gleichrangig nebeneinander. Es ist nicht geboten, einen besonderen Anreiz für die vorzeitige Rückzahlung zu setzen. Im Gegenteil führt die zu diesem Zweck kodifizierte Deckelung gem. § 502 Abs. 3 BGB ohne Not und zählbaren Mehrwert zu einer potentiellen Verteuerung festverzinslicher Allgemein-Verbraucherdarlehensverträge.[496] Insbesondere stehen existentielle Belastungen der Darlehensnehmer, die durch eine Begrenzung der Vorfälligkeitsentschädigung abgefedert werden könnten, bei der Rückzahlung von meist konsumgetriebenen Allgemein-Verbraucherdarlehen weit weniger zu befürchten als bei der vorzeitigen Rückzahlung von großvolumigeren Immobiliar-Verbraucherdarlehen. Gerade dafür aber gelten nach dem

---

494 *Schmolke*, Grenzen der Selbstbindung, S 890 f. (zu § 502 BGB i.d.F. v. 24.7.2010), vgl. auch: *Wehrt*, BKR 2018, 221, 230 f.
495 BT-Drs. BT-Drs. 16/11643, S. 87.
496 *Schmolke*, Grenzen der Selbstbindung, S 890 f. (zu § 502 BGB i.d.F. v. 24.7.2010).

eindeutigen Willen des Gesetzgebers[497] keine schadensunabhängigen Höchstgrenzen i.S.d. § 502 Abs. 3 BGB.[498]

Es wäre nach allem für eine Streichung des § 502 Abs. 3 BGB und die Abschaffung jeglicher Höchstgrenzen zu plädieren. Dem stehen jedoch die unionsrechtlichen Vorgaben der Verbraucherkreditrichtlinie entgegen, Art. 16 Abs. 2. Allerdings kann die damit bezweckte Harmonisierung der Rechtsfolgen erreicht werden, indem der deutsche Gesetzgeber von der Öffnungsklausel in Art. 16 Abs. 4 lit. b der Verbraucherkreditrichtlinie Gebrauch macht und dem Darlehensgeber *de lege ferenda* die Geltendmachung eines nachweislich höheren Schadens erlaubt.[499] Dem kann der Darlehensgeber schon heute genügen, indem er die Schadensermittlung auf eine der vom BGH anerkannten Berechnungsmethoden stützt. Die Öffnung zu Gunsten des Darlehensgebers i.S.v. Art. 16 Abs. 4 lit. b sollte jedoch mit der verbindlichen Einführung des Aktiv-Aktiv-Vergleichs verbunden werden, um eine möglichst transparente und nachvollziehbare Berechnung der Vorfälligkeitsentschädigung zu gewährleisten.[500]

D. Abschließende Erwägungen

Abschließend soll noch in aller Kürze auf die von *Derleder* geäußerte These eingegangen werden, dass es auf Dauer rechtssystematisch nicht gerechtfertigt werden könne, Unternehmern ein Recht auf vorzeitige Rückzahlung nicht zu gewähren.[501] Das Gegenteil trifft zu. Beim Recht des Verbrauchers zur vorzeitigen Darlehensrückzahlung aus § 500 Abs. 2 BGB handelt es sich um ein originär verbraucherkreditrechtliches Institut, das dogmatisch im Gemeinschaftsrecht gründet und sich von der allgemeinen Zweifelsregel des § 271 Abs. 2 BGB elementar durch die halbzwingende Ausformung unterscheidet, § 512 BGB.[502] Dementgegen widerspräche es System und Dogmatik des „überkommenen" bürgerlichen Rechts, den Parteien die freie Entscheidung über die Erfüllungsmodalitäten abzunehmen, statt nur im Zweifel eine interessengerechte Lösung vorzuhalten, vgl. § 271 Abs. 2 BGB. Rechtssystematisch ist es damit nicht nur gerechtfertigt,

---

497 BT-Drs.18/6286, S. 24.
498 Näher dazu oben: § 9 D. III. 3. b.
499 A.A.: BT-Drs. BT-Drs. 16/11643, S. 87.
500 Vgl.: § 9 D. III. 6.
501 *Derleder*, NJW 2009, 3195, 3201.
502 § 15 A. II.

sondern geboten, professionell agierenden Darlehensnehmern ein unabdingbares Recht zur jederzeitigen Darlehensrückzahlung zu verwehren.[503] Nach der freiheitlichen Konzeption des allgemeinen Schuld- und Darlehensrechts muss es möglich und zumutbar sein, den Darlehensnehmer – unbeschadet der §§ , 490 Abs. 2, 490 Abs. 3, 313 BGB – an den eigenverantwortlich ausgehandelten Erfüllungsmodalitäten festzuhalten. Demgegenüber ist es klare Vorgabe des europäischen Gesetzgebers, dass dem Verbraucher das – vorzugswürdig ohne tatbestandliche Einschränkung zu gewährende – Recht zur vorzeitigen Rückzahlung nicht auf privatautonomem Wege genommen oder beschränkt werden kann.

Damit wird im Ergebnis eine sach- und interessengerechte rechtssystematische Unterscheidung getroffen: Professionellen Parteien wird der gebührende Raum für eigenverantwortliche Absprachen über die Erfüllungsmodalitäten gelassen, während sich die Parteien im verbraucherkreditrechtlichen Massengeschäft an klaren gesetzlichen Regelungen orientieren können, die das Recht des (unterstellt) strukturell unterlegenen Verbrauchers zur jederzeitigen vorzeitigen Rückzahlung zwingend festschreiben und mit einem – *de lege lata* teils zweckwidrig eingeschränkten –[504] Schadenersatzanspruch[505] des Darlehensgeber verknüpfen, §§ 500 Abs. 2, 501, 502 BGB.

---

503 A.A.: *Derleder*, NJW 2009, 3195, 3201, jedoch ohne nähere Begründung.
504 § 15 C. II.
505 § 15 B.

Kapitel 5 Schluss

Im Zuge der Untersuchung galt es, die vorzeitige Beendigung grundpfandrechtlich gesicherter Festzinskredite *de lege lata* auf dogmatische Konsistenz sowie praktische Tauglichkeit zu untersuchen.[1] Zu Beginn des Schlusskapitels werden die hierbei gewonnenen Erkenntnisse und erarbeiteten Vorschläge in gedrungener Form vorgetragen (*sub* § 16). In Ansehung dessen wird für ein differenziertes Beendigungskonzept plädiert, das sich sowohl eng an den dogmatischen Vorgaben des bürgerlichen Schuld- und Darlehensrechts als auch den unionsrechtlichen Grundlagen des Verbraucherkreditrechts orientiert (*sub* § 17). Am Ende der Bearbeitung werden die wichtigsten Erkenntnisse der Untersuchung nochmals in Thesenform zusammengefasst (*sub* § 18).

§ 16 Zusammenfassung der Ergebnisse

Im Verlauf der Untersuchung ist offenbar geworden, dass sich die Beendigungsdogmatik des bürgerlichen Darlehensrechts und des Verbraucherkreditrechts bisweilen konzeptionell unterscheidet. Es bietet sich insofern an, auch das Erkenntnissubstrat der jeweiligen Regelungskomplexe (*sub* B. und C.) unter Berücksichtigung der wirtschaftlichen und dogmatischen Grundlagen (*sub* A.) – sprich dem Untersuchungsaufbau folgend –nachzuvollziehen.

A. Die wirtschaftlichen und dogmatischen Grundlagen

I. Immobilienfinanzierung in Deutschland

Der Immobiliarkredit ist das Fundament privater[2] und wichtiger Baustein gewerblicher Immobilienfinanzierung.[3] Die Vergabe von Immobiliarkrediten ist eine Domäne der Banken und stellt für Kreditinstitute aller Sekto-

---

1 Vgl.: § 1 A.
2 § 3 A. I.
3 § 3 A. II.

ren einen bedeutsamen Teil ihres Aktivgeschäfts dar.[4] Namhafte Marktanteile haben daneben insbesondere Versicherungen[5] und Bausparkassen;[6] hinzukommen nischenbesetzende „Neuankömmlinge", wie z.B. Private-Equity-Fonds oder Family Offices.[7]

Grundlage für die prävalente Stellung der Banken im Aktivgeschäft sind deren vielfältige Möglichkeiten zur Gestaltung des Passivgeschäfts.[8] Die dabei mit Abstand vorherrschende Refinanzierungsquelle sind seit jeher Einlagen, die den Banken als kurzfristige und niedrigverzinsliche Darlehen zur Verfügung gestellt werden.[9] Den nächstgrößeren Anteil am deutschen „Refinanzierungsmix" haben Schuldverschreibungen, die von Banken in Form von ungedeckten Bankschuldverschreibungen[10] oder *Covered Bonds*[11] ausgereicht werden, um Fremdkapital für langfristige Finanzierungen einzuwerben. Die besondere Eignung für die Refinanzierung langfristiger Kredite ergibt sich jeweils auf Grund der eher langen Laufzeiten solcher Anleihen, wodurch die Laufzeit- und Fristenabstimmung im Rahmen der Aktiv-Passiv-Steuerung leichter fällt. *Covered Bonds* bieten zudem den Vorteil, dass die von den Darlehensnehmern bereitgestellten Kreditsicherheiten auch zur Absicherung der emittierten Wertpapiere genutzt werden, wodurch eine besonders sichere Investitionsmöglichkeit für die Abnehmer geschaffen wird, die den Emittenten auf der anderen Seite eine besonders günstige Refinanzierung ermöglicht. Unter den *Covered Bonds* gilt der deutsche Pfandbrief weltweit als Referenzprodukt.[12] Der Covered-Bond-Markt wird in Deutschland vom Pfandbriefgeschäft dominiert, das seit Inkrafttreten des PfandBG grundsätzlich allen Kreditinstituten offensteht. Dadurch ist der Markt für langfristige Finanzierungen durch grundpfandrechtlich gesicherte Kredite nachhaltig reformiert, insgesamt maßvoll geöffnet und den veränderten Marktgegebenheiten angepasst worden.[13] Grundsätzliche Marktverschiebungen oder Geschäftsverlagerungen haben sich im Zuge dessen nicht ergeben. Das Pfandbriefgeschäft ist und bleibt ein elementarer Bestandteil des Refinanzierungsportfolios deutscher Lang-

---

4 § 3 B. I.
5 § 3 B. III.
6 § 3 B. II.
7 § 3 B. IV.
8 § 3 C.
9 § 3 C. I.
10 § 3 C. II.
11 § 3 C. III.
12 § 3 C. IV.
13 Vgl.: BT-Drs. 15/4321, S. 28; § 3 IV. 2.

fristfinanzierer und prägt die Immobilienfinanzierung in Deutschland insgesamt mit. Als weiteres Refinanzierungsinstrument stehen Forderungsverbriefungen in verschiedenen Varianten zur Verfügung, die hierzulande jedoch eher für den Risikotransfer im Rahmen des bankinternen Risikomanagements, denn für die Akquisition von Fremdkapital genutzt werden. Daher ist auch die Bedeutung von ABS-Transaktionen für das Immobiliarkreditgeschäft in Deutschland nicht zu unterschätzen, zumal ein modernes Risikomanagement für den geschäftlichen Erfolg jeder Bank determinierend ist.[14]

Die Vielfalt des Angebots am deutschen Immobilienfinanzierungsmarkt gründet in der Vielfalt von Refinanzierungsmöglichkeiten, die den Banken in Deutschland als den dominierenden Marktakteuren auf Geberseite prinzipiell offenstehen. Dieser „Refinanzierungsmix" erlaubt es den Kreditinstituten situativ auf veränderte Marktgegebenheiten und neue Herausforderungen zu reagieren, da das Passivgeschäft im Bedarfsfall erweitert und diversifiziert werden kann.[15] „Dies ist ein Wert an sich [...]"[16], den es im gesamtwirtschaftlichen Interesse zu erhalten gilt.

II. Darlehens- und kreditsicherungsrechtliche Grundlagen

Der Immobiliarkredit ist kein Zufallsprodukt, sondern spiegelt konkrete Interessen wieder, die sich in der rechtsgeschäftlichen Grundstruktur wiederfinden. Die Kreditinstitute gewähren langfristige und großvolumige Festzinskredite zu akzeptablen Konditionen, sofern die Darlehensnehmer willens und in der Lage sind, umfassende Sicherheit – jedenfalls auch – in Grundschuldform zu stellen.[17]

Der wirtschaftliche Zweck von Darlehensverträgen besteht in Anerkennung des überkommenen Verständnisses von Rechtsprechung und Literatur in der Überlassung der abstrakten Möglichkeit, fremdes Kapital auf Zeit berechtigterweise nutzen zu können.[18] Die Möglichkeit der Kapitalnutzung wird dem Darlehensnehmer eröffnet, indem ihm mit den Valuta ein konkreter Vermögenswert „zur Verfügung gestellt" wird. Das „Zur Verfügung stellen" umfasst die Pflicht des Darlehensgebers, die Valuta hinzu-

---

14 § 3 C. V.
15 Vgl. § 3 D.
16 *Hüther et. al.*, Langfristfinanzierung, S. 45.
17 Vgl.: § 2 A.
18 § 4 A.

geben und sie überdies bis zum Vertragsende zu belassen. Aus Sicht des Darlehensnehmers entsteht bei Vertragsschluss ein einheitlicher und dynamischer Anspruch auf Wertverschaffung und -belassung.[19]

Die „zur Verfügung gestellten" Valuta hat der Darlehnsnehmer bei Fälligkeit zurückzuzahlen. Beim Rückzahlungsanspruch des Darlehensgebers handelt es sich um einen „betagten" vertraglichen Anspruch, der mit Empfang der Darlehensvaluta entsteht und mit Vertragsende fällig wird.[20]

Die Abnahme der Valuta durch den Darlehensnehmer ist Voraussetzung für die Entstehung des Rückzahlungsanspruchs und somit obligatorisch für die Verwirklichung des Geschäftszwecks des Darlehensvertrages. Es ist allerdings Sache der Parteien zu bestimmen, ob den Darlehensnehmer eine Rechtspflicht zur Valutaabnahme trifft. Dies ist im Zweifel im Wege der Auslegung zu ermitteln, insbesondere aber dann anzunehmen, wenn die Darlehensgewährung für den Darlehensgeber Anlagecharakter hat.[21]

Der Darlehensnehmer hat dem Darlehensgeber für das „Zur Verfügung stellen" der Valuta den geschuldeten Zins als Gegenleistung zu zahlen. Zinsen im Rechtssinne sind eine laufzeitabhängige – aber gewinn- und umsatzunabhängige – Vergütung für die Möglichkeit, fremdes Kapital für gewisse Zeit berechtigterweise zu nutzen. Die Zinszahlungspflicht ist grundsätzlich abhängig von der daneben bestehenden Kapitalschuld des Darlehensnehmers. Sie entsteht frühestens zu dem Zeitpunkt, in dem auch der Rückzahlungsanspruch des Darlehensgebers entsteht und endet spätestens, sobald die Rückzahlungspflicht des Darlehensnehmers erlischt.[22]

Der so verstandene Grundsatz zinsrechtlicher Akzessorietät ist Ausdruck des Geschäftszwecks des Darlehensvertrages im Allgemeinen und des berechtigten Interesses des Darlehensnehmers im Besonderen, Zinsen erst ab dem Moment zahlen zu müssen, ab dem für ihn auch tatsächlich ein vergeltungswürdiger Mehrwert besteht. Der Akzessorietätsgrundsatz steht nicht im Widerspruch zum modernen konsensual-synallagmatischen Darlehensvertragsverständnis, sondern verkörpert heute wie damals Parteiinteressen, anhand derer der originäre Inhalt entgeltlicher Darlehensverträge mitzubestimmen ist.[23]

Demgegenüber gehört die Bestellung von Sicherheiten nicht zum originären Pflichtenprogramm des Darlehensvertrages. Sie wird für die Begrün-

---

19 § 4 B. I.
20 § 4 B. II.
21 § 4 B. III.
22 § 4 B. IV. 3.
23 Ebda.

dung von Immobiliarkreditverträgen aber (begriffs-)notwendig vorausgesetzt. Das Pflichtenprogramm des Darlehensgebers wird um die Pflicht zur Bestellung hinreichender Sicherheit in Grundschuldform erweitert.[24] Zusätzlich übernimmt der Darlehensnehmer regelmäßig die persönliche Haftung für den Grundschuldbetrag sowie Zinsen und sonstige Nebenleistungen. Schuldrechtliche *causa* ist der vom Darlehensvertrag zu differenzierende, wohl aber eng mit diesem verknüpfte Sicherungsvertrag.[25] Darlehensforderung und (dingliche) Sicherheit werden fiduziarisch verknüpft, sodass der vertragstreue Sicherungsgeber der Verwertung stets die Einrede des mangelnden Sicherungsfalles entgegenhalten kann. Im Sicherungsfall kann der sicherungsgebende Eigentümer die Vollstreckung zudem durch Zahlung auf die Grundschuld abwenden.[26]

III. Der Immobiliarkredit als Dauerschuldverhältnis

Neben der grundpfandrechtlichen Sicherung zeichnen sich Immobiliarkreditverträge typischerweise durch eine vergleichsweise langfristige Vertrags- und Festzinsbindung aus. Der Dauerschuldcharakter des Darlehensvertrages tritt hier in gesteigertem Maße zu Tage. Dauerschuldverhältnisse unterscheiden sich von „punktuellen Austauschverträgen" strukturell dadurch, dass der Leistungsgesamtumfang der dauerschuldrechtlichen Rahmenbeziehung allein anhand des Faktors „Zeit" quantifizierbar ist.[27]

Die zeitabhängige Grundkonzeption von Dauerschuldverhältnissen birgt typischerweise den Konflikt zwischen dem Bedürfnis nach einer stabilen vertraglichen Beziehung über die Zeit und der Flexibilität, die Vertragsbeziehung wegen veränderter Umstände oder Interessen vorzeitig zu beenden. Jedem Dauerschuldverhältnis muss daher ein Mindestmaß beiderseitigen Vertrauens immanent sein, durch das die vertragliche Beziehung dauerhaft gestützt und aufrechterhalten wird. Gleichwohl werden darlehensvertragliche Dauerrechtsbeziehungen in erster Linie vom „egoistischen" Austausch von Leistung und Gegenleistung geprägt. Das gegenseitige Vertrauen betrifft vorrangig die ordnungsgemäße Durchführung des darlehensvertraglichen Synallagmas. Interessenwahrende oder interessenei-

---

24 § 4 C. I.
25 § 4 C. II. 1.
26 § 4 C. II. 2.
27 § 5 A. I.

nigende Elemente sind nicht charakteristisch, können aber zur sinnvollen Ergänzung und Stabilisierung beitragen.[28]

Die Entscheidung der Parteien für die Eingehung dauerhafter Rechtsbeziehungen mit bestimmter Laufzeit ist grundsätzlich nicht in Frage zu stellen. Auch bei der Vereinbarung extrem langer Laufzeiten stehen das Selbstbestimmungsrecht des Einzelnen und der Vertragstreuegrundsatz nicht im unlösbaren Widerspruch zueinander, sondern bilden ein für den Vertragserfolg notwendiges Korrelat. Die langfristige Bindung kann für die Verwirklichung bestimmter Parteiinteressen obligatorisch sein. Dass dies auch erhebliche Risiken mit sich bringen kann, haben die Parteien im Rahmen ihrer eigenverantwortlichen Vertragsentscheidung zu berücksichtigen und müssen sich grundsätzlich daran festhalten lassen.[29]

B. Die bürgerlich-rechtliche Beendigungsdogmatik

I. Das Recht zur „Ordentlichen Kündigung"

Das Recht zur ordentlichen Kündigung ist Ausdruck und Garant des unverzichtbaren Selbstbestimmungsrechts des Einzelnen. Es verhindert, dass die Parteien Rechtsbeziehungen auf unbestimmte Dauer eingehen, ohne sich davon je wieder lösen zu können. Solche „Ewigkeitsbindungen" pervertierten den Vertragstreuegrundsatz und führten zu einer unerträglichen Aushöhlung der Vertragsfreiheit. Der Verzicht auf das naturgegebene Selbstbestimmungsrecht des Einzelnen kann und darf nicht seinerseits Gegenstand einer selbstbestimmten Entscheidung sein.[30] Mit den §§ 488 Abs. 3, 489 BGB verleiht der Gesetzgeber dem spezialgesetzlichen Ausdruck. Mehr noch hat er sich mit Einführung der – inhaltlich korrespondierenden – Vorgängernorm des § 489 Abs. 1 Nr. 2 BGB (§ 609a Abs. 1 Nr. 3 BGB in der bis zum 31.12.2001 geltenden Fassung) für eine strenge Reglementierung der Vertragsdauer auf längstens zehn Jahre und sechs Monate nach Vollvalutierung entschieden. Nach § 489 Abs. 1 Nr. 2, Abs. 4 S. 1 BGB steht privaten Darlehensnehmern – ausnahmslos – spätestens dann ein unabdingbares Recht zur kompensationsfreien Kündigung des Vertrages zu.

---

28 § 5 A. II.
29 § 5 B.
30 § 5 B I.

§ 489 BGB soll maßgeblich zur Öffnung und Modernisierung des deutschen Kreditmarkts beitragen und zugleich den Besonderheiten der unterschiedlichen Kreditfinanzierungsvarianten Rechnung tragen.[31] So wird auf der einen Seite die vorzeitige Beendigung variabel verzinslicher Kredite weithin frei gestaltet, zumal es für den Darlehensnehmer in diesem Marktsegment wünschenswert ist, schnell und flexibel auf eine veränderte Marktsituation reagieren zu können, ohne dass dem durchgreifende Interessen von Kreditgeberseite entgegengehalten werden können.[32] Auf der anderen Seite wird für festverzinsliche Kredite eine verbindliche Möglichkeit zur Kündigung nach Ablauf von höchstens zehn Jahren und sechs Monaten angeordnet, § 489 Abs. 1 Nr. 2, Abs. 4 BGB.[33] Dies gilt für Verbraucher wie für Kreditinstitute gleichermaßen. Eine bisweilen angedachte teleologische Reduktion der Vorschrift zu Lasten von Kreditinstituten bzw. insbesondere Bausparkassen auf Darlehensnehmerseite wird von der herrschenden Meinung in der Instanzenrechtsprechung und Literatur sowie jüngst auch vom BGH mit Recht abgelehnt.[34] Unabhängig von Status und wirtschaftlicher Expertise darf privaten Darlehensnehmern nicht die Möglichkeit genommen werden, die Marktlage nach Ablauf der Zehneinhalbjahresfrist neu zu bewerten und darauf mit der (vorzeitigen) Beendigung des Festzinskredits bzw. einer marktgerechten Umfinanzierung zu reagieren. Die Unsicherheit künftiger Marktentwicklung betrifft nicht nur Verbraucher oder kleine und mittlere Unternehmen. Trotz umfassenden Knowhows und vielfältiger Analysemöglichkeiten können auch institutionelle Kreditgeber nicht in die Zukunft blicken. Hätte der Gesetzgeber gewollt, dass professionell agierende Kreditinstitute gleichwohl nicht am Schutz des § 489 Abs. 1 Nr. 2 BGB partizipieren sollen, hätte er dies im Wortlaut oder zumindest im Rahmen der Begründung des Gesetzes klar und deutlich zum Ausdruck bringen müssen. Trotz kritischer Stimmen in der Literatur[35] hat er sich ganz im Gegenteil dafür entschieden, das Kündigungsrecht des Darlehensnehmers aus § 489 Abs. 1 und 2 BGB im privaten Bereich ausnahmslos der Disposition der Parteien zu entziehen.

Dabei handelt es sich im Grunde um eine zweck- und verfassungsmäßige Maßnahme des Gesetzgebers. Im Rahmen seiner weiten Einschätzungsprärogative durfte er sich für die Implementierung eines umfassenden und

---

31 § 7 A.
32 § 7 B. I. und II.
33 § 7 B. III.
34 § 7 B. III. 1. b.
35 Vgl.: § 7 B. III. 2. und 3.

zwingenden Schuldnerschutzes für private Darlehensnehmer i.S. von § 489 Abs. 1 und Abs. 2 BGB i.V.m. § 489 Abs. 4 S. 1 BGB entscheiden, selbst wenn dies zu einer spürbaren Verteuerung festverzinslicher Langfristfinanzierungen führte.[36] Es ist – auch verfassungsrechtlich – nicht zu beanstanden, dass privaten Darlehensnehmern die Möglichkeit langfristiger Kreditvertragsgestaltungen ein Stück weit beschnitten wurde, um damit die wirtschaftliche Handlungsfreiheit aller privater Darlehensnehmer zu sichern und zu mehren.[37] Schließlich ist es dem Gesetzgeber auch nicht verwehrt, die öffentliche Hand von der zwingenden Regelung des § 489 Abs. 4 S. 1 BGB auszunehmen. Eine sachliche Rechtfertigung für die ungleiche Behandlung (professioneller) privater Darlehensnehmer und den in § 489 Abs. 4 S. 2 BGB genannten juristischen Personen des öffentlichen Rechts ergibt sich insbesondere daraus, dass für die öffentlichen-rechtlichen Darlehensnehmer – im Gegensatz zu unternehmerisch tätigen privaten Darlehensnehmern – der Schutz grundrechtlich garantierter Rechtspositionen nicht in Rede steht. § 489 Abs. 1 und 2 BGB i.V.m. § 489 Abs. 4 S. 1 BGB zielt auf die Wahrung des in Art. 2 Abs. 1 GG verbrieften Kerns wirtschaftlicher Handlungsfreiheit. Die in § 489 Abs. 4 S. 2 BGB genannten juristischen Personen des öffentlichen Rechts können sich darauf nicht berufen,[38] sodass die Differenzierung zwischen juristischen Personen des privaten und des öffentlichen Rechts eine unterschiedliche Behandlung klar voneinander abgrenzbarer Normadressaten aufgrund unterschiedlicher Betroffenheit von der mit der Norm verfolgten (Schutz-)Intention erlaubt.[39] Die Privilegierung der öffentlichen Hand ist darüber hinaus verhältnismäßig. Die Ausnahmeregelung ermöglicht es, dass die bisherigen Möglichkeiten zur Finanzierung öffentlicher Aufgaben vollumfänglich erhalten bleiben, ohne den Schutzzweck der § 489 Abs. 1 Nr. 2, Abs. 4 BGB in Frage zu stellen.[40]

Auch die konkrete Höhe der Bindungshöchstgrenze durfte der Gesetzgeber mit zehneinhalb Jahren nach Vollvalutierung durchaus streng bemessen. Allerdings ist die Zehneinhalb-jahresgrenze, für die sich der Gesetzgeber typisierend entschieden hat, nicht „in Stein gemeißelt". Diese ist regelmäßig und kritisch daraufhin zu überprüfen, dass die Beschränkung

---

36 Siehe: ebda.
37 § 7. B. III. 3. b.
38 Statt aller: BVerfG, Beschl. v. 2.5.1967 – 1 BvR 578/63, BVerfGE 21, 362, 370.
39 § 7 B. III. 3. a.
40 Ebda.

der Privatautonomie noch im Verhältnis zum bezweckten Schuldnerschutz steht.[41]

II. „Außerordentliches Kündigungsrecht" des Darlehensgebers

Der Darlehensgeber verschafft dem Darlehensnehmer kurzfristig Liquidität und erbringt zu diesem Zweck eine namhafte Vorschussleistung. Dessen gewahr gibt ihm der Gesetzgeber in § 490 Abs. 1 BGB ein Recht zur außerordentlichen Kündigung aus wichtigem Grund,[42] sofern der Kapitalanspruch infolge einer zumindest drohenden Verschlechterung der gesamtwirtschaftlichen Verhältnisse des Darlehensnehmers nachweislich gefährdet ist.[43]

Darüber hinaus bedingen sich (institutionelle) Darlehensgeber ein solches Kündigungsrecht in ihren AGB aus und erleichtern sich hierdurch die Kündigung, indem – nur beispielhaft – auch die Gefährdung der Erfüllung sonstiger Verbindlichkeiten oder ein infolge von Falschangaben irreversibel eingetretener Vertrauensbruch als Kündigungsgrund definiert werden.[44] Bei der Anwendung des geltenden Rechts ist jedoch stets zu berücksichtigen, dass die außerordentliche Kündigung für den Darlehensnehmer schwerwiegende, bisweilen sogar existenzgefährdende Folgen haben kann. Die Liquidität wird entzogen und es können weitreichende Schadenersatzansprüche entstehen.[45] Daher ist grundsätzlich eine restriktive Auslegung der Kündigungsanforderungen im Sinne des Ultima Ratio-Grundsatzes zu befürworten, ohne aber die gesetzlich bzw. vertraglich verbrieften und daher schützenswerten Interessen des Darlehensgebers aus dem Blick zu verlieren.[46]

III. „Außerordentliches Kündigungsrecht" des Darlehensnehmers

Der Darlehensnehmer kann einen Immobiliarkreditvertrag unter Einhaltung der Fristen des § 488 Abs. 3 S. 2 vorzeitig kündigen, wenn seine be-

---

41 Vgl.: § 7 B. III. 3. b.
42 § 8 A. I.
43 § 8 A. II.
44 § 8 B. II.
45 § 8 A. IV.
46 § 8 A. III.

rechtigten Interessen dies gebieten, mindestens sechs Monate nach Vollvalutierung vergangen sind und er willens und in der Lage ist, den Darlehensgeber durch Zahlung einer Vorfälligkeitsentschädigung schadlos zu
halten, § 490 Abs. 2 BGB. Nach heute herrschender Norminterpretation
kann der Darlehensnehmer eine kompensationspflichtige Darlehensbeendigung einseitig erwirken, sofern er die anderweitige Verwertung der zur
Sicherung des Darlehens beliehenen Sache anstrebt.[47] Obschon allein der
Wunsch nach anderweitiger Verwertung des belasteten Objekts nach allgemeiner Meinung nicht zur Unzumutbarkeit der Vertragsfortführung
führt,[48] gibt der Gesetzgeber dem Darlehensnehmer das Recht, eine kompensationspflichtige Beendigung des Immobiliarkredits zu erzwingen, als
sei die Geschäftsgrundlage gestört. Die Rechtsfolgenkombination von außerordentlichem Kündigungsrecht und Kompensationsanspruch des Kündigungsgegners könnte sonst nur durch den Richter unter den Voraussetzungen des § 313 Abs. 1 BGB festgelegt werden.[49]

Die strengen Anforderungen an einen solchen Eingriff in den ursprünglichen Konsens sind vom Gesetzgeber in Anschluss an den BGH auf das
Vorliegen „berechtigter Interessen" gesenkt worden, wodurch einerseits
eine praxistaugliche Lösung kodifiziert worden ist. Andererseits liegt hierin ein dogmatischer Bruch. Denn die einseitige Revision des ursprünglichen Vertrages kann seitdem unabhängig von der Unzumutbarkeit der weiteren Vertragsfortführung erwirkt werden.[50]

Die heutige „systemwidrige Praxislösung" wurzelt in einem zu extensiven Verständnis des BGH von § 1136 BGB, das sich der Gesetzgeber bedauerlicherweise zu eigen gemacht hat. Mit der „Rechtsgeschäftlichen Verfügungsbeschränkung" des § 1136 BGB sollte keinesfalls verhindert werden,
dass der Schuldner sein Grundstück zur Forderungssicherung belasten
kann. Dies ist unbestritten. Es ist aber auch nicht Sinn und Zweck der
Norm, dass der Eigentümer des belasteten Grundstücks darüber jederzeit
nach Wunsch und Belieben verfügen kann. Ähnlich wie das Verfallspfandverbot des § 1149 BGB soll § 1136 BGB „lediglich" verhindern, dass der
Schuldner an der freihändigen Verwertung seines Grundstücks gehindert
wird, obwohl er seinen Verbindlichkeiten auf diesem Wege vollumfänglich
nachkommen kann.[51] Dann ist es für den Schuldner nach Wertung der

---

47 § 9 B. II. 2. a.
48 Vgl.: § 5 B. II. 1.; § 9 A.
49 § 9 B. II. 4.
50 Ebda.
51 § 9 C. III. 1. c.

§§ 1136, 1149 BGB wie auch der §§ 15, 30a ZVG nicht zuzumuten, ihn an der Fortsetzung des Vertrages festzuhalten und die außerordentliche Kündigung des Vertrages samt anschließender Zwangsvollstreckungsmaßnahmen durch den Darlehensgeber zu provozieren. Nach der Vorstellung des historischen Gesetzgebers darf kein Schuldner das Risiko derart unnötiger Vollstreckungsmaßnahmen tragen. Verwirklicht es sich gleichwohl, ist die Geschäftsgrundlage gestört und es besteht Anspruch auf Anpassung des Vertrages nach § 313 Abs. 1 BGB.[52] Spiegelbildlich ist es als rechtsmissbräuchlich zu inkriminieren, wenn der Darlehensgeber auf der Vertragsfortsetzung und Verhaftung des Grundstücks beharrt und das Scheitern des Vertrages sowie die zwangsweise Vollstreckung in das Vermögen des Schuldners billigend in Kauf nimmt, obschon die vollumfängliche Erfüllung seiner Forderungen nach freihändiger Verwertung des belasteten Grundstücks – wenn auch vorzeitig – möglich wäre.[53]

Dem Darlehensnehmer ist somit ein Anspruch auf Anpassung des Vertrages schon nach § 313 Abs. 1 BGB einzuräumen, sofern ihm der Nachweis gelingt, dass er das Darlehen mit seinem gesamten weiteren pfändbaren Vermögen nicht mehr vertragsgemäß bedienen kann, er aber anderseits nach freihändiger Verwertung des belasteten Objekts zur vollumfänglichen Erfüllung seiner Verbindlichkeiten „auf einen Schlag" in der Lage wäre. Aus Gründen der Rechtsklarheit und -sicherheit besteht gleichwohl kein Anlass, die Vorschrift des § 490 Abs. 2 BGB *de lege ferenda* ganz oder teilweise zur Disposition zu stellen. Weder der Wortlaut[54] noch die Systematik[55] des geltenden Rechts stehen im Widerspruch zum hiesigen Normverständnis, sodass § 490 Abs. 2 BGB bei entsprechend strenger Auslegung und Anwendung als spezialgesetzliche Ausprägung der Geschäftsgrundlagenstörung ohne weiteres im überkommenen System darlehens- und schuldrechtlicher Beendigungsdogmatik verortet werden kann.[56]

Mit der wirksamen Kündigung nach § 490 Abs. 2 BGB wird auf Rechtsfolgenseite die Pflicht des Darlehensnehmers zur wirtschaftlichen Kompensation des positiven Interesses des Darlehensgebers verknüpft. Damit wird eine Rechtsfolgenkombination gesetzlich fixiert, wie sie der Richter

---

52 § 9 C. III. 2.
53 § 9 C. III. 3.
54 § 9 C. III. 4. a.
55 § 9 C. III. 4. b.
56 § 9 C. III. 4. c.

bei berechtigtem Vertragsanpassungsverlangen nach § 313 Abs. 1 BGB in originärer Ermessensentscheidung treffen würde.[57]

Sowohl das Kündigungsrecht als auch die Vorfälligkeitsentschädigung gem. § 490 Abs. 2 BGB gründen somit dogmatisch in der Anpassung des Vertrages nach Störung der Geschäftsgrundlage.[58] Allerdings wird der Darlehensvertrag auf Grundlage von § 490 Abs. 2 BGB nicht dergestalt modifiziert, dass der Erfüllungszeitpunkt – ähnlich der ursprünglichen Konzeption des BGH – vorverlagert und der Darlehensnehmer zu einer entsprechenden Einmalzahlung verpflichtet wird. Mit der Kündigung enden berechtigte Kapitalüberlassung und Zinszahlungspflicht des Darlehensnehmers. Einem modifizierten Erfüllungsanspruch fehlt daher jede darlehensvertragliche Grundlage.[59] „Ergebnis" des berechtigten Vertragsanpassungsverlangens des Darlehensnehmers ist vielmehr, dass mit der wirksamen Kündigung ein originärer gesetzlicher Schadenersatzanspruch des Darlehensgebers einhergeht, der nach schadensrechtlichen Grundsätzen und Vorschriften (§§ 249 ff. BGB) zu ermitteln ist.[60] Im Falle eines berechtigten Anpassungsverlangens nach § 313 Abs. 1 BGB setzte der Richter dies ins Werk, indem er dem Darlehensnehmer nicht nur das Recht zur Kündigung des Vertrages einräumt, sondern ihn gleichzeitig verpflichtet, den Darlehensgeber bei Ausübung des Kündigungsrechts schadlos zu halten. Nach diesem Vorbild verknüpft auch der Gesetzgeber das Kündigungsrecht des Darlehensnehmers mit der einseitigen Verpflichtung, dem Darlehensgeber im Kündigungsfalle das volle Erfüllungsinteresse zu ersetzen.[61]

Allerdings geht die Verpflichtung des Darlehensnehmers nicht so weit, dass für den Ersatz des positiven Interesses noch zusätzliche Sicherheit geschaffen oder eine weitgehende Befreiung des Darlehensgebers von der Darlegungs- und Beweislast – im Sinne eines abstrakten Schuldversprechens – erreicht werden soll.[62] Vielmehr kodifiziert § 490 Abs. 2 S. 3 BGB einen Schadenersatzanspruch nach dem Vorbild einer vertraglichen Schadlosgarantie. Gegen die gesetzliche Umsetzung in § 490 Abs. 2 S. 3 BGB sind keine Bedenken ersichtlich. Im Gegenteil entspricht die Annahme einer

---

57 § 9 D. I. 2. a.
58 Ebda.
59 § 9 D. I. 2. b.
60 § 9 D. I. 3.
61 Ebda.
62 § 9 D. I. 3. a.

solchen gesetzlichen[63] Schadenersatzhaftung[64] mit vertragsdogmatischem Hintergrund[65] dem Wortlaut und der Begründung des Gesetzes.[66]

Die Pflicht zur Ausgleichszahlung nach § 490 Abs. 2 S. 3 BGB trifft den Darlehensnehmer nicht, wenn er dem Darlehensgeber einen geeigneten Ersatzkreditnehmer[67] oder ersatzweise Sicherheit[68] stellen kann. Dann trifft den Darlehensgeber zwar nicht die Pflicht, wohl aber die Obliegenheit einer entsprechenden Vertragsänderung zuzustimmen. Tut er dies nicht, kann der Darlehensnehmer den Vertrag unter den Voraussetzungen von § 490 Abs. 2 BGB kündigen, ohne den Darlehensgeber gem. § 490 Abs. 2 S. 3 BGB schadlos halten zu müssen.[69]

Bleibt es beim gesetzlichen Schadenersatzanspruch des Darlehensgebers aus § 490 Abs. 2 S. 3 BGB, hat der Darlehensnehmer ihn so zu stellen, wie er stünde, wenn der Vertrag vereinbarungsgemäß erfüllt worden wäre. Ziel ist eine möglichst exakte, aber auch nachvollziehbare Approximation des tatsächlich entstandenen Schadens. Eine Begrenzung der Vorfälligkeitsentschädigung i.S.v. § 490 Abs. 2 S. 3 BGB nach französischem bzw. belgischem Vorbild[70] wird vom deutschen Gesetzgeber mit Recht abgelehnt, zumal damit erhebliche Fehlallokationen einhergehen können und (kritische) Beeinträchtigungen der Refinanzierungsvielfalt nicht auszuschließen sind.[71] Auch eine Reform im Sinne des dänischen Marktpreismodells[72] ist nicht angezeigt. Es besteht weder der rechtspolitische Wille für die Schaffung der erforderlichen rechtlichen Rahmenbedingungen, noch zeigt der deutsche Markt Interesse an einer derartigen Erweiterung bzw. Umgestaltung des Passivgeschäfts.[73] Als vorzugswürdige Methode hat sich vielmehr ein – *de lege ferenda* festzuschreibender – Aktiv-Aktiv-Vergleich erwiesen, bei dem der Vertragszins mit dem einer äquivalenten Wiederanlage vergli-

---

63 BT-Drs. 14/7052, S. 200.
64 BT-Drs. 16/11643, S. 87.
65 Vgl.: BT-Drs. 16/11643, S. 86: „Dem Grunde nach gewähren die Ansprüche aus § 490 Abs. 2 und § 502 BGB-E jeweils einen besonderen vertraglichen Gegenanspruch des Darlehensgebers, falls der Darlehensnehmer von einem Recht auf vollständige oder teilweise vorzeitige Beendigung des Vertrags Gebrauch macht [...]".
66 § 9 D. I. 3. b.
67 § 9 D. II. 1.
68 § 9 D. II. 2.
69 § 9 D. II. 3.
70 § 9 D. III. 3. b.
71 § 9 D. III. 5. a.
72 § 9 D. III. 3. c.
73 § 9 D. III. 5. b.

chen wird. Die sich daraus ergebende Differenz ist mit dem Effektivzinssatz des Vertragskredits abzuzinsen und zusammen mit einem pauschalierten Margenschaden in Ansatz zu bringen.[74] Auf diesem Wege wird einerseits das positive Interesse des Darlehensgebers – trotz unvermeidbarer Typisierung – realitätsnah und hinreichend exakt abgebildet. Andererseits ist
die Schadensberechnung – aufgrund unvermeidbarer Typisierung – für
beide Parteien nachvollziehbar und transparent.

IV. Die vorzeitige Erfüllung

Daneben bietet die Erfüllungsdogmatik des allgemeinen Schuldrechts für
Darlehensnehmer grundpfandrechtlich gesicherter Festzinskredite *de lege
lata* keine effektive Möglichkeit zur vorzeitigen Vertragsbeendigung. Es
verbleibt bei den bereits besprochenen gesetzlichen Kündigungstatbeständen der §§ 488 Abs. 3, 489, 490 Abs. 2, 313 BGB.
   Eine Befugnis zur vorzeitigen Rückzahlung verzinslichen Kapitals gem.
§ 271 Abs. 2 BGB ist sowohl aus systematischen als auch aus teleologischen
Gründen abzulehnen. Dies ergibt sich zwar nicht ohne weiteres aus einem
Umkehrschluss aus § 488 Abs. 3 S. 3 BGB, zumal die Norm vorrangig die
vorzeitige Erfüllung unbefristeter Darlehen betrifft. Gleichwohl ergibt sich
aus der Kündigungssystematik des § 488 Abs. 3 BGB die allgemeingültige,
auf befristete Darlehen übertragbare Wertung, dass der Darlehensnehmer
zur Rückzahlung verzinslichen Kapitals erst nach Fälligkeitseintritt berechtigt ist. Die normative Grundaussage des § 488 Abs. 3 S. 3 BGB ist nicht,
dass die Rückzahlung eines unverzinslichen Darlehens „auch ohne Kündigung" bewirkt werden kann. Dies ist im Wege der Befristung ohne weiteres möglich und hätte keiner gesetzgeberischen Klarstellung bedurft. Die
wesentliche und verallgemeinerungsfähige Wertung des § 488 Abs. 3
S. 3 BGB liegt vielmehr darin, dass (nur) unverzinsliche Darlehen „auch
vor Fälligkeit" des Kapitalrückzahlungsanspruchs erfüllbar sind.[75] Andernfalls hätte es der Darlehensnehmer in der Hand, die Zinserwartung des Darlehensgebers eigensinnig durch vorzeitige Rückzahlung zu beschränken
und könnte so letztlich den geschuldeten Zins einseitig bestimmen.[76] Die
privatautonom legitimierte Renditeerwartung des Darlehensgebers stünde
damit weithin zur Disposition des Darlehensnehmers, womit die wirt-

---

74 § 9 D. III. 6.
75 § 10 A. II. 1. a.
76 § 10 A. II. 1. b.

schaftlichen Grundannahmen für die Vergabe (fest-)verzinslicher Kredite in Frage gestellt würden. Dies wäre nicht nur system- und zweckwidrig, sondern führte letztlich insgesamt zur Diskreditierung des Geschäftszwecks verzinslicher Darlehensverträge.[77]

Diese Gefahr besteht indes nicht, wenn der Darlehensnehmer zunächst sämtliche Zinsverbindlichkeiten des Darlehensgebers bedient und erst im Anschluss das nunmehr unverzinsliche Restkapital zurückzahlt, §§ 271 Abs. 2, 362, 488 Abs. 3 S. 3 BGB. Dadurch wird das positive Interesse des Darlehensgebers vollumfänglich gewahrt, sodass gegen eine solche vorzeitige Erfüllung der „Darlehensgesamtverbindlichkeiten" im Grunde nichts einzuwenden ist. Allerdings handelt es sich weder bei § 488 Abs. 3 S. 3 BGB noch bei § 271 Abs. 2 BGB um zwingendes Recht, sodass die Bank den Darlehensnehmer – in den Grenzen der §§ 313, 490 Abs. 2 BGB, 500 Abs. 2 BGB – an der vertragsgemäßen Tilgung festhalten und einer möglichen vorfälligen Erfüllung der Zinsverpflichtung insoweit den Sinn nehmen kann.[78]

Bei Immobiliarkrediten kommt eine vorfällige Erfüllung gem. §§ 271 Abs. 2, 362, 488 Abs. 3 S. 3 BGB ohnedies nicht in Betracht. Mit Einführung des § 490 Abs. 2 BGB hat der Gesetzgeber klar und deutlich zum Ausdruck gebracht, dass er eine vorzeitige Ablösung der Darlehensverbindlichkeiten beim Immobiliarkreditvertrag – unbeschadet privatautonomer Absprache – nur für möglich hält, wenn der Darlehensnehmer ein berechtigtes Interesse nachweisen kann, §§ 490 Abs. 2, 500 Abs. 2 BGB.[79]

Eine alternative Möglichkeit zur Ablösung grundpfandrechtlich gesicherter Festzinskredite vor Fälligkeit besteht auch nicht darin, dass der Darlehensnehmer auf die Grundschuld leistet, statt auf die obligatorische Darlehensforderung.[80] Selbst für den Fall, dass der Zahlung auf die (fällige) Grundschuld nichts entgegensteht oder der Darlehensgeber sich dessen nicht erwehrt,[81] führt dies nicht zum Erlöschen der Darlehensobligationen, die ihrerseits noch nicht fällig sind.[82] Mit der vollumfänglichen Grundschuldtilgung erwirbt der Darlehensnehmer die Grundschuld zu Eigentum und kann nunmehr frei über das ehemals belastete Objekt verfügen. Zugleich leistet er damit erfüllungshalber auf die Forderung und der

---

77 Näher dazu: § 4 A.
78 § 10 A. II. 2. a.
79 § 10 A. II. 2. b.
80 Vgl.: § 10 B. I.
81 Vgl.: § 10 B. II. 1; ferner bereits oben: § 4 C. II. 2.
82 § 10 B. II. 2.

Gläubiger kann sich aus dem hingegebenen Surrogat befriedigen. Der Darlehensgeber ist aber nach wie vor nicht verpflichtet die Leistung vor Fälligkeit anzunehmen und ein vorzeitiges Erlöschen der Darlehensforderung hinzunehmen. § 271 Abs. 2 BGB findet keine Anwendung, gleichgültig ob die Leistung zum Zwecke der Erfüllung oder erfüllungshalber erfolgt. Die erfüllungshalber geleistete Geldsumme tritt – ähnlich wie bei der berechtigten Stellung gleichwertiger Ersatzsicherheit –[83] an die Stelle der Grundschuld, was zu einer vorzeitigen Sachenthaftung, nicht aber zur vorzeitigen Erfüllung der schuldrechtlichen Verbindlichkeiten führt. Diese sind weiterhin der vertraglichen Vereinbarung entsprechend sukzessive zu erfüllen, wobei der Darlehensgeber insofern Befriedigung aus dem erfüllungshalber hingegebenen bzw. angenommenen Surrogat zu suchen hat.[84]

V. Die einvernehmliche Vertragsaufhebung

Die Parteien können stets auf eine einvernehmliche Beendigung des Immobiliarkreditvertrages hinwirken, unabhängig davon, ob dem Darlehensnehmer ein gesetzliches Kündigungsrecht zusteht oder nicht. Darauf kann sich die Bank entweder vorbehaltlos einlassen und den Darlehensnehmer endgültig und entschädigungsfrei aus dem Immobiliarkredit entlassen. Oder sie macht ihre Zustimmung zur vorzeitigen Immobiliarkreditablösung von der Zahlung eines privatautonom auszuhandelnden Vorfälligkeitsentgelts abhängig.[85]

Die entgeltliche Vertragsablösung erfolgt in der Praxis regelmäßig dadurch, dass der Darlehensgeber sich im Rahmen einer vom Darlehensvertrag losgelösten Vereinbarung bereit erklärt, die vorzeitige Erfüllung der verzinslichen Kapitalschuld zu dulden. Macht der Darlehensnehmer davon Gebrauch, endet sogleich der Zinsanspruch des Darlehensgebers nach dem Grundsatz zinsrechtlicher Akzessorietät und das Darlehen ist vorbehaltlich der Entrichtung sämtlicher bereits fälliger Zinsen vorzeitig abgelöst.[86] Im Gegenzug hat der Darlehensnehmer dem Darlehensgeber ein Vorfälligkeitsentgelt zu zahlen, das in erster Linie zur Kompensation der entgehenden Zinsvorteile dient und von den Banken meist auf Grundlage der für

---

83 Vgl.: § 9 D. II. 2.
84 § 10 B. II. 2.
85 § 11 A.
86 § 11 A. II. 3.

§ 490 Abs. 2 S. 3 BGB geltenden Grundsätze ermittelt wird.[87] Anders als die Vorfälligkeitsentschädigung kann das Vorfälligkeitsentgelt jedoch im Grunde frei ausgehandelt werden und den Betrag des positiven Interesses erheblich übersteigen.[88]

In den überwiegenden Fällen werden derartige Aufhebungsvereinbarungen vom Darlehensnehmer angeregt und von den Parteien in schriftlicher Form unter Konkretisierung von Vertragsbeendigungszeitpunkt und Höhe des zu zahlenden Entgelts fixiert.[89] Entlässt die Bank den Darlehensnehmer hingegen aus dem Vertrag, ohne eine mögliche Entgeltforderung zumindest konkludent anzukündigen, ist zu Lasten des Kreditinstituts davon auszugehen, dass die Parteien eine entgeltfreie Vertragsaufhebung vereinbart haben. Eine völlig fehlende Entgeltabsprache darf weder im Wege der ergänzenden Vertragsauslegung noch durch eine analoge Anwendung des § 490 Abs. 2 S. 3 BGB substituiert werden.[90] Anders liegt der Fall, wenn die Bank deutlich gemacht hat, sich nur gegen Zahlung eines „angemessenen" Vorfälligkeitsentgelts auf die vorzeitige Vertragsaufhebung einzulassen und dennoch die vom Darlehensnehmer gewünschte Grundstücksenthaftung veranlasst, ohne aber eine konkrete Absprache über Höhe der Entgeltforderung zu treffen. Dann ist der Vertrag in aller Regel ergänzend dahin auszulegen, dass die Bank die vorzeitige Vertragserfüllung und Grundstücksenthaftung nur gegen Zahlung eines Vorfälligkeitsentgelts in Höhe einer Vorfälligkeitsentschädigung gem. § 490 Abs. 2 S. 3 BGB duldet, §§ 133, 157 BGB.[91]

Treffen die Parteien indes eine klare Bestimmung über die Modalitäten der vorzeitigen Vertragsaufhebung sowie über die Höhe der Entgeltzahlung, erfolgt die inhaltliche Kontrolle allein über § 138 BGB. Eine Angemessenheitskontrolle scheidet sowohl gem. § 315 BGB analog als auch gem. § 242 BGB aus. § 315 BGB bietet *per se* keine taugliche rechtliche Grundlage für die inhaltliche Kontrolle privatautonomer Absprachen.[92] § 242 BGB kann hingegen im Einzelfall Basis einer inhaltlichen Angemessenheitskontrolle sein. Ein Rückgriff im vorliegenden Fall führte aber zu einer darlehensrechtlich weder vorgesehenen noch gebotenen Einschränkung des Grundsatzes *pacta sunt servanda*. Kann der Darlehensnehmer sich

---

87 Ebda.; siehe auch: § 11 B. II. 1.
88 Näher: § 11 C.
89 § 11 B.
90 § 11 B. II.
91 § 11 B. II. 1. und 2.
92 § 11 C. II. 1.

nicht auf ein gesetzliches Kündigungsrecht berufen, ist dies Folge seiner eigenverantwortlichen Entscheidung für eine langfristige vertragliche Bindung und darf dem Darlehensgeber bei Verhandlungen über die vorzeitige Vertragsablösung nicht zum Nachteil gereichen. [93]

Gleichwohl darf die schwache Verhandlungsposition des Darlehensnehmers bei der inhaltlichen Kontrolle der Aufhebungsvereinbarung nicht unberücksichtigt bleiben. Dem ist bei der Sittenwidrigkeitskontrolle gem. § 138 BGB Rechnung zu tragen. So kann es im Einzelfall geboten sein – ähnlich wie im Wohnraummietrecht – bereits bei einer Überschreitung moderater Entgelthöchstgrenzen (50 % über dem Erfüllungsinteresse) von einer sittenwidrigen Vereinbarung auszugehen, sofern die Bank ihre prävalente Verhandlungsposition wucherisch ausnutzt. [94]

Erweist sich die Aufhebungsvereinbarung als sittenwidrig, kommt auf Rechtsfolgenseite eine teleologische Reduktion des § 138 BGB nicht in Betracht. Die Abrede ist zur Gänze nichtig. Damit entfällt der rechtliche Grund für bereits erfolgte Entgeltzahlungen, die der Darlehensnehmer gem. §§ 812 Abs. 1 S. 1. Alt., 817 Abs. 1 BGB kondizieren kann. Die Valutarückzahlung erfolgte indes vor Fälligkeit auf den betagten Rückzahlungsanspruch und kann – wie § 813 Abs. 2 BGB deklaratorisch festhält – nicht kondiziert werden. Auf der anderen Seite kann der Darlehensgeber gem. §§ 812 Abs. 1 S. 1 Alt. 1, 818 Abs. 2 BGB grundsätzlich Wertersatz in Höhe einer Vorfälligkeitsentschädigung i.S.v. § 490 Abs. 2 S. 3 BGB dafür verlangen, dass er die Erfüllung der Darlehensverbindlichkeit vor Fälligkeit geduldet hat. Die Kondiktion ist jedoch aufgrund des bankseitigen Sittenverstoßes regelmäßig gem. § 817 S. 2 BGB gesperrt. Die Durchsetzung eines sittenwidrig hohen Vorfälligkeitsentgelts führt somit meist dazu, dass der Darlehensnehmer die vorzeitige Darlehensablösung und Lastenfreistellung „entgeltfrei" erreichen kann. Die sittenwidrige Ausnutzung seiner Verhandlungsstärke ist für den Darlehensgeber so – zu Recht – mit dem Risiko behaftet, die Nachteile der vorzeitigen Darlehensablösung selbst tragen zu müssen. [95]

In der Praxis geht es den Parteien glücklicherweise meist nicht darum, die Grenze zur Sittenwidrigkeit auszuloten. Vielmehr sollen möglichst schon bei Abschluss des Kredits die vertraglichen Voraussetzungen für interessengerechte Lösungen geschaffen werden. Hierfür stehen den Parteien

---

93 § 11 C. II. 2.
94 § 11 C. III. 1.
95 § 11 C. III. 2.

grundsätzlich vielfältige Möglichkeiten zur vertraglichen Gestaltung der Modalitäten vorzeitiger Kreditbeendigung offen.[96]

Die Modalitäten einer vorzeitigen Vertragsaufhebung können von den Parteien schon bei Abschluss des Immobiliarkreditvertrages antizipiert werden. Die Grenzen der Vertragsgestaltung werden nach deutschem Recht durch die unabdingbaren Kündigungsvorschriften der §§ 489 Abs. 1, 2, 490 Abs. 2 (S. 3)[97] BGB sowie den in ihrem Kern unabdingbaren §§ 313, 314 BGB definiert.[98] Für abgrenzbare Teilfragen, wie z.B. Bestimmungen zu Fälligkeit und Höhe von Kompensationsleistungen, können die Parteien eine *dépeçage* vereinbaren und auch von zwingenden Vorschriften des nationalen Rechts abweichen, sofern nicht die Umgehung von Eingriffsnormen im Sinne des Art. 9 Rom I-VO in Rede steht. Auf Grundlage des derzeit herrschenden Normverständnisses von § 490 Abs. 2 BGB handelt es sich bei § 490 Abs. 2 S. 3 BGB nach insofern treffender h.M. nicht um eine Eingriffsnorm i.S.v. Art. 9 Rom I-VO, sodass eine *dépeçage* – unbeschadet von Art. 3 Abs. 3 und 4 Rom I-VO – grundsätzlich möglich ist.[99] Dadurch wird professionell agierenden Parteien auf dem Umweg des internationalen Privatrechts eine eigenverantwortliche Vertragsgestaltung ermöglicht, die Ihnen aufgrund der herrschenden Fehlinterpretation des § 490 Abs. 2 BGB verwehrt ist.[100]

VI. Die steuerrechtliche Handhabung von Vorfälligkeitsentschädigung und Vorfälligkeitsentgelt

Die vom Darlehensnehmer zu leistenden Kompensationszahlungen sind regelmäßig durch die Veräußerung des belasteten Objekts veranlasst und können daher nach treffender Ansicht von BFH und BMF grundsätzlich nur im Rahmen des Veräußerungsvorgangs steuerlich berücksichtigt werden, §§ 16, 17, 23 EStG.[101] Eine Ausnahme muss dann gelten, wenn die Entschädigungszahlung zwecks Umschuldung erfolgt, die der Aufrechterhaltung der Finanzierung des vermieteten Objekts dient.[102]

---

96 § 11 D. I. und II.
97 Zur str. Charakterisierung von § 490 Abs. 2 S. 1, 2 BGB, siehe: § 11 D I. 1. b.
98 § 11 D. I. 2.
99 § 11 D. II. 2. a.
100 § 11 D. II. 2. b.
101 § 12 A.
102 § 12 C.

Im Einzelfall kommt ein Abzug der Vorfälligkeitsentschädigung als – vorab entstandene – Werbungskosten nach hier vertretener Einschätzung zudem nach wie vor in Betracht, wenn mit der Veräußerung des vermieteten Objekts nachweislich der Erwerb eines neuen, ggf. lukrativeren Renditeobjekts bezweckt wird. Erfolgt die Veräußerung der vermieteten Immobilie nur, um den Erwerb einer neuen Immobilie zu ermöglichen und ist dies notwendig, um auch in Zukunft steuerbare Mieteinkünfte erwirtschaften zu können, kann ein steuerrelevanter Veranlassungszusammenhang zwischen einer obligatorischen Kompensationsleistungszahlung und der Erhaltung künftiger Vermietungstätigkeit bzw.-einnahmen nur schwerlich verneint werden, § 9 Abs. 1 S. 1 EStG.[103]

Davon abgesehen kommt der BFH im Grunde zu sachgerechten Ergebnissen. Allerdings erfolgen die treffenden steuerrechtlichen Erwägungen oft losgelöst von grundlegenden bürgerlich-rechtlichen Vorstellungen, obschon hierfür keine Notwendigkeit besteht. Das hier erarbeitete bürgerlich-rechtliche Verständnis von „Vorfälligkeitsentschädigung" und „Vorfälligkeitsentgelt" steht nicht im Widerspruch mit der sachgerechten steuerrechtlichen Beurteilung. Im Gegenteil wird diese anhand der einschlägigen bürgerlich-rechtlichen Grundwertungen und Erkenntnisse nicht nur gestützt, sondern vielfach noch gestärkt.[104]

C. Die verbraucherkreditrechtliche Beendigungsdogmatik

I. Widerruf

Das Widerrufsrecht des § 495 BGB gehört zu den Kernelementen des modernen Verbraucherkreditrechts und trägt entscheidend zur Verwirklichung des gesetzgeberischen Verbraucherschutzkonzepts bei. Dem Verbraucher wird nach Abschluss eines Verbraucherdarlehensvertrags die Möglichkeit gegeben, seine Vertragsentscheidung unter Eindruck der vom Darlehensgeber zu gewährenden vorvertraglichen Informationen (§ 491a BGB) und Pflichtangaben (§ 492 Abs. 2 BGB i.V.m. Art. 247 EGBGB) erneut kritisch zu prüfen und begründungslos zu widerrufen.[105] Die Kombination aus Informationspflichten gewerblich agierender Darlehensgeber und dem Widerrufsrecht des Verbraucherkreditneh-

---

103 Ebda.
104 Ebda.
105 § 13 B. I. 1.

mers soll diesen in die Lage versetzen, seine letztgültige Vertragsentscheidung mit gewissem Abstand wohl überlegt und informationell auf „Augenhöhe" mit dem (unterstellt) strukturell überlegenen Unternehmer treffen zu können.[106]

In der Sache finden die §§ 491 ff. BGB grundsätzlich auf sämtliche entgeltlichen Darlehensverträge zwischen einem Unternehmer als Darlehensgeber und einem Verbraucher als Darlehensnehmer Anwendung, § 491 Abs. 2, Abs. 3 BGB.[107]

Die Anwendbarkeit der verbraucherkreditrechtlichen *leges speciales* und des § 495 BGB ist ferner nicht selbstverständlich, wenn sich die ursprüngliche Parteienkonstellation im Wege gesetzlicher oder rechtsgeschäftlicher Rechtsnachfolge ändert. Keinen Einfluss auf den verbraucherkreditrechtlichen Charakter des Vertrages hat es indes, wenn sich der verbraucherrechtliche Status der Parteien (§§ 13,14 BGB) zwischenzeitlich ändert[108] oder einzelne darlehensvertragliche Ansprüche abgetreten werden.[109] Demgegenüber kann es bei einer befreienden Schuldübernahme gem. §§ 414 ff. BGB geboten sein, dem Übernehmenden ein originäres Recht zum Widerruf aus § 495 BGB einzuräumen, wenn der institutionelle Darlehensgeber aktiv an der Schuldübernahme mitgewirkt hat und es so zur verbraucherkredittypischen Konfrontation von Verbraucherkreditnehmer und (unterstellt) strukturell überlegenem Unternehmer kommt.[110] Gleiches gilt nach hiesigem Dafürhalten bei der Übernahme des gesamten Vertrages. Dem Übernehmer ist auch hier ein originäres Widerrufsrecht gem. § 495 BGB analog nur zuzugestehen, wenn der Darlehensgeber an der Vertragsübernahme aktiv mitgewirkt hat und damit in der Übernahmesituation rechtstatsächlich eine Schutzbedürftigkeit des Verbrauchers auslöst, die der beim verbraucherkreditrechtlichen Vertragsschluss gleichkommt.[111] Der derivative Erwerb eines fortbestehenden Widerrufsrechts ist hingegen bei der Vertragsübernahme insgesamt ausgeschlossen. Die Möglichkeit, den ursprünglichen Vertragsschluss zu überdenken und zu widerrufen, besteht immer nur für den, der den Vertrag auch geschlossen hat; sie fällt mit dessen Ausscheiden weg.[112]

---

106 § 13.
107 § 13 A.
108 § 13 A. II.
109 § 13 A. II. 1.
110 § 13 A. II. 2.
111 § 13 A. II. 3. a.
112 § 13 A. II. 3. b.

Bei Interzessionsgeschäften ist eine analoge Anwendung des § 495 BGB nicht angezeigt. Dies gilt für den bürgenden,[113] den schuldbeitretenden[114] sowie für den garantierenden[115] Verbraucher gleichermaßen, da diese allesamt kein spezifisch widerrufsbegründendes Interesse haben. Die betroffenen Verbraucher sind vielmehr in entsprechender Anwendung des § 492 Abs. 2 BGB so umfassend zu informieren, dass Ihnen die Tragweite ihrer unwiderruflichen Vertragsentscheidung voll und ganz bewusst gemacht wird.[116]

Steht dem Verbraucher ein Widerrufsrecht gem. § 495 BGB (analog) zu, kann er dieses mit rücktrittsähnlicher Gestaltungserklärung grundsätzlich binnen 14 Tagen nach Erhalt der Pflichtangaben gem. § 492 Abs. 2 BGB i.V.m. § 247 EGBGB wirksam ausüben, §§ 355 Abs. 2 BGB i.V.m. § 356b Abs. 1 BGB.[117] Die Regelfrist wird jedoch nur dann in Gang gesetzt, wenn der Verbraucher zuvor ordnungsgemäß informiert und belehrt worden ist. Andernfalls beginnt die Widerrufsfrist bei Verbraucherdarlehensverträgen nicht zu laufen und dem Verbraucher steht buchstäblich ein „ewiges" Widerrufsrecht[118] zu, es sei denn, der Darlehensgeber ist seinen Informationspflichten zwischenzeitlich nachgekommen. Dann endet die Möglichkeit zum Widerruf einen Monat später, § 356b Abs. 2 S. 2 BGB. Mit Einführung von § 356b Abs. 2 S. 4 BGB erlischt das Widerrufsrecht bei einem Immobiliar-Verbraucherdarlehensvertrag mittlerweile spätestens zwölf Monate und 14 Tage nach dem Vertragsschluss. Seit dem 21.6.2016 ist das „ewige" Widerrufsrechts im Immobiliar-darlehensrecht „Rechtsgeschichte".[119]

Damit ist zumindest für Immobiliarkreditverträge für die Zukunft eine klare Höchstgrenzenregelung und ein Stück Rechtssicherheit geschaffen worden. Dies war nicht nur überfällig, sondern sollte *de lege ferenda* auch im Allgemein-Verbraucherdarlehensbereich in Angriff genommen werden.[120]

Unbeschadet dessen ist vom „ewigen" Widerrufsrecht jedoch bereits massenhaft Gebrauch gemacht worden. Der Widerruf von Verbraucherkreditverträgen, die im Zeitraum zwischen September 2002 und Mitte Juni 2010 geschlossen worden sind, ist regelrecht zum (anwaltlichen) Geschäfts-

---

113 § 13 A. III. 1.
114 § 13 A. III. 2. (betreffend Sicherungsbeitritt).
115 § 13 A. III. 3.
116 § 13 A. III. 4. b.
117 § 13 B. I.
118 § 13 B. I. 2.
119 § 13 B. I. 2. a.
120 § 13 B. III. 2.

modell avanciert und wird die Gerichte noch geraume Zeit beschäftigen. Durch eine Kombination gesetzgeberischer Fehlleistung,[121] höchstrichterlicher Pedanterie[122] und – nicht zuletzt – mangelnder Formalgenauigkeit der Kreditwirtschaft ist die überwiegende Zahl der Widerrufsbelehrungen in dieser Zeit mit Fehlern behaftet, sodass einer entsprechend hohen Zahl betroffener Verbraucher ein „ewiges" Widerrufsrecht zustand.[123]

Die kontroversen Rechtsfragen um die Grenzen[124] und die Folgen[125] der wirksamen Ausübung „ewiger" Widerrufsrechte in jenen „Altfällen" gehören mittlerweile zum Alltag instanzen- und obergerichtlicher Aufarbeitung. Gegenstand aktueller BGH-Rechtsprechung war zuletzt insbesondere die Frage, ob und unter welchen Umständen sich der Widerruf des Verbrauchers als illoyal verspätet[126] bzw. allgemein rechtsmissbräuchlich[127] erweist.

Eine Verwirkung des „ewigen" Widerrufsrechts kommt nach allgemeinen Grundsätzen erst dann in Betracht, wenn der widerrufsberechtigte Verbraucher über einen namhaften Zeitraum untätig bleibt und die Bank sich nach den Umständen darauf einrichten durfte und auch eingerichtet hat, dass der Verbraucher untätig bleiben wird. Dass Verbrauchern, mit denen der Kreditvertrag zwischen September 2002 und Juni 2010 geschlossen worden ist, potentiell ein „ewiges" Widerrufsrecht zustand, war der Kreditwirtschaft hinlänglich bekannt. Die Rechtsunsicherheit geht daher zu Lasten der Institute, zumal diese es in der Hand hatten, durch nachträgliche Belehrung für Rechtsklarheit zu sorgen. Jedenfalls bis zum Vertragsende müssen die Banken damit rechnen, dass der Verbraucher vom Fortbestand seines Widerrufsrechts Kenntnis erlangt und davon Gebrauch macht.[128] Anders sind Fälle zu beurteilen, in denen der Verbraucher nachweislich Kenntnis vom Fortbestand seines Widerrufsrechts hat und den Vertrag gleichwohl ordnungsgemäß weiterbedient. Dann kann das Widerrufsrecht entsprechend §§ 355 Abs. 2 S. 2 BGB a.F., 356 Abs. 2 S. 3 BGB n.F. noch einen Monat nach Kenntniserlangung ausgeübt werden. Danach ist der Widerruf als illoyal verspätet zu verwerfen, § 242 BGB.[129] Allerdings ist die

---

121 § 13 B. I. 2. b.; § 13 B. III. 2.
122 § 13 B. I. 2. c.; § 13 B. III. 2.
123 § 13 B. I. 2. d.
124 § 13 B. II.
125 § 13 C.
126 § 13 B. II. 1.; § 13 B. III. 1. b.
127 § 13 B. II. 2.; § 13 B. III. 1. a. und c.
128 § 13 B. III. 1. b.
129 Ebda.

Kenntnis des Verbrauchers von seinem Widerrufsrecht keine zwingende Voraussetzung für die Verwirkung.[130] Gerade bei beendeten Verbraucherdarlehensverträgen soll eine Verwirkung nach höchstrichterlicher Rechtsprechung auch dann möglich sein, wenn dem Verbraucher keine Kenntnis nachgewiesen werden kann und weder eine ordnungsgemäße Belehrung noch Nachbelehrung durch den Darlehensgeber erfolgt ist. Dies soll vor allem dann gelten, wenn die Beendigung des Darlehensvertrags auf einen Wunsch des Verbrauchers zurückgeht.[131] Nach hier vertretener Einschätzung stellt sich die Frage der Verwirkung infolge einvernehmlicher Vertragsaufhebung indes gar nicht. Mit Annahme der vorfällig zurückgezahlten Valuta als Erfüllung durch den Darlehensgeber wird der Darlehensvertrag beendet und dem Widerrufsrecht des Darlehensnehmers wird die vertragsdogmatische Grundlage entzogen. Mit Vertragsende kommt ein Widerruf nicht mehr in Betracht und ist auch nicht aus zwingenden Verbraucherschutzgründen geboten.[132]

Nach treffender Rechtsprechung des BGH kommt ein rechtsmissbräuchliches Verhalten im Übrigen nur in streng zu handhabenden Einzelfällen in Betracht. Eine Konturierung der Schwelle zum Rechtsmissbrauch ist vom BGH bislang nur negativ vorgenommen worden. Danach hat er es zu Recht als nicht rechtsmissbräuchlich erachtet, dass der Verbraucher den Vertrag schutzzweckunabhängig und aus rein wirtschaftlichen Motiven widerruft; denn auf die Zweckgemäßheit der Widerrufsmotivation kommt es nach der Konzeption des Gesetzgebers gerade nicht an.[133]

Bei rechtswirksamem Widerruf sind die Parteien nicht mehr an ihre auf den Abschluss des Vertrages gerichteten Willenserklärungen gebunden und der Verbraucherdarlehensvertrag wird *ex nunc* in ein Rückgewährschuldverhältnis gewandelt. Die Widerrufsfolgen sind heute abschließend in den §§ 355 Abs. 3, 357 ff. BGB geregelt. Die frühere Verweisung des § 357 Abs. 1 S 1 BGB a.F. auf das Rücktrittsfolgenrecht ist seit dem 13.6.2014 gegenstandslos.[134]

Der Darlehensgeber kann nach wirksamem Widerruf die Rückzahlung der Valuta verlangen. Nach treffender Mindermeinung bietet dafür nicht das „Widerrufsfolgenrecht", sondern § 488 Abs. 2 BGB die taugliche An-

---

130 BGH, Hinweisbeschl. v. 23.1.2018 – XI ZR 298/17, NJW 2018, 1390 Rn. 16 ff. m.w.N.
131 Ebda.
132 § 13 B. III. 1. c.
133 Ebda.
134 § 13 C.

spruchsgrundlage. Danach hat der Darlehensnehmer das Kapital abzüglich bereits erbrachter Tilgungsleistungen zurückzuzahlen.[135] Überdies hat der Darlehensnehmer Wertersatz für die berechtigte Kapitalnutzung bis zum Widerruf des Vertrages zu leisten, § 357a Abs. 3 S. 2, 3 BGB n.F., § 357 Abs. 1 S. 1 BGB a.F. i.V.m. § 346 Abs. 2 S. 2 Hs. 2 BGB.[136] Die Gebrauchswertermittlung[137] hat in Anlehnung an § 818 Abs. 2 BGB nach objektiven Maßstäben zu erfolgen. Bei Immobiliarkrediten kann hierfür der marktübliche Zins zu Grunde gelegt werden, der bei Vertragsschluss für ein vergleichbares Darlehen mit grundpfandrechtlicher Sicherung und einer der tatsächlichen Laufzeit entsprechenden Festzinsbindung nach EWU-Zinsstatistik zu zahlen gewesen wäre.[138] Schließlich hat der Darlehensgeber Anspruch auf Ersatz verlorener Aufwendungen an öffentliche Stellen, wie insbesondere Notarkosten.[139]

Der Darlehensnehmer kann vom Darlehensgeber nach § 355 Abs. 3 S. 1 BGB n.F. bzw. § 357 Abs. 1 S. 1 BGB a.F. i.V.m. § 346 Abs. 1 S. 1 BGB Geldwertersatz für die geleisteten Zinszahlungen verlangen.[140] Ferner hat er in Altfällen Anspruch auf Nutzungsersatz in Verzugszinshöhe,[141] wobei bei Immobiliardarlehen zu Unrecht auf die modifizierte Verzugsschadenspauschale des § 497 Abs. 1 S. 2 BGB rekurriert wird. Darin ist eine zweckwidrige Ermäßigung der bankseitigen Nutzungsersatzpflicht zu sehen, die nicht der Realität tatsächlicher Mittelverwendung im modernen Aktiv- und Passivgeschäft entspricht.[142] Statt die Nutzungsersatzhöhe an den allgemeinen Verzugszinssatz des § 288 Abs. 1 BGB anzugleichen und einer unsachgemäßen Privilegierung der Banken entgegenzutreten, hat der Gesetzgeber eine solche *de lege lata* noch unnötig verstärkt, indem er die bankseitige Nutzungsersatzpflicht komplett abgeschafft hat.[143]

Weitere Forderungen des Darlehensnehmers können begründet sein, sofern der Vertrag gekündigt, einvernehmlich aufgehoben oder vorzeitig erfüllt worden ist und der Darlehensnehmer im Zuge dessen eine wirtschaftliche Kompensationsleistung erbracht hat, obwohl er das Recht zum entschädigungsfreien Widerruf gehabt hätte. Der BGH gewährt dem Darle-

---

135 § 13 C. I. 1.
136 § 13 C. II. 2.
137 Zu den unterschiedlichen Ansätzen: § 13 C. II. 2. a.
138 § 13 C. I. 2. b.
139 § 13 C. I. 3.
140 § 13 C. II. 1.
141 § 13 C. II. 2. a.
142 § 13 C. II. 2. b.
143 § 13 C. II. 2. c.

hensnehmer in dem Fall einen Regress von Vorfälligkeitsentschädigung bzw. -entgelt nach § 357 Abs. 1 S. 1 BGB a.F. i.V.m. § 346 Abs. 1 BGB.[144] Nach treffender Mindermeinung[145] spricht dagegen aber schon, dass der Widerruf des bereits beendeten Vertrages ausgeschlossen ist. Das Recht zum Widerruf knüpft zwingend an den Bestand eines wirksamen Verbraucherdarlehensvertrages. Mit dem Ende des Vertrages erlischt das Recht zum Widerruf.[146] Widerruf, Kündigung und (einvernehmliche) Rückzahlung haben jeweils unterschiedliche Voraussetzungen und jeweils unterschiedliche Rechtsfolgen; von einer Doppelwirkung im Recht i.S.v. *Kipp* kann keine Rede sein. Es besteht vielmehr eine strenge Alternativität der Beendigungsgründe. Nimmt man hingegen eine Koexistenz der Beendigungsgründe über das Vertragsende hinaus an, hat daraus auch eine Koexistenz auf Rechtsfolgenseite zu folgen, d.h. die Rechtsfolgen stünden unabhängig nebeneinander. Die Annahme eines prinzipiellen „Widerrufsfolgenvorrangs" entbehrt hingegen jeder gesetzlichen und rechtsdogmatischen Grundlage.[147] Mit dem Widerruf fällt der rechtliche Grund der kündigungs- oder erfüllungsbedingten Kompensationsleistung nicht weg[148] und auch die Geschäftsgrundlage einer entgeltlichen Aufhebungsvereinbarung wird dadurch nicht gestört. Weder das Widerrufsfolgenrecht[149] noch die Geschäftsgrundlagenlehre i.V.m. dem Rücktrittsfolgenrecht[150] noch das Bereicherungsrecht[151] bieten insofern eine taugliche rechtliche Grundlage für den Regress bereits gezahlter Kompensationsforderungen durch den Verbraucher.[152]

Die Vermögensnachteile, die der Verbraucher dadurch erleidet, dass er den Vertrag aufgrund fehlender Kenntnis vom Fortbestand seines Widerrufsrechts kompensationspflichtig beendet statt zu widerrufen, sind ihm allenfalls auf Grundlage des allgemeinen Schadenersatzrechts zu ersetzen, §§ 280 Abs. 1, 241 Abs. 2 BGB.[153] Als Pflichtverletzung kommt jedoch we-

---

144 § 13 C. III. 2. a.
145 § 13 C. III. 1. b.
146 § 13 C. III. 3 a.
147 § 13 C. III. 3. c.
148 § 13 C. III. 3. b. aa.
149 § 13 C. III. 2. a.
150 § 13 C. III. 2. b.; § 13 C. III. 3. bb.
151 § 13 C. III. 3. bb.
152 § 13 C. III. 4.
153 Ebda.

der die mangelhafte Belehrung[154] noch die fehlende Nachbelehrung[155] durch den Darlehensgeber in Betracht. (Nach-)Belehrungsfehler sind nicht ursächlich dafür, dass der Darlehensnehmer sich bei fortgeschrittenem Vertragsverlauf für eine kompensationspflichtige Vertragsbeendigung trotz Widerrufsmöglichkeit entscheidet.

Schadensursächlich ist allein, dass der Verbraucher im entscheidenden Moment der kompensationspflichtigen Vertragsbeendigung nichts vom Fortbestand seines Widerrufsrechts ahnt. Dementgegen muss jedem seriösen Kreditinstitut mittlerweile klar sein, dass Verbraucherkreditverträge, die zwischen September 2002 und Juni 2010 geschlossen worden sind – unbeschadet zwischenzeitlicher Nachbelehrung – unter dem „Damoklesschwert" jederzeitiger Widerruflichkeit stehen. Daher trifft die Banken die Pflicht, den Verbraucher auf die unsichere Rechtslage und die potentielle Widerrufsmöglichkeit hinzuweisen, sobald der Verbraucher mit dem Wunsch einer kompensationspflichtigen Beendigung an sie herantritt, § 241 Abs. 2 BGB. Der Darlehensgeber hat das – in jenen Fällen nicht nur unterstellte, sondern tatsächlich bestehende – Informationsdefizit des Verbrauchers auszugleichen und ihn zur weitergehenden Überprüfung seiner rechtlichen Möglichkeiten zu befähigen.[156]

Kommt der Darlehensgeber dem nicht nach, hat der Verbraucher Anspruch auf Ersatz des daraus resultierenden Schadens; namentlich kann er hinsichtlich der pflichtwidrig vereinnahmten Entschädigungszahlungen Regress nehmen, §§ 280 Abs. 1, 241 Abs. 2, 249 BGB.[157] Der Anspruch unterliegt der regelmäßigen Verjährung des § 195 BGB, ist jedoch nicht länger als zehn Jahre nach Bezahlung der „unnötigen" Kompensationsleistung durchsetzbar.[158]

Dic prozessuale Geltendmachung der Ansprüche des Darlehensnehmers erfolgt ausnahmslos im Wege der Leistungsklage. Dies steht bei einem schadenersatzrechtlichen Regress außer Frage, zumal der Anspruch hier ohne weiteres klar beziffert werden kann. Aber auch der beliebten Praxis, die Bank bei fehlender Aussicht auf eine außergerichtliche Einigung auf Feststellung in Anspruch zu nehmen, dass der Darlehensvertrag nach wirksamem Widerruf rückabzuwickeln ist, hat der BGH mit gut begründetem

---

154 § 13 C. III. 4. a.
155 § 13 C. III. 4. b.
156 § 13 C. III. 4. c.
157 § 13 C. III. 4 d.
158 § 13 D. I. 2.

Urteil vom 21.2.2017[159] den Boden entzogen. Völlig zu Recht ist ein entsprechendes Feststellungsbegehren des Verbrauchers wegen des Vorrangs der Leistungsklage als unzulässig verworfen worden.[160]

II. Schuldnerverzug

Im Anwendungsbereich der allgemeinen Darlehensvorschriften kann der Verzug des Darlehensnehmers den Darlehensgeber zur außerordentlichen Kündigung gem. § 314 Abs. 1 BGB berechtigen, sofern die Leistungsverzögerung den Vertragserfolg im Einzelfall konkret gefährdet oder eine vertrauensvolle Vertragsfortführung nicht mehr möglich ist.[161]

Im Verbraucherkreditrecht knüpft der Gesetzgeber die verzugsbedingte Kündigung an restriktivere Mindestvoraussetzungen,[162] um den Verbraucher vor einem voreiligen Liquiditätsentzug und einer damit einhergehenden Manifestation finanzieller Überforderung („moderner Schuldturm") zu schützen. § 498 BGB bildet insofern eine abschließende Regelung. Eine Kündigung wegen wesentlicher Verschlechterung der Vermögensverhältnisse oder aus anderem wichtigem Grund als dem Verzug des Schuldners bleibt indes unberührt.[163]

Liegen die Voraussetzung für eine verzugsbedingte Kündigung gem. §§ 314, 498 BGB vor, ist der Darlehensgeber berechtigt, den Kredit zu kündigen und gesamtfällig zu stellen. Damit kann er die Aufforderung zur alsbaldigen Rückführung des Restkapitals verbinden und den Rückzahlungsanspruch aus § 488 Abs. 1 S. 2 BGB fällig stellen. Erfüllt der Darlehensnehmer seine Rückzahlungsverpflichtung nicht, kommt er auch hiermit in Verzug und muss den geschuldeten Betrag – außerhalb des Anwendungsbereichs von § 497 Abs. 4 BGB n.F. – grundsätzlich gem. § 288 Abs. 1 BGB verzinsen. Sofern allgemeines Darlehensrecht Anwendung findet, kann der Darlehensgeber alternativ den Vertragszins gem. § 628 Abs. 2 BGB analog geltend machen, um im gegebenen Fall eine zinsgünstigere Kapitalnutzung durch den vertragsbrüchigen Darlehensnehmer zu verhindern.[164]

---

159 BGH, Urt. v. 21.2.2017 – XI ZR 467/15, WM 2017, 906.
160 § 13 D. II.
161 § 14 A.
162 § 14 B. I.
163 § 14 B. II.
164 § 14 C. III. 1.

Infolge der verzugsbedingten Kündigung geht der Vertragszinsanspruch des Darlehensgebers im Übrigen unter. Mit Ausgleich sämtlicher Rückstände kann der Darlehensnehmer den Verzug beenden und sich von jeglichen darlehensvertraglichen Zahlungsverpflichtungen befreien. Im Falle der Kündigung eines Festzinskredits wird damit die berechtigte Zinserwartung des Darlehensgebers – ähnlich wie bei der Kündigung nach § 490 Abs. 2 BGB – enttäuscht. Dies begründet in der Sache einen Anspruch des Darlehensgebers auf Schadenersatz statt der Leistung gem. §§ 280 Abs. 1, 3, 281 BGB, d.h. dieser kann verlangen, so gestellt zu werden, wie er stünde, wenn der Darlehensnehmer seine Zins- und Tilgungszahlungen vertragsgemäß erbracht hätte.[165] Wahlweise kann der Darlehensgeber das volle, nicht abgezinste Restkapital fällig stellen und im Verzugsfall seinen Verzögerungsschaden nach den allgemeinen Vorschriften geltend machen. Die Vermengung von Schadenersatz statt der Leistung und Verzögerungsschaden ist indes weder sachgerecht noch zulässig.[166]

Im Anwendungsbereich von § 497 BGB n.F. erachtet der BGH die dort normierten Verzugszinsregelungen als abschließende Spezialregelungen für die Verzugsschadensermittlung im Verbraucherkreditrecht und hält eine weitergehende Inanspruchnahme des Nichterfüllungsschadens für ausgeschlossen.[167] Allerdings zwingen Wortlaut, Systematik und Historie des Gesetzes zu einer solchen Normauslegung nicht. Hierauf kann ebenso gut die gegenteilige Annahme eines strengen Alternativverhältnisses zwischen Verzugs- und Nichterfüllungsschaden gestützt werden. Beide Normdeutungsvarianten sind insofern plausibel und stehen ambivalent nebeneinander.[168]

Aus teleologischer Sicht sprechen am Ende aber die besseren Argumente für eine Normdeutung des § 497 BGB im Sine des BGH. Als abschließende Regelung zur Verzugsschadensermittlung wird die Norm dem gesetzgeberischen Gesamtkonzept einer transparenten und möglichst maßvollen Verzögerungssanktionierung des Verbraucherkreditnehmers besser gerecht.[169] Anders als bei einer berechtigten Vertragsbeendigung auf Initiative des Darlehensnehmers gem. §§ 490 Abs. 2, 500 Abs. 2 BGB[170] sollen notleidende Verbraucher nur so weit mit Verzugszinsforderungen belastet werden,

---

165 § 14 C. III. 1.; § 8 A. IV.
166 § 14 C. III. 1.
167 § 14 C. I. 3.; § 14 C. II. 2.
168 § 14 C. III. 2.
169 Vgl.: § 14 C. I. 3.; § 14 C. II. 2.
170 Vgl.: § 9 D. I. 3.; § 15 C. II.

wie dies zur Wahrung der berechtigen Interessen des Darlehensgebers zwingend erforderlich ist; ansonsten soll eine dauerhafte Manifestation der finanziellen Krise so gut es geht verhindert werden.[171]

III. Vorzeitige Erfüllung

Vor Umsetzung der Wohnimmobilienkreditrichtlinie waren Immobiliar-darlehensverträge (§ 503 BGB a.F.) noch vom Anwendungsbereich der §§ 499, 500 und 502 BGB a.f. ausgenommen und konnten nur auf Grundlage der allgemeinen Vorschriften vorzeitig beendet werden.[172] Danach war eine vorzeitige Beendigung des Kredits grundsätzlich ausgeschlossen und nur ausnahmsweise möglich, wenn berechtigte Interessen des Darlehensnehmers dies geboten. Daran knüpft das geltende Recht – wenn auch unter „umgedrehten Vorzeichen" – an.[173] Der Darlehensnehmer kann seine Verbindlichkeiten aus einem Immobiliar-Verbraucherdarlehen grundsätzlich jederzeit erfüllen. Haben die Parteien jedoch einen gebundenen Sollzinssatz vereinbart und sucht der Darlehensnehmer seine Verbindlichkeiten im Zeitraum der Sollzinsbindung vorzeitig zu erfüllen, muss dafür ein berechtigtes Interesse i.S.v. § 490 Abs. 2 BGB vorliegen, § 500 Abs. 2 S. 2 BGB. Das „berechtigte Interesse des Darlehensnehmers" bietet ein praktisch handhabbares Kriterium für eine sachorientierte Bestimmung der zur Rückzahlung legitimierenden Umstände, die – anders als im allgemeinen Darlehensrecht – im Einklang mit der grundlegenden Systematik und Dogmatik des Verbraucherkreditrechts erfolgen kann.[174]

Zweifelhaft ist indes, ob es der Einschränkung des § 500 Abs. 2 S. 2 BGB angesichts der uneingeschränkten Ausgleichpflicht des Darlehensnehmers nach § 502 BGB überhaupt bedarf. Mit der vorzeitigen Rückzahlung eines Immobiliar-Verbraucherdarlehens geht ein Anspruch des Darlehensgebers auf Zahlung einer ungedeckelten Vorfälligkeitsentschädigung einher, §§ 502 Abs. 1 S. 1, 249 ff. BGB.[175] Damit wird nicht nur das Erfüllungsinteresse des Darlehensgebers und die Marktattraktivität des Immobiliarkredits gewahrt, sondern sogleich die massenhafte und opportunistische Rückzahlung zu Umschuldungszwecken verhindert. Eine darüberhinaus-

---

171 Hierzu bereits: § 14 B. II.
172 § 15 A. I.
173 § 15 A. II.
174 § 15 C. I. 1.
175 § 15 B.

gehende Regulierung auf Tatbestandsseite ist nicht erforderlich und sollte *de lege ferenda* zugunsten einer Gleichbehandlung von Allgemein- und Immobiliar-Verbraucherdarlehen überdacht werden.[176]

Auch auf Rechtsfolgenseite wird für eine Nivellierung der Unterschiede plädiert, um im Ergebnis eine einheitliche Regelung für die vorzeitige Erfüllung der Verbindlichkeiten aus „Verbraucherkreditverträgen" i.S.v. § 500 Abs. 2 S. 1 BGB zu schaffen.[177] Ohnedies ist es sinnvoll, der Höchstgrenzenregelung des § 502 Abs. 3 BGB so weit wie möglich die (überregulatorische und fehlallokative) Wirkung zu nehmen.[178] Dem kann in richtlinienkonformer Weise entsprochen werden, indem der Gesetzgeber von der Öffnungsklausel in Art. 16 Abs. 4 lit. b der Verbraucherkreditrichtlinie Gebrauch macht und dem Darlehensgeber *de lege ferenda* die Geltendmachung eines nachweislich höheren Schadens erlaubt,[179] was jedoch mit der verbindlichen Einführung der Aktiv-Aktiv-Methode im Sinne einer transparenteren und nachvollziehbareren Entschädigungsberechnung einhergehen sollte.[180]

§ 17 Resümee und Ausblick

Mit Umsetzung der Wohnimmobilienkreditrichtlinie ist die vorzeitige Beendigung grundpfandrechtlich gesicherter Festzinskredite zum Gegenstand der besonderen Vorschriften für Verbraucherdarlehensverträge geworden. Damit hätte sich dem Gesetzgeber die Möglichkeit geboten, sowohl die bürgerlich-rechtliche *lex lata* als auch die verbraucherkreditrechtliche *lex ferenda* streng an den jeweiligen dogmatischen Grundlagen (neu-)auszurichten und auf diesem Wege ein interessen- und systemgerechtes Gesamtkonzept zu verwirklichen:

Auf der einen Seite hätte die Reform zum 21.3.2016 Chance und Anlass geboten, die Beendigungsdogmatik der §§ 488-490 BGB auf den Prüfstand zu stellen und teilweise eine Neuinterpretation im Sinne der überkommenen Vorgaben des allgemeinen Schuld- und Darlehensrechts vorzunehmen. Insbesondere knüpft die einseitige Beendigung von Immobiliarkrediten durch den Darlehensnehmer nach wie vor systemwidrig an das Vorlie-

---

176 § 15 C. I. 2.
177 Vgl.: § 15 C. I. 2.
178 § 15 C. II.
179 A.A.: BT-Drs. 16/11643, S. 87.
180 Vgl.: § 9 D. III. 6.

gen „berechtigter Interessen" an.[181] Vorbehaltlich der hier vorgeschlagenen restriktiven Auslegung von § 490 Abs. 2 S. 1 und 2 BGB[182] bleibt es insofern dabei, dass die hohen Hürden zur Durchbrechung des Vertragstreuegrundsatzes ohne Not unterlaufen werden, statt die Kündigung bzw. Anpassung des Vertrages entsprechend der bürgerlich-rechtlichen Grundkonzeption nur bei Vorliegen der strengen Voraussetzungen einer Geschäftsgrundlagenstörung gem. § 313 BGB zu erlauben.[183] Dies gilt es alsbald nachzuholen und dem Darlehensnehmer nur dann ein einseitiges Recht zur kompensationspflichtigen Vertragsbeendigung einzuräumen, wenn die freihändige Verwertung des belasteten Grundstücks zwingend notwendig ist, um seine Verbindlichkeiten aus eigener Kraft zu bedienen. Nur dann ist es ihm unzumutbar, an der Fortsetzung des Vertrags festgehalten zu werden. Nur dann ist es geboten, ihm die Möglichkeit zur einseitigen Vertragsbeendigung bei vollumfänglicher Schadloshaltung des Darlehensgebers zu gewähren. In allen anderen Fällen ist es nicht nur legitim, sondern dogmatisch geboten, ihn auf eine einvernehmliche Beendigung des Vertrages zu im Grunde frei aushandelbaren Konditionen zu verweisen.[184] Im Anwendungsbereich der allgemeinen Vorschriften ist den auf Augenhöhe operierenden Parteien der notwendige Verhandlungs- und Gestaltungsspielraum für die einvernehmliche Aufhebung des Vertrages zu lassen, soweit die ausgehandelten Konditionen mit Gesetz und guten Sitten vereinbar sind, §§ 134, 138 BGB. Den Parteien muss es offenstehen, die Möglichkeiten zur einseitigen Vertragsbeendigung privatautonom auf das – verfassungs- und zweckmäßig ausgestaltete – Recht zur ordentlichen Kündigung aus § 489 BGB sowie das Recht zur Kündigung bzw. Vertragsanpassung wegen Unzumutbarkeit der Vertragsfortführung gem. §§ 490, 313, 314 BGB zu beschränken.[185] Hierdurch werden sowohl der unabdingbare Kern wirtschaftlicher Handlungsfreiheit (§§ 490 Abs. 2 S. 1, 2 1136 BGB; vgl. auch §§ 488 Abs. 3, 489 Abs. 1 Nr. 2 BGB) als auch die berechtigten Vermögensinteressen (§ 490 Abs. 1 BGB bzw. § 314 BGB i.V.m. §§ 280 Abs. 1, 3, 281 BGB; § 490 Abs. 2 S. 3 BGB) der Parteien gewahrt.

Auf der anderen Seite bietet das Verbraucherkreditrecht ein Konvolut detaillierter Beendigungsregelungen, auf deren Grundlage – unter Vornah-

---

181 § 9 B. II. 2. a.; § 9 B. II. 4.
182 § 9 C. III. 4.
183 Dazu im Allgemeinen: § 5 B. III.; im Besonderen: § 9 C. III. 1. c.
184 Vgl.: § 9 C. III. 4. c.
185 Vgl.: § 11 D. I. 2.

me einiger Modifikationen[186] – ein fairer und transparenter Interessenausgleich im Massengeschäft geschaffen werden kann. Die Kombination von weitreichenden Informationspflichten und bedingungslosem Recht zum Widerruf ermöglicht es dem (unterstellt) strukturell unterlegenen Verbraucher bereits *de lege lata* eine durchdachte Vertragsentscheidung zu treffen. Die Folgen des Schuldnerverzugs werden im Kampf gegen den modernen Schuldturm – ebenfalls schon nach geltendem Recht – spezialgesetzlich modifiziert und sowohl auf Tatbestands- als auch Rechtsfolgenebene zu Lasten des Unternehmers restringiert, §§ 498, 497 BGB. Endlich sollte es liquiden Verbrauchern *de lege ferenda* prinzipiell ermöglicht werden, ihre Verbindlichkeiten aus einem Verbraucherdarlehensvertrag vorzeitig zu erfüllen. Steht die vorzeitige Erfüllung von Festzinskrediten in Rede, ist das positive Interesse des Kreditgebers durch einen Anspruch auf uneingeschränkte wirtschaftliche Kompensation in Form einer Vorfälligkeitsentschädigung gem. § 502 Abs. 1 BGB zu wahren. So könnte das Verbraucherkreditgeschäft wettbewerbsfördernd flexibilisiert werden, ohne die berechtigten Interessen der Kreditwirtschaft zu desavouieren; so könnte die Beendigungsdogmatik der §§ 495, 497 ff. BGB (noch) besser fruchtbar gemacht werden, um im Verbraucherkreditrecht ein ausgewogenes Verhältnis zwischen paritätsfördernder Verbraucherinformation, schuldnerschützender Restriktion und verhältnismäßig hoher Flexibilität für vertragstreue Verbraucher zu garantieren.

§ 18 Die wichtigsten Erkenntnisse in Thesenform

1. Der Erfolg des Immobiliarkreditgeschäfts in Deutschland steht und fällt mit einer marktgerechten Refinanzierung. Dem werden die Kreditinstitute nicht gerecht, indem sie das Passivgeschäft nach starren Theorien und Regeln strukturieren. Es hat sich eine moderne Mischrefinanzierung etabliert, die mithilfe eines hocheffizienten, derivatgestützten Risiko- und Fristenmanagements ständig den aktuellen Marktgegebenheiten sowie den eigenen Geschäftsbedürfnissen angepasst wird.

2. Der wirtschaftliche Zweck von Darlehensverträgen besteht – in Anerkennung des überkommenen Verständnisses von Rechtsprechung und

---

186 § 13 A. II. 3. b.; § 13 A. III. 4. b.; § 13 B. III. 2.; § 13 C. I. 1.; § 13 C. II. 2. c.; § 13 C. III. 3 c.; § 13 C. III. 4.; § 14 C. III. 3.; § 15 C. I. 2.; § 15 C. II.

Literatur – in der Überlassung der abstrakten Möglichkeit, fremdes Kapital auf Zeit berechtigterweise nutzen zu können.

3. Der vom historischen Gesetzgeber vorausgesetzte Grundsatz der Akzessorietät von Zins- zu Kapitalschuld steht nicht im Widerspruch zum modernen konsensual-synallagmatischen Darlehensvertragsverständnis, sondern verkörpert heute wie damals handgreifliche Parteiinteressen, anhand derer der originäre Inhalt entgeltlicher Darlehensverträge mitzubestimmen ist. Insbesondere kommt darin das berechtigte Interesse des Darlehensnehmers zum Ausdruck, dass Zinsen erst ab dem Moment zu zahlen sind, ab dem für ihn auch tatsächlich ein vergeltungswürdiger Mehrwert besteht.

4. Beim Immobiliarkreditvertrag kommt der Dauerschuldrechtscharakter des Darlehensvertrages besonders zur Geltung. Derart langfristige vertragliche Beziehungen setzen stets ein Mindestmaß an gegenseitigem Vertrauen voraus; allerdings liegt der Fokus der Parteien auch bei überaus langfristigen Darlehensvertragsgestaltungen regelmäßig auf dem im Grunde „egoistischen" Leistungsaustausch, der lediglich vom gegenseitigen Vertrauen auf ein vertragsgemäßes Handeln des Kontrahenten bis zum Laufzeitende getragen sein muss.

5. Das ordentliche Kündigungsrecht gem. §§ 488 Abs. 3, 489 BGB ist spezialgesetzlicher Ausdruck des im Selbstbestimmungsrecht des Einzelnen gründenden Verdikts ewig währender vertraglicher Bindungen. Mehr noch war der Gesetzgeber willens und in der Lage, jedem privaten Darlehensnehmer – unter Ausschöpfung seiner Einschätzungsprärogative und unter Achtung der durch das Grundgesetz vorgegebenen Grenzen – ein unabdingbares Recht zur ordentlichen Kündigung spätestens zehneinhalb Jahren nach Vollvalutierung zu gewähren, § 489 Abs. 1 Nr. 2, Abs. 4 S. 1 BGB.

6. Der Darlehensnehmer kann die vorzeitige Beendigung eines Immobiliarkredits gem. § 490 Abs. 2 BGB nach derzeit herrschenden Normverständnis ohne Zustimmung des Darlehensgebers *wie* bei einer Störung der Geschäftsgrundlage bewirken, auch wenn ihm die unveränderte Vertragsfortführung weiterhin zumutbar ist; es genügt der bloße Wunsch des Darlehensnehmers zur anderweitigen Verwertung des zur Sicherung hingegebenen Objekts.

7. Bei systemgerechter Normauslegung kann § 490 Abs. 2 BGB *de lege lata* als spezialgesetzliche Ausformung von § 313 Abs. 1 BGB verortet werden.

8. Ein Bedürfnis nach anderweitiger Verwertung des zur Sicherung hingegebenen Objekts gem. § 490 Abs. 2 S. 1 BGB ist nur gegeben, wenn die anderweitige Verwertung des Sicherungsobjekts zwingend notwendig ist, um die darlehensvertraglichen Verbindlichkeiten vollumfänglich zu erfüllen. Nach Wertung der §§ 1136, 1149 BGB wie auch §§ 15, 30a ZVG ist es dem Schuldner dann nicht zuzumuten, ihn an der Fortsetzung des Vertrages festzuhalten und die außerordentliche Kündigung des Vertrages samt anschließender Zwangsvollstreckungsmaßnahmen durch den Darlehensgeber zu provozieren.

9. Es ist als rechtsmissbräuchlich zu inkriminieren, wenn der Darlehensgeber auf der Vertragsfortsetzung und Verhaftung des Grundstücks beharrt und das Scheitern des Vertrages sowie die zwangsweise Vollstreckung in das Vermögen des Schuldners billigend in Kauf nimmt, obschon die vollumfängliche Erfüllung seiner Forderungen nach freihändiger Verwertung des belasteten Grundstücks – wenn auch vorzeitig – möglich wäre.

10. Auf Rechtsfolgenseite verknüpft der Gesetzgeber das Recht des Darlehensnehmers zur Kündigung des Vertrages mit einem gesetzlichen Anspruch auf Schadenersatz nach dem Vorbild einer Schadlosgarantie (Vorfälligkeitsentschädigung); ganz so, wie es der Richter im Wege der Vertragsanpassung nach § 313 Abs. 1 BGB bei Störung der Geschäftsgrundlage tun würde.

11. Die Berechnung der Vorfälligkeitsentschädigung hat vorzugsweise durch – *de lege ferenda* festzuschreibenden – Aktiv-Aktiv-Vergleich zu erfolgen, bei dem der Vertragszins mit dem einer äquivalenten Wiederanlage verglichen wird. Die sich daraus ergebende Differenz ist mit dem Effektivzinssatz des Vertragskredits abzuzinsen und zusammen mit einem pauschalierten Margenschaden in Ansatz zu bringen.

12. Eine Begrenzung der Vorfälligkeitsentschädigung nach französischem bzw. belgischem Vorbild wird vom deutschen Gesetzgeber mit Recht abgelehnt, zumal damit erhebliche Fehlallokationen einhergehen kön-

nen und (kritische) Beeinträchtigungen der Refinanzierungsvielfalt nicht auszuschließen sind. Auch eine Reform im Sinne des dänischen Marktpreismodells ist angesichts des hierfür (offensichtlich) fehlenden rechtspolitischen Willens und Marktinteresses nicht angezeigt.

13. Die vorzeitige Erfüllung immobiliarkreditrechtlicher Darlehensforderungen ist nicht ohne Zustimmung des Darlehensgebers möglich. Es ist zwar rechtstheoretisch denkbar, dass der Darlehensnehmer die Zinsgesamtverbindlichkeit per Einmalzahlung gem. § 271 Abs. 2 BGB bedient und das nunmehr zinslose Restkapital vor Laufzeitende gem. § 488 Abs. 3 S. 3 BGB ablöst. Allerdings stehen dem in der Praxis regelmäßig abweichende Parteivereinbarungen entgegen und auch der Gesetzgeber hat mit Einführung von § 490 Abs. 2 BGB sowie § 500 Abs. 2 BGB n.F. deutlich zum Ausdruck gebracht, dass der Darlehensnehmer einen Immobiliarkreditvertrag nicht ohne weiteres nach § 271 Abs. 2 BGB vorzeitig erfüllen kann.

14. Eine alternative Möglichkeit zur Ablösung grundpfandrechtlich gesicherter Festzinskredite vor Fälligkeit besteht auch nicht darin, dass der Darlehensnehmer auf die Grundschuld leistet, statt auf die obligatorische Darlehensforderung. Mit der vollumfänglichen Grundschuldtilgung erwirbt er die Grundschuld zu Eigentum und leistet zugleich erfüllungshalber auf die Forderung. Der Gläubiger kann sich nun aus dem hingegebenen Surrogat befriedigen, ist aber nach wie vor nicht verpflichtet, die Leistung vor Fälligkeit anzunehmen. § 271 Abs. 2 BGB findet keine Anwendung, gleichgültig ob die Leistung zum Zwecke der Erfüllung oder erfüllungshalber erfolgt.

15. Eine einvernehmliche Vertragsaufhebung ist stets möglich und wird in der bankrechtlichen Praxis meist dadurch erreicht, dass der Darlehensgeber sich im Rahmen einer vom Darlehensvertrag losgelösten Vereinbarung bereit erklärt, die vorzeitige Erfüllung der verzinslichen Kapitalschuld zu dulden. Nimmt der Darlehensnehmer diese Möglichkeit wahr und zahlt das gesamte Restkapital zurück, endet sogleich der Zinsanspruch des Darlehensgebers nach dem Akzessorietätsgrundsatz und das Darlehen ist vorbehaltlich der Entrichtung sämtlicher bereits fälliger Zinsen vorzeitig abgelöst. Im Gegenzug hat der Darlehensnehmer dem Darlehensgeber in aller Regel ein Vorfälligkeitsentgelt in Höhe des positiven Interesses zu zahlen.

16. Anders als die Vorfälligkeitsentschädigung kann das Vorfälligkeitsentgelt im Grunde frei ausgehandelt werden. Eine inhaltliche Kontrolle erfolgt lediglich über § 138 BGB, wobei der schwachen Verhandlungsposition des Darlehensnehmers Rechnung zu tragen ist. Eine Angemessenheitskontrolle entgeltlicher Aufhebungsvereinbarung anhand von § 315 Abs. 3 BGB analog oder § 242 BGB findet nicht satt, da die ausdifferenzierte Beendigungsdogmatik der §§ 488 ff. BGB nicht durch eine gesetzlich nicht vorgesehene Angemessenheitsprüfung unterlaufen werden darf.

17. Erweist sich eine Aufhebungsvereinbarung als sittenwidrig, kommt auf Rechtsfolgenseite eine teleologische Reduktion des § 138 BGB nicht in Betracht; die Abrede ist zur Gänze nichtig und bereicherungsrechtlich rückabzuwickeln.

18. Die Grenzen der Vertragsgestaltung werden nach deutschem Recht durch die unabdingbaren Kündigungsvorschriften der §§ 489 Abs. 1, 2, 490 Abs. 2 BGB sowie den in ihrem Kern unabdingbaren §§ 313, 314 BGB definiert. Für abgrenzbare Teilfragen, wie z.B. der Bestimmung der Folgen vorzeitiger Vertragsbeendigung, können die Parteien eine *dépeçage* vereinbaren und auch von zwingenden Vorschriften des nationalen Rechts abweichen, sofern nicht die Umgehung von Eingriffsnormen im Sinne des Art. 9 Rom I-VO in Rede steht.

19. Die wirtschaftliche Kompensation des Darlehensgebers in Form von Vorfälligkeitsentschädigung oder -entgelt ist grundsätzlich durch die Veräußerung des zur Darlehenssicherung hingegebenen Objekts veranlasst und kann daher steuerlich auch nur im Rahmen dessen berücksichtigt werden, §§ 16, 17, 23 EStG. Eine Ausnahme muss dann gelten, wenn die Entschädigungszahlung zwecks Umschuldung erfolgt, die der Aufrechterhaltung der Finanzierung des vermieteten Objekts dient. Im Einzelfall kommt ferner ein Abzug der Vorfälligkeitsentschädigung als – vorab entstandene – Werbungskosten in Betracht, wenn mit der Veräußerung des vermieteten Objekts nachweislich der Erwerb eines neuen Renditeobjekts zur Erzielung steuerbarer Einnahmen bezweckt und ermöglicht wird.

20. Bei einer befreienden Schuldübernahme als auch bei der Vertragsübernahme kann es geboten sein, dem Übernehmenden ein originäres

Recht zum Widerruf aus § 495 BGB einzuräumen. Voraussetzung ist aber jeweils, dass der unternehmerische Darlehensgeber aktiv an der Vertragsübernahme mitgewirkt hat und es so zur verbraucherkredittypischen Konfrontation von Verbraucherkreditnehmer und (unterstellt) strukturell überlegenem Unternehmer kommt.

21. Bei Interzessionsgeschäften ist eine analoge Anwendung des § 495 BGB nicht angezeigt. Dies gilt für den bürgenden, den schuldbeitretenden sowie für den garantierenden Verbraucher gleichermaßen, da diese allesamt kein spezifisch widerrufsbegründendes Interesse haben. Die betroffenen Verbraucher sind vielmehr in entsprechender Anwendung des § 492 Abs. 2 BGB so umfassend zu informieren, dass ihnen die Tragweite ihrer unwiderruflichen Vertragsentscheidung voll und ganz bewusst gemacht wird.

22. Mit Umsetzung der Wohnimmobilienkreditrichtlinie hat der Gesetzgeber das sog. „ewige" Widerrufsrecht bei Immobiliar-Verbraucherdarlehensverträgen kassiert und damit einen Schritt in Richtung rechtlicher Sicherheit und Klarheit gemacht. Es wäre rechtspolitisch wünschenswert, dass er sich alsbald auch zur Abschaffung des „ewigen" Widerrufsrechts bei Allgemein-Verbraucherdarlehensverträgen durchringt und damit endlich den Schlusspunkt einer zwischenzeitlich zur Farce verkommenen Rechtsentwicklung setzt.

23. Durch eine Kombination gesetzgeberischer Fehlleistung, höchstrichterlicher Pedanterie und – nicht zuletzt – mangelnder Formalgenauigkeit der Kreditwirtschaft ist die überwiegende Zahl der Widerrufsbelehrungen bei Verträgen, die zwischen September 2002 und Juni 2010 geschlossen worden sind, mit Fehlern behaftet, sodass einer entsprechend hohen Zahl betroffener Verbraucher ein „ewiges" Widerrufsrecht zustand.

24. Eine Verwirkung des „ewigen" Widerrufsrechts kommt erst dann in Betracht, wenn der widerrufsberechtigte Verbraucher über einen namhaften Zeitraum untätig geblieben ist und die Bank sich nach den Umständen darauf einrichten durfte, dass der Verbraucher untätig bleiben wird; davon ist frühestens mit dem Ende des Vertrags auszugehen.

25. In Fällen, in denen der Verbraucher nachweislich Kenntnis vom Fortbestand seines Widerrufsrechts hatte und den Vertrag gleichwohl ord-

nungsgemäß weiterbediente, kann das Widerrufsrecht entsprechend §§ 355 Abs. 2 S. 2 BGB a.F., 356 Abs. 2 S. 3 BGB n.F. noch einen Monat nach Kenntniserlangung ausgeübt werden; danach ist der Widerruf als illoyal verspätet zu verwerfen, § 242 BGB.

26. Das Recht zum Widerruf knüpft zwingend an den Bestand eines wirksamen Verbraucherdarlehensvertrags. Mit dem Ende des Vertrags erlischt das Recht zum Widerruf.

27. Weder das Widerrufsfolgenrecht noch die Geschäftsgrundlagenlehre i.V.m. dem Rücktrittsfolgenrecht noch das Bereicherungsrecht bieten eine taugliche rechtliche Grundlage für den Regress von Kompensationsforderungen, die der Verbraucher vor einem späteren Widerruf gezahlt hat.

28. Den Darlehensgeber trifft die Pflicht, den ablösungswilligen Verbraucher über den potentiellen Fortbestand eines Widerrufsrechts aufzuklären. Kommt er dem nicht nach, hat der Verbraucher Anspruch auf Ersatz des daraus resultierenden Schadens; namentlich kann er hinsichtlich der pflichtwidrig vereinnahmten Entschädigungszahlungen gem. §§ 280 Abs. 1, 241 Abs. 2, 249 BGB Regress nehmen.

29. Die Vorschrift des § 497 BGB ist nach treffender Einschätzung des BGH als abschließende Regelung zur Verzugsfolgenbestimmung im Verbraucherkreditrecht zu qualifizieren. Eine derart regulierte Verzugssanktionierung wird dem gesetzgeberischen Ziel gerecht, die finanzielle Notlage des Verbrauchers im Verzugsfalle nicht weiter zu vertiefen bzw. zu verfestigen.

30. Dem unionsrechtlichen *Default* entsprechend sollte es liquiden Verbrauchern *de lege ferenda* prinzipiell ermöglicht werden, ihre Verbindlichkeiten aus einem Verbraucherdarlehensvertrag vorzeitig zu erfüllen. Steht die vorzeitige Erfüllung von Festzinskrediten in Rede, ist das positive Interesse des Kreditgebers durch einen Anspruch auf uneingeschränkte wirtschaftliche Kompensation in Form einer Vorfälligkeitsentschädigung i.S.v. § 502 Abs. 1 BGB n.F. zu wahren.

Literaturverzeichnis

Achilles, Alexander; Gebhard, Albert; Spahn, Peter, Protokolle der Kommission für die Zweite Lesung des Entwurfs des Bürgerlichen Gesetzbuchs, Bd. 1: Allgemeiner Theil und das Recht der Schuldverhältnisse Abschn. I, Abschn. II., Tit. I, Berlin 1897.

Ahlswede, Sophie; Schildbach, Jan, Vor dem Comeback, Einlagen bei Banken, Warum sich Banken das Sparbuch doch nicht sparen sollten, Deutsche Bank, DB Research, Frankfurt a.M. 2012.

Bamberger, Heinz Georg (Hrsg.)*; Roth, Herbert* (Hrsg.), Kommentar zum Bürgerlichen Gesetzbuch, 3. Auflage, München 2012, zit. nach Bearbeiter.

Banik, Christoph; Ogg, Matthias; Pedergnana, Maurice, Hybride und mezzanine Finanzierungsinstrumente: Möglichkeiten und Grenzen, Bern, Stuttgart, Wien 2008.

Bar, Christian von, Internationales Privatrecht, Bd. 2, Besonderer Teil, 1. Auflage, München 1991.

Bargen, Malte van, Neue Beleihungsrichtlinien für Grundstücke und Schiffe, VW 1955, S. 330- 331.

Barlet, Kurt; Karding, Ernst; Fleischmann, Rudolf, Hypothekenbankgesetz, Kommentar, 2. Auflage, München 1964.

Bauersfeld, Tanja, Gedeckte Instrumente zur Refinanzierung von Hypothekendarlehen, Eine Analyse von Mortgage Covered Bonds und Mortgage Backed Securities in europäischen Ländern, Wiesbaden 2007, zugl. Duisburg-Essen, Univ., Diss. 2007.

Baumbach, Adolf; Hopt, Klaus J, Handelsgesetzbuch mit GmBH & Co., Handelsklauseln, Bank- und Kapitalmarktrecht, Transportrecht (ohne Seerecht), 38. Auflage, München 2018, zit. nach Bearbeiter.

Baums, Theodor, Zinsberechnungsklauseln in Darlehensverträgen, WM 1987, Sonderbeilage Nr. 2.

Bayreuther, Frank, Die Durchsetzung des Anspruchs auf Vertragsanpassung beim Wegfall der Geschäftsgrundlage, 1. Auflage, Baden-Baden 2004.

Becker, Wolfgang; Ulrich, Patrick; Botzkowski, Tim, Finanzierung im Mittelstand, Mangagement und Controlling im Mittelstand hrsg. v. Wolfgang Becker und Patrick Ulrich, Wiesbaden 2015.

Beck-online, Großkommentar zum Zivilrecht, hrsg. von Beate Gsell, Wolfgang Krüger, Stephan Lorenz und Jörg Mayer, München 2017, zit. nach Bearbeiter.

Beck'sche Online-Formulare Vertrag, hrsg. von Stefan Weise und Hans-Frieder Krauß, 45. Edition, München 2018, zit. nach Bearbeiter.

Beck'scher Online-Kommentar zum BGB, hrsg. von Heinz Georg Bamberger und Herbert Roth, 47. Edition, München 2018, zit. nach Bearbeiter.

Beck'sches Notar-Handbuch, hrsg. von Heribert Heckschen, 6. Auflage, München 2015, zit. nach Bearbeiter.

Beining, Dietmar, Keine Ausweitung des Anwendungsbereichs des § 610 BGB auf valutierte Darlehen, (Erwiderung auf Gruber, NJW 1992, 419), NJW 1992, S. 2742-2744.

Bellinger, Dieter; Volkher Kerl, Hypothekenbankgesetz, Kommentar, 4. Auflage, München 1995.

Berger, Klaus Peter, Anmerkung zu LG Ulm, Urt. v. 26.1.2015 – 4 O 273/13, Kein Recht der Sparkasse zur Kündigung eines langfristigen Sparvertrags unter Hinweise auf das historisch niedrige Zinsniveau; S-Scala-Sparvertrag, EWiR 2015, S. 135-136;

ders., Finanzkrise und Kreditklemme: Kann das Kreditvertragsrecht helfen?, BKR 2009, S. 45-51.

Bergmann, Andreas, Die Kündigung von Bausparverträgen durch Bausparkassen. Die große korrigierende Auslegung des § 489 Abs. 1 Nr. 2 BGB, WM 2016, S. 2153-2160.

Bettink, Jan, Banken, Versicherer, Debt Funds in der gewerblichen Immobilienfinanzierung – Konkurrenten oder Partner?, in: vdp, Immobilien Banking 2014/2015, S. 16-23.

Blaurock, Uwe, Anmerkung zur Entscheidung des BGH vom 6.5.2003 (XI ZR 226/02 betr. Vorfälligkeitsentschädigung bei Darlehensbeendigung), WuB I E 3. 2.03, S. 857-860.

Blümich, Walter; Heuermann, Bernd (Hrsg.), Einkommensteuergesetz, Körperschaftssteuergesetz, Gewerbesteuergesetz, 142. Erg-Lfg., München 2018, zit. nach Bearbeiter.

Böhm-Bawerk, Eugen von, Kapital und Kapitalzins, Erste Abteilung, Geschichte und Kritik der Kapitalzins-Theorien, 4. Auflage, Jena 1921;

ders., Kapital und Kapitalzins, Zweite Abteilung, Erster Band, Positive Theorie des Kapitales, 4. Auflage, Jena 1921.

Bösch, Martin, Derivate verstehen, anwenden und bewerten, 3. Auflage, München 2014.

Boos, Karl-Heinz; Fischer, Reinfrid; Schulte-Mattler, Hermann, Kreditwesengesetz, Kommentar zu KWG und Ausführungsvorschriften, 5. Auflage, München 2016, zit. nach Bearbeiter.

Bormann, Michael, Anleihen als Alternative, Als klassisches Finanzierungsinstrument kommen Anleihen für nahezu jedes mittelständische Unternehmen infrage, in: bdp aktuell, Ausgabe 93, Februar 2013, S. 5-6, https://www.bdp-team.de/u nternehmensfinanzierung/unternehmensfinanzierung-anleihen-als-alternative, zuletzt abgerufen am 17.11.2018.

Brandmüller, Gerhard, Grundschulddarlehen: Die Gestaltung der Darlehensverträge im Hypothekarkredit unter Berücksichtigung der Anforderungen des Verbraucherkreditgesetzes, München 1993, zugl. München, Univ., Diss. 1992.

Brandts, Christoph, Das Recht zur vorzeitigen Darlehenskündigung gem. § 609a BGB unter besonderer Berücksichtigung des auslandsbezogenen Kreditgeschäfts, Frankfurt am Main u.a. 1996, zugl. Berlin, Univ., Diss. 1994/1995.

Brauer, Kerry-U., Immobilienfinanzierung, in: Brauer, Kerry-U. (Hrsg.), Grundlagen der Immobilienwirtschaft, Recht – Steuern – Marketing – Finanzierung – Bestandsmanagement – Projektentwicklung, 9. Auflage, Wiesbaden 2018.

Braunschmidt, Florian, Der Widerruf im Bankrecht – Richtlinienkonforme Auslegung und Belehrungswirren, NJW 2014, S. 1558-1560.

Breuer, Wolfgang; Kreuz, Claudia, Transparente Bewertungsansätze für Risikokosten in Vorfälligkeitsentschädigungen, ZBB 2009, S. 46-62.

Buchmann, Robert D., Die Insolvenz der Pfandbriefbank, WM 2009, S. 442-449.

Budzikiewicz, Christine, Die Verjährung im neuen Darlehensrecht, WM 2003, S. 264-275.

Bühler, Wolfgang; Köndgen, Johannes; Schmidt, Hartmut, Schutz und Diskriminierung durch § 609a BGB, Ökonomische und rechtliche Analyse des gesetzlichen Schuldnerkündigungsrechts, ZBB 1990, S. 49-75.

Bülow, Peter, Anmerkung zu OLG Hamm, Urt. v. 21.10.2015 – I-31 U 56/15 (Ausschluss eines "ewigen" Widerrufsrechts aufgrund ordnungsgemäßer Widerrufsbelehrung), WuB 2016, S. 209-211;

ders., Die Verwirkung des Widerrufsrechts, insbesondere beim Verbraucherkredit, in zivilrechtlicher Doktrin, WM 2015, S. 1829-1831;

ders., Recht der Kreditsicherheiten, Sachen und Rechte, Personen, 8. Auflage, Heidelberg u.a. 2012;

ders., Neues Verbraucherkreditrecht in Etappen, NJW 2010, S. 1713-1714;

ders., Die These von der Doppelcausa im Kreditsicherungsverhältnis – ein Holzweg, NJW 1997, S. 641-643;

ders., Sicherungsgeschäfte als Hautür-oder Verbraucherkreditgeschäfte, NJW 1996, S. 2889-2893;

ders., Verbraucherschutz durch Vertragsübernahme?, WM 1995, S. 2089-2092;

ders.; *Artz, Markus*, Verbraucherkreditrecht, entgeltliche und unentgeltliche Darlehen und Finanzierungshilfen, Verbraucher und Unternehmer, Widerruf und verbundene Geschäfte, Kreditvermittlung, IPR (Rom I-VO), Mahnverfahren, Art. 17 EuGVVO, 9. Auflage, München 2016, zit. nach Bearbeiter.

Bundesanstalt für Finanzdienstleistungsaufsicht, Solvency II, https://www.bafin.de/DE/Aufsicht/VersichererPensionsfonds/Aufsichtsregime/SolvencyII/solvency_II_node.html, zuletzt abgerufen am 17.11.2018.

Bundesministerium der Justiz (BMJ), Integration der Europäischen Hypothekarkreditmärkte Stellungnahme zu den Berichten der Unterarbeitsgruppen Finanzierungsfragen und Industrie-Verbraucher-Dialog, Berlin 2007;

dass., Integration der Märkte für den Hypothekarkredit in der EU Stellungnahme zu dem Grünbuch der Europäischen Kommission, Berlin 2005.

Bundesministerium der Justiz und für Verbraucherschutz (BMJV), Geschichte der Justizministerinnen und Justizminister in der BRD, http://www.bmjv.de/DE/Mi nisterium/GeschichteBMJV/Justizminister/JustizministerInnen_node.html, zuletzt abgerufen am 17.11.2018.

Bunte, Hermann-Josef, Keine Vorfälligkeitsentschädigung bei Kündigung wegen Verzugs? (Anmerkung zu BGH, Urt. v. 19.1.2016 – XI ZR 103/15), NJW 2016, S. 1626-1630;

ders., AGB-Sparkassen und Sonderbedingungen, Kommentar, 4. Auflage, München 2015.

Bydlinski, Franz, Zulässigkeit und Schranken „ewiger" und extrem langdauernder Vertragsbindung, Erweiterte Fassung eines am 13. März 1991 vor der Niederösterreichischen Gesellschaft in Spitz an der Donau gehaltenen Vortrages, Wien 1991.

Canaris, Claus-Wilhelm, Schadensersatz wegen Pflichtverletzung, anfängliche Unmöglichkeit und Aufwendungsersatz im Entwurf des Schuldrechtsmodernisierungs-gesetzes, DB 2001, S. 1815-1821;

ders., Die Vorfälligkeitsentschädigung zwischen Privatautonomie und richterlicher Regulierung – zugleich ein Beitrag zum Verhältnis von Abschlußzwang und Inhaltsfreiheit –, in: Festschrift für Wolfgang Zöllner, Teil 2, Köln 1998, S. 1055-1075;

ders., Nichtabnahmeentschädigung und Vorfälligkeitsvergütung bei Darlehen mit fester Laufzeit, Bankrechtstag 1996, Berlin, New York 1997, S. 3-43;

ders., Der Bereicherungsausgleich bei sittenwidrigen Teilzahlungskrediten, WM 1981, S. 978-990;

ders., Kreditkündigung und Kreditverweigerung gegenüber sanierungsbedürftigen Bankkunden, ZHR 143 (1979), S. 113-138;

ders., Die Kreditkündigung gemäß § 247 BGB und der „Wandel der Normsituation", WM 1978, S. 686-701;

ders., Der Zinsbegriff und seine rechtliche Bedeutung, NJW 1978, S. 1891-1898.

Coester-Waltjen, Dagmar, Der Darlehensvertrag, Jura 2002, S. 675-678.

Cramer, Carsten, Die Auswirkungen des Kontrollwechsels auf den Darlehensvertrag. Lösungsrechte des Vertragspartners ohne vertragliche Grundlage, WM 2011, S. 825-829.

Crome, Carl, System des deutschen bürgerlichen Rechts, Buch 2, Recht der Schuldverhältnisse, Tübingen 1902.

Dauner-Lieb, Barbara (Hrsg.), Das neue Schuldrecht in der Praxis: Akzente, Brennpunkte, Ausblick, 1. Auflage, Köln u.a. 2003, zit. nach Bearbeiter.

Dauner-Lieb, Barbara (Hrsg.); *Langen, Werner* (Hrsg.), NomosKommentar-BGB, Band 2/1, Schuldrecht, 3. Auflage, Baden-Baden, Berlin 2016;

Band 2/1, Schuldrecht, 2. Auflage, Baden-Baden, Berlin 2012;

je zit. nach Bearbeiter.

Dauner-Lieb, Barbara; Dötsch, Wolfgang, Prozessuale Fragen rund um § 313 BGB, NJW 2003, S. 921-927;

dies., Schuldrechtsreform: Haftungsgefahren für Zwischenhändler nach neuem Recht?, DB 2001, S. 2535-2540.

Dawirs, Gordon, Widerrufsrecht bei Verbraucherdarlehen - Ausschluss auch bei laufenden Verträgen und Sonderwissen des Darlehensnehmers?, NJW 2016, S. 439-444.

Derleder, Peter, Die vollharmonisierende Europäisierung des Rechts der Zahlungsdienste und des Verbraucherkredits, NJW 2009, S. 3195-3202.

ders., Schadenersatzansprüche der Banken bei Nichtabnahme der Darlehensvaluta, JZ 1989, S. 165-176;

ders.; *Knops, Kai-Oliver; Bamberger, Heinz Georg* (Hrsg.), Handbuch zum deutschen und europäischen Bankrecht,

3. Auflage, Berlin, Heidelberg 2017;

2. Auflage, Berlin, Heidelberg, 2009, zit. nach Bearbeiter.

Detering, Michael; Köhler, Peter; Panster, Christian, Banken vs. Versicherer, Neues Feld: Auf der Suche nach lukrativen Anlagen drängen Versicherer verstärkt ins Kreditgeschäft - manch Banker stört das gewaltig, http://www.handelsblatt.com/unternehmen/banken-versicherungen/anlageformen-banken-vs-versicherer/6320294.html, zuletzt abgerufen am 17.11.2018.

Deutsch, Hans-Peter; Beinker, Mark, Derivate und Interne Modelle, modernes Risikomanagement, 5. Auflage, Stuttgart 2014.

Deutsche Bundesbank, Zinsstatistik vom 31.10.2018, https://www.bundesbank.de/resource/blob/650658/4d9f4fd8c4b90dd84bbfa670f0faea22/mL/s510atsuhde-data.pdf, zuletzt abgerufen am 17.11.2018;

dies., Zinsstatistik, Sollzinsen der Banken (MfIs) in Deutschland, Hypothekarkredite auf Wohnungsgrundstücke für den Zeitraum von 1967 bis 2003, abgefragt beim Zinsstatistik-Team der Abteilung Wertpapier- und Geldmarktstatistiken, Frankfurt a.M. 2015.

Deutsche Genossenschafts-Hypothekenbank AG, Der deutsche Pfandbriefmarkt, Ausgaben 2013/2014, 2014/2015 und 2015/2016.

Ditges, Thomas; Dendorfer-Ditges, Renate, Der Kapitalnutzen in der Rückabwicklung nach Darlehenswiderruf, BKR 2015, S. 361-364.

Domke, Frank, Ewiger Widerruf und treuwidrige Ewigkeit. Das ewige Widerrufsrecht des Verbrauchers bei Fernabsatzverträgen über Finanzdienstleistungen im Falle von Informationsfehlern des Unternehmers, BB 2005, S. 1582-1585.

Duchstein, Michael, Die Verwirkung des Widerrufsrechts bei Verbraucherdarlehen, NJW 2015, S. 1409-1413.

Dübel, Hans-Joachim, „Vorfälligkeitsentschädigungen in Europa 2013", Empirische Analyse von Regulierungen zu Vorfälligkeitsentschädigungen und deren Auswirkungen auf Angebot und Preisgestaltung von Festzins-Hypothekarkrediten, Studie im Auftrag des Verbraucherzentrale Bundesverband e.V., Berlin 2014;

ders., Reformerfordernisse bei Pfandbriefen und Pfandbriefbanken vor dem Hintergrund der Finanzmarktkrise, Berlin 2010, http://www.finpolconsult.de/mediapool/16/169624/data/Covered_Bonds/Finpolconsult_Pfandbriefsystem_Endbericht.pdf, zuletzt abgerufen am 17.11.2017;

ders.; *Köndgen, Johannes,* Die vorzeitige Rückzahlung von Festzinskrediten in Europa: zwei Gutachten, 1. Auflage, Frankfurt am Main 2006.

Dylla-Krebs, Corinna, Schranken der Inhaltskontrolle Allgemeiner Geschäftsbedingungen, Eine systematische Abgrenzung kontrollfreier von kontrollunterworfenen Klauseln, Baden-Baden 1990, zugl.: Köln, Univ., Diss. 1990.

Ebenroth, Carsten Thomas; Boujong, Kalrheinz; Joost, Detlev (Hrsg.); *Strohn, Lutz* (Hrsg.), Handelsgesetzbuch, Band 2, §§ 343-475h, Transportrecht, Bank- und Börsenrecht, 3. Auflage, München 2015, zit. nach Bearbeiter.

Ebhardt, Hermann, Die Beendigung des Dauerschuldverhältnisses, Freiberg 1934, zugl. Leipzig, Univ., Diss. 1934.

Eckelt, Matthias, Vertragsanpassungsrecht, Vertragliche Vereinbarungen zur Erleichterung der Vertragsänderung, Berlin 2008, zugl. Münster, Univ., Diss. 2005.

Eckert, Jörn, Vorzeitige Kündigung eines Darlehens mit fester Laufzeit; Löschungsbewilligung; Vorfälligkeitsentschädigung, WuB I E 1. 4.95, S. 375-378.

Edelmann, Hervé, Banken-Times SPEZIAL Bankrecht, Ausgabe Januar/Februar/März 2015, S. 7-8;

ders., Zur Frage der Zeitdauer der Geltendmachung eines Widerrufsrechts eines Darlehensnehmers bei fehlerhafter Belehrung seitens der Bank bei Immobilienfinanzierung, BB 2008, S. 969-970;

ders.; *Hölldampf, Tilman,* Der Widerrufsjoker, Eine zulässige Form der vorsätzlichen sittenwidrigen Schädigung von Kreditinstituten?, KSzW 2015, S. 148 – 153;

dies., Vorfälligkeitsentschädigung bei Immobiliardarlehensverträgen im Falle der bankseitigen Kündigung wegen Schuldnerverzuges (Zugleich Anmerkung zu BGH, Anerkenntnisurt. v. 25.1.2013 – XI ZR 512/11), BB 2014, 202-207.

Edelmann, Hervé; Suchowerskyj, Tanja, Kündigung von Bausparverträgen: keine teleologische Reduktion von § 489 Abs. 1 Nr. 2 BGB, BB 2015, 3079-3084;

dies., Kündigung von Bausparverträgen zehn Jahre nach Zuteilungsreife, BB 2015, S. 1800-1806.

Eidenmüller, Der Spinnerei-Fall: Die Lehre von der Geschäftsgrundlage nach der Rechtsprechung des Reichsgerichts und im Lichte der Schuldrechtsmodernisierung, Jura 2001, S. 824 – 832.

Emmerich, Volker; Kessler, Ronald, Probleme der Konsumentenkredite, 1. Auflage, Frankfurt a.M. 1986.

Emse, Cordula, Verbriefungstransaktionen deutscher Kreditinstitute, Eine Analyse alternativer Strukturvarianten und deren regulatorischer Erfassung nach Grundsatz I und Basel II, Wiesbaden 2005, zugl. Duisburg-Essen, Univ., Diss. 2004.

Engelhardt, Janine, Europäisches Verbrauchervertragsrecht im BGB, eine systematische Untersuchung der §§ 13, 14, 361a und 361b BGB und Induktion weiterführender Ansätze aus HTWG, VerbrKrG, AGBG, TzWrG und FernAG, Jena, Univ., Diss., 2001.

Engert, Andreas; Schmidl, Michael, Verkaufte Darlehen in der der Insolvenz des Darlehensgebers, WM 2005, 60-68.

Epping, Volker, Grundrechte, 7. Auflage, Berlin, Heidelberg 2017.

Erman, Walter, Bürgerliches Gesetzbuch, hrsg. von *Harm Peter Westermann*, Band 1, §§ 1 – 811, UklaG, 14. Auflage, Münster 2014.

Esser, Josef; Schmidt, Eike, Schuldrecht, Bd. 1. Allgemeiner Teil, Teilbd. 1. Entstehung, Inhalt und Beendigung von Schuldverhältnissen, 8. Auflage, Heidelberg 1995.

European Central Bank, Covered Bondes in the EU Financial System, Frankfurt 2008.

Fastrich, Lorenz, Richterliche Inhaltskontrolle im Privatrecht, München 1992, zugl. München, Univ., Habil.-Schr. 1989.

Feldhusen, Claire, Die Verjährung von Rückforderungsansprüchen bei überzahlter Vorfälligkeitsentschädigung, NJW 2016, S. 2145-2149;

dies., Vorzeitige Vertragsbeendigung nach Anschlussfinanzierung bei Verbraucherimmobliardarlehen, ZIP 2016, S. 850-855;

dies., Anmerkung zu BGH, U. v. 19.1.2016 - XI ZR 388/14 - (Berücksichtigung von Sondertilgungsrechten bei Berechnung der Vorfälligkeitsentschädigung), JZ 2016, S. 580-584;

dies., Rückzahlungsverpflichtungen nach Widerruf von Immobiliardarlehensverträgen, BKR 2015, S. 441-448.

Ferrari, Franco, Internationales Vertragsrecht, Rom I-VO, CISG, CMR, FactÜ, 3. Auflage, München 2018, zit. nach Bearbeiter.

Fieseler, Bernd M., Refinanzierung, Der Pfandbrief aus Sicht der Sparkassen-Finanzgruppe, I&F 2009, S. 306-307.

Fikentscher, Wolfgang; Heinemann, Andreas, Schuldrecht, 11. Auflage, Berlin, Boston 2017.

Financial Crisis Inquiry Commission, The Financial Crisis Inquiry Report, Final Report of the National Commission on the causes of the financial and economic crisis in the United States, Washington, D.C. 2011.

Finkenauer, Thomas, Ergänzende Auslegung bei Individualabreden, AcP 213 (2013), S. 619-651.

Fischer, Reinfrid; Klanten, Thomas, Bankrecht, Grundlagen der Rechtspraxis, 3. Auflage, Köln 2000, zit. nach Bearbeiter.

Flume, Werner, Allgemeiner Teil des bürgerlichen Rechts, Band 2: Das Rechtsgeschäft, 4. unveränd. Auflage, Berlin, Heidelberg 1992.

Franke, Thomas, Der Verbraucherkredit in der Bankpraxis, Sonderdruck aus dem Loseblattwerk „Bankrecht und Bankpraxis", Köln 2013.

Frankfurter Allgemeine Zeitung, Der „Joker" stirbt, Widerruf von Hauskrediten wird schwerer, http://www.faz.net/aktuell/wirtschaft/immobilien/kein-ewiges-widerrufsrecht-fuer-immobilienkredite-mehr-14077062.html, zuletzt abgerufen am 17.11.2018.

Freckmann, Peter; Rösler, Patrick; Wimmer, Konrad, Vorfälligkeitsentschädigung vs. Verzug: Ende des Festzinskredits oder unzulässige Vermischung zweier Schadenspositionen, BankPraktiker 2013, S. 308-312.

Freitag, Robert, Vorzeitige Rückzahlung und Vorfälligkeitsentschädigung nach der Reform der Verbraucherkreditrichtlinie, ZIP 2008, S. 1102-1110;

ders., Die Beendigung des Darlehensvertrages nach dem Schuldrechtsmodernisierungs-gesetz, WM 2001, S. 2370-2377.

Frese, Michael, Die Kündigungsmöglichkeiten des Darlehensgebers nach Umsetzung der Verbraucherkreditrichtlinie, eine darlehensdogmatische Untersuchung unter Berücksichtigung der Reformen im Darlehensrecht, Hamburg 2015, zugl. Bremen, Univ., Diss. 2014.

Fröhlisch, Carsten, Zur Frage des Rückgaberechts bei ebay – Anmerkung zu BGH, Urt. v. 9.12.2009 – VIII ZR 219/08, MMR 2010, S. 170-173.

Früh, Andreas, Der Anspruch des Darlehensnehmers auf Einwilligung in die vorzeitige Darlehensrückzahlung, NJW 1999, S. 2623-2628.

Gaberdiel, Heinz; Gladenbeck, Martin, Kreditsicherung durch Grundschulden, 8. Auflage, Stuttgart 2008.

Gansauge, Rudolf, Das Dauerschuldverhältnis, zugl. Leipzig, Univ., Diss. 1928.

Gansel, Timo; Huth, Marko; Knorr, Alexander, Zur Verwirkung von Verbraucherschutz-rechten am Beispiel des Widerrufs von Immobiliendarlehensverträgen, BKR 2014, S. 353-361.

Ganter, Hans Gerhard, Die Vorfälligkeitsentschädigung: ein zivilrechtliches Chamäleon, WM 2016, S. 1813-1821.

Gentgen, Julia, Strategien deutscher Banken, Der Umgang mit immobiliengesicherten Problemkrediten, Essays in Real Estate Research Band 3 hrsg. v. Nico B. Rottke und Jan Mutl, Wiesbaden 2015.

Gernhuber, Joachim, Die Erfüllung und ihre Surrogate sowie das Erlöschen der Schuldverhältnisse aus anderen Gründen, 2. Auflage, Tübingen 1994;

ders., Das Schuldverhältnis: Begründung und Änderung, Plichten und Strukturen, Drittwirkungen, in: Handbuch des Schuldrechts, Band 8, Tübingen 1989;

ders., § 242 BGB – Funktionen und Tatbestände, JuS 1983, 764-769;

ders., Anmerkung zu OLG Nürnberg, Urt. v. 20.11.1958 – 3 U 125/58, JZ 1959, S. 314-315.

Gesellschaft für deutsche Sprache e.V., „Finanzkrise" zum Wort des Jahres 2008 gewählt, Pressemitteilung vom 11.12.2008, http://gfds.de/wort-des-jahres-2008-fina nzkrise/, zuletzt abgerufen am 17.11.2018.

Geyer, Helmut, Kennzahlen für die Bau- und Immobilienwirtschaft, 2. Auflage, Freiburg 2017.

Gierke, Otto von, Dauernde Schuldverhältnisse, in: JherJb. 64 (1914), S. 355-411;

ders., Die soziale Aufgabe des Privatrechts, Vortrag geh. am 5. April 1889 in d. jurist. Ges. zu Wien, Berlin 1889.

Gondring, Hanspeter, Immobilienwirtschaft, Handbuch für Studium und Praxis, 3. Auflage, München 2013.

Grigoleit, Hans-Christoph; Herresthal, Carsten, Der Schuldbeitritt, Jura 2002, S. 393-401.

Grill, Wolfgang; Perczynski, Hans; Grill, Hannelore, Wirtschaftslehre des Kreditwesens, 51. Auflage, Köln 2017.

Großfeld, Bernhard; Gersch, Hans-Georg, Zeitliche Grenzen von privaten Schuldverträgen, JZ 1988, S. 937-984.

Grossmann, Ralf, Overview of Covered Bonds, in: European Covered Bond Council, European Covered Bond Fact Book, Brussels 2015, p. 107-116.

Gruber, Joachim, § 610 BGB und das valutierte Darlehen, NJW 1992, S. 419-421.

Grunsky, Wolfgang; Kupka, Natascha, Vorzeitige Kündigung eines Dauerschuldverhältnisses gegen Zahlung einer Vorfälligkeitsentschädigung, in: Perspektiven des Privatrechts am Anfang des 21. Jahrhunderts, Festschrift für Dieter Medicus zum 80. Geburtstag am 9. Mai 2009, Köln 2009, S. 155-170.

Gschnitzer, Franz, Die Kündigung nach deutschem und österreichischem Recht, Erster Teil, JherJb. Bd. 76 (1926), S. 317-415 und Bd. 78 (1927/1928), S. 1-86.

Guttenberg, Ulrich, Vorzeitige Darlehensablösung bei Festzinskredit – BGHZ 136, 161, JuS 1999, 1058-1062.

Haarmann, Wilhelm, Wegfall der Geschäftsgrundlage bei Dauerschuldverhältnissen, Berlin 1979, zugl. Münster, Univ., Diss. 1978.

Haas, Heide; Voigtländer, Michael, Transparenz statt Deckelung, Reformpotenziale des Vorfälligkeitsentgelts, IW poicy paper 13/2014, Institut der deutschen Wirtschaft Köln (Hrsg.), Köln 2014.

Habersack, Matthias, Auswirkungen der Schuldrechtsreform auf das Recht der Bankgeschäfte, in: Neues Schuldrecht und Bankgeschäfte. Wissenszurechnung bei Kreditinstituten, Bankrechtstag 2002, Berlin 2003;

ders.; *Schürnbrand, Jan*, Verwirkung des Widerrufsrechts aus einem Verbraucherdarlehensvertrag bei fehlerhafter Widerrufsbelehrung, ZIP 2014, S. 749-757.

Haertlein, Lutz; Hennig, Peer, Anmerkung zu BGH, Urt v. 19.1.2016 – XI ZR 103/15, Keine Vorfälligkeitsentschädigung bei vorzeitiger Kündigung eines Verbraucherdarlehens infolge Zahlungsverzugs, EWiR 2016, S. 391-392.

Hagen, Louis; Siebs, Benno-Eide, Wohnimmobilienfinanzierung in Deutschland, in: vdp, Immobilien Banking 2011/2012, S. 24-31.

Hahn, Erik, Das Verbraucherwiderrufsrecht und die Kippsche Doppelwirkung im Recht, Zugleich Anmerkung zu BGH, Urt. v. 25.11.2009 – VIII ZR 318/08, NJ 2010, S. 281-284.

Hammen, Horst, Recht des Darlehensnehmers zur Kündigung des Darlehens; Berechnung des Vorfälligkeitsentgelts, WuB I E 3. 7.97, S. 497-500;

ders., Vorzeitige Darlehenstilgung und Zinspflicht, DB 1991, S. 953-959;

ders.; *Dischinger, Stefan*, Recht des Darlehensnehmers zur Kündigung des Darlehens; Berechnung des Vorfälligkeitsentgelts, WuB I E 3. 3.96, S. 551-560.

Harbeke, Christof, Kontrolle von durch die Bank berechneter Vorfälligkeitsentgelte bei vorzeitiger Ablösung eines Darlehens, WuB I E 3. 8.97, S. 723-726;

ders., Die Vorzeitige Beendigung von Finanzierungen aus der Sicht eines Kreditinstitutes, Bankrechtstag 1996, Berlin, New York 1997, S. 85-111.

Harke, Jan Dirk, Allgemeines Schuldrecht, Berlin, Heidelberg, 2010.

Hartmann-Wendels, Thomas; Pfingsten Andreas; Weber, Martin, Bankbetriebslehre, 6. Auflage, Berlin, Heidelberg 2015.

Hau, Wolfgang Jakob, Vertragsanpassung und Anpassungsvertrag, Tübingen 2003, zugl. Trier, Univ., Habil.-Schr. 2002.

Haufe, Bausparen 2012, Zahlen, Daten, Fakten, Bausparphasen, Finanzierungsmodelle, Wohnungsbauprämie, Planegg 2012.

Heck, Philipp, Grundriß des Schuldrechts, Tübingen 1929.

Heermann, Peter W., Geld und Geldgeschäfte, 1. Auflage, Tübingen 2003.

Heinrich, Christian, Die Generalklausel des § 242 BGB, in: Humaniora, Medizin – Recht – Geschichte, Festschrift für Adolf Laufs zum 70. Geburtstag, Berlin, Heidelberg 2006, S. 585-608.

Heinze, Christian, Zum Wandel des gesetzlichen Leitbilds in der AGB-Kontrolle durch das Risikobegrenzungsgesetz und den notariellen Prüfungspflichten bei Vorfälligkeitsentschädigungen, DNotZ 2016, S. 255-265.

Henkel, Heinrich, Zumutbarkeit und Unzumutbarkeit als regulatives Rechtsprinzip, in: Festschrift für Edmund Mezger zum 70. Geburtstag, München 1954, S. 249-310.

Henning, Thomas, Das Ende eines "Jokers"? Fehlerhafte Widerrufsbelehrungen im Wandel der Rechtsprechung, CRP 2015, S. 80-85.

Herberger, Maximilian; Martinek, Michael; Rüßmann, Helmut; Weth, Stephan; Würdinger, Markus (je Hrsg.), Juris Praxiskommentar BGB,

Band 2, Schuldrecht, 8. Auflage, Saarbrücken 2017;

Band 3, Sachenrecht, 8. Auflage, Saarbrücken 2017, zit. nach Bearbeiter.

Herholz, Felix, Das Schuldverhältnis als konstante Rahmenbeziehung, AcP 130 (1929), S. 257-324.

Hertel, Christian, Keine Vorfälligkeitsentschädigung bei verzugsbedingter Kündigung eines Verbraucherdarlehens durch die Bank, Anmerkung zu BGH, Urt. v. 19.1.2016 – XI ZR 103/15, jurisPR-BKR 4/2016 Anm. 3.

Hesse, Anton, Die Verträge auf fortgesetzte Lieferungen nach dem Rechte des Bürgerlichen Gesetzbuchs, Limburg (Lahn) 1905, zugl. Marburg, Univ., Diss. 1905.

Hey, Felix Christopher, Die Verfassungswidrigkeit des zwingenden Kündigungsrechts des Darlehensnehmers nach § 489 Abs. 1 Nr. 3 BGB, in: Festschrift für Claus-Wilhelm Canaris zum 70. Geburtstag, Bd. 1, München 2007, S. 443-460, zit. als: FS Canaris (2007);

ders., Die Kodifizierung der Grundsätze über die Geschäftsgrundlage durch das Schuldrechtsmodernisierungsgesetz, in: Kontinuität im Wandel der Rechtsordnung: Beiträge für Claus-Wilhelm Canaris zum 65. Geburtstag, S. 21-46, München 2002, zit. als: FS Canaris (2002).

Heymann, Ekkehardt von, Die Kündigung von Darlehen nach § 247 BGB, 1. Auflage, Frankfurt am Main 1984;

ders.; *Rösler, Patrick*, Berechnung von Vorfälligkeits- und Nichtabnahmeentschädigung. Zugleich Anmerkung zu BGH, U. v. 7.11.2000 - XI ZR 27/00, ZIP 2001, S. 441-449.

Hinrichs, Mark, Anmerkung zu OLG Frankfurt am Main, Urt. v. 23.11.2011 – 9 U 76/10, Berechnung der Vorfälligkeitsentschädigung auf Zeitpunkt der Kündigung eines immobilienbesicherten Darlehens bei Vertragsverletzung des Darlehensnehmers, ZfIR 2013, S. 369-371.

Höfinghoff, Tim, Kredit vom Versicherer, http://www.faz.net/aktuell/finanzen/meine -finanzen/immobilienfinanzierung-kredit-vom-versicherer-11759210.html, zuletzt abgerufen am 17.11.2018.

Hölldampf, Tilman, Rechtsmissbräuchliche Ausübung des Verbraucherwiderrufsrechts durch den Darlehensnehmer, WM 2014, 1659-1666;

ders.; *Suchowersky, Tanja*, Kein Anspruch des Darlehensnehmers auf Nutzungsentschädigung bei Widerruf eines Verbraucherdarlehensvertrags, WM 2015, S. 999-1005.

Hoffmann, Horst, Dispositionsregeln zur Solvenzsicherung von Depositenbanken, Saarbrücken 1967, zugl. Bremen, Univ., Diss. 1967.

Hoffmann, Markus, Die Reform der Verbraucherkredit-Richtlinie (87/102/EWG): eine Darstellung und Würdigung der Entwürfe für eine neue Verbraucherkredit-Richtlinie unter besonderer Berücksichtigung des deutschen und englischen Rechts, Berlin 2007, zugl. Berlin, Univ., Diss. 2006/2007.

Hommelhoff, Peter, Die Rolle der nationalen Gerichte bei der Europäisierung, in: 50 Jahre Bundesgerichtshof, Bd. 2, Handels-und Wirtschaftsrecht, Europäisches und Internationales Recht, hrsg. von Andreas Heidrich und Klaus J. Hopt, München 2000, S. 889-926.

Hopt, Klaus J., Rechtspflichten der Kreditinstitute zur Kreditversorgung, Kreditbelassung und Sanierung von Unternehmen. Wirtschafts- und bankrechtliche Überlegungen zum deutschen und französischen Recht, ZHR 143 (1979), S. 139-173;

ders.; *Mülbert, Peter O.*, Die Darlehenskündigung nach § 609a BGB, WM 1990, Sonderbeilage Nr. 3.

Horn, Norbert, Vertragsbindung unter veränderten Umständen. Zur Wirksamkeit von Anpassungsregelungen in langfristigen Verträgen, NJW 1985, S. 1118-1125;

ders., Vertragsdauer – Die Vertragsdauer als schuldrechtliches Regelungsproblem. Empfiehlt sich eine zusammenfassende Regelung der Sonderprobleme von Dauerschuldverhältnissen und langfristigen Verträgen ?, in: BMJ, Gutachten und Vorschläge zur Überarbeitung des Schuldrechts, Band I, Köln 1981, S. 551-645.

Hromadka, Wolfgang, Änderung von Arbeitsbedingungen, RdA 1992, S. 234 –265.

Huber, Matthias, Die aktuellen Entscheidungen des Bundesgerichtshofs zur Vorfälligkeitsentschädigung. Eine kritische Stellungnahme, WM 2017, S. 605-613.

Huber, Ulrich, Leistungsstörungen. Empfiehlt sich die Einführung eines Leistungsstörungsrechts nach dem Vorbild des Einheitlichen Kaufgesetzes? Welche Änderungen und welche praktischen Auswirkungen würden sich dabei ergeben?, in: BMJ, Gutachten und Vorschläge zur Überarbeitung des Schuldrechts, Band I, Köln 1981, S. 647-909;

ders., Die Sicherungsgrundschuld, Heidelberg 1965, zugl. Heidelberg, Univ., Diss. 1964.

Hübner, Otto, Die Banken, Leipzig 1854.

Hüther, Michael; Voigtländer, Michael; Haas, Heide; Deschermeier, Philipp, Die Bedeutung der Langfristfinanzierung durch Banken, Vorteile und zukünftige Herausforderungen, IW-Analysen 101, Institut der deutschen Wirtschaft Köln (Hrsg.), Köln 2015.

Jäger, Michael; Voigtländer, Michael, Hintergründe und Lehren aus der Subprime-Krise, IW-Trends, Vierteljahresschrift zur empirischen Wirtschaftsforschung aus dem Institut der deutschen Wirtschaft Köln, 35. Jahrgang Heft 3/2008.

Jakl, Bernhard, Anmerkung zu: BGH, Urt. v. 11.11.2010 – III ZR 57/10, JZ 2011, S. 529-532.

Jauernig, Othmar; Stürner, Rolf (Hrsg.), Bürgerliches Gesetzbuch, 17. Auflage, München 2018, zit. nach Bearbeiter.

Jörs, Paul; Kunkel, Wolfgang; Wenger, Leopold, Enzyklopädie der Rechts- und Staatswissenschaft, 4. Auflage, Berlin, Heidelberg (u.a.) 1987.

Jost, Kim Matthias, Stellungnahme des Deutschen Richterbundes zum Referentenentwurf eines Gesetzes zur Umsetzung der Wohnimmobilienkreditrichtlinie, Berlin 2015.

Juli, Patrick, Konsortialfinanzierung, Gesetzliche Neuerungen zum Refinanzierungsregister, I&F 2013, S. 838-839.

Jungmann, Carsten, Anmerkung zu BGH, Urt. v. 19.1.2016 – XI ZR 103/15, Verbraucherdarlehen; Verzugsfolgen; Kündigung wegen Zahlungsverzugs; Schadensersatz statt der Leistung und Vorfälligkeitsentschädigung WuB 2016, S. 263-266.

Kaserer, Christoph, Das BGH-Urteil vom 7.11.2000 und die Verwendung einer geeigneten Zinsstrukturkurve bei der Berechnung der Vorfälligkeitsentschädigung, WM 2017, S. 213-222;

ders.; *Lenz, Ulrich*, Wachstum und Unabhängigkeit durch Eigenkapitalfinanzierung, Studie im Auftrag der Deutsche Börse AG (Hrsg.), Strukturwandel und Lösungsansätze für den deutschen Mittelstand in der aktuellen Finanz- und Wirtschaftskrise, Frankfurt a.M. 2008.

Keding, Sebastian, Anmerkung zu BGH, Urt. v. 19.1.2016 – XI ZR 103/15, Keine Vorfälligkeitsentschädigung bei Anwendbarkeit des § 497 Abs. 1 BGB in der bis 10.6.2010 geltenden Fassung bei Kündigung durch das Kreditinstitut, BKR 2016, S. 244-247.

Kendzia, Jens, Rezension: Rainer Stelling, Die vorzeitige Ablösung festverzinslicher Realkredite. Eine Untersuchung zu den Rechtsgrundlagen und Grenzen von Vorfälligkeitsentschädigungen, (Diss.), Baden-Baden 2000, ZBB 2001, S. 313-316.

Kern, Hanns, Die Wohnungsbaufinanzierung in England und Deutschland durch private Realkreditinstitute und ihre Refinanzierung, zugl. Mainz, Univ., Diss., 1986.

Kipp, Theodor, Über Doppelwirkungen im Recht, insbesondere über die Konkurrenz von Nichtigkeit und Anfechtbarkeit, in: Festschrift der Berliner Juristischen Fakultät für Ferdinand von Martitz zum fünfzigjährigen Doktorjubiläum am 24. Juli 1911, Berlin 1911, S. 211-234.

Kitz, Volker, Die Dauerschuld im Kauf, Interessen und Interessenschutz unter dem Einfluss der Europäischen Privatrechtsentwicklung, Baden-Baden 2005, zugl. Köln, Univ., Diss. 2004.

Klee, Hans-Joachim, Eigentümergrundschuld oder Fremdgrundschuld?, NJW 1961, S. 579-582.

Klein, Dietmar K. R., Die Bankensysteme der EU-Länder, 3. Auflage, Frankfurt a.M. 1998.

Klumpp, Axel, Die einseitige Vertragsbeendigung bankgeschäftlicher Kreditverhältnisse durch die Bank, Baden-Baden 1997, zugl. Tübingen, Univ., Diss. 1997.

Knies, Carl, Geld und Credit, II. Abteilung, 2. Hälfte, Der Credit, Das Wesen des Zinses und die Bestimmgründe für seine Höhe Wirkungen und Folgen des Creditverkehres, Berlin 1879.

Knobloch, Bernd, Rahmenbedingungen und Strukturwandel im Immobilienbanking, in: Handbuch Immobilien-Banking, Von der traditionellen Immobilien-Finanzierung zum Immobilien-Investmentbanking, hrsg. v. Karl-Wernder Schulte, Ann-Kristin Achleitner, Wolfgang Schäfers und Bernd Knobloch, S. 41-65.

Knöpfel, Tamara, Vorfälligkeitsentschädigung und Verzugszinsen bei Kündigung des Darlehens durch die Bank, NJW 2014, S. 3215-3218.

Knops, Kai-Oliver, „Vorfälligkeitsentschädigung" nach Maßgabe der Wohnimmobilien-kredit-Richtlinie, NJW 2018, S. 1505-1510;

ders., Gläubigerkenntnis und Schuldnervertrauen als Verwirkungsvoraussetzungen, NJW 2018, S. 425-430;

ders., Stellungnahme zur öffentlichen Anhörung des Ausschusses für Recht und Verbraucherschutz zu dem Gesetzesentwurf der Bundesregierung, Entwurf eines Gesetzes zur Umsetzung der Wohnimmobilien-Kreditrichtlinie, BT-Drucksache 18/5922, Hamburg 2015;

ders., Die notariellen Prüfungs- und Belehrungspflichten bei der Finanzierungsabwicklung von Grundstücksübertragungen, NJW 2015, S. 3121-3126;

ders., Die Kündigung des vertragsgemäß bedienten Kredits wegen Vermögensverschlechterung, WM 2012, S. 1649-1657;

ders., Anlegerschutz im Anleihemarkt – insbesondere bei der Verbriefung von Kreditforderungen, BB 2008, S. 2535-2540;

ders., Die Anwendbarkeit des § 271 Abs. 2 BGB auf verzinsliche Darlehen, VuR 2001, S. 239-245;

ders., Die Ersatzkreditnehmerstellung, WM 2000, S. 1427-1439;

ders., Tilgungsverrechnungsklauseln bei der Sicherungsgrundschuld, ZfIR 2000, S. 501-505;

ders., Verbraucherschutz bei der Begründung, Beendigung und Übernahme von Immobiliarkreditverhältnissen: Darlehensbegründung und -kündigung, Vorfälligkeits-entschädigung, Ersatzkreditnehmerstellung, Grundschuld-ablösung und -übernahme, Heidelberg 2000, zugl. Bremen, Univ., Diss. 1999;

ders., Darlehensgewährung und Grundpfandrechtbestellung, ZfIR 1998, S. 577-594;

ders.; *Martens, Ulf,* Darlehenswiderruf bei Mehrheit von Kreditnehmern, Kreditverträgen und Widerrufsrechten, WM 2015, S. 2025-2029.

Knüfermann, Markus, Märkte der langfristigen Fremdfinanzierung, Möglichkeiten für die Wohnungs- und Immobilienwirtschaft, 3. Auflage, Wiesbaden 2018.

Koch, Rainer, Immobilien-Leasing, ein Beitrag zur Zivilrechtsdogmatik des Leasing, München 1998, zugl. München Univ., Diss. 1988.

Köbler, Ralf, Die „clausula rebus sic stantibus" als allgemeiner Rechtsgrundsatz, 1. Auflage, Tübingen 1991.

Köndgen, Johannes, Darlehen, Kredit und finanzierte Geschäfte nach neuem Schuldrecht – Fortschritt oder Rückschritt?, WM 2001, S. 1637-1648;

ders., Die vorzeitige Rückzahlung von Festzinskrediten: eine rechtsvergleichende und ökonomische Analyse, 1. Auflage, Frankfurt am Main 2000;

ders., Anmerkung zu: BGH Urt. v. 1.7.1997 – XI ZR 267/96 – (Anspruch des Darlehensnehmers auf vorzeitige Darlehensablösung gegen Vorfälligkeitsentschädigung bei Veräußerung des beliehenen Grundstücks), ZIP 1997, S. 1645-1646;

ders., Gewährung und Abwicklung grundpfandrechtlich gesicherter Kredite, 3. Auflage, Köln 1994.

Koppmann, Tobias, Gedeckte Schuldverschreibungen in Deutschland und Großbritannien, Pfandbriefe und UK Covered Bonds im Rechtsvergleich, Berlin 2009, zugl. Berlin, Univ., Diss. 2008.

Krepold, Hans-Michael; Kropf, Christian, Vorfälligkeitsentschädigung als Grundlage des deutschen Pfandbriefsystems, WM 2015, S. 1-14.

Krohn, Philipp, Versicherer weiten Immobiliengeschäft aus, http://www.faz.net/aktuell/finanzen/hypothekendarlehen-versicherer-weiten-immobiliengeschaeft-aus-1 1833204.html, zuletzt abgerufen am 17.11.2018.

Kropf, Christian, Widerrufsbelehrungen in Verbraucherdarlehensverträgen. Eine Absage an den "Widerrufs-Joker", WM 2013, S. 2250-2255;

ders.; *Habl, Rouben,* Aktuelle Entwicklungen zur Zulässigkeit von Bankentgelten, BKR 2014, S. 145-150.

Küchler, Kurt, Die Sicherungsgrundschuld, Berlin 1939, zugl. Marburg, Univ., Diss. 1939.

Kümpel, Siegfried; Wittig, Arne, Bank- und Kapitalmarktrecht, 4. Auflage, Köln 2011, zit. nach Bearbeiter.

Lang, Volker; Beyer, Hans-Joachim, Vorzeitige Ablösung von Festzinsdarlehen und Vorfälligkeitsentschädigung – Eine Bestandsaufnahme nach den BGH-Entscheidungen vom 1.7.1997 aus Sicht von Universalkreditinstituten und Hypothekenbanken –, WM 1998, S. 897-948.

Lang, Volker; Schulz, Stefan, Das Widerrufsrecht bei Verbraucherdarlehen: zwischen Ewigkeit und Rechtsmissbrauch, ZBB 2014, S. 273-290.

Langenbucher, Katja (Hrsg.); Bliesener, Dirk (Hrsg.); Spindler, Gerald (Hrsg.); Beck, Peter, Bankrechts-Kommentar, 2. Auflage, München 2016.

Langer, Eberhard, Wüstenrot. Eine Idee setzt sich durch; (zum 100. Geburtstag von Georg Kropp, dem Begründer des Bausparens in Deutschland), Ludwigsburg 1965.

Larenz, Karl, Lehrbuch des Schuldrechts, Band 1 Allgemeiner Teil, 14. Auflage, München 1987.

Laudenklos, Frank; Sester, Peter, Darlehenskomponenten in der Akquisationsfinanzierung: Risiken bei Insolvenz des Darlehensgebers, ZIP 2005, S. 1757-1767.

L-Bank, Staatsbank für Baden-Württemberg, Erläuterungen für Immobiliar-Verbraucherdarlehensverträge, https://www.l-bank.de/lbank/download/dokument/1 12530.pdf, zuletzt abgerufen am 17.11.2018.

Lechner, Herbert, Zur Beibehaltung des ewigen Widerrufsrechts für Finanzdienstleistungen – Wille des Gesetzgebers und Konsequenzen für die Rechtsanwendung –, Zugleich Anmerkung zu EuGH, Urt. v. 10.4.2008 – Rs. C-412/0 (Hamilton), WM 2015, S. 2165-2173.

Lind, Patric, Der Darlehensvertrag in der Insolvenz des Darlehensgebers, ZInsO 2004, 580-585.

Loan Market Association, Euro Term Facility Agreement for Real Estate Finance Multiproperty Investment Transactions i.d.F. v. 12.10.2016.

Lopau, Eberhard, Zur Tragweite des § 1136 BGB, BlGBW 1979, S. 101-104.

Loyal, Florian, Vertragsaufhebung wegen Störung der Geschäftsgrundlage, NJW 2013, S. 417-422.

Lübke-Detring, Cord, Preisklauseln in allgemeinen Geschäftsbedingungen, Berlin 1989, zugl. Hamburg, Univ., Diss. 1988.

Lübtow, Ulrich von, Die Entwicklung des Darlehensbegriffs im römischen und im geltenden Recht mit Beiträgen zur Delegation und Novation, 1. Auflage, Berlin 1964.

Lüttringhaus, Jan D., Verhandlungspflichten bei Störung der Geschäftsgrundlage. Ein Beitrag zur Dogmatik und Durchsetzung von Anpassungsanspruch und Verhandlungspflichten nach § 313 Abs. 1 BGB, Acp 213 (2013), S. 266-298.

Macneil, Ian R., The many futures of contracts, in: Southern California Law Review, Vol. 47, p. 691-816.

Madaus, Stephan, Die persönliche Mithaftung des Verbrauchers bei Haustürgeschäften und Kreditverträgen, Die Entscheidung des BGH vom 02.5.2007 – XII ZR 109/04, BKR 2008, S. 54-57.

Maier, Arne, Anmerkung zu OLG Stuttgart, Urt. v. 6.12.2016 – 6 U 95/16, Zur Treuwidrigkeit eines Widerrufs nach Annahme des Widerrufsrechts durch den Darlehensnehmer und seiner vorbehaltlosen Weiterzahlung, VuR 2017, S. 109-111.

Mairose, Niklas Patrick, Verbraucherkreditrecht in der notariellen Praxis, RNotZ 2012, S. 467-489.

Mankowski, Peter, Beseitigungsrechte, Anfechtung, Widerruf und verwandte Rechtsinstitute, Tübingen 2003, zugl. Osnabrück, Univ., Habil.-Schr. 2000;

ders.; *Knöfel, Oliver*, Das außerordentliche Kündigungsrecht in § 490 Abs. 2 BGB des Regierungsentwurfs zur Schuldrechtsreform – eine gelungene Konstruktion?; ZBB 2001, S. 335-352.

Manssen, Geritt, Staatsrecht II: Grundrechte, 14. Auflage, München 2017.

Marburger, Christian, Vorzeitige Darlehensablösung gegen Vorfälligkeitsentschädigung. Bemerkungen zu BGH, Urt. v. 1.7.1997 – XI ZR 267/96 sowie BGH, Urt v. 1.7.1997 – XI ZR 197/96 = ZNN 1998, 24 und 28, ZBB 1998, S. 30-33.

Martens, Matthias, Nachbelehrung und Verwirkung des Widerrufsrechts bei Haustürgeschäften, VuR 2008, S. 121-125.

Martens, Ulf, Die Ausübung des Widerrufsrechts bei Gesamtschuldnerschaft, in: Zivilrecht im Wandel, Festschrift für Peter Derleder zum 75. Geburtstag, Berlin, Heidelberg 2015, S. 333-344.

Martinek, Michael, Die Wichtigkeit des Grundes für die fristlose Kündigung von Vertriebsverträgen. Zur Konkretisierung des § 314 BGB, ZVertriebsR 2015, S. 207-214;

ders., Derivativer und originärer Verbraucherschutz bei der Vertragsübernahme, JZ 2000, S. 552-561;

ders., Die Lehre von den Neuverhandlungspflichten – Bestandsaufnahme, Kritik und Ablehnung, AcP 198 (1998), S. 329-400;

ders., Moderne Vertragstypen, Band 1: Leasing und Factoring, 1. Auflage, München 1991;

ders., Franchising: Grundlagen der zivil- und wettbewerbsrechtlichen Behandlung der vertikalen Gruppenkooperation beim Absatz von Waren und Dienstleistungen, Heidelberg 1987, zugl.: Kiel, Univ., Habil.-Schr. 1986.

Marx, Claudius; Bäuml, Sven-Oliver, Die Information des Verbrauchers zum Widerrufsrecht im Fernabsatz – „klar und verständlich"?, WRP 2004, S. 162-168.

Masuch, Andreas, Musterhafte Widerrufsbelehrung des Bundesjustizministeriums?, NJW 2002, S. 2931-2932.

Maurenbrecher, Benedikt, Das verzinsliche Darlehen im schweizerischen Recht: dogmatische Grundlagen und praktische Konsequenzen, 1. Auflage 1995, zugl.: Bern, Univ., Diss. 1994.

McDonald, Robert L., Derivatives markets, 3. Ed., internat. ed., Boston, München u.a. 2013.

Medicus, Dieter, Anmerkung zu: BGH, Urt. v. 1.7.1997 – XI ZR 267/96, EWiR 1997, S. 921-922;

ders. Bürgerliches Recht, Eine nach Anspruchsgrundlagen geordnete Darstellung zur Examensvorbereitung, 1. Auflage, Köln u.a. 1968;

ders.; *Lorenz, Stephan*, Schuldrecht I, Allgemeiner Teil, Ein Studienbuch, 21. Auflage, München 2015;

ders.; *Petersen, Jens*, Bürgerliches Recht, Eine nach Anspruchsgrundlagen geordnete Darstellung zur Examensvorbereitung, 26. Auflage, München 2017.

Meitinger, Gerhard, Finanzierung großvolumiger Transaktionen in der Wohnungs-wirtschaft – aktuelle Entwicklungen, in: vdp, Immobilien Banking 2014/2015, S. 44-47.

Melms, Matthias; Meyer, Tobias, Strukturanalyse des Pfandbriefmarktes, in: vdp, Der Pfandbrief 2014/2015, S. 58-66.

Menzen, Jochen, Immobilienfinanzierung, Herbsttagung Deutsch-Nordische Juris-tenvereinigung, 13. bis 15. Oktober 2006 in Köln, http://docplayer.org/906965-I mmobilienfinanzierung.html, zuletzt abgerufen am 19.11.2018.

Merz, Christian, Verbraucherdarlehensrecht: Jüngste Entwicklungen in Gesetzge-bung und Rechtsprechung, BankPraktiker 2013, S. 344-347.

Metz, Rainer, Anmerkung zu BGH, Urt. v. 1.7.1997 – XI ZR 197/96, EWiR 1997, S. 923-924;

ders., Die Vorfälligkeitsentschädigung: Entgelt für die Vertragsauflösung, Schadens-ersatz oder kontrollfreier Raum?, ZBB 1994, S. 205-214;

ders.; *Wenzel, Frank*; Vorfälligkeitsentschädigung, Entgelt für die Vertragsauflösung oder Schadensersatz?, 1. Auflage, Düsseldorf, Bonn 1995, zit. nach Bearbeiter.

Metzing, Jacqueline, Gefährdungshaftung: Einzelgesetze oder Generalklausel?, Eine rechtsvergleichende Analyse, Buccerius law journal (BLJ) 2014, S. 80-85.

Meyer, Bernd; Ball, Jochen, Schuldzinsen als nachträgliche Werbungskosten bei den Einkünften aus Vermietung und Verpachtung, Trendwende des BFH (Zugleich Anmerkung zu BFH Urt. v. 20.6.2012 - IX R 67/10), DStR 2012, S. 2260-2265.

Michalski, Lutz, Das Schuldanerkenntnis in der Praxis, insbesondere als Mittel der Kreditsicherung, ZBB 1995, S. 260-272;

ders., Zur Rechtsnatur des Dauerschuldverhältnisses, JA 1979, S. 401-409.

Müggenborg, Hans-Jürgen; Horbach, Rainer, Die Verwirkung des Widerrufsrechts bei Immobiliardarlehen, NJW 2015 S. 2145-2149.

Mülbert, Peter O, Vertragliche Dauerschuldverhältnisse im Allgemeinen Schuld-recht, in: Festschrift für Harm Peter Westermann, Köln 2008, S. 491-515;

ders., Die Auswirkungen der Schuldrechtsmodernisierung im Recht des „bürgerli-chen" Darlehensvertrages, WM 2002, S. 465-476;

ders., Das verzinsliche Darlehen, Konsensualvertrag statt Realkontrakt – oder: syn-allagmatisches Entgelt statt akzessorischer Zinsen, AcP 192 (1992), S. 447-515;

ders.; *Zahn, Marcus*, Neuerungen im Recht der Darlehenskündigung anlässlich der Umsetzung der Verbraucherkreditrichtlinie 2008/48/EG, in: Festschrift für Ge-org Maier-Reimer zum 70. Geburtstag, München 2010, S. 457-477.

Müller, Gerd, Zur Versagung der "Vorfälligkeitsentschädigung" bei fristloser Kündi-gung des Kreditvertrags wegen Zahlungsverzuges. Eine kritische Anmerkung zur Entscheidung des BGH, Urt. v. 19.1.2016 – XI ZR 103/15, WM 2016, S. 2201-2209.

Müller, Simon; Fuchs, Michael, Rechtsfolgen des Widerrufs von Verbraucherdarle-hens-verträgen. Mehr als eine "Rechenaufgabe", WM 2015, S. 1094-1101.

Müller-Erzbach, Rudolf, Über den Rücktritt bei „sukzessiven Lieferungsgeschäften" und ähnlichen Verträgen, DJZ 1904, S. 1157-1162.

Müller-Graff, Peter Christian, Long-Term Business Relations: Conflicts and the law, ZgS 141 (1985), p. 547-557.

Münchener Kommentar zum Bürgerlichen Gesetzbuch, hrsg. von Kurt Rebmann; Franz Jürgen Säcker; Roland Rixecker; Hartmut Oetker; Bettina Limperg,

Band 1, Allgemeiner Teil, §§ 1-240, ProstG, AGG, 7. Auflage 2015;

Band 2, Schuldrecht, Allgemeiner Teil, §§ 241-432, 2. Auflage, München 1985;

Band 2, Schuldrecht, Allgemeiner Teil, §§ 241-432, 7. Auflage, München 2016;

Band 3, Schuldrecht, Besonderer Teil I §§ 433-610, Finanzierungsleasing, CISG, 7. Auflage, München 2016;

Band 6, Schuldrecht, Besonderer Teil IV, §§ 705-853, Personengesellschaftsgesetz, Produkthaftungsgesetz, 7. Auflage, München 2017;

Band 6, Sachenrecht, §§ 854-1296, WEG, 6. Auflage, München 2013;

Band 7, Sachenrecht, §§ 854-1296, WEG, ErbbauRG, 7. Auflage, München 2017;

Band 11, Internationales Privatrecht I, Europäisches Kollisionsrecht, Rom I-VO, Rom II-VO, Art. 1-24 EGBGB, 7. Auflage 2016;

je zit. nach Bearbeiter.

Mugdan, Benno, Die gesammelten Materialien zum Bürgerlichen Gesetzbuch für das Deutsche Reich, 5. Bd., Berlin 1899.

Muscheler, Karlheinz; Bloch, Wolfgang E., Erfüllung und Erfüllungssurrogate, JuS 2000, S. 729-740.

Neuhof, Rudolf; Richrath, Jochen, Rückabwicklung nichtiger Kreditsicherungsverträge nach der Lehre von der Doppelcausa, NJW 1996, S. 2894-2899.

Neumann-Duesberg, Horst, Irrelevanz des Darlehenstheorienstreits, NJW 1970, S. 1403-1405.

Nicklisch, Fritz, Empfiehlt sich eine Neukonzeption des Werkvertragsrechts ? – unter besonderer Berücksichtigung komplexer Langzeitverträge –, JZ 1984, S. 757-808;

ders., Ergänzende Vertragsauslegung und Geschäftsgrundlagenlehre – ein einheitliches Rechtsinstitut zur Lückenfüllung?, BB 1980, S. 949-953.

Nipperdey, Hans Carl, Vertragstreue und Nichtzumutbarkeit der Leistung, Mannheim 1921.

Nobbe, Gerd, Neue höchstrichterliche Rechtsprechung zum Bankrecht, 6. Auflage, Köln 1995.

Nörr, Knut Wolfgang; Scheyhing, Wolfgang; Pöggeler, Wolfgang, Sukzessionen, Forderungszession, Vertragsübernahme, Schuldübernahme, Tübingen 1999.

Oertmann, Paul, Die Geschäftsgrundlage, Nachdruck der Ausgabe Leipzig u.a. 1921;

ders., Kommentar zum Bürgerlichen Gesetzbuche und seinen Nebengesetzen, Zweites Buch, Recht der Schuldverhältnisse, 3. und 4. Auflage, Berlin 1910.

Oetker, Hartmut, Das Dauerschuldverhältnis und seine Beendigung, Bestandsaufnahme und kritische Würdigung einer tradierten Figur der Schuldrechtsdogmatik, Tübingen 1994.

Oetker, Wilhelm, Die juristische Natur und die Rechtsfolgen der schuldhaften Vertragsverletzungen des Bierlieferungsvertrages nach Reichsrecht, Berlin 1908, zugl. Rostock, Univ., Diss. 1908.

Omlor, Sebastian, Erlöschen des "ewigen" Widerrufsrechts bei Immobiliardarlehensverträgen, NJW 2016, S. 1265-1268;

ders., Die Forderungsgarantie und das europäische Verbraucherrecht, WM 2009, S. 54-60.

Ott, Sieghart, Neues Werkvertrags- und Darlehensrecht, MDR 2002, S. 361-365.

Otto, Erich, Die neuen Beleihungsrichtlinien, VW 1963, S. 330-331.

Palandt, Otto, Bürgerliches Gesetzbuch, 77. Auflage, München 2018, zit. nach Bearbeiter.

Peters, Bernd, Leasinggeschäfte und Verbraucherdarlehensrecht, WM 2006, S. 1183-1193.

Peters, Frank, Die Stornierung von Verträgen, JZ 1996, S. 73-78.

Piekenbrock, Andreas, Die geplante Umsetzung der Wohnimmobilinekreditrichtlinie, GPR 2015, S. 26-36;

ders.; *Rodi, Daniel*, Die Rechtsfolgen des Widerrufs von Verbraucherdarlehensverträgen unter besonderer Berücksichtigung des Wertersatzes für die Kapitalüberlassung, WM 2015, S. 1085-1093.

Preis, Ulrich, Grundfragen der Vertragsgestaltung im Arbeitsrecht, Berlin 1993, zugl. Köln, Univ., Habil.-Schr. 1992.

Protzen, Peer Daniel G., Keine Ausschlussfristen für das „ewige" Widerrufsrecht, NJW 2016, S. 3479-3484.

Prütting, Hanns; Wegen, Gerhard; Winreich, Gerd, Bürgerliches Gesetzbuch, Kommentar, 12. Auflage, Köln 2017, zit. nach Bearbeiter.

Rauscher, Thomas, Internationales Privatrecht mit internationalem Verfahrensrecht, 5. Auflage 2017, zit. nach Bearbeiter.

Redenius, Oliver, Strukturwandel und Konzentrationsprozesse im deutschen Hypothekenbankwesen, Wiesbaden 2009, zugl.: Frankfurt, Univ., Diss. 2009.

Rehmke, Stephen; Tiffe, Achim, Widerruf von Immobiliardarlehen, VuR 2014, S. 135-142.

Reich, Norbert, Die vorzeitige Beendigung von Finanzierungen aus der Sicht des Kreditnehmers, insbesondere des Verbrauchers, Bankrechtstag 1996, Berlin, New York 1997, S. 43-83.

Reichsjustizamt, Zusammenstellung der Aeußerungen zu dem Entwurf eines Bürgerlichen Gesetzbuchs, Bd. VI, Nachträge, Neudruck der Ausgabe 1891, Osnabrück 1967.

Reifner, Udo, Zinsberechnung im Recht, AcP 214 (2014), S. 695-74;

ders., Die Höhe der Entschädigung bei vorfälliger Tilgung von Immobiliarkrediten, WM 2009, S. 1773-1783;

ders., Anmerkung zu: BGH, Urt. v. 8.10.1996 – XI ZR 283/95, EWiR 1996, S. 1113-1114;

ders., Anmerkung zu: OLG München, Urt. v. 14.2.1996 – 7 U 3709/95, Aufhebungsvereinbarung über ein Darlehen, Vorfälligkeitsentschädigung, VuR 1996, 315-316;

ders., Anmerkung zu: LG München, Urt. v. 20.12.1994 – 21 O 13491/94, Vorfälligkeitsentschädigung, Hypothekenkredit, Süddeutsche Bodenkreditbank AG, VuR 1996, S. 82.

ders., Rechtliche Grundlagen der Vorfälligkeitsentschädigung beim Hypothekenkredit, NJW 1995, S. 86-91;

ders., Anmerkung zu BGH, Urt. v. 28.4.1988 – III ZR 57/87, Zur Berechnung des Verzugsschadens bei Zahlungsverzögerung des Kreditnehmers, JZ 1988, S. 1130-1134.

ders., Verzugszinspauschalen bei der Abwicklung gekündigter Konsumentenkredite, BB 1985, S. 87-93.

Reiner, Günter, Der verbraucherschützende Widerruf im Recht der Willenserklärungen, Habilitationsvortrag Konstanz, AcP 203 (2003), S. 1-45.

Reithmann, Christoph, Rezension: Staudinger, Kommentar zum Bürgerlichen Gesetzbuch mit Einführungsgesetz und Nebengesetzen, 13. Bearbeitung 1993 f., Neubearbeitung 1998 f. BGB §§ 779-811, Neubearbeitung 2002 von Peter Marburger, BGB §§ 1113-1203, Neubearbeitung 2002 von Hans Wolfsteiner, DNotZ 2003, S. 461-463;

ders.; *Martiny, Dieter*, Internationales Vertragsrecht, 8. Auflage, Köln, Wien 2015, zit. nach Bearbeiter.

Reuter, Dieter; Martinek, Michael, Ungerechtfertigte Bereicherung, 1. Auflage, Tübingen 1983, zit. nach Bearbeiter.

Rösler, Hannes, Grundfälle zur Störung der Geschäftsgrundlage, JuS 2005, S. 120-125;

ders., Störung der Geschäftsgrundlage nach der Schuldrechtsreform, ZGS 2003, 383-391.

Rösler, Patrick; Wimmer, Konrad, Anmerkung zu BGH, Urt. v. 6.5.2003 – XI ZR 226/02, Keine Angemessenheitskontrolle einer zwecks Überschuldung vereinbarten Darlehensablösung gegen Vorfälligkeitsentgelt, EWiR 2003, S. 747-748;

dies., Zahlungsverpflichtungen und Zahlungsströme bei vorzeitiger Beendigung von Darlehensverträgen. Eine kombiniert juristisch-betriebswirtschaftliche Analyse, WM 2000, S. 164-181.

dies.; *Lang, Volker*, Vorzeitige Beendigung von Darlehensverträgen, Begründung und Berechnung von Vorfälligkeitsentschädigung und Nichtabnahmeentschädigung aus juristischer und finanzmathematischer Sicht, 1. Auflage, München 2003.

Röthel, Anne; Heßeler, Benjamin, Vertragsübernahme und Verbraucherschutz, Bewährungsprobe für ein junges Rechtsinstitut, WM 2008, S. 1001-1008.

Rohe, Matthias, Anmerkung zu BGH, Urt. v. 19.1.2016 – XI ZR 388/14, (Auslegung von AGB; Sondertilgungsrechte und Berechnung der Vorfälligkeitsentschädigung nach § 490 Abs. 2 BGB), WuB 2016, S. 383-386.

Rolfes, Bernd; Emse, Cordula, Forderungsverbriefungen und ihre regulatorische Erfassung, Ergebnisse einer Analyse des deutschen Verbriefungsmarktes und der aufsichtsrechtlichen Erfassung von Verbriefungstransaktionen nach Grundsatz I und Basel II, european center for financial services, Duisburg-Essen 2005.

Rüchardt, Konrad (Hrsg.), Handbuch des Hypothekarkredits, Immobilienfinanzierung in Deutschland und Europa, 3. Auflage, Frankfurt a.M. 1993, zit. nach Bearbeiter.

Rüßmann, Helmut, Formzwang und Übereilungsschutz in Interzessionsverhältnissen, in: Recht im Spannungsfeld von Theorie und Praxis, Festschrift für Helmut Heinrichs zum 70. Geburtstag, München 1998, S. 451-486.

Runge, Julia C., Covenants in Kreditverträgen: Grenzen der Einflussnahme von Kreditinstituten, Köln 2010, zugl.: Hamburg, Univ., Diss. 2010.

Säcker, Franz Jürgen, Die Anpassung von langfristigen Verträgen an bei Vertragsschluss unvorhergesehene und unvorhersehbare Umstände im Wege der ergänzenden Vertragsauslegung, in: Festschrift für Harm Peter Westermann, Köln 2008, S. 617-636.

Saenger, Ingo (Hrsg.); *Bendtsen, Ralf; Jäckel, Holger*, Zwangsvollstreckung, kommentiertes Prozessformularbuch, 3. Auflage, Baden-Baden 2016, zit. nach Bearbeiter.

Samhat, Abbas; Zeelen, Jannke, Anmerkung zu OLG Karlsruhe, Urt. v. 15.12.2015 – 17 U 145/14 (Widerruf eines Darlehensvertrags nur durch alle Darlehensnehmer), EWiR 2016, S. 193-194.

Schäfer, Frank L., Wohnimmobilienkreditrichtlinie. Geschichte und Umsetzung im Verbraucherdarlehensrecht, VuR 2014, S. 207-216.

Schießl, Harald, Die Vorfälligkeitsentschädigung als Finanzierungskosten eines neu erworbenen Objekts? – Ansätze zur Lösung einer noch nicht abschließend geklärten Frage –, DStZ 2007, S. 466-468.

Schimansky Herbert; Bunte, Hermann-Josef; Lwowski, Hans-Jürgen, Bankrechts-Handbuch,

5. Auflage, München 2017;

1. Auflage, München 1997;

je zit. nach Bearbeiter.

Schmidt, Karsten, Anmerkung zu BGH, Urt. v. 2.10.1990 – XI ZR 205/89, (Rückgewähr der Sicherungsgrundschuld bei isolierter Forderungsabtretung), JuS 1991, 332;

ders., Darlehn, Darlehnsversprechen und Darlehnskrediteröffnung im Konkurs, JZ 1976, S. 756-763.

Schmidt-Kessel, Martin; Schäfer, Stephan, Wie flexibel ist die Musterwiderrufsbelehrung, WM 2010, S. 2241-2249.

Schmoeckel, Mathias; Rückert, Joachim; Zimmermann, Reinhard, Historisch-kritischer Kommentar zum BGB, Band 2, Schuldrecht Allgemeiner Teil, §§ 241-432, Teilband 2, §§ 305-432.

Schmolke, Klaus Ulrich, Grenzen der Selbstbindung im Privatrecht, Rechtspaternalismus und Verhaltensökonomik im Familien-, Gesellschafts- und Verbraucherrecht, Tübingen 2014, teilw. zugl. Hamburg, BLS, Habil.-Schr. 2012.

Schnauder, Franz, Widerruf eines bereits vorzeitig abgelösten Verbraucherdarlehensvertrages, Anmerkung zu BGH, Urt. v. 11.10.2016 – XI ZR 482/15, jurisPR-BKR 1/2017 Anm. 1;

ders., Die Rückabwicklung eines Realkreditvertrags nach Verbraucherwiderruf, NJW 2015, S. 2689-2693.

Schneider, Angie, Vertragsanpassung im bipolaren Dauerschuldverhältnis, Tübingen 2016, zugl. Köln, Univ., Habil.-Schr. 2014.

Schön, Britta Beate, Baukredit widerrufen und tausende Euro sparen, http://www.finanztip.de/baufinanzierung/fehlerhafte-widerrufsbelehrung-darlehen/, zuletzt abgerufen am 17.11.2018.

Scholz, Rupert; Schmidt, Detlef; Ditté, Christian, Die Notwendigkeit einer zeitlichen Begrenzung des ewigen Widerrufs. Zur Rechtslage für Verbraucherdarlehensverträge bis zum Gesetz vom 29.7.2009, ZIP 2015, S. 605-616.

Schramm, Volker, Mezzanine: Eigenkapitalnahe Fremdfinanzierungen, Praxisleitfaden für ein modernes Finanzierungsinstrument, Nürnberg 2008.

Schreiber, Meike, Immobilienfinanzierung – Das Häuschen wird teurer, http://www.sueddeutsche.de/wirtschaft/immobilienfinanzierung-das-haeuschen-wird-teurer-1.2481689, zuletzt abgerufen am 17.11.2018.

Schröder, Bernhard, Gesetz zur Neuordnung der Vorschriften über das Widerrufs- und Rückgaberecht. Rückblick und Ausblick, NJW 2010, S. 1933-1938.

Schürnbrand, Jan, Der Schuldbeitritt zwischen Gesamtschuld und Akzessorietät, Berlin 2003, zugl. Mainz, Univ., Diss. 2002.

Schulze, Reiner, Bürgerliches Gesetzbuch, Handkommentar, 9. Auflage, Baden-Baden 2017.

Schwennicke, Andreas (Hrsg.); *Auerbach Dirk* (Hrsg.); *Adelt, Petra*, Kreditwesengesetz (KWG) mit Zahlungsdiensteaufsichtsgesetz (ZAG) und Finanzkonglomerate-Aufsichtsgesetz (FKAG), 3. Auflage, München 2016, zit. nach Bearbeiter.

Schwintowski, Hans-Peter, Bankrecht, 5. Auflage, Köln 2018, zit. nach Bearbeiter.

Seckelmann, Helmut, Die Grundschuld als Sicherungsmittel, Münster 1962, zugl. Münster, Univ., Diss. 1962.

Sedlmeier, Kathleen, Rechtsgeschäftliche Selbstbestimmung im Verbrauchervertrag, Tübingen 2012, zugl. Leipzig, Univ., Diss. 2010.

Servais, Kilian, Rechtsfolgen des Widerrufs eines Verbraucherdarlehens. Überlegungen zur Rückabwicklung unter besonderer Berücksichtigung von Immobiliendarlehen, NJW 2014, S. 3748-3752.

Sievi, Christian R., Kalkulation und Disposition, betriebswirtschaftliche Grundlagen, Rechenverfahren, Anwendungen, 2. Auflage, Bretten 1996.

Simon, Roland, Anmerkung zu LG Nürnberg-Fürth, Urt. v. 17.8.2015 – 6 O 1708/15, Kündigung eines Bausparvertrags 10 Jahre nach Zuteilungsreife, EWiR 2015, S. 723-724.

Smola, Rainer, PfandBG, Kommentierung des Pfandbriefgesetzes und der §§ 22a-22o KWG, Mit Barwertverordnung und Beleihungswertermittlungsverordnung, Berlin, Boston 2014.

Soergel, Hans Theodor, Bürgerliches Gesetzbuch mit Einführungsgesetz und Nebengesetzen,

Band 2, Allgemeiner Teil 2 (§§ 104-240), 13. Auflage, Stuttgart 1999;

Band 4/1, Schuldrecht 3/1 (§§ 516-651, Gesetz zur Regelung der Miethöhe, Verbraucherkreditgesetz), 12. Auflage, Stuttgart 1998;

Band 5, Schuldrecht 3/1a (§§ 311, 311a-c, 313, 314), 13. Auflage, Stuttgart 2014;

Band 7, Schuldrecht 5 (§§ 481-534), 13. Auflage, Stuttgart 2014;

Band 10, Einführungsgesetz, 12. Auflage, Stuttgart 1996;

je zit. nach Bearbeiter.

Sölter, Annette, Keinen Bürgenschutz durch das Verbraucherkreditgesetz? (Besprechung von BGH, Urt. v. 21.4.1998 – IX ZR 258/97), NJW 1998, S. 2192-2194.

Spiegelberger, Sebastian; Schallmoser, Ulrich, Die Immobilie im Zivil-und Steuerrecht, 2. Auflage, Köln 2015, zit. nach Bearbeiter.

Springer Gabler Verlag (Hrsg.), Gabler Wirtschaftslexikon, Stichwort Senior Debt, https://wirtschaftslexikon.gabler.de/definition/senior-debt-42690, zuletzt abgerufen am 17.11.2018.

Stapper, Florian; Böhme, Benjamin, Anmerkung zu OLG Naumburg, Urt. v. 13.1.2016 – 5 U 139/15, Insolvenzfeste Kreditrückführung durch Zwangsverwaltung, NZI 2016, S. 230-233.

Staub, Hermann, Handelsgesetzbuch, Band 10, Bankvertragsrecht, Teilbd. 2 Commercial Banking, Zahlungs- und Kreditgeschäft, 5. Auflage, Berlin, München u.a. 2015, zit. nach Bearbeiter.

Staudinger, Julius von, Kommentar zum Bürgerlichen Gesetzbuch mit Einführungsgesetz und Nebengesetzen, BGB, Berlin,

Buch 1: Allgemeiner Teil, §§ 90-124; §§ 130-133 (Sachen und Tiere, Geschäftsfähigkeit, Willenserklärung), Neubearbeitung 2017;

Buch 1: Allgemeiner Teil, §§ 134-138, ProstG (Gesetzliches Verbot, Verfügungsverbot, Sittenwidrigkeit), Neubearbeitung 2017;

Buch 1: Allgemeiner Teil, §§ 139-163 (Allgemeiner Teil 4b), Neubearbeitung 2015;

Buch 2: Recht der Schuldverhältnisse, § 241-243 (Treu und Glauben), Neubearbeitung 2015;

Buch 2: Recht der Schuldverhältnisse, §§ 243-254 (Geldrecht), 12. Auflage 1983;

Buch 2: Recht der Schuldverhältnisse, §§ 255-304 (Leistungsstörungsrecht 1), Neubearbeitung 2014;

Buch 2: Recht der Schuldverhältnisse, §§ 311, 311a, 312, 312a-i (Vertragsschluss), Neubearbeitung 2012;

Buch 2: Recht der Schuldverhältnisse, §§ 315-326 (Leistungsstörungsrecht 2), 15. Auflage 2015;

Buch 2: Recht der Schuldverhältnisse, §§ 346-361 (Rücktritt und Widerruf), Neubearbeitung 2012.

Buch 2: Recht der Schuldverhältnisse, §§ 362-396 (Erfüllung, Hinterlegung, Aufrechnung), Neubearbeitung 2016;

Buch 2: Recht der Schuldverhältnisse, §§ 397-432 (Erlass, Abtretung, Schuldübernahme, Mehrheit von Schuldnern und Gläubigern), Neubearbeitung 2017;

Buch 2: Recht der Schuldverhältnisse, §§ 488-490; 607-609 (Darlehensrecht), Neubearbeitung 2015;

Buch 2: Recht der Schuldverhältnisse, §§ 491-512 (Verbraucherdarlehen), 15. Auflage 2012;

Buch 2: Recht der Schuldverhältnisse, §§ 535-555f (Mietrecht 1), Neubearbeitung 2018;

Buch 2: Recht der Schuldverhältnisse, §§ 562-580a (Mietrecht 3), Neubearbeitung 2014;

Buch 2: Recht der Schuldverhältnisse, Leasing, Neubearbeitung 2018;

Buch 2: Recht der Schuldverhältnisse, §§ 631-651 (Werkvertragsrecht), Neubearbeitung 2014;

Buch 2: Recht der Schuldverhältnisse, §§ 779-811 (Vergleich, Schuldversprechen, Anweisung, Schuldverschreibung), Neubearbeitung 2015;

Buch 3: Sachenrecht, §§ 1113-1203 (Hypothek, Grundschuld, Rentenschuld), 15. Auflage 2015;

Eckpfeiler des Zivilrechts, Neubearbeitung 2018;

Eckpfeiler des Zivilrechts, Neubearbeitung 2014;

Einleitung zur Rom I-VO; Art 1-10 Rom I-VO (internationales Vertragsrecht 1), Neubearbeitung 2016; je zit. nach Bearbeiter;

Vorbemerkungen zu §§ 607 ff., 12. Auflage 1989, zit.: *Hopt/Mülbert*, Kreditrecht.

Steinberger, Max, Die Verträge auf dauernde Leistungen (Dauerverträge), Erlangen, Univ., Diss. 1910.

Stelling, Rainer, Die vorzeitige Ablösung festverzinslicher Realkredite: eine Untersuchung zu den Rechtsgrundlagen und Grenzen von Vorfälligkeitsentschädigungen, Baden-Baden 2000, zugl. Kiel, Univ., Diss. 1999.

Stiftung Warentest, Immobilienkredite: So kommen Sie aus teuren Kreditverträgen raus, https://www.test.de/Immobilienkredite-So-kommen-Sie-aus-teuren-Kreditv ertraegen-raus-4718800-4719373/, zuletzt abgerufen am 17.11.2018.

Stöber, Kurt, Zwangsversteigerungsgesetz, Kommentar zum ZVG der Bundesrepublik Deutschland mit einem Anhang einschlägiger Texte und Tabellen, 21. Auflage, München 2016, zit. nach Bearbeiter.

Stöhr, Alexander, Die Vertragsbindung, Legitimation, Herkunft, Grenzen, AcP 214 (2014), S. 426-457.

Stoll, Hans, Rechtliche Inhaltskontrolle bei internationalen Verträgen, in: Festschrift für Gerhard Kegel zum 75. Geburtstag, Stuttgart 1987, S. 623-662.

Strietzel, Markus; Juchem, Klaus; Löber, Dominik; Jagersberger, Viktoria; Wessendorf, Christoph, Betongoldrausch in Deutschland, Paradiesische Zeiten oder kurz vor der Katerstimmung? – Herausforderungen in der gewerblichen Immobilienfinanzierung, Studie der Roland Berger Strategy Consultants GmbH, München 2015.

Stützel, Wolfgang, Ist die „Goldene Bankregel" eine geeignete Richtschnur für die Geschäftspolitik der Kreditinstitute, in: Vorträge für Sparkassenprüfer, Kiel 1959, S. 34.

Thümmler, Andreas, Realkredite und Immobiliardarlehen, Baden-Baden 2014, zugl. Leipzig, Univ., Diss. 2013.

Thole, Christoph, Renaissance der Lehre von der Neuverhandlungspflicht bei § 313 BGB?, JZ 2014, S. 443-450.

Tiffe, Achim, Anmerkung zu BGH, Urt. v. 19.1.2016 – XI ZR 103/15, Kein Anspruch auf Vorfälligkeitsentschädigung bei Kündigung eines Verbraucherdarlehens durch Darlehensgeber, VuR 2016, S. 304-305;

ders., Vorfälligkeitsentschädigung in Europa, Vergleichender Überblickzut Vorfälligkeitsentschädigung für die vorzeitige Beendigung von Hypothekarkrediten in acht Europäischen Staaten dargestellt an einem ausgewählten Beispiel, Institut für Finanzdienstleistungen e.V., im Auftrag des Verbraucherzentrale Bundesverbande e.V. (vzbv), Hamburg 2004.

Tipke, Klaus; Lang, Joachim; Seer, Roman, Steuerrecht, 23. Auflage, Köln 2018.

Tirsbaek Madsen, Carsten; Bertalot, Luca, Foreword, European Covered Bond Council, European Covered Bond Fact Book, Brussels 2015, p. 21-25.

Tolckmitt, Jens, Die Bedeutung des Pfandbriefs für die Immobilienfinanzierung, Immobilien & Finanzierung (I&F) 2015, S. 134-135;

ders., Pfandbriefe bleiben ein sicherer Hafen, Qualitätsaspekte ins Zentrum der europäischen Diskussion rücken – Harmonisierung nur auf hohem Niveau – Herausgehobene Stellung bewahren, Sonderbeilage zur Börsen-Zeitung vom 6./7. Juni 2014, B1;

ders.; *Stöcker, Ottmar,* Die rechtlichen Grundlagen der Pfandbriefemission, in: vdp, Der Pfandbrief 2015/2016.

Tröger, Tobias; Kelm, Thomas, Kündigung von Bausparverträgen im Niedrigzinsumfeld, NJW 2016, S. 2839-2844.

Trossen, Nils, Vorfälligkeitsentschädigung keine Werbungskosten bei den Einkünften aus Vermietung und Verpachtung. Veräußerung nach Ablauf der Spekulationsfrist (Zugleich Anmerkung zu BFH, Urt. v. 11.2.2014 – IX R 42/13), NWB 2014, S. 2316-2319.

Ulmer, Peter, Der Kaufpreis für Neuwagen bei Unwirksamkeit der Tagespreisklausel, Vertragsrechtliche Auswirkungen des BGH-Urteils vom 7.10.1981, BB 1982, S. 1125-1132;

ders., Kündigungsschranken im Handels- und Gesellschaftsrecht. Zum Einfluß der Treupflicht auf einseitige Vertragsbeendigung, in: Festschrift für Philipp Möhring zum 75. Geburtstag, München 1975;

ders., Der Vertragshändler, Tatsachen und Rechtsfragen kaufmännischer Geschäfts-
besorgung beim Absatz von Markenwaren, München 1969, zugl. Heidelberg,
Univ., Habil.-Schr. 1968;

ders.; *Masuch, Andreas*, Verbraucherkreditgesetz und Vertragsübernahme. Widerruf
der Vertragsübernahme und/oder Übergang des Widerrufsrechts?, JZ 1997,
S. 654-662;

ders.; *Timmann, Henrik*, Zur Anwendbarkeit des Verbraucherkreditgesetzes auf die
Mitverpflichtung Dritter, in: Festschrift für Heinz Rowedder zum 75. Geburtstag, München 1994, S. 503-527.

Venrooy, Gerd J. van, Unwirksamkeit der unzeitigen Kündigung in den gesetzlich
geregelten Fällen, JZ 1981, S. 53-58.

Verband der Privaten Bausparkassen e.V. (VdPB), Bausparen – der sichere Weg zu
Wohneigentum, http://www.bausparkassen.de/index.php?id=bausparen, zuletzt
abgerufen am 17.11.2018;

ders., Staatliche Förderung, Bausparförderung – der Staat unterstützt die Eigenin-
itiative, http://www.bausparkassen.de/index.php?id=staatliche_foerderung,
zuletzt abgerufen am 18.11.2018.

Verband Deutscher Pfandbriefbanken (vdp), vdp-Erhebung: Deutsche setzen bei Finanzierung von Wohneigentum weiter auf Sicherheit, Pressemitteilung vom
25.10.2017, https://www.pfandbrief.de/site/de/vdp/presse/pressemitteilungen/vd
p-Nr_07_2017.html, zuletzt abgerufen am 18.11.2018.

Verbraucherzentrale Bundesverband (vzbv), Verbraucherdarlehensvertäge – Transparente Verträge und verantwortliche Beratung bei Immobilienfinanzierung
und Überziehungskrediten, Stellungnahme des Verbraucherzentrale Bundesver-
bandes zum Referentenentwurf eines Gesetzes zur Umsetzung der Wohnimmobilienkreditrichtlinie, Berlin 2015;

ders., Vorfälligkeitsentschädigungen: Überprüfung und Bewertung der Angemessenheit und Rechtmäßigkeit von Entschädigungszahlungen von Verbrauchern
bei vorzeitig gekündigten Immobilienkrediten, Berlin 2014;

ders., Kostenfalle Immobilienkredit, Pressemitteilung v. 7.7.2014, http://www.vzbv.
de/pressemitteilung/kostenfalle-immobilienkredit, zuletzt abgerufen am
18.11.2018.

Vogler, Winfried, Die Ansprüche der Bank bei Kündigung des Darlehensvertrages:
zugleich zur Rechtsnatur des Darlehensvertrages und zur Lehre vom Dauerschuldverhältnis, Baden-Baden 1992, zugl. Berlin, FU, Diss. 1990.

Vollkommer, Max, Zinsfreiheit und rechtliche Kontrolle der Zinshöhe, in: Der Zins
in Recht, Wirtschaft und Ethik, Drei Vorträge, Atzeslsberger Gespräche 1988,
hrsg. von Max Vollkommer, Erlangen 1989.

Volmer, Michael, Zur Anwendung des Verbraucherkreditgesetzes auf die Vertragsübernahme, WM 1999, S. 209-219.

Wagner, Adolph, Beiträge zur Lehre von den Banken, Leipzig 1857.

Wahlers, Kristin, „Ewiges" Widerrufsrecht bei Verbraucherdarlehensverträgen? Übertragbarkeit der Rechtsprechung des IV. Zivilsenats des Bundesgerichtshofs v. 7.5.2014 –IV ZR 76/11, auf das Verbraucherkreditrecht?, WM 2015, S. 1043-1049.

wallstreet:online, Widerrufsjoker wird abgeschafft, Skandalöser „Kniefall vor der Bankenlobby" – Finanzindustrie diktiert neues Widerrufsgesetz, https://www.wa llstreet-online.de/nachricht/8033301-widerrufsjoker-abgeschafft-skandaloeser-kni efall-bankenlobby-finanzindustrie-diktiert-widerrufsgesetz, zuletzt abgerufen am 17.11.2018.

Wand, Lothar, Musterdarlehensvertrag für gewerbliche Kreditvergaben – Zinsanpassung wegen veränderter Refinanzierungsmöglichkeiten am Geld- und Kapitalmarkt, risikoadjustierte Zinsgestaltung im Hinblick auf Basel II und Ausplatzierung des Kreditrisikos, Teil I, WM 2005, S. 1932-1946.

Wandt, Manfred, Gesetzliche Schuldverhältnisse, Deliktsrecht, Schadensrecht, Bereicherungsrecht, GoA, 9. Auflage, München 2018.

Weber, Christoph Andreas, Die Kündigung unrentabel gewordener Bauspar- und Ratensparverträge, ZIP 2015, S. 961-966;

ders., Kündigung von Bausparverträgen. § 489 BGB als Ausweg aus der eigenen Vertragsgestaltung? Eine Erwiderung auf Edelmann, Suchowerskyj (BB 2015, 1800), BB 2015, 2185-2188.

Weber, Rolf H., Rahmenverträge als Mittel zur rechtlichen Ordnung langfristiger Geschäftsbeziehungen, ZSR Bd. 128 (1987) I, S. 403-434.

Weber, Walter, Das Vorfälligkeitsentgelt bei vorzeitiger Rückzahlung eines Hypothekendarlehens, NJW 1995, S. 2951-2956.

Wehrt, Klaus, Das Gesetz zur Umsetzung der Wohnimmobilienkreditrichtlinie – Was ändert sich bei der Vorfälligkeitsentschädigung?, BKR 2018, S. 221-231;

ders., Die Rückabwicklung des widerrufenen Immobiliendarlehens, WM 2016, S. 389-397;

ders., Die Rückerstattung des unverbrauchten Disagios, ZIP 1997, S. 481-490.

Weidmann, Jens, Herausforderungen des Niedrigzinsumfelds, Rede beim Wirtschaftstag der Volks- und Raiffeisenbanken, Frankfurt a. M., 13.11.2013, https://w ww.bundesbank.de/de/presse/reden/herausforderungen-des-niedrigzinsumfelds-663704, zuletzt abgerufen am 17.11.2018.

Weller, Marc-Philippe, Der Mietvertrag als enfant terrible der Privatrechtsdogmatik, Ein Systematisierungsversuch im Licht der allgemeinen Dauerschuld-Doktrin, JZ 2012, S. 881-891;

ders., Die Vertragstreue, Vertragsbindung, Nacherfüllungsgrundsatz, Leistungstreue, Tübingen 2009, zugl. Köln, Univ., Habil.-Schr. 2008.

Welter, Reinhard, Anmerkung zum Urteil des OLG Frankfurt am Main v. 23.11.2011 –Vorfälligkeitsentschädigung bei Darlehnsgeberkündigung, WuB I E 3 1.13, S. 341-344.

Wenzel, Frank, Kein Anspruch auf vorzeitige Kreditrückzahlung bei Zahlungsschwierigkeiten; Berechnung der Vorfälligkeitsentschädigung, WuB I E 3. 3. 99; S. 1103-1104;

ders., Vorzeitige Beendigung langfristiger Hypothekendarlehen, Zu den Urteilen des BGH vom 1.7.1997 (XI ZR 267/96 und XI ZR 197/96), WM 1997, S. 2340-2344;

ders., Rechtliche Grundlagen der Vereinbarung eines Vorfälligkeitsentgelts mit Verbrauchern, WM 1995, S. 1433-1476;

ders., Vorfälligkeitsentgelt bei vorzeitiger Tilgung eines Hypothekarkredits, Die Bank 1995, S. 368-371.

Westermann, Harm Peter, Anspruch auf vorzeitige Darlehensablösung gegen Vorfälligkeitsentschädigung – BGB §§ 242, 607, BGH, Urt. v. 1.7.1997 – XI ZR 267/96, DZWir 1998, S. 23-28.

Westphalen, Friedrich Graf v., Verbraucherkreditgesetz, 2. Auflage, Köln 1996, zit. nach Bearbeiter;

ders.; *Thüsing, Gregor* (Hrsg.), Vertragsrecht und AGB-Klauselwerke, 41. Ergänzung, München 2018, zit. nach Bearbeiter.

Wiedemann, Herbert, Rechte und Pflichten des Personengesellschafters, WM 1992, Sonderbeilage Nr. 7.

Wiehe, Johannes, Anmerkung zu OLG Stuttgart, Urt. v. 11.2.2015 – 9 U 153/14, Zum Schadensersatzanspruch der kreditgebenden Bank bei vorzeitiger Kündigung eines Festzinsdarlehens wegen Zahlungsverzugs, BKR 2015, S. 464-466.

Wiese, Günther, Beendigung und Erfüllung von Dauerschuldverhältnissen, in: Festschrift für Hans Carl Nipperdey, Band 1, München 1965, S. 837-851.

Wimmer, Konrad, Vorfälligkeitsentschädigung: BGH-konformer Nachweis, BKR 2002, S. 479-486.

Winneke, Maik; Reiff, Andreas, Anspruch auf eine Vorfälligkeitsentschädigung bei bankseitiger Kündigung eines Verbraucherdarlehensvertrages?, VuR 2016, S. 52-60.

Wolf, Manfred; Lindacher, Walter; Pfeiffer, Thomas, AGB-Recht, Kommentar, 6. Auflage, München 2013, zit. nach Bearbeiter.

Wolf, Manfred; Neuner, Jörg, Allgemeiner Teil des Bürgerlichen Rechts, 11. Auflage, München 2016.

Würdinger, Markus, Doppelwirkungen im Zivilrecht. Eine 100-jährige juristische Entdeckung, JuS 2011, S. 769-774.

Zahn, Nadine Alexandra, Der Anspruch des Käufers auf Aufhebung, Änderung und Erweiterung des Vertrages am Vorbild des § 649 BGB und § 1 Nr. 3, 4 VOB/B, München 2005, zugl. Hamburg, Univ., Diss. 2004.

Zander, Siegfried, Zur Lehre von den Sukzessiv- und Dauerverträgen, Rossleben 1909, zugl. Würzburg, Univ., Diss. 1909.

Zimmermann, Reinhard, Richterliches Moderationsrecht oder Totalnichtigkeit, die rechtliche Behandlung anstössig-übermässiger Verträge, Berlin 1979, zugl. Hamburg, Univ., Diss. 1978.

Zöllner, Wolfgang, Die Bürgschaft des Nichtunternehmers, WM 2000, S. 1-11;

ders., Vorsorgende Flexibilisierung durch Vertragsklauseln, NZA 1997, S. 121-129.

Zoller, Edgar; Aulock, Gottfried von, Aufhebungsvereinbarung für Darlehensvertrag; Berechnung von Vorfälligkeitsentgelt bzw. -entschädigung, WuB I E 3. 9.96, S. 1003-1008.